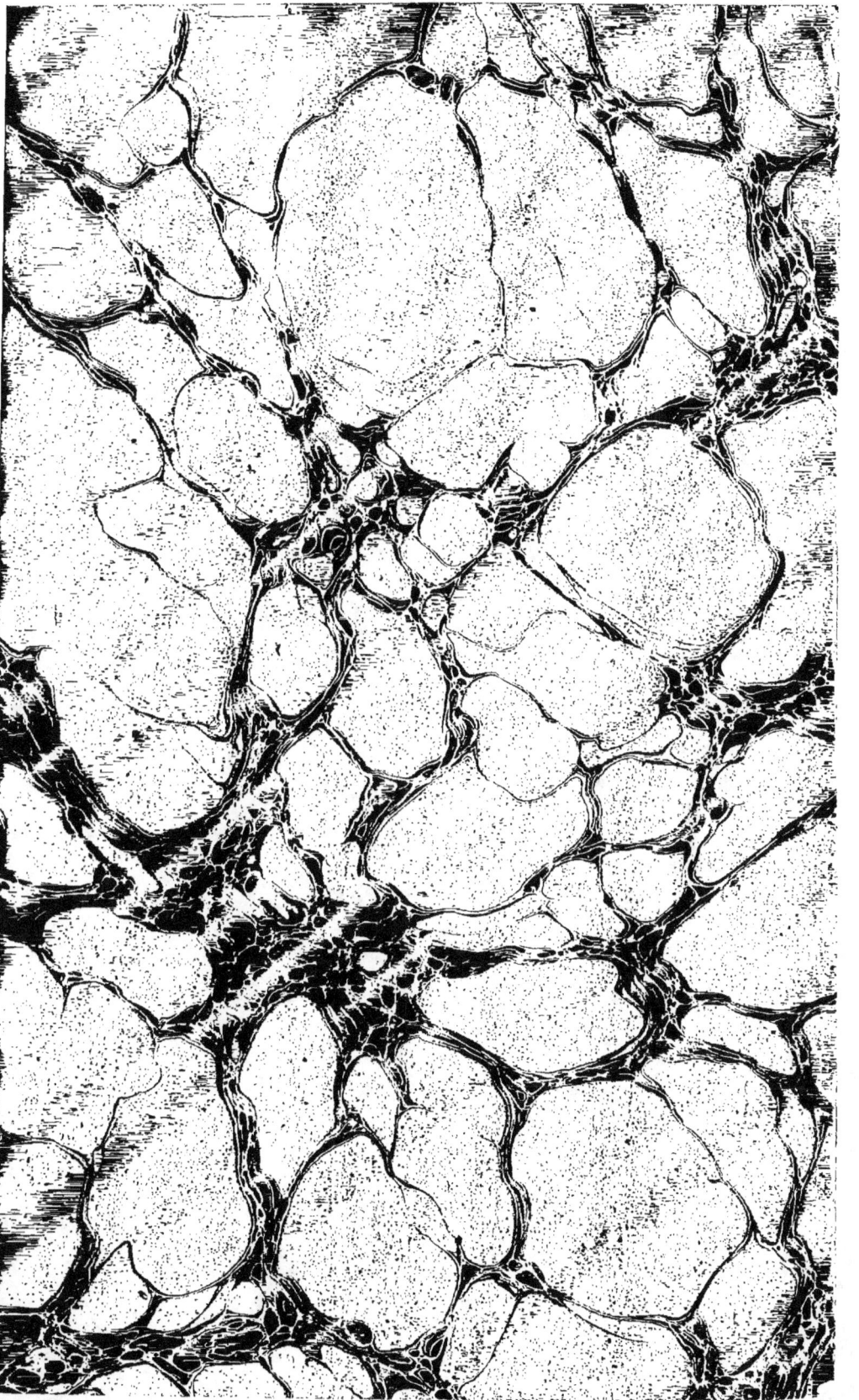

LA Guerre DE 1870-71

LA 1ʳᵉ ARMÉE DE LA LOIRE

I

Toury — Epernon

PARIS
LIBRAIRIE CHAPELOT
MARC IMHAUS & RENÉ CHAPELOT, ÉDITEURS
30, Rue Dauphine, VIᵉ (Même Maison à NANCY)

—

1913

Tous droits réservés

LA GUERRE DE 1870-71

LA 1re ARMÉE DE LA LOIRE

I
Toury — Épernon

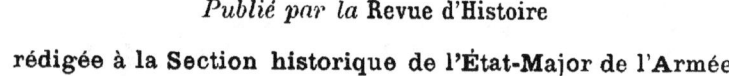

Publié par la Revue d'Histoire

rédigée à la Section historique de l'État-Major de l'Armée

LA Guerre DE 1870-71

LA 1ʳᵉ ARMÉE DE LA LOIRE

I

Toury — Epernon

PARIS
LIBRAIRIE CHAPELOT
MARC IMHAUS & RENÉ CHAPELOT, ÉDITEURS
30, Rue Dauphine, VIᵉ (Même Maison à NANCY)

1913

Tous droits réservés

ERRATA

Page 18, note 1, ligne 4, *au lieu de* « où elles arrivèrent le 24 octobre », *lire* « où elles arrivèrent le 17 octobre ».

Même note, ligne 8, *au lieu de* « ce ne fut donc que le 24 octobre », *lire* « ce ne fut donc que le 17 octobre ».

Même note, lignes 9 et 10, *au lieu de* « (Historique *manuscrit* du 4ᵉ bataillon de chasseurs à pied de marche) », *lire* « (15ᵉ corps d'armée. Réponse au rapport de la 1ʳᵉ division d'infanterie du 23 au 24 octobre). D'après l'historique *manuscrit* du 4ᵉ bataillon de chasseurs à pied de marche, ces deux compagnies seraient arrivées à Argent le 24 octobre ».

Page 21, ligne 3, *au lieu de* « ne fut réuni que le 21 à Pierrefitte », *lire* « ne fut réussi que le 19 à Pierrefitte ».

Page 31, ligne 4, « rallier la réserve d'artillerie à Argent », *lire* « rallier la 1ʳᵉ division du 15ᵉ corps à Argent ».

Page 82, lignes 19 et suivantes, *au lieu de* « Il fut appelé, le 25 juillet 1870, au commandement de la 2ᵉ brigade de la division de cavalerie du 7ᵉ corps de l'armée du Rhin, puis le 3 septembre, au commandement de la 1ʳᵉ brigade de la division de cavalerie du 13ᵉ corps, qui devint... », *lire* « Il fut appelé, le 25 juillet 1870, au commandement de la 2ᵉ brigade de la division de cavalerie du 7ᵉ corps de l'armée du Rhin. Cette brigade ne rejoignit pas le 7ᵉ corps; elle constitua plus tard la seule cavalerie du 13ᵉ corps, puis devint... »

SOMMAIRE

Pages.

CHAPITRE 1ᵉʳ. — **Les origines de l'armée de la Loire. — Formation du 15ᵉ corps d'armée** 1

    Infanterie 11
    Cavalerie 22
    Artillerie 25
    Génie 42
    Intendance 44
    Santé 54
    Train des équipages militaires 58
    Force publique 60
    Trésorerie et Postes 61
    Discipline 61
    Division mixte de Tours 66

CHAPITRE II. — **Situation des forces allemandes au Sud de Paris le 20 septembre 1870** 70

CHAPITRE III. — **Mouvements de la division de cavalerie du général Reyau depuis le 13 septembre et situation des forces françaises sur la Loire le 20 septembre** 81

CHAPITRE IV. — **Opérations autour d'Orléans du 21 septembre au 1ᵉʳ octobre** 93

    21 septembre 94
    22 septembre 99
    23 septembre 108
    24 septembre 112
    25 septembre 120
    26 septembre 127
    27 septembre 134
    28 septembre 142
    29 septembre au 1ᵉʳ octobre 150

CHAPITRE V. — **Opérations autour d'Orléans du 2 au 5 octobre. Combat de Toury (5 octobre)**......... 162

    2 octobre 172
    3 octobre 180
    4 octobre 190
    5 octobre 200
    Combat de Toury 202

CHAPITRE VI. — **Opérations des 2e, 5e et 6e divisions de cavalerie prussiennes du 21 septembre au 5 octobre** 221

    2e division de cavalerie 222
    6e division de cavalerie 227
      21-27 septembre 228
      28 septembre 230
      29 septembre 231
      30 septembre 234
      1er octobre 235
      2 octobre 235
      3 octobre 237
      4 octobre. Combat d'Épernon 238
      5 octobre 245
    5e division de cavalerie 248
      21 septembre 248
      22 septembre 249
      23 septembre 251
      24 septembre 252
      25 septembre 252
      26 septembre 253
      27 septembre 253
      28 septembre 254
      29 septembre 255
      30 septembre 258
      1er octobre 261
      2-3 octobre 266
      4 octobre 269
      5 octobre 274

LA

GUERRE DE 1870-1871

LA 1ʳᵉ ARMÉE DE LA LOIRE

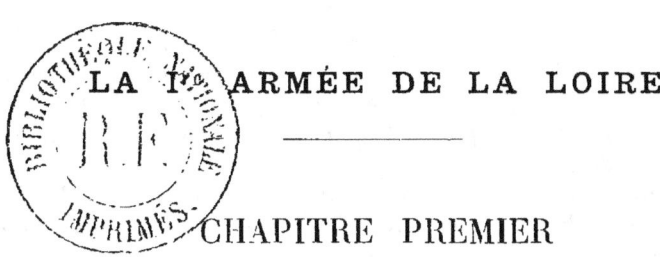

CHAPITRE PREMIER

Les origines de l'armée de la Loire. — Formation du 15ᵉ corps d'armée.

Peu après les premiers revers subis en Alsace et en Lorraine, il avait été question de constituer, avec les forces encore disponibles, une nouvelle armée au Sud de la Loire.

Dès le 19 août, le Ministre de la Guerre avait, en effet, songé à rassembler dans cette région un gros corps de mobiles. Un peu plus tard, le 27 août, il faisait connaître à l'Empereur qu'il s'occupait de renvoyer de ce côté les forces sans emploi dans les régions menacées (1).

Le 20 août, le Comité de défense des fortifications de Paris s'était également préoccupé de l'organisation sur la Loire d'une armée de 200,000 hommes (2).

Enfin, le Conseil des Ministres, tenu le 3 septembre, à 6 heures du soir, sous la présidence de l'Impératrice,

---

(1) *La Guerre de 1870-71. Mesures d'organisation depuis le début de la guerre jusqu'au 4 septembre et Situation des forces françaises au 1ᵉʳ septembre*, p. 41.

(2) Dont 140,000 hommes à fournir par la classe 1870 (*Ibid.*, p. 66).

acceptait le principe de la réunion derrière la Loire d'une armée de 300,000 hommes (1).

Le Gouvernement de la Défense nationale ne se préoccupa point tout d'abord de l'organisation des forces actives en province. Suivant en cela l'impulsion donnée par le régime déchu, il porta toute son attention à ren-

---

(1) Cette décision avait été annoncée au pays par une proclamation parue au *Journal officiel* du 4 septembre (*La Guerre de 1870-71. Mesures d'organisation depuis le début de la guerre jusqu'au 4 septembre et Situation des forces françaises au 1er septembre*, p. 66 et 67).

A différentes reprises, déjà, nos armées malheureuses avaient cherché à s'appuyer sur la Loire pour arrêter la marche de l'envahisseur. Sans remonter au delà de la période contemporaine, on rappellera qu'en 1814, après la capitulation de Paris, Napoléon avait voulu concentrer à Orléans toutes les troupes et approvisionnements disponibles. En 1815, après l'entrée des Alliés à Paris, ce fut également derrière la Loire que se retirèrent les troupes françaises. Le 11 juillet, elles étaient cantonnées le long du fleuve entre Gien et Blois, et Davout, qui les commandait, avait établi son quartier général à Orléans.

Dans les années qui suivirent, et notamment lors de l'établissement des fortifications de Paris, on discuta beaucoup en France et à l'étranger sur les lignes de retraite que devraient suivre les armées françaises en cas d'invasion nouvelle. Le mouvement de repli derrière la Loire fut présenté par plusieurs écrivains comme le plus avantageux et, dès 1826, le général Duvivier, dans son *Essai sur la défense des États*, proposait la création d'une grande place centrale au confluent de la Loire et de l'Allier.

Cependant, le général von Willisen émettait en 1841 un avis différent. Après avoir étudié la ligne de défense de la France contre l'Allemagne, il déclarait qu'en cas de retraite l'armée française devait se retirer vers le Sud. Prévoyant presque les événements de 1870, il disait : « Pour dégager Paris s'il était menacé, ne préféreriez-vous pas, après avoir formé une armée dans le Sud, la conduire par Troyes sur les derrières de l'envahisseur plutôt que sur Paris, surtout si Troyes était place forte ? Le meilleur moyen de défendre Paris ne serait-il pas de se porter excentriquement de la Loire vers l'Yonne, et de l'Yonne vers la Saône, sur les communications de l'envahisseur. Pour ma part, j'en ai la ferme conviction et je me garderais bien de penser à Paris » (Général Pierron, *Les Méthodes de Guerre actuelles et vers la fin du XIXe siècle*, t. I, IIe partie, p. 263).

Dans son étude critique de la campagne de 1814, Clausewitz expose

forcer la défense de Paris (1). Il semble même ressortir des premières dépêches envoyées par Gambetta que, dans les départements, la résistance contre l'invasion devait être préparée et assurée par les préfets. Ceux-ci pouvaient disposer, à cet effet, des gardes nationales sédentaires et mobiles, des pompiers et de tous les hommes de bonne volonté qu'ils pourraient armer. Ces forces improvisées seraient appuyées par les compagnies franches de gardes forestiers réunies à Paris et par des troupes de cavalerie (2).

Ce ne fut que le 12 septembre que le général Le Flô

également les avantages que Napoléon aurait retirés d'une concentration de ses forces vers la haute Seine.

Il ne nous appartient pas de discuter ici la valeur de ces différents projets. Ils n'ont d'ailleurs été reproduits que pour montrer quelle pouvait être, au moment de la guerre, l'orientation générale des esprits. Déjà, à la fin du mois d'août 1870, le général de Palikao projetait d'utiliser les 13e et 14e corps, dès qu'ils seraient formés, pour tenter une diversion dans l'Est [Les projets de diversion dans l'Est du général de Palikao (août 1870) (*Revue d'Histoire*, no 89, mai 1908, p. 300)]. On verra plus loin que le général Le Flô, en confiant le commandement du 15e corps au général de La Motterouge, lui indiquait, parmi les opérations à entreprendre, celle qui consistait à porter ses forces dans la vallée de la Saône et à s'appuyer sur les places d'Auxonne et de Besançon pour agir sur les communications des armées allemandes. Plus tard enfin, l'envoi de l'armée de l'Est dans la direction de Belfort rentrait également dans le même ordre d'idées.

(1) *La Guerre de 1870-1871. L'Investissement de Paris*, t. I, p. 12. — Cette croyance, que seule, la défense de Paris pouvait assurer le salut de la France, continua même après que l'organisation du 15e corps eut été décidée. Dans la séance tenue le 2 octobre au soir par les membres du Gouvernement de la Défense nationale, le général Trochu répondait à M. Rochefort que la formation d'une armée derrière la Loire « était impossible et qu'il ne fallait compter que sur la défense de Paris » (*Gouvernement de la Défense nationale. Procès-verbaux des séances du Conseil*, publiés d'après les manuscrits originaux de M. A. Dréo, l'un des secrétaires du Gouvernement, p. 177).

(2) Joseph Reinach, *Dépêches, circulaires, décrets, proclamations et discours de Léon Gambetta*, t. I, p. 345, 346 et 354; *La Guerre de*

se fit remettre un état des ressources dont il pouvait disposer en province pour l'organisation d'un corps d'armée en arrière de la Loire (1). Dans la matinée du 13 septembre, il en offrit le commandement au général de La Motterouge ; ce dernier, ayant accepté, fut immédiatement nommé (2).

Le jour même, dans la séance tenue à 9 h. 50 du soir, le Ministre de la Guerre entretenait le Conseil du Gouvernement de la Défense nationale de ses efforts pour organiser une nouvelle armée en province. Les éléments de cette armée, qui existaient déjà, donnaient un effectif de 40,000 hommes ; ils serviraient à encadrer 80,000 gardes nationaux mobiles. Des corps francs devaient être également créés afin d'inquiéter l'ennemi et d'empêcher ses ravitaillements (3).

1870-71. L'Investissement de Paris, t. 1, p. 8 ; *La Guerre de 1870-71. La Défense nationale en province. Mesures générales d'organisation*, p. 612. — On sait aussi que, le 7 septembre, le Gouvernement de la Défense nationale avait décidé, « suivant avis du général Trochu », que le Ministre de l'Intérieur pourrait disposer « des gardes nationales de Paris et de la France sans avoir besoin de demander d'autorisation » (*Procès-verbaux des séances du Conseil, loc. cit.*, p. 94 ; *La Guerre de 1870-71. L'Investissement de Paris*, t. 1, p. 17).

On rappelle que, le 7 septembre, le Ministre de la Guerre avait mis quatre brigades de cavalerie à la disposition du général Reyau pour concourir à la défense du territoire situé au Nord de la Seine, dans l'arc de cercle de Mantes à Montereau, et spécialement dans la partie comprise entre l'Oise et la Seine. Le général Reyau était invité à s'établir à Meaux. Deux bataillons de mobiles de Seine-et-Marne et quelques compagnies de gardes forestiers et de francs-tireurs devaient servir de soutien à ce rideau de cavalerie (*La Guerre de 1870-71. L'Investissement de Paris*, t. II, p. 135 et suiv.).

(1) Note sur l'organisation d'un corps d'armée en arrière de la Loire, Paris, 12 septembre.

(2) Général de La Motterouge, *Souvenirs et Campagnes*, IIIe série, p. 411-412.

(3) *Procès-verbaux des séances du Conseil, loc. cit.*, p. 114 ; *La Guerre de 1870-71. L'Investissement de Paris*, t. I, p. 18.

Le 14 septembre, le général Le Flô envoyait au commandant du 15ᵉ corps des renseignements détaillés sur les ressources mises à sa disposition, ainsi que des instructions générales sur la manière dont il devrait conduire ses premières opérations (1).

L'infanterie du 15ᵉ corps d'armée devait comprendre :

Trois régiments de marche de zouaves en formation dans les petits dépôts installés pour les trois régiments à Antibes, Montpellier et Avignon (2) ;

Un régiment de marche de Tirailleurs algériens, composé de trois bataillons, à raison d'un par province (3) ;

Un régiment étranger de marche, constitué avec deux bataillons tirés d'Algérie et un troisième bataillon en voie d'organisation à Tours (4) ;

Quatre régiments d'infanterie de ligne, les 16ᵉ, 38ᵉ, 39ᵉ et 92ᵉ régiments, rappelés d'Afrique, dont les effectifs devaient être renforcés avec des éléments pris dans leurs dépôts ;

Enfin, cinq régiments de marche, formés avec des compagnies tirées des dépôts d'infanterie stationnés en France.

Ces forces s'élevaient à un total de 40,000 hommes envi-

---

(1) Le Ministre de la Guerre au général de La Motterouge, Paris, 14 septembre (Général de La Motterouge, *loc. cit.*, p. 412-416). — En raison de son importance cette lettre est reproduite aux documents annexes.

(2) *La Guerre de 1870-71. La Défense nationale en province. Mesures générales d'organisation*, p. 147.

(3) Le régiment de Tirailleurs algériens affecté au 15ᵉ corps ne fut d'ailleurs pas formé dans ces conditions. Il fut constitué avec des détachements destinés à l'armée du Rhin, renforcés d'hommes échappés de Sedan et d'éléments venus des dépôts (*Ibid.*, p. 149).

(4) *Ibid.*, p. 150.

ron (1) que le général de La Motterouge devait organiser en trois divisions, en ayant soin de répartir « entre chacune d'elles et par portions à peu près égales, les corps qui…. arrivant tout constitués » présentaient « plus d'homogénéité que les autres, tels que les quatre régiments d'infanterie et le régiment de marche de Tirailleurs (2) ».

Le commandant du 15ᵉ corps pouvait compter tout d'abord sur six généraux de brigade ; il devait donc confier à trois d'entre eux le commandement des divisions, et laisser à des colonels celui des brigades vacantes.

Les régiments d'*infanterie* qui composaient le 15ᵉ corps ne formaient, dans la pensée du Ministre, qu'un noyau autour duquel viendraient s'agglomérer des éléments moins solides. Pour « soutenir, appuyer et développer, autant que possible, le mouvement patriotique et vraiment national » qui se produisait « sur un grand nombre de points », le général de La Motterouge était invité à « favoriser la création de corps de francs-tireurs » et à « utiliser le courage et la bonne volonté des gardes mobiles ». Le Ministre estimait que si, en raison de leur inexpérience, ces derniers ne pouvaient être employés isolément, il y aurait tout avantage à intercaler un régiment de la garde nationale mobile dans les divisions

---

(1) 3 régiments de marche de zouaves à 3 bataillons. 12,000 h.
3 bataillons de Tirailleurs algériens 1,500
3 bataillons étrangers. 2,500
4 régiments d'infanterie de ligne. 9,600
5 régiments de marche à 3,000 hommes. 15,000
                                      Total. . . . . 40,600 h.

(Note sur les ressources de l'infanterie, Paris, 12 septembre).

(2) Le Ministre de la Guerre au général de La Motterouge, Paris, 14 septembre.

d'infanterie. On parviendrait peut-être ainsi à créer une ou deux divisions de plus, et cet accroissement d'effectifs faciliterait les opérations ou permettrait « d'en agrandir le cadre (1) ».

L'ensemble des forces de *cavalerie* affectées au nouveau corps d'armée s'élevait à douze régiments. Quatre d'entre eux, le 6ᵉ hussards, le 6ᵉ dragons, le 9ᵉ cuirassiers et le 1ᵉʳ régiment de marche de cuirassiers, formaient déjà une division à deux brigades qui, sous les ordres du général Reyau, participait, depuis le 7 septembre, à la défense de la région située au Nord-Est de Paris et plus particulièrement du secteur compris entre l'Oise et la Seine. Le 13 septembre, cette division avait reçu l'ordre de se replier sur Tours pour se mettre à la disposition du général commandant le 15ᵉ corps d'armée (2).

Le reste de la cavalerie devait comprendre : quatre régiments échappés de Sedan — les 2ᵉ et 5ᵉ lanciers et les 7ᵉ et les 11ᵉ chasseurs (3) — et quatre régiments de

---

(1) Le Ministre de la Guerre au général de La Motterouge, Paris, 14 septembre.

(2) *La Guerre de 1870-71. L'Investissement de Paris*, t. II, p. 135 et 175 ; Le Ministre de la Guerre au Président du Gouvernement de la Défense nationale, à Paris, Paris, 13 septembre ; Le même au Général commandant la 18ᵉ division militaire, à Tours, Paris, 13 septembre. — La répartition des régiments entre les deux brigades de la division du général Reyau était la suivante :

Brigade du général Ducoulombier : 6ᵉ hussards, 6ᵉ dragons ;

Brigade du général Ressayre : 9ᵉ cuirassiers, 1ᵉʳ cuirassiers de marche.

(3) Ces différents corps avaient rejoint entre le 10 et le 13 septembre les dépôts où ils devaient se reconstituer, savoir : le 2ᵉ lanciers à Pontivy, le 5ᵉ lanciers à Poitiers, le 7ᵉ chasseurs à Carcassonne et le 11ᵉ chasseurs à Avignon. Ils repartirent de ces dépôts, les 2ᵉ et 5ᵉ lanciers, le 24 septembre, et les 7ᵉ et 11ᵉ chasseurs, le 26 septembre (*La Guerre de 1870-71. La Défense nationale en province. Mesures générales d'organisation*, p. 209).

marche — le 3ᵉ dragons de marche, le 1ᵉʳ chasseurs de marche, le 1ᵉʳ hussards de marche et le 2ᵉ régiment de cavalerie mixte de marche (1).

Ces huit derniers régiments devaient former trois brigades. Les deux premières étaient déjà constituées; l'une était composée des 2ᵉ et 5ᵉ lanciers et du 5ᵉ dragons de marche, sous le commandement du général Michel; l'autre était formée des 7ᵉ et 11ᵉ chasseurs, sous les ordres du général de Nansouty. La dernière, comprenant les trois régiments de marche restants, était destinée au général Tripard (2).

Le Ministre de la Guerre se réservait de faire connaître plus tard les ressources en *artillerie* et en *génie* qu'il pourrait mettre à la disposition du commandant du 15ᵉ corps; il lui laissait espérer qu'elles seraient « largement en proportion » avec les forces d'infanterie et de cavalerie (3).

Le quartier général du 15ᵉ corps devait tout d'abord être établi à Tours pour permettre au général de La Motterouge, une fois les communications avec Paris rompues, de se concerter facilement, pour l'organisa-

---

(1) Les escadrons formant ces différents corps furent réunis : ceux du 3ᵉ dragons de marche, le 19 septembre; ceux du 1ᵉʳ chasseurs de marche, le 24 septembre; ceux du 1ᵉʳ hussards de marche, le 26 septembre, et ceux du 2º régiment de cavalerie mixte de marche, le 20 septembre. Ces régiments pouvaient être dirigés sur le théâtre des opérations deux ou trois jours après (Historiques *manuscrits* du 3ᵉ dragons de marche, du 1ᵉʳ chasseurs de marche, du 1ᵉʳ hussards de marche et du 2ᵉ régiment de cavalerie mixte de marche).

(2) Le Ministre de la Guerre au général de Nansouty, Paris, 14 septembre.

(3) La note fournie le 12 septembre au Ministre de la Guerre sur les forces dont on pouvait disposer pour former un corps d'armée derrière la Loire était moins rassurante. Après avoir énuméré les régiments d'infanterie et de cavalerie, elle se bornait à ajouter que, pour l'artillerie et le génie, « on espérait trouver quelques ressources ».

tion de ses troupes, avec le secrétaire général du Ministre de la Guerre envoyé en province (1). Il appartenait au commandant du corps d'armée de déterminer les emplacements initiaux des quartiers généraux de ses trois divisions d'infanterie. Toutefois le Ministre indiquait qu'au fur et à mesure de leur organisation, ces unités devaient se concentrer à Bourges. C'est dans cette ville également que seraient constitués les services de l'artillerie et du génie.

---

(1) Tant que les communications avec Paris seraient maintenues, le Ministre se réservait la faculté d'envoyer au général de La Motterouge des instructions pour la direction des opérations. Mais après, le commandant du 15ᵉ corps devenait libre de ses mouvements. Il ne devait recourir à l'intervention du Ministre intérimaire envoyé à Tours et à celle du général Lefort que pour les mouvements préliminaires d'organisation et de concentration. Il était tenu également de se concerter avec ce dernier pour la désignation des emplacements où devaient se rassembler les différentes divisions. Néanmoins, le général de La Motterouge pouvait correspondre directement avec les généraux commandant le territoire et, en particulier, avec le commandant de la division militaire de Marseille, pour assurer l'envoi des troupes de son corps d'armée sur les points de réunion qu'il avait choisis.

Le Ministre de la Guerre ne considérait donc son représentant à Tours que comme un agent d'exécution. Il semble même qu'il voulut laisser au général de La Motterouge une certaine indépendance vis-à-vis de la délégation du Gouvernement de la Défense nationale en province, bien qu'il ne lui ait donné aucune indication à ce sujet.

La copie des instructions adressées, le 14 septembre, au commandant du 15ᵉ corps ne fut envoyée à Tours que le 16. Le 15, et ensuite le 17, le général Lefort réclamait encore à Paris la composition du corps d'armée. On lui répondit, à cette dernière date, que l'administration centrale n'avait rien fait d'autre que ce qui était annoncé dans la lettre du 14 au général de La Motterouge; il appartenait aux représentants des services de l'artillerie, du génie et de l'intendance à Tours, de prendre les mesures complémentaires nécessaires (Le Général directeur de la 1ʳᵉ direction au Ministre de la Guerre, à Paris, D. T., Tours, 15 septembre ; Le Secrétaire général de la Guerre au Chef de la 1ʳᵉ direction du ministère de la Guerre, à Paris, D. T., Tours, 17 septembre, 8 h. 30 matin ; Le Ministre de la Guerre au Secrétaire général de la Guerre, à Tours, D, T., Paris, 17 septembre).

La division de cavalerie du général Reyau avait l'ordre de se diriger sur Tours. D'autre part, les brigades des généraux Michel et de Nansouty devaient, dès qu'elles seraient prêtes, se rassembler au Mans pour former une division sous les ordres du premier de ces généraux. Le reste de la cavalerie affectée au 15ᵉ corps, c'est-à-dire la brigade du général Tripard, était appelé à se réunir à Bourges lorsque l'organisation de ses régiments le permettrait (1).

Pour protéger le rassemblement de son corps d'armée, le général de La Motterouge enverrait à Orléans, dès son arrivée à Tours, une brigade de cavalerie. Celle-ci pousserait ses reconnaissances aussi loin que possible et, s'il le fallait, n'hésiterait pas à s'engager avec la cavalerie adverse pour l'empêcher d'écraser les populations de réquisitions et d'impôts. Au besoin, le commandant du 15ᵉ corps ferait soutenir cette brigade, qui ne se retirerait sur Tours qu'à la dernière extrémité.

En ce qui concerne les opérations que pourrait entreprendre le général de La Motterouge, lorsque l'organisation de son corps d'armée serait terminée, le Ministre de la Guerre envisageait deux projets.

Le premier consistait à établir à Orléans une division avec de la cavalerie et de l'artillerie. Avec le reste du corps d'armée, le commandant du 15ᵉ corps devait « faire inquiéter les derrières de l'armée prussienne et manœuvrer de manière à rétrécir autant que possible la zone d'action des détachements ennemis envoyés en réquisition ».

Le deuxième projet n'était en quelque sorte que le

---

(1) Les emplacements primitivement fixés pour la réunion des divisions et des brigades, soit d'infanterie soit de cavalerie, furent modifiés ultérieurement.

développement du premier. Après avoir laissé « une protection suffisante à la délégation du Gouvernement établie à Tours », le 15ᵉ corps d'armée pouvait se « porter dans la vallée de la Saône » et, en s'appuyant « sur Auxonne, Besançon, Belfort même, manœuvrer sur le flanc gauche de l'ennemi et l'inquiéter dans ses opérations (1) ».

Le général de La Motterouge arriva à Tours le 14 septembre au soir, avec son chef d'état-major, le général Borel (2). Dès le lendemain, il s'occupa de constituer son corps d'armée. Mais les troupes, désignées par le Ministre pour le composer, étaient dispersées sur tout le territoire non envahi ou se trouvaient même en Algérie. L'organisation de plusieurs corps n'était pas encore terminée. D'autre part, la délégation du ministère de la Guerre en province n'était installée à Tours que depuis la veille, et le manque d'instructions, de documents et d'archives allait compliquer, tout au moins au début, la formation des régiments, puis leur concentration (3).

Infanterie. — Après entente avec le général Lefort, puis avec l'amiral Fourichon (4), le général de La Motterouge constitua son corps d'armée à trois divisions d'infanterie, comprenant chacune deux brigades à trois régiments, dont un de garde nationale mobile. Deux

---

(1) Le Ministre de la Guerre au général de La Motterouge, Paris, 14 septembre.
(2) Général de La Motterouge, *loc. cit.*, p. 416.
(3) *La Guerre de 1870-71. La Défense nationale en province. Mesures générales d'organisation*, p. 13-14.
(4) L'amiral Fourichon, qui devait exercer par délégation les fonctions de Ministre de la Guerre auprès de la partie du Gouvernement siégeant hors de Paris, arriva à Tours le 17 septembre (*La Guerre de 1870-71. Ibid.*, p. 3).

divisions devaient se former à Bourges et la troisième à Vierzon (1).

Il fut décidé aussi qu'une division mixte, comprenant une brigade d'infanterie à trois régiments et une brigade de cavalerie à deux régiments, serait organisée à Tours pour assurer spécialement la protection de cette ville, où résidait la délégation du Gouvernement de la Défense nationale (2).

Des modifications importantes furent bientôt apportées à ces premières mesures.

Le général commandant la division militaire de Bourges signala les inconvénients qui résulteraient d'une trop grande accumulation de troupes dans cette ville, où devaient se constituer les 1re et 2e divisions. Le général de La Motterouge proposa au Ministre et fit

---

(1) Le Général commandant le 15e corps d'armée au Général commandant la 19e division militaire, à Bourges, Tours, 19 septembre.

(2) Le Général commandant le 15e corps d'armée au Général commandant la 18e division militaire, à Tours, Tours, 17 septembre. — La répartition initiale des régiments d'infanterie du 15e corps entre les divisions et les brigades, telle qu'elle fut arrêtée le 18 septembre, était la suivante :

1re *division d'infanterie.*

1re brigade..
- 38e régiment d'infanterie de ligne ;
- 1er — de zouaves de marche ;
- 12e — de mobiles (Nièvre).

2e brigade...
- 1er régiment de Tirailleurs algériens de marche ;
- 29e — d'infanterie de marche ;
- 18e — de mobiles (Charente).

2e *division d'infanterie.*

1re brigade..
- 39e régiment d'infanterie de ligne ;
- Régiment de marche de la légion étrangère ;
- 25e régiment de mobiles (Gironde).

2e brigade...
- 2e régiment de zouaves de marche ;
- 30e — d'infanterie de marche ;
- 29e — de mobiles (Maine-et-Loire).

décider, le 23 septembre, qu'une de ces deux divisions se réunirait à Nevers (1).

Le même jour, le Ministre décidait d'affecter deux compagnies de chasseurs à pied à la première brigade de chacune des divisions d'infanterie (2). Un peu plus tard, six nouvelles compagnies de chasseurs furent désignées pour rejoindre le 15ᵉ corps et réparties par groupes de deux dans les brigades qui n'en étaient pas encore dotées (3). Le 30 septembre, ces compagnies

3ᵉ division d'infanterie.

1ʳᵉ brigade . .	9.ᵉ régiment	d'infanterie de ligne ;
	3.ᵉ —	d'infanterie de marche ;
	3.ᵉ —	de mobiles (Puy-de-Dôme).
2ᵉ brigade...	16ᵉ régiment	d'infanterie de ligne ;
	3ᵉ —	de zouaves de marche ;
	34ᵉ —	de mobiles (Deux-Sèvres).

Division mixte.

Brigade d'infanterie.	31ᵉ régiment	d'infanterie de marche ;
	32ᵉ —	d'infanterie de marche ;
	22ᵉ —	de mobiles (Dordogne).

(1) Le Général commandant le 15ᵉ corps d'armée au Ministre de la Guerre, à Tours, Tours, 23 septembre. — C'est la 2ᵉ division d'infanterie que le général de La Motterouge proposait de concentrer à Nevers. « Cette ville, disait-il, est reliée à Bourges par un chemin de fer ; elle me paraît d'autant plus favorable pour y former la 2ᵉ division que le 15ᵉ corps aura, selon toutes les probabilités, à opérer de préférence dans l'Est, et que, par suite, il y a intérêt à gagner dès à présent du terrain de ce côté. »

En réalité, ce fut la 1ʳᵉ division du 15ᵉ corps qui se constitua à Nevers.

(2) Le Général commandant le 15ᵉ corps d'armée aux Généraux commandant les 1ʳᵉ, 2ᵉ et 3ᵉ divisions du 15ᵉ corps, Tours, 23 septembre. — Ces compagnies, mobilisées dans les dépôts des bataillons de chasseurs à pied, devaient être formées à un effectif se rapprochant le plus possible de 300 hommes.

(3) La répartition de ces différentes compagnies entre les brigades du 15ᵉ corps était la suivante :

furent groupées dans chaque division en un bataillon de chasseurs à pied de marche, qui devait compter à l'une des brigades (1).

Le 23 septembre également arriva à Tours une dépêche de Paris datée du 19. Elle annonçait que sur les quatre régiments d'infanterie de ligne stationnés en Algérie, qui avaient été désignés pour le 15e corps d'armée, trois seulement, les 16e, 38e et 39e, seraient envoyés en France (2).

1re division.

1re brigade...	8es compagnies des 8e et 19e bataillons de chasseurs ;
2e brigade.....	Deux compagnies venant du dépôt du 16e bataillon de chasseurs.

2e division.

1re brigade....	8es compagnies des 3e et 9e bataillons de chasseurs ;
2e brigade.....	Deux compagnies venant du dépôt du 4e bataillon de chasseurs.

3e division.

1re brigade....	Deux compagnies venant du dépôt du 5e bataillon de chasseurs ;
2e brigade.....	8es compagnies des 12e et 14e bataillons de chasseurs.

(1) Le Général commandant le 15e corps d'armée au Général commandant la 1re division du 15e corps, à Nevers, Bourges, 1er octobre ; Le même au Général commandant la 3e division du 15e corps, à Bourges, Bourges, 1er octobre ; Le même au Général commandant la 3e division du 15e corps, à Vierzon, Bourges, 1er octobre. — Ces bataillons prirent les n°s 4, 5 et 6 dans la série des bataillons de chasseurs à pied de marche. Ils furent affectés dans l'ordre de leurs numéros à la 1re brigade de chaque division, sauf dans la 1re division, où, en raison de l'arrivée de bataillons d'infanterie de la Marine, le 4e bataillon compta à la 2e brigade.

(2) Le Ministre de la Guerre au Gouverneur général de l'Algérie, D. T., Paris, 19 septembre, 1 h. 50 soir (arrivée par ballon à Évreux

Le 92ᵉ régiment d'infanterie de ligne fut remplacé à la 1ʳᵉ brigade de la 3ᵉ division d'infanterie du 15ᵉ corps par le 16ᵉ régiment d'infanterie de ligne primitivement affecté à la 2ᵉ brigade de la même division. A son tour, cette dernière brigade fut complétée à trois régiments

---

et réexpédiée à Alger). — On a vu plus haut que, le 13 septembre, le général Le Flô avait entretenu le Gouvernement de la Défense nationale de ses efforts pour organiser une nouvelle armée derrière la Loire. Cette formation nécessitait l'appel en France de quatre régiments d'infanterie de ligne stationnés en Algérie. Or, dans la séance du 14 septembre, 9 h. 45 soir, le général Trochu communiqua à ses collègues du Gouvernement des dépêches annonçant que les tribus du Sud étaient sur le point de se soulever. Il estimait que c'en était fait de la colonie si on lui enlevait ses dernières troupes. « Ces bataillons ne sauveraient pas la France, leur éloignement perdrait l'Algérie. » Le Conseil décida donc « que des corps francs » seraient « établis pour inquiéter les derrières de l'ennemi », et que « les troupes » recevraient « l'ordre de rester en Algérie pour protéger la colonie ». (*Procès-verbaux des séances du Conseil*, loc. cit., p. 121. — *La Guerre de 1870-71. L'Investissement de Paris*, t. I, p. 18).

On n'a pas retrouvé trace des circonstances qui empêchèrent cette décision de recevoir son entière exécution. Quoi qu'il en soit, le 92ᵉ régiment d'infanterie de ligne fut maintenu en Algérie, et le général Le Flô désigna trois IVᵉˢ bataillons d'infanterie de ligne (IVᵉˢ bataillons des 22ᵉ, 79ᵉ et 92ᵉ régiments) et quatre régiments de mobiles (les 9ᵉ, 13ᵉ, 21ᵉ et 43ᵉ) pour aller remplacer dans la colonie les trois régiments d'infanterie rappelés en France [Le Ministre de la Guerre au Ministre délégué de la Guerre et de la Marine, à Tours, D. T., Paris, 19 septembre, 1 h. 10 soir (reçue par ballon à Évreux le 23 septembre, 12 h. 30 soir) ; Le même au Gouverneur général, à Alger, D. T., Paris, 19 septembre, 1 h. 50 soir (arrivée par le ballon d'Évreux et renvoyée à Alger)].

Or, le 13ᵉ mobiles (Saône-et-Loire) se trouvait déjà enfermé dans Paris. Il ne fut donc envoyé en Algérie que trois IVᵉˢ bataillons et trois régiments de mobiles. Ces différentes unités s'embarquèrent entre le 21 septembre et le 2 octobre.

C'est seulement après leur arrivée en Algérie que les 16ᵉ, 38ᵉ et 39ᵉ régiments de ligne s'embarquèrent pour la France. Ces corps étaient d'ailleurs dispersés dans des garnisons souvent très éloignées de la côte.

par l'adjonction du 32ᵉ régiment de marche d'infanterie, pris à la brigade d'infanterie de la division mixte, qui se trouva réduite à deux régiments.

Depuis le 18 septembre, un certain nombre de compagnies d'infanterie de la marine avaient été, à des dates successives, dirigées de Rochefort et de Toulon sur Tours. Le 27 septembre, le Ministre de la Guerre décidait de les rattacher à la 1ʳᵉ division du 15ᵉ corps. Ces unités formèrent le noyau de deux bataillons de marche qui, dans les premiers jours d'octobre, furent envoyés à Nevers, où les avait précédés un troisième bataillon venant de Brest. Chacun de ces trois bataillons ne comptait encore que trois compagnies (1).

Après la capitulation de Strasbourg, le 28 septembre, la délégation du Gouvernement de la Défense nationale résolut d'envoyer des troupes dans l'Est pour disputer aux Allemands les passages des Vosges et les routes de la Haute-Alsace. La 2ᵉ brigade de la 3ᵉ division, commandée par le général Dupré, reçut le 2 octobre l'ordre de partir, telle qu'elle était constituée, pour Épinal (2).

---

(1) Réponse au rapport de la 1ʳᵉ division du 15ᵉ corps du 26 au 27 septembre, Tours, 28 septembre; Le Général commandant le 15ᵉ corps d'armée au Général commandant la 1ʳᵉ division du 15ᵉ corps, à Nevers, Bourges, 2 octobre; Le même au même, Bourges, 6 octobre; Le Général commandant la 2ᵉ subdivision de la 19ᵉ division militaire au Général commandant la 1ʳᵉ division du 15ᵉ corps d'armée, Nevers, 8 octobre (*La Guerre de 1870-1871. La Défense nationale en province. Mesures générales d'organisation*, p. 158 et suiv.).

(2) Le Général commandant le 15ᵉ corps d'armée au Général commandant la 3ᵉ division du 15ᵉ corps, à Vierzon, D. T., Bourges, 2 octobre, 12 h. 15 matin. — Cette brigade partit toutefois sans emmener les deux compagnies de chasseurs qui lui étaient déjà rattachées (Le Général commandant la 3ᵉ division du 15ᵉ corps d'armée au Général commandant le 15ᵉ corps d'armée, à Tours, D. T., Vierzon 2 octobre; Le Général commandant le 15ᵉ corps d'armée au Général commandant la 3ᵉ division, D. T., Bourges, 2 octobre, 3 h. 15 soir). Elle comprenait donc le 3ᵉ zouaves de marche, le 32ᵉ d'infanterie de marche et le 34ᵉ mobiles.

La 3e division fut recomplétée au moyen d'une autre brigade formée avec les 27e et 34e régiments de marche d'infanterie et le 69e régiment de mobiles (1).

Le Ministre enfin ayant décidé dans les premiers jours d'octobre de créer le 16e corps d'armée, la division mixte fut appelée à en faire partie. Presque aussitôt après sa formation, cette unité avait été, d'ailleurs, détachée du 15e corps et placée, par le général de La Motterouge, sous les ordres du commandant de la 18e division militaire à Tours. Ce dernier se trouvait donc chargé d'assurer son organisation, puis ensuite de diriger ses opérations (2).

Les trois régiments d'infanterie de ligne affectés au

---

(1) Le Général commandant le 15e corps d'armée au Général commandant la 3e division du 15e corps, à Vierzon, Bourges, 5 octobre.

(2) Le Général commandant le 15e corps d'armée au Général commandant la 18e division militaire, à Tours, Tours, 17 septembre; Le même au même, Tours, 27 septembre. — A la suite de ces différentes modifications, la composition en infanterie des divisions du 15e corps se trouvait donc être la suivante :

1re *division d'infanterie.*

1re brigade..
- 38e régiment d'infanterie ;
- 1er — de zouaves de marche ;
- 12e — de mobiles (Nièvre) ;
- Ve bataillon de marche d'infanterie de la marine ;
- VIe — de marche d'infanterie de la marine ;
- VIIe — de marche d'infanterie de la marine.

2e brigade...
- 4e bataillon de chasseurs à pied de marche ;
- 1er régiment de Tirailleurs algériens de marche ;
- 29e — d'infanterie de marche ;
- 18e — de mobiles (Charente).

2e *division d'infanterie.*

1re brigade..
- 5e bataillon de chasseurs à pied de marche ;
- 39e régiment d'infanterie ;
- Régiment de la légion étrangère de marche ;
- 25e régiment de mobiles (Gironde).

Ire Armée de la Loire. — I.

15ᵉ corps étaient en Algérie. Les régiments de marche et de mobiles, organisés avant que la formation du corps d'armée ait été décidée, se trouvaient répartis dans les départements non encore envahis. Quant aux corps qui devaient être créés, il fallait, avant de les envoyer rejoindre : pour les régiments de marche, réunir des compagnies formées dans des dépôts souvent très éloignés les uns des autres ou, pour la mobile, amalgamer des bataillons mis sur pied dans différents arrondissements. En raison même de cette dispersion, la concentration des divisions d'infanterie du 15ᵉ corps d'armée fut très laborieuse.

Avant le 30 septembre, la 1ʳᵉ division ne comptait encore que les quatre compagnies qui devaient constituer le 4ᵉ bataillon de chasseurs à pied de marche (1),

2ᵉ brigade...
- 2ᵉ régiment de zouaves de marche ;
- 30ᵉ — d'infanterie de marche ;
- 29ᵉ — de mobiles (Maine-et-Loire).

3ᵉ *division d'infanterie.*

1ʳᵉ brigade..
- 6ᵉ bataillon de chasseurs à pied de marche ;
- 16ᵉ régiment d'infanterie ;
- 33ᵉ — d'infanterie de marche ;
- 32ᵉ — de mobiles (Puy-de-Dôme).

2ᵉ brigade...
- 27ᵉ régiment d'infanterie de marche ;
- 34ᵉ — —
- 69ᵉ — de mobiles (Ariège).

(1) Deux compagnies — 8ᵉ du 3ᵉ bataillon et 8ᵉ du 9ᵉ bataillon — partirent de Grenoble le 28 septembre pour Bourges, prirent part aux combats d'Orléans (10 et 11 octobre), puis se replièrent sur Bourges et Argent où elles arrivèrent le 24 octobre. Deux autres compagnies — 8ᵉ du 8ᵉ bataillon et 7ᵉ du 9ᵉ bataillon — venant de Toulouse, arrivèrent à Nevers le 27 septembre. Elles opérèrent avec la 1ʳᵉ division dans la région de Gien jusqu'au 17 octobre, date à laquelle cette division se replia sur Argent. Ce ne fut donc que le 24 octobre que le 4ᵉ bataillon de chasseurs à pied de marche fut constitué (Historique *manuscrit* du 4ᵉ bataillon de chasseurs à pied de marche).

le 29ᵉ régiment de marche (1), deux bataillons du 1ᵉʳ régiment de Tirailleurs algériens de marche (2), les 12ᵉ et 18ᵉ régiments de garde nationale mobile (3). Ce ne fut que dans le courant d'octobre que la division se compléta. Les premiers éléments du 38ᵉ régiment d'infanterie de ligne arrivèrent à Nevers le 9 octobre, les derniers ne rejoignirent que le 23 (4). Neuf compagnies du 1ᵉʳ régiment de zouaves étaient à Nevers le 1ᵉʳ octobre, mais les neuf autres ne parvinrent à Argent que les 29 et 31 octobre (5). Les trois bataillons de marche

---

(1) Formé à Bourges, le 21 septembre, le 29ᵉ de marche était dès le 23 envoyé à Orléans (Historique *manuscrit* du 29ᵉ régiment de marche).

(2) Avec des échappés de Sedan et deux détachements venant d'Algérie, on avait organisé à Saint-Cloud, vers le 15 septembre, deux bataillons de Tirailleurs d'un effectif total de 1,300 hommes. Ils furent envoyés le 18 septembre à Tours, d'où ils vinrent le 20 à Bourges. Ils en repartirent le 21 pour Orléans. Après avoir pris part aux opérations des 10-11 octobre, ces deux bataillons vinrent, le 14, à Nevers. Le 15, ils furent envoyés à Gien où ils retrouvèrent un bataillon venu d'Algérie. Avec ces différents éléments, on forma, le 17 octobre, le 1ᵉʳ régiment de Tirailleurs algériens de marche (Historique *manuscrit* du 1ᵉʳ régiment de Tirailleurs algériens de marche).

(3) Le 12ᵉ régiment de mobiles avait été formé par un décret du 22 août 1870 avec les Iᵉʳ, IIᵉ et IIIᵉ bataillons de la garde nationale mobile de la Nièvre. Le 23 septembre, il fut envoyé par voies ferrées à Orléans (Historique *manuscrit* du 12ᵉ régiment de mobiles de la Nièvre).

Le 18ᵉ régiment de mobiles avait été organisé à Angoulême par un décret du 18 août avec les trois bataillons de la garde nationale mobile de la Charente. Dirigé par voies ferrées sur Nevers en trois échelons, les 26, 27 et 28 septembre, il en repartit le 9 octobre pour Fontainebleau, mais, en cours de route, il fut arrêté à Montargis (Historique *manuscrit* du 18ᵉ régiment provisoire de mobiles de la Charente).

(4) L'état-major et sept compagnies de bataillons différents du 38ᵉ régiment d'infanterie de ligne arrivèrent à Nevers, le 9 octobre ; ils furent rejoints à Gien, le 14 octobre, par quatre compagnies et le 17 octobre par une compagnie, enfin, le 23 octobre, à Argent par les six dernières compagnies (Historique *manuscrit* du 38ᵉ de ligne).

(5) Historique *manuscrit* du 1ᵉʳ régiment de zouaves de marche.

d'infanterie de la marine débarquèrent successivement à Nevers, les 6, 7 et 10 octobre (1).

Parmi les corps affectés à la 2⁰ division d'infanterie, le 30⁰ de marche avait été formé à Moulins le 20 septembre (2) et pouvait être, par conséquent, disponible peu après. Les II⁰ et III⁰ bataillons du 29⁰ mobiles se trouvaient à Bourges le 25 septembre et ne furent rejoints que le 1ᵉʳ octobre par le Iᵉʳ bataillon (3). Deux bataillons, les Iᵉʳ et IIIᵉ, du 25ᵉ mobiles, arrivèrent à Bourges les 27 et 28 septembre ; le IIᵉ bataillon ne put gagner cette ville que le 8 octobre (4). Les quatre compagnies destinées à former le 5ᵉ bataillon de chasseurs à pied de marche étaient réunies à Nevers le 28 septembre ; elles furent ensuite transportées à Bourges, où le bataillon se constitua définitivement le 3 octobre (5).

Quant au régiment de légion étrangère de marche, le Vᵉ bataillon, formé en France, partit de Tours le 29 septembre à destination de Bourges ; il fut, le 10 octobre,

---

(1) *La Guerre de 1870-71. La Défense nationale en province. Mesures générales d'organisation*, p. 160, note 4.

(2) Historique *manuscrit* du 30⁰ de marche.

(3) Le 29ᵉ mobiles avait été formé par un décret du 28 août avec les Iᵉʳ, IIᵉ et IIIᵉ bataillons de la garde nationale mobile de Maine-et-Loire. Le Iᵉʳ bataillon fut envoyé par erreur à Rouen le 22 septembre et opéra dans la vallée de l'Andelle jusqu'au 28, date à laquelle il fut dirigé sur Bourges (Rapport du commandant du Iᵉʳ bataillon des mobiles de Maine-et-Loire).

(4) Le 25ᵉ mobiles avait été formé par un décret du 28 août avec les Iᵉʳ, IIᵉ et IVᵉ bataillons de la garde nationale mobile de la Gironde. Ce dernier bataillon eut le numéro III dans le 25ᵉ mobiles. Le IIᵉ bataillon ne put partir avec les deux autres parce que son habillement n'était pas terminé (Historique *manuscrit* du 25ᵉ régiment de mobiles).

(5) Les deux compagnies venant du dépôt du 16ᵉ bataillon de chasseurs (Besançon) furent envoyées de Nevers à Bourges le 30 septembre ; les deux compagnies venant du dépôt du 4ᵉ bataillon de chasseurs (Chambéry) ne firent ce mouvement que le 3 octobre (Historique *manuscrit* du 5ᵉ bataillon de chasseurs à pied de marche).

envoyé à Orléans. Les Ier et IIe bataillons, organisés en Algérie, arrivèrent de leur côté à Bourges le 13 octobre, mais le régiment ne fut réuni que le 21 à Pierrefitte (1).

Les autres corps ne commencèrent à arriver que dans le courant d'octobre. Un premier détachement du 39e de ligne, comprenant quatre compagnies et demie, était à Bourges, le 4 octobre ; il fut rejoint, le 11, à Salbris, par onze compagnies et demie, et les deux dernières compagnies ne retrouvèrent le régiment que le 2 novembre à Mer (2). Neuf compagnies du 2e régiment de zouaves de marche étaient à Bourges dans les premiers jours d'octobre ; trois autres compagnies complétèrent, le 29 octobre, à Mer, le IIe bataillon ; enfin, le IIIe bataillon ne rejoignit que le 15 novembre à Gidy (3).

Le 28 septembre, la 1re brigade de la 3e division comptait à Vierzon le 33e de marche (4) et deux bataillons du 32e mobiles. Le troisième bataillon de ce dernier régiment n'arriva dans cette ville que le 6 octobre (5). Le 6e bataillon de chasseurs à pied de marche s'y était constitué dans les derniers jours de septembre (6).

---

(1) *La Guerre de 1870-71. La Défense nationale en province. Mesures générales d'organisation*, p. 150 ; Historique *manuscrit* des Ier, IIe et Ve bataillons du régiment étranger.

(2) Historique *manuscrit* du 39e de ligne.

(3) Historique *manuscrit* du 2e régiment de zouaves de marche.

(4) Organisé à Nevers le 24 septembre, le 33e de marche en partit le 26, pour se rendre par étapes à Vierzon (Historique *manuscrit* du 33e régiment de marche).

(5) Le 32e mobiles avait été formé par un décret du 28 août avec les IIe, IIIe et IVe bataillons de la garde nationale mobile du Puy-de-Dôme. Les IIe et IIIe bataillons firent partie des bataillons de mobiles répartis sur deux lignes le 21 septembre et envoyés, en conséquence, à Châtillon-sur-Seine et à Troyes.

Le IIe bataillon revint à Vierzon le 28 septembre et le IIIe le 6 octobre. Entre temps, le IVe bataillon avait été envoyé directement de Riom à Vierzon le 25 septembre (Historique *manuscrit* du 32e mobiles).

(6) Les 8es compagnies des 12e et 14e bataillons de chasseurs à pied

Au 16ᵉ de ligne, deux bataillons, moins une compagnie, débarquèrent à Vierzon le 15 octobre, et le reste du régiment ne rejoignit que le 4 novembre à Villexanton (1).

Les 27ᵉ et 34ᵉ régiments de marche et le 69ᵉ régiment de mobiles, désignés pour remplacer à la 2ᵉ brigade ceux qui, le 2 octobre, avaient été envoyés dans l'Est, se réunirent à Vierzon les 7 et 8 octobre. Toutefois, jusqu'au 17 novembre, le 69ᵉ mobiles ne comprit que deux bataillons (2).

Cavalerie. — Quant aux régiments de cavalerie, en dehors de ceux composant la division du général Reyau, l'intention première du général de La Motterouge avait été, conformément aux instructions du Ministre, de les grouper en une deuxième division et une brigade indépendante rattachées au 15ᵉ corps d'armée et en une brigade affectée à la division mixte de Tours (3).

Mais, dès le 17 septembre, un ordre venu de Paris

---

partirent le 21 septembre d'Auxonne pour Vierzon, où arrivèrent peu après la 8ᵉ compagnie et la 1ʳᵉ compagnie provisoires du 5ᵉ bataillon de chasseurs à pied venant de Rennes. La formation du 6ᵉ bataillon de marche fut achevée le 1ᵉʳ octobre (Rapport sur les diverses affaires auxquelles a pris part le 6ᵉ bataillon de chasseurs à pied de marche).

(1) Historique *manuscrit* du 16ᵉ de ligne.

(2) Le 27ᵉ de marche, formé à Lyon le 28 août, en partit le 7 octobre pour Vierzon, où il arriva le lendemain (Historique *manuscrit* du 27ᵉ de marche).

Le 34ᵉ avait été constitué à Limoges le 3 octobre. Il était à Vierzon avant le 9 octobre (Historique *manuscrit* du 34ᵉ de marche).

Le 69ᵉ mobiles fut formé le 4 octobre 1870 avec les deux bataillons de la garde nationale mobile de l'Ariège qui, depuis le 25 septembre, se trouvaient à Moulins, en exécution de la prescription du 21 septembre répartissant les bataillons de mobiles sur deux lignes (*La Guerre de 1870-71. La Défense nationale en province. Mesures générales d'organisation*, p. 599). Le 17 novembre, le régiment fut formé à 3 bataillons.

(3) Le Général commandant le 15ᵉ corps d'armée au Ministre de la

prescrivait que le 7ᵉ régiment de chasseurs serait envoyé à Belfort et remplacé à la brigade du général de Nansouty par le 1ᵉʳ régiment de chasseurs de marche (1).

Dans ces conditions, le général de La Motterouge modifia la répartition de ses régiments de cavalerie. Le général Michel eut sous ses ordres une brigade à trois régiments (2ᵉ et 5ᵉ lanciers et 3ᵉ dragons de marche), et

---

Guerre, Tours, 17 septembre. — La répartition des régiments de cavalerie aurait été la suivante :

Cavalerie du 15ᵉ corps d'armée.

1ʳᵉ division de cavalerie (général Reyau) :
    Brigade du général Ducoulombier : 6ᵉ régiment de hussards, 6ᵉ régiment de dragons.
    Brigade du général Ressayre : 9ᵉ régiment de cuirassiers, 1ᵉʳ régiment de cuirassiers de marche.
2ᵉ division de cavalerie (général Michel) :
    1ʳᵉ brigade : 5ᵉ régiment de lanciers, 1ᵉʳ régiment de chasseurs de marche.
    2ᵉ brigade : 2ᵉ régiment de lanciers, 3ᵉ régiment de dragons de marche.
Brigade de cavalerie indépendante (général de Nansouty) :
    7ᵉ et 11ᵉ régiments de chasseurs.

Division mixte.

Brigade de cavalerie (général Tripard) : 1ᵉʳ régiment de hussards de marche, 2ᵉ régiment de cavalerie mixte de marche.

En même temps, le général de La Motterouge rendait compte des emplacements qu'il assignait aux troupes de cavalerie affectées à son corps d'armée. La division du général Reyau tiendrait Blois (2ᵉ brigade) et Artenay (1ʳᵉ brigade). La division du général Michel aurait sa 1ʳᵉ brigade à Gien et sa 2ᵉ à La Charité. La brigade du général de Nansouty viendrait à Bourges et celle du général Tripard à Tours.

L'intention du commandant du 15ᵉ corps d'armée était d'employer cette cavalerie pour s'éclairer à grande distance (Le Général commandant le 15ᵉ corps d'armée au Général commandant la 19ᵉ division militaire, à Bourges, Tours, 19 septembre).

(1) Le Ministre de la Guerre au Secrétaire général de la Guerre, à Tours, Paris, 17 septembre.

le général de Nansouty une brigade à deux régiments (11e chasseurs et 1er chasseurs de marche). Ces deux unités formaient, avec la division du général Reyau, la cavalerie du 15e corps d'armée. Quant à la brigade du général Tripard, elle ne comprit plus que deux régiments (1er hussards de marche et 2e régiment de cavalerie mixte de marche) ; elle fut affectée à la division mixte.

Le 20 septembre, le Ministre de la Guerre approuvait les propositions que lui avait faites le général de La Motterouge, concernant la répartition de la cavalerie sur la Loire, pour couvrir le rassemblement du 15e corps d'armée. Il prenait, en conséquence, les dispositions suivantes : la 2e brigade de la division du général Reyau, qui, en vertu d'ordres antérieurs, se dirigeait sur Tours, était arrêtée à Blois. L'autre brigade de la division était envoyée à Artenay, au Nord d'Orléans. Quant aux autres unités formant la cavalerie du 15e corps, elles devaient quitter leurs garnisons par voies ferrées le 24 septembre, de manière à se trouver le 25 ou le 26, la brigade du général Michel sur la Loire à Gien et à La Charité, la brigade du général de Nansouty à Bourges, et la brigade du général Tripard à Tours. Dès leur arrivée aux points de concentration qui leur étaient fixés, ces troupes étaient à la disposition du général de La Motterouge (1).

---

(1) Le Ministre de la Guerre au Général commandant le 15e corps d'armée, à Tours, Tours, 20 septembre ; Le même au Général commandant la 18e division militaire, à Tours, Tours, 20 septembre. — En principe, les 2e et 5e lanciers devaient tenir Gien, et le 3e dragons de marche La Charité. Mais le général Michel, désirant, en raison de la nature du terrain, avoir à Gien des cavaliers armés de carabines, il fut décidé que le 2e lanciers se rendrait à La Charité et que le 3e dragons de marche viendrait à Gien avec le 5e lanciers (Le Général commandant le 15e corps d'armée au Ministre de la Guerre, à Tours, Tours, 22 septembre).

Les régiments de la brigade du général de Nansouty ne partirent

Artillerie. — Ce fut le 20 septembre que le Ministre de la Guerre fit connaître au général de La Motterouge les ressources en artillerie qui pouvaient, pour le moment, être mises à sa disposition.

L'artillerie du 15e corps devait, en principe, comprendre trois batteries montées de 4 rayé de campagne par division d'infanterie et une réserve de six batteries montées de 8 rayé de campagne et de deux batteries à cheval de 4 rayé de campagne. Ces deux dernières batteries étaient à quatre pièces seulement (1).

Des ordres furent en outre donnés, le 28 septembre, pour qu'une batterie montée de 4 fût envoyée à Tours à

---

pour Bourges que le 26 septembre (Le Ministre de la Guerre au Général commandant la 19e division militaire, à Bourges, D. T., Tours, 23 septembre). On sait que le 11e chasseurs s'était reconstitué à Avignon. Quant au 1er chasseurs de marche, il avait été organisé à Tarascon.

On rappelle que le 2e lanciers avait été envoyé à Pontivy et le 5e lanciers à Poitiers pour s'y reformer. En ce qui concerne les autres régiments de cavalerie désignés pour le 15e corps, le 3e dragons de marche s'était constitué à Limoges, le 1er hussards de marche à Castres, et le 2e régiment de cavalerie mixte de marche à Tarbes.

(1) Le Ministre de la Guerre au Général commandant le 15e corps d'armée, à Tours, et au Général commandant l'artillerie du 15e corps, à Tours, Tours, 20 septembre. — La composition de l'artillerie du 15e corps d'armée, telle qu'elle était prévue le 20 septembre, devait être la suivante :

1re division : 18es batteries montées des 2e, 6e et 13e régiments ;

2e division : 18es batteries montées des 9e et 12e régiments et 11e batterie montée du régiment monté de la Garde.

3e division : 18es batteries montées des 7e, 10e et 14e régiments.

Réserve d'artillerie : batteries montées de 8 rayé de campagne : 13e, 14e, 15e et 16e batteries du 3e régiment, 19e batterie du 2e régiment et 11e batterie du 6e régiment; batteries à cheval de 4 rayé de campagne : 14es batteries des 18e et 19e régiments (Note de la 4e direction pour la 1re direction, Tours, 21 septembre).

Les 15e et 16e batteries du 3e régiment étaient des batteries mixtes,

la disposition du général commandant la 18ᵉ division militaire, pour entrer dans la composition de la division mixte (1).

Sauf deux batteries montées de 8 de la réserve d'artillerie, qui reçurent l'ordre de se rendre dans l'Est avant même d'avoir quitté le dépôt où elles s'organisaient (2), toutes les autres batteries affectées au 15ᵉ corps avaient, pour le 1ᵉʳ octobre, rallié leurs divisions à Nevers, Bourges et Vierzon, ou constitué la réserve d'artillerie à Bourges (3).

D'autre part, la 2ᵉ brigade de la 3ᵉ division, désignée

---

c'est-à-dire qu'elles étaient attelées par des compagnies du train d'artillerie.

Pour l'organisation et la composition de ces différentes batteries, Cf. *La Guerre de 1870-1871. La Défense nationale en province. Mesures générales d'organisation*, p. 246.

(1) Cette batterie était la 18ᵉ batterie montée de 4 rayé de campagne du 8ᵉ régiment (Le Ministre de la Guerre au Général commandant la 16ᵉ division militaire, à Rennes, D. T., Tours, 28 septembre).

(2) Le Ministre de la Guerre au Lieutenant-Colonel chargé du service du matériel d'artillerie, à Tours, Tours, 18 septembre. — Les batteries de la réserve d'artillerie du 15ᵉ corps envoyées dans l'Est étaient les 13ᵉ et 14ᵉ batteries du 3ᵉ régiment.

(3) La batterie $\frac{18^e}{2^e}$ arriva à Nevers le 30 septembre (Historique *manuscrit* du 2ᵉ régiment d'artillerie). — La batterie $\frac{18^e}{6^e}$ partit de Grenoble le 28 septembre et, après avoir reçu son matériel à Lyon, continua sur Nevers par voies ferrées (Historique *manuscrit* du 6ᵉ régiment d'artillerie). La batterie $\frac{18^e}{13^e}$, organisée à Bourges, fut dirigée sur Orléans le 23 septembre (Historique *manuscrit* du 13ᵉ régiment d'artillerie). La batterie $\frac{18^e}{9^e}$ arriva à Bourges le 28 septembre (Historique *manuscrit* du 9ᵉ régiment d'artillerie). La batterie $\frac{18^e}{12^e}$ partit de Lyon pour Bourges le 1ᵉʳ octobre (Historique *manuscrit* du 12ᵉ régiment d'artillerie). La 14ᵉ batterie mixte du régiment monté de la Garde fut

le 2 octobre, comme on l'a vu plus haut, pour se rendre à Épinal, devait emmener avec elle une des batteries de la division (1).

Par décision du 6 octobre, les trois unités envoyées dans l'Est furent remplacées peu après par deux batteries montées de 8, qui arrivèrent à Salbris, les 14 et 15 octobre, pour recompléter la réserve d'artillerie, et par une batterie montée de 4, qui rejoignit la 3ᵉ division à Vierzon le 8 octobre. En même temps, une troisième batterie à cheval, à quatre pièces de 4 rayé de campagne, était affectée à la réserve d'artillerie du 15ᵉ corps d'armée, qu'elle rallia le 13 octobre à la Ferté-Saint-Aubin (2).

---

formée à Bourges et envoyée le 23 septembre à Orléans, où elle acheva de s'organiser (Historique *manuscrit* du régiment d'artillerie montée de la Garde). La batterie $\frac{18^e}{7^e}$ arriva à Vierzon le 28 septembre (Historique *manuscrit* du 7ᵉ régiment d'artillerie). La batterie $\frac{18^e}{10^e}$ y était arrivée le 25 septembre (Historique *manuscrit* du 10ᵉ régiment d'artillerie). La batterie $\frac{18^e}{14^e}$ y débarqua dans la nuit du 29 au 30 septembre (Historique *manuscrit* du 14ᵉ régiment d'artillerie). Les batteries $\frac{15^e}{3^e}$ et $\frac{16^e}{3^e}$ partirent de Lyon pour Bourges le 25 septembre (Journal des opérations et mouvements des 15ᵉ et 16ᵉ batteries mixtes du 3ᵉ régiment d'artillerie). Les batteries $\frac{19^e}{2^e}$ et $\frac{11^e}{6^e}$ arrivèrent à Bourges le 1ᵉʳ octobre (Journal de marche de la 19ᵉ batterie du 2ᵉ régiment d'artillerie; Historique *manuscrit* du 6ᵉ régiment d'artillerie). Les batteries $\frac{14^e}{18^e}$ et $\frac{14^e}{19^e}$ étaient à Bourges le 28 septembre (Historiques *manuscrits* des 18ᵉ et 19ᵉ régiments d'artillerie).

(1) Cette batterie fut la $\frac{18^e}{14^e}$, qui partit de Vierzon le 2 octobre par voies ferrées à destination d'Épinal (Historique *manuscrit* du 14ᵉ régiment d'artillerie).

(2) Note de la 4ᵉ direction (artillerie) pour la 1ʳᵉ direction (Corres-

Le chiffre de 17 batteries, attribuées au 15ᵉ corps d'armée le 20 septembre (1), avait été calculé d'après les ressources alors disponibles. A ce moment déjà, l'intention du Ministre de la Guerre était de l'accroître lorsque les circonstances le permettraient. Il comptait, en effet, affecter à chaque division d'infanterie une batterie de canons à balles, et doter la réserve d'ar-

---

pondance générale), Tours, 6 octobre ; Historiques *manuscrits* des 2ᵉ, 6ᵉ, 15ᵉ et 19ᵉ régiments d'artillerie.

Les batteries nouvelles envoyées au 15ᵉ corps étaient : la $\frac{20^e}{2^e}$ et la $\frac{12^e}{6^e}$, batteries montées, servant du 8 rayé de campagne, et la $\frac{15^e}{19^e}$, batterie à cheval, servant du 4 rayé de campagne, affectées à la réserve d'artillerie ; la $\frac{18^e}{15^e}$ batterie montée, servant du 4 rayé de campagne, affectée à la 3ᵉ division.

(1) Les deux batteries à cheval ne comptant que 4 pièces, ces 17 batteries donnaient un total de 98 bouches à feu. Le 15ᵉ corps, ayant un effectif d'au moins 60,000 hommes d'infanterie, disposait donc d'un peu plus d'une pièce et demie par 1,000 fantassins.

On rappelle que, dans les forces constituées au début de la campagne, la proportion d'artillerie était la suivante :

Par division d'infanterie : trois batteries (deux de 4 rayé et une de canons à balles).

Par corps d'armée : une réserve d'artillerie comprenant six ou huit batteries, selon que le corps d'armée était à trois ou quatre divisions. La réserve d'artillerie d'un corps d'armée comprenait toujours deux batteries de 12 rayé; le reste — quatre ou six batteries — était des batteries de 4 rayé. La division de cavalerie de la Garde possédait en outre deux batteries de 4.

Pour l'ensemble de l'armée : une réserve générale d'artillerie de seize batteries (huit de 12 rayé et huit de 4 rayé).

Si l'on ne tient compte que de l'artillerie affectée à chaque corps d'armée, il y avait donc cinq batteries par division d'infanterie. En tablant pour chaque division sur un effectif moyen de 8,000 fantassins, on obtient une proportion de 3,7 pièces par 1,000 hommes.

« A Sedan, il y avait 480 bouches à feu pour 110,000 à 120,000 hommes, soit 4 par 1,000 hommes » (Note sans date du colonel Thoumas).

tillerie de quelques batteries de 12 rayé « destinées à servir de batteries de position ». Il se proposait également de mettre deux nouvelles batteries à cheval de quatre pièces à la disposition du commandant du 15ᵉ corps d'armée ; ce dernier pourrait ainsi adjoindre de l'artillerie aux brigades de cavalerie opérant isolément (1).

La dotation en artillerie ne cessa pas cependant de préoccuper le haut commandement du 15ᵉ corps. Ce dernier pensait que l'ennemi disposait d'une proportion d'artillerie bien supérieure à la sienne, et qu'il avait en outre l'avantage de posséder des pièces d'un calibre plus fort. Il estimait aussi qu'en raison de son incapacité manœuvrière, l'infanterie du 15ᵉ corps devait recevoir au combat un appui sérieux de la part de son artillerie. A différentes reprises, il demanda donc au Ministre d'augmenter le nombre des pièces et proposa même certaines mesures pour réaliser cet accroissement (2).

On connaît les raisons qui empêchèrent le Ministre de donner satisfaction à ces demandes ou à ces propositions (3). Il fit d'ailleurs savoir au général de La Motterouge qu'au cas où il augmenterait sa réserve d'artillerie,

---

(1) Le Ministre de la Guerre au Général commandant le 15ᵉ corps d'armée, à Tours, et au Général commandant l'artillerie du 15ᵉ corps, à Tours, Tours, 20 septembre.

(2) Le Général commandant la 1ʳᵉ division du 15ᵉ corps au Ministre de la Guerre, Nevers, 30 septembre ; Le Général commandant le 15ᵉ corps d'armée au Ministre de la Guerre, Bourges, 3 octobre. — Le général de Blois, commandant l'artillerie du 15ᵉ corps, dans une lettre adressée le 3 octobre au général de La Motterouge, estimait qu'il fallait au moins 3 pièces par 1,000 hommes, soit un total de 180 bouches à feu pour l'ensemble du corps d'armée (Général de Blois, *L'Artillerie du 15ᵉ corps pendant la Campagne de 1870-1871*, p. 11).

(3) En ce qui concerne les expédients proposés par les généraux du 15ᵉ corps pour augmenter l'artillerie et les raisons qui empêchèrent le Ministre d'y donner satisfaction, Cf. *La Guerre de 1870-71. La Défense nationale en province*, etc., p. 249 et suiv.

il ne lui enverrait que des batteries de 8 au lieu des batteries de 12 qu'il avait annoncées précédemment. Cette décision avait été prise « afin de ne pas multiplier les calibres et pour éviter les erreurs et encombrements auxquels pourrait donner lieu.... un trop grand nombre de voitures chargées de munitions de diverses espèces ». Le renforcement de la réserve d'artillerie du 15ᵉ corps se limiterait, en outre, à deux batteries montées de 8 et à une batterie à cheval de 4. Quant aux artilleries divisionnaires, la fabrication des canons à balles ne permettrait d'envoyer au 15ᵉ corps pour le moment qu'une seule batterie de ce genre (1).

En réalité, avant la fin d'octobre, le 15ᵉ corps reçut

---

(1) Le Ministre de la Guerre au Général commandant le 15ᵉ corps d'armée, à Bourges, Tours, 4 octobre; Le même au même, Tours, 5 octobre. — Le Ministre estimait que, dans ces conditions, le 15ᵉ corps d'armée disposerait de 134 bouches à feu, auxquelles il pourrait adjoindre au besoin deux batteries de 4 rayé attachées à la défense de Bourges, c'est-à-dire 12 pièces supplémentaires.

Ce chiffre de 134 bouches à feu était d'ailleurs supérieur à la réalité. En effet, au 5 octobre, après l'envoi de trois batteries dans l'Est, le 15ᵉ corps ne disposait plus que des unités suivantes :

Artillerie divisionnaire. — 1ʳᵉ division : trois batteries montées de 4 $\left(\frac{18^e}{2^e}, \frac{18^e}{6^e}, \frac{18^e}{13^e}\right)$; 2ᵉ division : trois batteries montées de 4 $\left(\frac{18^e}{9^e}, \frac{18^e}{12^e}, \frac{14^e}{\text{Garde}}\right)$; 3ᵉ division : deux batteries montées de 4 $\left(\frac{18^e}{7^e}, \frac{18^e}{10^e}\right)$. Soit huit batteries.

Réserve d'artillerie. — Quatre batteries montées de 8 $\left(\frac{15^e}{3^e}, \frac{16^e}{3^e}, \frac{19^e}{2^e}, \frac{11^e}{6^e}\right)$; deux batteries à cheval de 4 $\left(\frac{14^e}{18^e}, \frac{14^e}{19^e}\right)$ à quatre pièces. Soit six batteries.

La note précitée du 6 octobre annonçait, en outre, pour l'artillerie divisionnaire de la 3ᵉ division, une batterie montée de 4 $\left(\frac{18^e}{15^e}\right)$; pour une batterie de canons à balles (1) et deux batteries montées de 8 (2). La première rejoignit la 1re division le 15 octobre à Gien ; les deux autres quittèrent Bourges le 19 pour rallier la réserve d'artillerie à Argent.

Le 5 novembre, une batterie de canons à balles fut encore affectée à la réserve d'artillerie qu'elle rejoignit le 11 (3). En outre, dans le courant du même mois, le

---

la réserve d'artillerie, deux batteries montées de 8 $\left(\frac{20^e}{2^e}, \frac{12^e}{6^e}\right)$ et une batterie à cheval de 4 $\left(\frac{15^e}{19^e}\right)$ à quatre pièces. Soit quatre batteries.

Enfin, les renforcements annoncés le 5 octobre se limitaient à une batterie de canons à balles, deux batteries montées de 8, une batterie à cheval de 4. Soit quatre batteries.

En comptant les 4 batteries à cheval à 4 pièces, ce total de 22 batteries ne donnait que 124 pièces.

(1) 9e batterie du 12e régiment. Cette batterie échappée de Sedan avait été envoyée à Sathonay pour se reconstituer. Elle partit le 2 octobre pour Nantes, où elle compléta son matériel. Le 24 octobre, elle reçut une 4e section de canons à balles (Le Ministre de la Guerre au Commandant des batteries du camp de Sathonay, à Lyon, D. T., Tours, 30 septembre; Le Ministre de la Guerre au Général commandant la 15e division militaire, à Nantes, Tours, 3 octobre; *Historique du 12e régiment d'artillerie*, p. 162-163).

(2) 29e et 30e batteries du régiment d'artillerie de la marine $\left(\frac{29^e}{A.M.}\right.$ et $\left.\frac{30^e}{A.M.}\right)$. Ces deux batteries étaient des batteries mixtes ; elles étaient attelées par les 3e et 17e compagnies bis du 1er régiment du train d'artillerie (Le Ministre de la Guerre au Général commandant le 15e corps d'armée, à Vierzon, Tours, 15 octobre). En raison des pertes qu'elle éprouva lors de la deuxième évacuation d'Orléans, la $\frac{29^e}{A.M.}$ fut dissoute le 11 décembre 1870 (Historique *manuscrit* du 1er régiment du train d'artillerie).

(3) 20e batterie du 7e régiment. Cette batterie partit de Rennes le 24 octobre pour Nantes où elle devait s'exercer à la manœuvre du canon à balles. Elle reçut son matériel le 5 novembre et fut dirigée le jour même par voies ferrées sur Tours. Elle y séjourna jusqu'au 9,

15ᵉ corps d'armée reçut quatre batteries de 4 de montagne qui furent réparties entre les 1ʳᵉ et 2ᵉ divisions d'infanterie (1).

Enfin, le 11 décembre, une quatrième batterie à cheval rejoignit la réserve d'artillerie du 15ᵉ corps à la Chapelle-des-Ursins, près de Bourges (2).

L'artillerie du 15ᵉ corps d'armée comprenait, en outre, un parc d'artillerie et un équipage de pont.

Le parc d'artillerie se composait de trois réserves divisionnaires et d'un parc proprement dit.

Le matériel fut préparé et chargé à la direction d'artillerie de Bourges; il était disponible dès le 20 septembre. C'est également à Bourges que furent organisés les détachements du train d'artillerie destinés à atteler les

---

étant alors affectée au 17ᵉ corps d'armée. Le 10, elle fut dirigée sur le 15ᵉ corps, à Orléans (Historique *manuscrit* du 7ᵉ régiment d'artillerie).

(1) 1ʳᵉˢ batteries de montagne des 9ᵉ, 12ᵉ, 13ᵉ et 14ᵉ régiments. Les $\frac{1^{re} M.}{9^e}$ et $\frac{1^{re} M.}{12^e}$ rejoignirent le 15ᵉ corps à Orléans, le 20 novembre; la $\frac{1^{re} M.}{13^e}$ rejoignit au même endroit le 30 novembre, et la $\frac{1^{re} M.}{14^e}$ à Chilleurs, le 2 décembre. Les trois premières, $\frac{1^{re} M.}{9^e}$, $\frac{1^{re} M.}{12^e}$ et $\frac{1^{re} M.}{13^e}$, furent affectées à la 1ʳᵉ division, et la quatrième, $\frac{1^{re} M.}{14^e}$, à la 2ᵉ division. Le 6 décembre, la $\frac{1^{re} M.}{13^e}$ passa de la 1ʳᵉ division à la 2ᵉ. Le 23 décembre, la $\frac{1^{re} M.}{9^e}$ et la $\frac{1^{re} M.}{12^e}$ passèrent à l'armée des Vosges (Historiques *manuscrits* des 9ᵉ, 13ᵉ et 14ᵉ régiments d'artillerie; *Historique du 12ᵉ régiment d'artillerie*, p. 165 et 202).

(2) 18ᵉ batterie à cheval du 19ᵉ régiment. Cette batterie partit de Valence le 1ᵉʳ décembre, appartint d'abord à la réserve d'artillerie du 16ᵉ corps, puis, le 11 décembre, elle fut classée définitivement à la réserve d'artillerie du 15ᵉ corps (Historique *manuscrit* du 19ᵉ régiment d'artillerie).

réserves. Ces formations furent mises à la disposition du 15e corps le 24 septembre (1).

L'approvisionnement en munitions d'une réserve divisionnaire était de 285,120 cartouches pour fusil modèle 1866 (2).

Le parc d'artillerie du 13e corps constitua le noyau du parc proprement dit du 15e corps (3). Son commandant reçut, le 20 septembre, l'ordre de supprimer tout ce qui

---

(1) Le Ministre de la Guerre au Général commandant l'artillerie dans la 19e division militaire, à Bourges, Tours, 17 septembre ; Le même au Colonel directeur du parc du 13e corps d'armée, Tours, 20 septembre ; Le Directeur de l'artillerie de la 19e division militaire au Ministre de la Guerre, à Tours, Bourges 20 septembre ; Le Ministre de la Guerre au Général commandant le 15e corps d'armée, à Tours, Tours, 24 septembre ; Le Général commandant l'artillerie du 15e corps au Ministre de la Guerre, à Tours, Bourges, 11 octobre. — Le matériel roulant de chaque réserve divisionnaire se composait de 10 caissons modèle 1827 avec coffres modèle 1840, d'un chariot de batterie modèle 1833 et d'un chariot de batterie modèle 1827 pour les bagages. Les caissons étaient attelés à 6 chevaux, le premier chariot de batterie à 4 chevaux et le deuxième à 2 chevaux.

Le détachement du train d'artillerie destiné à atteler une réserve divisionnaire de corps d'armée se composait d'un sous-lieutenant ou adjudant, commandant, et de 52 hommes (2 maréchaux des logis, 4 brigadiers, 44 conducteurs, 1 maréchal ferrant et 1 trompette) et 81 chevaux, dont 72 de trait.

Les réserves divisionnaires du 15e corps d'armée furent attelées par des détachements fournis par le 2e régiment d'artillerie, savoir : 1re division, détachement de la 14e compagnie bis, commandé par un adjudant ; 2e division, détachement de la 14e compagnie principale, commandé par un adjudant ; 3e division, détachement de la 16e compagnie principale, commandé par un adjudant.

Ces compagnies attelaient déjà les réserves divisionnaires restées à Paris avec le 13e corps et fournissaient en outre les attelages du parc proprement dit.

(2) Chaque caisson des réserves divisionnaires (caisson modèle 1827 avec coffres modèle 1840) transportait 28,512 cartouches modèle 1866.

(3) Le parc d'artillerie du 13e corps était revenu à Vincennes le 6 septembre. Il resta à Paris les 9, 10 et 11 septembre. Le 12, il partit, sans

concernait le matériel de 12 et de le remplacer par des approvisionnements pour matériel de 8. Il devait aussi augmenter les approvisionnements pour matériel de 4, proportionnellement au nombre de batteries de ce calibre affectées au 15ᵉ corps d'armée. En prévision de l'envoi prochain de batteries de canons à balles, il devait conserver les chariots portant les munitions de réserve de ces batteries (1). Le parc du 14ᵉ corps et les directions d'artillerie de Rennes et de Tours devaient lui fournir le nécessaire pour atteindre ce résultat (2).

Ces changements une fois effectués, le parc d'artillerie du 15ᵉ corps devait transporter 5,064 coups pour canons de 4, 5,228 coups pour canons de 8, 6,912 coups de 25 cartouches pour canons à balles, 598,652 cartouches modèle 1866 et 21,456 cartouches modèle 1863 (3).

---

les réserves divisionnaires, par étapes pour Tours, où il arriva le 20 septembre (Note fournie le 1ᵉʳ décembre 1871 par le Colonel directeur du parc du 13ᵉ corps, devenu parc du 15ᵉ corps).

(1) Le 13ᵉ corps d'armée comprenait comme artillerie : artilleries divisionnaires, 6 batteries de 4, 3 batteries de canons à balles; réserve d'artillerie, 2 batteries de 4, 4 batteries de 12; c'est-à-dire 8 batteries de 4, 4 batteries de 12 et 3 batteries de canons à balles (*La Guerre de 1870-71. L'Armée de Châlons*, t. III, p. 377).

Le parc du 15ᵉ corps était au contraire organisé pour 9 batteries divisionnaires de 4 rayé de campagne, 2 batteries à cheval à 4 pièces de 4 rayé de campagne et 6 batteries de 8 rayé de campagne (Composition détaillée du parc d'un corps d'armée composé de 3 divisions, 15ᵉ corps).

(2) Le Ministre de la Guerre aux Directeurs des parcs des 13ᵉ et 14ᵉ corps d'armée, Tours, 20 septembre; Le même aux Directeurs d'artillerie, à Lyon et à Rennes, Tours, 20 septembre. — Le parc du 14ᵉ corps d'armée avait suivi le parc du 13ᵉ corps dans son mouvement par étapes de Paris à Tours.

(3) En dehors du matériel prévu pour rechanges et réparations, le parc du 15ᵉ corps transportait en effet les munitions suivantes :

Munitions pour canons de 4 : 6 affûts de rechange de 4 (6 coffres d'avant-train à 40 coups, soit 240 coups; 6 coffrets d'affût à 4 coups,

Le parc du 15ᵉ corps avait été organisé pour réapprovisionner neuf batteries montées de 4 de campagne à six pièces, deux batteries à cheval de 4 à quatre pièces et six batteries montées de 8 de campagne à six pièces.

soit 24 coups); 40 caissons modèle 1858, à 120 coups, soit 4,800 coups. Total : 5,064 coups.

Munitions pour canons de 8 : 6 affûts de rechange de 8 (6 coffres d'avant-train à 24 coups), soit 144 coups ; 72 caissons modèle 1827 à 72 coups, soit 5,184 coups. Total : 5,328 coups.

Munitions pour canons à balles : 12 chariots de parc à 576 coups, soit 6,912 coups.

Cartouches modèle 1866 : 21 caissons modèle 1827 à 28,512 cartouches, soit 598,652 cartouches.

Cartouches modèle 1863 : 1 caisson modèle 1827 à 21,456 cartouches.

Non compris les réserves divisionnaires, le parc d'artillerie formait un total de 173 voitures, dont 117 à 6 chevaux et 56 à 4 chevaux (Composition détaillée du parc d'un corps d'armée composé de 3 divisions, 15ᵉ corps).

Le personnel du parc se composait, en dehors d'un colonel directeur et d'un chef d'escadron sous-directeur, de deux gardes d'artillerie, d'un contrôleur, de deux ouvriers d'état et d'un chef artificier, d'un détachement à pied du régiment d'artillerie de la marine et d'un détachement de la 6ᵉ compagnie d'ouvriers d'artillerie. Le parc du 15ᵉ corps était attelé par cinq compagnies du train d'artillerie (5ᵉ bis et 16ᵉ bis du 1ᵉʳ régiment du train d'artillerie, 14ᵉ principale, 14ᵉ bis et 16ᵉ principale du 2ᵉ régiment du train d'artillerie) (15ᵉ corps. Personnel du parc). La 5ᵉ compagnie bis du 1ᵉʳ régiment du train d'artillerie ne comptait pas au parc d'artillerie du 13ᵉ corps lors de sa formation. Elle lui fut passée seulement à Tours par le parc du 14ᵉ corps pour atteler le supplément de voitures, lors de l'organisation du parc du 15ᵉ corps (Note fournie le 1ᵉʳ décembre 1871 par le directeur du parc du 13ᵉ corps, devenu parc du 15ᵉ corps).

Le 2 octobre, le parc d'artillerie du 15ᵉ corps expédia par voies ferrées, de Bourges à Épinal, un détachement comprenant : 1 maréchal des logis, 1 brigadier, 24 conducteurs, 42 chevaux, 6 caissons de munitions de 4 et 4 caissons de cartouches modèle 1866. Ces éléments furent remplacés peu après (Ordre du Commandant de l'artillerie du 15ᵉ corps, 2 octobre; Le Général commandant le 15ᵉ corps d'armée au Général commandant l'artillerie du 15ᵉ corps, 4 octobre).

Ce détachement accompagnait la brigade d'infanterie et les batteries

Pour les cartouches, on avait tablé sur un effectif de 60,000 fantassins (1).

Mais on sait que, dans le courant du mois d'octobre, l'artillerie du 15ᵉ corps arriva à comprendre neuf batteries montées de 4 à six pièces, trois batteries à cheval de 4 à quatre pièces, huit batteries de 6 à six pièces et une batterie de canons à balles. D'autre part, la nécessité où l'on avait été amené de créer des compagnies de plus de 200 hommes et de former des divisions qui comptaient, la première, vingt-deux bataillons et les deux autres dix-neuf, avait eu pour conséquence de porter l'effectif du 15ᵉ corps à environ 70,000 fantassins.

Dans ces conditions, le 15ᵉ corps se trouvait doté, en comptant l'approvisionnement des batteries, de 247 coups par pièce de 4, 283 coups par pièce 8 et de 1,476 coups de 25 cartouches par canon à balles (2).

Quant aux munitions d'infanterie, chaque homme armé du fusil modèle 1866 portait 90 cartouches et, en outre, disposait à peu près de 12 cartouches aux réserves

---

d'artillerie, qui, comme on l'a vu plus haut (p. 16 et 26), devaient aller renforcer les troupes chargées de la défense des Vosges.

(1) Composition détaillée du parc d'un corps d'armée à 3 divisions, 15ᵉ corps ; Le Général commandant l'artillerie du 15ᵉ corps au Général chef d'état-major du 15ᵉ corps, 2 octobre.

(2) Ces chiffres résultent des données suivantes :

Composition d'une batterie montée de 4 : 6 pièces, 6 caissons, 1 affût de rechange. Approvisionnement en munitions : 25 coffres à 40 coups, 7 coffrets d'affût à 4 coups ; total : 1,028 coups. Soit pour 9 batteries.............. 9,252 coups.

Composition d'une batterie à cheval de 4 : 4 pièces, 4 caissons. Approvisionnement en munitions : 16 coffres à 40 coups, 4 coffrets d'affût à 4 coups ; total : 656 coups. Soit pour 3 batteries.......... 1,968 —

Munitions de 4 du parc de corps d'armée.......... 5,064 —

TOTAL des coups pour canons de 4..... 16,284 coups.

Soit, à raison de 66 pièces, 246,7 coups par pièce.

divisionnaires et de 9 cartouches au parc proprement dit (1).

Sauf pour les canons à balles — une seule division du 15ᵉ corps était dotée d'une batterie de mitrailleuses, alors que, dans la première partie de la campagne, chaque division d'infanterie en possédait une — les approvisionnements en munitions du 15ᵉ corps étaient notablement inférieurs à ceux qu'il aurait dû posséder d'après les instructions en vigueur. Il manquait, en effet, pour l'artillerie, 64 coups par pièce de 4 et 35 coups par pièce de 8. Pour les munitions d'infanterie, il n'y avait, aux réserves divisionnaires, que 12 cartouches modèle 1866 au lieu de 24, et, au parc du corps d'armée, 9 cartouches au lieu de 20 (2).

A différentes reprises, le commandant de l'artillerie

Composition d'une batterie montée de 8 : 6 pièces, 12 caissons, 1 affût de rechange. Approvisionnement en munitions : 43 coffres à 24 coups; total : 1,032 coups. Soit, pour 8 batteries.................................... 8,256 coups.
Munitions de 8 du parc de corps d'armée.......... 5,328 —

    Total des coups pour canons de 8..... 13,584 coups.
Soit, à raison de 48 pièces, 283 coups par pièce.

Composition d'une batterie de canons à balles : 6 pièces, 6 caissons. Approvisionnement en munitions : 24 caissons à 81 coups. Soit...................... 1,944 coups.
Munitions pour canons à balles du parc de corps d'armée.................................. 6,912 —

    Total des coups pour canons à balles... 8,856 coups.
Soit, à raison de 6 pièces, 1,476 coups par pièce.

(1) 3 réserves divisionnaires à 285,120 cartouches, soit 855,360 cartouches, ou, pour 70,000 hommes, 12,2 cartouches par homme.
598,652 cartouches au parc, ou, pour 70,000 hommes, 8,55 cartouches par homme.

(2) D'après l'instruction du 21 décembre 1868, modifiée le 8 juillet 1870, la décision ministérielle du 13 octobre 1867 et le rapport au Ministre du président du Comité d'artillerie du 25 novembre 1867 (Arch.

du 15ᵉ corps essaya de faire augmenter ses approvisionnements en munitions.

Le 2 octobre, il demandait à élever de 10 à 17 le nombre des caissons des réserves divisionnaires, de manière à pouvoir leur faire transporter 25 cartouches par homme (1).

Un peu plus tard, dans le courant du mois d'octobre, lorsque le 15ᵉ corps reçut, en dehors des batteries qui

---

Art.), l'approvisionnement en munitions du 15ᵉ corps aurait dû être le suivant :

Munitions de 4. — Aux batteries (batteries montées et à cheval comprenant 6 pièces, 8 caissons, 1 affût de rechange) : 1,268 coups ou 211,3 coups par pièce.

Au parc du corps d'armée : 1/12ᵉ d'affût de rechange par pièce, soit pour 66 pièces, 5 affûts donnant 220 coups ; 4/5ᵉ de caisson par pièce, soit pour 66 pièces, 53 caissons donnant 6,360 coups. Total : 6,580 coups, ou, à raison de 66 pièces, 99,7 coups par pièce. Soit un total de 311 coups par pièce.

Munitions de 8. — Aux batteries (comprenant 6 pièces, 12 caissons 1 affût de rechange) : 1,032 coups ou 172 coups par pièce.

Au parc du corps d'armée : 1/12ᵉ d'affût de rechange par pièce, soit pour 48 pièces, 4 affûts donnant 96 coups ; 2 caissons par pièce, soit pour 48 pièces, 96 caissons donnant 6,912 coups. Total : 7,008 coups ; ou, à raison de 48 pièces, 146 coups par pièce. Soit un total de 318 coups par pièce.

Munitions de canons à balles. — Aux batteries (comprenant 6 pièces, 8 caissons, 1 affût de rechange) : 2,511 coups ou 418,5 coups par pièce.

Au parc du corps d'armée : par batterie, 4 chariots à 576 coups, soit 2,304 coups ou 384 coups par pièce. Soit un total de 802,5 coups par pièce.

Cartouches modèle 1866. — Sur l'homme, 90 cartouches ; aux réserves divisionnaires, 24 cartouches ; au parc du corps d'armée, 20 cartouches. Total : 134 cartouches.

(1) Le Chef d'état-major du Général commandant l'artillerie du 15ᵉ corps au Général chef d'état-major du corps d'armée, Bourges, 2 octobre. — Pour atteler ces 21 caissons supplémentaires, il fallait 63 conducteurs et 126 chevaux. Le 5 octobre, le Ministre répondit que cette demande d'augmentation de voitures ne serait examinée qu'après l'organisation du 16ᵉ corps.

lui étaient primitivement affectées, une batterie à cheval de 4 et deux batteries montées de 8, le commandant de l'artillerie du corps d'armée sollicita pour son parc une augmentation correspondante (1).

Mais, si les caissons et les voitures existaient, il était impossible de les atteler. Toutes les ressources disponibles en harnachement d'artillerie étaient absorbées, au fur et à mesure qu'on se les procurait, par les nouvelles batteries organisées ou par les réserves divisionnaires et les parcs des corps d'armée mis sur pied. Le Ministre faisait d'ailleurs remarquer que la composition des parcs avait été établie « pour des corps d'armée manœuvrant en pays ennemi ». Dans les circonstances actuelles, il estimait qu'au lieu d'augmenter le nombre des voitures, ce qui risquait d'embarrasser les routes dans les mouvements de retraite, il était « préférable d'avoir, en arrière de l'armée, un dépôt de munitions en caisses blanches, toujours prêtes à être embarquées sur le chemin de fer

---

(1) Le Général commandant l'artillerie du 15ᵉ corps d'armée au Ministre de la Guerre, à Tours, Salbris, 20 octobre. — Pour une artillerie composée de 9 batteries montées à 6 pièces et 2 batteries à cheval à 4 pièces de 4 rayé de campagne et 6 batteries montées à 6 pièces de 8, c'est-à-dire pour 62 pièces de 4 et 36 pièces de 8, il avait été prévu, au parc du 15ᵉ corps, 40 caissons pour munitions de 4 et 72 caissons pour munitions de 8. Une augmentation de 4 pièces de 4 et de 12 pièces de 8 devait donc avoir pour conséquence une augmentation du parc de 3 caissons de 4 et de 24 caissons de 12.

Or, dans sa lettre du 20 octobre, le commandant de l'artillerie du 15ᵉ corps considérait les 40 caissons pour munitions de 4 comme exclusivement affectés au réapprovisionnement des deux batteries à cheval. Il demandait donc, comme conséquence de l'arrivée d'une troisième batterie à cheval, l'envoi de 20 nouveaux caissons. Par suite, sans doute, d'une méprise sur le nombre des batteries de 8 affectées au 15ᵉ corps, il pensait que la réserve d'artillerie possédait 10 de ces batteries et estimait que le parc devait recevoir 48 nouveaux caissons de munitions de ce calibre.

ou sur des voitures de réquisition pour ravitailler le parc d'artillerie (1) ».

Dès le 20 septembre, en effet, le Ministre avait mis à la disposition du directeur du parc du 15ᵉ corps des réserves de munitions d'infanterie et d'artillerie, entreposées à Angers, à Bourges et à Lyon (2). Ces approvisionnements de réserve étaient sans doute destinés à remplacer les ressources en munitions qu'aurait dû comporter le grand parc d'armée, formation qui ne paraît pas avoir été organisée pendant la deuxième partie de la campagne (3).

Le 26 septembre, le parc d'artillerie du 15ᵉ corps quittait Tours pour se rendre, par étapes, à Bourges, où il arriva le 30 septembre. Il y compléta son organisation et en repartit le 12 octobre pour aller à Salbris (4).

---

(1) Le Ministre de la Guerre au Général commandant l'artillerie du 15ᵉ corps, à Salbris, Tours, 23 octobre. — Cf. *La Guerre de 1870-71. La Défense nationale en province*, etc., p. 259.

(2) Le Ministre de la Guerre au Général commandant le 15ᵉ corps d'armée, à Tours, et au Général commandant l'artillerie du 15ᵉ corps, à Tours, Tours, 20 septembre. — Il n'a pas été possible de préciser l'importance des réserves de munitions constituées dans les arsenaux pour le 15ᵉ corps au moment de son organisation. En rappelant, le 21 septembre, aux directeurs d'artillerie combien il était important « de pousser avec la plus grande activité l'organisation du matériel d'artillerie de campagne », le Ministre de la Guerre ajoutait : « En même temps que les batteries, il est essentiel de faire confectionner et charger autant de caisses blanches de double approvisionnement que cela sera possible.... » (Le Ministre de la Guerre aux Colonels directeurs d'artillerie, à Lyon, Grenoble, Toulon, Toulouse et Rennes, Tours, 21 septembre).

En communiquant, le 5 octobre, au commandant du 15ᵉ corps, sa décision d'ajourner après l'organisation du 16ᵉ corps l'augmentation de ses réserves divisionnaires, le Ministre lui signalait l'existence à Bourges d'une réserve de plus d'un million de cartouches.

(3) Cf. *La Guerre de 1870 71. La Défense nationale en province*, etc., p. 255.

(4) Note fournie, le 1ᵉʳ décembre 1871, par le colonel directeur du parc du 13ᵉ corps, devenu parc du 15ᵉ corps. — Après le remplacement

Il importe de remarquer que, d'après l'organisation prévue par le Ministre, le parc du 15ᵉ corps pouvait être partagé en trois fractions et être ainsi aisément réparti entre les divisions, si elles étaient appelées à opérer isolément (1).

On sait que, le 18 septembre, deux équipages de pont, l'un de corps d'armée et l'autre de réserve, se trouvaient réunis à Angers (2).

Le 22 septembre, le Ministre décida que le premier de ces organes serait mis à la disposition du commandant du 15ᵉ corps d'armée (3). Ce dernier aurait préféré, du reste, en utiliser les hommes et les chevaux pour l'organisation de batteries de 12, ainsi qu'on

---

des animaux laissés en route depuis le départ de Paris, l'effectif des chevaux de trait du parc proprement dit n'était encore, au 4 octobre, que de 924 chevaux. A cette date, le commandant de l'artillerie du 15ᵉ corps demanda au Ministre de ramener les cinq compagnies du train à leur effectif d'organisation de 250 chevaux, c'est-à-dire d'envoyer un supplément de 116 chevaux de trait harnachés. Il exprimait aussi le désir de recevoir en même temps un renfort de 100 conducteurs, de manière à pouvoir disposer de quelques hommes haut-le-pied. Le 7 octobre, le Ministre répondait qu'il lui était impossible, faute de harnachement, de fournir les attelages ; quant aux hommes, il prescrivait aux deux régiments du train d'envoyer 10 hommes à chacune de leurs compagnies détachées au parc du 15ᵉ corps, c'est-à-dire 50 hommes seulement.

(1) Cf. *La Guerre de 1870-1871. La Défense nationale en province*, etc., p. 255, note 4. — On sait que les fractions désignées pour atteler les réserves divisionnaires du 15ᵉ corps durent être fournies par les compagnies du train d'artillerie qui attelaient déjà le parc du 13ᵉ corps, devenu parc du 15ᵉ corps.

(2) *La Guerre de 1870-71. La Défense nationale en province*, etc., p. 259.

(3) Le Ministre de la Guerre au Général commandant le 15ᵉ corps d'armée, à Tours, Tours, 22 septembre.— L'équipage de pont mis à la disposition du 15ᵉ corps était l'ancien équipage de pont du 1ᵉʳ corps d'armée. Il était servi par la 7ᵉ compagnie du 16ᵉ régiment d'artillerie

l'avait fait d'ailleurs pour l'équipage de réserve (1). Mais le Ministre s'opposa à cette manière de voir. Il considérait comme indispensable de conserver aux armées nouvelles qui s'organisaient sur la Loire « des moyens suffisants pour le passage des cours d'eau », et il estimait qu'il serait « très imprudent de se priver actuellement du seul équipage de pont conservé et fort difficile à réorganiser s'il était dissous (2) ».

Le 7 octobre, d'ailleurs, peu de temps après la création du 16e corps d'armée, le Ministre de la Guerre décidait que l'équipage de pont cesserait de faire partie du 15e corps. Cet élément devait rester « en dehors des deux corps d'armée, pour être utilisé, suivant les circonstances de la guerre », dès qu'il serait demandé (3).

Pendant toute la période au cours de laquelle il avait été mis à la disposition du 15e corps, l'équipage de pont avait été maintenu à Angers.

Génie. — Le personnel du génie affecté au 15e corps se composait d'un état-major, de deux compagnies et d'un parc de corps d'armée.

Tous ces éléments étaient réunis à Bourges le 25 septembre. Les officiers de l'état-major furent immédiatement employés aux travaux de défense entrepris autour de la ville ou envoyés en mission sur la Loire pour

---

(pontonniers) à l'effectif de 4 officiers, 125 hommes de troupe et 6 chevaux et attelé par la 11e compagnie du 2e régiment du train d'artillerie, à l'effectif de 2 officiers, 123 hommes et 208 chevaux. Il comprenait en tout 43 voitures (Le Général commandant la 2e subdivision de la 15e division militaire au Ministre de la Guerre, à Tours, Angers, 18 septembre).

(1) Le Général commandant le 15e corps d'armée au Ministre de la Guerre, à Tours, Bourges, 1er octobre.

(2) Le Ministre de la Guerre au Général commandant le 15e corps d'armée, à Bourges, Tours, 4 octobre.

(3) Le même au même, Tours, 7 octobre.

préparer la destruction des ponts entre Nevers et Tours (1).

Il n'avait pas été possible de donner au 15e corps d'armée, ainsi qu'on l'avait fait pour les corps formés au début de la campagne, une compagnie de génie par division et une compagnie de réserve pour le corps d'armée. Pour remédier à cette insuffisance, l'effectif des compagnies nouvelles devait être de 200 hommes; le 22 septembre, elles furent réparties par section (demi-compagnie) entre les divisions et la réserve (2).

---

(1) Opérations du génie du 15e corps d'armée ; Le Ministre de la Guerre par intérim au Général commandant le 15e corps d'armée, à Tours, Tours, 22 septembre. — Une des compagnies du génie, la $\frac{19^e}{2^e}$ partit dans la nuit du 25 au 26 septembre pour Orléans. Elle suivit, jusqu'à La Ferté-Saint-Aubin, le mouvement des troupes qui évacuaient cette ville. Le 28, elle se rendit à Lamotte-Beuvron, revint le 29 à Orléans, d'où elle regagna Bourges le soir même.

(2) Le Général commandant le 15e corps d'armée au Colonel commandant le génie du 15e corps, à Bourges, Tours, 22 septembre ; *La Guerre de 1870-71. La Défense nationale en province*, etc., p. 398. — La répartition des compagnies entre les divisions et la réserve ne s'effectua que le 7 octobre ; le lendemain, les sections divisionnaire, quittaient Bourges pour rejoindre leurs divisions (Opérations du génie du 15e corps d'armée). A la suite de ces mesures, la composition du génie du 15e corps d'armée fut la suivante :

État-major : 1 colonel, commandant le génie du corps d'armée, 1 lieutenant-colonel, chef d'état-major, 4 capitaines et 2 gardes du génie.

1re division : 1 chef de bataillon, chef du génie de la division, 1re section de la 19e compagnie du 3e régiment.

2e division : 1 chef de bataillon, chef du génie de la division, 2e section de la 19e compagnie du 3e régiment.

3e division : 1 chef de bataillon, chef du génie de la division, 1re section de la 19e compagnie du 2e régiment.

Réserve : 2e section de la 19e compagnie du 2e régiment.

Parc du génie du corps d'armée : 1 détachement de la compagnie de sapeurs-conducteurs du 3e régiment.

Le parc du 15e corps ne comprenait que sept voitures. Le détache-

Intendance. — Le 15 septembre, le Ministre de la Guerre plaçait à la tête des services de l'intendance de l'armée de la Loire l'intendant général inspecteur Robert, avec un intendant militaire comme adjoint. En outre, le personnel spécialement affecté au 15ᵉ corps comprenait un intendant militaire, chef de service pour le corps d'armée, quatre sous-intendants, un adjoint et deux adjudants des bureaux (1).

L'intendant général Robert s'occupa tout d'abord d'organiser le personnel sous ses ordres. Dès le 24 septembre, il signalait au Ministre que les nécessités du service exigeaient la présence dans chaque division d'un sous-intendant et d'un adjoint. A défaut de fonctionnaires disponibles, il lui proposait d'affecter au service de l'intendance de l'armée de la Loire six sous-commissaires ou aides-commissaires de la marine et autant de capitaines détachés des corps de troupe. Il demandait en même temps l'envoi de vingt commis aux vivres de la marine pour suppléer au manque d'officiers comptables des subsistances.

La nécessité d'assurer l'encadrement de nombreuses unités nouvelles avec des ressources en officiers très

---

ment de sapeurs-conducteurs qui l'attelait comptait 32 hommes et 49 chevaux (Le Ministre de la Guerre au Colonel commandant le génie du 15ᵉ corps, à Bourges, Tours, 1ᵉʳ octobre).

Chacune des compagnies divisionnaires était dotée d'une voiture de section et d'un détachement de sapeurs-conducteurs comprenant 5 hommes et 7 chevaux, dont 1 de bât (Le Ministre de la Guerre au Colonel commandant le génie du 15ᵉ corps, à Bourges, Tours, 9 octobre).

(1) Avis de la 6ᵉ direction pour le Directeur adjoint de la 6ᵉ direction à la délégation du ministère de la Guerre à Tours, Paris, 15 septembre. — L'intendant général Robert fut avisé de sa nomination à l'armée de la Loire par une lettre datée du 16 septembre. Depuis le 20 août, il était chargé de la centralisation du service des évacuations, et, le 16 septembre, il se trouvait à Lille où il venait de terminer

restreintes ne permit pas de donner satisfaction à l'intendant général Robert en ce qui concernait les capitaines. Quant au personnel emprunté à la Marine, huit commissaires seulement furent détachés au 15ᵉ corps (1).

Pour les officiers d'administration des bureaux et les commis aux écritures, le service de l'intendance put constituer facilement le personnel (2) ; une décision du 15 oc-

---

les évacuations du champ de bataille de Sedan. Il arriva à Tours le 21 septembre (Le Ministre de la Guerre à l'intendant général Robert, Paris, 16 septembre).

On n'a pas retrouvé trace des instructions qui furent données à l'intendant général Robert pour l'exécution de la mission qui lui incombait en raison de son titre d'intendant en chef de l'armée de la Loire. Il semble, cependant, qu'il fut chargé de pourvoir aux besoins, non seulement des troupes du 15ᵉ corps et de celles qui seraient appelées ultérieurement à l'armée de la Loire, mais encore de toutes les forces réparties dans les départements formant le centre de la 1ʳᵉ zone de défense organisée le 25 septembre (L'Intendant en chef de l'armée de la Loire au Ministre de la Guerre, 12 octobre).

Pour l'organisation de la 1ʳᵉ zone de défense, Cf. *La Guerre de 1870-1871. La Défense nationale en province*, etc., p. 599.

Le 28 septembre, sur la demande de l'intendant en chef de l'armée de la Loire, le Ministre invitait les intendants des divisions militaires non encore envahies, sauf celles de la région du Nord, à déférer à toutes les demandes faites par ce fonctionnaire et à se conformer aux ordres qu'il donnerait pour l'accomplissement de sa mission (L'Intendant en chef de l'armée de la Loire au Ministre de la Guerre, Tours, 27 septembre ; Le Ministre de la Guerre aux Intendants militaires des divisions militaires 7 à 22, Tours, 28 septembre).

L'intendant général Robert occupa les fonctions d'intendant en chef de l'armée de la Loire jusqu'au 10 novembre, date à laquelle il remit son service à l'intendant Bouché, intendant du 15ᵉ corps. Il fut ensuite chargé par le Ministre d'une série de missions concernant l'organisation et la surveillance des services de l'intendance.

(1) L'Intendant en chef de l'armée de la Loire au Ministre de la Guerre, 24 septembre ; Le même au même, 26 septembre ; Le même à l'Intendant du 15ᵉ corps, 29 septembre.

(2) Le 12 octobre, en effet, l'intendant en chef de l'armée de la Loire constatait que les officiers d'administration et les commis aux

tobre le fixa à six officiers d'administration et dix commis pour les quartiers généraux de corps d'armée, et à un officier d'administration et deux commis pour les divisions et brigades isolées (1).

Le personnel des officiers et adjudants d'administration du service des subsistances fut plus difficile à constituer. Le 4 octobre, il n'avait été possible d'affecter qu'un comptable et un adjudant au quartier général du 15e corps et à chacune des brigades de cavalerie indépendantes, et qu'un comptable et deux adjudants à chaque division d'infanterie et de cavalerie (2).

Dès le 25 septembre, l'intendance avait été autorisée par le commandant du 15e corps à rechercher dans la garde nationale mobile les hommes aptes à remplir ces emplois (3). Deux jours après, le 27 septembre, l'intendant général Robert avisait l'intendant du 15e corps que, sur sa proposition, le Ministre autorisait, à défaut d'officiers comptables, l'emploi d'auxiliaires commissionnés. Ces derniers seraient institués gestionnaires et, suivant l'importance de leurs services, ils recevraient la solde d'adjudant d'administration en premier ou en second (4).

Une décision ministérielle du 27 septembre allouait les vivres de campagne aux officiers et soldats du 15e corps

---

écritures des bureaux, affectés au 15e corps d'armée, étaient très nombreux. Il proposait au Ministre de les réduire et mettait à sa disposition le personnel en excédent (L'Intendant en chef de l'armée de la Loire au Ministre de la Guerre, 12 octobre).

(1) L'Intendant en chef de l'armée de la Loire à l'Intendant du 15e corps d'armée, 16 octobre.

(2) *Ibid.*, 4 octobre. — Ces chiffres sont à rapprocher de ceux qui furent fixés ultérieurement par le décret du 6 décembre (*La Guerre de 1870-71. La Défense nationale en province*, etc., p. 482.

(3) Le Général commandant le 15e corps d'armée au général commandant la 3e division du 15e corps, Tours, 25 septembre.

(4) L'Intendant en chef de l'armée de la Loire à l'Intendant du

au fur et à mesure de l'embrigadement des troupes (1). Mais, en raison de l'insuffisance des approvisionnements, l'intendant en chef de l'armée de la Loire demanda au Ministre, sur la proposition de l'intendant en chef du 15e corps, que les vivres ne fussent distribués en nature qu'à dater du moment où le commandement en donnerait l'ordre (2). Ce ne fut, en effet, que le 3 octobre qu'un ordre du général de La Motterouge prescrivit que les distributions de vivres de campagne commenceraient à partir du 6 (3).

Pour assurer le ravitaillement des troupes réunies sur la Loire, l'intendant général Robert fit organiser des dépôts d'approvisionnements de toute nature disposés

---

15e corps, 27 septembre. — Toutes les mesures prises ou proposées par l'intendant général Robert pour le 15e corps d'armée et plus tard le 16e furent régularisées ultérieurement par des décrets ou des décisions ministérielles, qui permirent d'assurer l'organisation des corps d'armée mis sur pied par la délégation du Gouvernement de la Défense nationale en province.

(1) Réponse au rapport du 26 au 27 septembre aux Généraux commandant les 2e et 3e divisions du 15e corps. — Les troupes de l'armée régulière et de la garde nationale mobile appartenant au 15e corps touchaient, depuis le 20 septembre, l'indemnité extraordinaire en rassemblement (Ordre général n° 3 du 15e corps d'armée, Tours, 22 septembre).

(2) L'Intendant en chef de l'armée de la Loire au Ministre de la Guerre, 28 septembre. — L'intendant militaire du 15e corps proposait de remplacer les distributions par une indemnité journalière uniforme de 0 fr. 45 pour les officiers et soldats. L'intendant général Robert estimait cette indemnité suffisante en l'augmentant toutefois de 0 fr. 25, valeur de la ration de pain, pour les officiers qui ne touchaient pas de pain, quand les vivres de campagne n'étaient pas distribués en nature. On peut s'imaginer quelles devaient être dans ces conditions les difficultés de ravitaillement des corps de troupe accumulés dans les villes où se formaient les divisions du 15e corps et parfois obligés de faire mouvement.

(3) Ordre général n° 6 du 15e corps d'armée, Tours, 3 octobre.

sur deux lignes, la première jalonnée par Moulins, Châteauroux et Poitiers, la deuxième, plus en arrière, par Clermont, Limoges, Angoulême et Bordeaux. En avant se trouvaient encore d'autres approvisionnements réunis à Blois, Vierzon, Bourges et Nevers. Ces dernières localités, occupées par le 15e corps, servaient de places de distribution (1).

En attendant la constitution complète de ces dépôts, ou s'il était impossible d'y trouver les ressources nécessaires, les intendants devaient user de la réquisition pour se procurer tout ce qui manquait aux troupes dont ils assuraient les besoins (2).

Des instructions envoyées les 25 et 29 septembre et le 3 octobre par l'intendant en chef de l'armée de la Loire fixèrent les dispositions à prendre pour assurer la subsistance des troupes du 15e corps, qui devait bientôt commencer ses opérations.

Par des prélèvements sur les magasins organisés dans les places de distribution de Tours, Blois, Bourges et Vierzon, ou par des achats sur place si cela était possible, chaque division du 15e corps devait être pourvue de huit jours de biscuit et de vivres de campagne. Deux jours seraient distribués aux troupes pour être conservés dans le sac; les six autres journées seraient chargées sur des voitures et constitueraient un convoi divisionnaire.

---

(1) L'Intendant en chef de l'armée de la Loire au Directeur de l'administration de la Guerre à la délégation du ministère de la Guerre, à Tours, 26 septembre; Le même au Ministre de la Guerre, 14 octobre.

(2) Le Ministre de la Guerre aux Généraux commandant les divisions territoriales, aux Intendants militaires des divisions, aux Préfets des départements, Tours, 27 septembre; L'Intendant en chef de l'armée de la Loire aux Généraux commandant les 18e et 19e divisions militaires et aux Préfets de la Sarthe, de Maine-et-Loire, du Cher, de la Nièvre et de Loir-et-Cher, Tours, 28 septembre.

Les vivres du sac ne devaient être consommés que les jours de bataille, lorsque les convois divisionnaires seraient maintenus en arrière. Ces derniers seraient d'ailleurs, en principe, partagés en deux groupes. Le premier de ces groupes comprenant un jour de biscuit, de vivres de campagne, de lard et d'eau-de-vie, devait suivre immédiatement chaque division, de façon à ce que ces denrées pussent être mises à la disposition des troupes, aussitôt après l'arrivée au gîte.

Les voitures des convois divisionnaires, qui resteraient encore disponibles après le chargement des six journées de vivres pour les hommes, seraient utilisées pour transporter de l'avoine.

Le corps d'armée devait encore être suivi d'un convoi rattaché au quartier général et transportant, pour l'ensemble des troupes, un approvisionnement de vivres équivalent à celui déjà mis à la disposition des divisions, c'est-à-dire huit jours de biscuit et de vivres de campagne et un jour de lard et d'eau-de-vie. Cette réserve était destinée à subvenir, le cas échéant, aux besoins des divisions. L'intendant du 15e corps devait la constituer soit en achetant sur place, soit en adressant à l'intendant en chef de l'armée de la Loire des demandes pour les vivres qu'il ne pourrait se procurer.

Au fur et à mesure de leur épuisement, ces divers approvisionnements devaient être reconstitués par achats dans le pays, par réquisitions payées ou, à défaut de ces deux moyens, par des expéditions faites par les dépôts d'approvisionnements organisés dans l'intérieur du territoire (1).

Pour la viande fraîche, l'intendant en chef de l'armée

---

(1) L'Intendant en chef de l'armée de la Loire à l'Intendant du 15e corps d'armée, 29 septembre; Le même au même, 3 octobre. — Cf. *La Guerre de 1870-71. La Défense nationale en province. Mesures générales d'organisation*, p. 498.

de la Loire laissait toute latitude à ses subordonnés. Cette fourniture fut assurée, dans les différentes divisions du 15ᵉ corps, par des marchés passés avec des fournisseurs à la ration (1).

L'armée de la Loire avait été organisée pour secourir Paris et essayer de le ravitailler dès que cela serait possible. Or, parmi les approvisionnements constitués dans la place, la viande sur pied et le sel n'avaient pu être réunis en quantité suffisante. Le Ministre prescrivit donc, le 25 septembre, à l'intendant en chef de l'armée de la Loire, de réunir un troupeau de 2,000 têtes de bétail, destiné à suivre ultérieurement les mouvements de l'armée de secours (2). Le service de l'intendance du 15ᵉ corps fut chargé tout d'abord de l'exécution de cette mesure, qui, plus tard, fut confiée à un fonctionnaire

---

(1) L'Intendant du 15ᵉ corps d'armée à l'Intendant en chef de l'armée de la Loire, à Tours, Bourges, 7 octobre. — Cf. *La Guerre de 1870-71. La Défense nationale en province. Mesures générales d'organisation*, p. 493. — Toutefois, le 18 octobre, le service de la fourniture de la viande fraîche par des entrepreneurs n'était pas encore assuré dans la 3ᵉ division d'infanterie et dans les brigades de cavalerie placées sous les ordres des généraux Michel et de Nansouty. A cette date, en effet, l'intendant en chef de l'armée de la Loire prescrivait au fonctionnaire chargé de réunir un troupeau pour le ravitaillement éventuel de Paris, de diriger tous les deux jours, par voies ferrées sur Vierzon, 65 têtes de bétail représentant la consommation de ces unités pendant ce laps de temps. De son côté, l'intendant du 15ᵉ corps d'armée devait adresser à Vierzon les avis nécessaires pour assurer l'envoi de ces animaux à destination.

(2) Le Vice-Amiral Ministre de la Guerre par intérim à l'Intendant en chef de l'armée de la Loire, à Tours, Tours, 25 septembre. — Le chiffre de 2,000 têtes de bétail devait être augmenté plus tard si l'intendant général Robert le jugeait convenable. Le Ministre mettait en même temps à la disposition de l'intendant en chef de l'armée de la Loire 230 quintaux de conserves de viande et 500 quintaux de salaisons, pour constituer un train de ravitaillement, qui, formé en un point convenablement choisi, demeurerait prêt à partir. Il l'avisait en outre

spécial (1). L'intendant du 15ᵉ corps dut néanmoins continuer à prendre les dispositions nécessaires pour assurer la garde et l'entretien du troupeau qui, pour éviter des frais considérales, fut d'ailleurs notablement réduit (2).

Dans ces conditions, la tâche qui incombait au service de l'intendance du 15ᵉ corps était donc très lourde. En même temps qu'il constituait les approvisionnements de vivres qui devaient suivre les troupes, ce service devait, en effet, requérir les voitures nécessaires pour les transporter (3).

---

qu'il existait sur la voie ferrée de Tours à Nantes un très grand nombre de wagons chargés de sel qui n'avaient pu entrer dans Paris, et que tous ceux que l'on jugerait pouvoir emmener seraient maintenus en réserve.

Le troupeau destiné à ravitailler Paris devait être réuni par groupes de 200 animaux, échelonnés sur la voie ferrée de Nevers à Vierzon, dans le voisinage des gares (L'Intendant du 15ᵉ corps d'armée au sous-intendant militaire Bruyère, à Bourges, Bourges, 5 octobre ; Le sous-intendant militaire Bruyère à l'Intendant en chef de l'armée de la Loire, à Tours, Nevers, 7 octobre).

(1) L'Intendant en chef de l'armée de la Loire au Ministre de la Guerre, à Tours, 3 octobre.

(2) Le Ministre de la Guerre par intérim à l'Intendant en chef de l'armée de la Loire, Tours, 8 octobre ; Le même au même, Tours, 11 octobre. — L'attention du Ministre fut en effet appelée sur les charges considérables qu'entraînerait pour le Trésor l'entretien d'un troupeau aussi nombreux pendant un temps indéterminé. Il décida donc, le 11 octobre, d'arrêter les achats aux quantités réalisées à cette date, et de ne traiter à l'avenir que pour des animaux livrables dans un délai de trois semaines à un mois.

(3) L'Intendant en chef de l'armée de la Loire à l'Intendant du 15ᵉ corps d'armée, 29 septembre. — Avant même d'avoir reçu des instructions de l'intendant en chef de l'armée de la Loire, l'intendant du 15ᵉ corps avait passé un marché pour la fourniture de 1,000 voitures à 1, 2 ou 3 chevaux. Estimant que ce nombre était insuffisant, l'intendant en chef prescrivit, le 21 septembre, de le porter à 1,660 et, le 26 septembre, il ordonnait de préparer à Bourges un nouveau parc de

Il n'est donc pas étonnant que, dans le laps de temps très court qui s'écoula avant la reprise des hostilités, l'intendance n'ait pas eu le temps de constituer les organes de ravitaillement en vivres du 15e corps. Ce ne fut qu'au moyen d'expéditions faites directement de Tours par voies ferrées que l'on put assurer, et encore très imparfaitement, l'entretien des troupes envoyées à Orléans dans les derniers jours de septembre (1).

Malgré les instructions très larges données par l'intendant en chef de l'armée de la Loire (2), il n'était pas non plus toujours possible aux intendants des divisions et des corps d'armée de se procurer par la réquisition les ressources qui leur étaient nécessaires.

Il faut ajouter enfin que, tout au moins au début, le commandement ne prit pas les précautions nécessaires pour faciliter la tâche de l'intendance. Trop souvent, l'intendant en chef de l'armée de la Loire eut à se plaindre de l'ignorance dans laquelle on le laissait, aussi bien sur l'arrivée des régiments destinés à former les nouveaux corps d'armée que sur les mouvements prescrits aux divisions qui les composaient (3).

---

500 voitures. A défaut de ressources procurées par la location, les voitures nécessaires devaient être requises (L'Intendant en chef de l'armée de la Loire à l'Intendant du 15e corps, 24 septembre; Le même au même, 26 septembre; Circulaire de l'Intendant en chef de l'armée de la Loire, 26 septembre).

Ce nombre considérable de voitures s'explique par l'intention qu'avait l'intendant général de doter le 15e corps d'armée, en dehors de ses convois divisionnaires, d'un approvisionnement de huit jours de vivres sur roues. On sait d'ailleurs que cet approvisionnement fut supprimé le 23 novembre (*La Guerre de 1870-1871. La Défense nationale en province. Mesures générales d'organisation*, p. 502, note 2).

(1) L'Intendant en chef de l'armée de la Loire à l'Intendant du 15e corps d'armée, 13 octobre.

(2) Le même au même, 13 octobre.

(3) L'Intendant en chef de l'armée de la Loire au Général chef d'état-

Une autre difficulté venait encore compliquer la tâche de l'intendance. Dans les régiments de marche affectés au 15ᵉ corps d'armée, la grande majorité des hommes possédait tout l'habillement réglementaire, mais par contre, beaucoup manquaient de certains effets d'équipement et presque tous des ustensiles de campement. Les régiments de garde nationale mobile étaient dans une situation plus défavorable encore. Nombre d'hommes avaient des vêtements de mauvaise qualité et de confection défectueuse, incapables par suite de les protéger contre les intempéries d'une campagne d'hiver (1).

Les ressources qui existaient dans les magasins de la Guerre étaient cependant suffisantes pour parer aux besoins les plus urgents (2), mais elles étaient dispersées sur tout le territoire ; après les avoir réunies à proximité des points de concentration fixés pour les troupes (3), il fallait ensuite les faire parvenir à ces dernières, alors

---

major du 15ᵉ corps d'armée, 7 octobre ; Le même au Ministre de la Guerre, 10 octobre.

(1) Le Général commandant le 15ᵉ corps d'armée à l'Intendant du 15ᵉ corps, 27 septembre ; Le même au même, 28 septembre ; L'Intendant en chef de l'armée de la Loire au Ministre de la Guerre, 1ᵉʳ octobre ; Situation administrative des corps de la garde nationale mobile de l'armée de la Loire (22ᵉ régiment), Tours, 3 octobre ; Le Ministre de la Guerre à l'Intendant en chef de l'armée de la Loire, Tours, 8 octobre ; L'Intendant du 15ᵉ corps à l'Intendant en chef de l'armée de la Loire, Bourges, 10 octobre. — D'après la date de ces divers documents, on peut constater que la situation défectueuse de l'habillement et de l'équipement de certaines unités du 15ᵉ corps se prolongea jusqu'au milieu d'octobre.

(2) Le Ministre de la Guerre à l'Intendant en chef de l'armée de la Loire, Tours, 27 septembre.

(3) L'Intendant en chef de l'armée de la Loire au Ministre de la Guerre, à Tours, Tours, 22 septembre ; L'Intendant de la 12ᵉ division militaire à l'Intendant en chef de l'armée de la Loire, à Tours, Toulouse, 25 septembre ; Le Ministre de la Guerre au même, Tours, 27 septembre ; Le Général commandant le 15ᵉ corps d'armée au Général

que, sous la pression des événements, plusieurs d'entre elles avaient déjà été envoyées sur le théâtre des opérations avec un habillement et un équipement incomplets et avec des ustensiles de fortune pour la préparation des aliments (1).

Santé. — Grâce au personnel du service de santé neutralisé à Sedan, il fut facile d'organiser les formations sanitaires du 15e corps d'armée (2).

Le quartier général et chacune des divisions d'infanterie et de cavalerie furent dotés d'une ambulance (3), dont les médecins, pharmaciens, officiers d'administra-

---

commandant la 18e division militaire, à Tours, 29 septembre ; Le Ministre de la Guerre à l'Intendant en chef de l'armée de la Loire, à Tours, Tours, 7 octobre.

(1) L'Intendant du 15e corps d'armée à l'Intendant de la 3e division, à Vierzon, D. T., Bourges, 9 octobre, 7 h. 50 soir ; L'Intendant en chef de l'armée de la Loire à (destinataire inconnu), Tours, 10 octobre ; Le même au Ministre de la Guerre, à Tours, 11 octobre ; Le même au Général commandant en chef, 20 octobre. — Le 8 octobre, le Ministre prescrivit de pourvoir les hommes de la garde nationale mobile des effets suivants : une blouse de toile, une vareuse en molleton, un gilet de laine en tricot, une demi-couverture, un sac tente-abri, une ceinture de flanelle. A défaut de vareuse, les mobiles devaient recevoir un caban ou un collet à capuchon (Le Ministre de la Guerre à l'Intendant en chef de l'armée de la Loire, Tours, 8 octobre).

En prévision de mouvements imminents, l'intendant en chef de l'armée de la Loire proposait à l'intendant du 15e corps d'acheter ou de requérir, à défaut de matériel de campement, des chaudrons ou des marmites en fonte pour la cuisson des aliments et des gamelles en terre. Ce matériel devait être transporté à la suite des corps par les soins de l'administration (L'Intendant en chef de l'armée de la Loire à l'Intendant du 15e corps, Tours, 22 septembre).

(2) Cf. *La Guerre de 1870-71. La Défense nationale en province. Mesures générales d'organisation*, p. 517 et suiv.

(3) On sait que d'après le projet primitif d'organisation le 15e corps comportait trois divisions d'infanterie, deux divisions de cavalerie et une division mixte. C'est sur cette base que furent constituées les ambulances.

tion, etc., furent désignés avant le 22 septembre (1). Les voitures techniques, destinées aux divisions et brigades de cavalerie, partirent pour Blois, Cosne et Gien, le 28 septembre; celles affectées au quartier général et aux divisions d'infanterie n'avaient pas encore quitté Châteauroux le 7 octobre. Quant aux moyens de transport pour les blessés, voitures Masson et mulets porteurs de cacolets et de litières, ils furent dirigés, dès le 25 septembre, sur les points où les ambulances devaient rejoindre

---

(1) Le Général commandant le 15e corps d'armée à l'Intendant du 15e corps, 23 septembre; Le même au Général commandant la 1re division, à Nevers, au Général commandant la 2e division, à Bourges, au Général commandant la 3e division, à Vierzon, au Général commandant la division de cavalerie (division du général Reyau), à Blois, au Général commandant la 1re brigade de cavalerie (brigade du général Michel), à Cosne, au Général commandant la 18e division militaire, à Tours, 25 septembre.

Le personnel médical et administratif affecté aux différentes ambulances du 15e corps était le suivant :

AMBULANCES.	MÉDECINS.	PHARMACIENS.	OFFICIERS d'administration.	AUMÔNIERS.	INFIRMIERS de visite.	INFIRMIERS d'exploitation.	OBSERVATIONS.
Quartier général.....	5	1	»	»	1	30	(1) Ces chiffres sont ceux qui avaient été fixés primitivement pour la division de cavalerie qui devait être formée sous les ordres du général Michel, à laquelle devait appartenir la brigade de Nansouty.
1re division d'infant..	5	1	1	1	1	40	
2e — ..	4	1	1	1	1	40	
3e — ..	4	1	3	1	1	40	
Division mixte.......	4	1	1	»	»	»	
Division de cavalerie.	4	1	2	»	1	30	
Brigade de cavalerie du général Michel.	(1)4	(1)1	(1)2	»	»	30	
Brigade de cavalerie du général de Nansouty..........	»	»	»	»	»	14	

Ces chiffres sont à rapprocher de ceux indiqués par le décret du 6 décembre 1870 réglant la composition du personnel administratif et médical attaché aux armées en campagne (*La Guerre de 1870-71. La Défense nationale en province. Mesures générales d'organisation*, p. 522).

les quartiers généraux du corps d'armée, des divisions et des brigades de cavalerie indépendantes (1).

Mais les ressources disponibles en province permettaient à peine de doter les ambulances du 15ᵉ corps du matériel de médecine et de chirurgie et des approvi-

---

(1) Le Lieutenant-Colonel commandant le 3ᵉ régiment du train des équipages militaires au Ministre de la Guerre, Châteauroux, 7 octobre. — Le matériel roulant affecté aux ambulances du 15ᵉ corps fut constitué par le train des équipages, soit avec les ressources existant à Châteauroux, soit avec du matériel évacué de Vernon.

Les moyens de transport fournis par Châteauroux furent ainsi répartis :

AMBULANCES.	CAISSONS à pansement	OMNIBUS.	CHARIOTS.	CAISSONS à galeries.	CAISSONS pour pharmacie.	CHEVAUX pour les voitures.	CHEVAUX haut-le-pied.	TOTAUX.
Ambulance du quartier général......	3	1	3	2	2	44	12	11 voitures, 56 chevaux.
Ambulance d'une division d'infanterie......	3	1	3	2	»	36	4	9 voitures, 40 chevaux pour une division ; 36 voitures, 160 chevaux pour les trois divisions d'infanterie et la division mixte.
Ambulance d'une division de cavalerie......	2	»	3	1	»	24	2	6 voitures, 26 chevaux pour une division ; 12 voitures, 52 chevaux pour les deux divisions de cavaleries prévues au 15ᵉ corps.

Soit pour l'ensemble des ambulances du 15ᵉ corps, 59 voitures et 268 chevaux [État des moyens de transport à fournir par le 3ᵉ régiment du train des équipages militaires au quartier général, à Bourges, et aux divisions d'infanterie et de cavalerie du 15ᵉ corps d'armée (Dépêche télégraphique du 27 septembre, Châteauroux, 28 septembre)]

Le parc de Châteauroux ne possédant plus de voitures Masson, pour le transport des blessés, le commandant de la portion centrale du 1ᵉʳ régiment du train des équipages, qui se rendait par étapes de Vernon à Lyon en conduisant à Châteauroux le matériel sur roues du parc de

sionnements de médicaments et de pansements qu'elles devaient transporter (1).

Quant aux corps de troupe, il ne fut guère possible de compléter avant la fin de novembre le matériel sanitaire qu'ils devaient posséder (2).

En même temps, d'ailleurs, il fallait, dans la région où se concentraient les divisions du 15e corps, organiser l'hospitalisation des malades gravement atteints (3), car

---

Vernon, reçut l'ordre, le 25 septembre, de livrer au 15e corps, à son passage à Vierzon, 39 de ces voitures. Elles furent réparties à raison de 6 pour chacune des ambulances du quartier général et des trois divisions d'infanterie, 5 pour celle de la division mixte, 4 pour celle de la division de cavalerie du général Reyau et la brigade de cavalerie du général Michel, et 2 pour celle de la brigade de cavalerie du général de Nansouty (Le Général commandant le 15e corps d'armée au Commandant du train à son passage à Vierzon, 25 septembre).

Enfin la 12e compagnie du 2e régiment du train des équipages militaires, organisée pour la conduite des mulets de bât avec cacolets et litières, qui se trouvait à Bourges, fut affectée le 21 septembre au 15e corps et répartie entre les différentes ambulances (Le Général commandant le 15e corps d'armée au Général commandant la 19e division militaire à Bourges, 25 septembre).

(1) Cf. *La Guerre de 1870-71. La Défense nationale en province. Mesures générales d'organisation*, p. 525.

(2) *Ibid.*, p. 527. — On rappelle que le matériel sanitaire dont devait être pourvu chaque corps de troupe, consistait :

Par régiment d'infanterie ou bataillon formant corps, en une paire de cantines régimentaires contenant des objets de pansement et des médicaments, et en un ou deux sacs d'ambulance avec boîte à amputation ;

Par régiment de cavalerie, en une paire de sacoches, dites d'ambulance, avec boîte à amputation.

Le 3 octobre, d'ailleurs, le commandant du 15e corps prescrivit que chaque régiment d'infanterie ou bataillon de chasseurs recevraient un mulet pour le transport des cantines médicales.

(3) Le Général commandant le 15e corps d'armée à l'Intendant du 15e corps, à Bourges, 2 octobre; Le Médecin chef de l'ambulance de la 1re division du 15e corps au Général commandant la division, Nevers, 3 octobre.

rien encore n'avait pu être prévu pour assurer les évacuations sur l'arrière (1).

Train des équipages militaires. — Quatre compagnies du train des équipages militaires, la 19ᵉ du 1ᵉʳ régiment, la 12ᵉ du 2ᵉ régiment et les 11ᵉ et 19ᵉ du 3ᵉ régiment, furent affectées au 15ᵉ corps (2).

La 19ᵉ compagnie du 1ᵉʳ régiment, arrivée à Bourges le 21 septembre, fut fractionnée peu après. La portion principale, forte de 54 hommes et 64 chevaux, assura le service du quartier général du 15ᵉ corps ; le reste rejoignit le 5 octobre la division et les brigades de cavalerie envoyées sur la Loire et y fut chargé du transport des vivres et des fourrages. Après l'évacuation d'Orléans, le 11 octobre, cette dernière fraction reçut vers le 15 200 voitures auxiliaires (3).

La 12ᵉ compagnie du 2ᵉ régiment était organisée pour la conduite de mulets de bât avec cacolets et litières. Le 21 septembre, elle reçut l'ordre de se rendre à Bourges où elle fut immédiatement répartie entre les ambulances du 15ᵉ corps d'armée (4).

Le 30 septembre, le Ministre de la Guerre ordonna de diriger par étapes les 11ᵉ et 19ᵉ compagnies du 3ᵉ régiment de Châteauroux sur Vierzon et sur Bourges (5).

---

(1) L'évacuation et l'hospitalisation des malades et des blessés ne furent organisées que dans le mois de décembre 1870 (*La Guerre de 1870-71. La Défense nationale en province. Mesures générales d'organisation*, p. 528).

(2) *Ibid.*, p. 449 et suiv.

(3) Historique *manuscrit* du 1ᵉʳ régiment du train des équipages militaires.

(4) Le Général commandant le 15ᵉ corps d'armée à l'Intendant du 15ᵉ corps, 23 septembre ; Le même au Général commandant la 19ᵉ division militaire, à Bourges, 25 septembre.

(5) Le Ministre de la Guerre au Général commandant la 19ᵉ division militaire, à Bourges, Tours, 30 septembre. — La 11ᵉ compagnie compre-

La 11ᵉ compagnie, arrivée à destination le 6 octobre, fut partagée entre le quartier général du 15ᵉ corps d'armée et la 3ᵉ division d'infanterie. La 19ᵉ compagnie atteignit Bourges le 5 octobre et fut divisée en deux détachements placés l'un à la 1ʳᵉ, l'autre à la 2ᵉ division d'infanterie. Ces deux compagnies assurèrent le service des vivres et des ambulances (1).

En résumé, dans les premiers jours d'octobre, deux demi-compagnies du train étaient affectées au quartier général du 15ᵉ corps, une demi-compagnie à chacune des trois divisions d'infanterie, et une demi-compagnie à l'ensemble des troupes de cavalerie (2). En outre, une compagnie légère était répartie entre les différentes ambulances du corps d'armée.

Pour alléger le plus possible son corps d'armée, le général de La Motterouge décida de réduire au strict indispensable les équipages régimentaires. Il attribua, en conséquence, pour transporter les bagages, deux voitures aux états-majors du corps d'armée et des divisions d'infanterie et de cavalerie, une voiture aux états-majors de brigade, quatre aux régiments d'infanterie, trois aux régiments de cavalerie, une aux bataillons de chasseurs et une aux prévôtés (3).

---

nait 4 officiers, 202 hommes et 265 chevaux ; la 19ᵉ, 3 officiers, 157 hommes et 209 chevaux.

(1) Historique *manuscrit* du 3ᵉ régiment du train des équipages militaires.

(2) Savoir : quartier général : $1/2 \frac{19^e}{1^{er}}$ et $1/2 \frac{11^e}{3^e}$; 1ʳᵉ division : $1/2 \frac{19^e}{3^e}$; 2ᵉ division : $1/2 \frac{19^e}{3^e}$; 3ᵉ division : $1/2 \frac{11^e}{3^e}$; division et brigades de cavalerie : $1/2 \frac{19^e}{1^{er}}$.

(3) Le Général commandant le 15ᵉ corps d'armée aux Généraux commandant les divisions du 15ᵉ corps, Bourges, 3 octobre ; Le même

Pour les corps de troupe, ces moyens de transport étaient tout à fait insuffisants, et, sur la proposition de l'intendant en chef de l'armée de la Loire, le Ministre de la Guerre prescrivit, le 10 octobre, que les régiments d'infanterie recevraient sept voitures, les bataillons de chasseurs deux et les régiments de cavalerie cinq (1).

Force publique. — La composition de la force publique affectée au 15ᵉ corps avait été fixée le 20 septembre (2). Mais le décret du 2 octobre qui organisa les cours mar-

---

à l'Intendant et aux Généraux de division du 15ᵉ corps, 5 octobre. — Tout d'abord, le général de La Motterouge avait pensé donner cinq voitures aux régiments d'infanterie (Le Général commandant le 15ᵉ corps d'armée à l'Intendant du 15ᵉ corps, 21 septembre; Le même au Général commandant la 2ᵉ division du 15ᵉ corps, à Nevers, et au Général commandant la 3ᵉ division du 15ᵉ corps, à Vierzon, Tours, 21 septembre).

Ces voitures étaient des voitures à 4 roues ou à 2 roues que le parc du train des équipages militaires de Châteauroux devait livrer harnachées aux états-majors et aux corps de troupe, sur leur demande et au fur et à mesure de leur arrivée aux points de concentration des divisions. Quant aux attelages, ils seraient d'abord fournis par le 3ᵉ régiment du train des équipages, qui avait un excédent de chevaux, puis ensuite achetés directement dans le commerce par les corps de troupe (Le Ministre de la Guerre au Général commandant le 15ᵉ corps d'armée, Tours, 1ᵉʳ octobre).

On sait, d'autre part, que les conducteurs des voitures destinées aux généraux, aux états-majors, etc., devaient être pris dans la garde nationale mobile et que les corps devaient eux-mêmes pourvoir à leurs besoins (Cf. *La Guerre de 1870-1871. La Défense nationale en province. Mesures générales d'organisation*, p. 465).

(1) L'Intendant en chef de l'armée de la Loire au Ministre de la Guerre, 9 octobre ; Cf. *La Guerre de 1870-71. Ibid.*, p. 464.

(2) Note du Secrétariat général de la délégation du ministère de la Guerre pour la 1ʳᵉ direction, Tours, 20 septembre. — La répartition de la force publique au 15ᵉ corps devait être la suivante :

Quartier général du corps d'armée : 1 chef d'escadron prévôt, 1 ma-

tiales prescrivit que chaque division serait dorénavant suivie d'une prévôté composée de trente-deux gendarmes à cheval commandés par un officier. La prévôté divisionnaire devait au besoin se diviser, de manière à faire accompagner chaque fraction de corps marchant isolément par un brigadier et deux gendarmes au moins (1).

Trésorerie et Postes. — Vers le 1ᵉʳ octobre enfin fut constitué le service de la trésorerie et des postes du 15ᵉ corps d'armée. Il comprenait, pour le quartier général, un payeur principal et quatre commis, et pour chacune des trois divisions d'infanterie et la division de cavalerie, un payeur et un commis de trésorerie (2).

Discipline. — Une des premières circulaires de l'ami-

---

réchal des logis faisant fonctions de trésorier, 1 brigadier et 6 gendarmes.

A chaque division d'infanterie : 1 officier (capitaine ou lieutenant), 1 maréchal des logis et 9 gendarmes à cheval, 1 brigadier et 9 gendarmes à pied.

A la division de cavalerie du général Reyau : 1 lieutenant, 1 maréchal des logis, 1 brigadier et 18 gendarmes à cheval.

Pour l'ensemble des brigades de cavalerie indépendantes : 1 lieutenant, 1 maréchal des logis, 1 brigadier et 18 gendarmes à cheval.

En principe, il ne devait y avoir pour l'ensemble de la cavalerie qu'un détachement comprenant 1 lieutenant et 20 gendarmes à cheval. Il fut réparti le 21 septembre entre la division du général Reyau et les brigades des généraux Michel et de Nansouty, mais, le 5 octobre, le Ministre doubla l'effectif de la force publique affectée à la cavalerie (Le Général commandant le 15ᵉ corps d'armée aux Généraux commandant les 1ʳᵉ, 2ᵉ et 3ᵉ divisions, Tours, 21 septembre ; Le même au général Reyau, à Blois, Tours, 21 septembre ; Le même au général Michel, à Cosne, et au général de Nansouty, Tours, 23 septembre ; Le même au Grand-Prévôt du 15ᵉ corps, 5 octobre).

(1) *M. U.* du 4 octobre ; *La Guerre de 1870-71. La Défense nationale en province. Mesures générales d'organisation*, p. 578.

(2) État des agents de la trésorerie et des postes du 15ᵉ corps, 1ᵉʳ octobre.

ral Fourichon en arrivant à Tours pour prendre la direction de la délégation du ministère de la Guerre en province fut pour rappeler aux troupes de la Défense nationale que, dans les circonstances tragiques traversées par la France, l'armée devait donner l'exemple de la discipline (1).

Ce ne fut pas, en effet, une des moindres tâches du commandement que d'inculquer aux contingents qu'il était chargé d'organiser le sentiment du devoir militaire et le respect de la hiérarchie. L'étude des mesures prises pour former les régiments de marche et les régiments de la garde nationale mobile a déjà fait ressortir les germes de faiblesse et d'indiscipline qu'ils renfermaient. Officiers et soldats ne se connaissaient pas ; les cadres, improvisés pour la plupart, étaient incomplets et de valeur très inégale ; les hommes avaient reçu une instruction militaire trop hâtive pour qu'elle pût être solide. Le manque d'approvisionnements avait gêné l'organisation des corps et imposé parfois aux troupes des privations dont la cause restait inexplicable pour elles, ce qui avait eu une répercussion fâcheuse sur leur confiance dans leurs chefs. Arrivés en très grand nombre dans les dépôts ou les centres de formation, les hommes avaient dû être logés en dehors des casernes, dans des établissements publics ou chez l'habitant ; ils étaient restés quelque temps sans être ni habillés ni armés, et, en raison de la pénurie des cadres, souvent ils avaient été laissés dans l'oisiveté. Ces jeunes gens enfin n'avaient pu échapper aux émotions de l'opinion publique surexcitée par les désastres de la première partie de la campagne et par les passions politiques qu'avaient réveillées les événements du 4 septembre (2).

---

(1) *La Guerre de 1870-71. La Défense nationale en province. Mesures générales d'organisation*, p. 571.

(2) Le Ministre de la Guerre au Général commandant la 18e division

Pour mettre un peu de cohésion entre les éléments d'origines diverses appelés à composer les régiments de son corps d'armée, le général de La Motterouge prescrivit, le 1er octobre, que les officiers de tous grades fussent le plus possible avec leurs troupes et que chacun se mît en mesure de faire rapidement connaissance avec ses cadres et ses hommes. Le commandant du 15e corps espérait ainsi obtenir le « double résultat, d'abord de faire naître une confiance mutuelle et, en second lieu, de prévenir beaucoup de fautes et d'actes d'indiscipline (1) ».

La délégation du Gouvernement de la Défense nationale dut, pour rétablir la discipline, se résoudre, d'ail-

---

militaire, à Tours, Tours, 24 octobre ; Ordre de la 3e division du 15e corps, Vierzon, 25 septembre ; L'Intendant en chef de l'armée de la Loire à l'Intendant du 15e corps, 26 septembre ; Le Président de la commission municipale de Nevers au Général commandant la 1re division du 15e corps, Nevers, 1er et 3 octobre ; Ordre du 15e corps d'armée, 12 octobre.

(1) Le Général commandant le 15e corps d'armée au Général commandant la 2e division du 15e corps, à Bourges, Bourges, 1er octobre. — « ..... Il faut que les officiers généraux connaissent nominativement tous les officiers supérieurs de leur division ou de leur brigade, les chefs de corps tous leurs officiers, les chefs de bataillon tous les officiers et le plus de sous-officiers possible, les capitaines, les lieutenants et les sous-lieutenants tous les sous-officiers et les hommes de leur compagnie ou de leur section ; de même pour les sergents et les caporaux pour les hommes de leur demi-section ou escouade.

« A cet effet, il est nécessaire que chacun, dans sa position, établisse un contrôle des officiers ou des hommes qu'il doit connaître nominativement. Non seulement les chefs de corps et de bataillon devront exiger ce contrôle de la part des officiers et sous-officiers sous leurs ordres, mais ils s'assureront que ce contrôle a été établi par l'officier et le sous-officier lui-même. Ces contrôles ne devront pas se borner à indiquer simplement le nom des individus, ils devront en outre relater quelques renseignements succincts de nature à donner autant que possible une idée de l'instruction, de l'aptitude et du caractère de l'homme.

« Le seul moyen pour les officiers d'établir les contrôles de leurs hommes est de les faire appeler individuellement, de s'informer de leur

leurs, à remplacer les conseils de guerre par des cours martiales. Pour que personne ne pût invoquer comme excuse l'ignorance des dispositions nouvelles, le commandant du 15ᵉ corps d'armée prescrivit de lire le décret du 2 octobre à plusieurs appels consécutifs et de l'afficher *in extenso* dans tous les locaux occupés par les troupes. En même temps, le général de La Motterouge appelait l'attention de ses subordonnés sur « l'arme..... terrible, mais bien nécessaire pour le rétablissement de la discipline », qui venait d'être mise entre leurs mains et dont il ne faudrait se servir qu' « avec modération, mais aussi sans faiblesse (1) ».

On sait qu'au 15 septembre 1870, il n'y avait de disponibles pour la défense nationale en province que quatre régiments d'infanterie et quatre régiments de cavalerie de l'ancienne armée impériale qui n'avaient pas encore été engagés. La composition du 15ᵉ corps,

---

famille, de leur état, de leur degré d'instruction ; après une pareille conversation, dont les hommes verront inscrire devant eux la relation par les officiers, il est indubitable que ces derniers auront beaucoup plus d'action sur eux.....

« Il n'est pas douteux..... que tel homme qui se croit dégagé de toute obligation vis-à-vis d'un officier qu'il ne connaît pas même de nom, ne soit un peu reconnaissant envers son supérieur de lui avoir parlé de sa famille, de sa position et de ses projets d'avenir ; d'un autre côté, il est certain que bien souvent les hommes ne se laisseraient pas entraîner à commettre des actes coupables ou répréhensibles, s'ils avaient la certitude d'être reconnus.

« Tous les officiers doivent être bien pénétrés de cette pensée que leur premier devoir, comme leur intérêt, est de s'intéresser à leurs hommes ; c'est le meilleur moyen d'avoir de l'action sur eux dans les moments difficiles, et comment pourraient-ils s'intéresser à eux, s'ils ne cherchaient pas d'abord à les connaître?.... »

(1) Le Général commandant le 15ᵉ corps d'armée au Général commandant la 1ʳᵉ division du 15ᵉ corps, à Nevers, Orléans, 9 octobre.

telle qu'elle fut arrêtée au commencement d'octobre, absorbait trois de ces régiments d'infanterie et trois de ces régiments de cavalerie.

En outre, sur onze régiments de cavalerie, dont des fractions plus ou moins importantes avaient pu s'échapper de Sedan, trois furent encore rattachés au 15ᵉ corps.

Si l'on se reporte enfin à la constitution des unités de marche, on remarquera que les neuf régiments et les six bataillons d'infanterie de marche ainsi que les trois régiments de cavalerie de marche, qui furent placés sous les ordres du général de La Motterouge, comprenaient les meilleurs éléments restés dans les dépôts (1).

Il semble que l'on peut expliquer cette manière d'agir par le peu de confiance que l'on avait, tant à Paris qu'à Tours, sur l'effort que la province était susceptible de fournir. En réunissant dans un même corps d'armée la presque totalité des meilleurs éléments disponibles, on paraît, en effet, avoir cru qu'il n'y avait plus rien à faire ensuite (2).

En mettant à la disposition du général de La Motterouge 40,000 hommes d'infanterie et en lui prescrivant de les répartir en trois divisions (3), le général Le Flô n'avait fait qu'imiter l'organisation des corps d'armée constitués pendant la première partie de la campagne. Mais l'effectif très élevé donné aux compagnies des régi-

---

(1) *La Guerre de 1870-71. La Défense nationale en province. Mesures générales d'organisation*, p. 129, 142 et 207.

(2) On doit se rappeler d'ailleurs que les instructions envoyées le 14 septembre par le général Le Flô au général de La Motterouge affectaient au 15ᵉ corps les quatre régiments d'infanterie et les quatre régiments de cavalerie de l'armée impériale qui restaient encore disponibles.

(3) Le Ministre de la Guerre au Général commandant le 15ᵉ corps d'armée, Paris, 14 septembre.

ments d'infanterie de ligne et des régiments de marche, puis l'affectation d'un régiment de garde nationale mobile à chaque brigade, l'adjonction de bataillons de chasseurs à pied et d'infanterie de la marine de marche augmentèrent considérablement l'importance numérique du 15e corps d'armée.

Sur les six brigades d'infanterie, deux comprirent trois régiments, trois furent dotées d'un bataillon de chasseurs et une fut même portée à quatre régiments. De ce fait, la 1re division compta vingt-deux bataillons et chacune des deux autres, dix-neuf. Leur effectif moyen dépassait 20,000 hommes.

Ce furent vraisemblablement le manque d'officiers généraux, la difficulté d'organiser les services, l'insuffisance du nombre des batteries immédiatement disponibles qui empêchèrent d'organiser un plus grand nombre de divisions et de brigades et de se conformer ainsi aux instructions du général Le Flô. Comme on l'a vu plus haut, ce dernier prévoyait, en effet, que l'introduction des régiments de mobiles dans les cadres du 15e corps permettrait de créer une ou deux divisions de plus (1).

Division mixte de Tours. — La division mixte de Tours devait tout d'abord comprendre une brigade d'infanterie, forte de deux régiments de marche et d'un régiment de mobiles, et une brigade de cavalerie à deux régiments (2).

Comme les divisions d'infanterie du 15e corps, la division mixte de Tours fut, à la suite des mesures prises le

---

(1) Le Ministre de la Guerre au Général commandant le 15e corps d'armée, Paris, 14 septembre.

(2) Le Général commandant le 15e corps d'armée au Général commandant la 18e division militaire, à Tours, Tours, 23 septembre. — Les régiments désignés pour faire partie de la division mixte de Tours

23 septembre, renforcée par deux compagnies de chasseurs à pied (1). Elle perdit par contre, peu après, un de ses régiments de marche, qui alla remplacer à la 3ᵉ division du 15ᵉ corps le 92ᵉ régiment d'infanterie de ligne, maintenu en Algérie (2).

En fait d'artillerie, une décision ministérielle du 29 septembre affecta à la division mixte de Tours une batterie montée de 4 rayé de campagne (3).

Ces différentes unités ne commencèrent à se réunir à Tours que dans les derniers jours du mois de septembre. Le 2ᵉ régiment de cavalerie mixte de marche, arrivé le 25 septembre, fut cantonné par escadron dans des localités situées au Nord de Tours (4). Il était rejoint peu après par le 1ᵉʳ hussards de marche (5). Le 30 septembre,

---

étaient pour la brigade d'infanterie les 31ᵉ et 32ᵉ de marche et le 22ᵉ mobiles, pour la brigade de cavalerie le 1ᵉʳ régiment de hussards de marche et le 2ᵉ régiment de cavalerie mixte de marche.

(1) 8ᵉˢ compagnies des 2ᵉ et 17ᵉ bataillons de chasseurs à pied.

(2) Le Général commandant le 15ᵉ corps d'armée au Général commandant la 18ᵉ division militaire, à Tours, D. T., Tours, 24 septembre; Le même au même, Tours, 25 septembre. — Le régiment de marche enlevé à la division mixte de Tours était le 32ᵉ; ce régiment passa à la 2ᵉ brigade de la 3ᵉ division qui, comme on le sait, fut envoyée le 2 octobre à Épinal et remplacée peu après à la 3ᵉ division par une autre brigade.

(3) Le Ministre de la Guerre au Général commandant la 18ᵉ division militaire, à Tours, 29 septembre. — Cette batterie était la 18ᵉ batterie du 8ᵉ régiment d'artillerie.

(4) Historique *manuscrit* du 2ᵉ régiment de cavalerie mixte de marche. — Ce régiment avait été formé à Tarbes. L'état-major du régiment s'installa au château de Baudry, le 1ᵉʳ escadron à Monnaie, le 2ᵉ à Cirelles, le 4ᵉ à Chanceaux et le 3ᵉ à La Membrolle.

(5) Le 1ᵉʳ hussards de marche avait été organisé à Castres. Il n'a pas été possible de préciser la date exacte de l'arrivée de ce régiment à Tours ainsi que les emplacements qu'il occupa. Le 26 septembre, le commandant du 15ᵉ corps d'armée n'était pas encore avisé de son mouvement (Le Général commandant le 15ᵉ corps au Général commandant la 18ᵉ division militaire, à Tours, Tours, 26 septembre). D'autre

la brigade de cavalerie, dont le général Tripard avait pris le commandement, recevait l'ordre de se porter à Vendôme pour surveiller la direction de Châteaudun que l'on supposait menacée. Elle gagnait, le 1ᵉʳ octobre, Château-Renault et arrivait le lendemain à destination ; elle devait y recevoir des ordres du général qui commandait les forces chargées de défendre Orléans (1).

Les deux compagnies de chasseurs désignées pour faire partie de la brigade d'infanterie de la division mixte étaient à Tours le 25 septembre. Le 1ᵉʳ octobre, la brigade était constituée par l'arrivée du 31ᵉ de marche et du 22ᵉ mobiles. Une décision du 28 septembre avait

---

part, le 29 septembre, le quartier général du commandant de la brigade de cavalerie de la division mixte était au château de Meslay, à 9 kilomètres au Nord-Est de Tours, sur la route de Château-Renault (Le Général commandant la brigade de cavalerie de la division mixte de Tours au Général commandant la 18ᵉ division militaire, à Tours, Tours, 29 septembre). Il se peut donc que le 1ᵉʳ hussards de marche ait été réparti dans les localités à l'Est du château de Meslay, pour prolonger, dans cette direction, la ligne occupée par le 2ᵉ régiment de cavalerie mixte.

Le 27 septembre, le Ministre de la Guerre autorisait le général commandant la 18ᵉ division militaire à renforcer la brigade du général Tripard par un escadron de 140 chevaux constitué avec les éléments disponibles dans les dépôts des 1ᵉʳ, 2ᵉ et 3ᵉ dragons, stationnés à Tours (Le Ministre de la Guerre au Général commandant la 18ᵉ division militaire, à Tours, Tours, 27 septembre). Le commandant de la brigade de cavalerie de la division mixte voulait faire venir cet escadron à Parçay, 16 kilomètres au Nord-Est de Tours. Mais la brigade partit pour Vendôme avant que l'escadron ait été organisé, et il fut appelé dans la suite à entrer dans la composition du 4ᵉ régiment de dragons de marche (Le Ministre de la Guerre au Général commandant la 18ᵉ division militaire, à Tours, Tours, 2 octobre).

(1) Le Ministre de la Guerre au Général commandant la 19ᵉ division militaire, à Orléans, Tours, 29 septembre ; Le même au même, D. T., Tours, 30 septembre ; Le même au Général commandant la 18ᵉ division militaire, à Tours, Tours, 30 septembre ; Historique *manuscrit* du 2ᵉ régiment de cavalerie mixte de marche.

désigné le général Maurice pour en prendre le commandement (1).

Le 7 et le 8 octobre, deux autres compagnies de chasseurs venaient rejoindre à Tours les deux premières ; elles formèrent ensemble le 7ᵉ bataillon de chasseurs à pied de marche (2).

Toutes ces unités restèrent à Tours ou aux environs immédiats jusqu'au 15 octobre. Elles y complétèrent leur instruction (3). Entre le 12 et le 15 octobre d'ailleurs, la brigade d'infanterie de la division mixte de Tours passa au 16ᵉ corps d'armée, où elle devint la 1ʳᵉ brigade de la 2ᵉ division d'infanterie.

Quant à la batterie d'artillerie de la division mixte, elle n'arriva à Tours que le 3 octobre et, dès le 7, elle était affectée à la 1ʳᵉ division du 16ᵉ corps d'armée (4).

---

(1) Le Général commandant le 15ᵉ corps d'armée au Général commandant la division militaire, à Tours, Tours, 29 septembre ; Historiques *manuscrits* du 7ᵉ bataillon de chasseurs à pied de marche, du 31ᵉ régiment de marche et du 22ᵉ mobiles (IIᵉ bataillon). — Les trois bataillons du 31ᵉ de marche qui s'était formé au Mans vinrent séparément à Tours par étapes. Le mouvement se termina le 30 septembre.

Les différents bataillons du 22ᵉ mobiles (Iᵉʳ, IIᵉ et IVᵉ bataillons des mobiles de la Dordogne) semblent avoir été transportés séparément à Tours, où le IIᵉ bataillon arrivait le 1ᵉʳ octobre après avoir été arrêté en cours de route à Loches.

(2) Les deux nouvelles compagnies venaient des dépôts des 8ᵉ et 19ᵉ bataillons de chasseurs à pied à Toulouse. Elles arrivèrent à Tours le 7 et le 9 octobre. Le 7ᵉ bataillon de chasseurs à pied fut formé le 12 octobre (Historique *manuscrit* du 7ᵉ bataillon de chasseurs à pied de marche).

(3) Ce fut pendant son séjour à Tours que le 22ᵉ régiment de mobiles reçut des fusils modèle 1866.

(4) Historique *manuscrit* du 8ᵉ régiment d'artillerie. — Cette batterie, 18ᵉ batterie, venait de Rennes.

CHAPITRE II

Situation des forces allemandes au Sud de Paris le 20 septembre 1870 (1).

Les armées allemandes qui avaient combattu à Sedan s'étaient dirigées sur Paris dès le 3 septembre (2). Le mouvement de l'armée de la Meuse, qui marchait le plus au Nord, était éclairé par les 5ᵉ et 6ᵉ divisions de cavalerie. Plus au Sud, celui de la IIIᵉ armée était couvert par les 2ᵉ et 4ᵉ divisions de cavalerie (3).

L'ordre, envoyé le 15 septembre de Château-Thierry par le grand quartier général des armées allemandes

---

(1) Cartes nᵒˢ 1, 3 et 4.

(2) La marche des armées allemandes de Sedan sur Paris a été exposée en détail jusqu'au 19 septembre dans *La Guerre de 1870-71. L'Investissement de Paris*, t. II.

(3) La 4ᵉ division de cavalerie était alors réduite à son état-major, à la 10ᵉ brigade de cavalerie (5ᵉ dragons et 2ᵉ hussards), à son artillerie, $\frac{1^{re} c.}{5^e}$ et $\frac{2^e c.}{11^e}$ (1ʳᵉ batterie à cheval du 5ᵉ et 2ᵉ batterie à cheval du 11ᵉ) et aux services. La 8ᵉ brigade (5ᵉ cuirassiers et 10ᵉ ulans) et la 9ᵉ brigade (1ʳᵉ et 6ᵉ ulans) avaient été momentanément laissées à Sedan pour assurer l'évacuation des prisonniers.

Par suite de nombreux détachements, l'effectif de la 9ᵉ brigade de cavalerie était d'ailleurs très faible. Les 1ᵉʳ et 3ᵉ escadrons du 1ᵉʳ ulans avaient été dirigés de Sedan sur Versailles (Fritz Hœnig, *Der Volkskrieg an der Loire im Herbst 1870*, t. I, Anlage IV, p. 35). Le 12 septembre, quand il se mit en marche pour rejoindre la 4ᵉ division de cavalerie, le 6ᵉ ulans était réduit à l'état-major du régiment et à un escadron, le 2ᵉ (Von Langermann, *Geschichte des Thüringischen Ulanen-Regiments Nr. 6*, p. 52). Ce régiment ne devait se retrouver constitué que le 4 octobre (Bothe und von Klatte, *Geschichte des Thüringischen*

pour assurer l'investissement de Paris, imposait à la cavalerie de la IIIe armée une double mission ; elle devait, d'une part, établir la liaison vers l'Ouest avec les divisions de cavalerie de l'armée de la Meuse, contournant la capitale par le Nord ; d'autre part, reconnaître dans la direction de la Loire les forces françaises que l'on supposait devoir se rassembler de ce côté (1).

Le 16 septembre, le prince royal de Prusse ordonnait en conséquence à la 4e division de cavalerie, réduite, comme on le sait, à une brigade et à ses deux batteries à cheval, alors à Nangis, de pousser vers Orléans, par Fontainebleau et Pithiviers. Pour assurer la liaison entre cette division et le gros de la IIIe armée, le IIe corps bavarois devait, en arrivant le 18 septembre à Longjumeau, envoyer à Arpajon un détachement, qui serait ultérieurement relevé par le Ier corps bavarois (2).

On sait qu'en arrivant sur la Seine le 17 septembre, le prince Albrecht de Prusse (père), commandant la 4e division de cavalerie, trouva les ponts détruits entre Montereau et Melun. Il s'installa dans la soirée à Sivry, à l'Est de Melun et le lendemain, 18, vint franchir la rivière à cette dernière ville (3).

Ulanen-Regiments Nr. 6, p. 254). D'après d'autres ouvrages, la 9e brigade n'aurait encore compté, vers le 25 septembre, que son état-major et deux escadrons [*Das Posensche Ulanen-Regiment Nr. 10*, p. 154 ; *Geschichte des Dragoner-Regiments Freiherr von Manteuffel (Rheinischen) Nr. 5*, p. 112]

(1) *Correspondance militaire du maréchal de Moltke* (traduction française), t. II, p. 377-378 ; *La Guerre de 1870-71. L'Investissement de Paris*, t. II, p. 280.

(2) *Historique du Grand État-Major prussien* (traduction Costa de Serda), IIe partie, p. 51 ; *La Guerre de 1870-71. L'Investissement de Paris*, t. II, p. 285.

(3) La 4e division de cavalerie passa la Seine à Melun, les cavaliers un par un, sur une passerelle qui se trouvait dans l'intérieur de la ville,

A midi, la division débouchait au Sud de la Seine, et, évitant la forêt de Fontainebleau, se dirigeait sur Milly par Perthes. Trois escadrons du 2e hussards formaient l'avant-garde. Un peloton du même régiment détaché sur le flanc droit suivait la vallée de l'École, et devait rejoindre la colonne à Moigny. Après s'être arrêté à Perthes et à Cély pour fouiller ces villages et se faire remettre les armes détenues par les habitants, l'escadron tête d'avant-garde arrivait vers 3 heures du soir devant Courances, qu'il trouvait occupé. En même temps, une patrouille signalait aux deux escadrons du gros de l'avant-garde, qui venaient d'atteindre le bois de Thurelles, la présence de fantassins français à Dannemois.

La 4e division de cavalerie se trouvait, en effet, en présence du Ier bataillon des francs-tireurs de la Seine. Sorti de Paris le 9 septembre, depuis cette date ce corps avait circulé sur les deux rives du fleuve jusqu'à Montereau et avait déjà échangé quelques coups de fusil avec les patrouilles de cavalerie prussienne, notamment aux abords de Melun le 17. Chacune des trois localités de Courances, Moigny et Dannemois était occupée le 18 par une compagnie du bataillon, dont les cinq autres étaient à Milly. Les compagnies détachées venaient de recevoir l'ordre de rejoindre le gros pour se replier vers le Sud. Celles de Courances et de Moigny avaient commencé leur mouvement; mais le commandant de la 8e compagnie, à Dannemois, voulut attendre la cavalerie prussienne qui lui était signalée. Son unité comptait 83 hommes, renforcés par 25 gardes nationaux du pays.

Tandis que l'escadron de tête d'avant-garde de la colonne prussienne observait Courances, le premier escadron du gros de l'avant-garde débouchait du bois de

---

près du pont détruit, l'artillerie en aval, sur le pont du chemin de fer resté intact.

Thurelles dans la direction de Dannemois et se lançait contre des tirailleurs que l'on apercevait en avant de la lisière Sud-Est du village. Mais cet escadron ne put pénétrer dans le village et dut se replier. Pendant ce temps, le reste du gros de l'avant-garde se formait à la lisière Ouest du bois de Thurelles. Une des batteries de la division $\left(\dfrac{1^{re}\ c.}{5^e}\right)$, installée près du chemin qui mène à Dannemois, ouvrait le feu contre ce village, au moment où le premier escadron se repliait. Elle devait bientôt interrompre son tir en apercevant, près de la lisière Nord du village, des hussards prussiens et en entendant le bruit d'une fusillade assez vive. C'était le peloton détaché dans la vallée de l'École qui s'était engagé également au moment où se terminait l'attaque du premier escadron. Le lieutenant qui commandait ce peloton fut tué dans cette affaire.

Sous le feu de l'artillerie, les francs-tireurs ne tinrent d'ailleurs pas longtemps dans Dannemois; ils se retirèrent partie vers Courances, partie vers Videlles. Ces derniers furent poursuivis avec acharnement par les hussards, qui voulaient venger la mort de leur chef.

Dannemois enlevé, la cavalerie prussienne reprenait, à 4 heures, son mouvement vers le Sud. Elle trouvait encore les localités de Moigny et du Ruisseau occupées, et les faisait canonner par une section d'artillerie $\left(\dfrac{2^e\ c.}{11^e}\right)$ pendant que le gros de la 10e brigade se rapprochait de Courances. Mais, trouvant toujours les villages et les lisières de bois occupés et voyant la nuit approcher, le prince Albrecht renonçait à gagner Milly; il ramenait ses troupes à l'Est de Cély, où elles bivouaquèrent sans desseller, couvertes, dans la direction de Milly, par un escadron qui occupait le bois de Thurelles avec des hommes à pied. Il envoyait en même temps des patrouilles vers Dannemois, Moigny et Le Ruisseau, ainsi que par Arbonne jusqu'à la forêt de Fontainebleau (1).

Le 19 septembre, la 4ᵉ division de cavalerie quittait son bivouac vers 10 heures du matin, après avoir fait reconnaître la lisière de la forêt de Fontainebleau, dans laquelle ses patrouilles ne purent pénétrer. Pour éviter la région boisée de Milly et gagner rapidement un terrain plus favorable pour la cavalerie, le prince Albrecht se dirigea par Dannemois sur Boutigny, dans la vallée de l'Essonne, puis, en remontant cette rivière, il se porta par Courdimanche sur Gironville. Il bivouaqua à l'Ouest de cette dernière localité, en poussant trois escadrons du 5ᵉ dragons jusqu'à Gandevilliers (2).

Le 20 septembre, le général commandant la 4ᵉ divi-

---

(1) Ledeuil, *Les Défenseurs de Châteaudun, francs-tireurs de Paris*, p. 44 et suiv.; *Das 2. Leib-Husaren-Regiment Nr. 2 im Kriege gegen Frankreich 1870-71*, p. 101-107; Kunz, *Die Deutsche Reiterei*, p. 210; *Geschichte des Feld-Artillerie-Regiments von Podbielski (Niederschlesischen) Nr. 5*, p. 104; *Geschichte des Feld-Artillerie-Regiments Nr. 11*, p. 213.

La 1ʳᵉ batterie à cheval du 5ᵉ régiment avait consommé 70 obus.

Les pertes des Allemands s'élevaient à un officier, deux hussards et six chevaux tués; un sous-officier, deux hussards et sept chevaux blessés; un hussard disparu. Quant aux Français, ils auraient perdu vingt hommes, tant francs-tireurs que gardes nationaux.

Rappelons que le 18 septembre, la 8ᵉ brigade de cavalerie se portait de Montmirail à Saint-Rémy, à l'Ouest de la Ferté-Gaucher. La 9ᵉ brigade atteignait, au Nord-Est de la même ville, Villiers-les-Maillets, Saint-Barthélemy et les villages environnants (*La Guerre de 1870-71. L'Investissement de Paris*, p. 338).

(2) *Geschichte des Dragoner-Regiments Freiherr von Manteuffel (Rheinischen) Nr. 5*, p. 109; *Das 2. Leib-Husaren-Regiment Nr. 2 im Kriege gegen Frankreich 1870-71*, p. 108-109. — Dans la marche du 19, le 5ᵉ dragons formait l'avant-garde. Pour couvrir le passage de la division sur le plateau, entre les vallées de l'École et de l'Essonne, l'escadron d'avant-postes du 2ᵉ hussards avait été, dès le matin, prendre position des deux côtés de Moigny, près de Dannemois et au Nord de Milly. Cet escadron forma ensuite l'arrière-garde de la colonne.

A Boutigny, la 4ᵉ division de cavalerie installa un poste de corres-

sion de cavalerie continua son mouvement sur Malesherbes avec l'unique brigade dont il disposait. En arrivant dans cette dernière localité, son avant-garde (1) apprenait que les francs-tireurs, avec lesquels il avait combattu à Dannemois, s'étaient repliés la veille vers Orléans par Pithiviers. Le soir, la division s'installait à Orveau, Coudray et localités environnantes. Elle restait le 21 sur ces emplacements (2). Il semble, en effet, qu'à

---

pondance, puis, comme le prescrivait l'ordre du grand quartier général du 15 septembre, mit hors de service la voie ferrée qui suit la vallée de l'Essonne.

Dans la nuit du 18 au 19, le prince Albrecht avait envoyé à Saint-Germain-les-Corbeil, 1 lieutenant du 5ᵉ dragons avec 5 hommes, porter au grand quartier général un rapport dans lequel il demandait instamment un soutien d'infanterie pour continuer sa marche. Cet officier rejoignit le lendemain à Gironville, après avoir parcouru 86 kilomètres en quatorze heures. Il rapportait la nouvelle qu'à partir du 20 septembre de l'infanterie bavaroise serait à la disposition du commandant de la 4ᵉ division.

Gaudevilliers est situé à 4 kilomètres Sud-Ouest de Gironville. La 4ᵉ division y passa la nuit du 19 au 20, prête à prendre les armes, en se protégeant par un actif service de patrouilles. Une reconnaissance d'officier avait été envoyée à 10 kilomètres au Sud de Gironville, jusqu'à Malesherbes, où elle fut accueillie par des coups de feu.

Le 19 septembre, la 8ᵉ brigade de cavalerie arrivait à La Croix-en-Brie et la 9ᵉ, à Jouy-le-Châtel (*La Guerre de 1870-71. L'Investissement de Paris*, t. II, p. 504).

(1) Un escadron du 2ᵉ hussards.

(2) État-major de la 4ᵉ division et 2ᵉ hussards à Orveau, 5ᵉ dragons et artillerie à Coudray. En dehors des fractions chargées de la garde immédiate des cantonnements, le 2ᵉ hussards envoyait un escadron aux avant-postes pour surveiller les directions de Pithiviers et de Sermaises. En outre, deux escadrons devaient toujours être prêts à monter à cheval, les chevaux restant sellés. Le 5ᵉ dragons avait également un escadron aux avant-postes, qui se reliait à celui du 2ᵉ hussards. Il surveillait en outre la vallée de l'Essonne avec un demi-escadron installé à Malesherbes. Des patrouilles, poussées jusqu'à Pithiviers (13 kilomètres au Sud-Ouest de Coudray), trouvaient cette ville faiblement occupée le 20 et complètement évacuée par les Français le 21. Ces

ce moment le prince Albrecht était inquiet pour ses relations avec l'arrière. Toute communication lui paraissait coupée, non seulement avec Melun, mais aussi, dans la direction de Paris, avec Corbeil ou Versailles (1).

Les deux autres brigades de la 4° division étaient encore loin. Le 20, la 8ᵉ arrivait à Nangis et la 9ᵉ, à Mormant, et toutes deux ignoraient où se trouvait le reste de la division. Ce fut seulement le 21, lorsqu'elles se réunirent à Melun, qu'elles apprirent que le prince Albrecht avait franchi la Seine. Elles entrèrent en même temps en relation avec le détachement que le Iᵉʳ corps bavarois avait envoyé la veille de ce côté (2).

En arrivant à Coulommiers le 19 septembre, ce corps d'armée avait en effet reçu du commandant de la IIIᵉ armée l'ordre de diriger, par Melun, sur Fontainebleau un détachement comprenant trois bataillons, deux batteries et un escadron, avec mission de dégager la forêt et la région de Fontainebleau des bandes de francs-tireurs et de mobiles qui y étaient signalées. Ces troupes, commandées par le colonel Täuffenbach, étaient à Melun le 20 septembre (3).

Pendant que s'effectuaient ces mouvements, les IIIᵉ et IVᵉ armées avaient continué leur marche.

---

patrouilles ramassèrent cependant quelques francs-tireurs de la Seine, qui avaient perdu leur corps après l'affaire de Dannemois [*Geschichte des Dragoner-Regiments Freiherr von Manteuffel (Rheinischen) Nr. 5*, p. 109-110; *Das 2. Leib-Husaren-Regiment Nr. 2 im Kriege gegen Frankreich Nr. 1870-71*, p. 109; *Geschichte des Hessischen Feld-Artillerie-Regiments Nr. 11*, p. 214].

(1) *Das 2. Leib-Husaren-Regiment Nr. 2 im Kriege gegen Frankreich 1870-71*, p. 110.

(2) *La Guerre de 1870-71. L'Investissement de Paris*, t. II, p. 505.

(3) Le détachement du colonel Täuffenbach, commandant le régiment d'infanterie du corps, comprenait, avec les trois bataillons de son régiment, le 4ᵉ escadron du 3ᵉ chevau-légers, les Vᵉ et VIIᵉ batteries (batteries lourdes) du 1ᵉʳ régiment d'artillerie bavarois, une demi-com-

Les 5ᵉ et 6ᵉ divisions de cavalerie étaient passées sous les ordres du commandant de la IIIᵉ armée le 20 septembre (1). A cette date, les forces chargées de couvrir au Sud de la Seine les troupes d'investissement de Paris présentaient le dispositif suivant :

2ᵉ division de cavalerie, au confluent de la Seine et de l'Orge, dans la région Ris, Orangis, Savigny-sur-Orge, Épinay-sur-Orge et localités environnantes (2) ;

---

pagnie de pionniers et une section d'ambulance. Il quitta Coulommiers à 3 h. 30 du matin et arriva à Melun à 7 heures du soir. Il avait donc mis quinze heures pour parcourir 45 kilomètres.

Le même jour, le reste du Iᵉʳ corps bavarois s'arrêtait à Chaumes, franchissait la Seine à Corbeil le 21 et arrivait le 22 à Longjumeau. A cette date, il envoya un nouveau détachement à Arpajon, pour y relever celui fourni le 18 par le IIᵉ corps bavarois.

Ce détachement du Iᵉʳ corps bavarois, placé sous les ordres du général Dietl, comprenait le 2ᵉ bataillon de chasseurs, le Iᵉʳ bataillon du 11ᵉ régiment, une batterie et un escadron du 3ᵉ chevau-légers (Helwig, *Das I. Bayerische Armee-Corps von der Tann im Kriege 1870-71*, p. 94 ; *Geschichte des Königlich Bayerischen Infanterie Leib-Regiments*, p. 81).

(1) Ordre du grand quartier général des armées allemandes, daté du 17 septembre, midi (*Correspondance militaire du maréchal de Moltke*, t. II, p. 379).

(2) La 2ᵉ division devait éclairer la marche de la IIIᵉ armée au Sud de Paris et entrer en relations, par Chevreuse, avec la cavalerie de l'armée de la Meuse. Le 18 et le 19 septembre, elle avait bivouaqué près de Saclay (*La Guerre de 1870-71. L'Investissement de Paris*, t. II, p. 331). Le 20, à 3 heures du soir, elle recevait l'ordre d'aller cantonner entre l'Orge et la Seine. Elle s'y installait dans les localités suivantes : quartier général de la division, Épinay-sur-Orge ; état-major de la 3ᵉ brigade, Viry ; 1ᵉʳ cuirassiers, Ris et Orangis ; 2ᵉ ulans, Châtillon (1ᵉʳ escadron), Ris (2ᵉ escadron) et Viry (3ᵉ et 4ᵉ escadrons) ; état-major de la 4ᵉ brigade (?) ; 1ᵉʳ hussards, Savigny-sur-Orge ; 5ᵉ hussards (?) ; état major de la 5ᵉ brigade, Morsang-sur-Orge ; 4ᵉ hussards, Morsang (2ᵉ et 3ᵉ escadrons), Épinay (5ᵉ escadron), Le Breuil et Les Franchises (1ᵉʳ escadron) ; 6ᵉ hussards (moins le 1ᵉʳ escadron envoyé à Limours) (?) ; artillerie (?).

En cas d'alerte, la division devait se rassembler à l'Ouest de la

Un détachement du II⁰ corps bavarois, comprenant un bataillon, un escadron et une batterie, à Arpajon (1);

Un escadron de la 2ᵉ division de cavalerie, à Limours (2);

6ᵉ division de cavalerie : la *15ᵉ* brigade à Chevreuse et la *14ᵉ* dans la région Lévy-Saint-Nom, Maurepas, Trappes et Montigny, autour du Mesnil-Saint-Denis, où se trouvait le quartier général (3);

---

grande route de Paris à Juvisy, entre la Vieille-Poste et Paray, c'est-à-dire au Nord de la zone où elle cantonnait [*Aus dem Tagebuche des General-Majors von Colomb*, p. 31; *Geschichte des Leib-Kürassier-Regiments Grosser Kurfürst (Schlesischen) Nr. 1*, p. 96; *Fünfundzwanzig Jahre 1857-1882 des Schlesischen Ulanen-Regiments Nr. 2*, p. 104; *Braune Husaren in Frankreich* (4ᵉ régiment de hussards), p. 17; *Braune Husaren* (*Geschichte des Husaren-Regiments von Schill (1. Schlesischen) Nr. 4*), p. 150].

(1) 1ᵉʳ bataillon du *9ᵉ* régiment d'infanterie bavarois, un escadron du *2ᵉ* chevau-légers et une batterie sous les ordres du colonel von Heeg, commandant le *9ᵉ* régiment (*La Guerre de 1870-71. L'Investissement de Paris*, t. II, p. 335.

(2) 1ᵉʳ escadron du *6ᵉ* hussards. Cet escadron fut envoyé à Limours le 20 septembre, au moment où la *2ᵉ* division quittait ses bivouacs de Saclay pour aller cantonner au Sud-Est de l'Orge. Il y arriva dans la soirée. Sa mission était de se renseigner sur les forces françaises en formation sur la Loire et de signaler leur marche vers le Nord, tout en surveillant les routes qui, de Limours, se dirigent sur Dourdan, Saint-Arnoult et Rambouillet. Les renseignements devaient être transmis directement au quartier général de la IIIᵉ armée, à Versailles ; une expédition en était envoyée en même temps au commandant de la *2ᵉ* division de cavalerie (Vogt, *Kriegstagebuch eines Truppenoffiziers*, p. 74 et suiv.).

(3) *La Guerre de 1870-71. L'Investissement de Paris*, t. II, p. 499. — D'après les Historiques des corps de la *6ᵉ* division de cavalerie, les cantonnements occupés le 20 septembre étaient les suivants : *14ᵉ* brigade : *6ᵉ* cuirassiers (?); *3ᵉ* ulans, 1ᵉʳ escadron à Montigny, 3ᵉ, 4ᵉ et 5ᵉ escadrons à Trappes ; *15ᵉ* ulans, 1ᵉʳ escadron à Lévy-Saint-Nom, 3ᵉ escadron à Maincourt, 4ᵉ et 5ᵉ escadrons à Grand-Ambesis; *15ᵉ* brigade : *3ᵉ* hussards à Chevreuse ; *16ᵉ* hussards (?); $\frac{2 \text{ c.}}{3^{\text{e}}}$, Le Mesnil-Saint-Denis [*Geschichte des Ulanen-Regiments Kaiser Alexander II von*

5ᵉ division de cavalerie : le quartier général était à Herbeville. Deux brigades faisaient face à Paris : la *11ᵉ*, dans la région à l'Ouest et au Nord-Ouest de Versailles, avait son état-major à Feucherolles ; la *13ᵉ*, avec son état-major au château d'Hacqueville, surveillait la zone à l'Ouest de Saint-Germain et de Poissy, où elle avait même poussé un escadron. La troisième brigade de la division, la *12ᵉ*, dont l'état-major était aux Alluets, faisait au contraire face à l'Ouest et tenait les localités sur la Mauldre, depuis Montainville jusqu'à Maule (1).

Russland (1. Brandenburgisches) Nr. 3, p. 128 ; *Geschichte des Schleswig-Holsteinschen Ulanen-Regiments Nr. 15*, p. 187 ; *Geschichte des Husaren-Regiments von Zieten (Brandenburgisches) Nr. 3*, p. 352 ; *Geschichte des Feldartillerie-Regiments General-Feldzeugmeister (1. Brandenburgischen) Nr. 3*, p. 396].

(1) *La Guerre de 1870-71. L'Investissement de Paris*, t. II, p. 498 ; Junk, *Die fünfte Kavallerie-Division*, p. 22. — Les cantonnements occupés le 20 septembre au soir par les corps de la 5ᵉ division étaient les suivants : *11ᵉ* brigade : *4ᵉ* cuirassiers : 1ᵉʳ escadron et 1/2 4ᵉ, Thiverval, 3ᵉ escadron et 1/2 4ᵉ, Plaisir, 5ᵉ escadron, Davron ; *13ᵉ* ulans : 1ᵉʳ et 2ᵉ escadrons, Villepreux, 3ᵉ et 4ᵉ, Les Clayes ; *19ᵉ* dragons : 1ᵉʳ et 2ᵉ escadrons, Feucherolles, 3ᵉ, Chavenay, 4ᵉ (aux avant-postes), Saint-Nom ; place d'alarme de la *11ᵉ* brigade, à l'Est de Davron ; *12ᵉ* brigade : *7ᵉ* cuirassiers, Crespières ; *16ᵉ* ulans : 1ᵉʳ escadron, Mareil-sur-Mauldre, 2ᵉ, Montainville ; *13ᵉ* dragons : 4ᵉ et 5ᵉ escadrons, Maule, 1ᵉʳ, Herbeville, 2ᵉ, Les Alluets ; place d'alarme de la *12ᵉ* brigade, au Nord de Crespières ; *13ᵉ* brigade : *10ᵉ* hussards : 2ᵉ escadron, Chambourcy, 1ᵉʳ, Poissy, 3ᵉ, La Maladrerie, 4ᵉ, au bivouac près d'Aigremont ; *11ᵉ* hussards : 4ᵉ escadron, Bure, 1ᵉʳ, château d'Hacqueville, 5ᵉ, Vilaines, 2ᵉ, Médan ; *17ᵉ* hussards, 2ᵉ escadron (aux avant-postes), aux beurreries de Feucherolles, 1ᵉʳ et 3ᵉ, Orgeval, 4ᵉ, Montaniet (carte au 80,000ᵉ, Montanet sur la carte au 200,000ᵉ) ; place d'alarme de la *13ᵉ* brigade, près de La Maladrerie ; artillerie : $\frac{1^{\text{re}} \text{ c.}}{4^{\text{e}}}$ (rattachée à la *12ᵉ* brigade), Les Alluets, $\frac{2^{\text{e}} \text{ c.}}{10^{\text{e}}}$ (rattachée à la *13ᵉ* brigade), Montaniet (Junk, *loc. cit.*, p. 270-271).

Depuis le 16 août, le *7ᵉ* cuirassiers n'était plus constitué qu'à deux escadrons (3ᵉ et 4ᵉ). De même, le *16ᵉ* ulans ne comprenait plus que

A cette division avait été rattaché le 4e bataillon de chasseurs à pied. Ce corps, précédemment affecté à la 6e division de cavalerie, n'avait pu la suivre dans la marche rapide qu'elle avait dû faire pour gagner Chevreuse. Une de ses compagnies, la 2e, accompagna la 13e brigade de cavalerie et gagna Poissy ; une autre, la 4e, marcha avec la 11e brigade et vint cantonner à Feucherolles, aux avant-postes, où elle assura la surveillance des débouchés de la forêt de Marly ; les deux autres compagnies étaient restées, la 1re à Triel, et la 3e à Verneuil (1).

---

deux escadrons (1er et 2e). En outre, le 4e escadron du 13e dragons était détaché avec la division de landwehr de la Garde. La 12e brigade de cavalerie (général-major von Bredow) ne comptait donc à ce moment que sept escadrons.

(1) La Guerre de 1870-71. L'Investissement de Paris, t. II, p. 499 et 500.

CHAPITRE III

Mouvements de la division de cavalerie du général Reyau depuis le 13 septembre et situation des forces françaises sur la Loire le 20 septembre (1).

Le 7 septembre, le Ministre de la Guerre, après entente avec le général Trochu, avait envoyé dans la région située entre la Seine et l'Oise quatre brigades de cavalerie. Ces forces, placées sous le commandement supérieur du général Reyau (2), formaient deux divisions, qui, à l'approche des armées allemandes, durent rétrograder sur Paris.

Sur la demande du général Trochu, le Ministre de la Guerre décidait, le 13 septembre, que deux de ces brigades, commandées par le général Champéron, rentreraient dans Paris. Les deux autres, c'est-à-dire la brigade du général Ducoulombier (3) (6ᵉ hussards et

---

(1) Cartes nᵒˢ 1 et 2.

(2) Le général Reyau était né le 16 janvier 1799. Il entra au service en 1814 comme lieutenant aux gardes du corps, puis fit toute sa carrière dans la cavalerie. Il fut nommé général de brigade le 14 juillet 1848 et général de division le 22 décembre 1851. En cette dernière qualité, il exerça les fonctions d'inspecteur général et de membre du Comité de la cavalerie. Passé au cadre de réserve le 17 janvier 1864, il fut appelé, le 17 août 1870, au commandement de la division de cavalerie du 13ᵉ corps d'armée, dont la 2ᵉ brigade passa, le 13 septembre, à la division de cavalerie du 15ᵉ corps d'armée.

(3) Né à Marseille en 1809, le général Jolif-Ducoulombier s'engagea dans la cavalerie en 1827 et fit campagne en Algérie de 1832 à 1834. Nommé sous-lieutenant en 1835, il servit de nouveau en Algérie en 1836 et 1837, puis fut promu lieutenant en 1841, capitaine en 1847, et prit

6ᵉ dragons) et la brigade du général Ressayre (1) (9ᵉ cuirassiers et 1ᵉʳ cuirassiers de marche), constituant une division sous les ordres du général Reyau, devaient se replier sur Tours pour être affectées au corps d'armée en formation sur la Loire (2).

Le 13 septembre, la brigade Ducoulombier était tout entière à Versailles ainsi que le 1ᵉʳ cuirassiers de marche, tandis que le 9ᵉ cuirassiers, qui avait été maintenu à l'Est de Paris, se trouvait à Chelles avec le général Ressayre (3).

Dans la journée, le Ministre de la Guerre envoya directement au général Ducoulombier l'ordre de se diriger sur Orléans avec sa brigade, en passant par Rambouillet et Chartres. Jusqu'à cette dernière ville, le 1ᵉʳ cuirassiers de marche devait l'accompagner ; ce régiment se porterait ensuite sur Tours, où le général Ressayre

---

part à l'expédition de Crimée (1854-1856). Colonel en 1860, il devint général de brigade le 27 mars 1868 et fut nommé commandant de la subdivision de l'Allier. Il fut appelé, le 25 juillet 1870, au commandement de la 2ᵉ brigade de la division de cavalerie du 7ᵉ corps de l'armée du Rhin, puis, le 3 septembre, au commandement de la 1ʳᵉ brigade de la division de cavalerie du 13ᵉ corps, qui devint la 1ʳᵉ brigade de la division de cavalerie du 15ᵉ corps.

(1) Le général Ressayre était né le 29 mars 1809. Il s'engagea dans la cavalerie le 10 avril 1827 et parvint au grade de sous-lieutenant en 1835. Comme officier, il servit en Algérie de 1836 à 1853, puis en Crimée de 1854 à 1856. Nommé général de brigade en 1863, il fut désigné pour commander la 2ᵉ brigade de la division de cavalerie du 13ᵉ corps, devenue plus tard 2ᵉ brigade de la division de cavalerie du 15ᵉ corps.

(2) *La Guerre de 1870-71. L'Investissement de Paris*, t. II, p. 135 et 175 ; Le Ministre de la Guerre au Président du Gouvernement de la Défense nationale à Paris, Paris, 13 septembre ; Le même au Général commandant le 15ᵉ corps d'armée, Paris, 14 septembre.

(3) *La Guerre de 1870-1871. L'Investissement de Paris*, t. II, p. 176. — Le général Ressayre avait alors l'ordre de gagner, avec le 9ᵉ cuirassiers, Villejuif le 14 et Palaiseau le 15.

était également invité à se rendre avec le 9ᵉ cuirassiers. De son côté, le général Reyau recevait l'ordre de gagner Tours avec son état-major (1).

Dès le 16 septembre, le général de La Motterouge, s'inspirant des instructions qu'il avait lui-même reçues du Ministre, envoyait au général Ducoulombier des indi-

---

(1) Il semble que la première intention du Ministre avait été, le 13 septembre, de faire régler par le général Reyau les mouvements de sa division [Le Ministre de la Guerre au Président du Gouvernement de la Défense nationale, à Paris, Paris, 13 septembre; Le Ministre de la Guerre au général Reyau, à Lagny, D. T., Paris, 13 septembre (Minute non envoyée)]. Mais, comme on le sait, ce fut également le 13 septembre que le Ministre convoqua le général de La Motterouge pour lui confier le commandement du corps d'armée en formation sur la Loire. Dans les instructions transmises le lendemain au commandant du 15ᵉ corps, le général Le Flô lui recommandait d'envoyer de suite une brigade de cavalerie à Orléans. C'est sans doute pour activer ce mouvement que le Ministre adressa directement des ordres aux généraux Ducoulombier et Ressayre qui se trouvaient près de lui, tandis que le général Reyau était encore à Lagny.

Dès sa rentrée à Paris, le 14 ou le 15, ce dernier était invité à se rendre à Tours (Note pour la correspondance générale, 14 septembre; Le Ministre de la Guerre au général Reyau, à Paris, Paris, 15 septembre).

La brigade Ducoulombier était le 14 septembre à Rambouillet, le 15 à Maintenon et le 16 à Chartres où elle séjourna le 17 (Le général Ducoulombier au Ministre de la Guerre, à Paris, D. T., Maintenon, 15 septembre, 3 h. 10 soir; Historiques *manuscrits* du 6ᵉ régiment de hussards et du 6ᵉ régiment de dragons).

Le 1ᵉʳ cuirassiers de marche marcha avec la brigade Ducoulombier jusqu'à Chartres. Il quitta cette ville le 17, le 18 il était à Cloyes, et le 19 à Vendôme, où il séjourna le 20 (Historique *manuscrit* du 1ᵉʳ cuirassiers de marche).

Le général Ressayre et le 9ᵉ cuirassiers se trouvaient, le 14, à Longjumeau et devaient ensuite se conformer à l'itinéraire suivant : le 15 Dourdan, le 16 Auneau, le 17 Bonneval, les 18 et 19 Châteaudun, le 20 Vendôme, le 21 Châteaurenault et le 22 Tours (Le général Ressayre au Ministre de la Guerre, à Paris, D. T., Juvisy, 14 septembre, 11 h. 35 du matin).

cations très détaillées sur la mission qui lui incombait : il était chargé, avec sa brigade, de couvrir Orléans et de surveiller particulièrement les directions de Chartres, de Paris et de Pithiviers. Pour cela, il s'établirait avec un régiment à Artenay, et détacherait les escadrons de l'autre régiment à Toury, vers Bazoches-les-Gallerandes et à Neuville-aux-Bois ; s'il était forcé de se retirer devant un ennemi supérieur en nombre, il se replierait vers Orléans et vers Patay, et, à moins d'impossibilité absolue, il resterait sur la rive droite de la Loire, de manière à couvrir la direction de Tours.

Le commandant du 15ᵉ corps avisait en même temps le général Ducoulombier que la 2ᵉ brigade de la division de cavalerie du général Reyau viendrait ultérieurement à Blois pour l'appuyer. D'autre part, le général commandant le département du Loiret était invité à envoyer dans la forêt d'Orléans les forces de garde nationale mobile dont il pouvait disposer, pour protéger le flanc droit et les derrières de la 1ʳᵉ brigade de cavalerie. Il appartenait au général Ducoulombier d'entrer en relation avec ces derniers éléments (1).

En même temps, le commandant du 15ᵉ corps d'armée

---

(1) Le général commandant le 15ᵉ corps d'armée au général Ducoulombier, Tours, 16 septembre.

Le commandant du 15ᵉ corps prescrivait au général Ducoulombier de détacher un escadron à Toury et un autre escadron à Neuville-aux-Bois. Il lui laissait le soin de désigner l'emplacement des deux autres escadrons, mais il lui indiquait, comme emplacement à occuper, le nœud de routes situé près de Bazoches-les-Gallerandes.

Indépendamment des reconnaissances que le général de brigade jugeait nécessaires, les escadrons détachés devaient chaque jour pousser des pointes dans les directions d'Étampes et de Pithiviers. Ils se feraient garder, en outre, par des avant-postes qui s'établiraient « au moins à deux heures en avant, et les avant-postes par des vedettes poussées le plus loin possible ».

En même temps, le général de La Motterouge envoyait au général

modifiait la destination de la brigade Ressayre, dont les deux régiments furent dirigés sur Blois au lieu de l'être sur Tours (1).

Le 17 septembre, le commandant du 15ᵉ corps mettait le général Reyau au courant des mesures qu'il avait ordonnées. Il l'engageait en même temps à transporter son quartier général à Blois pour y prendre la direction supérieure de la brigade Ressayre, dont une partie pourrait sans doute, à son arrivée, être installée entre Orléans et Blois. Cette unité devait, en effet, se relier d'abord avec les troupes du général Ducoulombier, puis, plus tard, avec la brigade de cavalerie qui se formerait à Tours (2).

En exécution de ces ordres, le général Reyau trans-

Ducoulombier copie des instructions du Ministre concernant la mission et le rôle de la cavalerie rattachée au 15ᵉ corps d'armée, puis il terminait : « Je n'ai rien à ajouter..... si ce n'est que vous avez la population pour vous, qu'il vous est facile de vous renseigner et qu'enfin, dès que vous serez en présence de l'ennemi, vos vedettes ne doivent plus le perdre de vue ; toute cavalerie chargée d'éclairer qui perd de vue l'ennemi ne fait pas son devoir ».

Ces instructions n'étaient pas encore parvenues au général Ducoulombier le 18 septembre. Il fut cependant prévenu à temps par une dépêche que lui adressa, le 17, à Chartres, le général Reyau, dans laquelle ce dernier lui ordonnait de se rendre à Artenay le 18, avec le 6ᵉ dragons et de répartir le 6ᵉ hussards entre Toury (1 escadron), Bazoches-les-Gallerandes (2 escadrons), et Neuville-aux-Bois (1 escadron) (Le général Reyau au général Ducoulombier, à Chartres, D. T., Tours, 17 septembre, 5 h. 45 soir ; Le général Ducoulombier au général Reyau, à Amboise, D. T., Chartres, 18 septembre, 6 heures matin).

(1) Le Général commandant le 15ᵉ corps d'armée au Général commandant la 18ᵉ division militaire, à Tours, Tours, 16 septembre ; Le même au même, Tours, 17 septembre.

(2) Le Général commandant le 15ᵉ corps d'armée au général Reyau, Tours, 17 septembre. — On sait que le même jour, le général de La Motterouge rendait compte au Ministre des dispositions qu'il avait adoptées pour la répartition de la cavalerie du 15ᵉ corps d'armée, savoir : division Reyau, 1ʳᵉ brigade à Artenay, 2ᵉ brigade à Blois ;

porta, le 18 septembre, son quartier général à Amboise, et, le 19, à Blois (1).

Le 18 également, la brigade du général Ducoulombier quittait Chartres à 6 heures du matin et occupait, le soir même, les emplacements qui lui avaient été indiqués pour couvrir Orléans. Elle y séjourna les 19 et 20 septembre (2).

Les régiments de la brigade du général Ressayre continuèrent leur mouvement. Le 1er cuirassiers de marche arriva à Vendôme le 19. Il y séjourna le 20 afin de pouvoir remplacer, par des chevaux tirés des dépôts stationnés dans cette ville, de jeunes chevaux de 4 ans 1/2 qui ne pouvaient pas suivre. Il entra à Blois le 21 (3). Quant au 9e cuirassiers, il fit séjour à Châteaudun les 18 et 19 septembre. Le 20, il gagna Cloyes de manière à atteindre Vendôme le 21 et Blois le 22 (4).

Quelques troupes d'infanterie se trouvaient, d'autre

---

cavalerie sous les ordres du général Michel à Gien et La Charité ; brigade de Nansouty à Bourges et brigade Tripard à Tours.

Il est également rappelé que les troupes du général Michel ne pouvaient arriver sur la Loire avant le 25 ou le 26 septembre, et que la brigade du général de Nansouty ne put partir que le 26 des dépôts où elle s'organisait (Cf. ci-dessus, p. 24).

(1) Journal des opérations de la division de cavalerie du 15e corps.

(2) Historiques *manuscrits* du 6e dragons et du 6e hussards. — Le régiment qui vint de Chartres à Artenay fit une étape d'environ 50 kilomètres; l'escadron qui poussa jusqu'à Neuville-aux-Bois parcourut plus de 60 kilomètres.

La brigade fut ainsi répartie :

6e dragons : Artenay.

6e hussards : 4e escadron, Toury ; 3e et 6e escadrons, Bazoches-les-Gallerandes ; 5e escadron, Neuville-aux-Bois.

(3) Le général Reyau au Général commandant le 15e corps d'armée, à Tours, D. T., Blois, 19 septembre.

(4) Historique *manuscrit* du 9e cuirassiers. — Une fois la brigade du général Ressayre réunie à Blois le 21 septembre au soir, l'intention du général Reyau était de la rapprocher d'Orléans « pour la relier

part, dans le département du Loiret sous les ordres du général Peitavin, commandant la subdivision territoriale. Elles comprenaient trois compagnies, dont deux

---

à la brigade Ducoulombier, appuyer cette brigade et achever d'éclairer le terrain en avant d'Orléans ».

Le 23 septembre au soir, le dispositif de la division de cavalerie devait être le suivant :

1re brigade.

6e hussards à Toury, Bazoches-les-Gallerandes, Neuville-aux-Bois.

6e dragons à Artenay, fournissant, pour se relier à Orléans, deux postes, l'un à Chevilly, l'autre à Cercottes.

2e brigade.

1er cuirassiers de marche : deux escadrons à Patay, détachant à Sougy un poste pour se relier avec Artenay ; deux escadrons à Ouzouer-le-Marché, se reliant avec Patay par deux postes, l'un à Saint-Péravy-la-Colombe et l'autre à Coulmiers.

9e cuirassiers : deux escadrons à Beaugency, se reliant d'un part avec Ouzouer par des postes installés à Cravant et Villermain, d'autre part avec Orléans par des postes placés à Meung, Saint-Ay et la Chapelle ; deux escadrons à Blois, assurant la liaison avec Beaugency par des postes à Ménars-le-Château et Mer.

Les postes devaient avoir un effectif de 1 sous-officier et 8 hommes, afin de pouvoir assurer la correspondance et en même temps surveiller la région.

Le général Reyau ne se dissimulait pas que les distances entre les différents détachements étaient considérables et « que dans un moment d'attaque sérieuse, les escadrons pourraient difficilement se prêter un mutuel appui », et il ne prenait ces dispositions que pour « ne pas laisser la brigade Ducoulombier complètement isolée » (Le général Reyau au Général commandant le 15e corps d'armée, Blois, 20 septembre).

Le 21 septembre d'ailleurs, le général de La Motterouge prescrivait au général Reyau de conserver groupée en réserve sa brigade de cuirassiers. Il lui conseillait en outre, s'il craignait quelque chose sur sa gauche, d'y envoyer un seul escadron, mais assez loin, afin de se ménager le temps nécessaire pour pouvoir rappeler au besoin la brigade Ducoulombier (Le Général commandant le 15e corps d'armée au général Reyau, à Blois, D. T., Tours, 21 septembre ; Le même au même, Tours, 21 septembre).

provisoires, appartenant au dépôt du 1ᵉʳ régiment d'infanterie de ligne (1), le Iᵉʳ bataillon et les compagnies de dépôt des IIᵉ, IIIᵉ, IVᵉ et Vᵉ bataillons de la garde nationale mobile du Loiret (2).

Le 20 septembre, la situation de ces éléments était la suivante :

Depuis le 15 septembre, le Iᵉʳ bataillon des mobiles du Loiret occupait, avec six de ses compagnies, la forêt d'Orléans, ayant mission d'en garder la lisière et les débouchés, d'en interdire l'accès aux reconnaissances

---

(1) Le dépôt du 1ᵉʳ régiment d'infanterie de ligne était arrivé à Orléans le 20 août, venant de Châlons. Le 19 septembre, il fut dirigé sur Périgueux.

Les 1ʳᵉ et 2ᵉ compagnies provisoires de ce dépôt furent, comme on le verra, envoyées à Jargeau où elles étaient le 14 septembre. Le 25 septembre, on les retrouvera dans la forêt d'Orléans sous les ordres du major du régiment. Elles assistèrent, le 26 septembre, à l'affaire de Chevilly. On n'a pu fixer exactement l'époque à laquelle ces compagnies rejoignirent le dépôt à Périgueux.

En outre, la 8ᵉ compagnie du IIᵉ bataillon du 1ᵉʳ de ligne, bien que désignée pour rejoindre le 29ᵉ de marche, fut employée à Orléans, à partir du 14 septembre, pour une mission spéciale qui n'a pas pu être précisée. Elle ne rejoignit le 29ᵉ de marche que le 21 octobre.

A Orléans se trouvait aussi le dépôt du 8ᵉ de ligne, dont les 1ʳᵉ et 2ᵉ compagnies provisoires avaient été formées le 4 septembre dans cette ville. Ce dépôt partit également pour Périgueux le 19 septembre.

Sur l'ordre du Ministre, le général commandant la subdivision du Loir-et-Cher arrêta à leur passage à Blois les dépôts des 1ᵉʳ et 8ᵉ de ligne. Il semble cependant qu'il ne retint que les éléments pouvant être utilisés pour les opérations, et particulièrement les 1ʳᵉ et 2ᵉ compagnies provisoires du dépôt du 8ᵉ de ligne.

Il ressort, en effet, des feuilles de journées des 1ᵉʳ et 8ᵉ de ligne, que les dépôts proprement dits de ces deux corps arrivèrent à Périgueux le 19 septembre (Le Général commandant la subdivision du Loir-et-Cher au Général commandant la 18ᵉ division militaire, à Tours, Blois, 22 septembre ; Travaux inédits de M. A. Martinien).

(2) Les IIᵉ, IIIᵉ, IVᵉ et Vᵉ bataillons de la garde nationale mobile du Loiret étaient partis pour Paris le 9 septembre. Les trois premiers formèrent le 37ᵉ régiment de mobiles ; le Vᵉ bataillon resta indépendant.

ennemies, et de protéger l'exécution des travaux destinés soit à aider la défense active, soit à couper les routes et les chemins. En même temps, le commandant du bataillon devait s'éclairer au loin et recueillir des renseignements sur les mouvements de l'ennemi. Il poussait à cet effet jusqu'à Malesherbes une compagnie qui revint le 20 septembre à Chilleurs-aux-Bois. Elle était suivie le soir même par le bataillon des francs-tireurs de Paris, qui avait eu, le 18 septembre, un engagement à Dannemois avec la 4ᵉ division de cavalerie prussienne.

Pour assurer la garde des passages sur la Loire, le général Peitavin avait fait occuper, le 13 septembre, le pont de Jargeau par les 1ʳᵉ et 2ᵉ compagnies provisoires du 1ᵉʳ de ligne et ceux de Meung et de Beaugency, chacun par une compagnie du Iᵉʳ bataillon des mobiles du Loiret (1).

Les environs immédiats d'Orléans étaient gardés par la 8ᵉ compagnie du Vᵉ bataillon des mobiles du Loiret, qui, depuis le 18 septembre, occupait Fleury et Saint-

---

(1) Le 26 août, cinq compagnies du Iᵉʳ bataillon des mobiles du Loiret (1ʳᵉ, 2ᵉ, 3ᵉ, 4ᵉ et 5ᵉ compagnies) avaient été envoyées d'Orléans pour garder entre Ferrières et Gien la voie ferrée de Paris à Lyon par le Bourbonnais. Le 29 août, deux autres compagnies (7ᵉ et 8ᵉ) étaient envoyées à Chécy et à Jargeau, à l'Est d'Orléans. La dernière compagnie (6ᵉ) restait à Orléans.

Le 7 septembre, le général commandant la subdivision, trouvant le gros du bataillon trop en l'air, lui envoyait l'ordre de se replier sur la Loire.

Après toute une série de mouvements, le Iᵉʳ bataillon des mobiles du Loiret occupait le 15 septembre les emplacements suivants :

1° Sur la lisière Nord de la forêt d'Orléans :

Une compagnie (6ᵉ) à Chevilly et à Cercottes, surveillant la route et le chemin de fer d'Orléans à Paris ;

Une compagnie (5ᵉ) à Neuville-aux-Bois, gardant l'ancienne route d'Orléans à Étampes et tenant par ses avant-postes Saint-Germain-le-Grand ;

Deux compagnies (2ᵉ et 4ᵉ), avec l'état-major du bataillon, à Chilleurs-

Jean-de-Braye, surveillant les directions de Gien et de Pithiviers et la lisière Sud de la forêt (1).

Enfin les 8ᵉˢ compagnies des IIᵉ, IIIᵉ et IVᵉ bataillons avaient été envoyées, le 13 septembre, à la Ferté-Saint-Aubin (2).

---

aux-Bois, tenant la route d'Orléans à Fontainebleau par Pithiviers et Malesherbes et poussant des avant-postes jusqu'à Santeau.

2° Au Sud de la forêt :

Une compagnie (8ᵉ) tenait les nœuds de chemins de Loury et de Rebréchien ;

Une compagnie (7ᵉ) occupait Vitry-aux-Loges et Fay-aux-Loges.

3° Sur la Loire, en aval d'Orléans, une compagnie (3ᵉ) à Meung-sur-Loire et une compagnie (1ʳᵉ) à Beaugency.

La 2ᵉ compagnie fut envoyée en reconnaissance à Malesherbes, non seulement pour y chercher des renseignements, mais aussi pour « y assurer l'exécution de travaux auxquels la population s'opposait ». En rentrant à Chilleurs-aux-Bois, le 20 septembre, elle annonça la présence à Malesherbes d'avant-gardes ennemies « composées de 1,200 fantassins, du 5ᵉ dragons, du 2ᵉ hussards, de huit pièces de canon et un obusier de montagne ».

A la suite des renseignements rapportés par la 2ᵉ compagnie, le commandant du Iᵉʳ bataillon des mobiles du Loiret dirigea les compagnies de Chilleurs-aux-Bois sur Neuville ; la section (demi-compagnie) de la 7ᵉ compagnie, qui était à Fay-aux-Loges, vint à Courcy-aux-Loges, et celle de Vitry-aux-Loges fut ramenée à Fay-aux-Loges.

Le 18 septembre, le Iᵉʳ bataillon des mobiles du Loiret était entré en relations avec la brigade de cavalerie du général Ducoulombier par les escadrons du 6ᵉ hussards qui s'installèrent à Bazoches-les-Gallerandes et Neuville-aux-Bois (Historique *manuscrit* du 73ᵉ régiment de mobiles).

(1) Historique *manuscrit* du 73ᵉ régiment de mobiles. — La section installée à Fleury patrouilla les 19 et 20 septembre dans les directions de Semoy, Chanteau, Saran et la gare des Aubrais ; la section de Saint-Jean-de-Braye poussa ses reconnaissances jusqu'à Pont-aux-Moines et jusqu'à la lisière Sud de la forêt d'Orléans, vers Vennecy, Boigny et Marigny.

(2) Historique *manuscrit* du 73ᵉ régiment de mobiles. — En dehors de ces unités, il y aurait eu encore à Sully-la-Chapelle un corps de sapeurs-pompiers et de volontaires du pays, et aux Bordes un déta-

En résumé, la situation des forces françaises autour d'Orléans et sur la Loire, le 20 septembre au soir, était la suivante :

Au Nord de la forêt d'Orléans, surveillant les directions d'Étampes et de Pithiviers, la brigade de cavalerie du général Ducoulombier, avec son quartier général et le 6ᵉ dragons à Artenay, et occupant avec le 6ᵉ hussards Toury (1 escadron), Bazoches-les-Gallerandes (2 escadrons) et Neuville-aux-Bois (1 escadron);

Dans la forêt d'Orléans, six compagnies du Iᵉʳ bataillon des mobiles du Loiret, tenant sur la lisière Nord Chevilly et Cercottes (1 compagnie), Neuville-aux-Bois (3 compagnies) et Courcy-aux-Loges (une demi-compagnie), et, plus en arrière, Rebréchien, Loury et Fay-aux-Loges, avec une demi-compagnie dans chacune de ces localités;

Autour d'Orléans même, la 8ᵉ compagnie du Vᵉ bataillon des mobiles du Loiret, répartie par moitié entre Fleury et Saint-Jean-de-Braye;

Sur la Loire, entre Jargeau et Beaugency, quatre compagnies, dont deux compagnies provisoires du 1ᵉʳ de ligne, à Jargeau et une compagnie du Iᵉʳ bataillon des mobiles du Loiret à chacun des ponts de Meung-sur-Loire et de Beaugency;

A proximité d'Orléans, et immédiatement disponibles, se trouvaient trois compagnies de mobiles — 8ᵉ compagnies des IIᵉ, IIIᵉ et IVᵉ bataillons des mobiles du Loiret — à la Ferté-Saint-Aubin, et le reste de la division de cavalerie du général Reyau. Le quartier général

---

chement de gardes forestiers, protégeant le pont suspendu de Sully, dont, en cas de retraite, il devait assurer la destruction (Historique *manuscrit* du 73ᵉ régiment de mobiles). Quant au bataillon de francs-tireurs de Paris, dont la présence a été signalée le 20 au soir à Chilleurs-aux-Bois, il semble qu'il passa dans cette localité la nuit du 20 au 21.

de cette division était à Blois; quant à la brigade du général Ressayre, en marche sur Blois, son état-major et le 9ᵉ cuirassiers arrivaient à Cloyes, et le 1ᵉʳ cuirassiers de marche à Vendôme.

Derrière ces forces, le 15ᵉ corps commençait à s'organiser, mais, le 20 septembre, il ne comprenait encore que les éléments suivants :

A Nevers et à Château-Chinon, le 12ᵉ régiment des mobiles de la Nièvre ;

A Bourges, le 29ᵉ de marche, deux bataillons du régiment de Tirailleurs algériens de marche, et le Vᵉ bataillon du régiment de la légion étrangère ;

A Tours, enfin, deux compagnies du VIᵉ bataillon d'infanterie de la marine.

CHAPITRE IV

Opérations autour d'Orléans du 21 septembre
au 1ᵉʳ octobre (1).

Les progrès de la 4ᵉ division de cavalerie prussienne au Sud de la Seine dans la direction de Malesherbes, son arrivée dans cette localité, ainsi que l'apparition de ses patrouilles, le 20 septembre, à Pithiviers avaient été signalés le même jour, tant au général Ducoulombier, à Artenay, qu'au général Peitavin, à Orléans (2).

Immédiatement prévenu par son subordonné, le général Reyau lui ordonnait de pousser de fortes reconnaissances dans la direction de Pithiviers, de résister sur les emplacements qu'il occupait, même devant des forces supérieures, et de ne se replier qu'à la dernière extrémité. Il l'invitait en même temps à diriger, le lendemain, sur Blois tous ses bagages et ses chevaux indisponibles (3).

Par contre, le général Peitavin, avant de quitter Orléans, le 20 dans la soirée, pour aller prendre le com-

---

(1) Cartes nᵒˢ 1, 2 et 5.
(2) Le général Ducoulombier au général Reyau, à Blois, D. T., Artenay, 20 septembre, 12 h. 56 soir ; Le Général commandant la subdivision d'Orléans au général Ducoulombier, à Artenay, au général Reyau, à Blois, au Ministre de la Guerre et au Général commandant le 15ᵉ corps d'armée, à Tours, D. T., Orléans, 20 septembre, 1 h. 15 soir, etc.....
(3) Le général Reyau au général Ducoulombier, à Artenay, D. T., Blois, 20 septembre ; Le même au même, D. T., Blois, 20 septembre, 9 h. 30 soir.

mandement d'une brigade du 15ᵉ corps, ordonnait à toutes les troupes sous ses ordres de se replier soit sur Blois, soit sur Vierzon, puis remettait le commandement de la subdivision de région au colonel de gendarmerie (1).

Aucune disposition n'avait été prise, en effet, pour organiser le commandement supérieur des troupes qui occupaient les environs d'Orléans. Le général commandant le territoire ne chercha pas non plus, semble-t-il, à entrer en relation avec le commandant de la brigade de cavalerie installée au Nord de la forêt, ou mieux avec le commandant de la division de cavalerie du 15ᵉ corps.

21 septembre. En exécution des ordres du général Peitavin, qu'il reçut pendant la nuit, le commandant du Iᵉʳ bataillon des mobiles du Loiret faisait replier, le 21 septembre, dès 1 heure du matin, les trois compagnies et demie installées à Neuville-aux-Bois et Courcy-aux-Loges et ralliait au passage la compagnie et demie répartie entre Rebréchien et Fay-aux-Loges. Il avisait de son départ l'escadron du 6ᵉ hussards de Neuville-aux-Bois et le bataillon des francs-tireurs de Paris. Ce dernier se mit également en marche vers le Sud.

Le Iᵉʳ bataillon des mobiles du Loiret se dirigea sur Jargeau où il franchit la Loire vers 7 heures et demie du matin. Il s'arrêta dans cette localité dont le pont subit,

---

(1) Le Général commandant la subdivision d'Orléans au général Reyau, à Blois, au général Ducoulombier à Artenay et au Ministre de la Guerre à Tours, D. T., Orléans, 20 septembre, 8 h. 35 soir ; Le Colonel de gendarmerie du Loiret au Ministre de la Guerre, à Tours, D. T., Vierzon, 21 septembre, 4 h. 48 soir. — D'après les instructions données par le général Peitavin, les troupes réparties autour d'Orléans devaient se replier le 21 septembre sur la Ferté-Saint-Aubin et La Motte-Beuvron, d'où elles devaient être transportées ensuite par voies ferrées jusqu'à Vierzon.

au cours de la journée, un commencement de destruction. Quant au bataillon de francs-tireurs, il continua, par la rive gauche de la Loire, son mouvement sur Orléans, où il parvint dans la soirée (1).

Aussitôt après l'arrivée des mobiles, les deux compagnies provisoires du dépôt du 1er de ligne quittèrent Jargeau pour se rendre à la Ferté-Saint-Aubin. De leur côté, les 1re et 2e compagnies du Ier bataillon des mobiles du Loiret abandonnèrent, le 21 à 4 heures du matin, les ponts de Beaugency et de Meung, qui, après leur départ, furent rendus en partie impraticables. Elles se dirigèrent également sur la Ferté-Saint-Aubin.

La 8e compagnie du Ve bataillon é acua d'autre part Fleury et Saint-Jean-de-Braye à 4 heures du matin. Réunie à Orléans, elle en partit à 6 heures pour la Ferté-Saint-Aubin, où elle rejoignit les 2e et 3e compagnies du Ier bataillon et les deux compagnies provisoires du dépôt du 1er de ligne. Toutes ces unités furent ensuite transportées par voies ferrées à Vierzon (2).

La fraction de la 6e compagnie du Ier bataillon des mobiles du Loiret qui occupait Chevilly en partit, elle aussi, le 21 septembre à 4 heures du matin. A son passage à Cercottes, elle rallia le gros de sa compagnie, et cette dernière, par Saran et Ingré, se dirigea sur Meung-sur-Loire, où elle passa la nuit.

---

(1) Historique *manuscrit* du 73e régiment de mobiles ; Le Préfet du Loiret au Ministre de la Guerre, à Tours, D. T., Orléans, 21 septembre, 6 h. 20 soir ; Ledeuil, *Les Défenseurs de Châteaudun*, p. 133.

(2) Historique *manuscrit* du 73e régiment de mobiles ; Le Colonel de gendarmerie du Loiret au Ministre de la Guerre, à Tours, D. T., Vierzon, 21 septembre, 4 h. 48 soir. — Dans l'après-midi du 20 septembre, le général Peitavin avait donné l'ordre au commandant de la 8e compagnie du Ve bataillon des mobiles du Loiret de se rendre, le 21, à Jargeau. L'ordre de partir immédiatement pour la Ferté-Saint-Aubin lui fut apporté le 21, à 2 heures du matin, par un gendarme.

Enfin les 8ᵉ compagnies des IIᵉ, IIIᵉ et IVᵉ bataillons des mobiles du Loiret reçurent par le télégraphe, dans la matinée du 20 septembre, l'ordre de se rendre immédiatement de la Ferté-Saint-Aubin à la Motte-Beuvron (1).

Quant à la 8ᵉ compagnie du IIᵉ bataillon du 8ᵉ de ligne, il semble qu'elle se retira vers Blois, où le général commandant le Loir-et-Cher avait arrêté à leur passage les dépôts des 1ᵉʳ et 8ᵉ de ligne (2).

De son côté, le général Ducoulombier, s'exagérant la gravité de sa situation et ne se voyant plus soutenu par aucune force d'infanterie, donna, le 21 septembre, avant 3 heures du matin, l'ordre au 6ᵉ hussards de replier ses détachements sur Artenay. Puis, avec toute sa brigade, il rétrograda sur Orléans, dont il garda les issues dans les directions de Chartres, Paris, Pithiviers et Montargis (3).

---

(1) Historique *manuscrit* du 73ᵉ régiment de mobiles.

(2) Le Général commandant la subdivision du Loir-et-Cher au général commandant la 18ᵉ division militaire, à Tours, Blois, 22 septembre.

(3) Le général Reyau au Général commandant le 15ᵉ corps d'armée, à Tours, D. T., Blois, 21 septembre, 5 heures matin; Journal des opérations de la division de cavalerie sous le commandement du général Reyau; Historiques *manuscrits* du 6ᵉ hussards et du 6ᵉ dragons. — Le général Ducoulombier croyait que l'ennemi occupait, le 21 au matin, Étampes et Pithiviers et que, dans cette dernière ville particulièrement, il y avait, en dehors de la *10ᵉ* brigade de cavalerie prussienne, six pièces de canons et 1,200 fantassins. Les distances qui séparent Artenay de Pithiviers et d'Étampes dépassent 30 et 45 kilomètres.

Les 3ᵉ et 6ᵉ escadrons du 6ᵉ hussards quittèrent Bazoches-les-Gallerandes à 3 heures du matin pour gagner Artenay. Le 4ᵉ escadron venant de Toury les y avait précédés dès 4 heures du matin: le 5ᵉ, venant de Neuville-aux-Bois, rejoignit à 6 h. 30. Le régiment quitta Artenay à 7 heures. Il s'installa à Orléans dans le faubourg Bannier et fut chargé de garder les routes de Chartres et de Paris. La surveillance des routes de Pithiviers et Montargis échut au 6ᵉ dragons, qui plaça une grand'garde au faubourg Saint-Vincent.

Comme on le sait, la *10e* brigade de la *4e* division de cavalerie prussienne resta, le 21 septembre, à Orveau et Coudray, dans les cantonnements qu'elle occupait la veille. Elle se borna à envoyer, dans la direction de Pithiviers, quelques patrouilles qui constatèrent que la ville était complètement évacuée par les Français (1).

Les deux autres brigades de la *4e* division de cavalerie n'étaient encore qu'à Melun (2).

Le détachement du colonel Täuffenbach, arrivé à Melun le 20 septembre, atteignit Fontainebleau le 21 (3).

---

(1) Cf. ci-dessus, p. 75. — Le 5e dragons envoya d'autre part, le 21 septembre, un peloton à La Chapelle-la-Reine pour entrer en liaison avec le détachement du colonel Täuffenbach, qui devait arriver à Fontainebleau le 21, et lui demander de faire occuper Malesherbes (*Geschichte des Dragoner-Regiments Freiherr von Manteuffel (Rheinischen) Nr. 5*, p. 110).

(2) Un officier du *6e* ulans envoyé en reconnaissance, le 20 septembre, avec six cavaliers, sur la rive gauche de la Seine, pour entrer en liaison avec le commandant de la *4e* division, n'avait pu atteindre ni Milly, ni Fontainebleau. Il fut cependant mis au courant de la situation par l'escorte d'un convoi de malades du *2e* hussards évacués de Gironville, qui atteignit sans encombre Melun le 21 septembre (*Das 2. Leib-Husaren-Regiment Nr. 2*, p. 110; Heinrich Bothe, *Geschichte des Thüringischen Ulanen-Regiments Nr. 6*, p. 255; von Langermann, *Geschichte des Thüringischen Ulanen-Regiments Nr. 6*, p. 52).

(3) *Geschichte des Königlich Bayerischen Infanterie-Leib-Regiments*, p. 284; *Das Königlich Bayerische 3. Chevaulegers-Regiment Herzog Maximilian*, p. 170. — Pour gagner la rive gauche de la Seine à Melun, l'infanterie passa sur une passerelle et la cavalerie et l'artillerie sur le pont du chemin de fer qui avait été rendu praticable.

Le mouvement de ce détachement se fit, le 21 septembre, dans les conditions suivantes : un peloton de cavalerie, les Ier et IIIe bataillons du régiment du Corps, l'artillerie, le génie et le détachement sanitaire suivirent la grande route de Melun à Fontainebleau. Le IIe bataillon et un peloton de cavalerie passèrent par Chailly-en-Bière, tandis que deux pelotons contournaient la forêt par l'Ouest. Les colonnes d'infanterie déployèrent, pour se couvrir et pour fouiller la forêt, de fortes lignes de patrouilles. Celles-ci progressèrent sous bois, de sorte que le détache-

La fraction du II⁰ corps bavarois, installée à Arpajon, se contenta de détacher des patrouilles vers le Sud (1).

Enfin, l'escadron de la 2ᵉ division de cavalerie, envoyé à Limours, avait, à son arrivée le 20 septembre, poussé des reconnaissances d'officiers sur Dourdan, Saint-Arnoult et Rambouillet; elles revinrent dans le courant de la journée du 21, sans avoir rencontré d'ennemis (2).

Quant aux 5ᵉ et 6ᵉ divisions de cavalerie prussiennes, elles restèrent, à peu de chose près, le 21 septembre, sur les emplacements qu'elles occupaient le 20 au soir (3). Les mouvements ultérieurs de ces trois dernières divisions de cavalerie, ne se rattachant pas directement aux opérations immédiates contre Orléans, seront exposés séparément plus tard.

Dès qu'il eut connaissance des intentions du général Ducoulombier, le général Reyau lui télégraphia de Blois à plusieurs reprises pour lui ordonner de retarder le plus possible son mouvement de retraite, et tout au moins, de s'arrêter à Orléans et de conserver le contact de l'ennemi (4).

---

ment, parti de Melun à 6 heures du matin, n'arriva à Fontainebleau qu'à 5 heures du soir.

Le peloton de cavalerie qui marchait avec la colonne principale fut chargé de fouiller Bois-le-Roi et Samois. Il précéda ensuite le détachement à Fontainebleau, où il assura le désarmement de la garde nationale.

(1) *Geschichte des Königlich Bayerischen 9. Infanterie-Regiments Wrede*, p. 114.

(2) Vogt, *1870-71, Kriegstagebuch eines Truppenoffiziers*, p. 82 et 91. — Cet escadron resta à Limours jusqu'au 7 octobre.

(3) *La Guerre de 1870-1871. L'Investissement de Paris*, t. II, p. 498 à 500.

(4) Le général Reyau au Général commandant le 15ᵉ corps d'armée à Tours, D. T., Blois, 21 septembre, 5 heures matin; Le général Reyau

Peu à peu d'ailleurs, on revenait à un sentiment plus exact de la situation (1).

Dans la soirée du 21 et dans la matinée du 22 septembre, le Ministre de la Guerre prenait les mesures nécessaires pour assurer la réoccupation d'Orléans qu'il estimait avoir été évacué trop hâtivement.

22 septembre.

Le général Faye (2) fut désigné pour prendre le commandement du département du Loiret, rattaché en outre à la 19ᵉ division militaire, dont le siège était à Bourges. En attendant son arrivée, l'intérim devait être exercé par le général Ducoulombier (3).

Le général de Polhès (4), commandant la 19ᵉ division

---

au général Ducoulombier, D. T., Blois, 21 septembre ; Le même au même, à Orléans, D. T., Blois, 21 septembre.

(1) L'Inspecteur des télégraphes au Directeur général des télégraphes à Tours, D. T., Orléans, 21 septembre ; L'Inspecteur des télégraphes à l'Inspecteur principal des télégraphes à Tours, D. T., 21 septembre.

(2) Le général Faye était né le 8 octobre 1803. Entré au service en 1823, comme cavalier au 2ᵉ régiment de chasseurs, il fut nommé sous-lieutenant porte-étendard en 1830. Une fois lieutenant, il entra dans la gendarmerie, où il fit le reste de sa carrière. Devenu général de brigade en 1863, il passa au cadre de réserve en 1865 et fut rappelé, le 17 juillet 1870, au commandement de la subdivision de la Nièvre. Mis, le 15 septembre 1870, à la disposition du général commandant le 15ᵉ corps, il fut, par décision du 20 septembre, nommé au commandement de la subdivision du Loiret, à Orléans.

(3) Le Ministre de la Guerre au Général commandant la 19ᵉ division militaire, à Bourges, D. T., Tours, 22 septembre ; Ordre du 15ᵉ corps d'armée, Tours, 22 septembre. — Le département du Loiret faisait auparavant partie de la 1ʳᵉ division militaire dont le siège était à Paris. La même décision, qui rattachait ce département à la 19ᵉ division militaire, faisait passer le département d'Eure-et-Loir, également de la 1ʳᵉ division militaire, à la 18ᵉ division militaire, dont le siège était à Tours.

En ce qui concerne l'organisation du commandement territorial, voir : *La Guerre de 1870-71. La Défense nationale en province. Mesures générales d'organisation*, p. 603.

(4) Le général Bonnet-Maurelhan, baron de Polhès, naquit le 6 décembre 1813. Entré à l'École spéciale militaire le 3 décembre 1830, il

militaire, fut d'autre part, invité, le 21 septembre, à faire réoccuper Orléans par les deux bataillons de Tirailleurs algériens, arrivés à Bourges le 20 septembre, et par le plus grand nombre possible de mobiles de sa division. Il devait charger de cette mission le colonel Morandy, commandant du régiment de Tirailleurs de marche (1).

Ayant rendu compte dans la soirée qu'il tenait prêts à partir 7,000 hommes d'infanterie avec de l'artillerie (2), le général de Polhès reçut l'ordre, le 22, de les envoyer à Orléans. Il lui était en même temps prescrit de faire

---

en sortit, le 1er octobre 1832, sous-lieutenant au 34e de ligne. Passé avec le même grade, le 25 juin 1834, au 2e régiment d'infanterie légère, il fit campagne en Algérie avec ce régiment du 31 octobre 1835 au 15 décembre 1840 et y fut nommé lieutenant le 26 avril 1837, puis capitaine le 21 juin 1840. Le 29 août de la même année, il était blessé au col de la Mouzaïa. Le 1er juillet 1843, il devint officier d'ordonnance du roi. Chef de bataillon le 22 septembre 1847, il retourna en Algérie en octobre 1851 et fut promu lieutenant-colonel au 25e de ligne le 26 décembre 1853. Le 1er janvier 1855, il fut affecté au 100e de ligne qu'il rejoignit en Crimée, où, le 21 mars, il était nommé colonel du 3e zouaves. A la tête de ce régiment, il fut blessé deux fois, le 16 août, à la Tchernaïa (pont de Traktir) et, le 8 septembre, à l'assaut de Malakoff. Le 19 septembre, il était appelé au commandement du régiment de zouaves de la Garde impériale. Général de brigade le 12 mars 1859, il fit la campagne d'Italie à la tête de la 2e brigade de la 1re division du 2e corps, fit partie du corps d'occupation de Rome, d'octobre 1863 à décembre 1866, puis d'octobre à décembre 1867. Il fut nommé général de division le 27 février 1868 et commandant de la 19e division militaire à Bourges le 3 février 1869.

(1) Le Ministre de la Guerre au Général commandant la 19e division militaire, à Bourges, D. T., Tours, 21 septembre. — Le Ministre de la Guerre invitait en même temps le commandant de la 19e division militaire à prescrire toutes les mesures nécessaires pour mettre la ville de Bourges, et surtout les importants établissements militaires qui y étaient installés, à l'abri d'un coup de main de l'ennemi (Le Ministre de la Guerre au Général commandant la 19e division militaire, à Bourges, Tours, 21 septembre).

(2) Le Général commandant la 19e division militaire au Ministre de la Guerre, à Tours, D. T., Bourges, 21 septembre, 5 h. 36 soir.

occuper et de défendre la forêt en utilisant les travaux qui y avaient été exécutés. Le Ministre estimait aussi que le commandant de la 19ᵉ division militaire devait personnellement se rendre à Orléans pour « raffermir les esprits » par sa présence et donner sur place des instructions au général Ducoulombier et au colonel Morandy (1).

Pour renforcer également la défense d'Orléans, le commandant de la subdivision du Loir-et-Cher devait renvoyer par voies ferrées, à Orléans, l'infanterie qui s'était repliée de cette ville sur Blois (2).

Enfin, le Ministre faisait transmettre, le 22 septembre, au général Ducoulombier, par le commandant de la division de cavalerie du 15ᵉ corps, l'ordre de se reporter à Artenay avec sa brigade, lorsque la forêt d'Orléans serait tenue par de l'infanterie (3).

---

(1) Le Ministre de la Guerre au Général commandant la 19ᵉ division militaire, à Bourges, D. T., Tours, 22 septembre ; Le Ministre de la Guerre au Préfet du Loiret, à Orléans, D. T., Tours, 22 septembre, 1 h. 22 soir. — En ce qui concerne les instructions à donner au général Ducoulombier, le Ministre pensait que, s'il était obligé de « se retirer devant des forces trop supérieures pour qu'il fût possible de disputer le terrain, il devrait jeter dans les bois, à droite et à gauche d'Orléans, sur la rive droite et sur la rive gauche de la Loire, des compagnies de francs-tireurs et des compagnies de mobiles, en appelant les populations à les aider. La troupe se retirerait sur Vierzon et sur Blois ».

(2) Le Ministre de la Guerre au Général commandant la 19ᵉ division militaire, à Bourges, D. T., Tours, 22 septembre ; Le Ministre de la Guerre au Général commandant la subdivision du Loir-et-Cher, à Blois, D. T., Tours, 22 septembre. — Le Ministre de la Guerre évaluait à 1,000 ou 1,100 hommes les forces d'infanterie qui s'étaient repliées d'Orléans sur Blois. On a vu plus haut que, très probablement, ces forces se réduisaient aux 1ʳᵉ et 2ᵉ compagnies provisoires du dépôt du 8ᵉ de ligne ; en outre, il semble, à défaut de renseignements précis, que la 8ᵉ compagnie du IIᵉ bataillon du 1ᵉʳ de ligne s'était également dirigée sur Blois, le 21 septembre.

(3) Le général Reyau au général Ducoulombier, à Orléans, D. T., Blois, 22 septembre.

Le général Reyau, de son côté, pour appuyer cette brigade, prescrivait au 1er cuirassiers de marche, arrivé le 21 septembre à Blois, de se porter, le 22, sur Mer en poussant un escadron jusqu'à Beaugency. Quant au 9e cuirassiers, il serait chargé, à son arrivée à Blois le 22 septembre, de surveiller les routes de Vendôme et de Châteaudun (1).

Conformément aux instructions qu'il avait reçues, le général de Polhès fit partir de Bourges, le 22 septembre, vers 10 heures du matin, les deux bataillons du régiment de Tirailleurs de marche. Ils arrivèrent à Orléans

---

(1) Le général Reyau au général Ducoulombier, Blois, 22 septembre; Le même au Général commandant le 15e corps d'armée, à Tours, Blois, 22 septembre; Le même au même, D. T., Blois, 22 septembre. — L'escadron du 1er cuirassiers de marche, détaché à Beaugency, devait envoyer des postes à Meung et à Cravant, et se relier à Blois par un poste laissé à Ménars. D'autre part, la brigade du général Ducoulombier devait placer des postes de correspondance — 1 brigadier et 4 hommes — à Saint-Ay et La Chapelle.

En envoyant ainsi un régiment de la deuxième brigade à 16 kilomètres de Blois, le général Reyau ne pensait pas transgresser les instructions que lui avait envoyées le général de La Motterouge, le 21 septembre, pour lui recommander de ne pas éparpiller la brigade de cuirassiers et de la conserver en réserve.

Le 9e cuirassiers, tout en surveillant les routes de Vendôme et de Châteaudun, devait installer sur la première de ces directions deux postes, l'un à Saint-Bohaire et l'autre à La Chapelle-Vendômoise, pour seconder un service d'estafettes, dont le général Reyau avait concerté avec le préfet de Loir-et-Cher l'établissement sur les routes de Blois à Vendôme et de Blois à Châteaudun et Chartres. Le commandant de la division de cavalerie du 15e corps pensait ainsi « être tenu au courant de tout mouvement de l'ennemi venant de Chartres et se dirigeant par la Beauce sur la Loire ».

En prévision de la réoccupation d'Artenay par la brigade Ducoulombier, le général Reyau s'inquiétait aussi du rétablissement du service télégraphique entre cette localité et Orléans, ainsi que des moyens d'éviter à l'avenir des interruptions prématurées (Le général Reyau au Directeur des télégraphes, à Blois, Blois, 22 septembre).

à 4 heures du soir (1). A son passage à Vierzon, à La Motte-Beuvron et à La Ferté-Saint-Aubin, le colonel Morandy transmettait au Ier bataillon et aux compagnies de dépôt des mobiles du Loiret, ainsi qu'aux deux compagnies provisoires du dépôt du 1er régiment d'infanterie de ligne, l'ordre de le suivre à Orléans ; ces éléments y débarquèrent pendant la nuit (2).

Ces différentes forces furent suivies, le 23 et dans la nuit du 23 au 24, par le 19e régiment de mobiles, le 29e de marche, les 8es compagnies des 3e et 9e bataillons de chasseurs à pied, le 12e régiment de mobiles, le IIe bataillon des mobiles de l'Indre, la 14e batterie du régiment monté de la garde et la 18e batterie du 13e d'artillerie.

De sa personne, le général de Polhès arriva à Orléans dans la nuit du 22 au 23 septembre, en même temps que le général Faye, désigné pour exercer le commandement de la subdivision du Loiret (3).

Les troupes que le commandant de la 19e division militaire envoyait ainsi à Orléans venaient d'être dési-

---

(1) Le Général commandant la 19e division militaire au Ministre de la Guerre, à Tours, D. T., Bourges, 22 septembre, 8 h. 35 matin ; Le Colonel commandant le régiment de Tirailleurs de marche au Général commandant la 19e division militaire, à Bourges, D. T., Orléans, 22 septembre, 4 h. 40 soir ; Historique *manuscrit* du 1er Tirailleurs de marche.

(2) Historique *manuscrit* du 73e régiment de la garde nationale mobile. — Le 22 septembre dans la matinée, les cinq compagnies du Ier bataillon des mobiles du Loiret, qui s'étaient arrêtées le 21 à Jargeau, étaient réunies à La Ferté-Saint-Aubin. Elles y furent ralliées par la 6e compagnie arrivée également dans la matinée de Meung, où elle avait dû traverser la Loire en barques.

(3) Le Général commandant la 19e division militaire au Ministre de la Guerre, à Tours, D. T., Bourges, 22 septembre, 8 h. 27 soir ; Le Préfet du Loiret au Général de division, à Tours, D. T., Orléans, 23 septembre, 11 h. 15 matin.

gnées pour former le 15ᵉ corps d'armée ou appartenaient aux unités de la garde nationale mobile stationnées dans sa division (1).

La répartition sur deux lignes des bataillons disponibles de la garde nationale mobile, décidée le 21 septembre, et l'organisation des commandements supérieurs régionaux, prescrite le 23 septembre (2), allaient d'ailleurs bientôt mettre à la disposition du général de Polhès de nouveaux moyens d'action.

Le 22 septembre, le prince Albrecht transporta le quartier général de la *4ᵉ* division de cavalerie à Engenville, à 6 kilomètres au Nord de Pithiviers. Le *2ᵉ* hussards vint également s'installer dans cette localité et aux environs. Le *5ᵉ* dragons occupa Ramoulu,

---

(1) Comme on l'a vu plus haut, le régiment de Tirailleurs algériens de marche, le 29ᵉ de marche, les 8ᵉˢ compagnies des 3ᵉ et 9ᵉ bataillons de chasseurs à pied, le 12ᵉ régiment de mobiles et la 18ᵉ batterie du 13ᵉ d'artillerie devaient faire partie de la 1ʳᵉ division d'infanterie du 15ᵉ corps. Les compagnies des 3ᵃ et 9ᵉ bataillons de chasseurs étaient destinées à former, avec deux autres compagnies, le 4ᵉ bataillon de chasseurs à pied de marche. — La 14ᵉ batterie du régiment monté de la garde était désignée pour la 2ᵉ division d'infanterie du 15ᵉ corps. Elle fut placée avec la 18ᵉ batterie du 13ᵉ sous les ordres du chef d'escadron d'artillerie appelé à commander l'artillerie de la 2ᵉ division du 15ᵉ corps.

La 19ᵉ division militaire, dont le siège était à Bourges, comprenait les départements du Cher, de la Nièvre, de l'Allier et de l'Indre. Une décision du 22 septembre y avait rattaché le Loiret. Indépendamment des compagnies de dépôt des bataillons déjà utilisés, les unités de la garde nationale mobile encore disponibles à cette date dans ces départements étaient les Iᵉʳ, IIᵉ et IIIᵉ bataillons de la Nièvre formant le 12ᵉ régiment de mobiles, le Iᵉʳ bataillon du Loiret et le IIᵉ bataillon de l'Indre. Ce dernier bataillon, arrivé à Orléans le 23 au matin, fut renvoyé le lendemain à Issoudun, pour y achever son organisation.

(2) *La Guerre de 1870-71. La Défense nationale en province. Mesures générales d'organisation*, p. 599 et 603. — Le commandement supérieur

poussant ses avant-postes vers Le Petit-Marsainvilliers et Moncharville. Le régiment laissait un demi-escadron à

---

de la région du Centre comprit l'ancienne 19ᵉ division militaire et les départements du Loiret, de l'Aube et de l'Yonne. A la suite de la répartition sur deux lignes des bataillons de la garde nationale mobile, le général de Polhès aurait dû disposer des forces suivantes :

DÉPARTEMENTS.	NOMBRE de BATAILLONS devant occuper le département.	BATAILLONS FORMÉS dans le département.		BATAILLONS DEVANT venir d'autres départements.	
		\multicolumn{2}{c}{*Première ligne.*}		
Nièvre......	9	3	Iᵉʳ, IIᵉ et IIIᵉ bataillons formant le 12ᵉ régiment de mobiles.	6	IVᵉ de l'Isère. Iᵉʳ et IIᵉ de la Haute-Vienne. Iᵉʳ, IIᵉ et IIIᵉ de l'Aveyron formant le 42ᵉ régiment de mobiles.
Cher........	3	3	Iᵉʳ, IIᵉ et IIIᵉ bataillons formant le 19ᵉ régiment de mobiles.	»	
Loiret.......	6	1	Iᵉʳ bataillon.	5	Iᵉʳ de la Savoie. Iᵉʳ et IIᵉ du Tarn-et-Garonne. Iᵉʳ et IIᵉ du Lot.
Aube........	1	»		1	Vᵉ du Puy-de-Dôme.
Yonne.......	6	4	Iᵉʳ, IIᵉ et IIIᵉ bataillons formant le 14ᵉ régiment de mobiles. IVᵉ bataillon.	2	Iᵉʳ et IIᵉ du Cantal.
		\multicolumn{2}{c}{*Deuxième ligne.*}		
Indre.......	4	1	IIᵉ bataillon.	3	Iᵉʳ, IIᵉ et IIIᵉ de la Charente-Inférieure formant le 8ᵉ régiment de mobiles.
Allier.......	2	»		2	De l'Allier.

On remarquera que le 12ᵉ régiment de mobiles (Nièvre) avait déjà été désigné pour faire partie du 15ᵉ corps (1ʳᵉ division, 1ʳᵉ brigade).

En outre, dès le 25 septembre, le Vᵉ bataillon du Puy-de-Dôme fut dirigé sur la Creuse et non sur l'Aube. Peu après, du reste, ce bataillon

Malesherbes pour établir la liaison avec le détachement du Ier corps bavarois (1).

La veille, le 21 septembre, le prince Albrecht avait envoyé d'Orveau au colonel von Täuffenbach, commandant ce détachement, l'ordre de combiner ses mouvements avec ceux de la *10e* brigade de cavalerie. Il le priait, en conséquence, de faire occuper Fontainebleau et Malesherbes. Le lendemain, il l'invitait non seulement à tenir cette dernière ville et la station du chemin de fer, mais encore à pousser une partie de son infanterie jusqu'à Pithiviers afin de faciliter les opérations ultérieures de la *4e* division de cavalerie (2).

Pour se conformer à ces instructions, le colonel von

---

fut envoyé en Algérie, ainsi que le 9e régiment de mobiles qui comprenait les Ier, IIe et IIIe bataillons de l'Allier. Les deux bataillons du Tarn-et-Garonne furent arrêtés à Châteauroux pour y compléter leur organisation ; ils furent remplacés par le 8e mobiles (Charente-Inférieure).

On verra plus loin celles des unités énumérées ci-dessus qui prirent part aux opérations autour d'Orléans à la fin du mois de septembre et au commencement d'octobre. Toutes, sauf le Ier bataillon de la Savoie, furent par la suite versées dans des régiments qui firent partie des corps d'armée de nouvelle formation. Le Ier bataillon de la Savoie, bien que n'étant pas enrégimenté, fut d'ailleurs rattaché au 15e corps.

(1) *Das 2. Leib-Husaren Regiment Nr. 2*, p. 109; *Geschichte des Dragoner-Regiments Freiherr von Manteuffel (Rheinischen) Nr. 5*, p. 110. — On sait qu'un peloton du 5e dragons avait déjà été envoyé, le 21 septembre, à La Chapelle-la-Reine pour relier la 4e division de cavalerie au détachement du Ier corps bavarois.

Le 22 septembre également, un peloton du 2e hussards fut envoyé à Boutigny, dans la vallée de l'Essonne, entre Malesherbes et La Ferté-Alais, pour y établir un poste de correspondance avec Corbeil. Il fut relevé le 24 par un peloton de chevau-légers bavarois.

Le mouvement du prince Albrecht, de Coudray sur Ramoulu, fut signalé le jour même au préfet du Loiret (Le Sous-Préfet de Montargis au Préfet du Loiret, à Orléans, D. T., Montargis, 22 septembre, 4 h. 50 soir).

(2) *Geschichte des Königlich Bayerischen Infanterie-Leib-Regiments*,

Täuffenbach chargea le Ier bataillon de son régiment, renforcé d'un peloton de cavalerie, d'assurer la liaison avec la division de cavalerie. Le 22 septembre, ces forces allèrent cantonner à Ury, au Sud-Ouest de la forêt de Fontainebleau. Elles devaient, le lendemain, atteindre Malesherbes.

D'autre part, le IIIe bataillon du régiment bavarois du Corps et un autre peloton de chevau-légers furent également chargés, le 22 septembre, de fouiller la forêt dans la direction de Nemours. Ils cantonnèrent le soir à Bourron, où ils séjournèrent le lendemain.

Enfin, un peloton de cavalerie fut envoyé en reconnaissance vers La Ferté-Alais. Il devait aussi chercher à prendre contact avec le gros du Ier corps bavarois.

Le reste du détachement du colonel von Täuffenbach demeura à Fontainebleau les 22 et 23 septembre (1).

---

p. 285. — L'intention du prince Albrecht était d'opérer avec des détachements mixtes dont l'infanterie serait transportée en voitures.

Le 22 septembre, le commandant de la 4e division de cavalerie signalait en même temps au colonel von Täuffenbach les difficultés qu'il éprouvait à établir, avec les effectifs réduits dont il disposait pour le moment, une ligne de postes de correspondance entre Malesherbes et Arpajon, par Boutigny. Il exprimait, en conséquence, le désir de voir participer à ce service la cavalerie du détachement bavarois.

Le prince Albrecht demandait en même temps au colonel von Täuffenbach d'envoyer, le lendemain 23, un officier à Malesherbes pour s'entendre verbalement avec un officier de l'état-major de la 4e division de cavalerie sur les mesures qu'il convenait de prendre.

(1) *Geschichte des Königlich Bayerischen Infanterie-Leib-Regiments*, p. 286 et 290; *Das Königlich Bayerische 3. Chevaulegers-Regiment Herzog Maximilian*, p. 171. — Au cours de leurs mouvements dans la forêt de Fontainebleau, les 21, 22 et 23 septembre, les différentes fractions du détachement du colonel von Täuffenbach trouvèrent à maintes reprises les routes coupées ou barricadées; mais jamais ces obstacles ne furent défendus. Pour rétablir le passage, la cavalerie, qui précédait la colonne, réquisitionna dans les localités voisines des corvées qui devaient avoir débarrassé la route avant l'arrivée de l'infanterie et de l'artillerie.

Quant aux *8ᵉ* et *9ᵉ* brigades de cavalerie, en arrivant à Melun le 21 septembre, elles apprirent que le quartier général de leur division se trouvait alors à Malesherbes. Le 22 septembre, elles se portèrent sur Fontainebleau; après s'y être arrêtées pendant quelques heures, elles allèrent cantonner le soir à La Chapelle-la-Reine et à Ury. Pendant la nuit, elles reçurent du commandant de la *4ᵉ* division de cavalerie l'ordre de se rendre à Pithiviers le lendemain (1).

23 septembre.

Certain maintenant de pouvoir disposer de tous les éléments de sa division et d'être appuyé à brève échéance par de l'infanterie, le commandant de la *4ᵉ* division de cavalerie prussienne décida d'occuper Pithiviers le 23 septembre.

Chacun des régiments de la *10ᵉ* brigade fournit trois fortes patrouilles. Elles étaient chargées d'explorer, jusqu'à la forêt d'Orléans au Sud, la région comprise entre les voies ferrées de Paris à Orléans et de Paris à Montargis par Malesherbes, qu'elles devaient en outre couper (2). Pendant ce temps, la *10ᵉ* brigade venait

---

(1) *Geschichte des Westpreussischen Kürassier-Regiments Nr. 5*, p. 431; *Das Posensche Ulanen-Regiment Nr. 10*, p. 155; von Langermann, *Geschichte des Thüringischen Ulanen-Regiments Nr. 6*, p. 53. — Après avoir traversé la Seine à Melun, les *8ᵉ* et *9ᵉ* brigades, formant une seule colonne, recommencèrent à établir un dispositif de sûreté pour protéger leur marche. Le 22 septembre, une avant-garde fut, en effet, constituée avec un escadron du *10ᵉ* ulans.

D'après l'historique du *10ᵉ* ulans, ce fut un peloton de ce corps, chargé d'établir le contact avec le quartier général de la *4ᵉ* division, qui rapporta dans la nuit l'ordre de rallier le lendemain à Pithiviers. D'après l'historique du *6ᵉ* ulans, cet ordre aurait été apporté par une patrouille d'officier de la *10ᵉ* brigade. Ces détails montrent l'activité déployée par les différentes fractions de la *4ᵉ* division pour se mettre en liaison soit entre elles, soit avec les détachements voisins.

(2) Tout en délimitant les secteurs des deux régiments, la route de Pithiviers à Orléans appartenait au *2ᵉ* hussards qui opérait à l'Ouest. Les patrouilles de ce régiment partirent à 6 heures du matin. La pre-

dans la matinée occuper Pithiviers où elle s'installait avec le quartier général de la division, l'artillerie et l'ambulance.

Dans la journée, la *8e* brigade prenait ses cantonnements à l'Ouest de Pithiviers, à Pithiviers-le-Vieil, Grigneville et Guignonville, et la *9e* brigade à l'Est, dans la région d'Estouy (1).

---

mière, forte d'un peloton, se porta directement à l'Ouest, sur Boisseaux, où elle coupa la voie ferrée d'Orléans à Paris ; elle s'empara ensuite, sur la route entre Barmainville et Outarville, d'un convoi de 1,250 fusils recueillis dans les localités environnantes, qui se dirigeait sur Orléans. Après avoir détruit ces armes, elle rentra à Pithiviers vers 9 heures du soir. La seconde patrouille, forte d'un demi-peloton, poussa jusqu'à Bazoches-les-Gallerandes ; elle revint à Pithiviers à 1 heure du soir, rapportant comme renseignement recueilli près des populations, qu'un faible escadron de hussards français avait opéré la veille près d'Oison. La troisième patrouille, forte également d'un demi-peloton commandé par un sous-officier, marcha jusqu'à Pithiviers avec le campement de la *10e* brigade. Poursuivant ensuite sa mission vers Mareau-aux-Bois, elle se heurta, comme on le verra plus loin, à Escrennes, à des troupes françaises (*Das 2. Leib-Husaren-Regiment Nr. 2*, p. 113).

Les patrouilles du *5e* dragons furent reçues à coups de fusil à la lisière de la forêt d'Orléans et se heurtèrent toutes à des partis de cavalerie française. En raison de ces renseignements, de nouvelles reconnaissances furent, à leur retour, envoyées dans la soirée vers la forêt d'Orléans [*Geschichte des Dragoner-Regiments Freiherr von Manteuffel (Rheinischen) Nr. 5*, p. 112].

(1) La *10e* brigade quitta ses cantonnements d'Engenville et de Ramoulu vers 9 heures du matin ; elle arriva à Pithiviers vers 10 heures. Elle s'installa à Pithiviers et à Bondaroy. Elle fut chargée de fournir le service des avant-postes entre les routes de Pithiviers à Orléans et de Pithiviers à Beaune-la-Rolande. A cet effet, un peloton du 2e escadron du *5e* dragons fut placé sur la hauteur de Gourvilliers pour surveiller la route d'Orléans ; le 3e escadron du même régiment garda la route de Jargeau. Cinq pelotons du *2e* hussards, installés à Dadonville, observaient la direction de Beaune-la-Rolande. Ils détachaient de nombreux postes à la cosaque, qui se reliaient sur la route d'Ascoux avec les avant-postes du *5e* dragons et s'étendaient vers le Nord-Est jusqu'à la

Derrière la *4ᵉ* division de cavalerie, le Iᵉʳ bataillon du régiment du Corps bavarois, avec un peloton du *3ᵉ* chevau-légers, venait d'Ury à Malesherbes. D'après les instructions qui lui avaient été données à son départ, ce détachement devait rester à Malesherbes le 24, mais aussitôt que le prince Albrecht fut avisé de son arrivée, il lui envoya l'ordre de venir dès le lendemain à Pithiviers (1).

Les instructions reçues par le général Ducoulombier lui prescrivaient de se reporter avec sa brigade à Artenay, dès que la forêt d'Orléans serait occupée par de l'infanterie. Il devait en même temps pousser en avant des reconnaissances, particulièrement du côté de Pithiviers, pour renseigner le commandant du 15ᵉ corps sur les forces ennemies dont on avait signalé la présence.

Dès 5 heures du matin, le 23 septembre, trois escadrons du 6ᵉ hussards, sous les ordres du colonel du régiment, se rendirent à Artenay, puis de là à Oison, sans rencontrer d'ennemis. Le dernier escadron, le 6ᵉ, sous les ordres d'un chef d'escadrons, se porta dans la direction de Pithiviers, par Chilleurs-aux-Bois, en se faisant précéder d'une petite avant-garde.

En arrivant à hauteur de Mareau-aux-Bois, cette dernière se heurta au demi-peloton que le *2ᵉ* hussards prussien avait envoyé en reconnaissance vers la forêt d'Orléans, par la route de Pithiviers à Chilleurs-aux-

---

vallée de l'Œuf. Ils envoyaient en outre des patrouilles vers Boynes et Courcelles.

La *8ᵉ* brigade devait fournir des avant-postes vers l'Ouest, et la *9ᵉ* vers le Sud [*Geschichte des Dragoner-Regiments Freiherr von Manteuffell (Rheinischen) Nr. 5.* p. 110 ; *Das 2. Leib-Husaren-Regiment Nr. 2*, p. 115].

(1) *Geschichte des Königlich Bayerischen Infanterie-Leib-Regiments*, p. 287. — Des postes de correspondance furent laissés par ce détachement à Ury et à La Chapelle-la-Reine.

Bois. Les cavaliers prussiens, après avoir eu deux hommes faits prisonniers, se replièrent sur Pithiviers et furent recueillis par le peloton du 5ᵉ dragons qui s'installait aux avant-postes sur la hauteur de Gourvilliers. Malgré son faible effectif, l'avant-garde du 6ᵉ escadron du 6ᵉ hussards attaqua cette grand'garde ; mais, après un engagement assez vif, elle dut se retirer, laissant aux mains de l'ennemi un officier, un maréchal des logis et un hussard, tous trois grièvement blessés.

Prévenu aussitôt, le gros du 6ᵉ escadron du 6ᵉ hussards voulut appuyer son avant-garde. Mais l'alarme avait été donnée à Pithiviers. La *10ᵉ* brigade, qui d'ailleurs n'avait pas dessellé, était montée à cheval ; un escadron et demi du 5ᵉ dragons vint soutenir le peloton de grand'garde de Gourvilliers et se porta à la rencontre des hussards français. Ceux-ci, couverts par un peloton laissé en arrière-garde, se retirèrent alors sur Chilleurs-aux-Bois, qui était tenu par deux compagnies de francs-tireurs. Ils gagnèrent ensuite Neuville, où ils passèrent la nuit (1).

---

(1) Le général Reyau au Général commandant le 15ᵉ corps d'armée, à Tours, D. T., Blois, 23 septembre, 8 h. 55 soir ; Le même au même, Blois, 24 septembre ; Journal des opérations de la division de cavalerie sous le commandement du général Reyau ; Historique *manuscrit* du 6ᵉ hussards ; *Das 2. Leib-Husaren-Regiment Nr. 2*, p. 114 ; *Geschichte des Dragoner-Regiments Freiherr von Manteuffel (Rheinischen) Nr. 5*, p. 111.

D'après les documents français, l'escadron du 6ᵉ hussards partit d'Orléans à 5 heures du matin. Le chef d'escadrons qui commandait ce détachement datait de Chilleurs-aux-Bois, 4 heures du soir, son rapport sur les événements de la journée. D'autre part, d'après l'historique du 2ᵉ hussards prussiens, la *10ᵉ* brigade aurait été alertée à 4 heures du soir. L'engagement du 23 septembre, près Gourvilliers, se serait donc produit vers 3 heures du soir.

Au cours de cet engagement, le 5ᵉ dragons eut un enseigne et deux cavaliers blessés.

Une patrouille du 6ᵉ hussards — 1 brigadier et 4 cavaliers — se pré-

Le 6ᵉ dragons ne partit qu'à deux heures de l'après-midi pour Artenay. Il envoya deux pelotons à Trinay pour se mettre en liaison avec les fractions du 6ᵉ hussards, qui occupaient Oison et Neuville-aux-Bois. Sur la demande du général de Polhès, ce régiment avait laissé à Orléans un escadron qui fut envoyé le lendemain à Bellegarde.

Le général Ducoulombier se voyait d'ailleurs dans la nécessité de remettre pour cause de maladie le commandement de sa brigade au colonel Tillion, du 6ᵉ dragons (1).

24 septembre.

Avec les troupes qu'il avait dirigées sur Orléans, le général de Polhès fit occuper, dans les journées du 23 et du 24 septembre, toute la lisière de la forêt.

Derrière la brigade de cavalerie, qui conserva le 24 ses emplacements de la veille (2), le 29ᵉ de marche, les

---

senta également devant les avant-postes du 5ᵉ cuirassiers — un demi-escadron — placés au Sud-Ouest de Pithiviers-le-Vieil, et fit prisonnier un cavalier dont le cheval avait été tué (Historique manuscrit du 6ᵉ hussards ; *Geschichte des Westpreussischen Kürassier - Regiments Nr. 5*, p. 431).

Après l'attaque des hussards français, les avant-postes du 5ᵉ dragons furent renforcés par le reste du 2ᵉ escadron qui s'installa près Denainvilliers.

Il a été impossible de préciser les forces d'infanterie française qui, dans la soirée du 23 septembre, avaient été poussées dans la forêt d'Orléans. Il semble cependant qu'il y avait à cette date, à Chilleurs-aux-Bois, deux compagnies franches appartenant vraisemblablement au 1ᵉʳ bataillon des francs-tireurs de la Seine.

(1) Le général Reyau au Général commandant le 15ᵉ corps d'armée, à Tours, Blois, 24 septembre.

(2) Le même au même, D. T., Blois, 24 septembre, 12 h. 35 soir ; Le même au même, Blois, 25 septembre ; Journal des opérations de la division de cavalerie sous le commandement du général Reyau. — D'après les historiques *manuscrits* des 6ᵉ dragons et 6ᵉ hussards, le colonel Tillion aurait prescrit dans la nuit du 23 au 24 septembre au

deux compagnies du 4ᵉ bataillon de chasseurs à pied de marche, le Iᵉʳ bataillon et les 8ᵉˢ compagnies des IIᵉ, IIIᵉ et IVᵉ bataillons des mobiles du Loiret s'installèrent à Chevilly, Saint-Lyé, Bougy, Neuville-aux-Bois, Chilleurs-aux-Bois, Courcy-aux-Loges, Chambon et Chemault, et, plus en arrière, à Cercottes, Loury et Ingranne. Une compagnie du régiment de Tirailleurs Algériens de marche fut poussée jusqu'à Bazoches-les-Gallerandes.

Plus à l'Est, sous la protection de l'escadron de dragons envoyé à Bellegarde, les deux bataillons du régiment de Tirailleurs Algériens de marche vinrent à Vitry-aux-Loges et le 19ᵉ mobiles à Châteauneuf-sur-Loire.

A Orléans restèrent le 12ᵉ mobiles, les Iᵉʳ et IIᵉ bataillons des mobiles du Lot, la 8ᵉ compagnie du Vᵉ bataillon des mobiles du Loiret et les deux batteries d'artillerie (1).

Ces forces, sauf celles qui restèrent à Orléans, furent placées sous les ordres du colonel Tillion, commandant provisoire de la brigade de cavalerie installée à Artenay, et du général Bertrand, désigné pour commander la

---

6ᵉ hussards, partagé entre Oison et Neuville-aux-Bois, de rallier Artenay, de sorte que, le 24 septembre au matin, la brigade de cavalerie se serait trouvée concentrée à Artenay, couverte par un escadron envoyé à Tivernon pour observer Toury et établir la liaison avec une compagnie de Tirailleurs algériens installée à Bazoches-les-Gallerandes.

On remarquera que ces deux documents ont été rédigés en septembre et octobre 1871. Il a donc semblé qu'il valait mieux se référer aux indications contenues dans les documents cités ci-dessus, dont deux sont contemporains des événements et le troisième paraît avoir été tenu à peu près au jour le jour.

(1) Historiques *manuscrits* du 29ᵉ de marche, du 4ᵉ bataillon de chasseurs à pied de marche, du 73ᵉ mobiles (Loiret), du régiment de Tirailleurs Algériens de marche, du 12ᵉ mobiles (Nièvre) et du 76ᵉ mobiles (Lot). — On n'a retrouvé aucun ordre du général de Polhès pour l'occupation de la forêt d'Orléans les 23 et 24 septembre. Il est

2º brigade de la 1ʳᵉ division du 15ᵉ corps, que le général de Polhès fit venir de Bourges à Châteauneuf (1).

Les troupes françaises occupèrent sans difficulté les emplacements qui leur avaient été assignés dans la forêt d'Orléans. En effet, le 24 septembre, la 4ᵉ division de cavalerie resta dans ses cantonnements de la veille. Elle se borna à envoyer des reconnaissances et des patrouilles qui échangèrent quelques coups de feu avec les forces

---

vraisemblable qu'il envoya, au fur et à mesure de leur débarquement, les troupes d'infanterie occuper les points de la lisière où des travaux avaient été exécutés antérieurement.

Le IIᵉ bataillon des mobiles du Lot n'arriva à Orléans que dans la nuit du 25.

Il n'a pas été possible de préciser les emplacements occupés par les compagnies provisoires des dépôts des 1ᵉʳ et 8ᵉ de ligne et par le 1ᵉʳ bataillon des francs-tireurs de Paris. Les premières de ces unités sont probablement restées à Orléans. Quant aux francs-tireurs, on a vu plus haut que deux compagnies étaient le 23 à Chilleurs-aux-Bois. Le 26 septembre, ce corps, fort alors d'environ 1,000 hommes, s'embarqua de sa propre autorité pour Tours. Là, il se partagea. 300 hommes revinrent dans la nuit du 26 au 27 septembre à Orléans et furent peu après réorganisés en deux compagnies, sous la dénomination de francs-tireurs de la Seine (section d'Orléans). Les 700 autres hommes formèrent un bataillon sous les ordres du commandant de Lipowski [Rapport de l'Officier de service à la gare de Tours du 26 au 27 septembre au Major de la garnison ; Rapport sur les opérations des deux compagnies de francs-tireurs de Paris (section d'Orléans)].

(1) Il n'a pas non plus été retrouvé d'ordre fixant les pouvoirs et les attributions du général Bertrand et du colonel Tillion. D'après les renseignements contenus dans certains historiques, et particulièrement dans celui du 73ᵉ mobiles (Loiret), il semble que le général de Polhès voulut faire occuper toute la lisière de la forêt d'Orléans, depuis Ouzouer-sur-Loire jusqu'à Artenay. Il aurait en conséquence divisé cette région en deux secteurs : l'un s'étendant depuis la Loire en amont d'Orléans jusqu'à la route d'Orléans à Pithiviers exclusivement ; l'autre depuis cette route inclusivement jusques et y compris la route d'Orléans à Étampes. — Dans ces conditions, la répartition des troupes françaises au Nord-Est d'Orléans, le 24 septembre au soir, était la suivante :

1º A l'Est de la route d'Orléans à Pithiviers jusqu'à la Loire, sous

installées à Bazoches-les-Gallerandes et Chilleurs-aux-Bois et qui rapportèrent le renseignement que toute la lisière de la forêt était fortement tenue (1).

Vers midi, le Ier bataillon du régiment du Corps bavarois entrait à Pithiviers. Il avait laissé une demi-compagnie, ainsi que le peloton du *3*^{e} chevau-légers qui lui était rattaché, à la garde de la station de Malesherbes, en attendant l'arrivée du gros du détachement du colonel von Täuffenbach.

Le 24 septembre, en effet, ce dernier dirigeait sur Malesherbes les forces qui étaient restées à Fontainebleau le 23, et rappelait dans cette ville celles qu'il avait envoyées à Bourron (2).

---

les ordres du général Bertrand à Châteauneuf-sur-Loire : 1 escadron du 6e dragons à Bellegarde, le 15e mobiles à Châteauneuf-sur-Loire, le régiment (deux bataillons moins une compagnie) de Tirailleurs Algériens de marche à Vitry-aux-Loges ; l'état-major et le IIe bataillon du 29e de marche à Ingranne avec probablement des détachements à Chambon et Chemault.

2° Entre la route d'Orléans à Pithiviers et celle d'Orléans à Étampes, sous les ordres du colonel Tillion à Artenay : 1 compagnie de Tirailleurs Algériens à Bazoches-les-Gallerandes, le 6e hussards à Oison (3 escadrons) et Neuville-aux-Bois (1 escadron), le 6e dragons (3 escadrons) à Artenay, le Ier bataillon des mobiles du Loiret à Neuville-aux-Bois (état-major et 3 compagnies), Chilleurs-aux-Bois (4 compagnies et Courcy-aux-Loges (1 compagnie), le Ier bataillon du 29e de marche gardant la lisière de la forêt entre Bougy et Chilleurs-aux-Bois, le IIIe bataillon du 29e de marche à Chevilly, surveillant entre Bougy et Cercottes, les 8es compagnies des IIe et IIIe bataillons des mobiles du Loiret à Chevilly, la 8e compagnie du IVe bataillon des mobiles du Loiret à Cercottes, les deux compagnies du 4e bataillon de chasseurs à pied de marche à Loury.

(1) L'Employé des télégraphes au Directeur général des télégraphes, à Tours, D. T., Artenay, 25 septembre, 9 heures matin ; Le général de Polhès au Ministre de la Guerre, à Tours, Orléans, 25 septembre ; Historique manuscrit du 73e mobiles ; *Das Posensche Ulanen-Regiment Nr. 10*, p. 155, etc.

(2) L'ordre de marche du gros du détachement du colonel von Täuf-

Dans l'après-midi du 24 septembre, en outre, le colonel von Täuffenbach prescrivit à son escadron de chevau-légers d'établir une ligne de postes de correspondance entre Malesherbes et Arpajon (1). Conformément aux ordres donnés le 16 septembre par le prince royal de Prusse, cette localité était occupée depuis le 22 septembre par un détachement du Ier corps bavarois, qui avait relevé celui du IIe corps bavarois (2).

En même temps que le général de Polhès organisait la défense d'Orléans, le général Michaud, commandant la subdivision du Loir-et-Cher, assurait, de concert avec le général Reyau, la protection de son département.

Le 24 septembre, les dispositions prises étaient les suivantes :

Le 1er cuirassiers de marche occupait Mer depuis le 22, avec un escadron poussé jusqu'à Beaugency.

---

fenbach fut le suivant : l'escadron de cavalerie en avant-garde, la compagnie du génie sans ses voitures, deux compagnies d'infanterie, les deux batteries, une compagnie d'infanterie, l'ambulance et les voitures.

Les malades furent laissés à Fontainebleau avec une compagnie du IIe bataillon du régiment du Corps. Dans l'après-midi, après l'arrivée du IIIe bataillon venant de Bourron, cette compagnie se rendit à Malesherbes (*Geschichte des Königlich Bayerischen Infanterie-Leib-Regiments*, p. 287-288).

(1) Un peloton fut chargé d'assurer ce service. Un premier poste fut placé à Maisse, un deuxième avec l'officier commandant le peloton à Boutigny, le troisième devait aller à Bouray. En passant près de La Ferté-Alais, vers 7 h. 30 du soir, ce dernier détachement reçut des coups de fusil, et ce fut seulement le 25 qu'il s'installa à Bouray. De Malesherbes à Arpajon il y a environ 45 kilomètres (*Geschichte des Königlich Bayerischen Infanterie-Leib-Regiments*, p. 288 ; *Das Königlich Boyerische 3. Chevaulegers-Regiment Herzog Maximilian*, p. 171).

(2) *La Guerre de 1870-71. L'Investissement de Paris*, t. II, p. 335-336 et 504. — Le détachement du Ier corps bavarois, placé sous les ordres du général von Dietl, comprenait le 2e bataillon de chasseurs, le Ier bataillon du *11e* d'infanterie, le 3e escadron du *3e* chevau-légers

Le 9ᵉ cuirassiers, laissant deux escadrons à Blois, envoyait les deux autres à La Chapelle-Vendômoise. Ceux-ci devaient surveiller les directions de Vendôme et de Châteaudun, concurremment avec la garde nationale mobile du Loir-et-Cher. Sans compter les forces laissées en Sologne, à Romorantin et à Cour-Cheverny, cette dernière, forte de deux bataillons, fournissait une série de postes qui s'étendait sur un front de 30 kilomètres environ, depuis la route de Blois à Châteaudun jusqu'à celle de Châteaudun à Tours, par Vendôme et Château-Renault (1).

En prenant la direction des opérations autour d'Or-

---

et une batterie de 4. Ce détachement couvrait vers le Sud le 1ᵉʳ corps bavarois, placé, en réserve de la IIIᵉ armée, entre Longjumeau et Montlhéry. Il devait envoyer des patrouilles dans les directions de La Ferté-Alais, Étampes et Dourdan.

(1) Le général Reyau au Général commandant le 15ᵉ corps d'armée, à Tours, D. T., Blois, 26 septembre ; Le même au général Ressayre, Blois, 23 septembre ; Le même au Général commandant le 15ᵉ corps d'armée, Blois, 24 et 25 septembre ; Le Général commandant la subdivision du Loir-et-Cher au Général commandant la 18ᵉ division militaire, à Tours, Blois, 24 et 25 septembre.

L'escadron du 1ᵉʳ cuirassiers de marche, installé à Beaugency, fournissait deux postes, l'un à Meung, l'autre à Cravant, sur les routes d'Orléans et de Châteaudun. Il poussait des reconnaissances jusqu'à Binas et la forêt de Marchenoir.

Les escadrons du 9ᵉ cuirassiers détachés à La Chapelle-Vendômoise fournissaient des postes de 8 hommes à Averdon, Champigny-en-Beauce et Villefrancœur. Ils se reliaient avec Blois par des postes de 4 hommes installés à Saint-Bohaire et Villebarou.

Le commandant de la subdivision du Loir-et-Cher ne disposait, comme troupes d'infanterie, que de deux bataillons de la garde nationale mobile du Loir-et-Cher. Le Iᵉʳ bataillon avait quatre compagnies à Romorantin et quatre à Blois. Le IIᵉ était réparti entre Blois (cinq compagnies), Cour-Cheverny (une compagnie), Herbault (une compagnie) et Onzain (une compagnie).

Les compagnies de Blois détachaient des postes de 25 hommes à Villerbon, Averdon, La Chapelle-Vendômoise, Saint-Bohaire, Saint-

léans, le général de Polhès avait été amené à donner des ordres à la brigade de cavalerie du général Ducoulombier, qui, jusque-là, avait exclusivement obéi, par l'intermédiaire de son général de division, aux instructions du commandant du 15e corps d'armée.

Pour assurer l'unité du commandement dans cette région, le Ministre de la Guerre décidait le 25 septembre que toute la division du général Reyau serait à la disposition du général de Polhès. Ce dernier, d'ailleurs, avait déjà amené à Orléans plusieurs éléments désignés pour entrer dans la composition du 15e corps d'armée. Cet état de choses devait être maintenu jusqu'au moment où l'organisation de ses troupes serait assez avancée pour

---

Sulpice, Saint-Lubin-en-Vergonnois, Orchaise, Saint-Secondin et Chambon, c'est-à-dire dans un rayon de 8 à 10 kilomètres autour de Blois.

Les compagnies de Romorantin devaient envoyer des postes de même force à Villeherviers, Loreux, Millançay et Lanthenay.

La compagnie de Cour-Cheverny devait faire occuper Cellettes, Fontaine-en-Sologne et Cormeray et celle d'Herbault, Landes, Lancôme, Gombergean et Villeporcher.

Ce dispositif était complété par un service *d'éclaireurs civils* à cheval organisé par le commandant de la subdivision pour battre le pays jusqu'à Vendôme et Châteaudun. Enfin, le préfet devait établir au moyen de cantonniers, de gardes forestiers, etc., un service de correspondance continu entre Blois et Vendôme, Châteaudun et Chartres.

L'intention du général Michaud était de compléter ces dispositions avec les deux bataillons des mobiles du Gers, qui, d'après la répartition du 21 septembre, devaient venir dans son département. Un bataillon à Vendôme occuperait, autour de cette ville, Villiers, Naveil, Saint-Ouen, Meslay, Rocé, Villetrun et Sainte-Anne. Un demi-bataillon à Marchenoir garderait le défilé d'Ecoman à Oucques et tiendrait La Colombe et Autainville, à la lisière Nord-Est de la forêt. L'autre demi-bataillon resterait à Blois.

Mais le Ier bataillon des mobiles du Gers n'arriva que le 25 septembre à Blois et y resta jusqu'au 28. Quant au IIe bataillon, il ne partit d'Auch que le 9 octobre (Historique *manuscrit* du 85e mobiles).

permettre au général de La Motterouge d'en prendre la direction exclusive (1).

On sait d'autre part que la répartition des bataillons disponibles de la garde nationale mobile, prescrite le 21 septembre, devait donner aux généraux commandant les subdivisions territoriales les moyens d'assurer la défense de leurs départements et même d'entreprendre quelques petites opérations de partisans.

Cependant, afin de coordonner ces efforts, on organisa le 23 septembre des commandements régionaux qui réunissaient plusieurs départements voisins sous une même autorité militaire.

Le commandement supérieur de la région de l'Ouest devait comprendre la 15ᵉ division militaire (Nantes), la 16ᵉ division militaire (Rennes) et la 18ᵉ division militaire (Tours). A cette dernière seraient rattachés le département d'Eure-et-Loir de la 1ʳᵉ division (Paris), ainsi que les départements de l'Orne et du Calvados et la partie du département de l'Eure au Sud de la Seine appartenant à la 3ᵉ division militaire (Rouen).

Le commandement supérieur de la région du Centre devait se composer de la 19ᵉ division militaire augmentée du département du Loiret dépendant de la 1ʳᵉ division militaire (Paris) (2).

La zone où allait opérer le 15ᵉ corps se trouvait donc partagée entre deux commandements supérieurs régionaux. Les relations entre les commandants régionaux et les commandants de corps d'armée devaient s'établir d'après les principes qui réglaient les rapports

---

(1) Le général Reyau au Général commandant le 15ᵉ corps, à Tours, D. T., Blois, 24 septembre, 12 h. 5 soir ; Le Général commandant le 15ᵉ corps d'armée au général Reyau, à Blois, Tours, 24 septembre ; Le Ministre de la Guerre au général Reyau, à Blois, Tours, 25 septembre.

(2) *La Guerre de 1870-71. La Défense nationale en province. Mesures générales d'organisation*, p. 603.

25 septembre.

entre les généraux commandant les divisions territoriales et ceux commandant les divisions actives (1). Mais cette mesure était insuffisante. L'on aura souvent à constater un manque de coordination dans les mesures prises, sur le même théâtre d'opérations, par l'autorité militaire territoriale d'une part et par le commandement des troupes de campagne d'autre part.

Le 24 septembre au soir, le général de Polhès mettait à la disposition du commandant de la 1re brigade de la division de cavalerie du 15e corps deux sections d'artillerie, qui devaient être rendues le lendemain matin à Artenay (2).

De son côté, le colonel commandant cette brigade prenait les dispositions suivantes :

Dans la nuit du 24 au 25, deux compagnies du 29e de marche étaient dirigées de Neuville-aux-Bois sur Bazoches-les-Gallerandes. Elles devaient renforcer la compagnie de Tirailleurs Algériens, qui, se trouvant presque au contact de la cavalerie allemande installée à Grigneville, ne se sentait pas en sûreté (3).

---

(1) Le Ministre de la Guerre aux Généraux commandants supérieurs régionaux de l'Ouest, du Centre et de l'Est, Tours, 26 septembre; *La Guerre de 1870-71. La Défense nationale en province. Mesures générales d'organisation*, p. 608.

(2) Rapport du chef d'escadron commandant l'artillerie dans les combats d'Artenay (25 septembre) et Toury (5 octobre), Camp d'Orléans, 7 octobre; Journal de marche de la 14e batterie du régiment d'artillerie monté de la Garde et de la 18e batterie du 13e régiment (Arch. Art.). — Ce furent les 1re et 3e sections de la 14e batterie du régiment monté de la Garde qui furent désignées pour se rendre à Artenay sous le commandement du capitaine. Le chef d'escadron, qui commandait les deux batteries du 15e corps envoyées à Orléans, reçut également l'ordre d'accompagner ces deux sections.

(3) Le général de Polhès avait envoyé dans la nuit du 24 au 25 à cette compagnie de Tirailleurs (1re compagnie du IIe bataillon du régiment de Tirailleurs de marche) l'ordre de se replier dans la forêt. Mais

Un escadron du 6ᵉ dragons était détaché à Tivernon, avec des postes à Oison et dans la direction de Janville. Il lui était prescrit d'envoyer une reconnaissance vers Châtillon-le-Roi, à l'Est de Bazoches-les-Gallerandes.

Enfin, le détachement du 6ᵉ hussards, à Neuville-aux-Bois, était porté à deux escadrons et placé sous les ordres du lieutenant-colonel du régiment. Il devait fournir des postes à Aschères-le-Marché et à Chilleurs-aux-Bois (1).

Il semble, d'autre part, que le prince Albrecht avait l'intention de maintenir sa division, le 25 septembre, sur les emplacements qu'elle occupait depuis l'avant-veille. Mais, dans le but de poursuivre ses investigations dans la direction de la route de Paris à Orléans, il avait ordonné à la *8ᵉ* brigade de cavalerie d'envoyer deux escadrons en reconnaissance vers Artenay. Le colonel du *10ᵉ* ulans, chargé de remplir cette mission avec deux escadrons de son régiment, se dirigea par Châtillon-le-Roi vers Izy. Il arrivait dans cette dernière localité lorsque ses patrouilles lui signalèrent que Bazoches-les-Gallerandes était occupée par de l'infanterie et de la cavalerie et qu'en outre deux escadrons français se repliaient de Crottes vers le Sud.

Conformément, en effet, aux ordres qu'il avait reçus, l'escadron du 6ᵉ dragons installé à Tivernon avait envoyé 1 officier et 20 cavaliers en reconnaissance vers Châtillon-le-Roi. Les éclaireurs de ce détachement lui signalèrent le mouvement des deux escadrons de ulans. Les patrouilles des deux partis échangèrent quelques coups

---

cet ordre n'était pas parvenu à destination (Le Général commandant la 19ᵉ division militaire au Ministre de la Guerre, à Tours, D. T., Orléans, 25 septembre, 7 h. 30 soir).

(1) Le général Reyau au Général commandant le 15ᵉ corps d'armée, à Tours, D. T., Blois, 25 septembre, 2 h. 30 soir ; Journal des opérations de la division de cavalerie sous le commandement du général Reyau.

de feu, puis le peloton du 6ᵉ dragons se rallia au Sud de Bazoches-les-Gallerandes, où il fut bientôt rejoint par un autre peloton venant de Tivernon.

Les escadrons français signalés du côté de Crottes appartenaient au 6ᵉ hussards. Après avoir envoyé des reconnaissances vers Aschères-le-Marché et Chilleurs-aux-Bois, le lieutenant-colonel du 6ᵉ hussards se portait avec le gros de ses deux escadrons de Neuville-aux-Bois vers Crottes et Jouy-en-Pithiverais. Il se faisait appuyer par deux compagnies du 1ᵉʳ bataillon des mobiles du Loiret. Mais, après avoir constaté dans la région d'Izy la présence d'un important parti de cavalerie ennemie, il ramenait son détachement à Neuville-aux-Bois (1).

Rassuré de ce côté, le colonel du *10ᵉ* ulans se décida à tourner Bazoches-les-Gallerandes par le Sud. Cette menace détermina la retraite des troupes françaises, qui occupaient ce village. Elles se retirèrent vers Artenay, par Spuis et Oison. Au cours de ce mouvement, qui fut couvert par les deux pelotons du 6ᵉ dragons, les trois compagnies d'infanterie durent, à plusieurs reprises, maintenir à distance par leur feu la cavalerie allemande.

Le gros de l'escadron de dragons qui était en grand'garde à Tivernon se replia en même temps sur Lion-en-Beauce.

Prévenu du mouvement de retraite de ses troupes avancées, le colonel Tillion envoya vers midi d'Artenay un autre escadron du 6ᵉ dragons pour les recueillir et les soutenir. Les deux escadrons de dragons s'installèrent à Lion-en-Beauce, et, sous leur protection, les

---

(1) *Das Posensche Ulanen-Regiment Nr. 10*, p. 156 ; Historique *manuscrit* du 73ᵉ mobiles. — D'après ce dernier document, c'est vers 10 heures du matin que le commandant du 6ᵉ hussards opéra sa reconnaissance vers Crottes et Jouy-en-Pithiverais.

compagnies d'infanterie continuèrent leur mouvement sur Artenay.

Entre temps, le prince Albrecht venait lui-même se rendre compte de la situation. Il annonçait au colonel du *10*e ulans l'arrivée du commandant de la *8*e brigade de cavalerie, qui s'était mis en mouvement vers midi avec trois escadrons du *5*e cuirassiers et une batterie (1). Le reste de la *4*e division de cavalerie se rassemblait au Nord de Pithiviers où le Ier bataillon du régiment du Corps bavarois se tenait également prêt à marcher.

Certain d'être bientôt renforcé, le colonel du *10*e ulans poursuivit sa marche vers le Sud. Les deux escadrons du 6e dragons se replièrent dans la direction d'Artenay. A l'annonce de ce mouvement, le colonel commandant la 1re brigade de cavalerie du 15e corps renvoyait à Orléans, sous l'escorte d'un peloton de hussards, une des sections d'artillerie dont il disposait et ses bagages. Il se portait ensuite, vers 3 heures, au Nord d'Artenay, avec les troupes qui lui restaient, c'est-à-dire deux escadrons du 6e hussards, un escadron du 6e dragons et une section d'artillerie. Celle-ci s'installait à 1 kilomètre au Nord d'Artenay. A proximité, les trois compagnies, qui s'étaient repliées de Bazoches-les-Gallerandes, venaient garnir la voie ferrée.

Le feu de la section d'artillerie française arrêta le mouvement des deux escadrons du *10*e ulans. La

---

(1) C'étaient les 2e et 3e escadrons du *10*e ulans qui avaient été désignés pour opérer la reconnaissance. Le 1er escadron était resté aux avant-postes et ne rejoignit que le lendemain dans l'après-midi. Quant au 4e escadron, deux pelotons étaient détachés ; les deux autres avaient été envoyés, le 25 au matin, à Pithiviers-le-Vieil avec l'étendard et les bagages du régiment. Un escadron du 5e cuirassiers fut également maintenu aux avant-postes. Le général von Hontheim, commandant la 8e brigade de cavalerie, ne disposait donc que de cinq escadrons et d'une batterie à cheval, la 11e batterie du 5e régiment.

8ᵉ brigade de cavalerie les rejoignit vers 5 heures. Elle tenta à son tour, avec l'appui de son artillerie, de progresser vers Artenay. Mais l'approche de la nuit détermina le prince Albrecht à ne pas poursuivre l'action. Sur son ordre, la 8ᵉ brigade se retira sur Bazoches-les-Gallerandes où elle s'installa en cantonnements d'alerte, en détachant un escadron du 10ᵉ ulans à Villiers (1).

Vers 7 heures du soir, les autres corps de la 4ᵉ division de cavalerie, qui, sous la protection de leurs avant-postes, étaient restés sur les points où ils devaient se rassembler en cas d'alerte, reprenaient leurs cantonnements de la veille (2).

---

(1) Le général Reyau au Général commandant le 15ᵉ corps d'armée, à Tours, D. T., Blois, 25 septembre, 2 h. 30 soir et 6 h. 15 soir ; Le Colonel commandant la 1ʳᵉ brigade de la division de cavalerie du 15ᵉ corps au général Reyau, à Blois, D. T., Artenay, 25 septembre, 3 h. 35 soir ; Le Général commandant la 19ᵉ division militaire au Ministre de la Guerre, à Tours, D. T., Orléans, 25 septembre, 7 h. 30 soir et 10 h. 50 soir ; Rapport du chef d'escadron commandant l'artillerie dans les combats d'Artenay (25 septembre) et Toury (5 octobre), Camp d'Orléans, 7 octobre ; *Das Posensche Ulanen-Regiment Nr. 10*, p. 156 ; *Geschichte des Westpreussischen Kürassier-Regiments Nr. 5*, p. 432 ; *Geschichte des Hessischen Feld-Artillerie-Regiments Nr. 11*, p. 214. — D'après le Rapport précité du commandant de l'artillerie au combat d'Artenay, la section d'artillerie française, 1ʳᵉ section de la 14ᵉ batterie du régiment monté de l'ex-Garde, aurait tiré 72 coups. D'après l'historique *manuscrit* de ce régiment, elle n'aurait tiré que 50 coups.

(2) Von Langermann, *Geschichte des Thüringischen-Ulanen-Regiments Nr. 6*, p. 53 ; *Geschichte des Dragoner-Regiments Freiherr von Manteuffel (Rheinischen) Nr. 5*, p. 112, etc. — Les avant-postes de la 4ᵉ division de cavalerie continuèrent à envoyer, le 25 septembre, de nombreuses patrouilles vers la lisière de la forêt d'Orléans. Ce même jour, le 6ᵉ ulans fut rallié par la moitié de son 1ᵉʳ escadron et la moitié de son 4ᵉ escadron, qui, comme on le sait, avaient été retenus en arrière pour la garde et l'escorte des prisonniers de Sedan. De ce fait, le régiment se trouvait porté à deux escadrons (2ᵉ escadron, 1/2 1ᵉʳ et 1/2 4ᵉ.)

A la suite de cet engagement sans importance (1), le colonel commandant la 1re brigade de la division de cavalerie du 15e corps crut devoir ramener dans la nuit tous ses escadrons à Cercottes. Il laissait un escadron en grand'garde à Chevilly (2), qui était déjà tenu par les 8es compagnies des IIe et IIIe bataillons des mobiles du Loiret.

Il prescrivait en même temps au commandant du Ier bataillon des mobiles du Loiret de se retirer de Neuville sur Orléans (3).

Les autres troupes affectées à la défense de la forêt d'Orléans ou placées en surveillance sur la rive droite de la Loire à l'Est et au Nord d'Orléans restèrent le 25 septembre sur les emplacements qu'elles occupaient la veille (4).

---

(1) Les pertes françaises se bornèrent à quelques Tirailleurs, qui, restés dans Bazoches-les-Gallerandes, lors de l'évacuation de cette localité, y furent faits prisonniers par la cavalerie prussienne.

(2) Le général Reyau au Général commandant le 15e corps d'armée, à Tours, Blois, 26 septembre. — Les éléments de la 1re brigade de cavalerie du 15e corps, qui étaient à Artenay, quittèrent cette localité à 8 heures du soir et arrivèrent à Cercottes à minuit. Quant aux escadrons du 6e hussards, qui étaient à Neuville, ils en étaient partis dès 5 h. 30 du soir pour gagner Cercottes. L'escadron laissé en grand'garde à Chevilly appartenait au 6e hussards (Historiques *manuscrits* du 6e dragons et du 6e hussards).

(3) Historique *manuscrit* du 73e mobiles. — Le commandant du Ier bataillon des mobiles du Loiret partit de Neuville vers 10 heures du soir. Avec les trois compagnies qu'il avait avec lui, il emmenait deux compagnies du 29e de marche et la gendarmerie. Il rallia en cours de route les quatre compagnies de son bataillon détachées à Chilleurs-aux-Bois et la compagnie envoyée à Courcy-aux-Loges. Tout le bataillon arriva à Orléans le 26, à 5 heures du matin.

(4) Toutefois le 19e mobiles se porta de Châteauneuf-sur-Loire sur les emplacements suivants : État-major du régiment et trois compagnies du IIe bataillon à Bouzy, à 10 kilomètres à l'Est de Châteauneuf, près de la route de Montargis par Lorris ; le reste du IIe bataillon et le Ier bataillon dans la forêt ; IIIe bataillon à Fay-aux-Loges. Dans la

Conformément, d'autre part, aux ordres antérieurs qu'elle avait reçus, la brigade de cavalerie du général Michel commençait à se constituer sur la Loire. L'état-major de la brigade était arrivé le 24 septembre à Gien ; il y était rejoint le lendemain par le 5ᵉ lanciers et le 3ᵉ dragons de marche. Le 2ᵉ lanciers ne débarquait à La Charité que dans la matinée du 26 septembre (1). A cette même date, le commandant du 15ᵉ corps d'armée avisait le général Michel qu'il devait se mettre à la disposition du général de Polhès avec ses deux régiments de lanciers. En tout état de cause, le régiment de dragons serait maintenu à Gien (2).

Plusieurs des bataillons de mobiles, mis à la disposition du général commandant supérieur de la région du Centre par les décisions des 21 et 23 septembre, étaient en même temps dirigés sur Gien. Le IIᵉ bataillon de la Haute-Vienne y était arrivé le 24 septembre. Les Iᵉʳ et IIᵉ bataillons de l'Aveyron y parvenaient le 25. Ils étaient rejoints le 26 par le IVᵉ bataillon de l'Isère et le Iᵉʳ bataillon de la Haute-Vienne (3).

---

journée, le détachement de Bouzy poussa une compagnie jusqu'aux Bordes, dans la direction de Gien (*Journal et notes du 19ᵉ régiment de mobiles*, p. 28).

Le 25 décembre également, le Iᵉʳ bataillon de mobiles de la Savoie arrivait à Orléans.

(1) Journal des opérations de la brigade de cavalerie du général Michel ; Historiques *manuscrits* des 2ᵉ et 5ᵉ lanciers et du 3ᵉ dragons de marche.

(2) Le Général commandant le 15ᵉ corps d'armée au général Michel, à Cosne, Tours, 26 septembre.

(3) Historiques *manuscrits* des 42ᵉ, 71ᵉ et 73ᵉ mobiles. — On n'a retrouvé aucun document concernant les mouvements exécutés par le IIᵉ bataillon des mobiles de l'Aveyron ; on peut estimer qu'il suivit le Iᵉʳ bataillon des mobiles du même département.

Il semble qu'à défaut d'ordres précis à ce sujet, le général Michel devait prendre le commandement de toutes les troupes réunies à Gien. Le commandant des deux bataillons de mobiles de la Haute-Vienne se

A la suite des reconnaissances faites les jours précédents, et particulièrement de celle exécutée le 25 septembre sur Artenay par la *8ᵉ* brigade de cavalerie, le prince Albrecht reconnut qu'il lui était impossible de traverser la forêt d'Orléans, dont toute la lisière Nord était occupée. Des renseignements concordants lui avaient en outre appris qu'à Orléans se trouvaient des troupes d'infanterie, appartenant à l'armée régulière et à la garde nationale mobile, avec de la cavalerie et de l'artillerie.

Ces forces lui paraissaient constituer l'aile droite de l'armée de la Loire. Il décida donc, tout en continuant d'occuper Pithiviers, de porter, le 26 septembre, le gros de la *4ᵉ* division de cavalerie sur la route de Paris à Orléans. Il était ainsi plus à même de signaler, le cas échéant, tout mouvement de l'armée française sur Paris (1).

En conséquence, le prince Albrecht laissa à Pithiviers, le 26 septembre, la *9ᵉ* brigade de cavalerie, une section de la 1ʳᵉ batterie à cheval du *5ᵉ* d'artillerie, un demi-escadron du *5ᵉ* dragons et le Iᵉʳ bataillon du régiment du corps bavarois (2).

---

plaint cependant que le général Michel ne voulut lui donner aucun ordre sous prétexte « que sa mission consistait à commander la cavalerie. Il consentit cependant à [l'] admettre, dès le lendemain, au nombre des officiers qui assistaient à son rapport », afin qu'il pût se mettre au courant de la situation.

(1) Le Général commandant la 4ᵉ division de cavalerie au Commandant en chef du IIIᵉ corps de l'armée royale, Pithiviers, 26 septembre (Auguste Boucher, *Récits de l'Invasion. Journal d'un bourgeois d'Orléans pendant l'occupation prussienne*, p. 10). — Si la 4ᵉ division de cavalerie était forcée de se retirer devant des forces supérieures, l'intention du prince Albrecht était de se replier sur Étampes. Il demandait en même temps s'il y avait à sa droite d'autres troupes prussiennes.

(2) Von Langermann, *Geschichte des Thüringischen Ulanen-Regiments*

La *8e* brigade reçut l'ordre de se diriger sur Artenay avec la 2e batterie à cheval du *11e* d'artillerie. Tout en explorant le terrain en avant, elle devait progresser le plus loin possible dans la direction d'Orléans. La *10e* brigade et le reste de la 1re batterie à cheval du 5e régiment étaient maintenus en arrière.

Vers 11 h. 30 du matin, la *8e* brigade se trouvait rassemblée près d'Aschères-le-Marché. Précédée d'une avant-garde comprenant deux escadrons et demi de ulans, elle s'avança vers Artenay qu'elle trouva inoccupé. Ses éclaireurs poussèrent plus au Sud, jusqu'à La Croix-Briquet, où ils furent accueillis par le feu d'un détachement d'infanterie française accompagnée de cavalerie.

C'était une reconnaissance envoyée vers midi par le commandant des troupes installées à Chevilly, à l'annonce de l'approche de la cavalerie allemande. Elle se composait d'un peloton de l'escadron du 6e hussards qui avait été laissé en grand'garde la veille et des 8es compagnies des IIe et IIIe bataillons des mobiles du Loiret. Ces dernières, installées à hauteur de La Croix-Briquet entre la route et le chemin de fer, tenaient en même temps

---

Nr. 6, p. 54 ; Bothe, *Ibid.*, p. 256 ; *Geschichte des Dragoner-Regiments Freiherr von Manteuffel (Rheinischen) Nr. 5*, p. 112 ; *Geschichte des Königlisch Bayerischen Infanterie-Leib-Regiments*, p. 287. — La *9e* brigade (général von Bernhardi) était, comme on le sait, très réduite. Elle fut laissée à Pithiviers pour y attendre les détachements qu'elle avait laissés en arrière pour l'escorte des prisonniers de Sedan.

L'autre moitié de l'escadron du *5e* dragons laissé à Pithiviers avec la *9e* brigade avait été maintenue à Malesherbes le 21 septembre. Cette fraction rallia Pithiviers le 27 septembre.

La protection du détachement du général von Bernhardi fut assurée par des avant-postes fournis par le *6e* ulans et installés sur la ligne Pithiviers-le-Vieil, Denainvilliers, Dadonville.

Pendant toute la journée du 26, les troupes maintenues à Pithiviers se tinrent prêtes à marcher.

sous leur feu tout le terrain à l'Est de la voie ferrée (1).

En même temps arrivait, sous les ordres du lieutenant-colonel du 6ᵉ dragons, un détachement envoyé par le commandant de la 1ʳᵉ brigade de la division de cavalerie du 15ᵉ corps et composé d'un escadron du 6ᵉ hussards et d'un escadron du 6ᵉ dragons. Il était parti vers midi et demi de Cercottes pour aller recueillir à Artenay des renseignements sur les mouvements de l'ennemi.

Ce détachement, appuyé à distance par le gros de l'escadron de grand'garde, dépassa Chevilly. Il s'arrêta au Sud de La Croix-Briquet, en se couvrant vers l'Ouest par un peloton de dragons.

Malgré les instructions formelles données à l'officier qui le commandait, ce peloton, bientôt rallié par un autre, se lança à l'attaque d'un peloton du *10ᵉ* ulans. Celui-ci se retira sur son escadron, qui formait la tête d'avant-garde de la *8ᵉ* brigade de cavalerie. Ce dernier, placé sur la route au Nord du village, avait échappé aux vues des dragons français. Sans attendre l'arrivée du reste de leur escadron, qui avait été envoyé pour les soutenir, les deux pelotons de dragons chargèrent l'escadron de ulans. Après une courte mêlée, au cours de laquelle ils éprouvèrent des pertes sensibles, ils durent se replier.

Pendant ce temps, le *10ᵉ* ulans tout entier était venu appuyer l'escadron tête d'avant-garde (2). Il voulut

---

(1) Chacune des 8ᵉˢ compagnies des IIᵉ et IIIᵉ bataillons des mobiles du Loiret avait déployé une section (demi-compagnie); ces sections occupaient un pli de terrain à hauteur de La Croix-Briquet entre la route et le chemin de fer. Les deux autres sections, en soutien, garnissaient la voie ferrée et avaient envoyé dans la plaine à l'Est une cinquantaine de tirailleurs (Historique *manuscrit* du 73ᵉ mobiles).

(2) La marche à travers champs était très pénible et la cavalerie prussienne s'avança sur la route en colonne de pelotons. Elle se déploya cependant à droite et à gauche de la chaussée pour marcher à l'attaque (*Das Posensche Ulanen-Regiment Nr. 10*, p. 158).

exploiter le succès de ce dernier et charger le reste de la cavalerie française qui, après avoir dépassé La Croix-Briquet, s'était arrêtée au Nord de cette localité. Mais avant d'être abordée, celle-ci se déroba. Les ulans tombèrent sous le feu des mobiles installés entre la route et le chemin de fer et durent se replier après des pertes sérieuses.

Les autres éléments de la 8e brigade s'étaient établis au Sud d'Artenay, où il se tenaient en réserve (1), se couvrant par des fractions du 5e cuirassiers. Les tentatives qu'ils firent pendant l'attaque du 10e ulans pour déborder La Croix-Briquet, particulièrement à l'Est de la voie ferrée, échouèrent également devant le feu qui les accueillit.

Pendant que le 10e ulans se reformait, sous la protection d'un escadron du 5e cuirassiers, qui s'était rapproché en toute hâte, le lieutenant-colonel du 6e dragons décida, vers 4 heures, d'évacuer La Croix-Briquet et de se replier sur Chevilly. Ce mouvement ne fut pas inquiété par l'ennemi (2).

---

(1) La batterie à cheval s'était mise en batterie au Sud d'Artenay, des deux côtés de la route, avec l'ordre d'ouvrir le feu si les Français essayaient de prendre l'offensive (*Geschichte des Hessischen Feld-Artillerie-Regiments Nr. 11*, p. 215).

(2) Historiques *manuscrits* du 73e mobiles, du 6e dragons et du 6e hussards; *Das Posensche Ulanen-Regiment Nr. 10*, p. 157-159; *Geschichte des Westpreussischen Kürassier-Regiments Nr. 5*, p. 432. — D'après l'historique du 10e ulans, le combat du 26 septembre, commencé à La Croix-Briquet, se serait terminé à Chevilly. C'est devant cette dernière localité que la charge des ulans serait venue tomber sous le feu des mobiles. L'Historique du 5e cuirassiers n'indique comme localités qu'Artenay et Orléans. Celui du 11e d'artillerie est également peu précis.

Les historiques des corps français ayant pris part au combat concordent au contraire pour indiquer que toute l'action s'est déroulée autour de La Croix-Briquet. Leurs affirmations sont confirmées par l'historique du 12e mobiles, dont trois compagnies furent envoyées

La 4ᵉ division de cavalerie prussienne alla prendre ses cantonnements au Nord-Est d'Artenay, la 8ᵉ brigade à Ruan et Le Coudray, la 10ᵉ brigade et l'artillerie à Oison, Lion-en-Beauce et Tivernon (1).

Dans la matinée du 26 septembre, le commandant de la 1ʳᵉ brigade de la division de cavalerie s'était vu renforcé à Cercottes par le 12ᵉ régiment de mobiles (2) et aussi par les deux dernières sections de la 14ᵉ batterie du régiment monté de l'ex-Garde que lui envoya le général de Polhès (3). Néanmoins, pendant l'engagement de

---

dans la direction de La Croix-Briquet pour recueillir les troupes envoyées en reconnaissance.

D'après l'historique *manuscrit* du 6ᵉ dragons, les pertes de ce corps, s'élevaient à 4 hommes tués, 2 officiers et 13 hommes blessés, 8 hommes et 23 chevaux tombés aux mains de l'ennemi. D'après les historiques des *10ᵉ* ulans et *5ᵉ* cuirassiers, les Allemands auraient pris 22 dragons, dont 10 blessés, et 23 chevaux.

Quant au *10ᵉ* ulans, il avait eu 1 officier et 3 hommes tués, 2 officiers et 8 hommes blessés. En outre, 2 hommes avaient été faits prisonniers. 15 chevaux avaient été tués, 16 blessés et 5 avaient disparu.

Les pertes du 5ᵉ cuirassiers furent de 3 hommes et 6 chevaux.

(1) *Geschichte des Westpreussischen Kürassier-Regiments Nr. 5*, p. 432 ; *Das Posensche Ulanen-Regiment Nr. 10*, p. 159 ; etc. — Les cantonnements occupés par chacun des régiments étaient les suivants : *5ᵉ* cuirassiers à Le Coudray, avec un escadron aux avant-postes ; *10ᵉ* ulans à Ruan, avec un escadron aux avant-postes près de cette localité et près de Trinay ; *2ᵉ* hussards à Oison et Lion-en-Beauce ; 5ᵉ dragons à Tivernon avec l'artillerie. Les régiments de la *10ᵉ* brigade se couvraient vers l'Ouest et le Sud par de simples postes.

L'état-major de la division aurait été à la ferme d'Abonville (500 mètres Sud de Tivernon) (Le Directeur général des télégraphes au général de Polhès ou au Général commandant à Blois, D. T., Tours, 27 septembre).

(2) Le 12ᵉ mobiles (Nièvre) partit d'Orléans à 8 heures du matin (Le 12ᵉ mobiles. Journal d'un officier du IIIᵉ bataillon).

(3) Journal de marche de la 14ᵉ batterie du régiment d'artillerie monté de la Garde et de la 18ᵉ batterie du 13ᵉ régiment. — Indépen-

La Croix-Briquet, il se borna à prendre sur place quelques mesures de précaution et à prescrire que trois compagnies du 12ᵉ mobiles se porteraient dans la direction de La Croix-Briquet, pour soutenir les troupes envoyées en reconnaissance. Il poussa aussi un peloton du 6ᵉ dragons jusqu'à Sougy, pour s'assurer que l'ennemi ne progressait pas à l'Ouest de la route d'Orléans à Paris ; cette reconnaissance revint à 5 heures du soir sans avoir rien rencontré.

La crainte d'être tourné par l'Ouest et le peu de confiance qu'il avait dans l'appui que pourrait lui donner son infanterie le déterminèrent, d'ailleurs, à se replier dans la soirée sur Orléans par Saran et Ormes (1).

On sait que, depuis le 25 septembre, le général de Polhès pouvait utiliser pour ses opérations la division du général Reyau, et, depuis le 26, le général Michel avec les deux régiments de lanciers de sa brigade seulement.

---

damment des troupes envoyées en reconnaissance vers La Croix-Briquet (un escadron du 6ᵉ dragons, deux escadrons du 6ᵉ hussards, les 8ᵉˢ compagnies des IIᵉ et IIIᵉ bataillons des mobiles du Loiret), le commandant de la 1ʳᵉ brigade de la division de cavalerie du 15ᵉ corps disposait, le 26 septembre, tant à Chevilly qu'à Cercottes, des forces suivantes : deux escadrons du 6ᵉ dragons, deux escadrons du 6ᵉ hussards, la compagnie de Tirailleurs et les deux compagnies du 29ᵉ de marche qui gardaient la lisière de la forêt d'Orléans depuis Cercottes jusqu'à Bougy par Chevilly, la 8ᵉ compagnie du IVᵉ bataillon des mobiles du Loiret, le 12ᵉ mobiles et la 14ᵉ batterie du régiment monté de l'ex-Garde.

(1) Le Colonel commandant la 1ʳᵉ brigade de la division de cavalerie du 15ᵉ corps au général Reyau, Blois, D. T., Cercottes, 26 septembre, 3 h. 15 soir ; Le même au général de Polhès, à Orléans, D. T., Cercottes, 26 septembre, 6 h. 14 soir ; Le général Reyau au Général commandant le 15ᵉ corps d'armée, à Tours, D. T., Blois, 26 septembre, 7 heures soir. — Le 6ᵉ dragons quitta Cercottes à 7 heures du soir et, à minuit, il s'établissait au bivouac « derrière les vignes à Saran, sur la gauche et à 8 kilomètres d'Orléans » (Historique

Le même jour, le général de La Motterouge mettait également à sa disposition le 34ᵉ régiment de mobiles, qui, désigné pour la 3ᵉ division du 15ᵉ corps, se trouvait à Vierzon (1). En outre, la 19ᵉ compagnie du 2ᵉ régiment de génie partait de Bourges le 25 septembre à minuit et arrivait le 26 au matin à Orléans (2), où revenait également le régiment de Tirailleurs de marche (3).

Dans la soirée du 26 septembre, d'autre part, le général de Polhès, informé des événements qui s'étaient déroulés au Nord de Chevilly, prescrivait au 1ᵉʳ cuirassiers de marche de se mettre immédiatement en route pour Orléans, où il appelait également le général Michel et toute sa brigade. Il donnait aussi des instructions au commandant du Iᵉʳ bataillon des mobiles du Loiret pour lui faire occuper, le lendemain, des positions en forêt le long de la voie ferrée (4).

---

manuscrit du 6ᵉ dragons). Le 6ᵉ hussards vint également bivouaquer à Saran (Historique *manuscrit* du 6ᵉ hussards). Le 12ᵉ mobiles s'installa près de La Montjoie (Le 12ᵉ mobiles. Journal d'un officier du IIIᵉ bataillon). Les 8ᵉˢ compagnies des IIᵉ et IIIᵉ bataillons des mobiles du Loiret reçurent à l'entrée de la nuit l'ordre d'évacuer Chevilly. Elles rallièrent, au passage à Cercottes, la 8ᵉ compagnie du IVᵉ bataillon et entrèrent à minuit à Orléans (Historique *manuscrit* du 7ᵉ mobiles). La 14ᵉ batterie du régiment monté de l'ex-Garde fut envoyée à 2 kilomètres d'Ormes, où elle arriva à 8 heures du soir (Journal de marche de la 14ᵉ batterie du régiment d'artillerie monté de la Garde et de la 18ᵉ batterie du 13ᵉ régiment). Il n'a pas été possible de préciser les emplacements qu'occupèrent, dans la nuit du 26 au 27 septembre, les autres troupes à la disposition du colonel Tillion.

(1) Le Général commandant le 15ᵉ corps d'armée au Général commandant la 3ᵉ division du 15ᵉ corps, à Vierzon, D. T., Tours, 26 septembre, 4 h. 41 soir. — Le 34ᵉ mobiles ne fut pas appelé par le général de Polhès. On sait que, le 28 septembre, la 2ᵉ brigade de la 3ᵉ division du 15ᵉ corps, à laquelle il appartenait, fut envoyée dans l'Est.

(2) Registre des opérations du génie du 15ᵉ corps d'armée.

(3) Historique *manuscrit* du régiment de Tirailleurs algériens de marche.

(4) Il n'a pas été retrouvé d'ordres du général de Polhès prescrivant

Mais, en même temps qu'il prenait ces différentes mesures de précaution, le général de Polhès convoquait, pour 10 heures du soir, les divers chefs de corps présents à Orléans, ainsi que le préfet du Loiret.

Dans cette réunion, le commandant supérieur de la région du Centre exposa les considérations suivantes : l'ennemi avait une grande supériorité numérique comme cavalerie et artillerie; il disposait, en outre, d'infanterie. Il paraissait certain qu'après avoir évité la forêt il viendrait aborder Orléans par le Nord-Ouest, en terrain découvert, où l'infanterie française, armée de fusils à piston, serait incapable d'opposer une résistance sérieuse. Dans ces conditions, il semblait nécessaire, pour éviter un désastre, d'évacuer Orléans le plus tôt possible (1).

27 septembre.

Le général de Polhès fit replier ses troupes à la fois sur Blois, sur Vierzon et sur Gien.

Le mouvement dans la direction de Blois s'exécuta par les deux rives de la Loire. Commandés par le colonel Tillion, le Ier bataillon des mobiles du Loiret, le Ier bataillon des mobiles de la Savoie et trois escadrons du 6e dragons se portèrent sur Beaugency (2). Le 12e mobiles, les Ier et IIe bataillons du Lot, la 8e compagnie du

---

ces différents mouvements, mais les indications portées dans les historiques des corps en question prouvent qu'ils ont été envoyés.

(1) Le Général commandant la 19e division militaire au Ministre de la Guerre, à Tours, D. T., Orléans, 27 septembre, 4 h. 35 du matin ; Le Préfet du Loiret au Ministre de la Guerre, à Tours, Orléans, 1er octobre.

(2) Le général Reyau au Général commandant le 15e corps d'armée, à Tours, D. T., Blois, 27 septembre, 3 heures soir ; Historiques *manuscrits* du 73e mobiles et du 6e dragons. — Il n'a pas non plus été retrouvé d'ordres du général de Polhès réglant l'évacuation d'Orléans. D'après les documents précités, le Ier bataillon des mobiles du Loiret reçut l'ordre de partir pour Blois entre minuit et 1 heure du matin. Il

Vᵉ bataillon des mobiles du Loiret et le 6ᵉ hussards, placés sous les ordres du colonel commandant ce dernier régiment, passèrent la Loire à Orléans, et, par Saint-Hilaire-Saint-Mesmin et Cléry, gagnèrent Lailly où ils s'arrêtèrent, sauf les deux bataillons du Lot qui poussèrent jusqu'à Nouan-sur-Loire (1).

Les 8ᵉˢ compagnies des IIᵉ, IIIᵉ et IVᵉ bataillons des mobiles du Loiret, le régiment de Tirailleurs algériens de marche, les compagnies du dépôt du 8ᵉ de ligne, les deux batteries d'artillerie et la compagnie du génie, sous le commandement du général Faye, se dirigèrent sur La Ferté-Saint-Aubin (2). Ils furent suivis par deux

---

quitta Orléans à 8 heures du matin et s'arrêta à Beaugency. Le 6ᵉ dragons partit de Saran à 5 heures du matin et arriva à Beaugency à 11 heures.

(1) Historique *manuscrit* du 12ᵉ mobiles ; Le 12ᵉ mobiles. Journal d'un officier du IIIᵉ bataillon ; Historiques *manuscrits* des 70ᵉ et 73ᵉ mobiles et du 6ᵉ hussards. — Le 12ᵉ mobiles releva ses avant-postes à La Montjoie à 3 heures du matin et traversa la Loire à 4 heures du matin. Le commandant du dépôt du Vᵉ bataillon des mobiles du Loiret ne transmit pas à la 8ᵉ compagnie l'ordre d'évacuer Orléans. Cette compagnie ne partit qu'à 10 heures du matin et ne rejoignit Lailly qu'à 5 heures du soir. Elle fut envoyée « dans un village situé 4 ou 5 kilomètres plus loin », probablement Saint-Laurent-des-Eaux, où elle arriva entre 7 et 8 heures du soir. Le 6ᵉ hussards quitta Saran à 2 heures du matin et s'arrêta à 1 heure du soir aux Trois-Cheminées.

(2) Historiques *manuscrits* du 73ᵉ mobiles, du 1ᵉʳ régiment de Tirailleurs algériens de marche, du 13ᵉ régiment d'artillerie et du régiment d'artillerie monté de l'ex-Garde ; Journal de marche de la 14ᵉ batterie du régiment d'artillerie monté de la Garde et de la 18ᵉ batterie du 13ᵉ régiment ; Registre des opérations du génie du 15ᵉ corps d'armée. — Les 8ᵉˢ compagnies des trois bataillons du Loiret étaient arrivées vers minuit à Orléans, venant de La Croix-Briquet et de Cercottes. Elles en repartirent peu après. Les Tirailleurs algériens quittèrent Orléans à 4 heures du matin. Les deux batteries $\left(\frac{18^e}{13^e}\text{ et }\frac{14^e}{\text{Garde}}\right)$ partirent à 4 heures du matin et arrivèrent à La Ferté-Saint-Aubin vers 11 heures. Les compagnies du dépôt du 8ᵉ de ligne s'em-

compagnies des francs-tireurs de Paris, qui, venant de Tours, arrivèrent à Orléans au moment de l'évacuation de la ville (1).

Enfin, en même temps que le 19e mobiles recevait l'ordre de se diriger sur Gien, le 29e de marche gagna, avec le général Bertrand, Châteauneuf-sur-Loire (2), où se rendit également, le 27 septembre au matin, le général de Polhès (3).

Pendant que ces mouvements s'exécutaient, le 1er cuirassiers de marche partait de Mer, le 26 septembre à 11 h. 30 du soir, et arrivait à Orléans le 27 à 6 heures du matin. Apprenant alors que la ville était complètement évacuée, il suivit le mouvement des troupes qui s'étaient repliées sur la rive gauche de la Loire et se rendit également à Lailly (4).

---

barquèrent pour Périgueux le 28 septembre (Le général Faye au Général de division à Orléans, 28 septembre).

(1) Cf. ci-dessus, p. 113, note 1.

(2) *Journal et notes du 19e régiment mobile*, p. 33 ; Le Général commandant la subdivision de la Nièvre au Général commandant la 1re division du 15e corps, à Nevers, Nevers, 27 septembre.

(3) Le Général commandant la 19e division militaire au Ministre de la Guerre, à Tours, D. T., Orléans, 27 septembre, 4 h. 35 matin ; Le même au Préfet du Loiret, Châteauneuf, 27 septembre, 10 heures soir.

Il n'a pas été possible de préciser la direction que prirent les compagnies du dépôt du 1er de ligne. Quant à l'escadron du 6e dragons envoyé à Bellegarde le 23 septembre, il serait resté dans cette localité le 27 (Journal des opérations de la division de cavalerie sous le commandement du général Reyau). De même, pour les deux compagnies du 4e bataillon de chasseurs à pied de marche (8es compagnies des 3e et 4e bataillons de chasseurs) installées à Loury le 23, il semble que l'ordre de se replier ne leur fut pas envoyé et qu'elles restèrent sur place du 27 au 29 septembre.

(4) Le général Reyau au Général commandant le 15e corps d'armée, à Tours, Blois, 27 septembre ; Historique *manuscrit* du 1er cuirassiers de marche.

D'autre part, le général Michel quittait Gien pour Orléans avec le 5ᵉ lanciers et le 3ᵉ dragons de marche. Mais il était arrêté à Sully et retournait dans la soirée à Gien avec le 5ᵉ lanciers. Quant au 3ᵉ dragons de marche, il semble qu'il fut maintenu entre Gien et Orléans. En outre, le 2ᵉ lanciers avait été réembarqué en chemin de fer à La Charité, le 27 septembre, et dirigé sur Orléans par Saincaize et Bourges. Mais dans cette dernière ville, il recevait contre-ordre et était ramené le jour même à son point de départ (1).

Le 27 septembre, le prince Albrecht, tout en maintenant à Pithiviers les forces qu'il y avait laissées la veille, installait, jusqu'à nouvel ordre, le gros de la 4ᵉ division de cavalerie sur la route de Paris à Orléans à hauteur de Toury (2). Un escadron du 5ᵉ cuirassiers était envoyé en reconnaissance vers Orléans. Il devait

---

(1) Journal des opérations de la brigade de cavalerie du général Michel ; Historiques *manuscrits* des 2ᵉ et 5ᵉ lanciers et du 3ᵉ dragons de marche. — On sait que, d'après les ordres que lui avait adressés le 26 septembre le commandant du 15ᵉ corps, le général Michel ne devait mettre à la disposition du général de Polhès que ses deux régiments de lanciers. Le 3ᵉ dragons de marche devait être maintenu à Gien (Cf. ci-dessus, p. 126). Mais le général de La Motterouge avait adressé la dépêche contenant cet ordre à Cosne. Il est donc probable que, le 27 septembre, le général Michel, qui se trouvait à Gien, ne l'avait pas encore reçue. On verra plus loin que le 3ᵉ dragons de marche arriva à Orléans « le 28 à la suite d'une marche de nuit ».

(2) Le quartier général de la 4ᵉ division de cavalerie s'établit à Toury où s'installèrent également la 10ᵉ brigade et les deux batteries d'artillerie, moins une section laissée à Pithiviers. La 8ᵉ brigade occupa Janville et Oinville-Saint-Liphard. Un escadron de la 10ᵉ brigade couvrait ces cantonnements dans la direction du Sud. Il s'installa sur le mouvement de terrain à l'Ouest d'Ondreville ; un poste d'examen, commandé par un sous-officier, tenait la grande route d'Orléans à Paris à hauteur de Tivernon, et de faibles postes à la cosaque occupaient la ligne Tivernon, Chaussy, Teillay-le-Gaudin. Ces avant-postes

déterminer jusqu'où s'étendait vers l'Ouest l'occupation de la forêt, et signaler les mouvements qui pourraient se produire sur la route d'Artenay à Chartres et sur celles qui réunissent Orléans à Chartres et à Châteaudun. Après s'être heurté à des avant-postes qui se replièrent devant lui, cet escadron gagna Gidy sans être inquiété et poussa jusqu'à Cercottes et Ormes des patrouilles qui ne purent rejoindre les troupes françaises (1).

Le même jour, le gros du détachement du colonel von Täuffenbach se portait de Malesherbes sur La Ferté-Alais par la vallée de l'Essonne (2). Il y était rejoint,

---

se reliaient à l'Ouest, vers Poinville, à ceux fournis par le *10e* ulans et au Nord de Toury, sur la grande route, à ceux du *5e* cuirassiers. Les cantonnements étaient en outre barricadés pendant la nuit.

Un service ininterrompu de patrouilles complétait le dispositif de sûreté. En outre, deux fois par jour, au lever du jour et vers midi, la *10e* brigade envoyait trois patrouilles d'officiers, forte chacune de 10 hommes, dans les directions d'Artenay, de Neuville et de Chilleurs-aux-Bois. Les renseignements rapportés signalaient uniformément d'abord que toutes les routes entrant dans la forêt étaient solidement occupées par de l'infanterie française, ensuite que l'on voyait pendant le jour circuler le long de la lisière des patrouilles de cavalerie française qui ne poussaient plus au Nord que pendant la nuit [*Das Posensche Ulanen-Regiment Nr. 10*, p. 160; *Geschichte des Dragoner-Regiments Freiherr von Manteuffel (Rheinischen) Nr. 5*, p. 114; *Das 2. Leib-Husaren-Regiment Nr. 2*, p. 118-119].

Deux pelotons du *5e* dragons, sous le commandement d'un seul officier, furent chargés de relier Toury avec le quartier général de la IIIe armée, qui se trouvait alors à Versailles. L'un des pelotons s'installa près d'Angerville et l'autre près d'Étampes [*Geschichte des Dragoner-Regiments Freiherr von Manteuffel (Rheinischen) Nr. 5*, p. 113].

(1) *Geschichte des Westpreussischen Kürassier-Regiments Nr. 5*, p. 433. — D'après son Historique, le *5e* cuirassiers aurait occupé le soir du 27 septembre Toury et des fermes environnantes et se serait porté le lendemain au Nord de Janville, à Oinville et aux alentours.

(2) *Geschichte des Königlich Bayerischen Infanterie-Leib-Regiments*, p. 290; *Das Königlich Bayerische 3. Chevaulegers-Regiment Herzog*

peu après son arrivée, par les éléments qui étaient restés à Fontainebleau (1).

La nouvelle de l'évacuation d'Orléans fut connue à

Maximilian, p. 172. — Le 23 septembre, le 4e escadron du 3e chevau-légers avait installé à Ury et à La Chapelle-la-Reine des postes de correspondance comprenant chacun trois cavaliers. Dans la nuit du 25 au 26, le poste de La Chapelle-la-Reine fut enlevé par des francs-tireurs. Un des cavaliers bavarois fut tué et les deux autres emmenés prisonniers. Le 26 septembre, le gros de l'escadron se porta de Malesherbes sur La Chapelle-la-Reine pour y lever une contribution de guerre et réinstaller le relai. Mais comme les chevau-légers ne disposaient que de pistolets, chaque poste devait être renforcé par trois fantassins. A ce propos, l'Historique du régiment du Corps rapporte que pour remédier à l'insuffisance de l'armement des chevau-légers, on leur distribua plus tard des *carabines à aiguille*.

A La Chapelle-la-Reine, le commandant de l'escadron bavarois apprit que les francs-tireurs s'étaient également montrés dans les environs d'Ury. Il se porta aussitôt vers cette localité, que le poste de correspondance avait évacuée pour se retirer sur Fontainebleau. Une patrouille envoyée à sa recherche dans cette direction rapporta la nouvelle qu'elle avait reçu des coups de fusil devant la forêt, dont toute la lisière était occupée.

Une compagnie du IIe bataillon du régiment du Corps partit d'autre part de Malesherbes, le 26 septembre dans l'après-midi, avec deux pièces d'artillerie et 4 cavaliers. Elle avait comme mission de venir s'installer à proximité de la lisière de la forêt dont elle devait chasser les francs-tireurs. A 7 heures du soir, ce détachement s'installait dans une métairie près d'Ury sans avoir été inquiété. A 1 heure du matin, un cavalier lui apportait l'ordre de rejoindre immédiatement Malesherbes, où elle arriva à 7 heures du matin.

Aussitôt après la rentrée de cette compagnie, le gros du détachement du colonel Täuffenbach partit de Malesherbes. Il entra à La Ferté-Alais à 3 heures du soir, après avoir suivi la vallée de l'Essonne.

Les postes de correspondance qui avaient été installés le 24 septembre entre Malesherbes et Arpajon, à Maisse et Boutigny, furent relevés le 27.

(1) Le poste de correspondance d'Ury arriva le 26 septembre au matin à Fontainebleau, apportant la nouvelle de l'enlèvement du poste de La Chapelle-la-Reine. Une compagnie du IIIe bataillon du régiment du Corps fut immédiatement envoyée pour rétablir la liaison avec

Blois et à Tours dans la matinée du 27 septembre (1). Aussitôt le général Reyau prescrivait au 1ᵉʳ cuirassiers de marche de suspendre son mouvement sur Orléans et de gagner ses anciennes positions à Mer et à Beaugency. Toutefois, si la 1ʳᵉ brigade de la division de cavalerie du 15ᵉ corps se trouvait entre Mer et Orléans, il devait se concentrer à Mer (2). En outre, plusieurs dépêches envoyées au colonel Tillion à partir de midi ordonnaient à cet officier d'arrêter à Beaugency son mouvement de retraite, de rappeler sur la rive droite de la Loire le 6ᵉ hussards, puis d'installer un de ses régiments à Beaugency et l'autre entre Cravant et Ouzouer-le-Marché. En même temps, le général de Longuerue, désigné pour remplacer le général Ducoulombier, était invité à se rendre sans retard à Beaugency afin d'y prendre le commandement de la 1ʳᵉ brigade de la division de cavalerie du 15ᵉ corps (3).

Ces ordres étaient confirmés peu après par des ins-

Malesherbes. Elle rentra à Fontainebleau le 27 au matin sans avoir pu assurer sa mission. — Pour se rendre à La Ferté-Alais, les éléments du détachement du colonel von Täuffenbach restés à Fontainebleau passèrent par Villiers-en-Bière (*Geschichte des Königlich Bayerischen Infanterie-Leib-Regiments*, p. 291-292).

(1) Le Général commandant la 19ᵉ division militaire au Ministre de la Guerre, à Tours, D. T., Orléans, 27 septembre, 4 h. 35 matin ; Le général Reyau au Général commandant le 15ᵉ corps d'armée, à Tours, Blois, 27 septembre.

(2) Le général Reyau au Colonel du 1ᵉʳ cuirassiers de marche, Blois, 27 septembre. — En s'installant à Mer, le 1ᵉʳ cuirassiers de marche devait se couvrir par des avant-postes installés à Avaray, Séris et Talcy ; il lui était également prescrit de s'éclairer « avec vigilance sur sa gauche », et de maintenir les communications avec la 1ʳᵉ brigade, vers Beaugency, et avec Blois.

(3) Le général Reyau au Colonel commandant la 1ʳᵉ brigade de la division de cavalerie du 15ᵉ corps, à Beaugency, Blois, 27 septembre ; Le même au Général commandant le 15ᵉ corps d'armée, à Tours, D. T., Blois, 27 septembre, 3 heures soir. — Une fois ins-

tructions qu'envoyait le commandant du 15ᵉ corps d'armée (1).

De son côté, le Ministre de la Guerre prescrivait au général Borel, chef d'état-major du 15ᵉ corps, de se rendre immédiatement près du général de Polhès pour s'entendre avec lui sur l'ensemble des dispositions à prendre (2). Peu après, il donnait l'ordre au général de La Motterouge de transporter son quartier général à Bourges, où il devait se préparer à mettre en mouve-

---

tallée sur ces emplacements, la 1ʳᵉ brigade de la division de cavalerie du 15ᵉ corps devait tenir par ses avant-postes Meung, Cravant, Villermain, Charsonville, Prénouvellon et Binas. Il lui était également recommandé de s'éclairer avec soin en avant et sur sa gauche.

Afin d'augmenter l'effectif des troupes disponibles à Blois, le général Reyau ordonnait en même temps au 9ᵉ cuirassiers de ne plus détacher qu'un seul escadron à La Chapelle-Vendômoise (Le général Reyau au Général commandant la 2ᵉ brigade de la division de cavalerie du 15ᵉ corps, à Blois, Blois, 27 septembre).

(1) Le Général commandant le 15ᵉ corps d'armée au général Reyau, à Blois, D. T., Tours, 27 septembre. — En adressant ces instructions au général de Longuerue, le général Reyau lui transmettait les renseignements suivants : le prince Albrecht, après avoir couché à Tivernon, aurait dirigé son avant-garde sur Janville pour y préparer le logement de 5,000 à 6,000 hommes ; il disposerait d'artillerie ; un corps d'armée prussien de 8,000 à 10,000 hommes entourait Orléans, mais une partie seulement marcherait sur la ville, le reste se porterait sur Ingré (Le général Reyau au général de Longuerue, à Beaugency, Blois, 27 septembre).

(2) Le Ministre de la Guerre par intérim au Ministre de la Guerre, à Paris, D. T., Tours, 27 septembre ; Le Général commandant le 15ᵉ corps d'armée au général Reyau, à Blois, D. T., Tours, 27 septembre. — Le général Borel ne put rejoindre le général de Polhès que le 29 septembre, à Orléans. Il revint ensuite à Tours pour régler le départ pour Bourges de l'état-major du 15ᵉ corps (Le Chef d'état-major du 15ᵉ corps au général Peitavin, à Vierzon, D. T., Tours, 27 septembre, 10 h. 20 matin et Bourges, 28 septembre, 12 h. 30 soir ; Le même au Ministre de la Guerre, D. T., Bourges, 28 septembre, 10 h. 10 matin et 8 h. 17 soir ; Le général de Polhès au Ministre de la Guerre, D. T., Orléans, 26 septembre, 5 h. 3 soir).

ment le 15ᵉ corps d'armée dont l'organisation s'avançait rapidement (1).

Le général de Polhès s'était arrêté à Châteauneuf-sur-Loire pour attendre le mouvement de retraite des troupes qui occupaient la forêt. Il apprit dans la journée que l'ennemi n'avait pas paru à Orléans. A 10 heures du soir, il demanda au préfet du Loiret confirmation de cette nouvelle, et le pria de transmettre aux troupes dirigées sur La Ferté-Saint-Aubin et Beaugency l'ordre d'arrêter leur mouvement. Mais, dans la matinée du 27 septembre, le chemin de fer avait évacué tout son matériel sur La Ferté-Saint-Aubin et Beaugency, et l'administration des télégraphes avait enlevé ses appareils ; Orléans se trouvait donc dépourvu de tout moyen de communication rapide (2). Une partie des troupes dirigées sur La Ferté-Saint-Aubin ou sur Blois par la rive gauche de la Loire ne put être avisée à temps et continua son mouvement rétrograde.

28 septembre.

C'est ainsi que, le 28 septembre, les deux bataillons de Tirailleurs algériens, les deux batteries d'artillerie et la compagnie du génie atteignirent La Motte-Beuvron (3). D'autre part, le 12ᵉ mobiles vint cantonner à Montli-

---

(1) Le Ministre de la Guerre par intérim au Ministre de la Guerre, à Paris, D. T., Tours, 27 septembre.

(2) Le général de Polhès au Préfet du Loiret, Châteauneuf, 27 septembre ; Le Préfet du Loiret au général de Polhès, Orléans, 28 septembre, 4 heures et 6 heures matin.

(3) Historiques *manuscrits* du 1ᵉʳ Tirailleurs de marche, du 13ᵉ d'artillerie et du régiment d'artillerie monté de l'ex-Garde; etc. — Les 8ᵉˢ compagnies des IIᵉ, IIIᵉ et IVᵉ bataillons des mobiles du Loiret se rendirent, le 28 septembre, de La Ferté-Saint-Aubin à Beaugency où elles séjournèrent le 29 (Historique *manuscrit* du 73ᵉ mobiles). Quant aux deux compagnies de francs-tireurs de Paris (section d'Orléans), il semble qu'elles restèrent à La Ferté-Saint-Aubin le 28 septembre [Le Commandant des francs-tireurs de Paris (section d'Orléans) au Préfet du Loiret, La Ferté-Saint-Aubin, 28 septembre].

vault, Saint-Claude de Diray et Vineuil, à l'Est de Blois sur la rive gauche de la Loire, et les deux bataillons des mobiles du Lot poussèrent jusqu'à Blois (1).

Quant aux deux régiments de cavalerie qui se trouvaient à Lailly, ils se conformèrent, dans la matinée du 28 septembre, aux ordres donnés la veille au soir par le général Reyau. Le 6e hussards franchissait la Loire à gué à hauteur de Tavers, à 3 kilomètres en aval de Beaugency, puis se rendait à Ouzouer-le-Marché. Le 1er cuirassiers de marche utilisait le pont de Mer et venait réoccuper cette localité.

Après entente entre le général Reyau et le commandant de la subdivision du Loir-et-Cher, le Ier bataillon des mobiles du Loiret restait à la disposition du général de Longuerue pour relier, entre Beaugency et Mer, les localités occupées par la cavalerie et appuyer leur défense. La surveillance de la route de Châteaudun à Blois, par Écoman, devait incomber aux bataillons de mobiles affectés à la défense du Loir-et-Cher (2).

---

(1) Le Général commandant la subdivision militaire du Loir-et-Cher au Général commandant la 18e division militaire, à Tours, Blois, 28 septembre; Historiques *manuscrits* des 12e et 70e mobiles. — Avant de quitter Orléans, le 27 septembre, le général de Polhès avait averti le général commandant la subdivision militaire du Loir-et-Cher qu'il dirigeait sur Blois une brigade de cavalerie et sept bataillons de mobiles (Le Général commandant la 19e division militaire au Général commandant la subdivision militaire, à Blois, D. T., Orléans, 27 septembre, 4 h. 37 matin).

La 8e compagnie du Ve bataillon des mobiles du Loiret, qui s'était également repliée, le 27 septembre, sur Lailly, resta dans cette localité le 28. Son commandant se rendit à Beaugency, puis à La Ferté-Saint-Aubin, pour y chercher des instructions près du capitaine-major commandant le dépôt de son bataillon ou près du commandant de la subdivision du Loiret. N'ayant trouvé aucune de ces deux autorités, il se décida, sur le conseil du général de Longuerue, à amener, le 29, sa compagnie à Beaugency, où elle arriva à 10 heures du matin (Historique *manuscrit* du 73e mobiles).

(2) Le général Reyau au Général commandant le 15e corps d'armée,

De son côté, le général de Polhès quittait Châteauneuf dans la matinée avec les troupes placées sous les ordres du général Bertrand. En cours de route, il faisait occuper la forêt d'Orléans par la majeure partie de ces forces et

---

à Tours, D. T., Blois, 28 septembre, 10 heures matin ; Le Général commandant la subdivision militaire du Loir-et-Cher au Général commandant la 18ᵉ division militaire, à Tours, Blois, 28 septembre ; Journal des opérations de la division de cavalerie sous le commandement du général Reyau ; etc. — En conséquence de ces dispositions, les emplacements occupés le 28 septembre, à l'Ouest d'Orléans, tant par les troupes évacuées de cette ville le 27 que par les forces chargées de défendre le département du Loir-et-Cher, étaient les suivants : division de cavalerie du 15ᵉ corps : 1ʳᵉ brigade, 6ᵉ dragons (trois escadrons) à Beaugency, avec des postes à Meung et Cravant ; 6ᵉ hussards à Ouzouer-le-Marché, avec un escadron tenant Villermain, Charsonville, Prénouvellon et Binas ; 2ᵉ brigade : 1ᵉʳ cuirassiers de marche à Mer, avec des postes à Avaray, Séris et Talcy, pour se relier à la 1ʳᵉ brigade ; 9ᵉ cuirassiers à Blois avec un escadron à La Chapelle-Vendômoise ; Iᵉʳ bataillon et 8ᵉˢ compagnies des IIᵉ, IIIᵉ et IVᵉ bataillons des mobiles du Loiret à Beaugency. Les troupes chargées de la défense du Loir-et-Cher conservaient d'une façon générale les emplacements qu'elles occupaient depuis le 25 septembre (Cf. ci-dessus, p. 117, note 1). Cependant, une compagnie du IIᵉ bataillon des mobiles du Loir-et-Cher avait été chargée, dès le 26, de garder par des postes Fréteval, Écoman, Viévy-le-Rayé, La Bosse, Beauvilliers et Oucques. Une compagnie du Iᵉʳ bataillon du Loir-et-Cher qui, le 27 septembre, devait aller occuper Marchenoir, en détachant des postes au Nord-Ouest de la forêt à La Colombe, Autainville, Saint-Laurent-des-Bois et Lorges, avait été maintenue à Blois après l'évacuation d'Orléans, mais ce mouvement avait été repris le 29 septembre. Pour compléter ces dispositions, le commandant du Loir-et-Cher comptait envoyer deux bataillons de garde mobile à Vendôme. L'un d'eux devait détacher une compagnie à Ouzouer-le-Marché pour soutenir la cavalerie qui se trouvait dans cette localité et occuper, avec les autres compagnies, différents points autour de Vendôme, tels que Selommes, Pezou, Morée, La Ville-aux-Clères et Montoire-sur-le-Loir.

Le commandant du Loir-et-Cher pensait en effet pouvoir disposer non seulement de deux bataillons de mobiles du Gers, mais encore de sept bataillons de mobiles venus d'Orléans.

arrivait à Orléans, vers 3 heures du soir, avec un escadron et un bataillon (1).

En même temps qu'il se mettait en route, le général de Polhès donnait aux troupes repliées dans la direction de Blois l'ordre de revenir immédiatement à Orléans avec le régiment de cuirassiers qui se trouvait à Beaugency. Il avisait aussi le général Faye d'arrêter son mouvement vers Bourges et de maintenir ses forces prêtes à reprendre le chemin de fer. Enfin, ainsi qu'il y avait été autorisé antérieurement, le commandant de la 19e division militaire appelait également à Orléans la brigade de cavalerie du général Michel, dont un régiment cependant devait rester à Gien (2).

---

(1) Le général de Polhès au Préfet du Loiret, Châteauneuf, 28 septembre, 10 heures matin ; Le Préfet du Loiret au Délégué du Gouvernement, à Tours, D. T., Orléans, 28 septembre, 3 h. 15 soir ; Le Général commandant la 19e division militaire au Ministre de la Guerre, à Tours, D. T., Orléans, 28 septembre, 4 h. 35 soir. — Il est impossible de préciser les emplacements qu'occupèrent, le 28 septembre au soir, le 29e de marche et le 19e mobiles qui s'étaient repliés la veille sur Châteauneuf. Il semble, cependant, que le 29e de marche fut envoyé vers Loury. Les deux compagnies du 4e bataillon de chasseurs à pied de marche laissées dans la forêt furent placées sous le commandement du colonel de ce régiment. Quant au 19e mobiles, un bataillon serait venu à Orléans avec le général de Polhès, le général Bertrand et l'escadron du 6e dragons laissé le 27 à Bellegarde ; les deux autres bataillons auraient été camper au Nord d'Orléans, à La Montjoie et Saran. Le 29 cependant, tout le régiment était réuni sur cette position [*Journal et Notes du 19e régiment mobile* (*Cher*), p. 34].

(2) Le Général commandant la 19e division militaire au colonel Tillion, commandant la brigade de cavalerie et toutes les troupes d'infanterie et la mobile, à Beaugency, D. T., Orléans, 28 septembre, 2 h. 20 soir ; L'Inspecteur des télégraphes du Loiret au Directeur général des télégraphes, à Tours, D. T., La Ferté-Saint-Aubin, 28 septembre, 2 h. 25 matin ; Le Général commandant la 19e division militaire au Ministre de la Guerre, à Tours, D. T., Orléans, 28 septembre, 4 h. 35 soir ; Le même au même, Orléans, 28 septembre. — En avisant le préfet du Loiret, le 28 septembre à 10 heures du matin, de son

La mauvaise organisation du commandement, ainsi que les mouvements effectués par différents corps dans la matinée du 28, retardèrent l'exécution de ces ordres. Des troupes évacuées dans la direction de Blois, seuls la 1re brigade de la division de cavalerie du 15e corps et les deux bataillons de mobiles du Loiret et de la Savoie se mirent en mouvement, dans la nuit du 28 au 29, pour gagner Orléans (1). Le 3e dragons de marche, de la brigade de cavalerie du général Michel, y parvenait en même temps (2).

Les éléments de la 4e division de cavalerie prussienne installés sur la route d'Orléans à Paris conservèrent, le

---

retour à Orléans, le général de Polhès le priait de transmettre ses instructions à Beaugency. Les relations entre Châteauneuf et Orléans étant alors interrompues, l'ordre ne put partir d'Orléans qu'à 2 h. 20 du soir. Il fut d'ailleurs confirmé au général commandant la 1re brigade de la division de cavalerie du 15e corps par une dépêche du général Reyau.

En lui rendant compte des dispositions qu'il avait prises pour réoccuper Orléans, le général de Polhès insistait près du Ministre de la Guerre, afin qu'il fît assurer le commandement et l'administration des troupes chargées de la défense de la ville. Il demandait l'envoi d'un général avec un état-major de division et surtout d'un sous-intendant.

(1) Historiques *manuscrits* du 6e dragons, du 6e hussards et du 73e mobiles. — Le 6e dragons (trois escadrons) reçut à Beaugency, à 5 heures du soir, l'ordre de lever le bivouac. Il arriva à Orléans à 11 h. 30 du soir. Le 6e hussards partit d'Ouzouer-le-Marché à 11 heures du soir et était à Orléans le 29 septembre à 6 heures du matin. Le 1er bataillon des mobiles du Loiret et le 1er bataillon des mobiles de la Savoie, qui se trouvaient aussi à Beaugency, atteignirent Orléans à 1 heure du matin.

(2) Historique *manuscrit* du 3e dragons de marche. — On a vu plus haut que ce régiment était parti de Gien, le 27, avec l'état-major de la brigade Michel et le 5e lanciers de marche. Mais, tandis que le général Michel et le 5e lanciers de marche retournaient à Gien le même jour, le 3e dragons de marche fut vraisemblablement maintenu entre Gien et Orléans, où il semble qu'il arriva dans la nuit du 28 au 29.

28 septembre, leurs emplacements de la veille. Au cours de cette dernière journée, le Ier bataillon du régiment du Corps avait reçu du commandant du Ier corps d'armée bavarois l'ordre de se porter le 28 à Étampes et le 29 à Arpajon (1). Le commandant de la 9e brigade de cavalerie ne pensa pas pouvoir rester à Pithiviers sans infanterie et alla cantonner, le 28 septembre, au Nord de cette dernière localité, à Engenville et Lolainville (2).

Le commandant de la IIIe armée prenait d'ailleurs, le 28 septembre, des dispositions nouvelles pour faciliter aux divisions de cavalerie sous ses ordres l'exécution de la mission qu'il leur avait confiée. La plupart des cavaliers allemands n'avaient pas de carabines (3). Aussi, l'hostilité des populations et surtout la crainte des francs-

---

(1) Depuis le 22 septembre, le gros du Ier corps d'armée bavarois était cantonné autour de Longjumeau. Il devait servir de réserve aux troupes qui investissaient Paris par le Sud et les protéger en même temps contre une attaque venant d'Orléans et de Tours. Persuadé qu'une sortie de la garnison de Paris était imminente, le commandant du Ier corps d'armée bavarois avait rappelé à lui le détachement du colonel von Täuffenbach. Le 28 septembre, en même temps que le Ier bataillon du régiment du Corps gagnait Étampes, le reste du détachement se portait de La Ferté-Alais à Saint-Michel, par Arpajon.

Le colonel von Täuffenbach ne dépendait d'ailleurs pas du commandant de la 4e division de cavalerie. Il avait été envoyé à Fontainebleau pour chasser les francs-tireurs de la région comprise entre la Seine et l'Essonne. Ce n'est qu'en raison de l'isolement où se trouvait sa division que le prince Albrecht avait été amené à lui demander son concours. Dans ces conditions, le colonel von Täuffenbach reçut à la fois, pendant quelques jours, des instructions de son commandant de corps d'armée et du commandant de la 4e division de cavalerie (*Kriegsgeschichtliche Einzelschriften*, Heft 11, p. 554 ; *Geschichte des Königlich Bayerischen Infanterie-Leib-Regiments*, p. 286).

(2) Langermann, *Geschichte des Thüringischen Ulanen-Regiments Nr. 6*, p. 54.

(3) Dans la cavalerie allemande, en 1870, les cuirassiers et les ulans n'avaient pas d'armes à feu à grande portée ; les hussards et les dragons seuls avaient un mousqueton.

tireurs avaient-elles empêché les divisions de cavalerie d'obtenir des résultats suffisants, soit au cours de leurs reconnaissances, soit dans l'exécution de leurs réquisitions. Il importait cependant, à ce dernier point de vue, d'assurer le ravitaillement des troupes d'investissement, particulièrement en viande fraîche qui commençait à manquer. A cet effet, la région située au Sud de la Seine fut partagée en quatre zones. A chacune d'elles fut affectée une division de cavalerie, renforcée par un détachement d'infanterie fourni par le Ier corps bavarois.

En ce qui concerne particulièrement la 4e division de cavalerie, elle fut chargée d'opérer au Sud d'une ligne, qui, à partir de Chartres exclusivement, était jalonnée par les localités de Santeuil, Angerville, Audeville, Malesherbes et Nemours. Les Ier et IIe bataillons du régiment du Corps devaient se trouver à sa disposition, le 29 septembre, à Étampes (1).

---

(1) Le Commandant de la IIIe armée au Ier corps bavarois, Versailles, 28 septembre, midi (*Kriegsgeschichtliche Einzelschriften*, Heft 11, p. 551). — La zone affectée à la 5e division de cavalerie s'étendait depuis la Seine, en aval de Paris, jusqu'à la ligne incluse Challet, Bouglainval, Maintenon, Hanches, Épernon, Poigny, Les Bréviaires, Saint-Remy-l'Honoré, Le Tremblay-sur-Mauldre, Elancourt, Trappes et Saint-Cyr. Les Ier et IIe bataillons du 2e régiment d'infanterie bavarois, rattachés à cette division, devaient se trouver à Trappes le 29 septembre.
La 6e division de cavalerie devait opérer au Sud de la 5e division, jusqu'à la ligne incluse Chartres, Saint-Chéron-du-Chemin, Ablis, Saint-Arnoult, Rochefort-en-Yvelines, Bonnelles, Limours, Orsay et Palaiseau. Le Ier bataillon du 11e régiment d'infanterie bavarois, mis à sa disposition, devait être rendu à Rambouillet le 29 septembre.
La zone de la 2e division de cavalerie était limitée à l'Ouest par celle de la 6e division de cavalerie, au Sud par celle de la 4e division et à l'Est par la Seine en amont de Paris. Le IIIe bataillon du régiment du Corps, affecté à cette division, devait être disponible le 29 septembre à Arpajon.
L'ordre de la IIIe armée précisait la manière dont la cavalerie devait

A la suite de cet ordre, le Ier bataillon du régiment du Corps fut maintenu le 29 septembre à Étampes. Il y fut rejoint dans la journée par l'état-major et le IIe bataillon du même régiment, venant de Saint-Michel. Le lendemain 30, le chef de la 4e division de cavalerie dirigeait le IIe bataillon sur Toury et renvoyait le Ier à Pithiviers, où revenait également la 5e brigade de cavalerie (1).

Pour assurer, en outre, l'exécution des ordres du commandant de la IIIe armée, le prince Albrecht répartissait le secteur qui lui était affecté entre ses brigades. Ces dernières devaient, presque chaque jour, fournir un

---

utiliser ses soutiens. « Cette infanterie..... sera placée chaque jour au centre du terrain à fouiller de manière à servir de *point de ralliement* (*en français dans l'ordre*). Lorsque le terrain l'exigera, de petites fractions..... pourront être affectées aux détachements chargés d'opérer les réquisitions. Mais on devra éviter d'émietter l'infanterie, particulièrement dans les régions où seront signalés de gros rassemblements de francs-tireurs ou de troupes régulières françaises ».

(1) *Geschichte des Königlich Bayerischen Infanterie Leib-Regiments*, p. 288 et 292. — Le IIe bataillon du régiment du Corps fut d'abord dirigé d'Étampes sur Lolainville, où il devait se mettre aux ordres du général von Bernhardi. Ce dernier se porta alors sur Pithiviers où la 9e brigade de cavalerie et le bataillon bavarois arrivèrent vers 4 heures du soir. Les troupes reprirent les emplacements qu'elles occupaient le 26 (Von Langermann, *Geschichte des Thüringischen Ulanen-Regiments Nr. 6*, p. 54).

Le Ier bataillon du régiment du Corps arriva à Toury vers 3 h. 30 du soir. Il fut chargé de fournir un poste de 1 officier et 24 hommes au quartier général de la 4e division de cavalerie, de faire occuper la gare par une compagnie et de garder les issues du village par des postes commandés par des sous-officiers. A la suite de l'installation de ce bataillon à Toury, le 2e hussards ne laissa dans ce village qu'un escadron et alla cantonner à Germonville, Armonville et Boissay (*Das 2. Leib-Husaren Regiment Nr. 2*, p. 118). Le 3 octobre, une compagnie fut envoyée à Janville pour renforcer les avant-postes de la cavalerie stationnée dans cette localité (*Das Posensche Ulanen-Regiment Nr. 10*, p. 162 ; *Geschichte des Königlisch Bayerischen Infanterie-Leib-Regiments*, p. 294).

détachement d'un, deux ou trois escadrons, renforcés parfois par de l'infanterie et de l'artillerie. La mission incombant à chacun d'eux consistait d'abord à reconnaître une zone déterminée, une position occupée par l'ennemi, ou une route, puis, au retour, à assurer l'exécution des réquisitions qui avaient été ordonnées au passage et à procéder au désarmement des populations (1).

C'est dans ces conditions que, le 28 septembre, un escadron du *10e* ulans se porta vers la route de Paris à Tours par Chartres. Il coupa la voie ferrée près de Rouvray-Saint-Florentin et revint le soir à Janville sans avoir rencontré de troupes françaises (2).

Du 29 septembre au 1er octobre.

Le 29 septembre, au matin, le général de Polhès disposait à Orléans de la 1re brigade de la division de cavalerie du 15e corps, du 3e régiment de marche de dragons, du Ier bataillon des mobiles du Loiret, du Ier bataillon des mobiles de la Savoie et d'un bataillon du 19e mobiles. Les deux autres bataillons de ce dernier régiment étaient à Saran. Enfin, à Loury se trouvaient le 29e de marche et deux compagnies du 4e bataillon de chasseurs à pied de marche.

Ces forces furent rejointes, dans la journée du 29 septembre et dans la nuit qui suivit, par les différentes troupes qu'avait appelées la veille le général de Polhès. C'étaient d'une part les éléments repliés en Sologne sous les ordres du général Faye (3), augmentés des deux com-

---

(1) *Geschichte des Westpreussischen Kürassier-Regiment Freiherr von Manteuffel (Rheinischen) Nr. 5*, p. 115; *Das 2. Leib-Husaren Regiment Nr. 2*, p. 120.

(2) *Das Posensche Ulanen Regiment Nr. 10*, p. 160. — Cet escadron avait fait dans la journée 70 kilomètres. Il aurait rapporté de son expédition de nombreuses armes et des cartes.

(3) Deux bataillons du 1er Tirailleurs de marche, 18e batterie du 13e d'artillerie, 14e batterie du régiment monté de l'ex-Garde et 19e compagnie du 2e régiment du génie. Ces troupes revinrent à

pagnies de francs-tireurs de Paris, qui, le 27, s'étaient dirigées sur La Ferté-Saint-Aubin (1), et, d'autre part, l'état-major de la brigade de cavalerie du général Michel et le 2ᵉ lanciers venant l'un de Gien et l'autre de La Charité (2).

Différentes mesures furent en outre prises le 29 septembre pour renforcer les troupes chargées de défendre Orléans. Le Ministre de la Guerre y envoya le 8ᵉ régiment de mobiles formé avec les trois bataillons de la garde nationale mobile de la Charente-Inférieure ; ce régiment arriva à destination le 1ᵉʳ octobre (3).

De son côté, le général de Polhès prescrivait, le 29 au

Orléans par voies ferrées. — Le 1ᵉʳ Tirailleurs leva son camp à La Motte-Beuvron à 7 heures du matin et arriva à Orléans à 10 heures du matin. L'embarquement des deux batteries d'artillerie commença à 9 h. 30 du matin, mais ne fut terminé qu'à 10 heures du soir. Parvenues à Orléans dans la nuit, les deux batteries ne débarquèrent que le 30 au matin [Historiques *manuscrits* du 1ᵉʳ Tirailleurs de marche et du 13ᵉ d'artillerie; Journal de marche de l'artillerie de la 2ᵉ division du 15ᵉ corps (Arch. Art.)]. La 19ᵉ compagnie du 2ᵉ régiment du génie, arrivée le 29 au matin à Orléans, en repartit le soir même pour Bourges (Registre des opérations du génie du 15ᵉ corps d'armée).

(1) Rapport sur les opérations des deux compagnies des francs-tireurs de Paris (section d'Orléans).

(2) Journal des opérations de la brigade de cavalerie du général Michel; Historique *manuscrit* du 2ᵉ lanciers. — Le 2ᵉ lanciers fit son mouvement par voies ferrées en deux échelons. Le premier arriva à Orléans le 29 septembre à 11 h. 30 du soir et le deuxième le 30 septembre à 2 heures du matin.

(3) Le Ministre de la Guerre au Général commandant la subdivision militaire, à Orléans, D. T., Tours, 29 septembre. — D'après la répartition du 21 septembre des bataillons disponibles de la garde nationale mobile, le 8ᵉ régiment de mobiles devait rester en deuxième ligne dans le département de l'Indre. Il fut envoyé à Orléans en remplacement des deux bataillons de mobiles du Tarn-et-Garonne maintenus à Châteauroux pour compléter leur organisation (Le Colonel du 8ᵉ régiment de mobiles au Général secrétaire général de la Guerre, à Tours Orléans, 22 octobre).

soir, au général Reyau de se porter sur Orléans avec sa brigade de cuirassiers (1). Il invitait en même temps le commandant de la subdivision du Loir-et-Cher à renvoyer à Orléans les bataillons de la garde nationale mobile qui s'étaient repliés dans la direction de Blois le 27 septembre (2). Enfin, il fit venir de Bourges deux nouvelles batteries appartenant à la réserve d'artillerie du 15e corps (3). Ces différents mouvements, commencés dès le 29 au soir, étaient terminés le 1er octobre (4).

---

(1) Le Général commandant la 19e division militaire au Ministre de la Guerre, à Tours, D. T., Orléans, 29 septembre, 5 h. 3 soir.

(2) Le Général commandant la subdivision du Loir-et-Cher au Général commandant la 18e division militaire, à Tours, D. T., Blois, 29 septembre, 5 heures soir ; Le même au Général de division commandant à Orléans, Blois, 30 septembre.

(3) Journaux des opérations et mouvements des 15e et 16e batteries mixtes du 3e régiment d'artillerie. — Ces deux batteries étaient des batteries mixtes; elles servaient des pièces de 12 rayé de campagne.

(4) Le 1er cuirassiers de marche se rendit le 30 septembre de Mer à Orléans. L'escadron du 9e cuirassiers détaché à La Chapelle-Vendômoise fut rappelé le 29 au soir à Blois. Le général Reyau et son état-major, le général Ressayre et le 9e cuirassiers firent étape le 30 à Beaugency et arrivèrent le 1er octobre à midi à Orléans (Le général Reyau au général de Polhès, à Orléans, au général Ressayre, à Blois, au Colonel du 1er cuirassiers de marche, à Mer, etc., D. T., Blois, 29 septembre ; Journal des opérations de la division de cavalerie sous les ordres du général Reyau).

Après avoir cantonné le 28 septembre à Montlivault, Saint-Claude et Vineuil, le 12e mobiles (Nièvre) était venu, le 29, à Blois. Il se préparait à partir le lendemain pour Vendôme, conformément aux instructions que lui avait données le général commandant la subdivision du Loir-et-Cher, quand arriva, à 5 heures du soir, l'ordre du général de Polhès le rappelant à Orléans. Deux bataillons partirent le jour même, à 7 heures du soir, par voies ferrées; le troisième suivit le lendemain (Le Général commandant la subdivision du Loir-et-Cher au Général de division commandant à Orléans, D. T., Blois, 29 septembre, 6 h. 56 soir ; Le 12e mobiles. Journal d'un officier du IIIe bataillon).

Les Ier et IIIe bataillons des mobiles du Lot revinrent également à Orléans le 30 septembre (Historique *manuscrit* du 70e mobiles).

Il n'a pas été retrouvé d'ordre concernant les 8es compagnies des 11e,

En dehors du 29ᵉ régiment de marche, installé à Loury depuis le 28 septembre (1), les deux compagnies des francs-tireurs de Paris furent envoyées, le 30, à Ingranne et Vitry-aux-Loges (2) ; puis, dans la nuit du 30 septembre au 1ᵉʳ octobre, les deux compagnies du 4ᵉ bataillon de chasseurs à pied de marche furent dirigées sur Chevilly (3) ; enfin, un bataillon du 19ᵉ mobiles occupa Ormes le 30 septembre au soir, et les deux autres bataillons s'établirent à Cercottes le 1ᵉʳ octobre (4).

Toutes les autres forces furent maintenues à Orléans (5). Chaque jour, cependant, entre le 29 septembre et le 1ᵉʳ octobre, le 3ᵉ dragons de marche envoya des reconnaissances dans la direction de Patay (6).

IIIᵉ, IVᵉ et Vᵉ bataillons des mobiles du Loiret. Ces unités partirent de Beaugency le 30 septembre entre 3 et 4 heures du matin et arrivèrent à Orléans vers 10 heures (Historique *manuscrit* du 73ᵉ mobiles).

Il n'existe pas non plus de document prescrivant le mouvement des 15ᵉ et 16ᵉ batteries mixtes du 3ᵉ d'artillerie. Elles partirent de Bourges le 30 septembre par chemin de fer pour atteindre Orléans dans la nuit suivante. Elles débarquèrent le 1ᵉʳ octobre au matin (Journaux des opérations et mouvements des 15ᵉ et 16ᵉ batteries mixtes du 3ᵉ régiment d'artillerie).

(1) Peu après son arrivée à Loury, le 29ᵉ de marche reprit à la lisière de la forêt d'Orléans à peu près les mêmes emplacements que ceux qu'il occupait le 23 septembre, c'est-à-dire : le IIIᵉ bataillon entre Cercottes et Bougy, le Iᵉʳ bataillon entre Bougy et Chilleurs-aux-Bois et le IIᵉ bataillon à Loury, Courcy-aux-Loges, Vrigny et Chambon.

(2) Rapport sur les opérations des deux compagnies de francs-tireurs de Paris (section d'Orléans).

(3) Historique *manuscrit* du 4ᵉ bataillon de chasseurs à pied de marche.

(4) *Journal et notes du 19ᵉ régiment mobile (Cher)*, p. 35.

(5) Les Iᵉʳ et IIᵉ bataillons des mobiles du Lot formèrent, le 1ᵉʳ octobre à Orléans, le 70ᵉ régiment provisoire de la garde nationale mobile. Ce régiment fut complété plus tard par un IIIᵉ bataillon organisé à Cahors le 12 octobre (Historique *manuscrit* du 70ᵉ mobiles).

(6) Historique *manuscrit* du 3ᵉ dragons de marche.

Dès le 29 septembre, en effet, le Ministre de la Guerre le général Reyau et le général de Polhès avaient conclu, du mouvement de la 4ᵉ division de cavalerie, que les Allemands s'éloignaient d'Orléans et portaient le gros de leurs forces sur Châteaudun et Chartres (1).

Les reconnaissances qu'exécuta la cavalerie ennemie, le 30 septembre et le 1ᵉʳ octobre, à l'Ouest de la route de Paris à Orléans, confirmèrent d'ailleurs dans son opinion le commandant supérieur de la région du Centre (2).

Aussi, en même temps qu'il appelait à Orléans le général Reyau, avec la brigade de cuirassiers de la division de cavalerie du 15ᵉ corps, le général de Polhès demandait-il au Ministre d'envoyer à Blois la brigade de cavalerie du général Tripard. Cette brigade, désignée pour faire partie de la division mixte chargée de protéger le siège de la délégation du Gouvernement de la Défense nationale, se trouvait, en effet, disponible à Tours (3).

Mais Châteaudun lui paraissant menacé, le Ministre de la Guerre prescrivait le 30 septembre à cette brigade de se rendre à Vendôme, où elle devait recevoir des ordres du général de Polhès (4). Elle se mit en route le lendemain et vint coucher à Château-Renault.

Vendôme et la région au Nord-Est étaient d'ailleurs

---

(1) Le général Reyau au Général commandant le 15ᵉ corps d'armée, à Tours, Blois, 29 septembre ; Le Ministre de la Guerre au général de Polhès, à Orléans, Tours, 29 septembre.

(2) Le Commandant supérieur de la région du Centre au Ministre de la Guerre, à Tours, D. T., Orléans, 30 septembre, 4 h. 30 soir ; Le même au même, Orléans, 1ᵉʳ octobre.

(3) La brigade de cavalerie du général Tripard comprenait, comme on le sait, le 1ᵉʳ régiment de hussards de marche et le 2ᵉ régiment de marche mixte.

(4) Le Ministre de la Guerre au Général commandant la 19ᵉ division

déjà occupées par un bataillon de mobiles du Gers, qui y avait été envoyé, le 29 septembre, par le général commandant la subdivision. Ce dernier rappelait en outre à Blois, le lendemain, les six compagnies de la garde nationale mobile du Loir-et-Cher, disséminées dans le Sud et l'Ouest du département, à Romorantin, Cour-Cheverny et Onzain. Deux d'entre elles devaient aller renforcer les détachements qui tenaient déjà Morée et Marchenoir; les quatre autres resteraient à Blois (1).

A la suite de l'organisation des commandements supérieurs régionaux, décidée le 23 septembre, le département du Loir-et-Cher cessait d'ailleurs de dépendre de

---

militaire, à Orléans, Tours, 29 septembre; Le même au même, D. T., Tours, 30 septembre; Le même au Général commandant la 18e division militaire, à Tours, 30 septembre.

(1) Le Général commandant la subdivision du Loir-et-Cher au Général de division commandant à Orléans, Blois, 30 septembre; Le même au Général commandant la 18e division militaire, à Tours, Blois, 30 septembre. — En résumé, le 30 septembre, les forces chargées de défendre le département du Loir-et-Cher occupaient les positions suivantes :

1° La lisière Nord-Est des forêts de Marchenoir et de Fréteval, puis le cours du Loir jusqu'à Vendôme avec :

Trois compagnies du Ier bataillon des mobiles du Loir-et-Cher installées à Marchenoir, avec des postes à Lorges, Autainville, La Colombe et Moisy;

Trois compagnies du IIe bataillon des mobiles du Loir-et-Cher à Morée et une compagnie du même bataillon à Oucques, avec des postes à Ecoman, Viévy-le-Rayé, La Bosse, Beauvilliers et Fréteval;

Le Ier bataillon des mobiles du Gers occupant avec une compagnie chacune des localités de Vendôme, Meslay, Lisle, Pezou, Busloup, Morée, Saint-Jean-Froidmentel et Fontaine-Raoul.

2° Plus en arrière, une compagnie du IIe bataillon du Loir-et-Cher à La Chapelle-Vendômoise, avec des postes à Villerbou, Averdon, Champigny-en-Beauce et Villefrancœur, et une compagnie du même bataillon à Herbault, avec des postes à Landes, Lancôme, Gombergean et Villeporcher;

3° A la lisière de la forêt de Blois, une compagnie du Ier bataillon

la 18ᵉ division militaire. Le 1ᵉʳ octobre, le commandant de cette subdivision était avisé par le général de Polhès qu'il passait sous ses ordres, ainsi que les troupes stationnées sur son territoire (1).

Enfin, pour remplacer à Gien les deux régiments de la brigade du général Michel, le général de Polhès y faisait venir un des régiments de la brigade du général de Nansouty qui achevait de se former à Bourges (2). L'autre régiment était dirigé sur Cosne. Transportés par voies ferrées, ces corps arrivaient à destination le 1ᵉʳ octobre dans l'après-midi ou le 2 de grand matin (3). Dans ces conditions, Gien se trouvait occupé à cette dernière date par deux régiments de cavalerie et cinq bataillons de mobiles (4).

---

du Loir-et-Cher occupant Saint-Sulpice et tenant Saint-Bohaire, Saint-Lubin-en-Vergonnois, Orchaise, Saint-Secondin et Chambon ;

4° A Blois même, deux compagnies du IIᵉ bataillon du Loir-et-Cher venues de Cour-Cheverny et d'Onzain ;

5° A Romorantin, quatre compagnies du Iᵉʳ bataillon du Loir-et-Cher, qui avaient reçu l'ordre de venir à Blois.

(1) Le Général commandant la subdivision du Loir-et-Cher au Général commandant la 18ᵉ division militaire, à Tours, Blois, 1ᵉʳ octobre.

(2) Ordre du général commandant la 2ᵉ division d'infanterie du 15ᵉ corps d'armée, Bourges, 30 septembre.

(3) Historiques *manuscrits* du 11ᵉ chasseurs et du 1ᵉʳ régiment de chasseurs de marche.

(4) Cf. ci-dessus, p. 126. — Avec le 1ᵉʳ régiment de chasseurs à cheval de marche de la brigade du général de Nansouty, il y avait en effet à Gien le 5ᵉ lanciers de la brigade du général Michel, les Iᵉʳ et IIᵉ bataillons des mobiles de la Haute-Vienne, les Iᵉʳ et IIᵉ bataillons des mobiles de l'Aveyron, formant le 42ᵉ régiment de mobiles et le IVᵉ bataillon de l'Isère.

L'autre régiment de la brigade de cavalerie du général de Nansouty, le 11ᵉ chasseurs à cheval, arrivait le 2 octobre à 2 heures du matin à Cosne, où se trouvait aussi le général commandant la brigade.

Le 1ᵉʳ octobre, les Iᵉʳ et IIᵉ bataillons de la Haute-Vienne formèrent à Gien le 71ᵉ régiment provisoire de la garde nationale mobile. Ce régiment devait être complété plus tard par un IIIᵉ bataillon qui fut

LA GUERRE DE 1870-1871. 157

L'évacuation d'Orléans dans la matinée du 27 septembre, ainsi que les mouvements exécutés par les Français jusqu'au 1er octobre pour réoccuper la ville paraissent avoir échappé à la 4e division de cavalerie prussienne. Pendant toute cette période, elle se contenta, conformément aux ordres qu'elle avait reçus, d'envoyer dans différentes directions des partis plus ou moins importants, chargés de reconnaître le pays et de procéder à des réquisitions.

Le 30 septembre, la 8e brigade de cavalerie prussienne forma un détachement comprenant deux escadrons du

---

organisé le 23 octobre avec des éléments pris dans les deux premiers bataillons (Historique *manuscrit* du 71e mobiles).

Comme cela a déjà été dit, le commandement de ces forces n'était pas organisé et, le 29 septembre, le sous-préfet de Gien réclamait à ce sujet près du général de Polhès (Le Sous-Préfet de Gien au Général commandant la 19e division militaire, à Orléans, D. T., Gien, 29 septembre, 7 h. 51 matin et 9 h. 22 soir).

D'après une de ces dépêches, il devait arriver à Gien, le 30 septembre, un sixième bataillon de garde nationale mobile. Il s'agissait probablement du IIIe bataillon de l'Aveyron qui, avec les deux autres bataillons de ce département, formait le 42e régiment de mobiles. D'après la répartition du 21 septembre, ce régiment était, en effet, à la disposition du commandant de la 19e division militaire, mais il n'a pas été possible de préciser à quel moment le IIIe bataillon de l'Aveyron arriva à Gien.

Dans la journée du 1er octobre, le 5e lanciers avait envoyé de Gien une reconnaissance d'officier dans la région de Bellegarde. D'après des renseignements fournis par le maire de Boiscommun et des notables de Bellegarde, elle signalait des éclaireurs ennemis à Ascoux et à Laas, au Sud de Pithiviers, et 2,000 à 3,000 hommes, dont 1,800 cavaliers, à Lolainville, au Nord. En outre, Pithiviers aurait été occupé par des forces disposant de deux pièces de canon (Le Général commandant à Gien au Général commandant supérieur de la région du Centre, à Orléans, D. T., Gien, 1er octobre). Bien qu'en partie exacts, ces renseignements, qui n'avaient pas été vérifiés, ne donnaient pas, ainsi qu'on le verra plus loin, la situation exacte des Allemands à Pithiviers le 1er octobre.

5e cuirassiers, un escadron du 10e ulans et deux pièces de canon, sous les ordres d'un chef d'escadrons. Ces forces avaient pour mission de se porter vers Patay pour y requérir du bétail et du blé et, en même temps, pousser une reconnaissance sur Orléans et la région à l'Ouest. Réunies à 7 heures du matin à Poinville (1), elles passèrent par Santilly et Poupry et arrivèrent à Patay vers midi 30. Un escadron de cuirassiers fut chargé d'exécuter la réquisition et de la ramener ensuite à Toury ; il devait, en outre, opérer d'autres réquisitions dans les localités qu'il traverserait à son retour.

Une fois la réquisition terminée à Patay, vers 3 h. 30 du soir, le reste du détachement se porta sur Saint-Péravy-la-Colombe où il s'installa au bivouac pour passer la nuit. Ses vedettes lui signalèrent alors des patrouilles de dragons français et quelques groupes de francs-tireurs. Le 1er octobre, à 3 heures du matin, l'un de ces derniers attaquait un des postes chargés de protéger le bivouac ; l'alerte était donnée au détachement, qui allait s'établir à l'Est du village (2).

---

(1) A 3 kilomètres au Sud-Ouest de Toury.

(2) L'on a vu plus haut que, du 29 septembre au 1er octobre, le 3e dragons de marche envoya, chaque jour d'Orléans, des reconnaissances dans la direction de Patay. Quant aux francs-tireurs qui, dans la nuit du 30 septembre au 1er octobre, attaquèrent la reconnaissance de la 8e brigade de cavalerie prussienne, ils appartenaient aux francs-tireurs de Paris. L'on sait (Cf. ci-dessus, p. 113, note 1) que ce corps s'était partagé à Tours, le 26 septembre, en deux fractions. Celle restée sous les ordres du commandant de Lipowski, formant un bataillon d'environ 300 hommes, fut envoyée à Châteaudun le 29 septembre dans la soirée. Le 30, un officier déguisé partit en reconnaissance vers Saint-Péravy, où il constata la présence de 250 cuirassiers et ulans et de deux pièces de canon. Sur ces indications, le bataillon partit pendant la nuit, en voitures, de Châteaudun vers Tournoisis. Le petit poste sur lequel les francs-tireurs tombèrent était commandé par un sous-officier ; un ulan et un cheval furent tués, mais le reste parvint à s'échapper. Les francs-tireurs retournèrent ensuite à Châteaudun (L'Employé

Estimant qu'il ne pouvait pousser plus loin avec toutes ses forces, le commandant de la reconnaissance envoya, vers 5 h. 30 du matin, deux patrouilles, comprenant chacune un officier et une dizaine de cavaliers, vers Orléans et vers Meung. La première, fournie par l'escadron de lanciers, se heurta près d'Ormes à des dragons et des fantassins français et rentra vers 10 heures (1). La deuxième, prise dans l'escadron de cuirassiers, après avoir coupé le télégraphe de la voie ferrée d'Orléans à Tours à 1 kilomètre à l'Ouest de Meung (2), constatait le passage dans cette localité d'un régiment de cavalerie française (3).

Vers 10 h. 15, le détachement prussien s'en retournait à Janville en passant par Patay et Loigny. Il s'arrêtait près de cette dernière localité pour protéger une réquisition qu'y exécutait un escadron du *10e* ulans (4).

Le 30 septembre, la *10e* brigade de cavalerie envoya également un escadron du *2e* hussards avec deux pelotons du *5e* dragons réquisitionner du blé et du bétail dans les localités situées au Sud de la route d'Angerville à Sermaises et au Nord de la ligne Outarville,

---

des télégraphes au Directeur général des télégraphes, à Tours, D. T., Châteaudun, 30 septembre et 1er octobre, 11 heures matin; Ledeuil, *Les Défenseurs de Châteaudun, Francs-tireurs de Paris*, p. 135).

(1) Bataillon du 19e mobiles envoyé à Ormes le 30 septembre au soir.

(2) L'Employé des télégraphes au Directeur général des télégraphes, à Tours, D. T., Beaugency, 1er octobre, 11 h. 55 matin; Le Maire de Meung au Préfet du Loiret, D. T., Meung, 1er octobre, 12 h. 50 soir; Le Maire de Beaugency au Préfet du Loiret, D. T., Beaugency, 1er octobre.

(3) D'après l'Historique du *5e* cuirassiers, ce régiment était un régiment de dragons. Il semble cependant que ce devait être le 9e cuirassiers, qui, comme on le sait, se rendit le 1er octobre de Beaugency à Orléans.

(4) *Geschichte des Westpreussischen Kürassier-Regiments Nr. 5*, p. 434; *Das Posensche Ulanen-Regiment Nr. 10*, p. 160-162.

Engenville. Ce détachement passa par Charmont, s'installa pour la nuit au château de Bezonville, près de Morville, poussa le 1er octobre jusqu'à Intville-le-Guétard, puis revint le même jour à Toury (1).

Le 1er octobre, la *10e* brigade détacha encore en reconnaissance vers le Sud deux escadrons du *2e* hussards renforcés par deux pièces d'artillerie. Ces forces contournèrent par l'Ouest Artenay, qui d'ailleurs n'était pas occupé, puis allèrent prendre position au Sud-Ouest de Morville. Un escadron fut alors chargé de fouiller les localités à l'Est et au Sud d'Artenay, d'une part jusqu'à l'ancienne route d'Orléans à Paris par Saint-Lyé, d'autre part jusqu'à la lisière de la forêt. Il devait en même temps opérer le désarmement des habitants et lever des réquisitions. Le deuxième escadron reçut la mission de procéder aux mêmes opérations dans la région située au Sud d'Artenay et à l'Est de Sougy. Vers 4 heures du soir, tout le détachement se rassemblait au Nord d'Artenay et regagnait Toury sans avoir rencontré de sérieuses difficultés (2).

De son côté enfin, le commandant de la *9e* brigade chargeait deux escadrons du *6e* ulans et une compagnie bavaroise d'aller lever de fortes réquisitions dans les villages de Chilleurs-aux-Bois, Santeau, Mareau-aux-Bois et Escrennes ainsi que dans les fermes environnantes (3).

---

(1) *Das 2. Leib-Husaren-Regiment Nr. 2*, p. 120.

(2) *Ibid*. — Une des patrouilles du *2e* hussards constata la présence à Chevilly d'infanterie et de cavalerie françaises. Deux compagnies du 4e bataillon de chasseurs à pied de marche avaient en effet été envoyées dans cette localité le 1er octobre au matin. Une autre patrouille du *2e* hussards poussa par Coinces jusqu'à Saint-Péravy-la-Colombe, où elle rencontra le détachement de la *8e* brigade.

(3) Von Langermann, *Geschichte des Thüringischen Ulanen-Regiments Nr. 6*, p. 54. — Les vivres rassemblés au cours de ces diffé-

Les Allemands avaient eu connaissance de l'évacuation d'Orléans, le 27 septembre, par les journaux français tombés entre leurs mains (1). Il ne semble pas qu'ils aient ajouté foi à cette nouvelle. Les résultats des reconnaissances exécutées par la *4e* division, entre le 28 septembre et le 1er octobre, ne purent d'ailleurs que les confirmer dans l'opinion que d'importantes forces françaises de toutes armes se rassemblaient dans Orléans.

---

rentes réquisitions étaient ensuite envoyés par Étampes, soit à Corbeil, soit à Versailles, au moyen de convois escortés par de petits détachements mixtes.

(1) *Das Posensche Ulanen-Regiment Nr. 10*, p. 162.

CHAPITRE V

Opérations autour d'Orléans du 2 au 5 octobre. Combat de Toury (5 octobre) (1).

Au cours de l'exposé des opérations qui se déroulèrent autour d'Orléans, depuis le 21 septembre jusqu'au 1er octobre, on n'a pas été sans remarquer, du côté français, la mauvaise organisation du commandement supérieur. Cette situation résultait de deux causes principales. La première était une délimitation imprécise des attributions réciproques des deux commandements qui allaient s'exercer parallèlement, le commandement territorial et celui des forces actives. La deuxième provenait de ce que, l'organisation des forces actives ne se faisant que progressivement, on ne pouvait prescrire qu'au jour le jour les mesures nécessaires pour remédier aux difficultés.

En dehors de la division de cavalerie placée sous le commandement du général Reyau, l'organisation du 15e corps d'armée n'était encore qu'ébauchée. Pour parer aux premières menaces de l'ennemi dans la direction d'Orléans, la délégation du Gouvernement de la Défense nationale fut donc amenée à utiliser toutes les forces dont elle pouvait rapidement disposer. Ces forces comprenaient d'abord les troupes dépendant des généraux commandant les subdivisions territoriales, c'est-à-dire les bataillons de mobiles répartis le 21 septembre dans les départements les plus menacés pour assurer leur

---

(1) Cartes nos 1, 2, 2 *bis*, 4 et 5.

défense et les diverses fractions constituées dans les dépôts stationnés sur le territoire (1). Elles se composaient ensuite des unités désignées pour faire partie du 15ᵉ corps d'armée, soit qu'elles fussent déjà réunies en division ou brigade, comme les régiments de cavalerie placées sous les ordres des généraux Reyau et Michel (2), soit qu'elles fussent prélevées sur les divisions en formation (3).

Au fur et à mesure de leur arrivée sur le théâtre des

---

(1) *La Guerre de 1870-71. La Défense nationale en province. Mesures d'organisation*, p. 599. — On sait que le commandant de la subdivision du Loiret utilisa pour protéger Orléans le Iᵉʳ bataillon et les 8ᵉˢ compagnies des IIᵉ, IIIᵉ, IVᵉ et Vᵉ bataillons des mobiles du Loiret, ainsi que les compagnies restées dans les dépôts d'infanterie stationnées à Orléans. Plus tard également, le commandant de la 15ᵉ division militaire envoya sur la Loire d'autres bataillons de mobiles mis à sa disposition par la répartition du 21 septembre.

De même dans le Loir-et-Cher, le commandant de la subdivision utilisa les Iᵉʳ et IIᵉ bataillons du Loir-et-Cher, renforcés ensuite par le Iᵉʳ bataillon du Gers.

(2) Au début, la situation de la 1ʳᵉ brigade de cavalerie du 15ᵉ corps détachée à Artenay n'était pas précisée. Son chef recevait à la fois des instructions du général commandant la 19ᵉ division militaire à Orléans et du commandant du 15ᵉ corps, par l'intermédiaire de son général de division. Ce ne fut que le 25 septembre que le Ministre de la Guerre mit toute la division du général Reyau à la disposition du général de Polhès (Cf. ci-dessus, p. 118).

(3) Non compris la division de cavalerie du général Reyau, le commandant de la 19ᵉ division militaire avait sous ses ordres, le 1ᵉʳ octobre, les unités suivantes du 15ᵉ corps d'armée :

1° A Orléans ou dans les environs immédiats : le 12ᵉ mobiles, deux compagnies du 4ᵉ bataillon de chasseurs à pied de marche, deux bataillons du régiment de Tirailleurs Algériens de marche, le 29ᵉ de marche et la batterie $\frac{18^e}{13^e}$ de 4 rayé de campagne, appartenant à la 1ʳᵉ division d'infanterie ; la batterie $\frac{14^e}{\text{Garde}}$ de 4 rayé de campagne de la 2ᵉ division d'infanterie ; les batteries mixtes $\frac{15^e \text{ et } 16^e}{3^e}$ de 12 rayé de

opérations, ces corps furent, il est vrai, réunis en groupements provisoires (1). Mais les chefs qui les commandaient, dépourvus de moyens d'action et particulièrement d'états-majors organisés, ne purent que difficilement exercer leur autorité sur leurs troupes d'ailleurs très dispersées (2). Sauf d'ailleurs les régiments de la division de cavalerie du général Reyau, ces unités étaient incomplètement organisées; beaucoup d'hommes n'avaient pas l'habillement ou l'équipement nécessaires; enfin, les régiments de mobiles étaient, pour la plupart,

---

campagne de la réserve d'artillerie; deux régiments (2ᵉ lanciers et 3ᵉ dragons de marche) de la brigade de cavalerie du général Michel.

2° A Vendôme, la brigade de cavalerie du général Tripard de la division mixte de Tours.

3° A Gien, le 5ᵉ lanciers de la brigade de cavalerie du général Michel et le 1ᵉʳ chasseurs de marche de la brigade de cavalerie du général de Nansouty, dont l'autre régiment, le 11ᵉ chasseurs, était à Cosne.

En dehors de ces forces, le général de Polhès disposait encore, à Orléans et aux environs immédiats : du Iᵉʳ bataillon et des 8ᵉˢ compagnies des IIᵉ, IIIᵉ, IVᵉ et Vᵉ bataillons des mobiles du Loiret, du Iᵉʳ bataillon de la Savoie, du 19ᵉ mobiles (Cher), du 8ᵉ mobiles (Charente-Inférieure), des Iᵉʳ et IIᵉ bataillons du Lot et de deux compagnies de francs-tireurs de la Seine (section d'Orléans).

A Gien, d'autre part, se trouvaient six bataillons de mobiles pris parmi ceux mis à sa disposition par la répartition du 21 septembre : Iᵉʳ et IIᵉ bataillons de la Haute-Vienne; Iᵉʳ, IIᵉ et IIIᵉ bataillons de l'Aveyron et IVᵉ bataillon de l'Isère.

Enfin, depuis le 1ᵉʳ octobre, la subdivision du Loir-et-Cher et les troupes qui s'y trouvaient stationnées (Iᵉʳ et IIᵉ bataillons des mobiles du Loir-et-Cher, Iᵉʳ bataillon des mobiles du Gers) étaient passées sous les ordres directs du général de Polhès, nommé commandant supérieur de la région du Centre.

(1) On connait, par exemple, les mesures prises le 24 septembre pour l'occupation de la forêt d'Orléans (Cf. ci-dessus, p. 113), et celles prescrites dans la nuit du 26 au 27 septembre pour l'évacuation d'Orléans (Cf. ci-dessus, p. 134).

(2) Les troupes dont disposait le général de Polhès le 24 septembre étaient réparties sur un front de près de 50 kilomètres, depuis Bellegarde jusqu'à Artenay, par Chilleurs-aux-Bois.

armés de fusils ancien modèle, et il était indispensable, pour maintenir leur moral déjà très faible, de leur distribuer des fusils modèle 66 (1).

Les premières mesures prises par le Gouvernement de la Défense nationale pour gêner les progrès de l'invasion, n'étaient pas non plus sans influer d'une manière fâcheuse sur la conduite des opérations. A la suite de la répartition des bataillons de mobiles disponibles dans les départements les plus directement menacés, les com-

---

(1) Le 1er octobre, le commandant du 15e corps télégraphiait au général de Polhès de renvoyer à Bourges les deux compagnies du 4e bataillon de chasseurs à pied de marche, et à Nevers le 29e de marche et le 12e mobiles. Ce dernier corps, dès son arrivée à Nevers, devait changer son armement (Le Général commandant le 15e corps d'armée au Général commandant supérieur de la région du Centre, à Orléans, D. T., Bourges, 1er octobre). Sur la demande du général Reyau, qui avait pris le commandement des troupes à Orléans, le 29e de marche et le 12e mobiles furent maintenus sous ses ordres. Des mesures furent alors prises pour que le 12e mobiles pût recevoir des fusils 66 à Orléans (Le Général commandant la division de cavalerie du 15e corps au Général commandant le 15e corps d'armée, à Bourges, Orléans, 2 octobre; Le Général commandant le 15e corps d'armée au Général commandant la division de cavalerie du 15e corps, à Orléans, Bourges, 2 octobre; Le même au Colonel directeur de l'artillerie, à Bourges, Bourges, 2 octobre). Quant aux deux compagnies du 4e bataillon de chasseurs à pied de marche, elles restèrent aussi à Orléans (Historique *manuscrit* du 4e chasseurs à pied de marche).

Le 4 octobre, sur les instances du commandant de la 1re division, qui désirait sans doute concentrer toutes ses forces, le général de La Motterouge demandait encore au général de Polhès de renvoyer immédiatement à Nevers les deux bataillons du régiment de Tirailleurs détachés à Orléans. Il le prévenait en même temps qu'il ne voulait pas le priver tout d'un coup de tous les éléments du 15e corps mis à sa disposition, mais qu'il réclamerait bientôt le retour à Nevers du 29e de marche et de la 18e batterie du 13e régiment (Le Général commandant le 15e corps d'armée au Général commandant la 1re division, à Nevers, Bourges, 4 octobre). Le général de La Motterouge ayant été chargé le 5 octobre de prendre la direction des opérations autour d'Orléans, il ne fut pas donné suite à ces prescriptions.

mandants des subdivisions militaires se préoccupèrent surtout d'assurer la défense de leurs régions. L'organisation des commandements régionaux, décidée quelques jours plus tard, devait en principe assurer la coordination des efforts dans les départements voisins. Mais il fallut alors procéder à des remaniements dans la composition des divisions militaires, pour réunir dans le même commandement régional, celui du Centre, les deux départements du Loiret et de Loir-et-Cher. Et encore la mesure ne produisit-elle pas tous les bons résultats qu'on en attendait, car le département de l'Eure-et-Loir, sur le territoire duquel empiétaient forcément les opérations autour d'Orléans, demeura rattaché au commandement régional de l'Ouest (1).

L'entente ne fit cependant pas défaut entre les généraux investis du commandement territorial et ceux chargés de diriger les troupes actives (2). Toutefois, l'exposé des événements fait nettement ressortir le défaut d'une direction unique, englobant sous son autorité toutes les forces coopérant au même but.

Cette situation critique devait, du reste, se continuer après le 1er octobre.

Le général de Polhès se rendait bien compte des difficultés qu'il rencontrait pour exercer son commandement et assurer la subsistance de ses troupes. Aussi, en rentrant à Orléans le 28 septembre, il avait demandé au Ministre de la Guerre de le faire remplacer par un général assisté d'un état-major de division et d'un sous-intendant (3). Depuis le 30 septembre, il avait en outre

---

(1) *La Guerre de 1870-71. La Défense nationale en province. Mesures générales d'organisation*, p. 606, note 3.

(2) Cf. ci-dessus, p. 116.

(3) Le Général commandant la 19e division militaire au Ministre de la Guerre, à Tours, Orléans, 28 septembre.

pris le commandement supérieur de la région du Centre (1), et, tout en exerçant ses nouvelles fonctions, il conservait celles de commandant de la 19e division militaire. A ce titre, il devait, par tous les moyens en son pouvoir et avec toutes les ressources et approvisionnements dont il disposait, aider à l'organisation du 15e corps d'armée qui se réunissait sur son territoire.

Aussi, lorsque le 1er octobre, le général Reyau arriva à Orléans avec le dernier régiment de sa division, le général de Polhès lui remit le commandement des troupes chargées de la défense de cette ville, et partit le lendemain matin pour Bourges, où il ne comptait rester que deux ou trois jours. Il voulait s'entendre avec le général de La Motterouge au sujet des troupes du 15e corps d'armée que ce dernier voulait lui retirer, et installer en même temps les services du commandement régional du Centre qui venait de lui être confié. Il avait d'ailleurs donné, avant son départ, au commandant de la division de cavalerie du 15e corps « les instructions les plus précises et les plus détaillées », tant sur les emplacements occupés par les troupes dont il lui confiait la direction, que sur les dispositions prises pour le lendemain (2).

Ce ne fut pas sans « une pénible surprise » que le Ministre de la Guerre apprit le départ du général de Polhès (3). Dès que ce dernier se rendit compte de son

---

(1) Ordre du commandement supérieur régional du Centre, Orléans, 30 septembre.

(2) Le Général commandant supérieur de la région du Centre au Ministre de la Guerre, à Tours, Orléans, 1er octobre; Le même au même, D. T., Orléans, 2 octobre, 6 h. 16 matin; Le même au même, D. T., Bourges, 2 octobre, 5 h. 15 soir; Le même au même, Bourges, 2 octobre.

(3) Le Ministre de la Guerre au Général commandant supérieur de la région du Centre, à Bourges (sans date, mais vraisemblablement du 2 octobre dans la matinée).

erreur, il s'empressa de retourner à Orléans, où il était le 3 octobre dans la soirée (1). Il y trouva des instructions lui prescrivant de « pousser des reconnaissances avec vigueur et de chercher l'ennemi ». Le Ministre estimait, en effet, qu'il était indispensable d'agir ainsi « au double point de vue des opérations et de la satisfaction à donner à l'opinion publique (2) ».

De son côté, le général Reyau, en prenant le 1er octobre le commandement des forces stationnées dans le Loiret, avait immédiatement écrit au général de La Motterouge pour lui demander des instructions sur les relations qu'il devait avoir avec lui, en tant que commandant du 15e corps d'armée (3).

Le lendemain, il reçut un télégramme du Ministre de la Guerre préoccupé de connaître les instructions que lui avait laissées le général de Polhès (4). Après avoir répondu le jour même que, le 3 octobre, il prendrait l'offensive avec sa cavalerie, le général Reyau termina sa lettre en demandant au Ministre de lui « donner toutes les instructions qui pouvaient concerner sa position à Orléans (5) ».

Le Ministre avait d'ailleurs décidé, dès le 3 octobre, que « toutes les troupes d'infanterie et de cavalerie, distraites du 15e corps pour constituer la défense de la

---

(1) Le Général commandant supérieur de la région du Centre au Ministre de la Guerre, à Tours, D. T., Orléans, 3 octobre, 8 h. 20 soir.

(2) Le Ministre de la Guerre au Général commandant supérieur de la région du Centre, à Orléans, D. T., Tours, 3 octobre.

(3) Le Général commandant la division de cavalerie du 15e corps au Général commandant le 15e corps d'armée, à Bourges, Orléans, 1er octobre.

(4) Le Ministre de la Guerre au Général commandant la division de cavalerie du 15e corps, D. T., Tours, 2 octobre.

(5) Le Général commandant la division de cavalerie du 15e corps au Ministre de la Guerre, à Tours, Orléans, 2 octobre ; Le même au même, D. T., Orléans, 2 octobre. 3 h. 40 soir.

région du Centre sous le commandement supérieur du général de Polhès, retomberaient désormais sous le commandement immédiat du général de La Motterouge ». Le commandant du 15ᵉ corps « devrait, néanmoins, prêter son assistance au général de Polhès s'il la réclamait pour le service de la défense ». Il était invité, en outre, à « pousser les opérations avec rapidité et vigueur et déblayer le plus tôt possible le terrain » en avant de la forêt d'Orléans « des colonnes et des reconnaissances de l'ennemi », qui menaçaient nos troupes dans cette direction et qui réquisitionnaient pour assurer l'approvisionnement de l'armée assiégeant Paris.

Le Ministre prévenait en même temps le général Reyau que, désormais, il recevrait de son commandant de corps d'armée les ordres nécessaires pour la conduite des opérations militaires.

D'après ces nouvelles dispositions, le général de La Motterouge devait donc, avec les éléments disponibles de son corps d'armée, entamer une action offensive au Nord de la forêt d'Orléans. Quant au général de Polhès, il était chargé d'assurer la défense générale de la région du Centre avec toutes les troupes qui s'y trouvaient, autres que celles affectées au 15ᵉ corps d'armée. Il serait d'ailleurs aidé, le cas échéant, dans ses opérations, par le général de La Motterouge pendant tout le temps que le 15ᵉ corps d'armée resterait sur son territoire (1).

---

(1) Le Ministre de la Guerre au Général commandant le 15ᵉ corps d'armée, à Bourges, Tours, 3 octobre ; Le même au Général commandant la division de cavalerie du 15ᵉ corps, à Orléans, Tours, 3 octobre ; Le même au Général commandant supérieur de la région du Centre, à Bourges, Tours, 3 octobre.

Des instructions des 21 et 26 septembre avaient indiqué aux généraux commandant les départements et les commandements régionaux, les moyens et procédés à employer pour assurer la défense de leurs territoires (*La Guerre de 1870-71. La Défense nationale en province. Mesures générales d'organisation*, p. 602 et 607).

Avant que ces instructions fussent parvenues au général de La Motterouge, au général Reyau et au général de Polhès, ce dernier avait quitté Bourges le 30 octobre pour reprendre son commandement à Orléans (1). Estimant que la raison qui avait motivé son envoi dans cette dernière ville n'existait plus, le commandant du 15ᵉ corps crut devoir différer son départ (2).

Mais le Ministre de la Guerre maintint sa décision. Le 5 octobre, il prescrivait que le général de La Motterouge

---

(1) Le Ministre de la Guerre avait notifié au général de La Motterouge sa décision du 3 octobre par une lettre qui ne parvint à Bourges que le 4. Mais le 3, répondant à une dépêche non retrouvée du commandant du 15ᵉ corps, qui demandait sans doute des indications pour répondre au général Reyau, il télégraphia à Bourges ses intentions. En même temps, il répondit à la demande d'instructions que le général Reyau lui avait adressée le 1ᵉʳ octobre et renouvelée le 2, et il en avisa le général de Polhès.

Bien que rédigées dans le même sens, les dépêches envoyées le 3 octobre par le Ministre aux généraux de La Motterouge, Reyau et de Polhès différaient suffisamment entre elles pour qu'il pût y avoir doute dans l'esprit de chacun des intéressés sur la mission donnée aux autres.

(2) Le Général commandant le 15ᵉ corps d'armée au Ministre de la Guerre, à Tours, Bourges, 4 octobre.

Un incident qui s'était passé à Orléans le 3 octobre, et dont le général Reyau avait rendu compte au Ministre de la Guerre et au commandant du 15ᵉ corps d'armée, avait également provoqué chez le général de La Motterouge une certaine hésitation pour se rendre immédiatement à son nouveau poste. M. Cochery, ancien député du Loiret, était venu à Tours pour renseigner la délégation du Gouvernement sur la répercussion qu'avait eue sur l'opinion publique l'évacuation d'Orléans dans la nuit du 26 au 27 septembre. Il avait été alors chargé par M. Crémieux, l'un des trois délégués du Gouvernement de la Défense nationale à Tours, « d'activer par tous les moyens la défense dans sa région, de la stimuler, d'en prendre la direction suprême » ; il avait été à cet effet nommé « commissaire à la Défense dans le département du Loiret ». Comprenant « la mesure, la retenue qu'on doit apporter quand on veut toucher aux choses militaires », M. Cochery n'avait pas l'intention de « commander des armées », ni de « faire des plans de

se porterait « de sa personne, avec son état-major, à Orléans, où il prendrait la direction des opérations au delà de la Loire, en combinant son action avec celle des commandants supérieurs du Centre et de l'Ouest ». Le général de Polhès retournerait à Bourges « pour y reprendre la direction immédiate de son commandement supérieur » et s'occuper « activement de compléter l'organisation de la mobile ». Il remettrait « avant son départ le commandement d'Orléans au général Reyau,

---

campagne », mais son seul désir eût été d'amener les généraux « à ne pas laisser dévaster (le) département et ne pas y laisser puiser d'énormes ressources pour l'armée qui assiégeait Paris » (F.-F. Steenackers et F. Le Goff, *Histoire du Gouvernement de la Défense nationale en province*, t. Ier, p. 307-310). — Cf. également la déposition de M. Cochery devant la commission chargée de l'*Enquête parlementaire sur les actes du Gouvernement de la Défense nationale* (t. VII, p. 16).

Le 3 octobre, M. Cochery eut une entrevue avec le général Reyau, qui, ainsi que le général de La Motterouge, n'avait pas été avisé de la mesure prise par M. Crémieux. Tous deux s'élevèrent près du Ministre de la Guerre contre les attributions que pensait avoir le commissaire à la défense du Loiret (Le Général commandant la division de cavalerie du 15e corps au Ministre de la Guerre, à Tours, D. T., Orléans, 5 octobre ; Le Général commandant le 15e corps d'armée au Ministre de la Guerre, à Tours, Bourges, 4 octobre).

Le 5 octobre, le Ministre de la Guerre répondait que « les pouvoirs de M. Cochery ne pouvaient avoir aucune action sur les décisions de l'autorité militaire » (Le Ministre de la Guerre au Général commandant le 15e corps d'armée, à Bourges, Tours, 6 octobre).

L'incident n'eut aucune suite. M. Cochery, dont la mission avait été mal définie, se borna à prêter son concours à l'autorité militaire (Steenackers et Le Goff, *loc. cit.*, p. 311), et il résulte de sa déposition devant la commission d'enquête qu'il centralisa les relations entre les administrations civiles et l'autorité militaire (*Enquête parlementaire*, etc., t. VII, p. 18). « Ses rapports avec les généraux étaient ceux d'un préfet dans un département menacé d'être envahi. Il avait à pourvoir à l'organisation de la garde mobile, des mobilisés et de la garde nationale sédentaire » (Bois, *Sur la Loire, Batailles et Combats*, p. 12).

On se rappelle d'ailleurs que « le 3 octobre, à la suite d'un dissentiment avec ses deux collègues sur les mesures qu'il convenait de prendre

qui l'exercerait jusqu'à l'arrivée du général de La Motterouge (1) ».

Mais, le 5 octobre, le général Reyau n'était pas à Orléans ; il commandait ce jour-là les troupes engagées à Toury. Le général de Polhès crut donc devoir attendre son retour (2). Le 6 octobre, d'ailleurs, dans l'après-midi, le général de La Motterouge arrivait à Orléans et prenait la direction des opérations (3).

2 octobre.

Les renseignements recueillis sur les mouvements de l'ennemi au Nord d'Orléans avaient permis au général de Polhès de se faire, le 1er octobre, une idée à peu près exacte de la situation (4). D'après son estimation, en effet, le gros des forces du prince Albrecht, commandant la 4e division de cavalerie prussienne, évalué à environ 2,000 hommes, se trouvait entre Toury et Janville ; un détachement de 500 hommes occupait Pithiviers et poussait des reconnaissances dans la direction de Montargis ;

---

pour rétablir le calme à Lyon, l'amiral Fourichon abandonna les fonctions de délégué au ministère de la Guerre... » et que M. Crémieux reprit « les fonctions de Ministre de la Guerre par intérim », tout en se déchargeant « de tout ce qui regardait les affaires militaires sur M. Glais-Bizoin, assisté du général Lefort » (*La Guerre de 1870-71. La Défense nationale en province. Mesures générales d'organisation*, p. 3 et 4).

(1) Le Ministre de la Guerre au Général commandant la division de cavalerie du 15e corps, à Orléans, D. T., Tours, 5 octobre ; Le Ministre de la Guerre au Général commandant supérieur de la région du Centre, à Orléans, D. T., Tours, 5 octobre.

(2) Le Général commandant supérieur de la région du Centre au Ministre de la Guerre, à Tours, D. T., Orléans, 5 octobre.

(3) Le Général commandant le 15e corps d'armée au Ministre de la Guerre, à Tours, D. T., Bourges, 6 octobre.

(4) En dehors des renseignements qui lui parvenaient directement, le commandant supérieur de la région du Centre recevait communication des nouvelles adressées au siège du Gouvernement à Tours.

enfin, un autre groupe, de 700 à 800 hommes, était réparti entre Artenay, Patay et Saint-Péravy-la-Colombe (1).

Il avait, en conséquence, décidé, pour le 2 octobre, de maintenir dans la forêt d'Orléans l'infanterie qui s'y était déjà installée. Il la renforçait, cependant, par deux bataillons de mobiles et en donnait la direction d'ensemble au colonel Morandy, du 1er régiment de Tirailleurs algériens de marche. Cette infanterie devait reconnaître toutes les routes venant de Pithiviers.

En même temps, le commandant supérieur de la région du Centre envoyait à Chevilly la 1re brigade de la division de cavalerie du 15e corps, renforcée d'une demi-batterie. Avec les forces d'infanterie qui occupaient Cercottes et Chevilly, cette brigade devait surveiller la route de Paris.

La brigade de cavalerie du général Michel, avec une demi-batterie et un bataillon de mobiles, était dirigée sur Meung pour observer la direction d'Ouzouer-le-Marché.

Enfin, dans la zone déboisée située au Nord-Ouest d'Orléans, le général de Polhès faisait établir quelques travaux de fortification depuis Saran jusqu'à la Loire, en passant par Ormes (2).

---

(1) Le Général commandant supérieur de la région du Centre au Ministre de la Guerre, à Tours, Orléans, 1er octobre. — L'opinion que se faisait le général de Polhès de la répartition des forces ennemies n'était pas absolument exacte, en ce sens que le commandant de la 4e division de cavalerie prussienne n'avait pas de forces détachées en permanence à Patay et à Saint-Péravy. Ainsi qu'on l'a vu plus haut, il n'avait envoyé dans cette direction que des détachements temporaires, plus ou moins importants, chargés de faire des reconnaissances et de procéder à des réquisitions.

(2) Le Commandant supérieur de la région du Centre au Ministre de la Guerre, à Tours, Orléans, 1er octobre. — Dans le but d'entraver les progrès de l'invasion, des travaux avaient été commencés autour d'Or-

Ces mouvements, qui avaient été combinés de concert avec le général Reyau, s'exécutèrent dans la matinée du 2 octobre.

Le général de Longuerue quitta Orléans à 7 heures du matin. A Cercottes, où se trouvaient depuis la veille

---

léans, dès les premiers jours de septembre, à la suite d'une entente entre l'autorité civile et l'autorité militaire. L'ensemble de ces travaux fut organisé par la place d'Orléans, leur exécution fut dirigée par les conducteurs des ponts et chaussées et les agents voyers pour les routes ordinaires, par les agents de l'administration des eaux et forêts pour les chemins forestiers (Bois, *loc. cit.*, p. 4).

Dans la forêt d'Orléans, en particulier, les voies de communication les plus importantes furent interceptées. Les obstacles se composaient en général « d'une tranchée de 3 mètres de profondeur et de 3 mètres d'ouverture au niveau de la route ; le fond et les talus de ce fossé étaient garnis de pieux pointus ; à 15 mètres environ en arrière, les terres provenant de la fouille formaient un remblai en talus disposé pour recevoir de l'infanterie et de l'artillerie ; de chaque côté, des abatis d'arbres empêchaient qu'on pût aisément tourner la route. En divers points, on éleva à la suite deux et même trois défenses semblables à 50 mètres les unes des autres ».

On prit soin également « de faire disparaître..... les inscriptions et les poteaux indicateurs pouvant renseigner l'ennemi ; à certains endroits on rendit méconnaissables les chiffres des bornes kilométriques » (G. B., *Journal pour servir à l'histoire de l'invasion allemande dans l'Orléanais*, p. 4 et 5).

« Ces défenses faisaient de la forêt un immense labyrinthe dont les forestiers et quelques habitants du pays avaient seuls la clef » (Historique *manuscrit* du 73e mobiles).

Des retranchements furent d'autre part élevés au Nord-Ouest d'Orléans. Ils comprenaient : « 1º Au Sud d'Ormes, outre une courtine pour la fusillade, deux redans pour l'artillerie qui voient très bien le débouché de la route de Coulmiers, en avant du bois de Bucy et le débouché de ces bois dans la plaine ; 2º à l'Est d'Ormes et de la route de Châteaudun, des portions de courtine dont la plus à l'Est est terminée par un redan destiné à l'artillerie, qui voit très bien la route de Châteaudun jusqu'au village des Barres, ainsi que toute la partie dégarnie de bois à droite et à gauche de la route » (Rapport du Lieutenant-Colonel chef d'état-major du génie du 15e corps d'armée, Ormes, 15 novembre).

deux bataillons du 19ᵉ mobiles, il laissa le 6ᵉ dragons avec la moitié de la 14ᵉ batterie du régiment monté de l'ex-Garde. Le 6ᵉ hussards gagna Chevilly, occupé dans les mêmes conditions par les deux compagnies du 4ᵉ bataillon de chasseurs à pied de marche.

Le général Michel partit d'Orléans à 8 heures du matin et s'installa à Meung avec le 2ᵉ lanciers, le 3ᵉ dragons de marche, la deuxième moitié de la 14ᵉ batterie du régiment monté de l'ex-garde et le Iᵉʳ bataillon des mobiles de la Savoie. Il envoya immédiatement des reconnaissances vers le Nord, dans la direction de Saint-Péravy, Patay et Huêtre, où la présence de l'ennemi était signalée.

Quant au colonel Morandy, il s'installa à Loury. Il emmena avec lui deux bataillons du 8ᵉ mobiles (1).

En prenant le commandement des troupes chargées de protéger Orléans, le général Reyau avait prescrit aux commandants des brigades de cavalerie envoyées à Chevilly et à Meung, « de pousser leurs reconnaissances le plus en avant possible sur Pithiviers et du côté de

---

(1) Le général Michel au Général commandant, à Orléans, D. T., Meung, 20 octobre ; Journal des opérations de la division de cavalerie sous le commandement du général Reyau ; Journal de marche de l'artillerie de la 2ᵉ division du 15ᵉ corps ; Historiques *manuscrits* du 6ᵉ dragons, du 6ᵉ hussards, du régiment d'artillerie monté de l'ex-Garde ; du 2ᵉ lanciers, du 3ᵉ dragons de marche, etc. — On rappelle que le 2 octobre au matin, les troupes d'infanterie de la forêt d'Orléans occupaient les emplacements suivants : à Vitry-aux-Loges et à Ingrannes, deux compagnies de francs-tireurs de la Seine (section d'Orléans) ; à Loury, le 29ᵉ de marche, qui fournissait en outre des détachements dans plusieurs localités situées au Nord de la lisière de la forêt ; à Chevilly, deux compagnies du 4ᵉ bataillon de chasseurs à pied de marche ; à Cercottes, deux bataillons du 19ᵉ mobiles ; à Ormes, un bataillon du 19ᵉ mobiles.

Les deux bataillons du 8ᵉ mobiles emmenés, le 2 octobre, par le colonel Morandy, s'installèrent à Loury. Le troisième bataillon, dont l'organisation n'était pas complètement terminée, fut maintenu à Orléans.

Patay ». Lorsqu'il serait éclairé « sur la position de l'ennemi » ainsi que sur « le nombre et la composition de ses troupes », son intention était en effet de prendre l'offensive avec ces deux brigades en les appuyant au besoin avec la brigade de cuirassiers (1).

Le 2 octobre, au soir, il prenait en outre pour le lendemain les dispositions suivantes :

La 1re brigade de la division de cavalerie du 15e corps devait se porter au Nord de Chevilly, et, tout en envoyant une forte reconnaissance dans la direction de Neuville, gagner Artenay si cela lui était possible (2).

De son côté, le général Michel devait envoyer un de ses régiments à Ouzouer-le-Marché. L'autre régiment maintenu à Meung, se relierait avec le premier par des postes installés à Cravant et Le Bardon. Lorsque le troisième régiment de la brigade, parti de Gien le 2 octobre, arriverait à Orléans, il serait dirigé entre Baccon et Huisseau-sur-Mauve, pour relier Ouzouer-le-Marché à Meung, et surveiller la région au Nord-Ouest d'Orléans (3).

---

(1) Le Général commandant la division de cavalerie du 15e corps au Ministre de la Guerre, à Tours, D. T., Orléans, 2 octobre, 3 h. 40 soir. — Ce télégramme est à retenir ; il prouve que, dès le 2 octobre, le général Reyau avait l'intention de prendre l'offensive. Une dépêche adressée le 6 octobre aux membres civils de la délégation du Gouvernement de la Défense nationale à Tours par M. Cochery, commissaire à la défense du Loiret, pourrait, en effet, laisser supposer que ce sont ses instances qui ont provoqué le mouvement en avant des forces françaises (Le Commissaire à la défense du Loiret à MM. Crémieux, président du Gouvernement, et Glais-Bizoin, à Tours, D. T., Orléans, 6 octobre, 10 h. 10 matin).

(2) Le Général commandant la division de cavalerie du 15e corps au Général commandant la 1re brigade de la division, à Cercottes, D. T., Orléans, 2 octobre.

(3) Le Général commandant la division de cavalerie du 15e corps au général Michel, à Meung, D. T., Orléans, 2 octobre. — Il n'a pas été

Dès le 1er octobre, d'autre part, le général Reyau s'était mis en relations avec le commandant de la subdivision du Loir-et-Cher. Il lui demandait l'indication des emplacements occupés par les bataillons de la garde nationale mobile chargés de défendre ce département, afin de déterminer ceux qu'il assignerait à la brigade de cavalerie; il lui annonçait en même temps son intention d'envoyer un régiment à Ouzouer-le-Marché (1).

Il ne semble pas que ces propositions aient été immédiatement suivies d'effet. Le 2 octobre, en effet, les troupes chargées de défendre le Loir-et-Cher présentaient, à peu de chose près, le même dispositif que les jours précédents. Les trois bataillons de mobiles affectés à la subdivision étaient presque entièrement répartis dans de nombreux postes le long de la lisière du département depuis Mer jusqu'à la forêt de Fréteval, et ensuite sur le Loir jusqu'à Vendôme, avec une réserve de quatre compagnies à Blois.

Ce même jour, la brigade de cavalerie du général Tripard arrivait à Vendôme, mais le commandant de la subdivision n'était pas non plus avisé de ce mouvement (2).

Du côté de Gien, le général de Nansouty avait envoyé,

---

retrouvé d'ordres prescrivant au 5e lanciers de quitter Gien pour venir à Orléans. Il est probable que ce régiment devait se mettre en route pour rallier sa brigade après l'arrivée du régiment de la brigade de cavalerie du général de Nansouty, appelé à Gien le 30 septembre.

D'après les prescriptions du général Reyau, le régiment envoyé à Ouzouer-le-Marché devait se couvrir par des avant-postes installés à Villermain, Baccon, Charsonville, Prénouvellon et Binas. Le général Michel était en outre invité à établir à La Chapelle et à Saint-Ay des postes de correspondance entre Orléans et Meung.

(1) Le Général commandant la division de cavalerie du 15e corps au général commandant la subdivision du Loir-et-Cher, à Blois, Orléans, 1er octobre.

(2) Le Général commandant la subdivision du Loir-et-Cher au Géné-

le 2 octobre, à Dampierre-en-Burly, sur la route d'Orléans par la rive droite de la Loire, et aux Choux, dans la direction de Montargis, des reconnaissances du 1er chasseurs à cheval de marche. Elles rentrèrent sans nouvelles de l'ennemi (1).

Dans la journée, le général Reyau prescrivait au général de Nansouty de rester à Gien et de faire occuper cette ville ainsi que la route de Montargis par un régiment de cavalerie et la mobile dont il disposait. Le com-

---

ral commandant la 18e division militaire, à Tours, Blois, 2 octobre. — Le commandant du Loir-et-Cher avait été avisé par le général de Polhès, le 1er octobre, qu'il passait sous les ordres du commandant supérieur de la région du Centre. D'autre part, le général Tripard devait, en arrivant à Vendôme, se mettre aux ordres du général de Polhès (Cf. ci-dessus, p. 142). Mais le général de Polhès en confiant, le 1er octobre, le commandement des troupes chargées de la défense d'Orléans au général Reyau, ne spécifia pas si les forces du Loir-et-Cher devaient être également à la disposition de ce dernier. Il en résulta forcément un certain décousu, conséquence forcée, comme on l'a déjà dit, de la dualité du commandement (Le Général commandant la brigade de cavalerie de la division mixte du 15e corps au Général commandant la 18e division militaire, à Tours, Vendôme, 4 octobre).

En ce qui concerne particulièrement le Loir-et-Cher, il semble, en tenant compte des dispositions arrêtées les jours précédents, que les emplacements occupés étaient les suivants :

Ier et IIe bataillons du Loir-et-Cher : une compagnie à Mer, venant de la lisière de la forêt de Blois; trois compagnies à Ouzouer-le-Marché, Binas et Verdes, venant de Marchenoir; deux compagnies, venant de Blois, à Marchenoir avec postes à La Colombe, Autainville et Saint-Laurent-des-Bois; une compagnie à Oucques; trois compagnies à Morée avec postes à Fréteval, Moisy et Écoman; deux compagnies à La Chapelle-Vendômoise et à Herbault, occupant, au Nord de Blois, la ligne Villerbon, Averdon, Champigny-en-Beauce, Villefrancœur, Landes, Lancôme, Gombergean, Villeporcher; quatre compagnies à Blois, venant de Romorantin.

Ier bataillon du Gers, comme précédemment, sur le Loir, de Vendôme à Saint-Jean-Froidmentel et au Nord de la forêt de Fréteval, à Fontaine-Raoul.

(1) Historique *manuscrit* du 1er chasseurs de marche.

mandant de la division de cavalerie du 15ᵉ corps demandait en outre au général de Nansouty d'envoyer un des régiments de sa brigade à Orléans. Le régiment détaché à Cosne fut en conséquence rappelé à Gien (1).

Comme les jours précédents, la 4ᵉ division prussienne continua à exécuter des réquisitions autour de ses cantonnements.

Le 2 octobre, un détachement comprenant deux escadrons de la 9ᵉ brigade et une compagnie d'infanterie transportée sur des voitures, sous le commandement du colonel du 1ᵉʳ ulans, quitta Pithiviers se dirigeant vers Vrigny, par la route qui passe près d'Ascoux et Bouzonville. Quelques fantassins français postés dans cette dernière localité arrêtèrent par leur feu le peloton d'avant-garde. Lorsque la compagnie bavaroise se fut déployée, ils se replièrent sur Vrigny; ce village et la lisière du bois à proximité étaient plus fortement occupés. Après un court engagement, le colonel du 1ᵉʳ ulans renonça à poursuivre son mouvement; il se couvrit par une forte arrière-garde, et, sous sa protection, exécuta des réquisitions dans les localités plus au Nord. Pour appuyer le détachement en cas d'engagement plus sérieux, le commandant de la 9ᵉ brigade lui avait immédiatement

---

(1) Le Général commandant la division de cavalerie du 15ᵉ corps au général de Nansouty, à Gien, D. T., Orléans, 2 octobre. — Le 1ᵉʳ octobre, le général de Nansouty était, comme on l'a vu, à Cosne. Le 2, dans la matinée, il était venu à Gien pour se rendre compte de la situation (Le général de Nansouty au Général commandant supérieur de la région du Centre, à Orléans, D. T., Gien, 2 octobre). En présence des instructions du général Reyau, le général de Nansouty resta à Gien pour y prendre la direction des opérations.

Le 2 octobre également, il n'y avait plus à Gien comme cavalerie que le 1ᵉʳ chasseurs à cheval de marche, le 5ᵉ lanciers étant parti pour rejoindre sa brigade à l'Ouest d'Orléans.

envoyé la section d'artillerie détachée à Pithiviers, en la faisant escorter par un escadron (1).

3 octobre.

Le 3 octobre, le général de Longuerue s'établissait à Chevilly, avec la 1re brigade de la division de cavalerie du 15e corps. Une grand'garde, forte d'un escadron du 6e hussards et de 100 hommes du 4e bataillon de chasseurs à pied de marche, était installée à La Croix-Briquet; elle poussait des patrouilles vers Sougy, Creuzy, Artenay et Bucy-le-Roi. Conformément cependant aux ordres qu'il avait reçus la veille, le général de Longuerue envoyait une reconnaissance vers Neuville et une autre vers Artenay. Cette dernière comprenait deux escadrons et une compagnie qui délogeaient du village quelques cavaliers prussiens (2).

---

(1) Bothe, *Geschichte des Thüringischen Ulanen-Regiments Nr. 6*, p. 288. — Le 1er ulans avait fourni au détachement un demi-escadron et le 6e ulans un escadron et demi. La section d'artillerie détachée depuis le 27 septembre avec la 9e brigade appartenait à la 1re batterie à cheval du 5e d'artillerie.

Vrigny était occupé par une compagnie du 29e de marche (Le Général commandant la division de cavalerie du 15e corps au Général commandant la 1re brigade de la division, à Cercottes, D. T., Orléans, 2 septembre). On sait que, le 28 septembre, ce régiment avait été envoyé à Loury pour occuper la lisière de la forêt, et que, le 2 octobre, le général Reyau avait prescrit à l'infanterie qui tenait la forêt de pousser des reconnaissances sur toutes les routes venant de Pithiviers.

(2) Le Général commandant la division de cavalerie du 15e corps au Ministre de la Guerre, à Tours, et au Général commandant le 15e corps d'armée, à Bourges, D. T., Orléans, 3 octobre, 1 h. 45 soir. — Avec la 1re brigade de la division de cavalerie du 15e corps marchait la moitié de la 14e batterie du régiment monté de l'ex-Garde. En dehors des deux compagnies du 4e bataillon de chasseurs à pied de marche, le général de Longuerue signale aussi la présence à Chevilly, le 3 octobre, de trois compagnies du 29e de marche. Ce régiment avait été envoyé à Loury le 28 septembre. Il semble qu'il avait repris, tout au moins en partie, les emplacements qu'il avait occupés le 24 septembre (Cf. ci-dessus, p. 114, note 1).

Pour renforcer d'autre part les forces disponibles à Loury, le colonel Morandy y appelait le Ier bataillon des mobiles du Loiret (1).

Plus à l'Ouest, le général Michel envoyait à Ouzouer-le-Marché le 3e dragons de marche (2). Une légère modification était apportée aux dispositions adoptées la veille pour les deux autres régiments de la brigade. En effet, le 5e lanciers, venant de Jargeau, recevait, à son passage à Orléans, l'ordre de se rendre à Meung. Dès l'arrivée du 5e lanciers dans cette dernière ville, le 2e lanciers devait en partir pour aller s'établir sur la route d'Orléans à Ouzouer-le-Marché, entre Coulmiers et Charsonville. Le 5e lanciers, à Meung, lui servirait de soutien (3).

Le 2e lanciers partit de Meung vers 2 heures du soir, et par Baccon, vint bivouaquer à 8 heures du soir près de la ferme de Champfère, à 2 kilomètres au Sud-Ouest de Coulmiers, en se couvrant par deux grand'gardes installées à Rosières et à Épieds (4).

Peu après, le général Reyau envoyait de nouvelles

---

(1) Historique *manuscrit* du 73e mobiles.

(2) Historique *manuscrit* du 3e dragons de marche.

(3) Le Général commandant la division de cavalerie du 15e corps au général Michel, à Meung, D. T., Orléans, 3 octobre. — A Meung se trouvaient également la moitié de la 14e batterie du régiment monté de l'ex-Garde et le Ier bataillon des mobiles de la Savoie.

(4) Historique *manuscrit* du 2e lanciers. — De Meung à la ferme de Champfère, il y a environ 15 kilomètres. « Derrière la ferme, dit l'Historique, existe un pli de terrain dans lequel le colonel plaça le régiment. La nuit se passa sans dresser les tentes, sans faire de feu, ni desseller les chevaux, parce que, d'après les rapports des paysans et les instructions du général, les avant-postes ennemis ne devaient pas être très éloignés ». Chacune des deux grand'gardes était forte de deux pelotons commandés par un capitaine. Sur la route, entre Saintry et Coulmiers, deux cavaliers firent la navette jusqu'au matin. « De plus la garde nationale de Coulmiers, qui comprenait 40 hommes et 15 fusils, s'offrit volontairement pour surveiller pendant la nuit, par des patrouilles successives, le terrain compris entre Épieds et Rosières ».

instructions au général Michel. Il lui prescrivait en effet de quitter Meung avec son dernier régiment de cavalerie, le bataillon de la garde nationale mobile de l'Isère et sa demi-batterie et d'aller s'établir « à hauteur de Coulmiers ou plus en avant du côté de Saint-Péravy ». Dans cette position, il se relierait par ses reconnaissances avec la brigade de cavalerie installée à Chevilly et éclairerait « tout le terrain entre la Loire et la route de Châteaudun à Orléans (1) ».

A la suite de cet ordre, le général Michel venait dans la nuit s'installer à Coulmiers avec toutes les forces dont il disposait à Meung (2).

Quant aux mesures prises pour assurer la protection du Loir-et-Cher, le général Reyau se bornait à les approuver. Il avisait, en même temps, le commandant de la subdivision de la mission dont était chargé le général Michel, qui devait s'entendre avec lui (3).

---

(1) Le Général commandant la division de cavalerie du 15e corps au général Michel, à Meung, D. T., Orléans, 3 octobre.

(2) Journal de marche de la brigade de cavalerie du général Michel ; Historiques *manuscrits* du 2e lanciers et du régiment d'artillerie monté de l'ex-Garde.

Le général Michel arriva à Coulmiers vers 11 heures du soir. Les forces placées sous ses ordres se trouvaient donc réparties sur un front de près de 12 kilomètres, depuis Coulmiers jusqu'à Ouzouer-le-Marché, dans les conditions suivantes : à Coulmiers, 5e lanciers, 1er bataillon des mobiles de l'Isère, moitié de la 14e batterie du régiment monté de l'ex-Garde ; au bivouac près de la ferme de Champfère, 2e lanciers ; à Ouzouer-le-Marché avec postes à Villermain, Charsonville, Prénouvellon et Binas, 3e dragons de marche.

Il ne semble pas que le 2e lanciers ait été avisé du mouvement du général Michel ni de son installation à Coulmiers dans la nuit du 3 au 4 octobre.

(3) Le Général commandant la division de cavalerie du 15e corps au Général commandant la subdivision du Loir-et-Cher, à Blois, Orléans, 3 octobre. — Le général Reyau indiquait en même temps au commandant du Loir-et-Cher les emplacements occupés par les trois régiments

Du côté de Gien, le général de Nansouty faisait occuper, le 3 octobre, Lorris par un escadron du 1er chasseurs à cheval de marche, et la partie de la forêt d'Orléans au Nord d'Ouzouer-sur-Loire par un bataillon des mobiles de l'Aveyron. Dans la direction de Montargis, il avait envoyé une reconnaissance jusqu'à Nogent-sur-Vernisson, qu'il comptait faire occuper le lendemain par un escadron et un bataillon (1). Le reste de ses

---

de cavalerie de la brigade du général Michel. Mais, il n'avait pas encore prescrit à ce dernier de quitter Meung pour se rendre à Coulmiers. Son renseignement était donc erroné au moment où il parvenait à destination.

Le général Reyau invitait aussi le commandant du Loir-et-Cher à compléter ses dispositions au moyen du système d'éclaireurs à cheval dont il a déjà été parlé (Cf. ci-dessus, p. 117, note 1). Il attirait également son attention sur la nécessité pour le préfet du Loir-et-Cher de se tenir « toujours en correspondance avec les autorités d'Eure-et-Loir, de manière à être constamment renseigné sur les mouvements de l'ennemi de ce côté ».

(1) L'escadron du 1er chasseurs à cheval de marche envoyé à Lorris, (4e escadron), partit de Gien à 8 heures du matin et s'installa à 5 heures du soir à Noyers, à environ 2 kilomètres au Nord de Lorris. Il avait envoyé de bonne heure 1 officier et 4 hommes occuper le télégraphe de Bellegarde. Dès 8 h. 20 du matin, cet officier signalait des engagements à Nibelle et à Chambon (Le Chef du service télégraphique à Montargis à l'Inspecteur des télégraphes et au Général commandant, à Orléans, et au Directeur général des télégraphes, à Tours, D. T., Montargis, 3 octobre). Nibelle et Chambon sont sur la lisière Nord de la forêt d'Orléans, à 10 et à 14 kilomètres au Nord-Ouest de Bellegarde. S'il se produisit des engagements de ce côté le 3 octobre au matin, ils furent de peu d'importance, car ni les documents français retrouvés ni les Historiques des régiments allemands n'en font mention.

Le poste établi à Bellegarde devait également surveiller la direction de Pithiviers. Un autre poste fut aussi placé à Montereau (sur la route de Lorris à Gien).

En outre, le 1er chasseurs à cheval de marche faisait surveiller, le 3 octobre, les deux routes qui relient Gien à Orléans sur la rive droite de la Loire par des postes installés à Saint-Père (en face de Sully-sur-

forces était maintenu à Gien, où devait arriver, dans la soirée, le 11ᵉ chasseurs à cheval venant de Cosne (1).

En rendant compte de ces dispositions au général Reyau, le général de Nansouty demandait à conserver ce régiment de cavalerie pendant deux ou trois jours. Il n'avait pas, en effet, d'artillerie, alors que les forces prussiennes stationnées à Pithiviers en possédaient. En outre, les mobiles dont il disposait ne pouvaient, faute d'équipement suffisant, être utilisés. Il estimait que dans ces conditions, et bien qu'on lui eût signalé la présence des Prussiens à Beaune-la-Rolande, il ne pouvait découvrir Gien sans avoir reçu des renforts (2).

Dans la soirée, le général Reyau mit le 11ᵉ chasseurs

Loire) et aux Bordes (Historique *manuscrit* du 1ᵉʳ chasseurs à cheval de marche).

(1) Le 11ᵉ chasseurs partit de Cosne à 11 h. 30 du matin. Il suivit la rive gauche de la Loire et arriva à Gien vers 7 h. 30 du soir (Historique *manuscrit* du 11ᵉ chasseurs à cheval). De Cosne à Gien, la distance par cet itinéraire est de 40 kilomètres.

(2) Le général de Nansouty au Général commandant la division de cavalerie du 15ᵉ corps, à Orléans, D. T., Gien, 3 octobre, 12 h. 50 soir; Le Sous-Préfet de Montargis au Général commandant, à Gien, D. T., Montargis, 3 octobre, 2 h. 35 soir; Le général de Nansouty au Général commandant supérieur de la région du Centre, à Orléans, D. T., Gien, 3 octobre, 5 h. 31 soir. — On connaît les fluctuations qui se produisirent dans le commandement supérieur des troupes chargées de défendre Orléans à la suite du départ du général de Polhès pour Bourges, puis de son retour à Orléans. Ces fluctuations eurent leur contre-coup à Gien. Dans la journée du 3 octobre en effet, le commandant du 15ᵉ corps télégraphiait au général de Nansouty qu'il était jusqu'à nouvel ordre à la disposition du général de Polhès et que c'est à ce dernier qu'il devait demander des instructions (Le général commandant le 15ᵉ corps au général de Nansouty, D. T., Bourges, 3 octobre). Cette dépêche explique pourquoi le général de Nansouty, après avoir correspondu avec le commandant de la division de cavalerie du 15ᵉ corps, s'adressa ensuite au commandant supérieur de la région du Centre.

à cheval à la disposition du général de Nansouty (1). Immédiatement alors, ce dernier envoyait à Lorris un deuxième escadron du 1ᵉʳ chasseurs à cheval de marche avec le colonel. Il faisait également occuper Nogent-sur-Vernisson par les deux autres escadrons du régiment et un bataillon de mobiles, placés sous le commandement du chef d'escadrons commandant en second le 1ᵉʳ chasseurs à cheval de marche. Ces mouvements s'exécutèrent pendant la nuit du 3 au 4 octobre (2).

Dans la journée du 2 octobre, les avant-postes de la 4ᵉ division de cavalerie prussienne avaient pris le contact, d'une part, vers Artenay, avec les troupes d'infanterie et de cavalerie placées sous les ordres du général de Longuerue, d'autre part, au Sud de Pithiviers, avec des fractions du 29ᵉ de marche installées dans les localités à la lisière de la forêt d'Orléans (3). Le 3 octobre, néanmoins, les trois brigades de la division continuèrent les réquisitions nécessaires pour assurer le ravitaillement de l'armée qui assiégeait Paris.

Un détachement comprenant un escadron du 2ᵉ hussards et un escadron du 5ᵉ dragons fut envoyé dans la direction de Chilleurs-aux-Bois. Il rentra le soir à Loury après avoir réquisitionné à Montigny sans avoir été inquiété (4).

Au sud de Pithiviers, une réquisition fut opérée par

---

(1) Le général commandant la division de cavalerie du 15ᵉ corps au général de Nansouty, à Gien, D. T., Orléans, 3 octobre.
(2) Le général de Nansouty au Général commandant supérieur de la région du Centre, à Orléans, D. T., Gien, 4 octobre, 6 h. 46 matin. — Le bataillon de mobiles qui fut envoyé de Gien à Nogent-sur-Vernisson, dans la nuit du 3 au 4 octobre, était un des bataillons de l'Aveyron.
(3) *Das 2. Leib-Husaren-Regiment Nr. 2*, p. 122; Von Langermann, *Geschichte des Thüringischen Ulanen-Regiments Nr. 5*, p. 55.
(4) *Geschichte des Dragoner-Regiments Freiherr von Manteuffel (Rheinischen) Nr. 5*, p. 45. — Pendant sa marche, le détachement se cou-

un escadron du 5º dragons (1) et une compagnie du Ier bataillon du régiment du Corps bavarois. Parties à 8 heures du matin, ces forces rentrèrent à 5 heures du soir sans avoir pris contact avec les Français. Aussitôt après leur retour, sur la nouvelle que des francs-tireurs s'étaient montrés dans la région d'Ascoux et de Denainvilliers, une compagnie bavaroise et la section d'artillerie détachée avec la 9ᵉ brigade furent envoyées à Ascoux. La compagnie y resta pour renforcer le service de sûreté et, un peu plus tard, une demi-compagnie fut encore installée à Denainvilliers. Enfin, une autre compagnie fut maintenue pendant toute la nuit en alerte à Pithiviers (2).

---

vrit par des patrouilles envoyées sur les flancs à Neuville et à Escrennes. Il devait réquisitionner à Chilleurs-aux-Bois une vache et cinq moutons par 25 habitants. Il n'y trouva rien, le village ayant déjà été mis à contribution le 1ᵉʳ octobre par une fraction de la 9ᵉ brigade venant de Pithiviers. Les deux escadrons se replièrent alors sur Montigny. Deux trompettes du 5ᵉ dragons restés à Montigny après le départ du détachement furent faits prisonniers par une reconnaissance d'officier du 6ᵉ hussards (Historique *manuscrit* du 6ᵉ hussards). Cette reconnaissance était sans doute celle que le général Reyau avait prescrit d'envoyer à Neuville le 3 octobre.

(1) Le 26 septembre, le commandant de la 4ᵉ division de cavalerie avait laissé à Pithiviers avec la 9ᵉ brigade de cavalerie un demi-escadron du 5ᵉ dragons, dont l'autre partie avait été maintenue, le 21, à Malesherbes pour assurer la liaison avec les éléments du détachement du colonel von Taüffenbach, à Melun. Le 27 septembre, tout l'escadron se trouvait réuni à Pithiviers (Cf. ci-dessus, p. 127 et 138).

(2) *Geschichte des Königlich Bayerischen Infanterie-Leib-Regiments*, p. 293; *Kriegsgeschichtliche Einzelschriften*, Heft 11, p. 555. — Plus de la moitié du Iᵉʳ bataillon du régiment du Corps bavarois se trouvait donc employée au service de sûreté. Le 3 octobre, en outre, une demi-compagnie avec un demi-escadron du 6ᵉ ulans conduisait à Étampes un convoi de bétail.

Les francs-tireurs en question appartenaient à des détachements des deux compagnies de francs-tireurs de Paris (section d'Orléans), envoyées, le 30 septembre, à Ingrannes et à Vitry-aux-Loges. Le 3 octobre, avec

Le 3 octobre également, la *8ᵉ* brigade de la *4ᵉ* division de cavalerie prussienne avait envoyé deux escadrons du 5ᵉ cuirassiers dans la région d'Orgères, où ils devaient réquisitionner simultanément à Germignonville et à Viabon (1). Au cours de l'opération, ils furent attaqués dans cette dernière localité, vers 2 h. 30 du soir, par trois compagnies du bataillon des francs-tireurs de Paris, sous les ordres du commandant de Lipowski, qui, la veille, étaient venues de Châteaudun à Voves (2). Les deux escadrons se replièrent rapidement de Viabon et de Germignonville dans la direction d'Allaines, poursuivis par quelques francs-tireurs montés dans des voitures (3).

---

l'aide d'une centaine de paysans armés de fusils de chasse ou de fusils de munition, ces détachements partirent des bois situés au Sud de Mareau-aux-Bois pour essayer de surprendre les forces prussiennes installées à Pithiviers. Mais après avoir délogé les postes avancés de l'ennemi, ces troupes improvisées se dispersèrent au premier coup de canon [Rapport sur les opérations des deux compagnies de francs-tireurs de Paris (section d'Orléans)].

(1) D'après *Geschichte des Westpreussischen Kürassier - Regiments Nr. 5*, p. 435, ces deux escadrons se seraient d'abord dirigés sur Artenay. Après s'être heurtés dans cette localité à de faibles détachements français, ils auraient tourné à l'Ouest pour gagner la région au Nord d'Orgères.

(2) On sait qu'après avoir coopéré à la surprise d'un poste prussien, dans la nuit du 30 septembre au 1ᵉʳ octobre, à Saint-Péravy-la-Colombe, le bataillon du commandant de Lipowski était retourné à Châteaudun (Cf. ci-dessus, p. 158, note 2). Le 2 octobre, trois compagnies étaient envoyées à Voves. Le 3 octobre, le maire de Viabon avertissait le commandant de Lipowski qu'un escadron de cuirassiers venait réquisitionner dans sa commune. Les trois compagnies furent immédiatement dirigées sur Viabon, mais le terrain découvert les empêcha de surprendre l'ennemi.

(3) Le Commandant des francs-tireurs de Paris au Ministre de la Guerre, Châteaudun, 5 octobre. — Les trois compagnies de francs-tireurs de Paris s'installèrent pour la nuit au château de Cambrai, 3 kilomètres au Sud-Ouest de Germignonville.

Avertis de l'incident, le commandant de la 8ᵉ brigade avait immédiatement dirigé sur Allaines, pour recueillir les cuirassiers, les six escadrons qui étaient encore disponibles et une compagnie du IIᵉ bataillon du régiment du Corps bavarois qui venait d'arriver à Janville pour renforcer le service de sûreté fourni par la cavalerie (1).

La présence des francs-tireurs dans la région à l'Ouest de Janville, ainsi que les renseignements rapportés par les patrouilles envoyées vers Artenay, avaient également inquiété le commandant de la 4ᵉ division de cavalerie. Dans l'après-midi du 5, les troupes stationnées à Toury furent mises sur pied, la garde des issues fut renforcée dans les cantonnements et des sections d'infanterie furent envoyées aux avant-postes pendant la nuit (2).

Les mouvements que le général Reyau avait fait exécuter le 3 octobre devaient préparer son offensive sur Toury, offensive qu'il envisageait depuis le 2 octobre (3). Son intention était, en effet, dès qu'il serait fixé

---

(1) *Das Posensche Ulanen-Regiment Nr. 10*, p. 162; *Geschichte des Königlich Bayerischen Infanterie-Leib-Regiments*, p. 294. — Un escadron du *10ᵉ* ulans, qui formait l'avant-garde de la *8ᵉ* brigade, dépassa seul Allaines. Il eut un homme tué.

(2) *Das 2. Leib-Husaren Regiment Nr. 2*, p. 123; *Geschichte des Königlich Bayerischen Infanterie-Leib-Regiments*, p. 295. — Les escadrons disponibles de la *10ᵉ* brigade de cavalerie et l'artillerie de la division furent rassemblés de 4 h. 30 à 7 h. 30 du soir à l'Ouest de Toury. Un peloton d'infanterie fut envoyé sur la route d'Orléans comme soutien de la grand'garde fournie par le 5ᵉ dragons. Une compagnie du IIᵉ bataillon du régiment du Corps étant, d'autre part, partie le 2 pour Étampes, pour escorter un convoi de bétail, il n'y avait plus à Toury, le 3 octobre au soir, qu'une compagnie trois quarts. Les compagnies bavaroises comprenaient en effet quatre pelotons (*Kriegsgeschichtliche Einzelschriften*, Heft 11, p. 555).

(3) Cf. ci-dessus, p. 176.

sur les forces allemandes stationnées de ce côté, de renforcer au besoin la brigade du général de Longuerue avec de l'infanterie et de l'artillerie, puis de la pousser en avant pendant que la brigade du général Michel se dirigerait sur Saint-Péravy-la-Colombe et Patay pour appuyer cette action (1).

Pour compléter ces préparatifs, il donnait, le 3 octobre au soir, les instructions suivantes pour la journée du 4.

La brigade du général Ressayre, avec une demi-batterie, se rendrait à Chevilly, où le commandant de la division de cavalerie du 15e corps serait en personne à 10 heures du matin pour prendre la direction des opérations.

Le général Michel se porterait avec deux régiments et sa demi-batterie à Saint-Péravy-la-Colombe. Son troisième régiment viendrait à Huêtre, pour établir la liaison avec Chevilly. Le 1er bataillon des mobiles de la Savoie garderait les postes qui lui seraient indiqués. Les troupes du général Michel devaient emporter deux jours de vivres et d'avoine et laisser à Meung, sous la garde d'un escadron, les bagages, les voitures et les chevaux de main.

Le général de Longuerue était prévenu de ces différentes dispositions et invité à préparer son offensive pour le lendemain (2).

---

(1) Le Général commandant la division de cavalerie du 15e corps au Ministre de la Guerre, à Tours, D. T., Orléans, 3 octobre, 10 h. 45 matin ; Le même au même et au Général commandant le 15e corps d'armée, à Bourges, D. T., Orléans, 3 octobre, 1 h. 45 soir.

(2) Le Général commandant la division de cavalerie du 15e corps au Général commandant la 1re brigade de la division, à Chevilly, D. T., Orléans, 3 octobre ; Le même au Commandant de l'artillerie, à Orléans, Orléans, 3 octobre ; Le même au général Michel, à Meung, D. T., Orléans, 3 octobre.

Le général Reyau devait partir à 5 heures du matin d'Orléans et

4 octobre.

Ces mouvements s'exécutèrent en effet le 4 octobre. Le 5ᵉ lanciers et le 3ᵉ dragons de marche se trouvèrent réunis, vers midi, à Saint-Péravy-la-Colombe, sous les ordres du général Michel, avec la moitié de la 14ᵉ batterie du régiment monté de l'ex-Garde et, probablement, le Iᵉʳ bataillon des mobiles de la Savoie. Le 2ᵉ lanciers quitta son bivouac de Champfère à 7 heures du matin, et par l'Ormeteau, Saint-Péravy et Coinces, vint s'installer, vers 10 h. 30, au Sud de Huêtre (1).

Le général Reyau, la brigade de cuirassiers du général

---

la brigade du général Ressayre à 6 heures. La demi-batterie devait suivre cette dernière.

On sait que le général Michel avait reçu peu de temps avant l'ordre de se rendre à Coulmiers, avec les troupes qu'il avait à Meung, c'est-à-dire le 5ᵉ lanciers, la moitié de la 14ᵉ batterie du régiment monté de l'ex-Garde et le Iᵉʳ bataillon des mobiles de la Savoie. Ce mouvement fut d'ailleurs exécuté dans la nuit du 3 au 4 octobre. Bien que postérieur (l'inscription au registre de correspondance de la division en fait foi), l'ordre pour la journée du 4, destiné au général Michel, lui fut cependant adressé à Meung. De plus, cet ordre est ainsi rédigé : « ..... Le régiment qui est à Coulmiers se portera à Huêtre, près de Chevilly ; celui qui est à Ouzouer-le-Marché se rendra à Saint-Péravy. Le 5ᵉ lanciers, qui est à Meung, y laissera un escadron et dirigera les trois autres à Saint-Péravy..... » Sans parler de la forme même de l'ordre qui enlève toute initiative au subordonné, il importe de constater que le général Reyau et son état-major ont complètement perdu de vue les instructions qu'ils avaient envoyées quelques heures auparavant au général Michel.

(1) Journal de marche de la brigade de cavalerie du général Michel ; Historiques *manuscrits* des 2ᵉ et 5ᵉ lanciers, du 3ᵉ dragons de marche, du régiment d'artillerie monté de l'ex-Garde. — Un escadron du 5ᵉ lanciers fut renvoyé de Coulmiers à Meung pour garder les bagages de la brigade.

A Huêtre, le 2ᵉ lanciers détacha à Trogny et à Brilly deux grand'-gardes, fortes chacune de deux pelotons ; elles fournissaient des vedettes sur la ligne Chevaux, L'Encornes.

Ressayre et la moitié de la 18ᵉ batterie du 13ᵉ régiment arrivèrent à Chevilly vers 10 heures du matin (1).

Mais, avant de quitter Orléans, le commandant de la division de cavalerie du 15ᵉ corps s'était concerté avec le général de Polhès, revenu dans cette ville la veille au soir. Ce dernier avait mis à la disposition du général Reyau les deux compagnies du 4ᵉ bataillon de chasseurs à pied de marche, les deux bataillons de Tirailleurs algériens et le IIIᵉ bataillon du 29ᵉ de marche.

Les deux bataillons de Tirailleurs algériens partirent d'Orléans pour Chevilly à 10 h. 30 du matin. Quant au IIIᵉ bataillon du 29ᵉ de marche, il avait deux compagnies à Cercottes et trois autres à Chevilly, mais deux compagnies étaient détachées à Saint-Lyé et à Bougy. Le général Reyau demanda au colonel Morandy de faire relever ces unités pour qu'elles pussent arriver à Chevilly avant la nuit. Le Iᵉʳ bataillon des mobiles du Loiret fut désigné pour cette mission, mais l'ordre nécessaire ne lui parvint que tardivement, et il ne quitta Loury qu'à 4 h. 30 du soir. Les deux compagnies détachées du IIIᵉ bataillon du 29ᵉ de marche ne purent donc arriver à Chevilly que le 5 dans la matinée (2).

Le général de Polhès prenait également les disposi-

---

(1) Journal des opérations de la division de cavalerie sous le commandement du général Reyau ; Historiques *manuscrits* du 9ᵉ cuirassiers, du 1ᵉʳ cuirassiers de marche et du 13ᵉ d'artillerie ; Journal de marche de l'artillerie de la 2ᵉ division du 15ᵉ corps.

(2) Le Général commandant la division de cavalerie du 15ᵉ corps au Colonel du 1ᵉʳ régiment de Tirailleurs algériens de marche, à Loury, Chevilly, 4 octobre ; Rapport du commandant du IIIᵉ bataillon du 29ᵉ de marche sur l'affaire de Toury (5 octobre), Argent, 20 octobre ; Historiques *manuscrits* du 1ᵉʳ régiment de Tirailleurs algériens de marche et du 73ᵉ mobiles. — Quant aux deux compagnies du 4ᵉ bataillon de chasseurs à pied de marche, elles étaient à Chevilly depuis le 1ᵉʳ octobre.

Les postes que devait occuper le Iᵉʳ bataillon des mobiles du Loiret

tions nécessaires pour pouvoir appuyer, le cas échéant, le mouvement en avant du général Reyau.

Dans l'après-midi du 4 octobre, le 12ᵉ mobiles, renforcé de trois pièces de 8 fournies par la 15ᵉ batterie du 3ᵉ régiment, fut envoyé dans l'angle formé par les routes d'Orléans à Paris et d'Orléans à Châteaudun, pour occuper Ormes, la ferme Montaigu et Saran (1). Dans cette région se trouvait déjà, depuis le 1ᵉʳ octobre, le 19ᵉ mobiles avec un bataillon à Ormes et deux bataillons à Cercottes (2).

De même, les huitièmes compagnies des IIᵉ, IIIᵉ et IVᵉ bataillons des mobiles du Loiret furent dirigées sur Vitry-aux-Loges (3).

étaient : 1° des tranchées interceptant la vieille route de Paris dans l'intérieur de la forêt, à environ 4 kilomètres au Sud de Saint-Lyé ; 2° des tranchées coupant à peu près à la même distance au Sud de Bougy le chemin qui conduit à Chanteau. Quatre compagnies du Iᵉʳ bataillon des mobiles du Loiret furent dirigées sur chacun de ces emplacements.

(1) Historiques *manuscrits* du 12ᵉ mobiles et du 3ᵉ régiment d'artillerie ; Journal de marche d'un officier du IIIᵉ bataillon du 12ᵉ mobiles. — D'après l'Historique du 3ᵉ d'artillerie il n'y aurait eu qu'une section à Ormes.

(2) Cf. ci-dessus, p. 153.

(3) Historique *manuscrit* du 73ᵉ mobiles. — Une fois ces mouvements exécutés, la situation des forces françaises au Nord d'Orléans était la suivante le 4 octobre au soir :

1° A la disposition du général Reyau, commandant la division de cavalerie du 15ᵉ corps :

A Chevilly, brigade de cavalerie du général de Longuerue (6ᵉ dragons, 6ᵉ hussards, 1/2 14ᵉ batterie du régiment monté de l'ex-Garde), brigade de cavalerie du général Ressayre (9ᵉ cuirassiers, 1ᵉʳ cuirassiers de marche, 1/2 18ᵉ batterie du 13ᵉ d'artillerie), deux compagnies du 4ᵉ bataillon de chasseurs à pied de marche, deux bataillons de Tirailleurs algériens, trois compagnies du IIIᵉ bataillon du 29ᵉ de marche ;

A Cercottes, deux compagnies du IIIᵉ bataillon du 29ᵉ de marche ;

En route de Bougy et Saint-Lyé sur Chevilly, deux compagnies du IIIᵉ bataillon du 29ᵉ de marche ;

Enfin, le IIe bataillon du 70e mobiles devait le lendemain se rendre à Châteauneuf (1).

Plus à l'Est, le 4 octobre, le général de Nansouty

A Huêtre, 2e lanciers, de la brigade de cavalerie du général Michel ;
A Saint-Péravy-la-Colombe, le reste de la brigade du général Michel [5e lanciers (trois escadrons, le quatrième est à Meung), 3e dragons de marche, 1/2 14e batterie du régiment monté de l'ex-Garde] et probablement le Ier bataillon des mobiles de la Savoie.

2° Sous les ordres du général de Polhès, commandant supérieur de la région du Centre :

A Ormes, Ier bataillon du 12e mobiles, IIe bataillon du 19e mobiles, 1/2 15e batterie du 3e d'artillerie ;

A la ferme Montaigu, IIIe bataillon du 12e mobiles ;

A Saran, IIe bataillon du 12e mobiles ;

A Cercottes, Ier et IIIe bataillons du 19e mobiles ;

A Saint-Lyé et à Bougy, Ier bataillon des mobiles du Loiret (quatre compagnies dans chacune des localités) ;

Entre Bougy et Chilleurs-aux-Bois, Ier bataillon du 29e de marche ;

A Loury, IIe bataillon du 29e de marche (avec un détachement à Ingrannes), Ier et IIe bataillons du 8e mobiles ;

A Vitry-aux-Loges, 8es compagnies des IIe, IIIe et IVe bataillons des mobiles du Loiret ;

A Orléans, 8e compagnie du Ve bataillon des mobiles du Loiret, IIIe bataillon du 8e mobiles, Ier et IIe bataillons du 70e mobiles (Lot), 1/2 18e batterie du 13e d'artillerie (batterie de 4) ; 1/2 15e batterie et 16e batterie du 3e d'artillerie (batteries de 8) et probablement les deux compagnies de francs tireurs de Paris (section d'Orléans).

A cette date, tous les bataillons de mobiles dont il est question ci-dessus n'avaient encore que des fusils anciens modèles. Le 12e mobiles reçut des fusils Chassepot le 6 octobre à Ormes ; quant aux autres corps, ce ne fut que beaucoup plus tard qu'ils en furent dotés.

(1) Le Commandant supérieur de la région du Centre au Ministre de la Guerre, à Tours, D. T., Orléans, 4 octobre, 7 h. 30 soir ; Rapport sur les opérations du 70e mobiles, 23 août 1871. — D'après la dépêche du commandant supérieur de la région du Centre, il semble que le IIe bataillon du 70e mobiles (Lot) devait se rendre avec une section d'artillerie à Montargis pour renforcer les troupes du général de Nansouty. En réalité, ce bataillon s'arrêta à Châteauneuf, et seule, comme on le verra plus loin, la section d'artillerie continua jusqu'à Gien.

maintenait à peu de chose près les mesures qu'il avait prises la veille pour assurer la surveillance de la région comprise entre Gien, Pithiviers et Montargis.

Il envoyait toutefois à Lorris, dans la matinée, un escadron du 11ᵉ chasseurs à cheval pour renforcer les deux escadrons du 1ᵉʳ chasseurs à cheval de marche. Puis, dans l'après-midi, sur les instances réitérées du sous-préfet de Montargis, il dirigeait par voie ferrée sur cette ville un bataillon de mobiles qui devait occuper la forêt (1).

Pour donner satisfaction enfin au général de Nansouty, qui avait demandé des renforts et notamment de

---

(1) Le général de Nansouty au Général commandant supérieur de la région du Centre, à Orléans, D. T., Gien, 4 octobre, 4 heures soir, et 5 octobre, 10 h. 20 matin. — En réalité, il n'y avait le 4 octobre au soir à Lorris, avec l'escadron du 11ᵉ chasseurs à cheval, qu'un seul escadron du 1ᵉʳ chasseurs à cheval de marche. Le 4ᵉ escadron de ce dernier régiment, détaché à Noyers depuis la veille, en était parti, le 4 octobre à 10 heures du matin, pour secourir son poste de Bellegarde qui se croyait menacé. Il se porta ensuite de sa propre initiative sur Boiscommun, en suivant la lisière de la forêt. Dans la soirée, il reçut l'ordre de revenir à Lorris. Il quitta Boiscommun à 10 heures du soir, et arriva à 11 h. 45 à Bellegarde où il s'arrêta pour passer le reste de la nuit. Le lendemain, 5 octobre, il se mit en route à 6 heures du matin et rejoignit Lorris deux heures après (Historique *manuscrit* des opérations auxquelles a pris part le 4ᵉ escadron du 1ᵉʳ régiment de chasseurs de marche).

Sur l'ordre du général de Nansouty, deux des escadrons du 11ᵉ chasseurs à cheval, maintenus à Gien, furent de piquet pendant la journée du 4 octobre. De plus, un peloton fut envoyé à Saint-Père pour relever les postes du 1ᵉʳ chasseurs à cheval. Ce peloton ne rejoignit son régiment que le 9 octobre (Historique *manuscrit* du 11ᵉ chasseurs à cheval de marche).

D'autre part, le bataillon des mobiles de l'Aveyron, envoyé le 3 octobre à Ouzouer-sur-Loire et dans la forêt, avait été relevé le 4 par le Iᵉʳ bataillon des mobiles de la Haute-Vienne.

Le bataillon de mobiles envoyé à Montargis était le IIᵉ bataillon de la Haute-Vienne. Parti à 4 heures du soir de Gien, ce bataillon arrivait à

l'artillerie, le général de Polhès décidait, le 4 octobre, qu'une section de la 16ᵉ batterie du 3ᵉ régiment d'artillerie partirait le lendemain pour Gien. Elle devait être escortée jusqu'à Châteauneuf par le IIᵉ bataillon du 70ᵉ mobiles (1).

Dans le département du Loir-et-Cher, aucune modification n'avait été apportée aux dispositions prises la veille, soit par le commandant de la subdivision, soit par le général Tripart.

---

6 heures du soir à Montargis. Il n'en repartit que le 6 octobre, à 2 heures du soir, pour aller occuper la forêt de Montargis (Historique *manuscrit* du 71ᵉ mobiles).

Ces mouvements exécutés, la situation des forces du général de Nansouty, le 4 octobre au soir, était la suivante : à Bellegarde, un escadron du 1ᵉʳ chasseurs à cheval de marche ; à Lorris, un escadron du 1ᵉʳ chasseurs à cheval de marche et un escadron du 11ᵉ chasseurs à cheval ; à Ouzouer-sur-Loire et dans la forêt, Iᵉʳ bataillon des mobiles de la Haute-Vienne ; à Montargis, IIᵉ bataillon des mobiles de la Haute-Vienne ; à Nogent-sur-Vernisson, deux escadrons du 1ᵉʳ chasseurs à cheval de marche et un bataillon des mobiles de l'Aveyron ; à Gien, trois escadrons du 11ᵉ chasseurs à cheval (moins un peloton à Saint-Père), deux bataillons des mobiles de l'Aveyron et le IVᵉ bataillon des mobiles de l'Isère.

Tous les bataillons de mobiles avaient des fusils anciens modèles. En outre, ceux qui étaient à Gien n'avaient pas de campement.

En rendant compte de ces dispositions au commandant supérieur de la région du Centre, le général de Nansouty insistait pour qu'on lui envoyât un fonctionnaire de l'intendance qui assurerait la subsistance de ses troupes.

(1) Le Général commandant supérieur de la région du Centre au Ministre de la Guerre, à Tours, D. T., Orléans, 4 octobre, 7 h. 30 soir; Historique *manuscrit* du 3ᵉ d'artillerie ; Journal de marche de l'artillerie de la 2ᵉ division du 15ᵉ corps. — Cette section, considérée comme devant opérer isolément, avait été pourvue de deux caissons par pièce (Le Chef d'escadron commandant le groupe des 15ᵉ et 16ᵉ batteries du 3ᵉ d'artillerie au Lieutenant-Colonel commandant de la réserve d'artillerie du 15ᵉ corps, à Bourges, Orléans, 6 octobre).

Dans la journée du 4 octobre, un peloton du 5ᵉ cuirassiers, envoyé en reconnaissance par la 8ᵉ brigade de cavalerie prussienne, fut accueilli à Fresnay-l'Évêque (1) par des coups de feu. Le commandant de la 4ᵉ division donna immédiatement l'ordre d'incendier la localité. Un détachement, commandé par le colonel du 10ᵉ ulans et composé d'un escadron de ce régiment, de la compagnie bavaroise détachée à Janville et d'une section de la 2ᵉ batterie à cheval du 11ᵉ d'artillerie envoyée de Toury, fut chargé de cette mission. Il devait, en même temps, chasser de la région les francs-tireurs qui s'y étaient montrés la veille. En cours de route, la petite colonne prussienne trouva le village de Trancrainville (2) défendu par des gardes nationaux du pays. La batterie ouvrit immédiatement le feu sur la localité, qui fut réduite en cendres ; deux défenseurs, pris les armes à la main, furent fusillés. La nuit approchant, le détachement revint à Janville (3).

Les mouvements exécutés par les Français, le 4 octobre et les jours précédents, avaient amené le comman-

---

(1) A 10 kilomètres au Nord-Ouest de Janville.
(2) Trancranville sur la carte au 200,000ᵉ.
(3) *Geschichte des Westpreussischen Kürassier-Regiments Nr. 5*, p. 435 ; *Das Posensche Ulanen-Regiment Nr. 10*, p. 163 ; *Geschichte des Hessischen Feld-Artillerie Regiments Nr. 11*, p. 215 ; *Geschichte des Königlich Bayerischen Infanterie-Leib-Regiments*, p. 295. — Deux hommes de la compagnie bavaroise furent blessés dans cette affaire.

Après avoir passé la nuit du 3 au 4 au château de Cambrai, le commandant de Lipowski s'était porté le 4 octobre avec ses trois compagnies sur Ymonville et Trancrainville et avait cherché à organiser la défense du village par les gardes nationaux du pays. D'après son rapport, il ne semble pas que les francs-tireurs de Paris aient participé à l'affaire de Trancrainville (Le Commandant des francs-tireurs de Paris au Ministre de la Guerre, à Tours, Châteaudun, 5 octobre).

La section de la 2ᵉ batterie à cheval du 11ᵉ d'artillerie resta à Janville le 4 au soir.

dant de la *4*e division de cavalerie prussienne à craindre une attaque imminente dont il ne parvenait pas cependant à préciser la direction. En prévision d'une surprise pendant la nuit, il prescrivit qu'une partie des troupes stationnées à Toury et à Janville se tiendrait prête à marcher. Il fit en outre renforcer par un peloton d'infanterie l'escadron du *2*e hussards qui fournissait les avant-postes sur la route d'Orléans et prescrivit que, le 5 octobre au lever du jour, deux pelotons du 5e dragons pousseraient une reconnaissance sur Artenay. Le lendemain à 6 h. 30 du matin, la *8*e brigade de cavalerie prussienne, avec deux sections de la 2e batterie à cheval du *11*e d'artillerie et la compagnie bavaroise détachée à Janville, partirait dans la direction de Châteaudun pour explorer le pays et continuer la mission qu'elle avait reçue la veille. A la même heure, enfin, la *10*e brigade de cavalerie, le gros du IIe bataillon du régiment du Corps bavarois et le reste de l'artillerie se rassembleraient entre Toury et Janville, sous la protection des avant-postes (1).

A Pithiviers, la *9*e brigade n'avait pas été inquiétée

---

(1) *Geschichte des Dragoner-Regiments Freiherr von Manteuffel (Rheinischen) Nr. 5*, p. 116; *Das 2. Leib-Husaren-Regiment Nr. 2*, p. 123; *Geschichte des Hessischen Feld-Artillerie-Regiments Nr. 11*, p. 216; *Geschichte des Königlich Bayerischen Infanterie-Leib-Regiments*, p. 293; *Kriegsgeschichtliche Einzelschriften*, Heft 11, p. 555. — Le 4 octobre, l'escadron du 5e dragons maintenu à Pithiviers avait rejoint son régiment à Toury.

La 5e compagnie du IIe bataillon du régiment du Corps était partie le 2 octobre pour escorter un troupeau de bétail jusqu'à Étampes, où elle reçut l'ordre de pousser jusqu'à Corbeil.

Pour accompagner la 8e brigade, une section de la batterie à cheval $\frac{2^e}{11^e}$ partit de Toury le 5 octobre, à 6 heures du matin; elle retrouva à Janville l'autre section de la batterie qui y était depuis la veille. La troisième section de la batterie $\frac{2^e}{11^e}$ fut rattachée, le 5 octobre, à la

pendant la journée du 4 octobre. Une demi-compagnie bavaroise fut seulement maintenue à Denainvilliers, en soutien des avant-postes de cavalerie (1).

Poursuivant son intention première de prendre l'offensive, le général Reyau expédiait, dans l'après-midi du 4 octobre, ses ordres en vue d'attaquer le lendemain matin dans leurs cantonnements les éléments de la 4ᵉ di-

---

batterie à cheval $\frac{1^{re}}{5^e}$ qui avait, comme on le sait, une section détachée avec la *9*ᵉ brigade à Pithiviers.

Dans ces conditions, le 5 octobre au matin, le prince Albrecht disposait :

A Janville, de la *8*ᵉ brigade de cavalerie (*5*ᵉ cuirassiers et *10*ᵉ ulans, tous deux à quatre escadrons), de la 6ᵉ compagnie du IIᵉ bataillon du régiment du Corps bavarois, et de deux sections de la batterie à cheval $\frac{2^e}{11^e}$, soit huit escadrons, une compagnie et quatre pièces ;

A Toury, de la *10*ᵉ brigade de cavalerie (*5*ᵉ dragons et *2*ᵉ hussards, tous deux à quatre escadrons), des 7ᵉ et 8ᵉ compagnies du IIᵉ bataillon du régiment du Corps, d'une section de la batterie à cheval $\frac{2^e}{11^e}$ et de deux sections de la batterie à cheval $\frac{1^{re}}{5^e}$, soit huit escadrons, deux compagnies et six pièces.

Pour la commodité du récit pendant la journée du 5 octobre, on appellera batterie à cheval $\frac{2^e}{11^e}$ les deux sections rattachées à la *8*ᵉ brigade et batterie $\frac{1^{re}}{5^e}$ l'ensemble des trois sections restées avec la *10*ᵉ brigade.

(1) *Kriegsgeschichtliche Einzelschriften*, Heft 11, p. 555. — Le détachement d'un demi-escadron du *6*ᵉ ulans et d'une demi-compagnie du Iᵉʳ bataillon du régiment du Corps bavarois, parti le 3 octobre pour Étampes avec un convoi de bétail, était revenu à Pithiviers le 4. Le même jour, les fractions du *6*ᵉ ulans restées en arrière pour escorter les prisonniers de Sedan avaient rejoint leur régiment qui se trouvait ainsi au complet (H. Bothe, *Geschichte des Thüringischen Ulanen-Regiments Nr. 6*, p. 258). Les forces allemandes réunies à Pithiviers, le 5 octobre

vision de cavalerie prussienne stationnés sur la route d'Orléans à Paris. Il formait à cet effet trois colonnes.

Le général de Longuerue, avec trois escadrons du 6ᵉ hussards, le 6ᵉ dragons, les deux compagnies du 4ᵉ bataillon de chasseurs à pied de marche, le IIIᵉ bataillon du 29ᵉ de marche (1) et la moitié de la 14ᵉ batterie du régiment monté de l'ex-Garde, partirait de Chevilly à 3 heures du matin et s'avancerait vers Toury par la grand'route.

Le général Ressayre devait aussi quitter Chevilly à 3 heures du matin, avec une colonne comprenant un escadron du 6ᵉ hussards, le 9ᵉ cuirassiers, le 1ᵉʳ cuirassiers de marche, les deux bataillons de Tirailleurs algériens et la moitié de la 18ᵉ batterie du 13ᵉ d'artillerie. Après avoir suivi la grand'route jusqu'à la sortie Nord d'Artenay, il se dirigerait vers l'Est, et en passant par Ruan, Lion-en-Beauce et Tivernon, prendrait également Toury pour objectif (2).

Le général Michel avait pour mission d'appuyer à gauche le mouvement sur Toury. Avec le 2ᵉ lanciers, trois escadrons du 5ᵉ lanciers, le 3ᵉ régiment de dragons de marche et la moitié de la 14ᵉ batterie du régiment monté de l'ex-Garde, il se dirigerait d'Huêtre et de Saint-Péravy-la-Colombe vers Artenay qu'il contournerait par l'Ouest. Il prendrait ensuite la route de Chartres et se

---

au matin, comprenaient donc la 9ᵉ brigade de cavalerie (1ᵉʳ ulans à deux escadrons et 6ᵉ ulans à quatre escadrons), le IIᵉ bataillon du régiment du Corps bavarois et une section de la batterie à cheval $\frac{1^{re}}{5^e}$, soit six escadrons, quatre compagnies et deux pièces.

(1) On sait que le IIIᵉ bataillon du 29ᵉ de marche ne disposait le 5 octobre au matin que de cinq compagnies.

(2) Les colonnes des généraux de Longuerue et Ressayre devaient toutes les deux suivre la grand'route d'Orléans à Paris depuis Chevilly jusqu'à la sortie Nord d'Artenay. Aucun des documents retrouvés ne permet de préciser comment s'effectua ce mouvement.

porterait par Santilly sur Janville, en se reliant avec la colonne du général de Longuerue. Il devait, pour régler son mouvement, faire état des chemins que ses régiments auraient à suivre, de manière à arriver à Toury en même temps que les autres colonnes dont on lui indiquait seulement l'heure de départ de Chevilly (1).

Pour soutenir ces trois colonnes, deux bataillons du 19ᵉ mobiles, stationnés à Ormes, avaient l'ordre de se rendre à Chevilly le 5 octobre pour 3 heures du matin. Ils devaient ensuite suivre la voie ferrée en laissant à Artenay une ou deux compagnies qui s'installeraient à la lisière Nord de la localité (2).

5 octobre.

La marche des colonnes du centre et de droite s'exécuta sans incidents conformément aux ordres donnés (3). Le 5 octobre, vers 6 h. 30 du matin, le général de Longuerue arrivait à hauteur de Tivernon après avoir refoulé les avant-postes de cavalerie prussienne installés sur la grand'route. A la même heure, le général Res-

---

(1) Le Général commandant la division de cavalerie du 15ᵉ corps au général Michel, à Saint-Péravy-la-Colombe, Chevilly, 4 octobre. — Cet ordre parvint au général Michel suffisamment tôt pour que, dès 3 heures du soir, le 4 octobre, les corps sous ses ordres en aient reçu communication (Historique *manuscrit* du 2ᵉ lanciers).

(2) Lieutenant-colonel de Choulot, *Journal et notes du 19ᵉ régiment mobiles (Cher)*, p. 38. — D'après cet ouvrage, l'ordre concernant le 19ᵉ mobiles aurait été transmis au commandant du régiment par l'intermédiaire du général de Longuerue.

(3) Il n'a pas été possible de préciser le dispositif de marche adopté par les commandants des colonnes du centre et de droite. L'on sait seulement que le général de Longuerue fit suivre la grand'route par l'infanterie et l'artillerie, pendant que les régiments de cavalerie marchaient en colonne serrée de chaque côté, le 6ᵉ hussards à droite et le 6ᵉ dragons à gauche (Historique *manuscrit* du 6ᵉ dragons). Quant au général Ressayre, il fit éclairer sa colonne par le 4ᵉ escadron du 6ᵉ hussards qui lui était adjoint (Historique *manuscrit* du 6ᵉ hussards).

sayre s'arrêtait un peu au Nord de cette localité, où l'escadron de hussards qui précédait la colonne avait enlevé un petit poste d'infanterie, dont une partie put cependant se replier le long de la voie ferrée, vers le passage à niveau du chemin de Poinville à Oudreville.

L'attaque ne put commencer immédiatement; la colonne du général Michel était en retard.

D'après les instructions de ce dernier, le 2ᵉ lanciers devait quitter Huêtre à minuit et se porter à travers champs dans la direction d'Artenay, pour se diriger ensuite vers le Nord entre les deux routes d'Orléans à Paris et d'Orléans à Chartres. Pendant ce temps, le reste de la brigade, partant de Saint-Péravy, passerait par Roumilly, Brilly et Sougy, suivrait le chemin de Sougy à Artenay et viendrait rejoindre le 2ᵉ lanciers près de cette dernière localité.

Dans l'obscurité, la liaison ne put s'établir entre les deux fractions de la brigade du général Michel (1). Se croyant en retard, le colonel du 2ᵉ lanciers ne s'arrêta pas à l'Ouest d'Artenay; il hâta au contraire sa marche vers le Nord par Dambron et Santilly (2). Vers 6 heures du matin, il se heurtait, en débouchant de Poinville, aux vedettes prussiennes, qui se replièrent vers Janville. Peu après, comme on le sait, les forces allemandes stationnées à Toury et aux environs commençaient à se

---

(1) Le 2ᵉ lanciers, après avoir rallié à Trogny son escadron d'avant-postes, chemina à l'Ouest de Chevaux et de Beaugency. Après avoir dépassé ce dernier hameau, le colonel envoya à la recherche du gros de la brigade un officier. Celui-ci poussa jusqu'au chemin de Sougy à Artenay. Après s'être assuré qu'aucune troupe n'avait encore suivi cet itinéraire, il voulut rallier son régiment à travers champs, mais il se perdit et ne retrouva son corps qu'à 3 heures du matin (Historique manuscrit du 2ᵉ lanciers).

(2) Le 2ᵉ lanciers marchait « par pelotons en colonne avec distance, précédé à 500 mètres par une avant-garde d'un peloton qui s'éclairait par une chaîne de tirailleurs » (Historique manuscrit du 2ᵉ lanciers).

rassembler à l'Ouest de cette localité, et la 8e brigade de cavalerie se préparait à partir de Janville avec la compagnie bavaroise et les deux sections d'artillerie qui lui étaient rattachées. En apercevant ces différents mouvements, le colonel du 2e lanciers se trouva trop en l'air. Il rétrograda vers le Sud et presque aussitôt entra en relations avec la colonne du général de Longuerue.

Vers 7 h. 30 seulement, le général Michel débouchait à l'Ouest d'Artenay avec le reste de sa brigade. Le 2e lanciers le rejoignit, et la colonne de gauche, enfin constituée, se dirigea sur Janville (1).

Combat de Toury (2). — L'arrivée des troupes françaises devant Toury le 5 au matin (3) ne fut pas, comme on l'a vu, une surprise pour le prince Albrecht. Les deux pelotons du 5e dragons, qui devaient aller en reconnais-

---

(1) Historique *manuscrit* du 2e lanciers.
(2) Le Général commandant la division de cavalerie du 15e corps au Général commandant le 15e corps d'armée, à Bourges et au Général commandant supérieur de la région du Centre, à Orléans, D. T., Chevilly, 5 octobre, 6 h. 20 soir ; Rapport du même au Général commandant le 15e corps d'armée sur le combat de Toury, Pithiviers, 8 octobre; Rapport du Capitaine commandant le IIIe bataillon du 29e de marche sur l'affaire de Toury (5 octobre), Argent, 20 octobre ; Rapport du Chef d'escadron commandant l'artillerie au combat de Toury, Camp d'Orléans, 7 octobre ; Journaux de marche du 15e corps d'armée, de l'artillerie de la 2e division du 15e corps et de la division de cavalerie sous le commandement du général Reyau ; Historiques *manuscrits* du 4e chasseurs à pied de marche, du 6e dragons, du 6e hussards, du 2e lanciers, etc. ; *Geschichte des Westpreussischen Kürassier-Regiments Nr. 5*, p. 435 ; *Das Posensche Ulanen-Regiment Nr. 10*, p. 163 ; *Geschichte des Dragoner-Regiments Freiherr von Manteuffel (Rheinischen) Nr. 5*, p. 116 ; *Das 2. Leib-Husaren-Regiment Nr. 2*, p. 123 ; *Geschichte des Feld-Artillerie-Regiments von Podbielski (Niederschlesischen) Nr. 5*, p. 104 ; *Geschichte des Hessischen Feld-Artillerie-Regiments Nr. 11*, p. 216.
(3) Le 5 octobre, le temps était beau, mais avec une forte brume dans les premières heures de la matinée.

sance du côté d'Artenay, avaient franchi les avant-postes au petit jour, et leurs patrouilles avancées se heurtaient bientôt à d'importantes forces françaises en marche sur Artenay. Les avant-postes signalaient, en outre, la présence de détachements français du côté de Tivernon et du côté de Poinville.

Dès qu'il eut connaissance de l'approche des Français, le prince Albrecht pressa les troupes stationnées à Toury de hâter leur rassemblement et fit filer immédiatement sur Étampes les bagages de la 4e division de cavalerie prussienne. Il prescrivit également à la 8e brigade de cavalerie et aux éléments qui lui étaient rattachés de suspendre leur mouvement vers l'Ouest et de se porter sur le flanc gauche de l'ennemi dans la direction de Poinville.

Les deux pelotons du 5e dragons, envoyés en reconnaissance vers Artenay, se replièrent derrière le 3e escadron du 2e hussards et le peloton d'infanterie de la 8e compagnie du régiment du Corps bavarois, qui assuraient vers le Sud le service de sûreté de la 4e division de cavalerie. Renforcés par un peloton, les postes avancés de l'escadron du 2e hussards formèrent bientôt devant l'attaque française une ligne clairsemée de tirailleurs, déployée des deux côtés de la voie ferrée et de la route d'Orléans à Paris, le long du chemin de terre de Poinville à Ondreville par la cote 117. A cette chaîne se joignirent les fantassins bavarois échappés de Tivernon qui occupèrent, comme on le sait, la maison du garde-barrière à l'intersection du chemin de terre et de la voie ferrée.

Pendant ce temps, les troupes cantonnées à Toury et aux environs immédiats se portaient, à l'Ouest du village, sur le lieu de rassemblement qui avait été indiqué la veille.

Un peu après 7 heures du matin, le prince Albrecht prit les dispositions suivantes. La 7e compagnie du régiment du Corps bavarois occupa Boissay et La Chapelle Saint-Blaise ainsi que la lisière Sud de Toury. La 8e compagnie garnit la voie ferrée en se prolongeant vers Armonville. La 1re batterie à cheval du 5e régiment d'artillerie s'installa entre la sortie Sud de Toury et Boissay, avec le 5e escadron du 2e hussards comme soutien. Un autre escadron du même régiment, le 4e, fut dirigé sur Armonville pour protéger le flanc gauche (1). Le reste du 2e hussards — un peu moins de deux escadrons — s'établit au Sud de La Chapelle Saint-Blaise, pendant que le 5e dragons s'arrêtait au Nord de ce hameau (2).

De son côté, le général de Longuerue, après avoir pris le contact de l'ennemi, avait déployé ses deux compagnies de chasseurs à pied, en les faisant soutenir par les cinq compagnies du IIIe bataillon du 29e de marche. Lorsqu'il aperçut au Sud de La Chapelle Saint-Blaise les deux escadrons de cavalerie prussienne, il fit avancer une section de sa demi-batterie et lui ordonna d'ouvrir le feu sur eux. Les deux pièces s'installèrent sur la route même, à peu près à l'endroit où elle fait un coude (3). Pour leur servir de soutien, le 6e hussards

---

(1) Chacun de ces deux escadrons détacha des éclaireurs qui prolongèrent à l'Est et à l'Ouest la ligne de tirailleurs formée par les avant-postes.

(2) *Geschichte des Dragoner-Regiments Freiherr von Manteuffel (Rheinischen) Nr. 5*, p. 116; *Das 2. Leib-Husaren-Regiment Nr. 2*, p. 124. — Les deux escadrons du 2e hussards qui se placèrent au Sud de La Chapelle Saint-Blaise étaient le 1er escadron qui avait évacué son cantonnement de Boissay dès les premiers coups de feu et les fractions du 3e escadron qui formaient, sans doute, la réserve des avant-postes.

(·) La troisième pièce resta avec l'adjudant de la batterie à quelques centaines de mètres en arrière. — Il n'a pas été possible de préciser l'emplacement exact où la section de la 14e batterie du régiment de l'ex-Garde se mit en batterie. D'après le rapport du chef d'escadron commandant l'artillerie au combat de Toury (Camp d'Orléans, 7 oc-

(trois escadrons) se plaça en échelon immédiatement derrière, pendant que le 6ᵉ dragons s'établissait à l'Ouest de ce régiment et sur le même alignement que lui. Les deux bataillons du 19ᵉ mobiles, après avoir laissé une compagnie à Artenay, suivaient en réserve, sur la voie ferrée.

Plus à l'Est, le général Ressayre avait déployé une compagnie de Tirailleurs algériens qui avait ouvert le feu contre l'ennemi tenant la voie ferrée et le terrain à l'Est de cette dernière. Lorsqu'il aperçut, lui aussi, les deux escadrons prussiens au Sud de La Chapelle Saint-Blaise, il fit mettre en batterie ses trois pièces, à peu près à 1 kilomètre au Nord de Tivernon, sur le chemin de terre conduisant à la cote 117 (1). Trois pelotons du 6ᵉ escadron du 6ᵉ hussards se tenaient entre cette artillerie et la voie ferrée. En arrière était la brigade de cuirassiers, avec ses régiments en colonne encadrant le reste des deux bataillons de Tirailleurs algériens. Le 9ᵉ cuirassiers, qui était à l'Est, faisait en même temps observer la direction de Pithiviers.

L'artillerie française ouvrit le feu vers 7 h. 30 (2). Son tir, sans causer de grandes pertes aux hussards prus-

---

tobre), les pièces s'installèrent « à 1,000 mètres environ de l'ennemi placé en avant du chemin qui mène de Janville à la route de Paris ». D'après le Journal de marche de l'artillerie de la 2ᵉ division du 15ᵉ corps, la section aurait tiré « à 1,000 mètres sur la cavalerie ennemie rangée en bataille ».

D'après un croquis joint au Journal de marche de la division de cavalerie sous le commandement du général Reyau, la section se serait mise en batterie au coude formé par la route, à hauteur de la ligne des tirailleurs fournis par les deux compagnies du 4ᵉ bataillon de chasseurs à pied de marche déployées à l'Ouest de la route.

(1) Rapport du Chef d'escadron commandant l'artillerie au combat de Toury, camp d'Orléans, 7 octobre.

(2) Il semble que ce fut la section d'artillerie de la colonne du général de Longuerue qui ouvrit le feu.

siens, les obligea pourtant à de nombreux déplacements (1). La 1re batterie à cheval du 5e régiment prussien riposta immédiatement, mais sans obtenir non plus de résultats (2). Pendant ce temps, les tirailleurs de la colonne du général de Longuerue continuaient à progresser. Poussant devant eux la faible chaîne ennemie, ils commençaient, vers 8 heures, à déboucher au nord de Poinville. A ce moment intervint la 2e batterie à cheval du *11e* régiment prussien.

Aussitôt après avoir reçu l'ordre du prince Albrecht de déborder le flanc gauche de l'attaque française, la *8e* brigade de cavalerie prussienne s'était, en effet, dirigée vers l'Est de Janville, en envoyant un demi-escadron du *10e* ulans vers Poinville. La compagnie d'infanterie bavaroise avait suivi son mouvement. Quant à la 2e batterie à cheval du *11e* régiment, elle était venue se mettre en batterie à l'Ouest de Boissay, de manière à prendre d'écharpe la section d'artillerie française installée à l'Ouest du chemin de fer.

Le feu des deux batteries prussiennes réduisit rapidement au silence les deux pièces françaises, qui se retirèrent en désordre (3). Le 6e hussards, qui se trouvait

---

(1) « Les obus tombaient en avant et en arrière des escadrons sans leur causer de pertes, grâce au système défectueux des fusées à temps. Un seul obus, après avoir ricoché sur la route, éclata devant le régiment » et blessa plusieurs hommes (*Das 2. Leib-Husaren-Regiment Nr. 2*, p. 126-127).

(2) D'après le rapport du Chef d'escadron commandant l'artillerie au combat de Toury (camp d'Orléans, 7 octobre), la cavalerie prussienne en se retirant démasqua une batterie prussienne, qui « ouvrit de suite le feu, mais sans aucun succès ». Le tir que cette même batterie dirigea peu après sur l'artillerie de la colonne du général Ressayre aurait également été trop long et n'aurait causé aucun mal.

(3) Dès les premiers coups tirés par la 2e batterie à cheval du *11e* régiment d'artillerie, le lieutenant commandant la section de la 14e batterie du régiment monté de l'ex-Garde reçut deux blessures et

placé de manière à recevoir tous les coups longs, dut également rétrograder pour se mettre à l'abri. Son mouvement s'exécuta avec calme et au pas.

L'artillerie allemande dirigea alors son tir sur l'infanterie française qui progressait vers le Nord. Le IIIe bataillon du 29e de marche se replia rapidement derrière le 6e dragons, entraînant avec lui les deux compagnies du 4e bataillon de chasseurs à pied de marche, qui firent cependant meilleure contenance (1). Toute la colonne du général de Longuerue se porta donc en arrière. Ce mouvement se fit sous la protection du 6e dragons, qui, le dernier, rompit par échelons. Il était alors 9 h. 15 du matin (2).

Les batteries prussiennes avaient profité de ces cir-

---

eut son cheval tué. A la première pièce, 2 servants et 5 chevaux furent tués; 1 artificier, 3 servants, 1 conducteur et 3 chevaux furent blessés. La pièce de gauche et les caissons se portèrent en arrière sans commandement ainsi que les servants non blessés de la pièce de droite. Ils furent arrêtés par l'adjudant de la batterie, qui rétablit promptement l'ordre. La pièce de droite ne pouvait être remise sur son avant-train dont les chevaux de derrière étaient blessés. Avec le chef de pièce resté à son poste, le lieutenant commandant la section la fit ramener en arrière par des chasseurs à pied. Pendant ce temps, le conducteur de derrière, bien que blessé, mettait ses harnais sur les chevaux de devant, et la pièce put être replacée sur son avant-train (Rapport du chef d'escadron commandant l'artillerie au combat de Toury, Camp d'Orléans, 7 octobre). Pendant tout le reste de la journée, la demi-batterie de la colonne du général de Longuerue ne reprit aucune part à l'action.

(1) Les deux compagnies de chasseurs et quelques centaines d'hommes du 29e de marche purent en se retirant s'abriter derrière le remblai de la voie ferrée (Rapport du Général commandant la division de cavalerie du 15e corps au Général commandant le 15e corps d'armée sur le combat de Toury, Pithiviers, 8 octobre).

(2) Historiques *manuscrits* du 6e dragons et du 6e hussards. — Les deux bataillons du 19e mobiles, placés en réserve, se replièrent également vers le Sud en même temps que la colonne du général de Longuerue.

constances pour aller prendre une position plus favorable au Sud de Boissay. Elles dirigèrent alors leur feu sur la demi-batterie de la colonne du général Ressayre. Ce dernier se détermina à ramener ses forces sur Tivernon. Ce mouvement de repli s'exécuta presque en même temps que celui de la colonne du général de Longuerue (1).

A l'aile gauche française, le général Michel, en entendant le canon, envoya sa demi-batterie prendre position vers la cote 138, à 1,200 mètres à l'Ouest de Poinville. Il la fit soutenir par deux escadrons du 2ᵉ lanciers et établit, à l'abri en arrière, le reste de sa brigade placée sur deux lignes (2). La demi-batterie ouvrit le feu sur le demi-escadron de ulans en observation près de Poinville, qui se contenta de changer d'emplacement.

Lorsque le général Michel s'aperçut du mouvement de retraite des colonnes des généraux de Longuerue et Ressayre, il fit aussi replier sa brigade.

---

(1) Après avoir changé de position, les batteries allemandes se trouvaient masquées par un pli de terrain et elles reprirent leur tir avec une grande précision. La demi-batterie de la colonne du général Ressayre $\left(\dfrac{18^e}{13^e}\right)$ eut alors 1 homme et 2 chevaux blessés (Rapport du chef d'escadron commandant l'artillerie au combat de Toury, Camp d'Orléans, 7 octobre).

Plusieurs obus vinrent également tomber sur le 9ᵉ cuirassiers et atteignirent 3 hommes et 3 chevaux (Le Général commandant la division de cavalerie du 15ᵉ corps au Général commandant le 15ᵉ corps d'armée, à Bourges, et au Général commandant supérieur de la région du Centre, à Orléans, D. T., Chevilly, 5 octobre, 6 h. 20 soir). Comme on le sait, le 9ᵉ cuirassiers se trouvait à la droite de la deuxième ligne du général Ressayre, formé en colonne. Il est vraisemblable, étant données la position et la direction du tir des pièces ennemies, qu'il reçut les coups longs destinés à l'artillerie.

(2) Il est impossible de préciser les emplacements qu'occupèrent alors la demi-batterie et le gros de la brigade du général Michel. L'Historique *manuscrit* du 2ᵉ lanciers dit simplement qu'en enten-

Constatant le recul général des Français, le commandant de la *10ᵉ* brigade de cavalerie prussienne crut pouvoir prendre l'offensive. Il forma sa brigade en deux échelons et la porta au trot en avant. Mais lorsqu'il aperçut l'infanterie française, qui s'était rapidement reformée des deux côtés de la route, il renonça à sa tentative.

Le général Reyau, qui, depuis le commencement de l'engagement, se tenait à proximité du général Ressayre (1), faisait d'ailleurs presque immédiatement reprendre la marche en avant.

La colonne de droite entama le mouvement. Les Tirailleurs algériens, soutenus par la demi-batterie, se portèrent droit sur Toury, pendant que la brigade de cuirassiers s'élevait vers le Nord pour déborder le village par l'Est.

Un peu avant 10 heures du matin, l'infanterie de la colonne du centre reprenait à son tour l'offensive à cheval sur la route et la voie ferrée; les chasseurs à pied s'avançaient en tête soutenus par le IIIᵉ bataillon du 29ᵉ de marche. Le 6ᵉ hussards marchait entre la route et la voie ferrée, avec le 6ᵉ dragons à sa gauche. Les deux bataillons du 19ᵉ mobiles suivaient à faible distance.

---

dant le canon devant Toury, « le général Michel, plaçant deux escadrons du 2ᵉ lanciers comme escorte auprès de son artillerie, envoya ses pièces prendre position sur le flanc d'une colline, au pied de laquelle il rangea sa brigade en bataille sur deux lignes. En première ligne étaient les dragons, en deuxième les deux régiments de lanciers, dont les escadrons des ailes déployés sur un rang débordaient les extrémités de la première ligne ».

On se rappelle que le 5ᵉ lanciers avait un escadron détaché à Meung avec les bagages de la brigade. Dans ces conditions, le 2ᵉ lanciers ayant deux escadrons en soutien d'artillerie, la deuxième ligne ne comptait que cinq escadrons. C'est ce qui explique la formation prescrite par le général Michel pour les escadrons des ailes.

(1) Historique *manuscrit* du 6ᵉ hussards.

Se conformant au mouvement général, la brigade Michel, appuyée par son artillerie, se dirigeait sur l'intervalle situé entre Toury et Janville, se gardant dans la direction de cette dernière localité par un peloton (1).

En voyant se dessiner le mouvement de la colonne du général Ressayre, le commandant de la 8ᵉ brigade de cavalerie prussienne avait envoyé les 1ᵉʳ et 3ᵉ escadrons du 2ᵉ hussards renforcer, vers Armonville, le 4ᵉ escadron (2). D'ailleurs, au moment où le général Reyau se préparait à reprendre l'offensive, le prince Albrecht, suffisamment renseigné par le combat sur les forces françaises (3), se disposait à se replier vers le Nord. La 8ᵉ brigade de cavalerie reçut l'ordre d'aller prendre une position de repli au Nord de Toury; les deux batteries se retireraient ensuite en occupant des positions successives; les trois compagnies bavaroises, couvertes par le 5ᵉ dragons, devaient se dérober les dernières.

Lorsque les forces du général Reyau reprirent leur mouvement vers le Nord, l'artillerie prussienne dirigea son feu sur l'infanterie française, de manière à retarder ses progrès sur Toury. Néanmoins, elle dut bientôt se

---

(1) Ce peloton s'empara plus tard, à Janville, du poste laissé par la 6ᵉ compagnie du régiment du Corps bavarois, lors de son départ avec la 10ᵉ brigade. Ce poste était fort de 17 hommes. Deux canonniers et les deux chevaux d'un officier de la batterie à cheval $\frac{2^e}{11^e}$ furent également faits prisonniers. Ces hommes n'avaient pas été prévenus du départ des bagages de la 8ᵉ brigade ni, comme on le verra, de la retraite de la 4ᵉ division (*Geschichte des Königlich Bayerischen Infanterie-Leib-Regiments*, p. 295; *Geschichte des Hessischen Feld-Artillerie-Regiments Nr. 11*, p. 216, note **).

(2) Le 5ᵉ escadron du 2ᵉ hussards resta avec l'artillerie.

(3) Les Allemands évaluèrent les forces françaises engagées à Toury le 5 octobre à douze bataillons, trois régiments de cavalerie et trois demi-batteries (*Historique du Grand État-Major prussien*, IIᵉ partie, p. 218, note 2).

retirer. La 2ᵉ batterie à cheval du *11ᵉ* d'artillerie partit la première ; elle alla s'établir au Nord du chemin de Toury à Janville, d'où elle ouvrit le feu contre la demi-batterie du général Michel. La 1ʳᵉ batterie à cheval du 5ᵉ régiment se porta alors sur une position à environ 1,200 mètres au Nord de Toury, près de la grande route. Deux sections devaient battre la sortie Nord du village ; une section, placée à 500 mètres à l'Ouest des deux premières, tenait sous son feu la lisière Ouest.

L'infanterie bavaroise se retira ensuite en suivant d'une façon générale la grande route. Son mouvement fut suivi par le *2ᵉ* hussards, qui resta à l'Est de la voie ferrée (1), et par le *5ᵉ* dragons, qui se replia par l'Ouest de Toury. A différentes reprises, les deux demi-batteries des colonnes de droite et de gauche du général Reyau dirigèrent leur feu sur ces deux régiments.

Vers 11 heures du matin, les tirailleurs des colonnes des généraux Ressayre et de Longuerue, chasseurs à pied et Tirailleurs algériens, pénétrèrent dans Toury (2) et gagnèrent la lisière Nord de la localité. La 2ᵉ batterie à cheval du *11ᵉ* d'artillerie alla alors rejoindre la 1ʳᵉ bat-

---

(1) D'après *Das 2. Leib-Husaren-Regiment Nr. 2* (p. 129-130), au moment où les Français reprenant leur mouvement en avant débouchaient de Tivernon, les trois escadrons du 2ᵉ hussards, qui se trouvaient à l'Est de Toury, auraient dessiné un retour offensif. Les 1ᵉʳ et 3ᵉ escadrons se seraient portés directement contre le flanc *gauche* de la cavalerie française comprenant des cuirassiers et des chasseurs, le 4ᵉ escadron formant échelon à gauche. Cette menace aurait déterminé la cavalerie française à se replier et facilité ainsi le mouvement rétrograde de la 4ᵉ division de cavalerie. Aucun document français ne mentionne cet épisode. L'historique allemand a sans doute pris pour des chasseurs les cavaliers du 4ᵉ escadron du 6ᵉ hussards qui marchait avec la colonne du général Ressayre.

(2) Les Prussiens abandonnaient dans Toury quelques malades et un parc d'animaux réquisitionnés comprenant 147 vaches et 52 moutons, dont les conducteurs, également réquisitionnés, s'étaient enfuis au premier coup de canon.

terie à cheval du 5ᵉ. Toutes les deux s'efforcèrent d'empêcher les Français de déboucher du village. Le feu de l'infanterie française et les progrès de la cavalerie les obligèrent bientôt à aller occuper une dernière position au Sud de Champilory (1), où elles ne restèrent que très peu de temps. La 4ᵉ division de cavalerie continua, en effet, sans s'arrêter, son mouvement sur Angerville, poursuivie seulement par la canonnade à peu près inefficace des demi-batteries des colonnes de droite et de gauche (2).

Vers midi, les forces françaises avaient dépassé Toury. Les deux compagnies de chasseurs à pied s'étaient avancées le long de la voie ferrée jusqu'à environ 1 kilomètre au Nord. La demi-batterie du général Ressayre s'était installée vers la cote 140, à 500 mètres au Nord-Est du village. Les deux bataillons de Tirailleurs

---

(1) Ce mouvement s'exécuta encore par échelon de batterie, la 2ᵉ batterie du 11ᵉ d'artillerie commençant le mouvement.

(2) La 8ᵉ brigade prit la grande route suivie par l'infanterie, l'artillerie et le 5ᵉ dragons. L'arrière-garde fut formée par le 3ᵉ escadron du 5ᵉ dragons et le 5ᵉ escadron du 2ᵉ hussards, qui avait été soutien d'artillerie pendant toute la journée. Les trois autres escadrons du 2ᵉ hussards demeurèrent en observation à l'Est de la route, et ne reçurent qu'à 3 heures du soir l'ordre de rejoindre le gros de la division à Angerville.

En se retirant, le 5ᵉ dragons et le 2ᵉ hussards laissèrent au contact des Français des reconnaissances d'officiers ou des patrouilles qui ne rejoignirent qu'après avoir constaté le mouvement rétrograde que fit exécuter dans l'après-midi le général Reyau.

D'après l'*Historique du Grand État-Major prussien* (IIᵉ partie, supplément LXXI, p. 30), les Allemands perdirent le 5 octobre, à Toury : 1 officier, 22 hommes et 13 chevaux (IIᵉ bataillon du régiment du corps, 17 prisonniers ; 10ᵉ ulans, 2 chevaux tués, 1 homme et 1 cheval blessés ; 2ᵉ hussards, 2 chevaux tués, 1 officier, 1 homme et 1 cheval blessés ; 5ᵉ dragons, 2 chevaux tués, 1 homme et 1 cheval blessés ; 2ᵉ batterie à cheval du 11ᵉ d'artillerie, 4 chevaux blessés, 2 hommes prisonniers). Il semble qu'à ces pertes il faille ajouter

algériens étaient au Nord de la route de Toury à Outarville, encadrés par les deux régiments de cavalerie, le 9ᵉ cuirassiers à l'Est et le 1ᵉʳ cuirassiers de marche près de la voie ferrée. La colonne du général de Longuerue s'était massée au Nord de Toury et dans le village, où avaient rejoint les deux bataillons du 19ᵉ mobiles. Quant à la colonne du général Michel, la demi-batterie s'était installée vers la cote 132, au Nord-Ouest de Toury, et les trois régiments de cavalerie s'étaient formés à l'Ouest et à hauteur de l'artillerie (1).

Le général Reyau décida alors de ne pas poursuivre son mouvement, de laisser quelques heures de repos à ses troupes, puis de leur faire regagner dans l'après-midi des positions plus rapprochées d'Orléans (2).

---

1 officier et 23 hommes gravement malades laissés par le *10ᵉ* ulans à Janville (*Das Posensche Ulanen-Regiment Nr. 10*, p. 164) et 1 cheval blessé à la 1ʳᵉ batterie à cheval du 5ᵉ d'artillerie [*Geschichte des Feld-Artillerie-Regiments von Podbielski (Niederschlesischen) Nr. 5*, p. 105].

La batterie $\frac{1^{re}}{5^e}$ avait tiré dans la journée 103 obus. On n'a pas trouvé de renseignements concernant la consommation en munitions de la batterie $\frac{2^e}{11^e}$.

(1) Ces emplacements sont ceux qui paraissent avoir été occupés à la fin du combat d'après un croquis sans échelle annexé au Journal des opérations de la division de cavalerie sous le commandement du général Reyau.

(2) Le général Reyau évaluait les forces ennemies qu'il avait eues devant lui, le 5 octobre, à 4,000 ou 5,000 cavaliers, 2,000 fantassins et 10 pièces de canon. Pour expliquer en outre sa décision de ne pas pousser plus loin, puis de revenir en arrière, il se basait sur les considérations suivantes : « ..... Les troupes étaient accablées de fatigue, ayant marché, la brigade Michel depuis minuit, les autres depuis 3 heures du matin, hommes et chevaux n'ayant ni bu ni mangé..... Dans la position où mes troupes se trouvaient, sans vivres et les munitions presque épuisées, il m'était impossible de rester à Toury..... » (Le Général commandant la division de cavalerie du 15ᵉ corps au

La brigade du général Michel retourna à l'Ouest de la route d'Orléans à Paris. Le 2ᵉ lanciers s'arrêta à Sougy, et le 5ᵉ lanciers à Rouvray-Sainte-Croix. Le 3ᵉ dragons

---

Général commandant le 15ᵉ corps d'armée, à Bourges, et au Général commandant supérieur de la région du Centre, à Orléans, D. T., Chevilly, 5 octobre, 6 h. 20 soir).

A défaut de renseignements précis, on peut estimer cependant que le prince Albrecht disposait à Toury, le 5 octobre, de 1,200 cavaliers (quatre régiments à 300 sabres), 400 fantassins (trois compagnies à 135 hommes) et dix canons. D'après les situations d'effectif du 15ᵉ corps à la date du 5 octobre, le général Reyau pouvait opposer à ces forces environ 2,500 cavaliers (sept régiments à 360 sabres en moyenne), 5,000 fantassins (deux compagnies de chasseurs à pied, 500 hommes ; deux bataillons de Tirailleurs algériens, 1,300 hommes ; cinq compagnies du IIIᵉ bataillon du 29ᵉ de marche, 900 hommes ; deux bataillons du 19ᵉ mobiles, 2,300 hommes) et neuf pièces. Sur les sept régiments de cavalerie, quatre étaient des régiments anciens, comparables comme valeur à ceux engagés au début de la guerre, un était un régiment reconstitué et deux seulement étaient des régiments de marche.

Les deux colonnes des généraux Ressayre et de Longuerue avaient parcouru entre 3 heures du matin et midi un maximum de 25 kilomètres (distance de Chevilly à Toury : 20 kilomètres). La colonne du général Michel, exclusivement composée de cavalerie et d'artillerie, n'avait pas fait de minuit à midi plus de 35 kilomètres (distance de Saint-Péravy-la-Colombe à Toury : 30 kilomètres). En admettant même que la fatigue des troupes fût grande, n'était-il pas plus pénible, et en tout cas plus démoralisant, de recommencer une nouvelle étape pour retourner dans les cantonnements de la veille que de s'installer sur les positions conquises ?

Le général Reyau ne pouvait d'ailleurs faire entrer en ligne de compte les pertes subies dans la journée. Elles se limitaient en effet à 3 hommes tués, 3 officiers et 17 hommes blessés, 1 homme prisonnier et 31 chevaux tués ou blessés (14ᵉ batterie du régiment monté de l'ex-Garde, 2 hommes tués, 1 officier et 5 hommes blessés, 6 chevaux tués ou blessés ; 18ᵉ batterie du 13ᵉ régiment, 1 homme blessé, 2 chevaux tués et 1 blessé ; 6ᵉ dragons, 1 cheval tué et 2 blessés ; 6ᵉ hussards, 2 officiers et 2 hommes blessés, 5 chevaux tués et 2 blessés ; 9ᵉ cuirassiers, 1 homme tué et 4 blessés, 10 chevaux tués ou blessés ; 3ᵉ dragons de marche, 2 chevaux blessés ; 29ᵉ de marche, 5 hommes

de marche et la demi-batterie $\frac{14^e}{\text{Garde}}$ poussèrent jusqu'à Patay, où elles retrouvèrent le Ier bataillon des

---

blessés et 1 prisonnier). Toutes ces pertes semblent avoir été causées par l'artillerie ennemie.

Il n'a pas été possible de préciser la quantité de munitions d'infanterie consommées. A la colonne du général Ressayre, deux ou trois compagnies de Tirailleurs algériens furent tout au plus engagées. A la colonne du général de Longuerue, si les deux compagnies de chasseurs menèrent le combat depuis le commencement jusqu'à la fin, par contre, le IIIe bataillon du 29e de marche ne déploya que quelques éléments. Quant au 19e mobiles, il resta toujours en réserve. Il semble dans ces conditions que l'infanterie avait encore suffisamment de cartouches pour parer aux éventualités d'une rencontre le lendemain.

L'artillerie avait tiré en tout 177 coups (colonne de droite, 1/2 $\frac{18^e}{13^e}$, 47 coups ; colonne du centre, 1/2 $\frac{14^e}{\text{Garde}}$, 32 coups ; colonne de gauche, 1/2 $\frac{14^e}{\text{Garde}}$, 98 coups) (Rapport du chef d'escadron commandant l'artillerie au combat de Toury, camp d'Orléans, 7 octobre ; Journal de marche de l'artillerie de la 2e division du 15e corps). Or, l'approvisionnement de chacune des demi-batteries, comptées à trois pièces et trois caissons, était de 480 coups. L'artillerie disposait donc encore de plus de 1,250 projectiles.

Quant aux vivres, en admettant même qu'il fût difficile de trouver le nécessaire dans la région de Toury, épuisée vraisemblablement par les réquisitions des Allemands, il n'aurait probablement pas été impossible de faire venir les vivres préparés sans doute dans les localités près desquelles les troupes devaient bivouaquer.

Sans vouloir discuter les dispositions adoptées par le général Reyau pour prononcer son offensive sur Toury, il semble d'ailleurs qu'il faille imputer également à cette appréciation pessimiste de la situation, l'emploi qu'il fit de sa cavalerie dans la journée du 5 octobre. Aux colonnes de droite et du centre, ce fut, en effet, l'infanterie et l'artillerie qui menèrent le combat. La cavalerie resta en deuxième ligne, et il ne ressort pas des documents retrouvés qu'elle fut utilisée non seulement pour poursuivre l'adversaire, mais même pour en garder le contact.

mobiles de la Savoie, venant directement de Saint-Péravy-la-Colombe (1).

Le général de Longuerue, avec sa brigade de cavalerie, les deux compagnies du 4ᵉ bataillon de chasseurs à pied de marche, les deux bataillons de Tirailleurs algériens et la demi-batterie $\frac{14^e}{\text{Garde}}$, furent maintenus à Artenay, où fut également arrêtée la demi-batterie $\frac{18^e}{13^e}$ qui, au cours de la journée, avait opéré avec la colonne du général Ressayre (2).

Le général Reynau revint à Chevilly, avec la brigade de cavalerie du général Ressayre et le IIIᵉ bataillon du 29ᵉ de marche (1).

---

(1) Journal de marche de la brigade de cavalerie du général Michel ; Historiques *manuscrits* du 2ᵉ lanciers, du 5ᵉ lanciers, du 3ᵉ dragons de marche et du régiment d'artillerie monté de l'ex-Garde; Journal de marche de l'artillerie de la 2ᵉ division du 15ᵉ corps. — D'après ces documents, la brigade Michel serait partie de Toury vers 3 heures, et les éléments dirigés sur Patay seraient arrivés à destination vers 8 heures du soir.

(2) Rapport du Chef d'escadron commandant l'artillerie au combat de Toury, camp d'Orléans, 7 octobre; Historiques *manuscrits* du 6ᵉ dragons, du 6ᵉ hussards, du 4ᵉ bataillon de chasseurs à pied, du régiment de Tirailleurs algériens de marche et du 13ᵉ régiment d'artillerie.

Les deux régiments de cavalerie arrivèrent à Artenay à 3 heures du soir, la demi-batterie $\frac{18^e}{13^e}$ à 4 h. 30 et la demi-batterie $\frac{14^e}{\text{Garde}}$ à 5 heures.

La brigade du général de Longuerue, bivouaquée près d'Artenay, aurait laissé des avant-postes à Toury (Le Général commandant la division de cavalerie du 15ᵉ corps au Général commandant le 15ᵉ corps d'armée, à Bourges, et au Général commandant supérieur de la région du Centre, à Orléans, D. T., Chevilly, 5 octobre, 6 h. 20 soir).

Les Historiques des corps ne contiennent aucune indication à ce sujet. D'après l'Historique *manuscrit* du 2ᵉ lanciers, Janville aurait été laissé « à la garde de quelques francs-tireurs ».

(1) Historiques *manuscrits* du 9ᵉ cuirassiers, du 1ᵉʳ cuirassiers de

Les deux bataillons du 19ᵉ mobiles furent envoyés à Cercottes (1).

Dans la journée, le général de Polhès s'était porté de sa personne à Chevilly, où il avait amené le 12ᵉ mobiles comme renfort éventuel (2). Toutes les autres forces stationnées à Orléans ou aux environs, le 4 octobre, restèrent sur leurs positions le 5, à l'exception, comme on le sait, du IIᵉ bataillon des mobiles du Lot et d'une section de la 16ᵉ batterie mixte du 3ᵉ d'artillerie, qui se rendirent à Châteauneuf-sur-Loire (3).

Du côté de Gien, le général de Nansouty maintint d'une façon générale les dispositions adoptées la veille. Cependant, sur les trois bataillons de mobiles restés à Gien, deux, le IVᵉ bataillon de l'Isère et un bataillon de l'Aveyron, furent chargés de garnir, au Nord-Est de la lisière de la forêt d'Orléans, l'intervalle compris

---

marche et du 29ᵉ de marche. — La brigade de cavalerie du général Ressayre quitta Toury vers 3 heures du soir et arriva à Chevilly vers 7 heures.

A son passage à Artenay, le IIIᵉ bataillon du 29ᵉ de marche retrouva les 3ᵉ et 4ᵉ compagnies qui, parties pendant la nuit de Bougy et de Saint-Lyé, étaient arrivées à Artenay après la fin de l'engagement de Toury [Rapport du capitaine commandant le IIIᵉ bataillon du 29ᵉ de marche sur l'affaire de Toury (5 octobre), Argent, 20 octobre].

(1) *Journal et notes du 19ᵉ régiment mobiles* (*Cher*), p. 44. — Le 19ᵉ mobiles n'atteignit Cercottes qu'à 11 heures du soir.

(2) Le Général commandant supérieur de la région du Centre au Ministre de la Guerre, à Tours, D. T., Orléans, 5 octobre, 2 h. 45 du soir.

Le 12ᵉ mobiles revint très probablement occuper dans la soirée ses emplacements de la veille. L'Historique *manuscrit* du corps et le Journal de marche d'un officier du IIIᵉ bataillon du corps ne mentionnent pas ce mouvement.

(3) Cf. ci-dessus, p. 195. — Les deux compagnies de francs-tireurs de Paris (section d'Orléans) vinrent également, le 5 octobre, à Marigny.

entre le chemin de Gien à Lorris et le village de Langesse (1).

Dans le département du Loir-et-Cher, la situation des forces françaises n'était pas modifiée.

Après avoir rompu le combat à Toury, le prince Albrecht continua son mouvement jusqu'à Angerville. Vers 5 heures du soir, la *10e* brigade, les deux batteries et les trois compagnies bavaroises s'établissaient en cantonnements d'alerte dans le village; la *8e* brigade bivouaquait au Nord de la localité (2).

---

(1) Historiques *manuscrits* du 11e chasseurs à cheval, du 1er régiment de chasseurs à cheval de marche, du 71e mobiles et du 73e mobiles. — L'on sait (Cf. ci-dessus, p. 194, note 1) que le 5 octobre, dans la matinée, le 4e escadron du 1er chasseurs à cheval vint rejoindre, à Lorris, le 3e escadron. Ce dernier fut chargé de fournir des avant-postes sur la ligne Beauchamp, Auvilliers, Prénoy. Les deux escadrons du 1er chasseurs à cheval de marche, installés à Nogent-sur-Vernisson, envoyèrent, de leur côté, des reconnaissances qui ne dépassèrent pas la route de Ladon à Montargis.

D'autre part, l'escadron du 11e chasseurs à cheval détaché à Lorris fut relevé, le 5 octobre, par un autre escadron du même régiment. Mais ce dernier escadron revint le jour même, « ayant reçu l'ordre de rejoindre immédiatement à Gien, dans le cas où sa présence ne serait pas nécessaire ».

Dans ces conditions, le 5 octobre au soir, les forces sous les ordres du général de Nansouty étaient ainsi réparties : à Montargis, le IIe bataillon de la Haute-Vienne; à Lorris, deux escadrons du 1er chasseurs à cheval de marche; à Nogent-sur-Vernisson, deux escadrons du 1er chasseurs à cheval de marche et un bataillon de l'Aveyron; entre Langesse et le chemin de Gien à Lorris par Montereau, le IVe bataillon de l'Isère et un bataillon de l'Aveyron; à Ouzouer-sur-Loire, le Ier bataillon de la Haute-Vienne; à Gien, un bataillon de l'Aveyron et le 11e chasseurs à cheval (quatre escadrons) avec un peloton à Saint-Père, sur la rive droite de la Loire, en face de Sully-sur-Loire.

Une section d'artillerie destinée à renforcer les forces du général de Nansouty arrivait, comme on le sait, le 5 octobre, à Châteauneuf-sur-Loire.

(2) *Geschichte des Westpreussischen Kürassier-Regiments Nr. 5*, p. 436;

Lorsqu'il se décida à abandonner Toury, le prince Albrecht envoya au commandant de la 9e brigade l'ordre de se replier sur Sermaises.

Dans la matinée du 5 octobre, la canonnade, qui se faisait entendre vers l'Ouest, avait mis en éveil les troupes allemandes stationnées à Pithiviers (1). Vers midi, en outre, les avant-postes signalèrent que de forts détachements d'infanterie française s'avançaient sur Ascoux. Le commandant de la 9e brigade rassembla immédiatement ses forces près Denainvilliers. Quelques coups de canon suffirent pour repousser cette menace (2).

C'est à ce moment qu'arriva l'ordre du prince Albrecht d'évacuer Pithiviers. L'infanterie et l'artillerie traversèrent la ville que la cavalerie contourna par l'Ouest. Le mouvement se fit sans être inquiété, sous la protection des avant-postes qui se constituèrent ensuite en arrière-garde. Un escadron du 6e ulans fut également détaché vers l'Ouest pour surveiller la direction d'Arte-

---

Geschichte des Dragoner-Regiments Freiherr von Manteuffel (Rheinischen) Nr. 5, p. 118; *Das 2. Leib-Husaren-Regiment Nr. 2*, p. 132; *Geschichte des Hessischen Feld-Artillerie-Regiments Nr. 11*, p. 217; *Geschichte des Königlich Bayerischen Infanterie-Leib-Regiments*, p. 295. — L'infanterie occupait la sortie Sud du village. Un escadron du 5e dragons fournissait les avant-postes vers le Sud; il était installé au bivouac près de la ferme Guestreville. Le 5e cuirassiers avait également aux avant-postes un escadron qui gardait probablement les autres directions. Pendant toute la nuit, chacune des batteries maintint une section en batterie à l'Ouest d'Angerville, au Sud de Dommerville.

(1) Un officier du 6e ulans fut immédiatement envoyé aux renseignements dans cette direction.

(2) Les forces françaises qui, le 5 octobre, se portèrent sur Ascoux étaient très probablement les mêmes que celles qui avaient déjà fait une tentative dans cette direction le 3 octobre. — La section de la 1re batterie à cheval du 5e d'artillerie qui opérait avec la 9e brigade ne tira que 11 obus [*Geschichte des Feld-Artillerie-Regiments von Podbielski (Niederschlesischen) Nr. 5*, p. 105].

nay. Le soir, la 9ᵉ brigade et les troupes qui lui étaient rattachées bivouaquaient près de Sermaises (1).

---

(1) Von Langermann, *Geschichte des Thüringischen-Ulanen-Regiments Nr. 6*, p. 55. — Un peloton du 6ᵉ ulans fut chargé d'assurer l'évacuation des approvisionnements rassemblés à Pithiviers. L'officier qui le commandait parvint à faire charger quelques voitures avec du pain et des tonneaux de vin. Les dernières ne furent mises en route qu'après le départ du gros de la brigade et rejoignirent, le soir, à Sermaises.

CHAPITRE VI

Opérations des 2ᵉ, 6ᵉ, et 5ᵉ divisions de cavalerie prussiennes du 21 septembre au 5 octobre (1).

Lorsque l'investissement de Paris fut terminé, les trois divisions de cavalerie rattachées à la IIIᵉ armée furent chargées, tout en restant sur les emplacements qu'elles occupaient le 20 septembre, de couvrir les derrières des corps allemands de la rive gauche de la Seine.

Deux brigades de la 5ᵉ division, les *11ᵉ* et *12ᵉ* brigades, firent face à l'Ouest et surveillèrent l'espace compris entre la Seine au Nord et la voie ferrée de Paris à Dreux au Sud. La troisième brigade de la division, la *15ᵉ*, installée à Saint-Germain-en-Laye, relia le Vᵉ corps, qui occupait Versailles et les environs, avec la 2ᵉ brigade de cavalerie de la Garde installée dans la région de Cormeil-en-Parisis et de Franconville, et avec le IVᵉ corps dont l'extrême droite tenait Enghien et Montmorency (2). La *6ᵉ* division, cantonnée autour du Mesnil-Saint-Denis et de Chevreuse, garda la direction de Chartres. Elle était en liaison avec un escadron de la 2ᵉ division posté à Limours. Cette dernière occupait les localités situées au confluent de la Seine et de l'Orge.

Tout en observant les routes qui de l'Ouest et du Sud

---

(1) Cartes nᵒˢ 1, 1 *bis*, 1 *ter*, 3, 4, 6 et 7.
(2) *La Guerre de 1870 71. L'Investissement de Paris*, t. II, p. 495.

se dirigent sur Paris, ces trois divisions devaient, à une distance plus ou moins grande de leurs cantonnements, effectuer des réquisitions pour alimenter les magasins d'approvisionnements de l'armée de siège (1).

2ᵉ division de cavalerie.

Dans la soirée du 20 septembre, la 2ᵉ division de cavalerie s'était installée au confluent de la Seine et de l'Orge, à Ris-Orangis, Savigny-sur-Orge, Épinay-sur-Orge et dans les localités environnantes (2). Elle y resta jusqu'au 6 octobre.

Cette période de dix-sept jours fut employée à faire des reconnaissances dont on profita pour opérer des réquisitions destinées à assurer, comme on le sait, non seulement l'entretien de la division mais aussi le

---

(1) *Historique du Grand État-Major prussien*, IIᵉ partie, p. 160.
(2) Cf. ci-dessus, p. 77. — La 2ᵉ division de cavalerie avait pris les cantonnements suivants : quartier général, Épinay-sur-Orge; état-major de la *3ᵉ* brigade, Viry; *1ᵉʳ* cuirassiers, Ris et Orangis; *2ᵉ* ulans, Châtillon (1ᵉʳ escadron), Ris (2ᵉ escadron), et Viry (3ᵉ et 4ᵉ escadrons); état-major de la *4ᵉ* brigade, ?; *1ᵉʳ* hussards, Savigny-sur-Orge; *5ᵉ* hussards, ?; état-major de la *5ᵉ* brigade, Morsang-sur-Orge; *4ᵉ* hussards, Morsang-sur-Orge (2ᵉ et 3ᵉ escadrons), Épinay-sur-Orge (5ᵉ escadron), Le Breuil et Les Franchises (1ᵉʳ escadron); *6ᵉ* hussards, ?, (le 1ᵉʳ escadron de ce régiment était détaché à Limours); artillerie (1ʳᵉ batterie à cheval du 2ᵉ d'artillerie et 3ᵉ batterie à cheval du 6ᵉ d'artillerie), ?.
En cas d'alerte, la 2ᵉ division de cavalerie devait se rassembler à l'Ouest de la grande route de Paris à Juvisy, entre La Vieille Poste et Paray. Pendant la période du 21 septembre au 6 octobre, la 2ᵉ division fut alertée trois fois, une première fois le 23 septembre, jour du combat de Villejuif, une deuxième fois le 30 septembre, à la suite d'une attaque des avant-postes du VIᵉ corps, et une troisième fois le 3 octobre, en prévision d'une sortie de la garnison de Paris dans la direction de Bonneuil-sur-Marne. Elle n'eut d'ailleurs pas à intervenir (Von Colomb, *Aus dem Tagebuche*, p. 32 et suiv.).

ravitaillement d'un magasin général installé à Corbeil (1).

Le 28 septembre, la nécessité de procurer des vivres aux corps d'investissement de Paris, amena, comme on le sait, le commandant de la IIIe armée à prendre de

---

(1) Les Historiques des corps de la 2e division de cavalerie mentionnent les reconnaissances et réquisitions suivantes pendant la période du 21 au 28 septembre. — Le 22 septembre, trois pelotons pris dans trois escadrons différents du 2e ulans furent envoyés par Corbeil sur Le Coudray et Saint-Fargeau-sur-Seine; ils ne purent trouver de grandes ressources, ainsi que deux pelotons dirigés le lendemain sur la rive droite de la Seine, vers Étiolles, Tigery et Lieusaint. Dans la soirée du 25 septembre également, un lieutenant fut envoyé en reconnaissance avec 10 cavaliers vers la Ferté-Alais, où il arriva à minuit. Il en repartit le lendemain matin à 5 heures et revint à Ballancourt, où il voulut réquisitionner. Les vedettes placées autour du village reçurent bientôt des coups de fusils. Le commandant de la patrouille se décida alors à regagner son cantonnement. On rappelle que, le 24 septembre, le colonel von Täuffenbach voulut établir des postes de correspondance entre Malesherbes et Arpajon et qu'un petit détachement, qui devait s'établir à Bouray reçut des coups de feu près de la Ferté-Alais (Cf. ci-dessus, p. 116, note 1).

Le 24 septembre, sur l'ordre du général de division, le 2e ulans tout entier partit à 7 heures du matin dans la direction de Fontainebleau. A Pringy, un peloton fut détaché sur Melun et un escadron fut chargé de réquisitionner à Boissise-le-Roi, puis d'envoyer à Corbeil les approvisionnements qu'il aurait pu recueillir. Il devait ensuite retourner à son cantonnement à Viry. Le reste du régiment, après avoir poussé jusqu'à Fontainebleau où il trouva le IIIe bataillon du régiment du corps (Cf. ci-dessus, p. 115, note 2) revint passer la nuit à Chailly-en-Bière. Le lendemain 25, il rejoignait ses cantonnements, ramenant à Corbeil 450 moutons (*Fünf und zwanzig Jahre 1857-1882 des Schlesischen Ulanen-Regiments Nr. 2*, p. 104 et suiv.).

Le 25 septembre, le 1er hussards, constitué avec des pelotons de 18 hommes, quittait Savigny-sur-Orge et se dirigeait sur Mennecy, par Fleury-Merogis, Courcouronnes et Lisses. Deux pelotons du 1er escadron étaient laissés sur l'Essonne pour tenir les passages de la rivière. A Mennecy, le régiment était fractionné par escadron et même par peloton pour réquisitionner dans les villages situés sur les deux rives

nouvelles dispositions. Il partagea la région située au
Sud de Paris en quatre zones, et affecta chacune d'elles

---

de l'Essonne jusqu'à la Ferté-Alais. A 8 heures du soir, le 1er hussards
se rassemblait à Ballancourt. Il s'établissait au bivouac au Nord-Ouest
de cette localité, couvert par des grand'gardes (deux pelotons vers le
Sud, un peloton vers l'Est, un peloton vers l'Ouest).

Le lendemain, deux pelotons du 1er escadron conduisaient à Corbeil
les approvisionnements recueillis la veille, puis revenaient retrouver à
Mennecy les deux autres pelotons qui gardaient les ponts sur l'Essonne.
Cet escadron resta en position jusqu'à 6 heures du soir, puis retourna
à Savigny-sur-Orge.

Pendant ce temps, le 3e escadron réquisitionnait à Champcueil et le
4e à Chevannes et à Nainville, où un homme fut blessé par un coup de
de feu. Les deux escadrons retournaient dans l'après-midi à Mennecy et
rentraient à Savigny à 1 heure du matin. Le 2e escadron du régiment,
qui avait fourni des hommes pour conduire à Corbeil le bétail réquisitionné, forma, le 26 septembre, trois pelotons. L'un fut envoyé à Moigny, les deux autres à Milly. En revenant vers Mennecy, le premier
reçut des coups de fusil. Il en fut de même pour les deux autres au
moment où ils passaient à l'Est de Moigny. Un peloton dut faire du
combat à pied pour dégager le détachement. Un homme fut tué. Près
de Soisy-sur-École, les deux pelotons reçurent de nouveaux coups de feu
qui blessèrent 1 officier, 2 hommes et 7 chevaux et tuèrent 1 cheval.
Un habitant ayant signalé que le bois et le château de Nainville étaient
occupés, le commandant du détachement se dirigea vers l'Est en aban-
donnant ses réquisitions, mais en emmenant ses blessés. Il évita les
bois et les villages et parvint à gagner la route de Fontainebleau à
Paris. Au cours de ce trajet, il fut rejoint par un peloton du 4e escadron. A la bifurcation du Plessis-Chenet, les trois pelotons trouvèrent un poste d'infanterie bavaroise; ils rejoignirent Savigny vers
minuit.

Après avoir conservé pour lui 150 sacs d'avoine et quelques têtes de
bétail, le 1er hussards put envoyer au magasin de Corbeil un total de
379 sacs d'avoine, 88 vaches, 364 moutons, 100 bottes de foin, 29 sacs
de farine, etc... (*Schwarze Husaren*, t. I, p. 532).

Le 27 septembre, le 1er cuirassiers fut envoyé opérer des réquisitions
dans la région de Dourdan. Il revint, le 29, avec une assez grande
quantité de bœufs et de moutons mais très peu d'avoine [Von Colomb,
loc. cit., p. 35; *Geschichte des Leib-Kürassier-Regiments Grosser Kurfürst (Schlesisches) Nr. 1*, p. 96].

à l'une des divisions de cavalerie sous ses ordres, en lui adjoignant en outre un détachement d'infanterie (1).

En conséquence de cet ordre, la 2e division devait opérer à l'Est de la ligne Palaiseau, Orsay, Limours, Bonnelles, Rochefort, Saint-Arnoult, Ablis, Saint-Chéron-du-Chemin et Chartres, qui appartenait à la zone de la 6e division. Elle s'étendait vers l'Est jusqu'à la Seine et vers le Sud jusqu'à une ligne qui, partant de Chartres, passait par Santeuil, Angerville, Audeville, Malesherbes et Nemours, au-dessous de laquelle s'étendait la région réservée à la 4e division de cavalerie. Elle devait disposer, le 29 septembre, à Arpajon du IIIe bataillon du régiment du Corps bavarois.

Le commandant de la 2e division de cavalerie envoya ce dernier s'installer le jour même à La Ferté-Alais, au centre de la zone de réquisition qui lui était affectée (2).

Les reconnaissances et les réquisitions continuèrent jusqu'au 6 octobre (3). A cette date, en effet, pour arrê-

---

(1) Cf. ci-dessus, p. 147.

(2) Le 27 septembre, le IIIe bataillon du régiment du Corps bavarois venant de Fontainebleau avait rejoint à La Ferté-Alais le détachement du colonel von Täuffenbach, qui, le lendemain, se dirigea par Arpajon sur Saint-Michel, où il devait rejoindre le Ier corps d'armée bavarois (Cf. ci-dessus, p. 138). En exécution de l'ordre du commandant de la IIIe armée, le IIIe bataillon du régiment du Corps se remit en marche le 29 septembre, à 6 heures du matin, pour retourner à Arpajon. Il en repartit à 6 heures du soir pour gagner La Ferté-Alais, où il arriva à 11 heures du soir (*Geschichte des Königlich Bayerischen Infanterie-Leib-Regiments*, p. 292).

(3) Le 30 septembre et le 1er octobre, le 4e hussards exécuta sans être inquiété une réquisition dans la région de Milly (*Braune Husaren in Frankreich*, p. 18).

Le 1er octobre, un escadron du 1er hussards fut envoyé réquisitionner à Écharcon et Vert-le-Grand.

Le 3 octobre, le 2e ulans entreprit une nouvelle expédition dans la direction de Fontainebleau. Il se mit en route à 6 heures du matin et

ter l'offensive des forces françaises venant du Sud, le commandant de la IIIe armée plaça, sous les ordres du général von der Tann, le Ier corps bavarois, la 22e divi-

---

fut rejoint à Chailly-en-Bière par deux compagnies du IIIe bataillon du régiment bavarois du Corps, venues de La Ferté-Alais (distance 21 kilomètres). Deux patrouilles, comprenant chacune 1 officier et 10 hommes, furent alors détachées, l'une sur la route de Fontainebleau, l'autre directement vers l'Est. En même temps, deux escadrons, les 2e et 4e, avec une demi-compagnie bavaroise transportée en voiture, étaient envoyés opérer une réquisition à Saint-Martin-en-Bière.

La patrouille lancée sur Fontainebleau reçut dans la forêt des coups de feu qui lui tuèrent un homme. Immédiatement prévenu, le commandant du détachement envoya de ce côté le 1er escadron avec la compagnie et demie qui lui restait. Le 3e escadron resta à Chailly-en-Bière pour y continuer la réquisition commencée.

A l'entrée de la forêt, la demi-compagnie se déploya à cheval sur la route, soutenue par l'autre compagnie. Le 1er escadron resta en arrière, hors de portée des coups de fusil. Bientôt la chaîne engagea le feu avec des francs-tireurs postés dans des rochers; elle évalua à 200 le nombre de ses adversaires. L'issue de l'engagement paraissant douteux dans ces conditions, le combat fut rompu. A 5 heures du soir, le détachement, rejoint par les forces envoyées à Saint-Martin-en-Bière, quittait Chailly-en-Bière et allait s'installer pour la nuit au château de Fortoiseau, au château de Bréau et à La Folie.

Le lendemain matin, le 2e ulans ramenait à Corbeil les approvisionnements réquisitionnés la veille (1,000 moutons, 40 bœufs et 22 voitures à deux roues chargées d'avoine battue ou non) et regagnait vers 2 heures du soir ses cantonnements. De leur côté, les deux compagnies bavaroises reprenaient à 7 heures du matin le chemin de La Ferté-Alais, où elles rentraient à midi (*Fünf und zwanzig Jahre 1857-1882 des Schlesischen Ulanen-Regiments Nr. 2*, p. 108; *Geschichte des Königlich Bayerischen Infanterie-Leib-Regiments*, p. 301).

Le 4 octobre, le *1er* hussards, constitué comme le 25 septembre avec des pelotons de neuf files, quittait Savigny-sur-Orge à 5 heures du matin et s'engageait sur la route d'Orléans. A son passage à Arpajon, il était rejoint par une demi-compagnie bavaroise transportée en voitures. Le *1er* hussards poussa, par Étampes, jusqu'à Augerville où il ne trouva rien, des réquisitions ayant déjà été faites dans cette région par la 4e division de cavalerie. Le soir, le régiment bivouaqua au Nord-Ouest d'Étrechy (la distance Savigny-sur-Orge, Étampes, Angerville,

sion d'infanterie et la *4e* division de cavalerie prussiennes. Le Ier corps bavarois devait, le jour même, s'établir près d'Arpajon, couvert dans la direction d'Étampes par la *4e* division de cavalerie et soutenu par la *22e* division, appelée à Montlhéry. Il était prescrit en même temps à la *2e* division de cavalerie de se porter, le 7 octobre, dans la région de Marolles pour couvrir le flanc gauche du Ier corps bavarois (1).

6e division de cavalerie.

Le 20 septembre, la *6e* division de cavalerie s'installa au Sud-Ouest de Versailles. Son quartier général s'établit à Mesnil-Saint-Denis. La *14e* brigade cantonna dans

---

Étrechy est à vol d'oiseau de 75 kilomètres). Le lendemain, des réquisitions furent opérées dans la région comprise entre Étrechy et Arpajon et, vers minuit, le *1er* hussards était à Savigny-sur-Orge (*Schwarze Husaren*, t. I, p. 533).

Enfin, le 6 octobre, deux pelotons d'infanterie bavaroise furent envoyés avant le jour fouiller les bois à l'Ouest de Cerny ; ils n'y trouvèrent d'ailleurs rien de suspect (*Geschichte des Königlich Bayerischen Infanterie-Leib-Regiments*, p. 301).

Il n'a pas été possible de préciser les mouvements que purent exécuter, entre le 21 septembre et le 6 octobre, les 5e et 6e hussards.

Il semble que les forces françaises auxquelles eurent à faire les différents corps de la 2e division de cavalerie le 24 septembre à Ballancourt, le 26 septembre à Moigny et à Soisy-sur-École, et le 3 octobre à l'Est de Chailly-en-Bière, se composaient seulement de gardes nationaux locaux, assistés de quelques groupes isolés de francs-tireurs (Le Sous-Préfet d'Étampes au Ministre de la Justice, à Tours, Étampes, 24 septembre ; Le Ministre de la Guerre au Général commandant la subdivision d'Eure-et-Loir, à Chartres, Tours, 29 septembre ; L'Employé des télégraphes au Directeur général des télégraphes, à Tours, D. T., Malesherbes, 30 septembre, 5 h. 30 soir, Nemours, 4 octobre et Nemours, 5 octobre, 2 h. 30 soir).

(1) *Historique du Grand État-Major prussien*, 2e partie, p. 289 ; Supplément LXXV.

la région Trappes, Élancourt, Maurepas, La Maison-Blanche, Dampierre et Montigny-le-Bretonneux; la 15ᵉ brigade occupa Chevreuse (1).

21-27 septembre. Du 21 au 27 septembre, il ne se produisit dans ces cantonnements que des modifications sans importance (2). Les opérations se bornèrent à l'envoi de quelques escadrons vers le Sud-Ouest pour faire des reconnaissances et surtout des réquisitions.

Le 22 septembre, le commandant de la division prescrivait qu'à cet effet un escadron du 6ᵉ cuirassiers irait à Rambouillet et Le Greffier (3), deux escadrons du 15ᵉ ulans à Saint-Arnoult, Rochefort-en-Yvelines, Longvilliers et Saint-Cyr-sous-Dourdan, et un escadron du 3ᵉ hussards à Bullion, Bonnelles, Limours et Les Molières (4).

L'escadron de cuirassiers envoyé à Rambouillet trouva dans le magasin militaire de la localité un important

---

(1) Cf. ci-dessus, p. 178.
(2) Le 21 septembre, la 6ᵉ division de cavalerie occupait les cantonnements suivants: quartier général Le Mesnil-Saint-Denis; 14ᵉ brigade, 6ᵉ cuirassiers, 1ᵉʳ escadron La Verrière, Maurepas et Pontchartrain, 3ᵉ escadron La Maison-Blanche, 4ᵉ escadron Élancourt, 5ᵉ escadron Le Mesnil-Saint-Denis; 3ᵉ ulans, 3ᵉ, 4ᵉ et 5 escadrons Trappes, 2ᵉ escadron Montigny-le-Bretonneux; 15ᵉ ulans, 1ᵉʳ escadron Lévy-Saint-Nom, 3ᵉ escadron Maincourt, 4ᵉ et 5ᵉ escadrons Grand-Ambesis; 15ᵉ brigade, 3ᵉ hussards Chevreuse; 16ᵉ hussards ?; 2ᵉ batterie à cheval du 3ᵉ d'artillerie Le Mesnil-Saint-Denis.
Tous les régiments de la 6ᵉ division de cavalerie avaient à ce moment leurs quatre escadrons.
(3) A 4 kilomètres au Sud de Rambouillet.
(4) Livre d'ordres de la division commandée par le duc de Mecklembourg-Schwerin, Le Mesnil-Saint-Denis, 22 septembre.
Si les deux escadrons du 15ᵉ ulans ne rencontraient pas d'obstacles et pouvaient s'acquitter de leur mission sans compromettre leur sécurité, ils devaient agir séparément, l'un à Saint-Arnoult et Longvilliers, l'autre à Rochefort et à Saint-Cyr. Les réquisitions devaient « porter principalement sur des bœufs et des moutons vivants, de l'avoine en

approvisionnement d'avoine. Il resta dans cette ville pour en assurer la garde et fut même rejoint, le 25, par un autre escadron. Le 27, après l'évacuation du magasin, ces deux unités revinrent dans leurs anciens cantonnements (1).

Les escadrons du *15e* ulans envoyés vers Saint-Arnoult reçurent quelques coups de fusil en traversant les bois de Rochefort. Aussi, le grand-duc de Mecklembourg ordonna-t-il, le 25 septembre, que, le lendemain, un détachement d'infanterie bavaroise fouillerait la forêt. Deux escadrons du *15e* ulans envoyés dans la nuit à Saint-Arnoult et les deux escadrons du *6e* cuirassiers installés à Rambouillet devaient garder les issues des chemins passant à travers les bois. Deux escadrons du *3e* hussards étaient en outre chargés de relier ces divers escadrons par des patrouilles. Cette recherche ne donna aucun résultat ; il n'y avait, à cette date, dans cette région, aucune fraction française constituée, et les

---

grains ou en gerbes, de la farine et du sel ». Elles étaient destinées à alimenter un magasin que l'intendance venait d'organiser à Versailles pour subvenir aux besoins des armées d'investissement.

Pour l'exécution de ces réquisitions le grand-duc donnait les instructions suivantes : « Suivant l'importance et les moyens des localités, il faut toujours essayer d'obtenir les quantités imposées d'une manière régulière et par l'intermédiaire des autorités auxquelles il sera donné quittance. Ce n'est que tout autant que cette tentative serait infructueuse qu'il faudrait user de perquisitions à domicile ou de tout autre moyen nécessaire pour atteindre son but ; mais, dans ce cas également, c'est une condition essentielle de faire la quittance avec l'aide du maire. La quittance doit porter sur la totalité de la prestation de la localité et être remise à un fonctionnaire. Les transports doivent être conduits d'abord aux états-majors des régiments, mais leur arrivée doit y être annoncée, de manière qu'il soit possible de les diriger immédiatement sur Versailles, au magasin de la gare, rue du Plessis. Les voitures nécessaires à ces transports doivent être requises sur les lieux ».

(1) *Geschichte des Kürassier-Regiments Kaiser Nikolaus I. von Russland (Brandenburgischen) Nr. 6*, p. 153.

petites surprises, dont souffrit alors la 6ᵉ division de cavalerie, ne pouvaient provenir que de gardes nationaux sédentaires isolés (1).

28 septembre.
L'ordre de la IIIᵉ armée, daté du 28 septembre, affectait à la 6ᵉ division de cavalerie, comme zone d'action, la région limitée au Nord par la ligne Saint-Cyr, Trappes, Élancourt, Le Tremblay-sur-Mauldre, Saint-Remy-l'Honoré, Les Bréviaires, Poigny, Le Bois-Dieu, Épernon, Hanches, Maintenon, Bouglainval et Challet, qui appartenait à la 5ᵉ division, et au Sud par la ligne incluse Palaiseau, Orsay, Limours, Bonnelles, Rochefort-en-Yvelines, Saint-Arnoult, Ablis, Saint-Chéron-du-Chemin et Chartres. Le même ordre mettait à la dispo-

---

(1) Livre d'ordres de la division commandée par le duc de Mecklembourg-Schwerin, Le Mesnil-Saint-Denis, 25 septembre.

Il était défendu à la cavalerie de pénétrer sous aucun prétexte dans la forêt. Un peu plus tard, le 27 septembre, le commandant de la 6ᵉ division prescrivait : « Il faut éviter autant que possible, de pénétrer dans les bois, d'autant plus qu'il y a toujours moyen de les tourner ; mais il faut cependant les surveiller avec la plus grande prudence, de manière à être toujours prévenu des rassemblements qui pourraient s'y former ».

L'Historique du 3ᵉ hussards ne parle pas de cette expédition. Par contre, le 26 septembre, deux escadrons du 3ᵉ ulans fouillèrent la forêt de Rochefort (*Geschichte des Ulanen-Regiments Kaiser Alexander II· von Russland (1. Brandenburgisches) Nr. 3*, p. 129.

Les deux escadrons du 15ᵉ ulans restèrent le 26 à Saint-Arnoult et revinrent le 27 à Grand-Ambesis. A cette date, ce régiment cantonnait à Lévy-Saint-Nom (2ᵉ escadron), Dampierre (3ᵉ escadron) et Grand-Ambesis (4ᵉ et 5ᵉ escadrons) (*Geschichte des Schleswig-Holsteinchen Ulanen-Regiments Nr. 15*, p. 187).

Le détachement d'infanterie désigné pour fouiller la forêt fut le 1ᵉʳ bataillon du 11ᵉ régiment bavarois. Ce bataillon faisait partie du détachement du général Dietl, envoyé à Arpajon, le 22 septembre, par le Iᵉʳ corps bavarois pour surveiller la route d'Orléans (Cf. ci-dessus, p. 76, note 3). Ce bataillon cantonna le 26 septembre à Clairefontaine. Le 28, il rejoignit son régiment à Marcoussis (*Geschichte des K. B. 11. Infanterie-Regiments von der Tann*, p. 346).

sition du commandant de la *6ᵉ* division un bataillon d'infanterie qui devait être rendu à Rambouillet le 29.

Le Iᵉʳ bataillon du *11ᵉ* régiment d'infanterie bavarois, désigné pour cette mission par le commandant du Iᵉʳ corps bavarois, arriva, en effet, à cette date à Rambouillet, où il trouva deux escadrons du *16ᵉ* hussards envoyés le même jour par le commandant de la *6ᵉ* division de cavalerie (1). Le service de sûreté fut assuré par un peloton d'infanterie et un peloton de cavalerie poussés sur la route d'Épernon jusqu'au Buissonnet, et par un petit poste placé sur la route d'Ablis. De fortes patrouilles de cavalerie, accompagnées au début par des habitants, circulaient en outre d'une façon continue dans les environs. Chaque matin et chaque après-midi, deux pelotons d'infanterie devaient fouiller les parties de la forêt les plus rapprochées de la ville, pour empêcher les francs-tireurs d'y séjourner.

A l'intérieur de la localité, un poste central assurait la police. Le château et la gare étaient également occupés.

29 septembre.

---

(1) Des modifications furent apportées le 28 et le 29 septembre dans les cantonnements des corps de la *6ᵉ* division de cavalerie, dont le quartier général resta au Mesnil-Saint-Denis. A cette dernière date, on trouve, d'après les Historiques des corps de la division, le *6ᵉ* cuirassiers à Magny-les-Hameaux (5ᵉ escadron), Voisins-le-Bretonneux (3ᵉ escadron), Montigny-le-Bretonneux (1ᵉʳ escadron) et Trappes (4ᵉ escadron) ; le *3ᵉ* ulans à Saint-Lambert-les-Bois, Le Mesnil-Saint-Denis, La Verrière, Maurepas, Les Hautes-Bruyères et La Maison-Blanche ; le *15ᵉ* ulans à Saint-Remy-lès-Chevreuse (1ᵉʳ escadron), Chevreuse (4ᵉ escadron), Choisel (5ᵉ escadron) et Senlisse (3ᵉ escadron) ; le *3ᵉ* hussards à Dampierre (deux escadrons), Lévy-Saint-Nom et Maincourt (deux escadrons). Le *16ᵉ* hussards a deux escadrons à Rambouillet et les deux autres probablement au Perray, à 6 kilomètres au Nord-Est de Rambouillet sur la route de Versailles. La 2ᵉ batterie à cheval du *3ᵉ* d'artillerie est restée au Mesnil-Saint-Denis.

Le Iᵉʳ bataillon du *11ᵉ* bavarois venait, comme on l'a vu plus haut, de rejoindre son régiment à Marcoussis. C'est de cette localité qu'il repartit pour se rendre à Rambouillet.

Chaque jour, enfin, une compagnie devait accompagner la cavalerie chargée de faire des réquisitions dans les villages voisins (1).

A la suite de la répartition des bataillons de mobiles disponibles le 21 septembre, le département de l'Eure-et-Loir, à proximité duquel se trouvait la 6e division de cavalerie, était occupé par les quatre bataillons de garde nationale mobile qu'il avait formés et par deux bataillons du Lot-et-Garonne.

Le 29 septembre, quatre compagnies du IVe bataillon d'Eure-et-Loir tenaient Épernon, et deux autres compa-

---

(1) *Kriegsgeschichtliche Einzelschriften*, Heft 11, p. 570. — Le 1er bataillon du 11e d'infanterie bavarois comptait alors environ 740 hommes.

Les mesures les plus énergiques furent également prises vis-à-vis de la population. Les habitants durent remettre leurs armes; l'un d'eux, qui s'était livré à des voies de fait contre un hussard, fut fusillé; la ville fut en outre frappée d'une forte contribution.

Le sous-préfet de Rambouillet fut également invité à fournir ce qui était nécessaire au magasin de Versailles et à la 6e division de cavalerie. Un magasin annexe fut en conséquence établi à la gare de Rambouillet. Un employé de l'intendance devait aviser chaque jour le commandant de la 6e division des denrées qui y étaient apportées; celui-ci décidait ce qui devait être dirigé sur Versailles. Pour faciliter ces transports, la voie ferrée fut rétablie entre Versailles et Rambouillet (Livre d'ordres de la division commandée par le duc de Mecklembourg-Schwerin, Le Mesnil-Saint-Denis, 29 septembre).

D'après les *Kriegsgeschichtliche Einzelschriften* (Heft 11, p. 54), le commandant du 1er bataillon du 11e bavarois fit arrêter le maire de Rambouillet, qui n'avait pas tenu son engagement de faire effectuer une première livraison d'approvisionnements pour le magasin de Versailles. Il semble qu'il y ait là une confusion, et qu'il s'agisse non du maire, mais du sous-préfet. Un ordre du commandant de la division du 7 octobre prescrit en effet au commandant du détachement de Rambouillet de remettre le sous-préfet de cette ville en liberté, tout en l'invitant à ne pas le perdre de vue (Livre d'ordres de la division commandée par le duc de Mecklembourg-Schwerin, Le Mesnil-Saint-Denis, 7 octobre).

gnies du même bataillon étaient à Maintenon ; le reste des forces affectées au département était concentré à Chartres, sauf un bataillon resté à Nogent-le-Rotrou (1).

Mais le général commandant l'Eure-et-Loir venait

---

(1) Les quatre bataillons de la garde nationale mobile d'Eure-et-Loir s'étaient organisés entre le 19 et le 25 août : le Ier et le IIIe à Chartres, le IIe à Châteaudun et le IVe à Nogent-le-Rotrou. Par décret du 7 septembre (*J. M. O.*, 2e semestre 1870, p. 423), les trois premiers bataillons avaient été réunis pour former le 63e régiment de garde nationale mobile, qui se constitua à Chartres le 15 septembre. Le IVe bataillon devait rester indépendant, mais, en réalité, il suivit pendant toute la campagne le 63e mobiles.

Le 20 septembre, c'est-à-dire au moment de l'arrivée des premières troupes allemandes dans la région de Versailles, le général commandant de la subdivision territoriale avait donné l'ordre d'abandonner la partie Est du département et de se retirer dans l'Orne. L'effectif de la garde nationale mobile de l'Eure-et-Loir était alors de 25 officiers par bataillon et de 1,157 hommes pour le Ier bataillon, 1,185 pour le IIe, 1,189 pour le IIIe et 1,026 pour le IVe.

Le Ier bataillon fut envoyé à Mortagne, le IIe bataillon moitié à Séez et moitié à Alençon, le IIIe bataillon 4 compagnies à Alençon, deux compagnies à Séez et deux compagnies au Merlerault. Le IVe bataillon fut maintenu à Nogent-le-Rotrou.

Mais, dès le 24 septembre, probablement à la suite d'ordres envoyés de Tours, le IVe bataillon était rappelé à Chartres. Le 26, il envoyait deux compagnies (2e et 3e) à Épernon, une compagnie (4e) à Maintenon, deux compagnies (6e et 7e) à Gallardon, une compagnie (8e) au Gué-de-Longroy et deux compagnies (1re et 5e) à Auneau.

Les deux bataillons du Lot-et-Garonne arrivaient probablement à Chartres le même jour.

Le 27, le commandant de la subdivision territoriale de l'Eure-et-Loir prescrivit aux trois premiers bataillons de rentrer à Chartres. Ils y étaient réunis de nouveau vers le 30 septembre, sauf le IIe qui resta à Nogent-le-Rotrou.

Le 27 septembre également, le IVe bataillon de la mobile d'Eure-et-Loir recevait l'ordre de se concentrer à Maintenon, à l'exception des deux compagnies d'Auneau qui se replièrent directement sur Chartres. Le 28, quatre compagnies de ce bataillon furent envoyées à Épernon [Historique *manuscrit* de la garde mobile d'Eure-et-Loir (63e régiment et IVe bataillon) ; Silvy, *Album de la garde mobile d'Eure-et-Loir*, p. 5 et suiv.]

d'être relevé de ses fonctions ; son successeur n'était pas encore désigné et, depuis le 28 septembre, le commandement de la subdivision était exercé par le chef d'escadron commandant la gendarmerie du département (1).

Depuis le 23 septembre, il est vrai, le département d'Eure-et-Loir faisait partie du commandement supérieur de l'Ouest, mais cet organe nouveau n'avait pas encore eu le temps de se constituer (2).

Dans la soirée du 29 septembre, les quatre compagnies du IVe bataillon des mobiles d'Eure-et-Loir détachées à Épernon apprirent l'arrivée à Rambouillet du Ier bataillon du *11e* régiment d'infanterie bavarois et des deux escadrons du *16e* hussards. Cette nouvelle, aussitôt communiquée à Chartres, provoqua leur rappel dans cette ville. Elles quittèrent Épernon dans la nuit et rallièrent à Maintenon les deux compagnies qui y étaient. De là, un train spécial les transporta à Chartres où, le 30 au matin, le bataillon retrouva ses deux dernières compagnies. Quelques instants après, il fut envoyé prendre position au Nord-Est de Chartres, sur la route de Maintenon, à Lèves, Champhol et Saint-Prest (3).

---

(1) Il semble, en réalité, que ce fut le préfet d'Eure-et-Loir qui prit la direction des opérations après le départ du général commandant la subdivision (*Ibid.*).

(2) Cf. *La Guerre de 1870-71. La Défense nationale en province. Mesures générales d'organisation*, p. 606. — Le commandement supérieur de l'Ouest avait été confié au général d'Aurelle de Paladines, mais celui-ci était nommé, le 4 octobre, au commandement du 16e corps d'armée et remplacé par le général Fiéreck, qui n'entra en fonctions que le 10 octobre (*J. M. O.*, supplément, 1871. Délégation du gouvernement de la Défense nationale hors Paris, p. 81 ; Résumé des opérations du commandement supérieur de l'Ouest).

(3) Les 1re, 2e et 3e compagnies occupèrent Lèves, les 4e, 5e et 7e Champhol, les 6e et 8e Saint-Prest (Silvy, *loc. cit.*, p. 11).

Ce mouvement de repli permit aux reconnaissances de cavalerie prussienne de pousser, le 30 septembre, jusqu'aux portes de Chartres, où elles furent arrêtées par le feu des compagnies installées à Lèves (1).

Le 1ᵉʳ octobre, le IVᵉ bataillon reçut l'ordre de retourner à Épernon. Parti dans la soirée, il s'arrêta pendant quelques heures à Maintenon et reprit son mouvement le 2 octobre, à 4 h. 30 du matin (2). En arrivant à Épernon, au petit jour, il fit immédiatement occuper les mamelons à l'Est de cette localité, de chaque côté de la route et de la voie ferrée conduisant à Rambouillet. Les issues de la ville furent, en outre, barricadées (3).

Dès 8 heures du matin, la présence à Épernon du IVᵉ bataillon d'Eure-et-Loir était connue à Rambouillet; on y signala en même temps que trois ou quatre compagnies de mobiles s'avançaient sur la ville. Cette dernière nouvelle causa une vive émotion. D'après un ordre du général de division, le commandant du Iᵉʳ bataillon du 11ᵉ bavarois était, en effet, parti le 2 octobre, à 5 heures du matin, avec trois compagnies et un escadron, dans la direction de Saint-Léger-en-Yvelines et de Condé, où une patrouille de cavalerie avait reçu la veille des coups de fusil (4). Il ne restait donc à Rambouillet qu'une com-

---

(1) Après avoir repoussé par son feu une patrouille prussienne, le IVᵉ bataillon d'Eure-et-Loir envoya une reconnaissance le long de la voie ferrée qui, après s'être avancée jusqu'à Jouy, revint dans ses cantonnements (Silvy, *loc. cit.*, p. 11).

(2) Le bataillon devait être transporté par voie ferrée, probablement jusqu'à Maintenon. Il se trouvait réuni à cet effet le 1ᵉʳ octobre, à 6 heures du soir, à La Villette, à 1 kilomètre au Sud de Saint-Prest. En cours de route, le train s'arrêta à Jouy. Après un long arrêt, le bataillon descendit de wagon et gagna Maintenon par la route (*Ibid.*).

Le lieutenant-colonel commandant le 63ᵉ mobiles avait pris le commandement de l'expédition.

(3) *Ibid.*, p. 12; Historique *manuscrit* de la garde mobile d'Eure-et-Loir (63ᵉ régiment et IVᵉ bataillon).

(4) Le 1ᵉʳ octobre, une patrouille du *16ᵉ* hussards était tombée entre

pagnie et un escadron, dont une partie fournissait la grand'garde du Buissonnet.

Le commandant de ces forces prit immédiatement les mesures nécessaires pour défendre la localité (1). Il fit occuper les issues ; il prévint en même temps le commandant du Ier bataillon du *11e* bavarois, ainsi que les troupes en arrière. L'estafette envoyée au premier fut tuée en cours de route ; par contre, le commandant de la *15e* brigade de cavalerie arriva, vers 2 heures du soir, avec quatre escadrons et la batterie à cheval de la division, et prit la direction des opérations à Rambouillet (2).

Saint-Léger-en-Yvelines et Condé dans une embuscade tendue par des gardes nationaux des communes voisines et par des francs-tireurs (Robin, *La Guerre dans l'Ouest*, p. 57). Deux cavaliers allemands furent tués et cinq blessés (Capitaine Leclerc, *Tableaux statistiques des pertes des armées allemandes*, p. 208).

Depuis le 30 septembre, il y avait, en effet, dans les environs d'Houdan, les francs-tireurs de Verneuil (Eure), qui comptaient alors 1 officier et 25 hommes. Ils restèrent dans la région jusqu'au 4 octobre (Le Maire de Verneuil au Préfet de l'Eure, 7 mars 1872).

Le 2 octobre, le détachement allemand parti de Rambouillet s'empara dans les bois près de Pacy de quelques francs-tireurs, qui furent immédiatement fusillés. Une forte contribution de guerre fut, en outre, levée à Condé. Le détachement rentra à Rambouillet à 7 heures du soir.

(1) Les forces disponibles se rassemblèrent au poste central. Les équipages furent attelés, les sacs des hommes des trois compagnies parties chargés sur des voitures et les malades transportés à l'hôpital.

(2) Le commandement de la *15e* brigade de cavalerie était alors exercé par le colonel von Alvensleben, du *15e* ulans. La 2e batterie à cheval du *3e* d'artillerie reçut à 11 h. 50, au Mesnil-Saint-Denis, l'ordre de se rendre à Rambouillet.

Vers 8 h. 30, le commandant des forces restées à Rambouillet avait été prévenu que les mobiles se déployaient des deux côtés de la route. Plus tard, le commandant de la grand'garde du Buissonnet l'avisa qu'il se portait au-devant de l'ennemi et lui demanda de l'appuyer. Le commandant des forces de Rambouillet se préparait à le faire lorsqu'arriva le commandant de la *15e* brigade de cavalerie.

Les quatre escadrons qu'il amenait avec lui avaient été fournis deux

Tout se borna d'ailleurs à l'échange de quelques coups de feu entre les patrouilles de la grand'garde du Buissonnet et les détachement avancés du IVᵉ bataillon des mobiles d'Eure-et-Loir (1).

Dans la soirée, les quatre escadrons et la batterie amenés par le commandant de la *15ᵉ* brigade de cavalerie retournèrent dans leurs cantonnements (2).

De son côté également, le IVᵉ bataillon des mobiles d'Eure-et-Loir avait été renforcé, le 2 octobre vers 5 heures du soir, par le IIᵉ bataillon du même département (3). Le Iᵉʳ bataillon du Lot-et-Garonne était, en outre, envoyé à Gallardon et à Écrosnes.

La journée du 3 octobre fut employée par le commandant du 63ᵉ mobiles à préparer la défense d'Épernon.

3 octobre.

---

par le *3ᵉ* hussards et deux par le *3ᵉ* ulans. En outre, les deux escadrons non détachés du *16ᵉ* hussards avaient également été mis en état d'alerte au Perray et étaient prêts à se diriger sur Rambouillet.

(1) D'après l'Historique du *3ᵉ* d'artillerie, le colonel von Alvensleben se serait porté avec ses forces dans la direction d'Épernon. La batterie aurait ouvert le feu sur un bois situé près du Buissonnet, où les mobiles s'étaient installés, et aurait ainsi déterminé la retraite des Français.

Les documents français ne mentionnent pas cet incident. Ils relatent seulement que le IVᵉ bataillon se contenta d'occuper les abords d'Épernon et que des cavaliers prussiens venant de Rambouillet engagèrent quelques escarmouches avec les postes avancés des mobiles [Historique *manuscrit* de la garde mobile d'Eure-et-Loir (63ᵉ régiment et IVᵉ bataillon); Silvy, *loc. cit.*, p. 13].

(2) *Kriegsgeschichtliche Einzelschriften*, Heft 11, p. 571 ; *Geschichte des K. B. 11. Infanterie-Regiments von der Tann*, p. 347 ; *Geschichte des Feldartillerie-Regiments General Feldzeugmeister (1. Brandenburgischen) Nr. 3*, p. 396 ; *Fünf und zwanzig Jahre, Erinnerungsblätter aus der Geschichte des Husaren-Regiments Kaiser Franz-Joseph von Œsterreich, König von Ungarn (Schleswig-Holsteinisches) Nr. 16*, p. 49 et suivantes.

(3) Ce bataillon venait de Nogent-le-Rotrou ; il fut amené par voies ferrées jusqu'à Maintenon (Silvy, *Album de la garde mobile d'Eure-et-Loir*, p. 13).

D'après ses instructions, le IVe bataillon d'Eure-et-Loir défendrait le mouvement de terrain au Nord-Est de la localité et tiendrait le bois de La Diane. Le IIe bataillon occuperait la gare ainsi qu'une barricade élevée sur la route de Rambouillet, et garderait le plateau au Sud-Est d'Épernon (1). La garde nationale sédentaire de la ville devait surveiller les directions de Nogent-le-Roi et de Gallardon (2).

De même que la route de Rambouillet, tenue, comme on l'a vu, par une barricade, toutes les autres issues d'Épernon furent pourvues d'une solide organisation défensive (3).

Le 3 octobre, les Allemands se contentèrent d'ailleurs de faire surveiller Épernon par de nombreuses patrouilles.

4 octobre.

Combat d'Épernon (4). — Dans la matinée du 4 octobre, le lieutenant-colonel du 63e mobiles envoya deux compagnies en reconnaissance dans la direction de Rambouillet. Elles poussèrent jusqu'au bois de La Têtée, où, vers 10 h. 30 du matin, elles se heurtèrent à une colonne allemande se dirigeant sur Épernon.

---

(1) Provost, *La Garde mobile d'Eure-et-Loir et ses aumôniers*, p. 17. — Le plateau au Sud-Est d'Épernon, constitué par le long éperon qui s'étend entre la voie ferrée et le ruisseau de la Drouette, est connu dans le pays sous le nom de plateau des Marmousets.

(2) La garde nationale sédentaire d'Épernon était forte d'environ 300 hommes, mais un tiers seulement était armé et put prendre part à la défense de la ville (Silvy, *loc. cit.*, p. 23).

(3) La barricade de la route de Rambouillet se trouvait près du cimetière. Quatre autres avaient été établies : la première, sur le chemin de Droue, au pont du chemin de fer; la deuxième, sur la voie ferrée; la troisième, au faubourg du Prieuré, sur la route de Chartres, la quatrième, sur le chemin de Raizeux (Silvy, *loc. cit.*, p. 22).

(4) Historique *manuscrit* de la garde mobile d'Eure-et-Loir (63e régiment et IVe bataillon); de Coynart, *La Guerre à Dreux, 1870-71*, p. 204 et suiv.; Provost, *La Garde mobile d'Eure-et-Loir et ses aumô-*

Le commandant du 63ᵉ mobiles envoya immédiatement à Écrosnes prévenir le Iᵉʳ bataillon des mobiles du Lot-et-Garonne qu'une attaque était imminente; il lui demandait en même temps de se porter sur Épernon dès qu'il entendrait le bruit du combat (1).

Les événements du 2 octobre avaient déterminé le commandant de la 6ᵉ division de cavalerie à prescrire une reconnaissance sur Épernon et Maintenon. Il envoya à cet effet à Rambouillet, dans la matinée du 4 octobre, la 15ᵉ brigade de cavalerie et la 2ᵉ batterie à cheval du 3ᵉ d'artillerie (2).

A 9 h. 30 du matin, le commandant de la 15ᵉ brigade se dirigea sur Épernon avec sept escadrons de hussards, la batterie à cheval et deux compagnies du Iᵉʳ bataillon du 11ᵉ régiment bavarois (3). A Gazeran, un escadron du 3ᵉ hussards fut détaché en flanc-garde, vers le Sud; il devait passer par Le Grand-Belair et Droue.

L'avant-garde de la 15ᵉ brigade signala bientôt que les fermes et les bois entre Saint-Hilarion et Épernon

---

niers, p. 16 et suiv.; Silvy, *Album de la Garde mobile d'Eure et-Loir*, 1ʳᵉ partie, p. 14 et suiv.; *Geschichte des K. B. 11. Infanterie-Regiments von der Tann*, p. 348; *Geschichte des Husaren-Regiments von Zieten (Brandenburgisches) Nr. 3*, p. 353; *Fünf und zwanzig Jahre, Erinnerungsblätter aus der Geschichte des Husaren-Regiments Kaiser Franz-Joseph von Oesterreich, König von Ungarn (Schleswig-Holsteinisches) Nr. 16*, p. 55 et suiv.; *Geschichte des Feldartillerie-Regiments General-Feldzeugmeister (1. Brandenburgischen) Nr. 3*, p. 396.

(1) Dès 4 heures du matin, une compagnie du IIᵉ bataillon avait été envoyée à La Garenne du Frêne, sur la route de Gallardon, pour assurer les communications avec cette localité.

Dans la matinée du 4 octobre, le lieutenant-colonel du 63ᵉ mobiles, malade, dut passer le commandement au commandant du IVᵉ bataillon de l'Eure-et-Loir.

(2) Le 3ᵉ hussards quitta ses cantonnements de Dampierre, Lévy-Saint-Nom et Maincourt le 4 octobre à 8 heures du matin.

(3) Le 1ᵉʳ escadron du 3ᵉ hussards resta à Rambouillet avec les 2ᵉ et 4ᵉ compagnies du 11ᵉ bavarois. Le colonel von Alvensleben, qui com-

étaient fortement occupés par des mobiles. Une compagnie fut alors déployée à cheval sur la route ; l'autre compagnie fut maintenue en réserve ; les hussards furent chargés de couvrir les flancs. La marche vers Épernon continua dans cette formation.

Tout en prenant le contact avec les patrouilles de la colonne allemande, les deux compagnies de mobiles envoyées en reconnaissance vers Saint-Hilarion s'étaient installées dans le parc de Fosseuil. Elles occupaient aussi, un peu plus en arrière, le chemin de Fosseuil à Saint-Antoine et deux petits boqueteaux situés entre ce chemin et le bois de La Diane (1).

En face, les Allemands étaient venus occuper le bois de La Têtée, où les deux compagnies bavaroises s'étaient déployées. Vers 11 heures, la batterie à cheval installée au Nord-Ouest de Saint-Hilarion ouvrit le feu. Elle força les fractions avancées des mobiles à évacuer Fosseuil (2), le chemin de Saint-Antoine et les boqueteaux en arrière ; elle appuya ensuite le mouvement en avant de l'infanterie bavaroise qui se dirigea sur le bois de La Diane et la sortie Est d'Épernon, où les mobiles opposèrent une vigoureuse résistance (3).

Pendant ce temps, l'escadron du 16e hussards envoyé en flanc-garde vers le Sud, après avoir atteint Le Grand-Belair, se dirigeait sur Épernon par le plateau. Mais la ferme Monceaux était occupée par les gardes nationaux

---

mandait la 15e brigade, emmena donc avec lui le 16e hussards, trois escadrons du 3e hussards et les 1re et 3e compagnies du 11e bavarois. Ces deux compagnies comprenaient ensemble 8 officiers, 16 sous-officiers et 206 hommes.

(1) Ces deux boqueteaux n'existent plus aujourd'hui.

(2) Les éléments qui occupaient Fosseuil se retirèrent dans la direction de Raizeux, par les bois à l'Est de ce dernier hameau.

(3) Le commandant du détachement allemand, le colonel von Alvensleben, fut blessé au côté dès le début de l'engagement, qu'il continua cependant à diriger jusqu'au bout.

et les pompiers de Droue, qui, au nombre de 16, accueillirent par une vive fusillade, les cavaliers prussiens. Une partie de ces derniers mit pied à terre, et, après avoir enlevé la ferme (1), l'escadron put poursuivre son mouvement jusqu'aux pentes qui dominent Épernon.

Par suite d'une erreur, en effet, le IIe bataillon des mobiles d'Eure-et-Loir s'était, au début de l'engagement, porté presque en entier sur la hauteur du bois de La Diane et sur la route de Rambouillet (2). Il n'y avait donc dans le faubourg du Pont qu'une seule compagnie. Dès qu'elle aperçut les hussards prussiens, elle monta sur le plateau au Sud-Est d'Épernon et les refoula jusque vers le moulin à vent.

Mais bientôt arrivèrent de ce côté le reste du *16e* hussards et deux sections de la batterie à cheval. Un demi-escadron de hussards engagea le combat à pied avec les mobiles. Les pièces s'installèrent près du moulin à vent et prirent d'enfilade les défenseurs du bois de La

---

(1) Les gardes nationaux et les pompiers de Droue n'étaient armés que de fusils à piston. Plusieurs purent s'échapper par les carrières de grès qui couvrent le plateau des Marmousets, mais six d'entre eux furent cernés dans le jardin de la ferme et y furent massacrés.

(2) En dehors des deux compagnies du IVe bataillon de l'Eure-et-Loir qui tenaient Fosseuil, le chemin de Saint-Antoine et les deux boqueteaux en arrière, il semble qu'au début de l'engagement il y avait sur le plateau du bois de La Diane les six autres compagnies du IVe bataillon et une compagnie du IIe bataillon. Comme on l'a déjà vu, une deuxième compagnie de ce dernier bataillon avait été détachée à La Garenne du Frêne, sur la route de Gallardon, et une troisième compagnie s'était engagée sur le plateau au Sud-Est d'Épernon. Une compagnie, enfin, était restée à Alençon pour y former dépôt. Les quatre dernières s'étaient sans doute portées sur la route de Rambouillet. L'une d'elles occupa les barricades construites de ce côté. Les trois autres poussèrent plus en avant.

Mais, pendant ce temps, un peloton et demi d'infanterie bavaroise avait pu cheminer par les bois au Sud de la voie ferrée et arriver ainsi

Diane. Leur feu, réuni à celui de la section restée sur la première position, finit par déterminer la retraite de ces troupes (1). En même temps, les hussards repoussaient la compagnie déployée devant eux.

Lorsque les deux compagnies bavaroises eurent occupé

---

jusqu'à la barricade élevée sur la route. Les mobiles du II° bataillon d'Eure-et-Loir, qui défendaient la vallée en avant, durent, vers 2 heures du soir, abandonner leurs positions. Le chef de bataillon Lecomte de la Perrine, qui les commandait, les conduisit alors sur le mamelon du bois de La Diane. Peu après, cet officier était tué en ramenant au feu une partie de ses hommes pour soutenir une ligne de tirailleurs du IV° bataillon, qui faiblissait.

(1) On a vu qu'un peloton et demi d'infanterie bavaroise se dirigeait sur Épernon par les bois au Sud de la voie ferrée. Il restait donc au Nord de la route six pelotons et demi, c'est-à-dire environ 160 hommes. Entraînés par leurs officiers, ils essayèrent de se jeter à la baïonnette sur les mobiles, qui se repliaient de leur première position ; mais ces derniers se reformèrent et repoussèrent cette attaque (*Geschichte des K. B. 11. Infanterie-Regiments von der Tann*, p. 348).

D'après un récit du commandant du IV° bataillon des mobiles d'Eure-et-Loir (Silvy, *loc. cit.*, p. 19), cet officier aurait pensé à contre-attaquer par leur gauche les Bavarois déployés devant le bois de La Diane. Mais il renonça à faire exécuter ce mouvement dans la crainte que ses hommes ne puissent tenir sous le feu de l'ennemi, une fois sortis de leurs positions. N'ayant pas de cavalerie pour s'éclairer, il craignait en outre, à chaque instant, de voir l'ennemi se présenter par la vallée de Raizeux.

La section d'artillerie allemande restée au Nord de la route se serait alors rapprochée de manière à pouvoir battre la sortie Est d'Épernon. Si la compagnie de mobiles qui défendait cette partie de la lisière de la ville était forcée de l'évacuer, les forces qui résistaient dans le bois de la Diane pouvaient craindre d'être enveloppées.

Cependant, à ce moment, l'infanterie bavaroise, arrêtée à moins de 100 mètres de la lisière du bois de La Diane, avait été forcée de suspendre son feu, de peur de manquer de cartouches. Les sacs des deux compagnies bavaroises avaient été chargés sur des voitures ; il fallut attendre l'arrivée de ces dernières pour que des hommes pussent aller chercher des munitions et les apporter aux tirailleurs sur la ligne de feu.

Les deux compagnies bavaroises engagées le 4 octobre brûlèrent

le bois de La Diane, les deux fractions de la batterie à cheval s'établirent sur les hauteurs qui dominent la ville. Pendant ce temps les mobiles évacuèrent Épernon (1) et se retirèrent dans la direction de Maintenon, poursuivis par le feu de l'artillerie ennemie (2).

Vers 5 heures seulement, le Ier bataillon des mobiles du Lot-et-Garonne débouchait de La Garenne du Frêne. Lorsque l'artillerie prussienne l'aperçut, elle le prit pour objectif et, par son feu, incendia la ferme du Loreau (3). Les mobiles du Lot-et-Garonne se replièrent alors vers Maintenon.

Les émotions de la journée et la retraite sur Maintenon avaient quelque peu désorganisé les IIe et IVe ba-

---

12,000 cartouches, soit, pour un effectif de 206 soldats, près de 60 cartouches par homme (*Geschichte des K. B. 11. Infanterie-Regiments von der Tann*, p. 348-349).

Pendant tout cet épisode, le combat, du côté allemand, paraît avoir été entretenu par l'artillerie seule, dont le tir avait déjà d'ailleurs fortement atteint le moral des mobiles.

Un peloton du *3e hussards*, pied à terre, prolongeait la ligne des tirailleurs bavarois du côté de la vallée de Raizeux.

(1) D'après le récit précité du commandant du IVe bataillon de l'Eure-et-Loir, les mobiles auraient quitté le plateau à l'Est d'Épernon vers 3 heures. Ceux qui formaient la gauche de la ligne reçurent l'ordre de se retirer par la vallée de Raizeux. Épernon fut évacué vers 3 h. 20.

(2) Pour échapper au feu de l'artillerie ennemie, les mobiles en retraite passèrent par la tranchée du chemin de fer. D'autres suivirent la vallée de la Drouette, où ils étaient dissimulés par des arbres.

Un petit nombre de gardes nationaux sédentaires tint encore pendant quelque temps dans les vignes au sommet de la côte que gravit la route d'Épernon à Nogent-le-Roi; ils ne quittèrent lentement leur poste qu'après avoir reçu l'ordre de se replier.

Les gardes nationaux n'avaient comme armement que des fusils à piston; quelques-uns même n'avaient que des fusils de chasse ou des armes de rebut.

(3) La batterie à cheval de la *6e division de cavalerie* tira son dernier coup de canon à 6 h. 30 [*Geschichte des Feldartillerie-Regiments General Feldzeugmeister (1. Brandenburgischen) Nr. 3*, p. 397].

taillons des mobiles d'Eure-et-Loir. Leur chef crut nécessaire de les ramener jusqu'à Chartres pour pouvoir les reformer (1).

Ces unités venaient à peine d'entamer leur retraite lorsqu'arrivèrent à Maintenon par voie ferrée les Ier et IIIe bataillons d'Eure-et-Loir et le IIe bataillon du Lot-

---

(1) Les IIe et IVe bataillons des mobiles d'Eure-et-Loir étaient armés de fusils à tabatière. Il semble ressortir des ouvrages français précités que l'artillerie prussienne causa une vive émotion dans les compagnies qui furent les premières exposées à son feu, particulièrement dans les compagnies du IIe bataillon qui se trouvaient au delà des barricades sur la route de Rambouillet. De nombreux mobiles lâchèrent pied. Mais cette panique ne gagna pas les compagnies qui défendaient les barricades ou qui étaient installées à la lisière du bois de La Diane ou dans les vignes environnantes.

A différentes reprises, les officiers durent intervenir pour empêcher l'inexpérience et la maladresse des mobiles à se servir de leurs fusils de causer de graves incidents. Plusieurs hommes, en effet, furent atteints sur la ligne des tirailleurs par le feu des camarades postés plus en arrière. L'Historique du 3e régiment d'artillerie prussien remarque, en outre, que la batterie n'eut pas trop à souffrir du feu de l'infanterie française, bien qu'elle se fût avancée jusqu'à bonne portée de fusil. Les mobiles tiraient trop haut. On aura souvent occasion de faire semblable remarque au cours des engagements de la deuxième partie de la campagne.

Les Historiques des corps allemands constatent cependant l'excellente attitude des mobiles d'Eure-et-Loir dans le combat d'Épernon. La régularité et le bon ordre de leurs mouvements firent croire aux Allemands qu'ils avaient affaire à des troupes régulières ou tout au moins que les unités engagées étaient commandées par des officiers d'infanterie de ligne. Ils conclurent de cet engagement que les mobiles n'étaient pas des adversaires à dédaigner [*Geschichte des K. B. 11. Infanterie-Regiments von der Tann*, p. 348 ; *Fünf und zwanzig Jahre, Erinnerungsblätter aus der Geschichte des Husaren-Regiments Kaiser Franz-Joseph von Œsterreich, König von Ungarn (Schleswig-Holsteinisches) Nr. 16*, p. 58].

Les pertes des Français, dans la journée du 4 octobre, s'élevèrent à : IIe et IVe bataillons d'Eure-et-Loir : 1 officier et 12 hommes tués, 23 hommes blessés, 1 officier et 3 hommes prisonniers ; gardes natio-

et Garonne, venant de Chartres sous les ordres du chef d'escadron de gendarmerie commandant provisoirement la subdivision militaire. Ces forces furent rejointes peu après par le 1er bataillon du Lot-et-Garonne. Elles se couvrirent par deux compagnies envoyées en grand'-garde au hameau du Bois-de-Fourches et dans le bois de Maintenon, le long de la route d'Épernon (1).

Après avoir fait suivre par les hussards jusqu'à Hanches les mobiles en retraite, le détachement du colonel von Alvensleben entra vers 5 heures du soir à Épernon. Les deux compagnies d'infanterie et le *3e* hussards s'y installèrent en cantonnements d'alerte, la batterie et le *16e* hussards bivouaquèrent près du moulin à vent, sur le plateau au Sud-Est de la ville (2).

Le lendemain, 5 octobre, quelques escadrons furent envoyés en reconnaissance dans les localités voisines d'Épernon ; ils devaient en même temps y faire des réquisitions. Pour les soutenir en cas de besoin, le reste

5 octobre.

---

naux d'Épernon : 5 hommes tués et 3 blessés ; gardes nationaux de Droue : 6 hommes tués.

Quant aux Allemands, en dehors du colonel von Alvensleben, commandant la *15e* brigade de cavalerie, blessé au début de l'engagement, ils perdirent : 1re et 5e compagnies du *11e* bavarois, 5 hommes tués et 17 blessés ; *16e* hussards, 3 hommes tués, 2 blessés ; 2e batterie à cheval du *3e* d'artillerie, 1 homme blessé (capitaine Leclerc, *loc. cit.*, p. 209). Le *16e* hussards aurait eu en outre 2 chevaux tués et 5 chevaux blessés, et la batterie à cheval 3 chevaux blessés (*Historique du Grand État-Major prussien*, 2e partie, p. 30).

(1) Silvy, *loc. cit.*, 2e partie, p. 17 ; Provost, *loc. cit.*, p. 50.

(2) Le 4 octobre, le 1er escadron du *6e* cuirassiers quitta Montigny-le-Bretonneux pour venir cantonner à Saint-Lambert-les-Bois. Un ordre de la division l'envoya aussitôt à Rambouillet pour soutenir le détachement du colonel von Alvensleben. Il revint le soir à Saint-Lambert [*Geschichte des Kürassier-Regiments Kaiser Nikolaus I. von Russland (Brandenburgischen) Nr. 6*, p. 155]. Des patrouilles de cet escadron poussèrent jusque dans la vallée entre Raizeux et Épernon (Silvy, *loc. cit.*, p. 20).

du détachement, placé sous les ordres du commandant de la *15ᵉ* brigade de cavalerie, s'établit sur une position de combat à l'Ouest de la localité.

Les reconnaissances dirigées sur Maintenon furent arrêtées par le feu des grand'gardes des mobiles. Celles qui se rendirent à Gas et Gallardon purent ramener quelques approvisionnements.

Après leur retour, tout le détachement du colonel von Alvensleben reprit le chemin de Rambouillet où il rentrait vers 10 heures du soir (1).

Le 5 octobre au soir, la *15ᵉ* brigade de cavalerie se trouvait donc de nouveau à Rambouillet avec le Ier bataillon du *11ᵉ* bavarois et la batterie à cheval de la *6ᵉ* division de cavalerie. Elle avait en face d'elle à Maintenon quatre bataillons de mobiles et un corps de francs-tireurs, et à Chartres deux bataillons de mobiles et deux bataillons de gardes nationaux (2).

Les patrouilles de hussards envoyées le lendemain

---

(1) *Geschichte des Husaren-Regiments von Zieten (Brandenburgisches) Nr. 3*, p. 354; *Geschichte des Feldartillerie-Regiments General Feldzeugmeister (1. Brandenburgischen) Nr. 3*, p. 358; *Geschichte des K. B. 11. Infanterie-Regiments von der Tann*, p. 349.

Un cavalier du *3ᵉ* hussards, blessé par un poste placé dans les bois le long de la route de Maintenon à Épernon, fut pris avec son cheval par les mobiles.

Le colonel von Alvensleben fut dirigé, le lendemain 6 octobre, sur l'hôpital de Versailles et remplacé dans le commandement de la *15ᵉ* brigade par le colonel von den Gröben, du *3ᵉ* ulans.

Le même jour, le duc de Mecklembourg-Schwerin, imparfaitement guéri de la blessure qu'il avait reçue à Laon le 9 septembre, passait le commandement de la *6ᵉ* division de cavalerie au général-major von Schmidt; ce dernier était remplacé à la tête de la *14ᵉ* brigade par le lieutenant-colonel von Lynar, du *6ᵉ* cuirassiers.

(2) A Maintenon, Ier et IIIe bataillons d'Eure-et-Loir et Ier et IIe bataillons du Lot-et-Garonne, sous les ordres du chef d'escadron de gendarmerie commandant provisoirement la subdivision militaire; à Chartres, les IIe et IVe bataillons d'Eure-et-Loir, qui occupaient par des

6 octobre sur ces deux villes, ainsi que vers Houdan, furent partout accueillies à coups de fusil (1).

L'ordre du commandant de la IIIe armée du 6 octobre, qui, avec le Ier corps bavarois, plaçait sous les ordres du général von der Tann la *22e* division d'infanterie et les *2e* et *4e* divisions de cavalerie, pour arrêter le mouvement des forces françaises au Nord d'Orléans, prescrivait à la *6e* division de cavalerie de s'inspirer des circonstances pour empêcher l'ennemi de pousser à l'Ouest d'Arpajon. Elle devait tout particulièrement surveiller la route de Limours à Dourdan et adresser tous ses rapports au général von der Tann.

Cet ordre indiquait en outre qu'il n'était pas nécessaire de faire rallier les détachements envoyés en réquisition par les divisions de cavalerie; autant que possible, au contraire, ils devaient continuer leur mission (2).

---

détachements Coltainville et Nogent-le-Phaye et les deux bataillons de la garde nationale sédentaire de Chartres.

Les effectifs des Ier et IIIe bataillons de mobiles d'Eure-et-Loir étaient respectivement de 1063 et de 1107 hommes. Quant aux deux bataillons de la garde nationale de Chartres, ils comprenaient chacun quatre compagnies de 200 hommes environ (Silvy, *loc. cit.*, 2e partie, p. 17 et 20).

Le 5 octobre, dans la soirée, arrivaient à Maintenon les francs-tireurs de la Sarthe, à l'effectif de 16 officiers et 338 hommes formant quatre compagnies. Ce corps avait commencé, le 24 septembre, à se constituer au Mans. Il était armé de fusils Snider. Le 4 octobre, dans la nuit, il reçut du général commandant supérieur de la région du Centre l'ordre de partir le lendemain pour Chartres, d'où le préfet d'Eure-et-Loir le dirigea sur Maintenon (de Foudras, *Les Francs-Tireurs de la Sarthe,* p. 7 à 9).

(1) *Geschichte des Husaren-Regiments von Zieten (Brandenburgisches) Nr. 3,* p. 354. — Il y avait en effet alors, comme on le sait, dans la région de Houdan la compagnie de francs-tireurs de Verneuil (Cf. ci-dessus, p. 235, note 4).

(2) *Historique du Grand État-Major prussien,* 2e partie, p. 219 et supplément LXXV.

5ᵉ division de cavalerie.

Après avoir traversé la Seine à Triel, le 20 septembre, la 5ᵉ division de cavalerie s'était installée, assez tard au cours de la soirée, dans la région située au Nord-Ouest de Versailles. Le quartier général était à Herbeville ; deux brigades, les *11ᵉ* et *13ᵉ*, faisaient face à Paris ; la troisième brigade, la *12ᵉ*, était au contraire orientée vers l'Ouest et tenait la coupure de la Mauldre (1).

Le 21 septembre, après l'occupation de Versailles par le Vᵉ corps, quelques modifications furent apportées dans les cantonnements des *11ᵉ* et *13ᵉ* brigades. Un escadron du *17ᵉ* hussards fut envoyé au Mesnil-le-Roi et à Maisons-Laffitte pour assurer vers Sartrouville la liaison avec les forces qui investissaient Paris au Nord de la Seine (2).

Le *4ᵉ* bataillon de chasseurs à pied continua à opérer, le 21 septembre, en liaison avec la 5ᵉ division de cavalerie. La 2ᵉ compagnie, qui avait accompagné la *13ᵉ* bri-

---

(1) Cf. ci-dessus, p. 79.
(2) *La Guerre de 1870-71. L'Investissement de Paris*, t. II, p. 499 ; Junk, *Die fünfte Kavallerie-Division*, p. 23 et 270-271. — Les cantonnements occupés par la 5ᵉ division de cavalerie le 21 septembre étaient les suivants : quartier général Herbeville ; *11ᵉ* brigade : état-major Saint-Cyr ; *4ᵉ* cuirassiers, 1ᵉʳ et 4ᵉ escadrons Fontenay-le-Fleury, 3ᵉ escadron Rennemoulin ; 5ᵉ escadron Noisy ; *13ᵉ* ulans Saint-Cyr ; *19ᵉ* dragons, 1ᵉʳ et 2ᵉ escadrons Bailly ; 3ᵉ et 4ᵉ escadrons Noisy ; *12ᵉ* brigade : état-major Les Alluets ; 7ᵉ cuirassiers Crespières ; *16ᵉ* ulans, 1ᵉʳ escadron Marcil-sur-Mauldre, 2ᵉ escadron Montainville ; *13ᵉ* dragons, 4ᵉ et 5ᵉ escadrons Maule, 1ᵉʳ escadron Herbeville, 2ᵉ escadron Les Alluets ; *13ᵉ* brigade : état-major Saint Germain-en-Laye ; *10ᵉ* hussards, 1ᵉʳ, 2ᵉ et 3ᵉ escadrons Saint-Germain-en-Laye, 4ᵉ escadron Marly, assurant la liaison avec la *11ᵉ* brigade ; *11ᵉ* hussards, 1ᵉʳ, 4ᵉ et 5ᵉ escadrons Poissy, 2ᵉ escadron Feucherolles ; *17ᵉ* hussards, 1ᵉʳ, 2ᵉ et 3ᵉ escadrons Saint-Germain-en-Laye, 4ᵉ escadron Le Mesnil-le-Roi et Maisons-Laffitte ; 1ʳᵉ batterie à cheval du *4ᵉ* d'artillerie Les Alluets ; 2ᵉ batterie à cheval du *10ᵉ* d'artillerie Saint-Germain-en-Laye.

gade de cavalerie à Poissy, et la 4e compagnie, qui avait marché avec la *11e* brigade jusqu'à Feucherolles, vinrent respectivement à Saint-Germain-en-Laye et à Marly-le-Roi.

L'état-major du bataillon et les deux autres compagnies quittèrent Triel, lorsque les trains et convois de la *5e* division de cavalerie eurent franchi la Seine; ils se rendirent alors à Poissy.

Ce bataillon devait, le lendemain, se concentrer à Saint-Germain, franchir la Seine au pont qui avait été établi près de Port-Marly, puis, par Montesson et Bezons, rejoindre à Argenteuil la *8e* division d'infanterie (1).

Le commandant de la *5e* division de cavalerie avait affecté à chacune de ses brigades une zone où devaient être effectuées des réquisitions de bétail et de grains. Les approvisionnements ainsi recueillis seraient ensuite dirigés sur un magasin établi à Versailles (2).

Dès le 22 septembre, de très bonne heure, chacun des régiments de la *12e* brigade devait envoyer un détachement, de la force d'un escadron environ, dans la région située entre les confluents de la Mauldre et de la Vaucouleurs avec la Seine, le *7e* cuirassiers sur Jumeauville, le *13e* dragons vers Mantes et le *16e* ulans vers Aulnay, Nezel et Mézières.

L'escadron du *13e* dragons, accueilli à coups de fusil

22 septembre.

---

(1) *La Guerre de 1870-71. L'Investissement de Paris*, t. II, p. 500.
(2) La zone de la *13e* brigade était limitée au Nord par la Seine, à l'Est par la ligne Saint-Germain-en-Laye, Marly, au Sud par la lisière de la forêt de Marly jusqu'à Villiers-le-Sec, à l'Ouest par la ligne Morainvilliers, Ecquevilly, Les Mureaux. La zone de la *12e* brigade s'étendait à l'Ouest de celle de la *13e* brigade jusqu'au ruisseau de la Vaucouleurs. La *11e* brigade devait opérer au Sud des zones affectées aux *12e* et *13e* brigades; son secteur, qui n'était pas limité vers l'Ouest, s'étendait au Sud jusqu'à la ligne Bois d'Arcy, Neauphle-le-Château et Montfort-l'Amaury et à l'Est jusqu'à la ligne Bailly, Fontenay-le-Fleury, Saint-Cyr (Junk, *loc. cit.*, p. 32).

près de Mantes, ne put accomplir sa mission. Le détachement du *16e* ulans, qui comprenait trois pelotons seulement, en laissa d'abord deux à Aulnay et à Nezel pour y réquisitionner. Lorsque le troisième peloton se présenta devant Mézières, des coups de feu partis du village tuèrent un sous-officier et un ulan appartenant à une patrouille poussée en avant. Le commandant du détachement revint sur ses pas, ramassa au passage ses deux autres pelotons et rentra pour midi à Mareil-sur-Mauldre (1).

Prévenu de ces événements, le commandant de la *5e* division de cavalerie prussienne prescrivit au général von Bredow de se porter immédiatement sur Mézières et Mantes. Le commandant de la *12e* brigade de cavalerie partit dans l'après-midi du 22 septembre avec le *16e* ulans, le *13e* dragons et la *1re* batterie à cheval du *4e* d'artillerie. A Aulnay, à Mézières et à Mantes, l'avant-garde de la brigade reçut des coups de feu. Après avoir fusillé quelques hommes pris les armes à la main et bombardé Mézières et Mantes, le général von Bredow reprit, à la nuit tombante, la direction de ses cantonnements, où il rentrait à 11 heures du soir (2).

Il semble que dans la journée du 22 septembre, la *12e* brigade de cavalerie n'eut affaire qu'à des gardes nationaux sédentaires qui, conformément aux instructions du Gouvernement de la Défense nationale, avaient essayé de s'opposer aux progrès de l'envahisseur.

---

(1) Lors de son retour à Mareil-sur-Mauldre, le détachement du *13e* dragons reçut encore des coups de fusil partant d'un petit bois situé près de La Falaise.

(2) Junk, *loc. cit.*, p. 33; *Aufzeichnungen aus der Geschichte des Altmärkischen Ulanen-Regiments Nr. 16*, p. 118; *Geschichte des Feldartillerie-Regiments Prinzregent Luitpold von Bayern (Magdeburgischen) Nr. 4*, p. 331. — Pour revenir dans ses cantonnements le général von Bredow passa par Jumeauville.

Quelques instants après le départ de Mantes de la brigade du général von Bredow, un train spécial amenait de Rouen deux bataillons d'éclaireurs de la Seine (1), sous les ordres du lieutenant-colonel Mocquard, et s'arrêtait à la bifurcation à l'Ouest de la station. Une compagnie fut envoyée en reconnaissance. Mais le conseil municipal de la ville n'était pas décidé à continuer la défense; aussi le commandant des éclaireurs de la Seine, qui ignorait absolument tout de la situation et des forces de l'ennemi, fit-il revenir son train jusqu'à Vernon, où il débarqua (2).

Le lendemain matin, les deux bataillons se portèrent sur Bonnières et s'installèrent à la limite Est de la forêt de Rosny (3).

23 septembre.

---

(1) Quatre bataillons d'éclaireurs de la Seine avaient été formés à Paris dans le courant du mois d'août 1870. Les Ier et IIe bataillons, comprenant chacun six compagnies de 100 hommes, quittèrent Paris sous les ordres du lieutenant-colonel Mocquard les 23 et 25 août. Le Ier bataillon assista à la bataille de Sedan, y perdit la plus grande partie de son effectif et rejoignit à Mézières le IIe bataillon qui avait opéré dans la région de Charleville. Le 20 septembre, les deux bataillons furent dirigés par voies ferrées sur Rouen, où ils arrivèrent le 21 dans la matinée. Le 22, ils repartirent pour Mantes, où ils parvinrent vers 9 heures du soir. Le Ier bataillon des éclaireurs de la Seine, désorganisé à Sedan, ne comptait que 130 hommes. Le IIe bataillon avait un effectif de 587 hommes (Historique *manuscrit* du 1er régiment des éclaireurs de la Seine; *La Guerre de 1870-71. L'Armée de Châlons*, t. III, p. 139, 339 et 364).

(2) Historique *manuscrit* du 1er régiment des éclaireurs de la Seine. — Le conseil municipal de Mantes aurait remis au commandant de la compagnie envoyée en reconnaissance une lettre dans laquelle il déclarait qu'il s'était engagé d'honneur, vis-à-vis des troupes prussiennes qui occupaient les hauteurs environnantes, à ne pas se défendre. Dans ces conditions, il demandait au commandant des éclaireurs de la Seine de ne pas entrer dans la ville, pour ne pas attirer sur elle les plus grands malheurs.

(3) Le lieutenant-colonel commandant les deux bataillons des éclaireurs de la Seine fut forcé, par suite de maladie, de rester à Vernon le

Le même jour, deux escadrons du *13ᵉ* dragons retournèrent réquisitionner à Mantes (1).

24 septembre.

Le 24 septembre, les éclaireurs de la Seine poussèrent à leur tour une reconnaissance vers Mantes; ils ne rencontrèrent pas d'ennemis, mais apprirent la présence de forces importantes de cavalerie prussienne à Maule et aux Alluets (2). Pendant ce temps, des détachements de la *13ᵉ* brigade exécutaient plus au Sud des réquisitions dans les directions d'Arnouville, de Villiers-le-Mahieu et de Boissy-sans-Avoir (3).

25 septembre.

La proximité des forces françaises décida le commandant de la *13ᵉ* brigade de cavalerie à ramener, le 25 septembre, sur la rive droite de la Mauldre, les escadrons qui se trouvaient sur la rive gauche, et à prescrire certaines mesures pour assurer la sécurité de ses troupes. Dès la veille, d'ailleurs, il avait demandé que des forces d'infanterie lui fussent adjointes (4).

---

23 septembre. Jusqu'au 2 octobre, date à laquelle il reprit son commandement, les deux chefs de bataillon continuèrent les opérations, mais chacun d'eux conserva son indépendance.

(1) Junk, *loc. cit.*, p. 34. — La réquisition ne procura que des approvisionnements de peu d'importance, mais le détachement s'empara à Mantes de 300 fusils qu'il détruisit.

(2) Historique *manuscrit* du 1ᵉʳ régiment des éclaireurs de la Seine. — Le 1ᵉʳ bataillon suivit la grande route de Rosny à Mantes, le IIᵉ passa plus au Sud par Jouy-Mauvoisin et Buchelay.

(3) Le 1ᵉʳ escadron du *16ᵉ* ulans et deux pelotons du 4ᵉ escadron du *13ᵉ* dragons allèrent opérer à Goupillières, Hargeville, Arnouville. Le 4ᵉ escadron du *7ᵉ* cuirassiers et deux pelotons du 3ᵉ escadron du *13ᵉ* dragons se rendirent à Marcq, Villiers-le-Mahieu et Boissy-sans-Avoir. Ces détachements rapportèrent la nouvelle que des bandes de francs-tireurs se trouvaient à Mantes, Dreux et Meulan (Junk, *loc. cit.*, p. 34; *Aufzeichnungen aus der Geschichte des Altmärkischen Ulanen-Regiments Nr. 16*, p. 120).

(4) Le 2ᵉ escadron du *16ᵉ* ulans fut ramené de Montainville à Herbeville et au château de Boulemont, et un peloton du 1ᵉʳ escadron du *13ᵉ* dragons fut envoyé de Feucherolles à Marcil-sur-Mauldre pour

Les éclaireurs de la Seine quittaient, du reste, la forêt de Rosny et venaient, le 25 septembre, occuper Mantes et le village et le parc de Magnanville. Le lendemain, ils poussaient, vers Soindres, Vert, Auffreville et Mézières, des reconnaissances, qui, à différentes reprises, se heurtèrent à des patrouilles ennemies (1). La *12e* brigade avait envoyé, en effet, un détachement d'un escadron et demi réquisitionner vers Aulnay, Nezel et Épône (2).

26 septembre.

A la nouvelle de l'approche des francs-tireurs, le général von Bredow se décidait, vers 4 heures du soir, à ramener en arrière le *16e* ulans et le *13e* dragons, et à les faire bivouaquer près des Alluets-le-Roi.

Ce mouvement détermina le général von Rheinbaben à reporter, le 27, tous les cantonnements de la *5e* division de cavalerie sur les plateaux à l'Est de la Mauldre (3).

27 septembre.

---

appuyer par ses carabines le 1er escadron du *16e* ulans. Les troupes prirent également des cantonnements d'alerte et les chevaux restèrent sellés pendant la nuit (Junk, *loc. cit.*, p. 35 ; *Kriegsgeschichtliche Einzelschriften*, Heft 11, p. 550).

La *5e* division de cavalerie occupait le 25 septembre les mêmes cantonnements que le 21, sauf les modifications suivantes. Le 22, le quartier général de la division s'était transporté d'Herbeville à Saint-Nom, où était venu également de Bailly le 1er escadron du *19e* dragons. Le même jour, le 1er escadron du *13e* dragons était venu d'Herbeville à Feucherolles, où il avait remplacé le 2e escadron du *11e* hussards qui avait rejoint son régiment à Poissy. Le 24 septembre, le 2e escadron du *16e* ulans avait quitté Montainville pour venir bivouaquer près de Mareil-sur-Mauldre ; le lendemain, il était envoyé à Herbeville et au château de Boulemont.

(1) Historique *manuscrit* du 1er régiment des éclaireurs de la Seine.

(2) Le détachement envoyé en réquisition par la *12e* brigade se composait d'un escadron de dragons et de deux pelotons de cuirassiers et de ulans. En même temps, une reconnaissance d'officier était envoyée dans la direction du Nord, vers la Seine. Une autre dirigée sur Les Mureaux constatait la destruction du pont de Meulan (Junk, *loc. cit.*, p. 35).

(3) Le 27 septembre, le quartier général de la *5e* division était à

28 septembre.

Le 28 septembre, un détachement mixte de deux escadrons de ulans et de dragons de la 12ᵉ brigade fut envoyé en réquisition dans la région Les Alluets, Herbeville, Maule et Mareil-sur-Mauldre. Il apprit la présence des francs-tireurs à Aulnay et leur intention de venir à Maule. Les deux bataillons des éclaireurs de la Seine vinrent en effet, dans la journée, s'installer dans cette dernière localité, et, le soir, une patrouille de dragons constata que les issues du village étaient barricadées et occupées (1).

Saint-Nom. L'état-major de la *11ᵉ* brigade s'établissait à Villepreux avec le *4ᵉ* cuirassiers à Fontenay-le-Fleury (1ᵉʳ et 4ᵉ escadrons), Les Clayes (3ᵉ escadron) et Villepreux (5ᵉ escadron), le *13ᵉ* ulans à Saint-Cyr, le *19ᵉ* dragons à Saint-Nom (1ᵉʳ escadron), Bailly (2ᵉ escadron) et Noisy-le-Roi (3ᵉ et 4ᵉ escadrons). L'état-major de la *12ᵉ* brigade venait à La Bretèche, le *7ᵉ* cuirassiers à Chavenay (4ᵉ escadron), à Saint-Nom et à La Bretèche (3ᵉ escadron), le *16ᵉ* ulans à Crespières (2ᵉ escadron) et à Thiverval et au château de Grignon (1ᵉʳ escadron); le *13ᵉ* dragons à Feucherolles (1ᵉʳ escadron), Crespières (2ᵉ escadron), Davron (4ᵉ escadron) et Thiverval (5ᵉ escadron). L'état-major de la *13ᵉ* brigade restait à Saint-Germain-en-Laye, le *11ᵉ* hussards laissait deux escadrons (1ᵉʳ et 5ᵉ) à Poissy et occupait Chambourcy (2ᵉ escadron) et Aigremont (4ᵉ escadron), le *10ᵉ* et le *17ᵉ* hussards demeuraient dans leurs cantonnements du 21 septembre. La 1ʳᵉ batterie à cheval du *4ᵉ* d'artillerie venait à Feucherolles, la 2ᵉ batterie à cheval du *10ᵉ* d'artillerie restait à Saint-Germain.

On voit que, dans les cantonnements situés du côté le plus menacé, à Crespières, Feucherolles, Davron et Thiverval, se trouvaient avec les ulans des fractions de dragons qui, armés de la carabine, pouvaient combattre à pied.

Les points de rassemblement en cas d'alerte étaient fixés pour la *11ᵉ* brigade au Nord de Rennemoulin, près du chemin de Noisy; pour la *12ᵉ* brigade, immédiatement à l'Ouest de Saint-Nom, près de la grande route; pour la *13ᵉ* brigade, à la sortie Sud-Ouest de Saint-Germain, dans la direction de Mareil-Marly.

Les convois de la *5ᵉ* division, qui se trouvaient à Feucherolles, furent envoyés à Villepreux, le 28 septembre au matin (Junk, *loc. cit.*, p. 36 et 270-271).

(1) Le 28 septembre également, la *13ᵉ* brigade avait envoyé en

Le 29 septembre, les éclaireurs de la Seine, tout en continuant d'occuper Maule, envoyèrent des détachements s'installer à Mareil-sur-Mauldre, aux Alluets-le-Roi et à Ecquevilly. Leurs patrouilles poussèrent dans cette dernière direction jusqu'au moulin de La Muette, sur l'Orgeval, et au Sud, dans la vallée de la Mauldre, jusqu'à Beynes (1).

29 septembre.

Les progrès des éclaireurs de la Seine décidèrent le général von Bredow à évacuer, dans la matinée, Crespières, Feucherolles, Davron et Thiverval. Le *13e* dragons, le *16e* ulans et la 1re batterie à cheval du *4e* d'artillerie, qui occupaient ces localités, se rassemblèrent entre Crespières et Mareil-sur-Mauldre. Le soir, à 4 heures, ils vinrent bivouaquer au Sud de Feucherolles,

---

reconnaissance vers Mantes un escadron du *11e* hussards, qui constata que la ville était occupée par des gardes nationaux et des francs-tireurs.

(1) M. Estancelin, ancien député, avait été investi par le Gouvernement de la Défense nationale du commandement supérieur des gardes nationales de la Seine-Inférieure, du Calvados et de la Manche. Il devait les habiller, les armer et les organiser et avait, en outre, le droit de les employer pour lutter contre l'envahisseur.

Le 29 septembre, M. Estancelin, avec une colonne comprenant quelques éclaireurs à cheval de la garde nationale de Rouen et d'Elbeuf, le dépôt de la garde nationale mobile de la Seine-Inférieure et environ 700 volontaires du Ier bataillon de la garde nationale de Rouen, se dirigea par voie ferrée de Rouen sur Mantes. Une pointe fut poussée, toujours par voie ferrée, jusqu'à Meulan, de concert avec la 1re compagnie des tirailleurs havrais, qui se trouvait dans la région. M. Estancelin fit également fouiller quelques localités entre Mantes et Mézières. Nulle part, on ne rencontra d'ennemi. La colonne reprit ensuite le chemin de fer, et, par Louviers et Elbeuf, regagna Rouen, où elle revint le 2 octobre (Robin, *La Guerre dans l'Ouest*, p. 45 et 51).

Les tirailleurs havrais, dont l'organisation définitive fut régularisée le 29 octobre 1870, formaient, à cette dernière date, quatre compagnies, comprenant ensemble, sous les ordres d'un chef de bataillon 18 officiers et 240 hommes (État des corps francs organisés en 1868, 1870 et 1871).

près de la grande route. Ils étaient couverts par un escadron du *13ᵉ* dragons placé près de Crespières pour surveiller les directions de Mareil-sur-Mauldre et des Alluets, et par un escadron du *16ᵉ* ulans qui occupait Thiverval et le château de Grignon. Dans la nuit arrivèrent en outre à Thiverval un escadron du *19ᵉ* dragons et deux compagnies d'infanterie venant de Bailly (1).

L'ordre de la IIIᵉ armée du 28 septembre, qui affectait à la 5ᵉ division de cavalerie, comme zone de réquisitions, la région limitée au Nord par la Seine et au Sud par la ligne incluse Saint-Cyr, Trappes, Élancourt, Le Tremblay-sur-Mauldre, Saint-Rémy-l'Honoré, Les Bréviaires, Poigny, Le Bois-Dieu, Épernon, Hanches, Maintenon, Bouglainval et Challet, lui adjoignait en même temps deux bataillons d'infanterie. Ceux-ci devaient se trouver le 29 septembre à Trappes. Le Iᵉʳ et le IIIᵉ bataillons du 2ᵉ régiment d'infanterie bavarois, qui furent désignés par le commandant du Iᵉʳ corps d'armée bavarois pour cette mission, arrivèrent en effet dans cette

---

(1) Junk, *loc. cit.*, p. 36-37 ; *Aufzeichnungen aus der Geschichte des Altmärkischen Ulanen-Regiments Nr. 16*, p. 122 ; Historique *manuscrit* du 1ᵉʳ régiment des éclaireurs de la Seine. — Le 29 septembre, la *13ᵉ* brigade avait encore envoyé un détachement de deux escadrons, un de cuirassiers et un de dragons, réquisitionner dans la région d'Andelu, Goupillières et Hargeville. D'après l'Historique des éclaireurs de la Seine, ceux-ci auraient enlevé le convoi ramené par ce détachement.

Les pertes subies par la *5ᵉ* division de cavalerie au cours de ses différentes rencontres avec les éclaireurs de la Seine s'élevèrent, pour la période du 22 au 29 septembre, à 6 hommes, savoir :

22 septembre, *16ᵉ* ulans, à Mézières, 1 sous-officier et 1 homme tués ;

23 septembre, *13ᵉ* dragons, à Aulnay, 1 homme blessé ;

29 septembre, *13ᵉ* dragons, aux Alluets-le-Roi, 1 homme tué ; *10ᵉ* hussards, aux Alluets-le-Roi, 1 homme disparu ; *11ᵉ* hussards, à Ecquevilly, 1 homme blessé (Capitaine Leclerc, *loc. cit.*, p. 152-154).

localité au cours de l'après-midi (1). Deux compagnies du Ier bataillon furent immédiatement transportées en voiture à Thiverval (2).

Ainsi renforcé, le commandant de la 5ᵉ division forma, le 29 septembre, sous les ordres du général von Bredow, un détachement mixte. Celui-ci comprenait le *13ᵉ dragons*

---

(1) Le 28 septembre, le Ier bataillon du *2ᵉ* régiment d'infanterie bavarois se trouvait à La Ville-du-Bois (4 kilomètres au Sud de Longjumeau) et le IIIᵉ bataillon à Villemoisson (3^{km},500 au Sud-Est de Longjumeau). Le 29, à 5 h. 30 du matin, le Ier bataillon était avisé de sa nouvelle destination. Par Longjumeau, Palaiseau et Montigny-le-Bretonneux, il se rendit à Trappes, où il entra à 2 heures du soir. Le IIIᵉ bataillon reçut l'ordre de suivre le même itinéraire et arriva à Trappes à 4 heures du soir (*Das Königlich Bayerische 2. Infanterie-Regiment Kronprinz im Feldzuge 1870-71*, p. 35). — Chacun de ces bataillons avait laissé une compagnie, la 1ʳᵉ et la 9ᵉ, à la garde de la réserve d'artillerie du Ier corps d'armée bavarois. Les effectifs des compagnies restantes étaient en outre très réduits, particulièrement au IIIᵉ bataillon. Dès le 30 septembre au soir, les trois compagnies de ce bataillon furent fondues en une seule, qui devint la 1ʳᵉ compagnie provisoire du Ier bataillon, qui, de la sorte, se trouva constituée à quatre compagnies (*Kriegsgeschichtliche Einzelschriften*, Heft 11, p. 557).

(2) Junk, *loc. cit.*, p. 43. — La distance qui sépare La Ville-du-Bois de Trappes est de 30 kilomètres. De Trappes à Thiverval, il y a encore 10 kilomètres par des chemins de terre.

En arrivant à Trappes, le 29 septembre à 4 heures du soir, le colonel du *2ᵉ* régiment d'infanterie bavaroise, qui avait accompagné ses deux bataillons, reçut l'ordre de se mettre en marche le lendemain matin de manière à arriver dans la soirée à Mareil-sur-Mauldre. Les deux bataillons devaient faire leur mouvement en évitant autant que possible de se faire remarquer. En passant à Beynes, ils seraient ralliés par un escadron du *16ᵉ* ulans. Il s'agissait de surprendre à Maule, le 1er octobre, des bandes de francs-tireurs venues de Mantes, de les rejeter dans cette direction et de leur appliquer dans toute leur rigueur les lois de la guerre. Dans ce but, dès le 30 septembre au soir, les bataillons bavarois devaient se porter de Mareil-sur-Mauldre vers Maule, et attaquer ce village le lendemain matin en l'entourant de tous côtés, de manière que personne ne puisse s'échapper pour annoncer leur arrivée. Le 1er octobre également, le général von Bredow devait arriver à

et le *16e* ulans provenant de la *12e* brigade, quatre escadrons de hussards pris dans les divers régiments de la *13e* brigade, les deux batteries à cheval de la division et les deux bataillons d'infanterie qui bientôt se fondirent en un seul. Avec ces forces, le général von Bredow devait disperser les francs-tireurs signalés sur la coupure de la Mauldre, en débarrasser la région, où il était chargé en même temps d'exécuter des réquisitions de bétail et d'avoine (1).

<small>30 septembre.</small> Le 30 septembre, à 7 h. 30 du matin, avec trois escadrons du *13e* dragons, un escadron du *16e* ulans et la 1re batterie à cheval du *4e* régiment d'artillerie, le général von Bredow quitta son bivouac de Feucherolles. En suivant la grande route, il s'avança par Crespières vers Mareil-sur-Mauldre, sur lequel se dirigeaient également les deux compagnies bavaroises et le 2e es-

---

Maule avec de la cavalerie et de l'artillerie pour prendre la direction des opérations ultérieures. Le détachement du *2e* régiment d'infanterie bavarois était jusqu'à nouvel ordre placé sous son commandement. Douze voitures vides devaient se trouver le 29 au soir à Trappes pour transporter les sacs pendant la marche. En même temps, le commandant de la 5e division de cavalerie faisait parvenir au colonel du 2e bavarois une carte de la région de Paris, qui devait lui être retournée lorsque l'expédition serait terminée (*Kriegsgeschichtliche Einzelschriften*, Heft 11, p. 557).

Comme on le verra plus loin, les événements ne se passèrent pas tout à fait comme l'avait prévu le général von Rheinbaben.

(1) Les Ier et IIIe bataillons du *2e* régiment d'infanterie bavaroise ne comprenaient ensemble, comme on l'a vu ci-dessus, que quatre compagnies. Le *13e* dragons avait quatre escadrons, mais le *16e* ulans n'en comptait que deux. Les quatre escadrons provenant de la *13e* brigade étaient les 2e et 4e escadrons du *10e* hussards, le 4e escadron du *11e* hussards et le 2e escadron du *17e* hussards. Le général von Bredow disposait donc de quatre compagnies, de dix escadrons, dont huit armés de carabines, et de deux batteries.

Le *7e* cuirassiers (deux escadrons) de la *12e* brigade, qui ne disposait comme armes à feu que de pistolets, fut rattaché à la *13e* brigade (*Kriegsgeschichtliche Einzelschriften*, Heft 11, p. 558 et 589).

cadron du *16*ᵉ ulans venant de Thiverval (1). Les quelques éclaireurs de la Seine qui tenaient Mareil-sur-Mauldre évacuèrent le village dès que l'infanterie bavaroise se fut déployée. Mais comme Herbeville et les bois situés entre cette localité et Les Alluets étaient également occupés, le général von Bredow décida, avant de poursuivre son mouvement sur Maule, d'attendre le reste des deux bataillons bavarois, qui était parti de Trappes à 5 heures du matin.

Pendant ce temps, les quatre escadrons de hussards de la *13*ᵉ brigade et la 2ᵉ batterie à cheval du *10*ᵉ d'artillerie se rassemblaient à 8 heures du matin près de la ferme Le Poux (2); ils se dirigèrent ensuite vers Les Alluets-le-Roi. Ce mouvement se fit sous la protection de l'escadron du *13*ᵉ dragons qui était aux avant-postes de ce côté.

En arrivant devant les Alluets, le commandant du détachement prussien faisait canonner ce village, dont les défenseurs se retirèrent à la lisière des bois situés au Nord-Est. Pour ouvrir un passage aux escadrons qui l'accompagnaient, la 2ᵉ batterie à cheval du *10*ᵉ d'artillerie s'installa alors au Nord-Ouest des Alluets et dirigea son feu contre les bois. Mais presque aussitôt arrivait un ordre du général von Bredow qui rappelait ces forces vers l'Ouest pour les faire participer à l'attaque de Maule.

---

(1) On sait que la *12*ᵉ brigade avait envoyé le 29 septembre au soir un escadron du *16*ᵉ ulans occuper Thiverval (trois pelotons) et le château de Grignon (un peloton). Le 30 septembre, cet escadron laissa à Thiverval un peloton qui ne rejoignit son escadron que le 2 octobre à Mantes.

Quant à l'escadron du *19*ᵉ dragons, qui, dans la nuit du 29 au 30 septembre, était venu à Thiverval en même temps que les deux compagnies bavaroises, il retourna à Bailly dans la matinée du 30 septembre.

(2) 2 kilomètres à l'Ouest d'Aigremont.

A 11 heures du matin, le gros des deux bataillons bavarois était en effet arrivé à Mareil-sur-Mauldre. Le général von Bredow prenait alors les dispositions suivantes.

La 1re batterie à cheval du *4e* d'artillerie s'installa sur la croupe au Sud-Est de Mareil sur la rive droite de la Mauldre et ouvrit le feu sur Herbeville, qui ne tarda pas à être incendié. Les deux compagnies bavaroises venues de Thiverval, après avoir chassé les éclaireurs de la Seine des bois situés entre Herbeville et Les Alluets, se rabattirent sur la lisière Est de Maule. Une autre compagnie fut alors dirigée vers la sortie Sud du village par la route ; l'autre bataillon reçut l'ordre d'aborder la localité par l'Ouest. Quelques pelotons de la *12e* brigade de cavalerie accompagnèrent les différentes fractions d'infanterie. D'autres fractions de cavalerie furent lancées vers Jumeauville. En même temps, la 2e batterie à cheval du *10e* d'artillerie s'installa sur les hauteurs à l'Est de Maule (1), avec les quatre escadrons de hussards de la *13e* brigade.

Après une courte résistance, la petite fraction des éclaireurs de la Seine qui occupait Maule se retira à 1 heure du soir vers le Nord (2). Quant au gros des deux

---

(1) Cette batterie ne devait ouvrir le feu que sur un ordre spécial du général von Bredow. Elle n'eut pas à intervenir.

(2) Les documents retrouvés ne permettent pas d'établir la force exacte du détachement qui défendait Maule. Pendant cette journée d'ailleurs, ainsi que pendant les précédentes, de nombreux gardes nationaux de la région se joignirent aux éclaireurs de la Seine. D'après Junk (*loc. cit.*, p. 45), Maule était occupé par « l'arrière-garde » d'une troupe composée de gardes mobiles et de francs-tireurs. Il semble cependant qu'une compagnie du IIe bataillon des éclaireurs de la Seine avait été maintenue le 30 septembre à Mareil et à Maule pendant que le reste du bataillon se portait aux Alluets (Récit *manuscrit* des opérations auxquelles le 1er régiment des éclaireurs de la Seine a concouru en 1870-71. Notes prises au jour le jour par un capitaine du régiment).

bataillons, il s'était replié dans la forêt des Alluets et les bois situés à l'Est et au Sud de Bazemont. Craignant d'être coupé, il prit, vers 4 heures du soir, la direction de Mantes. Il y arriva à 8 heures sans avoir été inquiété et y trouva deux autres corps francs, les francs-tireurs de Rouen (1) et les tirailleurs havrais.

Le général von Bredow ne chercha pas à poursuivre ses adversaires. Vers 4 h. 30 du soir, il installa son détachement à Maule et Mareil-sur-Mauldre. Une compagnie bavaroise et deux escadrons du *13e* dragons fournirent les avant-postes qui surveillèrent la direction des Alluets, d'Aulnay et de Jumeauville (2).

Le lendemain, 1er octobre, vers 7 h. 30 du matin, le détachement allemand se rassembla à l'Ouest de Maule, près du chemin de Jumeauville. Peu après, le général von Bredow se portait sur Mantes en une seule colonne,

1er octobre

---

(1) Les francs-tireurs de la ville de Rouen avaient été organisés le 12 septembre 1870. Ils étaient commandés par un capitaine et comptaient 3 officiers et 203 hommes (État des corps francs organisés en 1868, 1870 et 1871).

(2) Historique *manuscrit* du 1er régiment des éclaireurs de la Seine; *Kriegsgeschichtliche Einzelschriften*, Heft 11, p. 559; Junk, *loc. cit.*, p. 44, 45 et 270-271; *Das Königlich Bayerische 2. Infanterie-Regiment Kronprinz*, p. 35; *Aufzeichnungen aus der Geschichte des Altmärkischen Ulanen-Regiments Nr. 16*, p. 123. — La compagnie bavaroise envoyée aux avant-postes était celle qui fut formée par la fusion des éléments des trois compagnies du IIIe bataillon du *2e* bavarois, et qui devint dès lors 1re compagnie provisoire du Ier bataillon. A Maule se trouvaient, le 30 septembre au soir, deux compagnies et demie bavaroises, deux escadrons du *16e* ulans, deux escadrons du *13e* dragons et la 1re batterie à cheval du *4e* d'artillerie. A Mareil, il y avait les quatre escadrons de hussards, la 2e batterie à cheval du *10e* d'artillerie et une demi-compagnie bavaroise. Cette dernière était destinée à assurer la protection des autres armes.

Les Allemands n'auraient eu le 30 septembre qu'un homme du 2e régiment bavarois blessé. Quant aux éclaireurs de la Seine, ils auraient perdu 1 officier blessé, 7 hommes tués ou blessés et 1 fait prisonnier.

par Jumeauville, Boinville et Le Breuil-Bois-Robert, couverte sur ses flancs par deux pelotons de cavalerie détachés de l'avant-garde (1). L'un passa par Arnouville, Villette et Soindres ; l'autre suivit d'abord la vallée de la Mauldre, puis ensuite, par Mézières, la grande route de Paris à Mantes.

Les deux bataillons d'éclaireurs de la Seine ainsi que les francs-tireurs de Rouen et du Havre avaient quitté Mantes à 6 heures du matin et s'étaient dirigés vers le Sud, sur Dammartin, par Magnanville et Favrieux, avec l'intention de gagner la forêt de Rambouillet. Quelques francs-tireurs restés en arrière s'échappèrent par chemin de fer lorsqu'arrivèrent les premières patrouilles de cavalerie allemande (2).

Dans la journée, le détachement du général von Bredow occupa Mantes (3), se couvrant par des avant-

---

(1) L'avant-garde, sous les ordres d'un major du *11e* hussards, comprenait quatre escadrons de hussards constitués en un régiment provisoire, la 1re compagnie provisoire du *2e* régiment d'infanterie bavaroise et la 2e batterie à cheval du *10e* d'artillerie. Le gros de la colonne, sous les ordres du colonel commandant le *13e* dragons, marchait dans l'ordre suivant : 2e, 3e et 4e compagnies du *2e* régiment d'infanterie bavarois, 1re batterie à cheval du *4e* d'artillerie, *13e* dragons et *16e* ulans. Six fonctionnaires de l'intendance et de nombreuses voitures vides avaient été affectés au détachement du général von Bredov pour l'exécution des réquisitions. Ces voitures marchaient derrière le gros de la colonne sous la protection d'un escadron du *16e* ulans (*Das K. B. 2. Infanterie-Regiment Kronprinz*, p. 37).

(2) Quelques coups de feu seulement furent échangés entre ces retardataires et une patrouille du *17e* hussards. La batterie de l'avant-garde envoya sans résultat 4 obus sur la locomotive et les deux wagons qui les emportaient [Junk, *loc. cit.*, p. 46 ; *Geschichte des Feld-Artillerie-Regiments von Scharnhorst (1. Hannoverschen) Nr. 10*, p. 220].

(3) La distance entre Maule et Mantes par l'itinéraire suivi par la colonne du général von Bredow est d'environ 17 kilomètres. Cependant les *Kriegsgeschichtliche Einzelschriften* (Heft 11, p. 559) parlent d'une marche de neuf heures, et l'Historique du *2e* régiment d'infanterie

postes qui surveillaient, uniquement vers l'Est, la région comprise entre la Seine et le village de Buchelay (1).

Un ordre de la 5ᵉ division du 30 septembre avait mis à la disposition du général von Bredow, à partir du 1ᵉʳ octobre, quatre nouveaux escadrons, provenant, deux du *19ᵉ* dragons, un du *11ᵉ* hussards et un du *17ᵉ* hussards. Ils vinrent occuper Les Alluets, Mareil-sur-Mauldre, Maule et Épône. L'escadron installé à Maule devait relier le détachement avec le gros de la division et assurer jusqu'à Saint-Nom le transport des réquisitions. La conduite de ces dernières jusqu'à Versailles incombait ensuite au 7ᵉ cuirassiers (2).

A l'Ouest de Mantes, la subdivision de l'Eure était défendue par les trois bataillons de la garde nationale mobile du département, qui, depuis les premiers jours

---

bavarois (p. 37) rapporte que le détachement allemand n'entra à Mantes qu'à 4 heures du soir.

(1) Une compagnie occupa la gare qui avait été mise en état de défense. Elle poussa en avant un poste destiné à servir de repli à un escadron de cavalerie qui, avec quatre grand'gardes, tenait le secteur compris entre la Seine et Buchelay. L'escadron d'avant-postes était fourni par les ulans pendant le jour et par les dragons pendant la nuit. Une autre compagnie était répartie entre les différentes issues de la ville et le pont sur la Seine qui avait été détruit. Les deux dernières compagnies, après avoir mis hors de service la bifurcation du chemin de fer à l'Ouest de Mantes, revinrent bivouaquer sur la place du marché.

La ville fut frappée d'une contribution de 15,000 francs. Les habitants durent livrer leurs armes, qui furent détruites (*Kriegsgeschichtliche Einzelschriften*, Heft 11, p. 559).

(2) Les Alluets furent occupés par le 1ᵉʳ escadron du *19ᵉ* dragons, Mareil par le 3ᵉ escadron du même régiment, Maule par le 1ᵉʳ escadron du *11ᵉ* hussards et Épône par le 1ᵉʳ escadron du *17ᵉ* hussards. Le *19ᵉ* dragons appartenait à la *11ᵉ* brigade, les *11ᵉ* et *17ᵉ* hussards à la *13ᵉ* brigade.

La 5ᵉ division, réduite à dix-huit escadrons, occupait le 1ᵉʳ octobre les cantonnements suivants : quartier général Saint-Nom ; *11ᵉ* brigade,

de septembre, formaient le 39ᵉ régiment de mobiles (1). Le Iᵉʳ bataillon, renforcé d'une demi-compagnie du 94ᵉ de ligne, occupait depuis le 23 septembre Vernon et la forêt de Bizy (2). Le IIᵉ bataillon était à Bernay et le IIIᵉ bataillon à Évreux. Une compagnie de ce dernier

---

état-major Villepreux ; *4ᵉ* cuirassiers, 1ᵉʳ et 4ᵉ escadrons Fontenay-le-Fleury, 3ᵉ escadron Les Clayes, 5ᵉ escadron Villepreux ; *13ᵉ* ulans (4 escadrons) Saint-Cyr ; *19ᵉ* dragons, 2ᵉ escadron Bailly, 4ᵉ escadron Noisy ; *13ᵉ* brigade, état-major Saint-Germain-en-Laye ; *7ᵉ* cuirassiers (détaché de la *12ᵉ* brigade), 3ᵉ escadron Saint-Nom, 4ᵉ escadron Chavenay ; *10ᵉ* hussards, 1ᵉʳ et 3ᵉ escadrons Saint-Germain-en-Laye ; *11ᵉ* hussards, 2ᵉ et 5ᵉ escadrons Poissy ; *17ᵉ* hussards, 3ᵉ et 4ᵉ escadrons Saint-Germain-en-Laye (Junk, *loc. cit.*, p. 46 et 272-273).

(1) Le 39ᵉ mobiles fut créé par décret du 1ᵉʳ septembre (*J. M. O.*, 2ᵉ semestre 1870, p. 402).

(2) Le dépôt du 94ᵉ de ligne se trouvait, au début des hostilités, à Rouen. Il en partit le 21 septembre pour se rendre à Rennes, tout en laissant à Rouen les 5ᵉ et 6ᵉ compagnies du IVᵉ bataillon, fortes de 429 hommes. Le même jour, la 1ʳᵉ section de la 5ᵉ compagnie reçut l'ordre de partir pour Vernon. A Saint-Pierre-du-Vauvray (à 4 kilomètres au Nord-Est de Louviers, sur la voie ferrée de Rouen à Paris), cette demi-compagnie rejoignit le Iᵉʳ bataillon des mobiles de l'Eure et fut transportée avec lui par voies ferrées jusqu'à Vernon, où elle arriva le 22 septembre, à 9 heures du soir.

Plus tard, les 5ᵉ et 6ᵉ compagnies du IVᵉ bataillon du 94ᵉ de ligne contribuèrent à former, le 7 octobre, un bataillon de marche qui devint IIᵉ bataillon du 76ᵉ de marche.

Le détachement constitué par le Iᵉʳ bataillon des mobiles de l'Eure et la demi-compagnie du 94ᵉ de ligne occupaient, dans la forêt de Bizy, la route de Vernon à Pacy-sur-Eure. Les gardes nationaux de Vernon tenaient les chemins aboutissant à cette ville. Le 24 septembre, une reconnaissance fut faite pour étudier les voies d'accès de la forêt et les environs. Une compagnie fut même envoyée, le 26, dans la direction de Mantes. Elle signala que « le camp principal des Prussiens était à Maule, surveillé d'ailleurs de près par les éclaireurs Mocquard » (éclaireurs de la Seine). Les instructions données au commandant du Iᵉʳ bataillon des mobiles de l'Eure lui prescrivaient d' « éviter toute rencontre en rase campagne, de s'attacher à faire la guerre de partisans en se maintenant dans les bois..... En cas de nécessité, se replier sur Gaillon par les bois de Saint-Marcel et ceux qui leur font suite » (His-

bataillon était détachée à Serquigny (1) pour exécuter, sur la rive droite de la Risle, des travaux destinés à défendre, le cas échéant, la ligne de Rouen à Bernay, la seule voie ferrée qui restât encore disponible entre le Nord et le centre de la France (2).

D'après la répartition faite le 21 septembre des bataillons disponibles de la garde nationale mobile, le département de l'Eure devait recevoir comme supplément de forces les trois bataillons des mobiles de l'Ardèche. Mais le 1er bataillon de ce département était encore seul arrivé et se trouvait depuis le 30 septembre à Évreux (3).

La subdivision de l'Eure appartenait à la 2e division

---

toriques *manuscrits* du dépôt du 94e de ligne, du IIe bataillon du 76e de marche et du Ier bataillon du 39e mobiles).

Ces instructions ne faisaient d'ailleurs que reproduire celles envoyées, le 21 septembre, par le Ministre de la Guerre, pour l'emploi des bataillons disponibles de la garde nationale mobile (*La Guerre de 1870-71. La Défense nationale en province. Mesures générales d'organisation*, p. 602).

(1) A 10 kilomètres à l'Est de Bernay.

(2) Historiques *manuscrits* des IIe et IIIe bataillons du 39e mobiles ; Robin, *La Guerre dans l'Ouest*, p. 49. — D'après ce dernier ouvrage, le commandant de la subdivision de l'Eure aurait reçu, vers le 20 septembre, des instructions lui prescrivant d'évacuer Évreux dès que l'ennemi s'en approcherait et de replier ses troupes sur Serquigny pour défendre la voie ferrée (Le Général commandant la subdivision de l'Eure au Général commandant la 2e division militaire, à Rouen, D. T., Évreux, 2 octobre).

(3) Le Général commandant la subdivision de l'Eure au Général commandant la 2e division militaire, à Rouen, D. T., Évreux, 30 septembre ; Historique *manuscrit* du 41e mobiles. — Un décret du 2 septembre (*J. M. O.*, 2e semestre 1870, p. 404) avait formé le 41e mobiles avec les trois bataillons de la garde nationale mobile de l'Ardèche. Le Ier bataillon des mobiles de l'Ardèche était armé de fusils à pierre transformés en fusils à percussion (Le Général commandant la subdivision de l'Eure au Général commandant la 2e division militaire, à Rouen, D. T., Évreux, 1er octobre). — Au début d'octobre 1870, le département de l'Eure était commandé par le général Delarue.

militaire dont le quartier général était à Rouen (1). Mais l'action du commandant de cette division s'exerça surtout sur la rive droite de la Seine, direction par où Rouen paraissait le plus menacé. D'ailleurs peu de temps après, le 23 septembre, les départements de l'Eure, de l'Orne et du Calvados furent distraits de la 2ᵉ division militaire, pour être rattachés au commandement supérieur de l'Ouest (2).

2 et 3 octobre. Dans la nuit du 1ᵉʳ au 2 octobre, les éclaireurs de la Seine et les francs-tireurs de Rouen et du Havre appri-

---

(1) Le commandement de la 2ᵉ division militaire était alors exercé par le général de division Gudin, du cadre de réserve. La 2ᵉ division militaire comprenait les départements de la Seine-Inférieure, de l'Eure, du Calvados et de l'Orne.

(2) *La Guerre de 1870-71. La Défense nationale en province. Mesures générales d'organisation,* p. 606, note 3. — Lorsque les commandements supérieurs régionaux furent définitivement constitués le 23 octobre, la partie du département de l'Eure située au Sud de la Seine fit seule partie du commandement supérieur régional de l'Ouest.

En cas d'échec ou devant des forces supérieures, le commandant de la 2ᵉ division militaire devait se retirer sur Le Havre, que l'on était en train de fortifier.

D'après la répartition des bataillons de mobiles disponibles du 21 septembre, les forces affectées à la défense de la Seine-Inférieure devaient comprendre huit bataillons de mobiles (un de la Seine-Inférieure, deux des Landes, deux des Hautes-Pyrénées, un de Maine-et-Loire et deux de l'Oise).

Mais en réalité, à la fin de septembre, le commandant de la 2ᵉ division militaire disposait, pour défendre Rouen et Le Havre, des forces suivantes :

Onze bataillons de mobiles : IIᵉ de la Seine-Inférieure, Iᵉʳ, IIᵉ, IIIᵉ et IVᵉ de l'Oise, Iᵉʳ et VIIIᵉ du Pas de-Calais, Iᵉʳ et IIᵉ des Hautes-Pyrénées, Iᵉʳ et IIᵉ des Landes. Deux bataillons restèrent indépendants (IVᵉ de l'Oise et Iᵉʳ des Landes) ; les autres formèrent le 53ᵉ mobiles (Iᵉʳ, IIᵉ et IIIᵉ de l'Oise), le 94ᵉ mobiles (Iᵉʳ et VIIIᵉ du Pas-de-Calais et Iᵉʳ de la Seine-Inférieure) et le 95ᵉ mobiles (Iᵉʳ et IIᵉ des Hautes-Pyrénées et IIᵉ des Landes) ;

Deux bataillons d'infanterie de marche formés avec des éléments

rent l'entrée des Allemands à Mantes. Ils renoncèrent alors à leur projet primitif, qui était d'aller s'installer dans la forêt de Rambouillet, et quittèrent Dammartin à minuit pour gagner, par Bréval et Port-Villez, Vernon où ils séjournèrent les 3 et 4 octobre (1).

Le 2 octobre également, le lieutenant-colonel commandant le 39ᵉ mobiles dirigeait son IIIᵉ bataillon d'Évreux sur Pacy-sur-Eure. Le 3, il réunissait à Chaufour-les-Bonnières les Iᵉʳ et IIIᵉ bataillons, poussait une reconnaissance dans la direction de Bonnières, et revenait le soir occuper les emplacements de la veille. Tou-

---

pris dans les dépôts des 19ᵉ, 41ᵉ, 93ᵉ et 94ᵉ régiments d'infanterie de ligne stationnés à Alençon, Évreux, Caen et Rouen ; ces deux bataillons, appelés d'abord IIᵉ et Vᵉ bataillons d'infanterie de marche, formèrent plus tard le 76ᵉ régiment d'infanterie de marche;

Deux régiments de cavalerie, le 12ᵉ chasseurs à cheval et le 3ᵉ hussards, qui, après s'être échappés de Sedan, avaient été se reconstituer à Clermont-Ferrand et à Chambéry.

Afin de gagner le temps nécessaire pour achever l'instruction de ses troupes, terminer les travaux de défense du Havre et surtout se procurer un peu d'artillerie, le commandant de la 2ᵉ division militaire avait l'intention de défendre d'abord la vallée de l'Andelle, la forêt de Lyons et la région couverte qui se trouve entre Gournay et Neufchâtel-en-Bray. A la fin de septembre, une partie de ses forces occupait donc Fleury-sur-Andelle (12ᵉ chasseurs à cheval), Charleval (IIᵉ bataillon des Hautes-Pyrénées), La Feuillie (VIIIᵉ bataillon du Pas-de-Calais), Gournay (deux escadrons du 3ᵉ hussards, Iᵉʳ bataillon du Pas-de-Calais, IVᵉ bataillon de l'Oise), Argueil, à 8 kilomètres au Nord de La Feuillie (Iᵉʳ bataillon des Hautes-Pyrénées) et Formerie, à 16 kilomètres au Nord de Gournay (Iᵉʳ bataillon de l'Oise). Trois bataillons de mobiles (IIᵉ et IIIᵉ de l'Oise et IIᵉ de la Seine-Inférieure) travaillaient à l'organisation défensive du Havre. Le reste des forces était à Rouen avec deux légions de la garde nationale sédentaire, une de Rouen et une d'Elbeuf (Robin, *La Guerre dans l'Ouest*, p. 44 et suiv.).

(1) Historique *manuscrit* des éclaireurs de la Seine. — Un renseignement erroné signalait aussi aux éclaireurs de la Seine la présence à Septeuil, le 1ᵉʳ octobre, de l'avant-garde de la colonne ennemie de Mantes. Septeuil se trouve sur la grande route d'Houdan à Mantes, à 13 kilomètres au Sud de cette dernière localité.

tefois, il laissait la 2ᵉ compagnie du Iᵉʳ bataillon près de Port-Villez, pour garder la grande route de Bonnières à Vernon et détachait à Villiers-en-Désœuvre, la 3ᵉ compagnie du IIIᵉ bataillon pour surveiller la direction de Bréval, où l'on avait signalé dans la journée la présence de l'ennemi (1).

Le général von Bredow utilisa les journées des 2 et 3 octobre, qu'il passa à Mantes, à faire opérer des réquisitions dans les environs et à détruire la voie ferrée sur plusieurs points (2). Il appela en outre au Breuil-Bois-Robert et à Favrieux les deux escadrons du *19ᵉ* dragons, qui

---

(1) *Souvenirs d'un mobile du Vexin*, p. 16 ; Historiques *manuscrits* des Iᵉʳ et IIIᵉ bataillons du 39ᵉ mobiles. — A son départ d'Évreux, le 2 octobre, le Iᵉʳ bataillon du 39ᵉ mobiles ne comptait plus que 620 hommes. Il avait dû fournir de nombreux employés et, en outre, une épidémie de fièvre typhoïde s'était, peu après sa formation, déclarée dans ses rangs.

Le 39ᵉ mobiles n'avait comme armement que des fusils à tabatière.

La demi-compagnie du 94ᵉ de ligne accompagna vraisemblablement, le 3 octobre, le Iᵉʳ bataillon du 39ᵉ mobiles. Quant au Iᵉʳ bataillon du 41ᵉ mobiles (Ardèche), l'intention du commandant du 39ᵉ mobiles était de le renvoyer, le 2 octobre, d'Évreux à Caen pour y compléter son instruction qu'il jugeait insuffisante. Le commandant de la 2ᵉ division militaire n'approuva sans doute pas cette proposition. D'après l'Historique *manuscrit* du 41ᵉ mobiles, ce bataillon opéra, en effet, du 3 au 17 octobre, dans le département de l'Eure avec les bataillons du 39ᵉ mobiles, d'après les ordres du commandant de la subdivision.

(2) Junk, *loc. cit.*, p. 46 ; *Das Königlich Bayerische 2. Infanterie-Regiment Kronprinz*, p. 37-38. — Le 2 octobre, une compagnie bavaroise passa la Seine en barques et alla réquisitionner à Limay. En même temps, un parti comprenant deux escadrons et une demi-compagnie opérait dans les localités immédiatement à l'Ouest de Mantes.

Le 3 octobre, une fraction d'infanterie retourna réquisitionner à Limay et aux environs. Deux détachements, comprenant chacun une compagnie, deux escadrons et deux pièces, se rendirent dans le même but, l'un à Rosny, sur la route de Bonnières, l'autre dans une direction qui n'a pu être déterminée.

étaient à sa disposition aux Alluets et à Mareil-sur-Mauldre (1).

Le commandant de la *12e* brigade de cavalerie prussienne avait eu en partie connaissance des mouvements que les forces françaises avaient exécutés, les 2 et 3 octobre, entre Vernon et Bonnières. Conformément à la mission qu'il avait reçue, il décida de marcher contre elles pour les disperser.

Le 4 octobre, les troupes allemandes stationnées à Mantes se rassemblaient à 7 heures du matin près de la gare, sur la route de Rouen. Une demi-heure après, le gros de ces forces se dirigeait sur Bonnières en suivant la grande route ; il était précédé par une avant-garde comprenant un régiment de cavalerie, une compagnie d'infanterie et une batterie (2). Une flanc-garde, forte d'une compagnie bavaroise et de deux escadrons de hussards, devait passer au Sud, par Buchelay et Apremont, traverser la forêt de Rosny et gagner, à l'Ouest de cette dernière, Ménil-Guyon, d'où elle devait surveiller la route de Bonnières à Évreux par Pacy-sur-Eure (3). Plus au Sud encore, les deux escadrons du

4 octobre.

---

(1) *Geschichte des Oldenburg-Dragoner-Regiments Nr. 19*, p. 127. — Ces deux escadrons étaient, comme on le sait, les 1er et 3e escadrons du *19e* dragons. En cours de route, ils firent des réquisitions qu'ils envoyèrent à Maule.

(2) L'avant-garde, placée sous le commandement du colonel du *13e* dragons, se composait d'une compagnie d'infanterie bavaroise, du *13e* dragons (quatre escadrons) et de la 1re batterie à cheval du *4e* d'artillerie. Le gros de la colonne principale, sous les ordres du colonel du *2e* régiment d'infanterie bavarois, comprenait deux compagnies bavaroises, deux escadrons de hussards $\left(\frac{2^e}{10^e} \text{ et } \frac{2^e}{17^e}\right)$, le *16e* ulans (deux escadrons) et la 2e batterie à cheval du *10e* d'artillerie (*Das Königlich Bayerische 2. Infanterie-Regiment Kronprinz*, p. 38).

(3) Junk, *loc. cit.*, p. 47. — La flanc-garde était commandée par

19ᵉ dragons se réunissaient à Favrieux et se portaient ensuite sur Boissy-Mauvoisin, où ils détruisaient la voie ferrée et le télégraphe de Mantes à Évreux. Une reconnaissance d'officier était enfin envoyée vers Bréval et Saint-Illiers-le-Bois (1).

D'autre part, l'escadron du 17ᵉ hussards qui, depuis le 1ᵉʳ octobre, se trouvait à Épône, recevait l'ordre de venir le 4 octobre à Rosny (2).

La 2ᵉ compagnie du Iᵉʳ bataillon du 39ᵉ mobiles, qui tenait Port-Villez, avait laissé la veille au soir quelques hommes sur la hauteur au Sud de Jeufosse, pour surveiller la bifurcation des routes qui, de Bonnières, se dirigent sur Vernon et Pacy. Ces hommes ouvrirent le feu sur les patrouilles de cavalerie qui précédaient la colonne principale du général von Bredow, et prévinrent en arrière le gros de la compagnie. Celle-ci prit immédiatement les armes et, par les escarpements boisés qui dominent la rive gauche de la Seine, rejoignit ses éclaireurs.

Aux premiers coups de fusil, le commandant de l'avant-garde allemande déploya sa compagnie d'infanterie et fit fouiller par sa batterie la lisière des bois (3)

---

un major du 2ᵉ régiment d'infanterie bavarois. Les deux escadrons de hussards qui lui étaient affectés étaient le $\frac{4^e}{10^e}$ et le $\frac{1^e}{11^e}$.

D'après l'Historique du 2ᵉ régiment d'infanterie bavarois, la flancgarde, après avoir traversé la forêt de Rosny, devait se porter sur Le Menil-Renard, hameau situé à 1,500 mètres au Sud de Bonnières.

(1) Junk, *loc. cit.*, p. 48 ; *Geschichte des Oldenburg-Dragoner-Regiments Nr. 19*, p. 127. — Une autre reconnaissance d'officier fut envoyée à Rosny pour fouiller la partie de la forêt qui s'étend dans cette direction.

(2) Junk, *loc. cit.*, p. 48. — A son passage à Mantes, cet escadron devait annoncer que de nombreuses troupes viendraient le soir cantonner dans la ville.

(3) L'artillerie allemande tira aussi sans résultat quelques projectiles

Pendant ce temps, sa cavalerie s'engageait sur la route de Pacy-sur-Eure.

Craignant d'être tournée, la 2ᵉ compagnie du Iᵉʳ bataillon du 39ᵉ mobiles se replia dans la direction de Vernon.

Le gros de la colonne du général von Bredow ne dépassa pas Bonnières, où il s'installa vers 3 heures du soir. Les avant-postes dans la direction de l'Ouest furent fournis par deux compagnies d'infanterie et deux escadrons de hussards. L'une des deux compagnies occupait La Villeneuve-en-Chevrie, avec un escadron ; l'autre compagnie tenait la bifurcation des routes de Vernon et de Pacy-sur-Eure, ayant devant elle, à Jeufosse, un escadron (1).

Au bruit du canon, le commandant du 1ᵉʳ bataillon du 39ᵉ mobiles avait envoyé de Vernon une compagnie pour soutenir la 2ᵉ compagnie. Il chargea ensuite deux

---

sur un train qui se dirigeait de Bonnières sur Vernon. D'après les ouvrages allemands, ce train, composé d'une locomotive et de deux wagons blindés, aurait emmené les défenseurs de Bonnières (*Kriegsgeschichtliche Einzelschriften*, Heft 11, p. 559 ; Junk, *loc. cit.*, p. 47 ; *Das Königlich Bayerische 2. Infanterie-Regiment Kronprinz*, p. 39; etc). — Il semble plutôt que ce train transportait un capitaine du génie et quelques hommes qui avaient reçu du commandant de la 2ᵉ division militaire la mission de miner le tunnel entre Bonnières et Rosny. Cette opération put d'ailleurs être exécutée à la sortie du tunnel du côté de Bonnières (Le Capitaine du génie au Général commandant la 2ᵉ division militaire, à Rouen, D. T., Vernon, 4 octobre, 4 h. 36 soir).

Les Allemands envoyèrent également vers le Nord des patrouilles fouiller la forêt de Moisson ; elles constatèrent la destruction du pont suspendu de La Roche-Guyon.

(1) Une autre compagnie bivouaqua en outre à l'Ouest de Bonnières. La 4ᵉ compagnie du bataillon fut maintenue en réserve à l'Est de la localité ; elle fit occuper solidement la gare et détacha un piquet sur la route, dans la direction de Rosny.

Au cours de la marche, un escadron du *16ᵉ* ulans avait été spécialement chargé de détruire à l'Ouest de Bonnières la voie ferrée se

autres compagnies de garder la route de Vernon à Pacy-sur-Eure, et se porta avec les quatre compagnies restantes au Petit-Val, pour recueillir ses troupes avancées. Mais, se rendant compte que, dans cette direction, il suffisait de quelques hommes pour défendre l'accès de Vernon, il ramena le gros de son bataillon au Sud de la ville, du côté de la route de Pacy, et prit les dispositions nécessaires pour garder les issues de la forêt.

Malheureusement, pendant la nuit, trompé par un renseignement qui lui annonçait la retraite du IIIe bataillon de Pacy sur Évreux, le commandant du Ier bataillon ralliait toutes ses compagnies, et se repliait, avec les éclaireurs de la Seine, sur Gaillon (1).

Dans la matinée du 4 octobre, le capitaine de la

---

dirigeant sur Rouen. Cette mission fut ensuite confiée à une compagnie bavaroise qui, après l'occupation du village, fut poussée jusqu'à Jeufosse.

Les escadrons de hussards aux avant-postes étaient le 4e escadron du *10e* hussards à La Villeneuve-en-Chevrie et le 2e escadron du *17e* hussards à Jeufosse.

Le reste du détachement du général von Bredow cantonna à Bonnières (*16e* ulans, 1er et 2e escadrons du *13e* dragons, 2e escadron du *10e* hussards, 4e escadron du *11e* hussards, 1re batterie à cheval du *4e* d'artillerie) et à Freneuse (4e et 5e escadrons du *13e* dragons et 2e batterie à cheval du *10e* d'artillerie) (*Kriegsgeschichtliche Einzelschriften*, Heft 11, p. 559; *Das Königlich Bayerische 2. Infanterie-Regiment Kronprinz*, p. 39 ; Junk, *loc. cit.*, p. 47 et 272-273).

(1) Historique *manuscrit* du Ier bataillon du 39e mobiles. — Le commandant du Ier bataillon du 39e mobiles avait reçu du lieutenant-colonel commandant le régiment l'avis que l'ennemi, en forces supérieures, marchait sur Pacy, et que le IIIe bataillon allait être contraint de se replier sur Évreux. Ce renseignement apporté par un mobile ne correspondait pas, comme on le verra plus loin, à la situation exacte du IIIe bataillon.

A la suite de nouvelles exagérées, la panique s'était en outre emparée des habitants de Vernon. Les gardes nationaux sédentaires avaient

7ᵉ compagnie du IIIᵉ bataillon du 39ᵉ mobiles, détaché depuis la veille à Villiers-en-Désœuvre, eut connaissance du passage à Bréval d'une patrouille envoyée par les deux escadrons du *19ᵉ* dragons en marche de Favrieux sur Boissy-Mauvoisin. Jugeant sa position trop dangereuse, il se retira sur Saint-Chéron, en demandant du renfort. Le commandant du IIIᵉ bataillon du 39ᵉ mobiles dirigea sur Saint-Chéron deux compagnies, et fit occuper en même temps par deux autres la lisière de la forêt de Pacy, le long de la route de Bonnières. Deux compagnies restèrent en réserve dans la ville (1).

Dans la soirée, à l'annonce des événements qui s'étaient passés à Bonnières, le lieutenant-colonel du 39ᵉ mobiles, qui avait pris le commandement du détachement qui se trouvait dans la forêt de Pacy, appela à lui les deux compagnies maintenues en réserve (2).

---

abandonné les postes qu'ils occupaient aux issues de la ville et avaient rapporté leurs armes à la mairie. Par crainte de représailles, le conseil municipal insistait pour que la ville ne fût pas défendue. La gendarmerie avait reçu l'ordre de ses chefs de se replier sur Gaillon.

Quant aux éclaireurs de la Seine, ils quittèrent probablement Vernon en même temps que le Iᵉʳ bataillon du 39ᵉ mobiles et se dirigèrent sur Gaillon. Dès le 4, les francs-tireurs de Rouen et du Havre étaient retournés à Rouen. Quelques francs-tireurs rouennais avaient en effet fait remarquer à leur chef que, « payés par le département ou la ville pour défendre la ville de Rouen, leur rôle n'était pas de courir la campagne » (Historique *manuscrit* des éclaireurs de la Seine).

(1) On sait que le IIIᵉ bataillon du 39ᵉ mobiles avait sa 1ʳᵉ compagnie détachée à Serquigny. Il ne disposait donc, le 4 octobre, que de sept compagnies, qui se trouvèrent ainsi réparties : 5ᵉ, 6ᵉ et 7ᵉ compagnies, à Saint-Chéron ; 2ᵉ et 8ᵉ, dans la forêt de Pacy ; 3ᵉ et 4ᵉ compagnies, à Pacy.

Les deux compagnies, envoyées dans la forêt pour surveiller la route de Bonnières, rencontrèrent une forte reconnaissance de dragons prussiens qui, à la vue des mobiles, rebroussa chemin.

(2) Ces deux compagnies rejoignirent vers minuit. Comme à Vernon,

5 octobre.

Le général von Bredow savait que Vernon était occupé par les Français. Mais, les renseignements qui lui parvinrent dans la journée du 4 lui représentèrent les forces signalées à Pacy comme formant l'avant-garde d'une colonne d'environ 2,000 hommes qui devait le lendemain se diriger sur Mantes. Il décida donc de se porter à sa rencontre.

Avant de quitter Bonnières, le 5 au matin, il fit incendier la gare, puis, vers 7 heures du matin, il s'engagea en une seule colonne sur la grande route de Pacy-sur-Eure (1). Les deux escadrons du 19e dragons devaient quitter Boissy-Mauvoisin à 6 heures du matin et assurer la protection du flanc gauche de la colonne en se dirigeant sur Pacy-sur-Eure par Saint-Illiers-la-Ville, Cravent et Aigleville. En cours de route, deux escadrons du 13e dragons furent détachés du gros dans la direction de Douains ; ils devaient surveiller la route de Vernon et la forêt de Bizy.

En arrivant à hauteur d'Aigleville, les deux escadrons du 19e dragons reçurent des coups de fusil partant des maisons du village et de la lisière de la forêt de Pacy. Ils se retirèrent alors sur une position abritée et furent

---

les gardes nationaux sédentaires de Pacy rapportèrent leurs armes à la mairie à l'annonce de l'approche imminente de l'ennemi, et, pour éviter des représailles, le conseil municipal exprima le désir que, s'il devait y avoir un engagement avec l'ennemi, il se produisît loin de la ville (Historique *manuscrit* du IIIe bataillon du 39e mobiles).

(1) L'ordre de marche de la colonne du général von Bredow fut le suivant : avant-garde, sous le commandement d'un chef d'escadrons du 11e hussards, 4 escadrons de hussards, 1 compagnie du 2e régiment d'infanterie bavarois et 2e batterie à cheval du 10e d'artillerie. Le gros suivait à 1/4 de mille (1,875 mètres). Il comprenait trois compagnies du 2e régiment d'infanterie bavarois, le 13e dragons, le 16e ulans, la 1re batterie à cheval du 4e d'artillerie et l'escadron du 17e hussards qui avait passé la nuit à Rosny. Une section d'infanterie bavaroise marchait avec les bagages.

rejoints bientôt par l'avant-garde de la colonne principale (1).

Avec les quatre compagnies du III⁰ bataillon dont il disposait, le lieutenant-colonel commandant le 39⁰ mobiles occupait la lisière Sud de la forêt de Pacy et le petit bois situé entre les routes allant de Pacy à Aigleville et à Hécourt. Une barricade avait également été élevée sur la route, à l'entrée de la ville, à l'Ouest de la patte d'oie.

Vers 10 heures du matin, l'infanterie bavaroise se déploya des deux côtés de la route de Bonnières à Pacy. Constatant alors que l'ennemi disposait d'artillerie, le lieutenant-colonel du 39⁰ mobiles prescrivit de se replier. Deux compagnies se retirèrent vers Menilles ; les deux autres, marchant plus au Nord, se dirigèrent vers le pont de Cocherel (2).

La batterie d'avant-garde allemande entrait alors en action ; une section tirait sur la barricade, les deux autres canonnaient les hauteurs boisées qui se trouvent au Nord de Pacy, puis prenaient comme objectif les mobiles qui traversaient Menilles, suivis dans cette direction par une compagnie bavaroise (3).

Les deux compagnies du III⁰ bataillon du 39⁰ mobiles qui se repliaient sur Menilles rencontrèrent dans cette

---

(1) Plusieurs chevaux furent tués ou blessés (*Geschichte des Oldenburg-Dragoner-Regiments Nr. 19*, p. 127).

(2) Cocherel est un hameau qui se trouve sur l'Eure, à 6 kilomètres en aval de Pacy.

(3) Junk, loc. cit., p. 49 ; *Das Königlich Bayerische 2. Infanterie-Regiment Kronprinz*, p. 40 ; *Geschichte des Feld-Artillerie-Regiments von Scharnhorst (1. Hannoverschen) Nr. 10*, p. 220 ; Historique *manuscrit du III⁰ bataillon du 39⁰ mobiles.*

L'artillerie prussienne n'atteignit pas les fractions du III⁰ bataillon du 39⁰ mobiles. D'après Junk, la compagnie bavaroise, chargée de fouiller le pays à l'Ouest de Pacy, dans la direction de Menilles, aurait fusillé une

dernière localité une compagnie du Ier bataillon du 41e mobiles, que le commandant de la subdivision avait envoyée d'Évreux pour renforcer les défenseurs de Pacy (1). Ces différentes unités allèrent également passer l'Eure au pont de Cocherel, puis, avec les deux autres compagnies du IIIe bataillon du 39e, se rendirent à Évreux.

Les trois compagnies du IIIe bataillon du 39e mobiles qui se trouvaient à Saint-Chéron ne furent pas inquiétées. En apprenant l'occupation de Pacy par l'ennemi, elles passèrent sur la rive gauche de l'Eure et gagnèrent Évreux (2).

Quatre compagnies du IIe bataillon du 39e mobiles avaient d'autre part quitté Bernay, le 5 octobre à 7 heures du matin, pour aller rejoindre par voie ferrée, à Pacy-sur-Eure, le IIIe bataillon. Débarquées vers midi près de Boisset-les-Prévanches, elles arrivèrent à Saint-Aquilin-de-Pacy, au moment où les Prussiens canonnaient Menilles. Elles se retirèrent également sur Évreux (3).

Après que l'avant-garde eut fouillé la localité, la

---

vingtaine de « francs-tireurs ». Quant aux Allemands, en dehors des quelques chevaux qui furent tués ou blessés à Aigleville, ils n'éprouvèrent aucune perte.

(1) Le colonel Cassagne, commandant la place de Grenoble, avait été nommé, par décision du 1er octobre, au commandement provisoire de la subdivision de l'Eure, en remplacement du général Delarue (*J. M. O.*, 1871, supplément, p. 773). Il prit ses fonctions le 4 octobre (Le Colonel commandant provisoirement la subdivision de l'Eure au Général commandant la 2e division militaire, à Rouen, Évreux, 4 octobre).

(2) Historique *manuscrit* du IIIe bataillon du 39e mobiles.

(3) Historique *manuscrit* du IIe bataillon du 39e mobiles. — Depuis sa formation, le 21 août 1871, le IIe bataillon des mobiles de l'Eure était resté à Bernay.

Les troupes chargées de défendre le département de l'Eure se trouvaient donc, le 5 octobre, dans l'après-midi, sur les emplacements suivants : à Évreux, avec le commandant de la subdivision, 7 compagnies

colonne du général von Bredow entra à Pacy à 2 heures du soir. Deux compagnies furent chargées de garder les issues ; les deux escadrons du *19*ᵉ dragons s'installèrent aux avant-postes sur les deux rives de l'Eure, en aval de la ville.

Les deux escadrons du *13*ᵉ dragons, détachés en flanc-garde dans la direction de Vernon, avaient constaté que cette ville était inoccupée. Ils y détruisirent hâtivement la voie ferrée et revinrent cantonner à Pacy avec le reste

---

du IIIᵉ bataillon du 39ᵉ mobiles, 4 compagnies du IIᵉ bataillon du 39ᵉ mobiles et le Iᵉʳ bataillon du 44ᵉ mobiles ; à Serquigny, une compagnie du IIIᵉ bataillon du 39ᵉ mobiles ; à Gaillon, le Iᵉʳ bataillon du 39ᵉ mobiles, avec une demi-compagnie du 94ᵉ de ligne et les éclaireurs de la Seine ; à Bernay, 4 compagnies du IIᵉ bataillon du 39ᵉ mobiles.

Il y avait également à Évreux la compagnie des francs-tireurs de Rugles. Cette unité avait été constituée avec des gardes nationaux sédentaires à l'effectif de 40 hommes. Le 2 octobre, le président du Comité de défense d'Évreux l'appela dans cette ville ; 13 hommes seulement consentirent à partir. Le capitaine recruta en cours de route 6 nouveaux volontaires. A Évreux, on compléta l'équipement de ces 19 hommes et on leur donna des carabines Minié avec 25 cartouches par arme. Le 4, les francs-tireurs de Rugles se rendirent par voie ferrée à Merey (sur l'Eure, à 6 kilomètres en amont de Pacy) ; le 5, ils étaient entre Boisset-les-Prévanches et Pacy, et, après l'occupation de cette dernière localité par les Allemands, ils revinrent à Évreux (Historique *manuscrit* des francs-tireurs de Rugles).

Deux autres compagnies franches se trouvaient encore disponibles dans l'Eure le 5 octobre. La première — les éclaireurs volontaires de Louviers — comprenant 5 officiers et 120 hommes, achevait de s'organiser dans cette ville, où elle avait été formée le 19 septembre. Son armement consistait en carabines Minié (Historique *manuscrit* des éclaireurs de Louviers). La deuxième — les francs-tireurs de Breteuil — comprenant 2 officiers et 58 hommes, formée le 26 septembre, fut envoyée, le 5 octobre, par le président du Comité de défense d'Évreux, occuper Tillières-sur-Avre (Historique *manuscrit* des francs-tireurs de Breteuil).

Une autre compagnie franche, formée dans l'Eure — les francs-tireurs de Verneuil (1 officier et 25 hommes) — se trouvait, comme on l'a vu, vers le 5 octobre, aux environs de Houdan.

du détachement. Dans l'après-midi, le général von Bredow envoya néanmoins une compagnie bavaroise et un peloton de cavalerie en reconnaissance de ce côté. Ces forces revinrent sans avoir rencontré d'ennemis (1).

Après avoir eu un moment l'idée de marcher sur Pacy, le commandant de la subdivision de l'Eure, à l'annonce de l'occupation de cette localité, se décida dans la soirée du 5 à évacuer Évreux et à se retirer sur Serquigny (2). De même, l'apparition de la cavalerie prussienne à Vernon avait provoqué le départ de nombreux habitants qui vinrent jeter l'alarme à Gaillon. Dans la nuit, les forces qui occupaient cette ville se replièrent sur Louviers. Une partie des éclaireurs de la Seine s'arrêta à Heudebouville. Mais le lendemain matin, cette fraction reprit

---

(1) *Kriegsgeschichtliche Einzelschriften*, Heft 11, p. 560; Junk, loc. cit., p. 49; *Das Königlich Bayerische 2. Infanterie-Regiment Kronprinz*, p. 40; *Geschichte des Oldenburg-Dragoner-Regiments Nr. 19*, p. 127.

(2) D'après une dépêche adressée au commandant de la 2ᵉ division militaire, le commandant provisoire de la subdivision de l'Eure se serait porté le 5 octobre dans la direction de Pacy avec les forces dont il disposait à Évreux. Le général commandant la région de l'Ouest avait, en effet, prescrit de défendre pied à pied le département de l'Eure. Mais le commandant de la subdivision, manquant de renseignements sur ce qui s'était passé à Vernon et à Gaillon, en demanda au général commandant la 2ᵉ division militaire [Le Commandant par intérim de la subdivision de l'Eure au Général commandant la 2ᵉ division militaire à Rouen, D. T., Évreux, 5 octobre, 8 h. 45 *(probablement du soir)*]. Il semble que lorsqu'il apprit un peu plus tard la présence, dans la journée, de la cavalerie prussienne à Vernon, le commandant du département de l'Eure se décida à abandonner Évreux.

L'évacuation d'Évreux se fit par voies ferrées dans la nuit du 5 au 6 octobre. Cependant, le IIIᵉ bataillon du 39ᵉ mobiles ne quitta Évreux qu'à 6 heures du matin et se rendit à pied à Conches, d'où un train le transporta à Serquigny (Historique *manuscrit* du IIIᵉ bataillon du 39ᵉ mobiles). Les francs-tireurs de Rugles retournèrent dans cette localité.

son mouvement pour rejoindre le reste du régiment (1).

Le général commandant la 2⁰ division militaire à Rouen avait été avisé de l'occupation de Bonnières par l'ennemi et de la retraite sur Gaillon des troupes installées à Vernon. Pour renforcer ces dernières, il dirigea par voie ferrée sur Gaillon, le 5 octobre dans la soirée, une compagnie et demie du 94ᵉ de ligne (2) et un escadron du 12ᵉ chasseurs à cheval, sous les ordres d'un chef d'escadrons de ce régiment (3). En arrivant dans la nuit, ce détachement trouva la ville évacuée. Lorsqu'il apprit, dans la journée du 6 octobre, la présence à Vernon d'un détachement ennemi, son commandant se décida à se retirer sur Louviers (4).

6 octobre.

Le 6 octobre, le général von Bredow resta à Pacy. Des patrouilles de cavalerie furent envoyées jusqu'à Évreux. En même temps, deux détachements, comprenant chacun une compagnie, deux escadrons et une

---

(1) *Souvenirs d'un mobile du Vexin*, p. 20 ; Précis des opérations du 1ᵉʳ régiment des éclaireurs de la Seine.

(2) 2ᵉ section de la 5ᵉ compagnie et 6ᵉ compagnie du IVᵉ bataillon du 94ᵉ de ligne laissées à Rouen par le dépôt de ce régiment.

(3) Le 12ᵉ chasseurs à cheval, qui appartenait à la division de cavalerie du 5ᵉ corps, avait pu s'échapper en partie de Sedan et gagner, le 4 septembre, Saint-Quentin. Transporté par voies ferrées à Versailles, il fut dirigé, le 10 septembre, sur son dépôt, à Clermont-Ferrand. Il en repartit en deux échelons les 28 et 29 septembre pour Rouen, où il arriva le 30 septembre (3ᵉ et 4ᵉ escadrons) et le 1ᵉʳ octobre (5ᵉ et 6ᵉ escadrons).

Ce fut le 5ᵉ escadron qui fut désigné pour se rendre à Gaillon.

(4) Historiques *manuscrits* du IIᵉ bataillon du 76ᵉ de marche et du 12ᵉ chasseurs à cheval. — Le détachement arriva à Louviers entre 4 et 5 heures du soir. La 1ʳᵉ section de la 5ᵉ compagnie, détachée avec le Iᵉʳ bataillon du 39ᵉ mobiles, rejoignit alors sa compagnie.

Le 6 octobre au soir, il y avait donc dans le département de l'Eure les forces suivantes : à Louviers, deux compagnies du 94ᵉ de ligne, un escadron du 12ᵉ chasseurs à cheval, le Iᵉʳ bataillon du 39ᵉ mobiles et les éclaireurs de la Seine ; à Serquigny, avec le commandant de la subdivision, le IIIᵉ bataillon et quatre compagnies du IIᵉ bataillon du

section d'artillerie, furent chargés d'opérer d'importantes réquisitions. Le premier poussa jusqu'à Vernon, y acheva la destruction de la voie ferrée et se fit livrer les armes des pompiers et de la garde nationale qu'il mit hors de service. Le deuxième suivit la vallée de l'Eure, en amont de Pacy, jusqu'à Hécourt, fit détruire la voie ferrée près de Merey, envoya des patrouilles jusqu'à Bueil, puis revint par Saint-Chéron, Cravent, Villegast et Aigleville (1).

Le général von Bredow reçut alors du commandant de la 5e division de cavalerie l'ordre de renvoyer à Saint-Germain la 2e batterie à cheval du 10e d'artillerie (2). Il joignit cette unité à un convoi formé du bétail et des approvisionnements réunis le 6 octobre qui, sous la protection de deux escadrons du 17e hussards, se rendrait le lendemain à Mantes. Avec le reste de ses forces, il devait continuer l'exécution de la mission dont il avait été chargé et se diriger sur Bréval (3).

Après le départ du détachement du général von

39e mobiles et le Ier bataillon du 41e mobiles ; à Bernay, quatre compagnies du IIe bataillon du 39e mobiles ; à Rugles, la compagnie des francs-tireurs de Rugles ; à Tillières-sur-Avre, la compagnie des francs-tireurs de Breteuil.

(1) Junk, loc. cit., p. 50; *Kriegsgeschichtliche Einzelschriften*, Heft 11, p. 560. — D'après l'Historique du 2e régiment d'infanterie bavarois (p. 41), le détachement envoyé à Vernon comprenait une compagnie d'infanterie, un escadron de hussards, un escadron de ulans et une section d'artillerie, et l'autre détachement une compagnie d'infanterie, un escadron de ulans et un escadron de dragons, mais pas d'artillerie.

Les deux escadrons du 19e dragons qui étaient aux avant-postes sur les deux rives de l'Eure, en aval de Pacy, furent relevés le 6 octobre par deux escadrons du 10e hussards (*Geschichte des Oldenburg-Dragoner-Regiments Nr. 19*, p. 127).

(2) Cet ordre était daté du 5 octobre.

(3) Junk, loc. cit., p. 50. — A partir du 7 octobre matin, le détache-

Bredow, le gros de la 5ᵉ division de cavalerie était resté dans les cantonnements qu'il occupait (1). Le 4 octobre, le 2ᵉ escadron du *13ᵉ* ulans fut envoyé dans la direction de Houdan pour exécuter à la fois des reconnaissances et des réquisitions (2). Il cantonna le soir à Neauphle-le-Vieux. Le lendemain, il opéra au Sud de la voie ferrée de Paris à Dreux et vint s'établir le soir au château de Pontchartrain. Le 6 octobre, après avoir dirigé sur Saint-Cyr les approvisionnements qu'il avait recueillis, l'escadron se porta vers Houdan, par Vicq, Bardelle, Boissy-sans-Avoir et Le Breuil. A l'Ouest de cette dernière localité, son avant-garde fut accueillie à coups de fusil (3). Peu après, elle aperçut à l'Ouest de Garancières

---

ment du général von Bredow ne comprenait plus donc que le Iᵉʳ bataillon du *2ᵉ* régiment d'infanterie bavarois, deux escadrons du *19ᵉ* dragons (1ᵉʳ et 3ᵉ), le *16ᵉ* ulans (deux escadrons), le *13ᵉ* dragons ,(quatre escadrons), deux escadrons du *10ᵉ* hussards (2ᵉ et 4ᵉ), un escadron du *11ᵉ* hussards (4ᵉ) et la 1ʳᵉ batterie à cheval du *4ᵉ* d'artillerie, soit un bataillon, onze escadrons et une batterie. Sur les onze escadrons, neuf étaient armés de carabines.

(1) Les corps du gros de la 5ᵉ division de cavalerie firent dans leurs cantonnements un service régulier consistant en exercices et manœuvres d'escadron ou de régiment. Le 3 octobre, le prince royal de Prusse passa sur le plateau de Satory une revue de la division, qui mit en ligne dix-huit escadrons (Junk, *loc. cit.*, p. 63).

Le 1ᵉʳ octobre, le 7ᵉ cuirassiers fut rejoint par un détachement de renfort comprenant 1 lieutenant, 1 aide-vétérinaire, 4 sous-officiers, 1 trompette, 50 hommes et 94 chevaux. Le 4 octobre, ce régiment reformait un troisième escadron qui prit le n° 1. Il resta ainsi constitué jusqu'à la fin de la campagne [*Geschichte des Kürassier-Regiments von Seydlitz (Magdeburgisches) Nr. 7*, p. 75)].

(2) Cet escadron était cantonné à Saint-Cyr. Il quitta cette localité dans l'après-midi du 4 octobre.

(3) Le brouillard empêchait de voir de quelle direction venaient les coups de feu. Le peloton d'avant-garde se déploya immédiatement en fourrageurs pour fouiller plus complètement le pays ; 11 paysans sans armes, découverts dans un bois situé près de la route, furent faits provisoirement prisonniers et ne furent relâchés que lorsque l'escadron

quelques francs-tireurs, qui se retirèrent à la lisière de la forêt des Quatre-Piliers, d'où ils continuèrent le feu sur les ulans qui essayaient de s'avancer. Après avoir fait enlever par ses hommes dans Garancières, Le Breuil et Boissy-sans-Avoir les approvisionnements qu'il put emmener, le commandant de l'escadron se replia sur le château de Pontchartrain, où il passa la nuit, avant de rejoindre le lendemain son régiment à Saint-Cyr (1).

---

se retira sur le château de Pontchartrain, après avoir terminé sa réquisition.

Il est probable que le 2e escadron du *13e* ulans eut affaire, le 6 octobre, à la compagnie des francs-tireurs de Verneuil, qui, comme on le sait, comprenait alors 1 officier et 25 hommes et se trouvait, le 5 octobre, aux environs d'Houdan.

(1) *Die ersten 25. Jahre des Königs-Ulanen-Regiments (1. Hannoverschen) Nr. 13*, p. 90. — Au début de cette affaire, un ulan avait été légèrement blessé.

Le 4 octobre, des francs-tireurs avaient été signalés dans les bois situés entre Fontenay-le-Fleury, Les Clayes et Bois-d'Arcis. Un escadron à pied du *19e* dragons fut chargé de les fouiller le lendemain, pendant qu'un escadron et un peloton du *4e* cuirassiers patrouillaient sur les lisières. On ne trouva dans les bois que 4 paysans.

Le 6 octobre, le gros de la *5e* division de cavalerie, comprenant dix-neuf escadrons, occupait les emplacements suivants : quartier général Saint-Nom ; *11e* brigade, état-major Villepreux ; *4e* cuirassiers, 1er et 4e escadrons Fontenay-le-Fleury, 3e escadron Les Clayes, 5e escadron Villepreux ; *13e* ulans Saint-Cyr ; *19e* dragons, 2e escadron Bailly, 4e escadron Noisy ; *13e* brigade, état-major Saint-Germain-en-Laye ; *7e* cuirassiers, 3e escadron Saint-Nom, 4e escadron Chavenay, 1er escadron Mort-Moulins (2 kilomètres à l'Ouest de Chavenay) ; *10e* hussards, 1er et 3e escadrons Saint-Germain-en-Laye ; *11e* hussards, 2e et 5e escadrons Poissy ; *17e* hussards, 3e et 4e escadrons Saint-Germain-en-Laye (Junk, *loc. cit.*, p. 64 et 272-273).

DOCUMENTS ANNEXES

DOCUMENTS ANNEXES

CHAPITRE I.

Les origines de l'Armée de la Loire.
Formation du 15ᵉ Corps d'Armée.

I

Mesures Générales.

Note sur les ressources de l'infanterie.

Paris, 12 septembre.

Avec les ressources actuelles de l'infanterie on pourrait former :

3 régiments de zouaves à 3 bataillons (a).........	12.000	hommes
3 bataillons de Tirailleurs algériens (b)............	1.500	—
3 bataillons étrangers (c)......................	2.500	—
4 régiments d'infanterie de ligne à appeler d'Afrique (d).................................	9.600	—
3 quatrièmes bataillons de ligne encore disponibles pourraient faire 1 régiment de marche à 3.000 hommes (e) (1).......................	3.000	—
Il reste encore 90 compagnies d'infanterie de ligne dans les dépôts; on pourrait en faire 5 régiments de 3.000 hommes...........................	15.000	—
	43.600	hommes

---

(1) Il y a 19 quatrièmes bataillons non enrégimentés, dont 16 indisponibles : 3 envoyés en Afrique, 1 à Metz, 2 à Strasbourg, 1 à Langres, 3 à Belfort, 2 à Verdun, 1 à Marsal, 1 à Toul, 1 à Neuf-Brisach, 1 à Besançon.
Reste ainsi 3 pour l'Algérie (*Note originale*).

En notes, au crayon.
a) En route d'Afrique.
b) A appeler.
c) 1 à Tours, 2 à appeler.
d) Remplacés en Afrique par 3 quatrièmes bataillons de France.
e) Ces trois bataillons seront envoyés en Algérie (1 par province).

Les 3 régiments de zouaves et de Tirailleurs algériens se formeraient à Antibes, à Avignon et à Montpellier où sont les petits dépôts de ces corps.

Les ordres sont donnés pour l'envoi d'Afrique en France de 12.000 zouaves. Les isolés des zouaves et des Tirailleurs qui sont à Saint-Cloud recevraient l'ordre de rallier les régiments reformés dans le Midi.

Les 3 bataillons étrangers seront composés du 5e bataillon étranger à Tours (1.300 hommes) et de 2 bataillons étrangers qu'on ferait venir d'Afrique et qui seraient composés d'hommes n'appartenant pas à la nationalité allemande.

L'Algérie conserverait :

2 bataillons du régiment étranger	2.400	hommes.
3 — de Tirailleurs	1.500	—
3 — de zouaves à 2.000 hommes par bataillon	6.000	—
3 bataillons d'infanterie légère d'Afrique	4.500	—
et les compagnies de discipline	900	—
3 quatrièmes bataillons	3.000	—
Total	18.300	hommes.

Les officiers qui rentreraient de l'armée du Rhin et qui seraient disponibles pourraient être dirigés sur Tours où on les utiliserait, ou envoyés dans les régiments de marche.

Note sur l'organisation d'un corps d'armée en arrière de la Loire.

12 septembre.

Commandant le corps d'armée : Général de La Motterouge ou général d'Aurelle de Paladines.
Chef d'état-major général : Général Borel.

Infanterie (3 divisions).

Généraux de division : (à désigner).
Généraux de brigade : Martineau Deschesnez.
Bertrand, venant du 45e.
Rébilliard, — 16e.
Willerme, — sapeurs pompiers.
de Chabron, du cadre de réserve.
d'Arricau, —
ou Faye, —

La composition des trois divisions a besoin d'être discutée ; dans tous les cas, ces trois divisions comprendraient :

3 régiments de zouaves ;
1 régiment de marche de Tirailleurs algériens ;
1 régiment étranger ;
4 régiments d'infanterie rappelés d'Algérie.
5 régiments de marche formés avec des compagnies de dépôt.

On enverrait en Algérie trois quatrièmes bataillons qui sont encore disponibles en Corse et dans le Midi.

Cavalerie.

La cavalerie pourrait fournir, d'ici à dix jours, 10 régiments qu'il serait facile d'organiser en 4 brigades.

a) 1re brigade Général de La Mortière { 3e hussards. 12e chasseurs.

b) 2e — Général de Nansouty. { 7e chasseurs. 11e chasseurs.

c) 3e — Général Tripard...... 3e régiment de marche de cavalerie légère.

d) 4e — Général Michel....... { 2e lanciers. 5e lanciers. 1er régiment de dragons de marche.

Artillerie et Génie

On espère trouver quelques ressources.

Le Ministre de la Guerre au Général commandant le 15e corps d'armée.

Paris, 14 septembre.

Le Gouvernement de la Défense Nationale vous a confié, sur ma proposition, le commandement du 15e corps d'armée, qui va se former en arrière de la Loire. Le général Borel sera votre chef d'état-major général.

Vos forces en infanterie comprendront :

1° — 3 régiments de zouaves, en formation à Antibes, Montpellier et Avignon ;

En notes, au crayon.
a) Rouen.
b) Le Mans.
c) Bourges.
d) Le Mans.

2° — 1 régiment de marche de Tirailleurs algériens, composé d'un bataillon pris dans chaque province;

3° — 1 régiment étranger de marche, constitué avec 2 bataillons tirés d'Algérie et avec le 5ᵉ bataillon en voie d'organisation à Tours;

4° — 4 régiments d'infanterie de ligne (16ᵉ, 38ᵉ, 39ᵉ et 92ᵉ) rentrant d'Afrique, dont vous renforcerez les effectifs avec les éléments pris dans les dépôts de ces corps;

5° — 5 régiments de marche, formés avec les compagnies tirées des dépôts d'infanterie en France.

Il vous appartient d'organiser ces forces, dont l'effectif s'élèvera à 40.000 hommes environ, en 3 divisions; vous répartirez entre chacune d'elles, et par portions à peu près égales, les corps qui, vous arrivant tout constitués, présentent plus d'homogénéité que les autres, tels que les 4 régiments d'infanterie et le régiment de marche des Tirailleurs algériens.

Je ne puis mettre à votre disposition en ce moment que 6 généraux de brigade; il faudra donc que vous fassiez commander provisoirement des divisions par des généraux de brigade, sauf à laisser leurs brigades à des colonels. Votre quartier général sera d'abord établi à Tours. Il est indispensable que vous puissiez vous concerter d'une manière suivie avec M. le général Lefort, secrétaire-général du Ministre de la Guerre, et qui aura les mêmes pouvoirs que moi, lorsque nos communications seront coupées avec le dehors.

Vous déterminerez à votre tour les quartiers généraux de ces 3 divisions et vous vous concerterez avec le commandant territorial, et surtout avec le général commandant la 9ᵉ division militaire (1), pour que les troupes mentionnées ci-dessus soient dirigées, au fur et à mesure de leur arrivée, sur les points que vous aurez choisis.

En fait de cavalerie, vous aurez, sous peu de jours, à Tours, 4 régiments de cavalerie (6ᵉ hussards, 6ᵉ dragons, 9ᵉ cuirassiers et 1ᵉʳ de marche de cuirassiers); de plus, le général Michel est chargé de l'organisation d'une brigade comprenant le 2ᵉ de lanciers actuellement à Napoléonville, le 5ᵉ lanciers pris à Poitiers et le 3ᵉ régiment de marche de dragons en formation à Limoges.

En outre, le général de Nansouty s'occupe de la reconstitution du 7ᵉ chasseurs à Carcassonne et du 11ᵉ chasseurs à Avignon.

Ces deux brigades reçoivent l'ordre de se diriger sur Le Mans, aussitôt qu'elles seront prêtes, et de se réunir sous le commandement du général Michel.

Enfin, je fais procéder à la formation du 1ᵉʳ régiment de marche de

---

(1) Marseille.

chasseurs, du 1ᵉʳ régiment de marche de hussards et du 2ᵉ régiment de marche de cavalerie mixte, qui sont destinés à être placés sous les ordres du général Tripard.

Dès que l'organisation de ces régiments permettra leur déplacement, vous les dirigerez sur Bourges, ou sur tout autre point que vous désignerez après vous être concerté avec le général Lefort.

L'ensemble des forces de votre cavalerie s'élèvera donc à 12 régiments.

Pour ce qui concerne les troupes de l'artillerie et du génie, je vous ferai connaître ultérieurement les ressources que je pourrai mettre à votre disposition. J'ai lieu d'espérer qu'elles seront largement en proportion avec vos forces d'infanterie et de cavalerie.

Tant que les communications existeront avec Paris, vous recevrez de moi des instructions sur la ligne générale de conduite que vous aurez à tenir; mais, une fois qu'elles seront interceptées, vous serez libre de vos mouvements, sauf à recourir pour toutes les questions d'organisation à l'intervention du Ministre intérimaire, siégeant à Tours.

Arrivé à Tours, où sera installé votre premier quartier général, vous enverrez de suite à Orléans une brigade de cavalerie légère ou mixte prise dans votre division.

Vous donnerez au chef de cette brigade et aux colonels qui la composent les instructions les plus formelles et les ordres les plus sévères, pour que le service de reconnaissance qu'ils sont appelés à faire soit exécuté, non seulement sérieusement, mais encore audacieusement. Je ne saurais admettre que des régiments de notre armée se retirent jamais devant une autre cavalerie ennemie, même supérieure en nombre, sans avoir échangé des coups de sabre. Les reconnaissances doivent donc être poussées le plus loin possible. Vous ne devez pas permettre que des partis de ulans ou toute autre cavalerie prussienne écrasent impunément nos populations de réquisitions et d'impôts. J'insiste fortement sur ce point.

Vous feriez soutenir au besoin les deux régiments que vous enverrez à Orléans. Ils ne devront se retirer sur Tours qu'à la dernière extrémité.

Le point de concentration de vos divisions d'infanterie, au fur et à mesure de leur formation, sera Bourges. C'est à Bourges aussi que vous devrez constituer vos services d'artillerie et du génie.

Vous y porterez également une partie de votre cavalerie, et, dès que votre organisation sera terminée, vous pourrez commencer vos opérations. Ces opérations peuvent être diverses et même doubles.

Ainsi, de Bourges, établissant une division avec de la cavalerie et de l'artillerie à Orléans, vous pouvez faire inquiéter les derrières de l'armée prussienne et manœuvrer de manière à rétrécir autant que possible la zone d'action des détachements ennemis envoyés en réquisition.

D'un autre côté, et sans perdre de vue l'obligation de laisser toujours une protection suffisante à la délégation du Gouvernement établie à Tours, vous pouvez vous porter dans la vallée de la Saône, et, vous appuyant sur Auxonne, Besançon, Belfort même, manœuvrer sur le flanc gauche de l'ennemi, l'inquiéter dans ses opérations, peut-être même couper ses communications. Les points d'appui que j'indique vous permettront, sans vous compromettre, de tenter ces diverses opérations.

J'appelle maintenant votre attention sur un autre point auquel j'attache une extrême importance, je veux parler de la nécessité de soutenir, d'appuyer, de développer autant que possible le mouvement patriotique et vraiment national qui se produit sur un grand nombre de points de notre territoire. Ainsi, vous devez favoriser la création de corps de francs-tireurs et utiliser le courage et la bonne volonté des bataillons de garde mobile. L'inexpérience de ces derniers ne vous permettrait que difficilement, je le sais, de les employer isolément; mais *vous pourrez avec avantage les intercaler dans vos divisions*. J'ai la conviction qu'un régiment de ces jeunes troupes, ainsi encadré dans chacune de vos divisions d'infanterie, ne faillirait pas devant l'ennemi. Cette combinaison vous permettrait de créer une ou deux divisions de plus, si vous en trouvez les éléments. Ce serait un résultat important, qui non seulement rendrait vos opérations plus faciles, mais nous donnerait les moyens d'en entreprendre de plus considérables.

Je ne fais, mon cher Général, que vous esquisser à grands traits le caractère de votre mission, sans en préciser les limites. Des instructions plus détaillées entraveraient votre initiative. Faire naître les ressources, les développer, les mettre à profit, tel est le but; votre expérience et votre patriotisme me répondent du succès.

Le Général commandant le 15º corps d'armée au Ministre de la Guerre, à Tours.

Tours, 18 septembre.

J'ai déjà eu l'honneur de vous entretenir (je crois devoir vous le rappeler) de la grande importance qu'il y a à ce que les régiments de la garde nationale mobile, qui doivent être adjoints à des brigades d'infanterie, soient pourvus du fusil Chassepot et à ce que tous les soldats du 15º corps, mobiles ou autres, aient les effets de campement et les demi-couvertures, de telle manière qu'ils puissent agir activement et le plus utilement possible dans toutes les circonstances. J'ai l'honneur de vous prier de vouloir bien donner des ordres pour que ce double objet soit atteint.

J'ai écrit moi-même aux généraux commandant les 9ᵉ et 10ᵉ divisions militaires pour qu'ils aient soin de compléter en effets de campement les régiments de zouaves en formation à Avignon, Antibes et Montpellier.

Le Ministre de la Guerre au Gouverneur général, à Alger (D. T.).

Paris, 19 septembre, 1 h. 50 soir.
(Arrivée par le ballon d'Évreux et envoyée à Alger).

D'après votre dépêche d'hier, je fais diriger : sur Alger, un régiment de mobiles et un bataillon de ligne ; sur Oran, deux régiments de mobiles et un bataillon de ligne ; sur Stora, un régiment de mobiles et deux bataillons de ligne. J'ajouterai que, pour ne pas enlever à l'Algérie toutes ses troupes régulières d'infanterie, je ne vous prendrai que trois régiments. Vous désignerez vous-même le régiment qui devra rester dans la colonie et vous le concentrerez de manière à pouvoir vous en servir dans la colonie. Vous vous en servirez comme colonne mobile ; enfin, si vous voulez un cinquième régiment de la garde nationale mobile, faites-le moi connaître et je vous l'enverrai. Mais il est important que tous ces mouvements de relèvement se fassent sans le moindre retard et avec toute la diligence possible.

Laissez-moi compter sur vous à cet égard ; je comprends vos légitimes inquiétudes, mais les intérêts de la France nous obligent avant ceux de l'Algérie. Aucun d'eux, d'ailleurs, n'est sacrifié. Dans la circonstance, persuadez-vous bien qu'il a fallu des considérations d'ordre supérieur pour m'amener à vous retirer la plus grande partie de vos troupes régulières. Je vous écris aujourd'hui. J'adresse, en même temps que celle-ci, une dépêche au général .... qui demande à dégager sa responsabilité des conséquences du retrait de ces troupes ; je l'en dégage complètement et je l'autorise à rentrer sur-le-champ en France où il devra rentrer dans le cadre de réserve ; vous auriez à le faire remplacer provisoirement.

Le Général commandant le 15ᵉ corps d'armée au Général commandant la 19ᵉ division militaire, à Bourges.

Tours, 19 septembre.

Vous savez sans doute qu'il se forme derrière la Loire un 15ᵉ corps d'armée dont le commandement m'est confié. Il sera composé tout d'abord de 3 divisions d'infanterie comprenant chacune 2 brigades. Dans chaque brigade, il y aura 3 régiments, dont un de garde nationale mobile.

Il m'est impossible actuellement de vous indiquer quels seront les effectifs même approximatifs; je vous les ferai connaître dès que je le pourrai.

Il a été décidé que ces 3 divisions d'infanterie auraient leurs centres deux à Bourges et une à Vierzon.

Le 15e corps comprendra, avec l'infanterie, des troupes de l'artillerie et du génie dans la proportion habituelle, et enfin 12 régiments de cavalerie que je chargerai d'éclairer au loin sur les bords de la Loire vers La Charité, Cosne, Orléans et même Blois.

Ces indications sommaires vous permettront de prendre immédiatement des dispositions à Bourges et à Vierzon pour le campement et pour la nourriture des hommes et des chevaux. Je ferai d'ailleurs partir pour ces villes, dès que cela me sera possible, les sous-intendants qui devront être affectés aux divisions.

Enfin, mon cher Général, je vous préviens qu'il partira demain de Tours, par le chemin de fer, pour Bourges, environ 1.300 Tirailleurs algériens venant de Paris, destinés à entrer dans la composition d'un régiment. Je ferai partir, en même temps qu'eux, un général de brigade pour Vierzon, où il sera d'autant plus utile que vous ne serez pas là pour parer aux éventualités.

Le Général commandant le 15e corps d'armée au Général commandant la 19e division militaire, à Bourges.

Tours, 19 septembre.

J'ai reçu l'ordre de former le 15e corps, qui doit se composer de 3 divisions d'infanterie et 10 régiments de cavalerie.

Les 3 divisions seront chacune de 2 brigades, et chacune aura 3 régiments dont il m'est impossible de vous donner, dès à présent, les effectifs qui seront assez considérables.

J'indique Bourges pour la concentration de deux divisions et Vierzon pour la 3e division.

Je vous invite à prescrire, dès à présent, à l'intendant divisionnaire de faire recevoir sur les points ci-dessus indiqués les vivres nécessaires, ainsi que le plus grand nombre d'effets de campement de toute nature qu'il pourra se procurer.

Je ne puis rien préciser à cet égard, parce que j'ignore encore ce dont les divers corps pourront manquer; je prévois toutefois qu'il pourra nous manquer des tentes-abris pour 6 régiments de mobiles, qui sont appelés à être incorporés dans les brigades.

Je vous informerai de l'arrivée des divers corps, dès que j'en aurai reçu avis.

J'envoie un officier d'état-major pour vous porter cette lettre et s'entendre avec vous sur les mesures à prendre pour la concentration du corps, le campement ou le cantonnement des troupes.

En outre des 3 divisions d'infanterie, je ferai diriger sur Bourges une brigade de cavalerie ; je vous informerai ultérieurement du jour de son arrivée.

Le Général commandant le 15ᵉ corps d'armée aux Généraux commandant les subdivisions des Deux-Sèvres, Dordogne, Gironde, Charente, Puy-de-Dôme, Nièvre, Maine-et-Loire.

Tours, 21 septembre.

Le régiment de mobiles du département des Deux-Sèvres et autres départements énoncés ci-contre a été désigné pour être embrigadé dans l'une des divisions du 15ᵉ corps d'armée. Vous avez dû déjà recevoir des instructions du Ministre de la Guerre à cet effet, et c'est le Ministre qui vous donnera également des ordres pour le départ de ce régiment et le point sur lequel il doit être dirigé.

Mais, j'ai besoin d'avoir, dès à présent, quelques renseignements, et je crois utile en même temps de vous adresser directement quelques instructions.

En conséquence, je vous prie de m'adresser le plus tôt possible :

1° Une situation nominative de l'état-major du régiment et des bataillons, et numérique de la troupe.

2° Un état indiquant ce qui manque à ces bataillons en tentes-abris, couvertures de campement, havre-sacs, gibernes, souliers, afin de prendre des mesures pour pouvoir nous les procurer aux points de rassemblement.

Faites-moi connaître, aussi exactement que possible, le jour où ce régiment pourra être mis en route.

L'armement de ce régiment sera le fusil Chassepot qui lui sera délivré lorsqu'il sera arrivé au point de rassemblement ; mais il est bien entendu que les hommes devront emporter avec eux l'armement qu'ils ont en ce moment entre leurs mains. Le chiffre des fusils Chassepot à délivrer au régiment des Deux-Sèvres (ainsi qu'aux autres susdésignés) a été fixé à 1.200 par bataillon, soit 3.600 *pour tout* le régiment.

Je vous prie d'activer le plus possible la mobilisation de ce régiment, afin qu'on puisse l'appeler sans le moindre retard.

Je vous prie de donner connaissance à M. le général commandant la division territoriale de cette dépêche, que je crois devoir vous adresser directement pour ne pas perdre de temps.

Note pour la 1re direction.

Tours, 23 septembre.

On a l'honneur d'informer la 1re direction que sept régiments de garde nationale mobile, savoir : le régiment de la Nièvre (12e); le régiment de la Charente (18e); le régiment de la Gironde (25e); le régiment de Maine-et-Loire (29e); le régiment du Puy-de-Dôme (32e); le régiment des Deux-Sèvres (34e) et le régiment de la Dordogne (22e) sont désignés pour faire partie du 15e corps en formation.

Ces régiments sont formés à 3 bataillons de 1.200 hommes chacun.

Le 2e est dirigé sur Nevers; le 3e et le 4e sur Bourges; le 5e et le 6e sur Vierzon et le 7e sur Tours.

Le Général commandant le 15e corps d'armée au Ministre de la Guerre, à Tours.

Tours, 23 septembre.

Pour éviter une trop grande accumulation de troupes à Bourges, qui va se trouver bien encombré, je vois qu'il y aurait tout avantage à concentrer à Nevers les troupes de la 2e division d'infanterie du 15e corps, que j'avais d'abord le projet de former à Bourges.

Outre que Nevers est relié à Bourges par un chemin de fer, cette ville me paraît d'autant plus favorable pour y former la 2e division que le 15e corps aura, selon toutes les probabilités, à opérer de préférence dans l'Est, et que, par suite, il y a intérêt à gagner, dès à présent, du terrain de ce côté.

Dans le cas où vous approuveriez cette disposition, j'aurais l'honneur de vous prier de donner à qui de droit des instructions dans ce sens et de me faire connaître le plus tôt possible votre décision, afin de donner les ordres nécessaires pour diriger sur Nevers tout ce qui doit appartenir à la 2e division.

Le Général commandant le 15e corps d'armée aux Généraux commandant les 1re, 2e et 3e divisions.

Tours, 23 septembre.

J'ai l'honneur de vous informer que le Ministre vient de donner des ordres pour faire mobiliser d'urgence dans chacun des dépôts des

12e, 14e, 8e, 19e, 3e et 9e bataillons de chasseurs à pied une compagnie dont l'effectif se rapprochera le plus possible de 300 hommes.

Ces compagnies partiront pour Vierzon (12e et 14e), Bourges (8e et 19e), Nevers (3e et 9e) par les voies ferrées; elles seront attachées à la première brigade de votre division.

Le Général commandant le 15e corps d'armée au Général commandant la 1re division, à Nevers, et au Général commandant la 3e division, à Vierzon.

Tours, 25 septembre.

J'ai l'honneur de vous informer que les fusils modèle 1866 (Chassepot) destinés à l'armement des régiments de garde nationale mobile de votre division, ainsi que les cartouches, sont à la direction de l'artillerie à Bourges.

Ces armes et munitions, à raison de 90 cartouches par homme, vous seront envoyées à Vierzon (Nevers) sur votre demande au directeur. Toutefois, vous ne devrez faire cette demande qu'au fur et à mesure de l'arrivée des régiments de mobiles.

Le Général commandant le 15e corps d'armée aux Généraux commandant les 1re, 2e et 3e divisions.

Tours, 26 septembre.

Les régiments de garde nationale mobile appelés à faire partie de votre division et qui doivent recevoir des fusils modèle 1866 sont actuellement armés de fusils à percussion.

J'ai l'honneur de vous prier de vouloir bien donner les ordres les plus formels pour que ces régiments, en recevant leurs nouvelles armes, remettent aux directions d'artillerie toutes les cartouches modèle 1863 dont ils sont porteurs, en échange de celles modèle 1866 qui leur sont remises.

Il est de la plus haute importance, dans les circonstances actuelles, qu'aucune munition ne soit dépensée en pure perte.

Le Ministre de la Guerre au Général commandant le 15e corps d'armée, à Tours.

Tours, 28 septembre.

Le mouvement de concentration des troupes des diverses armes de votre corps d'armée est en voie d'exécution, et les divisions comprennent déjà un certain nombre de régiments.

Il est dès lors utile que vous vous rendiez de votre personne à Bourges avec votre état-major.

Placé au centre de vos troupes, vous pourrez exercer sur elles une action plus efficace.

Vous les verrez de près et vous pourrez prendre ou provoquer toutes les mesures que vous jugerez nécessaires pour compléter leur organisation sous les différents rapports.

J'appelle spécialement votre attention sur la situation des régiments de la garde nationale mobile qui peut laisser à désirer en raison de la rapidité de la formation et de la mise en route de ces corps.

Vous aviserez par tous les moyens en votre pouvoir à munir ces jeunes troupes de tout ce qui peut leur être nécessaire pour entrer en campagne dans les meilleures conditions possibles.

En vertu d'ordres qui ont été donnés, ces régiments doivent être armés du fusil modèle 1866. Veuillez vous assurer si ces ordres ont reçu leur exécution.

Je ne doute pas, mon cher Général, que, bien pénétré des vues d'ensemble que le Ministre de la Guerre a cru devoir vous exposer dans les instructions qu'il vous a adressées de Paris, vous ne vous acquittiez à la satisfaction du Gouvernement de l'importante mission qui vous est confiée.

P. S. — D'après les renseignements parvenus, Orléans ne serait pas encore occupé par l'ennemi. Vous aurez à décider s'il ne conviendrait pas de faire réoccuper cette ville.

Le Général commandant le 15ᵉ corps d'armée au Général commandant la 3ᵉ division, à Vierzon (D. T.).

Bourges, 2 octobre, 12 h. 15 matin.

Dirigez immédiatement par les voies ferrées sur Épinal la brigade telle qu'elle est constituée du général Dupré. Vous la ferez accompagner par une batterie d'artillerie prise dans votre division, à laquelle je reçois l'ordre de faire adjoindre dix caissons chargés de 4 rayé, et quatre de cartouches modèle 1866 pris dans le parc du corps d'armée. Cette brigade et ce matériel vous seront remplacés. Rendez-moi compte. Informez-moi de l'heure du passage de votre batterie à Bourges, pour que je puisse y faire adjoindre ce qui sera pris au parc à Bourges.

15ᵉ corps. Réponse aux rapports des trois divisions.

4 octobre.

On devra s'occuper immédiatement de faire mettre les numéros des régiments sur les casquettes des soldats de la garde nationale mobile et des régiments de marche. Cette mesure est indispensable pour le bon ordre et la discipline.

On choisira pour indiquer le numéro une couleur bien apparente, le jaune ou le rouge suivant que le turban sera rouge ou bleu.

Le Général commandant le 15ᵉ corps d'armée au Général commandant l'artillerie du 15ᵉ corps, à Bourges.

5 octobre.

Plusieurs régiments viennent d'arriver dans le corps d'armée armés du fusil Chassepot, mais ne possédant ni accessoires ni pièces de rechange.

M. le directeur de l'artillerie à Bourges n'en possède pas dans ses magasins. Il y a lieu cependant de pourvoir aux besoins des corps dont il s'agit.

Je vous prie, en conséquence, de prendre ou de provoquer telles mesures que vous jugerez convenables pour obtenir les accessoires ou pièces de rechange qui nous sont nécessaires.

II

1ʳᵉ Division d'infanterie.

Le Général commandant le 15ᵉ corps d'armée au Général commandant la 1ʳᵉ division.

Tours, 24 septembre.

Je vous prie de prendre vos dispositions pour partir aujourd'hui même et vous rendre à Nevers où se constitue un régiment de votre division (le 18ᵉ régiment de mobiles venant de la Charente).

Je donne l'ordre à votre chef d'état-major, au général Bertrand et à votre personnel administratif de se rendre également à Nevers.

J'ai prévenu le commandant de la subdivision de la Nièvre de faire cantonner ce régiment dans le cas où il arriverait avant vous.

Le 29ᵉ régiment de marche, qui s'organise à Nevers, doit faire partie de la 2ᵉ brigade de votre division.

Le Général commandant le 15ᵉ corps d'armée au Général commandant la 1ʳᵉ division, à Nevers.

Bourges, 2 octobre.

Le Ministre de la Guerre me fait connaître à la date du 1ᵉʳ courant que le Ministre de la Marine a mis à sa disposition deux bataillons d'infanterie de marine présentant ensemble un effectif de 1.200 hommes, lesquels seront dirigés sous quelques jours par les voies ferrées sur Nevers pour être attachés à la 1ʳᵉ brigade de la 1ʳᵉ division du 15ᵉ corps.

Par suite de cette mesure, le 4ᵉ bataillon de marche de chasseurs à pied sera tout entier attaché à la 2ᵉ brigade de la même division.

Le Général commandant le 15ᵉ corps d'armée au Général commandant la 1ʳᵉ division, à Nevers.

Bourges, 2 octobre.

Je vois par votre situation de ce jour que vous avez reçu un détachement de 1.800 zouaves avec lesquels il n'y aurait que 11 officiers. D'après les instructions du Ministre, les bataillons doivent avoir au maximum 1.200 hommes. Si elles ont été suivies, il en résulterait qu'il serait arrivé seulement 11 officiers pour un bataillon et demi, à moins cependant que pour se débarrasser les dépôts aient cru pouvoir nous expédier 1.800 hommes par bataillon. Je vous prie de me fixer à cet égard.

Quoiqu'il en soit, il résulte de la situation que vous m'avez adressée qu'il manque un bien grand nombre d'officiers, ce qui est d'autant plus regrettable que la discipline est bien relâchée et que plus que jamais nous avons besoin d'avoir des cadres aussi complets que possible ; aussi, notre premier soin doit être de prendre d'urgence les mesures nécessaires pour arriver à compléter les officiers. A cet effet, donnez l'ordre au commandement du détachement du 1ᵉʳ zouaves de vous adresser le plus tôt possible l'état des vacances par bataillon et par compagnie, ainsi que la proposition qu'il jugerait convenable de faire pour remplir ses vacances et vous m'enverrez le tout dans le plus bref délai, afin de demander au Ministre de faire toutes les nominations.

Le Lieutenant-Colonel commandant le 18ᵉ régiment de mobiles au Général commandant la 2ᵉ brigade de la 1ʳᵉ division du 15ᵉ corps.

Nevers, 3 octobre.

A votre demande, j'ai l'honneur de vous informer que, bien que mes capitaines soient généralement bien élevés, je ne trouve pas leur instruction suffisante pour remplir le grade de chef de bataillon; il est *urgent* qu'il y ait à la tête de *chaque bataillon* un homme sortant des *rangs de l'armée* comme *capitaine* ou *chef de bataillon*, attendu que presque tous les officiers n'ont jamais servi; quelques-uns ont été sergents, sergents-majors, maréchaux des logis. Également presque tous les sous-officiers et caporaux sont dans le même cas.

J'ai été nommé lieutenant-colonel le 19 septembre, étant chef du 1ᵉʳ bataillon, et n'ai pas encore été remplacé.

Le Général commandant le 15ᵉ corps d'armée au Général commandant supérieur de la région du Centre, à Orléans.

Bourges, 4 octobre.

Le régiment de Tirailleurs algériens, qui fait partie de la 1ʳᵉ division du 15ᵉ corps, a été envoyé précipitamment dans le Loiret, sans que son équipement, son armement et son instruction aient été complétés. Il est indispensable que ce régiment revienne à Nevers pour être mis en état de faire utilement la campagne et que M. le colonel Morandy revienne également dans cette ville pour y organiser tout son régiment, dont il arrive chaque jour des fractions.

Je vous prie en conséquence de vouloir bien renvoyer immédiatement ce régiment à Nevers, à moins que vous n'en ayez encore besoin pour deux ou trois jours et pour une opération qui serait en cours d'exécution.

Il serait également nécessaire, pour les mêmes motifs, que le 29ᵉ de marche et la 18ᵉ batterie du 13ᵉ d'artillerie rentrassent à Nevers; si je ne vous dis pas de les renvoyer immédiatement, c'est que je ne voudrais pas vous enlever tout à la fois, mais je n'en serais pas moins fort aise de les voir revenir, et je les réclamerai sans doute incessamment.

Le Général commandant le 15ᵉ corps d'armée au Général commandant la 1ʳᵉ division, à Nevers.

Bourges, 5 octobre.

Par votre lettre du 4 de ce mois ..., vous demandez qu'il soit procédé à la nomination d'un chef de bataillon au 18ᵉ régiment de mobiles et à celles des adjudants-majors dans le même régiment. Vous manifestez en même temps le désir de voir ces divers emplois occupés par des officiers de l'armée. Il m'est impossible de donner une suite favorable à cette dernière demande ; les cadres des corps constitués régulièrement présentent en ce moment beaucoup de vacances, et il importe avant tout de remplir ces vacances ; je ne saurais donc distraire des emplois qu'ils occupent les officiers des corps de troupe.

Quant au remplacement des officiers dont les emplois sont vacants au 18e mobiles, je ne puis provoquer aucune décision à ce sujet, avant que vous ne m'ayez soumis vos propositions.

Le Général commandant le 15e corps d'armée au Général commandant la 1re division, à Nevers.

Orléans, 7 octobre.

Par décret du 2 octobre 1870, inséré au *Moniteur* du 2 du même mois, il doit être formé un régiment de marche de Tirailleurs algériens de deux bataillons à six compagnies chacun.

Ce régiment sera formé des éléments déjà existants et de détachements envoyés successivement de l'Algérie.

Les chefs de bataillon seront nommés par le Ministre de la Guerre ; vous aurez à me soumettre des propositions pour les autres officiers, en vous conformant pour la répartition des emplois à donner aux officiers français et aux officiers indigènes aux décrets de constitution des régiments de Tirailleurs algériens.

Dans le cas où les ressources dont vous disposez ne seraient pas suffisantes pour compléter les cadres, vous me signalerez les emplois d'officiers vacants, le Ministre de la Guerre se réservant de faire venir au besoin des officiers d'Afrique.

Les compagnies et bataillons seront organisés à mesure que les détachements arriveront de l'Algérie.

Vous me ferez connaître le plus tôt possible, en même temps que vos propositions pour l'emploi d'officier, l'effectif actuel des Tirailleurs déjà arrivés dans votre division.

III

2ᵉ Division d'infanterie.

Le Général commandant le 15ᵉ corps d'armée au Commandant de la légion étrangère.

28 septembre.

M. le Commandant de la légion étrangère, actuellement à Tours, se rendra demain à Bourges, avec son bataillon, fort d'environ 1.300 hommes, pour rejoindre la 2ᵉ division d'infanterie à laquelle il est affecté.

Enfin, le Commandant fera partir demain pour Brest, sous la conduite de deux officiers et par les voies ferrées, environ 220 hommes, qui sont en excédent d'effectif, et que le Ministre a prescrit de diriger sur Brest. Ces 220 hommes devront être mis en subsistance dans un des corps de la garnison de Brest, jusqu'à ce qu'il soit statué sur la question de leur formation en deux compagnies, qui a été proposée au Ministre de la Guerre, et pour laquelle des mémoires de proposition ont été envoyés à Son Excellence.

IV

3ᵉ Division d'infanterie.

Le Général commandant le 15ᵉ corps d'armée au général Dupré, à Tours.

Tours, 19 septembre.

Vous vous rendrez mercredi 21 courant à Vierzon, où doit être formée la division à laquelle vous êtes affecté et à l'organisation de laquelle vous travaillerez au fur et à mesure de l'arrivée des troupes, en attendant l'arrivée de M. le général Martineau Deschesnez, qui doit commander la dite division.

Vous étudierez à l'avance la question du campement ou du cantonnement des troupes; enfin, avant de partir, vous vous entendrez avec mon chef d'état-major sur la manière de mener à bien votre mission.

Le Général commandant la 3ᵉ division au Général commandant le 15ᵉ corps d'armée, à Tours.

Vierzon, 26 (?) septembre.

Des deux régiments de garde mobile qui font partie de la division que je commande, l'un, le 34ᵉ, est arrivé en entier. Il est bien encadré, bien commandé, bien habillé, suffisamment exercé, et, dès qu'il aura reçu les fusils Chassepot et les objets de campement qui lui manquent, il sera parfaitement outillé pour entrer en campagne.

Il n'en est pas de même du 32ᵉ, qui n'a encore qu'un bataillon d'arrivé; encore, est-il dépourvu de tout. Il a pour tout vêtement un pantalon et une blouse de toile usés et ne possède aucun effet de campement. Si la division se mettait en marche, il pourrait difficilement suivre, souffrirait beaucoup des intempéries que peut comporter la saison et ne rendrait pas de grands services.

Pour ces motifs, j'ai l'honneur de vous prier de vouloir bien, si c'est possible, faire remplacer dans ma division le 32ᵉ mobile par un autre régiment mieux habillé, mieux outillé, en un mot prêt à entrer en campagne.

P. S. — Un autre bataillon du 32ᵉ mobile arrive à l'instant dans un dénûment presque complet. Il n'a ni campement ni munitions; ses chaussures sont en mauvais état et il n'a pour vêtements que des blouses et des pantalons de toile en mauvais état.

Le Général commandant la 3ᵉ division au Général commandant le 15ᵉ corps d'armée, à Tours.

Vierzon, 28 septembre.

Près de 15.000 hommes de ma division sont arrivés; il existe à Vierzon un encombrement qu'il importe de faire cesser au plus tôt, si l'on ne veut s'exposer à affamer la ville. Je me préoccupe de trouver des cantonnements convenables pour la troupe, de manière à ne pas trop l'éparpiller et à avoir toujours ma division sous la main, mais il est indispensable que les vivres de campagne soient expédiés au plus vite sur Vierzon. J'ai l'honneur de vous prier de vouloir bien prescrire à cet égard les mesures que vous jugerez convenables. Je vous demanderai en outre d'adjoindre à ma division un escadron ou tout au moins une division de cavalerie. Il est nécessaire, surtout quand les troupes seront cantonnées, d'avoir des estafettes pour porter sur les différents points les ordres de service.

Le Général commandant la 3ᵉ division au Général commandant le 15ᵉ corps d'armée, à Tours (D. T.).

Vierzon, 29 septembre.

Les chassepots pour mobiles sont arrivés sans cartouches. Les officiers qui les ont amenés me disent que les munitions doivent être demandées à Bourges. Puis-je les prendre au parc du 15ᵉ corps qui passe aujourd'hui à Vierzon, se rendant à Bourges ? Il y aurait économie de temps et d'argent.

Le Général commandant la 3ᵉ division au Colonel directeur de l'artillerie.

Vierzon, 29 septembre.

J'ai l'honneur de vous informer qu'il manque pour l'armement des corps de ma division :
432.000 cartouches modèle 1866 pour le 34ᵉ de mobile.
70.500 — — 33ᵉ de marche.
14.000 — — 32ᵉ de mobile.

Comme ces munitions doivent être prises à Bourges, il y aura économie de temps et d'argent à les prendre à votre parc, que vous pourriez remettre au complet à la direction de Bourges.

En conséquence, j'envoie ces corps en promenade militaire demain matin à votre campement, et je vous prie d'y laisser un officier ou sous-officier qui leur remettrait les quantités de cartouches ci-dessus et qui vous rejoindrait ensuite en emmenant les caissons vides.

Je reçois à l'instant une dépêche télégraphique du général en chef qui m'autorise à vous prendre les munitions ci-dessus.

Le Général commandant la 3ᵉ division au Général commandant le 15ᵉ corps d'armée, à Orléans.

Vierzon, 9 octobre.

J'ai l'honneur de vous rendre compte de l'arrivée à Vierzon depuis hier des 27ᵉ et 34ᵉ de marche, du 69ᵉ de mobile, d'une batterie d'artillerie, d'une section du génie et d'un détachement d'infirmiers militaires.

Il ne manque plus que le 16ᵉ de ligne, qui doit arriver ce soir de Troyes (*sic*), pour que les troupes qui doivent composer la 3ᵉ division d'infanterie soient réunies au complet à Vierzon. Mais ces troupes ne sont pas toutes prêtes à entrer en campagne. Les deux régiments de mobiles, 32ᵉ et 69ᵉ, n'ont aucun effet de campement et il est impossible d'en trouver sur place. Les 30 voitures régimentaires annoncées de Châteauroux depuis le 3 octobre ne sont pas encore arrivées. Le 2ᵉ bataillon de mobiles du 69ᵉ venant de Moulins et le bataillon du 32ᵉ venant de Troyes (sic) n'ont pas de chassepots. Enfin la batterie d'artillerie arrivée hier et qui est destinée à remplacer celle qui est partie avec la brigade Dupré n'a pas encore son matériel. J'ai envoyé un officier de cette batterie à la recherche de ce matériel qui est resté, dit le capitaine, dans la gare du Mans.

Comme il est nécessaire d'être prêt à partir au premier ordre, j'ai l'honneur de vous prier, mon Général, de vouloir bien donner des ordres pour que les voitures régimentaires soient envoyées à Vierzon, que les objets de campement nécessaires soient expédiés le plus tôt possible sur cette ville, et que les mobiles qui n'ont pas de chassepots en soient pourvus.

V

Cavalerie.

Le Ministre de la Guerre au Général commandant la 18ᵉ division militaire, à Tours.

Paris, 13 septembre.

J'ai l'honneur de vous faire connaître que la division de cavalerie du 14ᵉ corps d'armée, commandée par le général Reyau, reçoit l'ordre de se rendre, par étapes, de Lagny à Tours.

Cette division, à son arrivée dans cette ville, sera placée sous les ordres du général commandant le corps d'armée que l'on va former sur la Loire.

P. S. — Par suite de nouvelles dispositions, la 2ᵉ brigade seule ira à Tours; la 1ʳᵉ s'arrêtera à Orléans.

Le Ministre de la Guerre au Secrétaire général de la Guerre, à Tours.

Paris, 17 septembre.

J'ai l'honneur de vous faire connaître que, par suite de nouvelles dispositions, le 7ᵉ régiment de chasseurs, qui devait faire partie de la brigade Nansouty du 15ᵉ corps d'armée, devra être dirigé sur Belfort, aussitôt qu'il sera prêt à marcher.

Ce régiment sera remplacé dans la brigade Nansouty par le 1ᵉʳ régiment de marche de chasseurs, qui est retiré à la brigade Tripard.

Le Général commandant le 15ᵉ corps d'armée au Ministre de la Guerre, à Paris.

Tours, 17 septembre.

Conformément aux prescriptions de votre dépêche du 16 courant, j'ai l'honneur de porter à votre connaissance la répartition que j'ai faite de la cavalerie affectée au 15ᵉ corps d'armée, ainsi que l'emplacement que j'ai assigné à chacun des corps.

Dᵒⁿ Reyau	1ʳᵉ *brigade*. Général Ducoulombier....	6ᵉ dragons. 6ᵉ hussards.	en avant d'Orléans, à Artenay.
	2ᵉ *brigade*. Général Ressayre.......	9ᵉ cuirassiers. 1ᵉʳ de marche de cuirassiers.	à Blois.
Dᵒⁿ Michel	1ʳᵉ *brigade*. Général	5ᵉ lanciers. 1ᵉʳ chasseurs de marche.	à Gien.
	2ᵉ *brigade*. Général	2ᵉ lanciers. 3ᵉ de marche de dragons.	à La Charité.
Brigade Nansouty..		1ᵉʳ chasseurs. 11ᵉ chasseurs.	à Bourges.
Brigade Tripard....		1ᵉʳ de marche de hussards. 2ᵉ de marche mixte.	à Tours.

J'ai l'honneur de vous prier de donner des ordres à chacun de ces régiments pour les porter sur les points ci-dessus indiqués, et de me faire connaître le jour de départ et d'arrivée de ces corps, que j'ai répartis provisoirement pour surveiller le cours de la Loire, depuis La Charité jusqu'à Blois.

Dès que la brigade Nansouty sera arrivée, je la dirigerai sur Blois pour relever la brigade de cuirassiers.

P. S. — Dans le cas où la brigade La Mortière serait mise à la disposition du 15ᵉ corps, je demanderais qu'elle fût dirigée sur Blois, pour relever la brigade de cuirassiers que je destine à Bourges.

Le Ministre de la Guerre au Général commandant la 18ᵉ division militaire, à Tours.

Tours, 20 septembre.

J'ai décidé que les escadrons mobilisés du 5ᵉ lanciers seraient concentrés à Gien.

Ces escadrons devront partir de Poitiers le 24 septembre pour se rendre à leur nouvelle destination en voyageant par les voies ferrées.

Je vous prie de donner les ordres et avis nécessaires pour assurer l'exécution de ce mouvement.

En vertu des dispositions qui ont été arrêtées, une brigade de cavalerie, composée des 1ᵉʳ régiment de marche de hussards et 2ᵉ régiment de marche mixte, doit être réunie à Tours. Ces deux régiments partiront de Castres et de Tarbes, le 24 septembre, pour leur nouvelle destination.

Une autre brigade de cavalerie sera également établie dans la 18ᵉ division militaire, à Blois. La dite brigade, formée des 9ᵉ cuirassiers et 1ᵉʳ régiment de marche de cuirassiers (général Ressayre), a été dirigée, par ordre du Ministre de la Guerre à Paris, sur Tours. Veuillez, si ce n'est déjà fait, donner des ordres pour qu'elle soit retenue à son passage à Blois.

Partout où les troupes ne pourraient être logées chez l'habitant sans inconvénients, elles devront bivouaquer.

Le Ministre de la Guerre au Général commandant le 15ᵉ corps d'armée, à Tours.

Tours, 20 septembre.

J'ai l'honneur de vous informer que tous les corps qui font partie de la 2ᵉ division de cavalerie du 15ᵉ corps d'armée, de la brigade Nansouty et de celle du général Tripard, partiront le 24 septembre, par le chemin de fer, pour leur nouvelle destination.

A la date des 25 et 26 septembre, les différents corps seront donc concentrés, savoir :

5ᵉ lanciers	à Gien.
2ᵉ lanciers	
3ᵉ de marche de dragons .	à La Charité.
1ᵉʳ de marche de chasseurs.	à Bourges.
11ᵉ chasseurs.	
1ᵉʳ de marche de hussards .	à Tours.
2ᵉ régᵗ. de marche mixte. .	

Quant aux brigades Ducoulombier et Ressayre, je donne l'ordre de retenir la 1re (6e dragons, 6e hussards) en avant d'Orléans, à Artenay, et d'arrêter à Blois la seconde (9e cuirassiers et 1er cuirassiers de marche) qui, en vertu d'ordres du Ministre de la Guerre à Paris, se dirigeait sur Tours.

P. S. — Ces troupes seront à votre disposition du jour de leur arrivée au point de concentration, et vous pourrez leur prescrire directement, à partir du dit jour, tous les mouvements que vous jugerez nécessaires.

Le général Reyau au Sous-Intendant militaire de la division de cavalerie, à Blois.

Blois, 20 septembre.

Le général commandant la 1re brigade m'informe qu'un grand nombre d'effets de campement ci-dessous énumérés manquent au 6e hussards, savoir :

Tentes-abri.	16	Hachettes.	11
Grands piquets	102	Moulins à café	2
Cordes de bivouac.	18	Filets à fourrage	85
Gamelles.	13	Musettes-mangeoires.	20
Bidons.	21	Serpes.	5

De plus, ce régiment a perdu à Mézières sa forge de campagne, ses cantines d'ambulance et vétérinaire. Enfin, il lui manque 1,000 fers pour compléter son approvisionnement.

Je vous prie de vouloir bien prendre les mesures nécessaires pour faire distribuer ces divers effets à ce régiment.

Le Général commandant le 15e corps d'armée au Ministre de la Guerre, à Tours.

Tours, 22 septembre.

Ainsi que cela a été convenu, la brigade Michel doit se porter sur la Loire, deux régiments à Gien et un à La Charité, pour observer cette ligne de défense.

Il avait été convenu aussi que les 2e et 5e lanciers devaient aller s'établir à Gien, et le 3e dragons de marche à La Charité, mais, d'après les observations qui me sont faites par M. le général Michel, il me paraît nécessaire de placer à Gien, qui est le point le plus menacé, et qui a en avant de lui un pays très boisé et très accidenté, un régiment de cavalerie armé de fusils.

J'ai en conséquence l'honneur de vous prier de modifier de la manière suivante les ordres de marche, savoir :

Le 2ᵉ lanciers, de Napoléonville, qui était destiné pour Gien, se rendra à La Charité, par Tours, Vierzon et Saincaize. Le 3ᵉ dragons de marche, qui avait La Charité pour destination, se rendra à Gien par Moulins, Nevers et La Charité.

Quant au 5ᵉ lanciers, il doit toujours être dirigé sur Gien, par Tours, Vierzon, Saincaize et La Charité.

Il est bien entendu que ces régiments doivent voyager par les voies ferrées. Il est bon de rappeler cette circonstance essentielle aux chefs de corps dans l'esprit desquels j'ai su qu'il existait des doutes à cet égard.

Le Général commandant le 15ᵉ corps d'armée au Général commandant la 2ᵉ division de cavalerie, à Blois.

Tours, 25 septembre.

J'ai l'honneur de vous faire connaître que, par suite de l'encombrement de la ville de Tours, il y a lieu de donner les ordres les plus formels aux corps de cavalerie placés sous votre commandement pour que les indisponibles, hommes et chevaux, soient dirigés sur leurs dépôts ou sur une localité autre que Tours.

Par suite de cette mesure, le détachement du 6ᵉ hussards est établi à Amboise jusqu'à nouvel ordre et celui du 6ᵉ dragons à Azay-le-Rideau.

Quant au 9ᵉ cuirassiers, je vous ferai connaître ultérieurement la localité où il sera placé. Ce détachement, fort de 82 chevaux et de 55 hommes venant de Vendôme, a été mis en route sur *l'ordre verbal seulement* de M. le colonel du 9ᵉ cuirassiers et aucune pièce n'a pu être présentée à son arrivée par l'officier qui le commandait.

Je vous prie de vouloir bien adresser des observations à ce sujet à M. le colonel du 9ᵉ cuirassiers.

VI

Artillerie.

Le Ministre de la Guerre au Président du Gouvernement.

Paris, 10 septembre.

Les 13ᵉ et 14ᵉ corps d'armée ont été chacun pourvus d'un parc d'artillerie et des moyens d'atteler ce parc en prévision des opérations militaires auxquelles ces corps devaient prendre part de concert avec l'armée du maréchal de Mac-Mahon.

Le rôle de ces corps devant se borner maintenant aux opérations de guerre qui vont avoir lieu autour de Paris, il sera aisé de les approvisionner avec les nombreuses fractions de parc provenant des 6e et 12e corps et avec les ressources en munitions accumulées à Paris.

On peut donc considérer les parcs de ces corps comme disponibles et comme devant être une ressource précieuse pour l'armée dont on veut tenter l'organisation sur la Loire.

Dans cet ordre d'idées, il y aurait urgence à ne pas laisser ces parcs devenir indisponibles et, pour cela, à les diriger dès à présent soit sur Bourges, soit sur Tours.

Ils pourraient d'ailleurs être mis en route avec les moyens d'attelage dont ils disposent.

J'ai l'honneur, Monsieur le Président du Gouvernement, de vous demander votre avis et, en cas de réponse affirmative, de vous inviter à donner à ces parcs l'ordre de se mettre de suite en route.

Les réserves divisionnaires (en matériel et personnel) de ces corps resteraient bien entendu chacune avec son corps à la disposition du général qui le commande.

Le Ministre de la Guerre au Président du Gouvernement.

Paris, 11 septembre.

J'ai l'honneur de vous informer que, par suite de l'assentiment que vous avez donné au départ de Paris des parcs d'artillerie des 13e et 14e corps d'armée, j'adresse à M. le général commandant la 1re division militaire des ordres en vertu desquels ces deux parcs partiront le 12 du courant pour se rendre à Tours.

Ils voyageront par étapes et seront rendus à destination le 20 septembre.

Les réserves divisionnaires des 13e et 14e corps restent à Paris.

Le Général directeur de l'artillerie au Colonel chef du bureau du matériel de l'artillerie, à Tours.

Paris, 13 septembre.

Je vous envoie ci-joint une note relative à la composition de l'artillerie à attacher au 15e corps en voie de formation, probablement à Bourges.

Cette note n'est qu'un projet sur lequel je vous prie de vous entendre avec le commandant..., pour les officiers à placer soit à l'état-major, soit pour le commandement de l'artillerie des trois divisions.

Quant à ces derniers commandements, ils ne doivent comprendre, par division, qu'un lieutenant-colonel ou un chef d'escadron.

Vérifiez si les dépôts des corps peuvent fournir les batteries indiquées; la note n'est qu'un projet; je vous laisse toute latitude.

ARTILLERIE DU 15ᵉ CORPS

Général commandant l'artillerie   le Général de Blois.
Chef d'état-major   le Colonel . . . . . .,

État-major { le chef d'escadron . . . .
            { le capitaine . . . .,
            { le garde. . . . .,

1ʳᵉ *Division d'infanterie.*

Commandant : M. le Lieutenant-Colonel..... ..,

3 batteries de 4 { 1 batterie du 2ᵉ prise à Grenoble }
               { 1 — — 6ᵉ — Grenoble } le matériel pris à Lyon
               { 1 — — 6ᵉ — Marseille }

2ᵉ *Division d'infanterie.*

Commandant : M...,

3 batteries de 4 { 1 batterie du 9ᵉ } prises à Lyon { le matériel pris à Besançon
               { 1 — — 12ᵉ }   { — Besançon
               { 1 — — 13ᵉ — Bourges,   — Toulouse

3ᵉ *Division d'infanterie.*

Commandant : M...,

3 batteries de 4 { 1 batterie du 14ᵉ prise à Toulouse, le matériel pris à Toulouse
               { 1 — — 7ᵉ — Rennes,   — Toulouse
               { 1 — — 10ᵉ — Rennes,   — Rennes

Réserve d'artillerie.

Commandant : M. le Lieutenant-Colonel...,

4 batteries du 3ᵉ de 8   prises à Lyon   personnel et matériel
1 — à cheval du 18ᵉ prise à Toulouse   —
1 — — 19ᵉ prise à Lyon

Le parc du 13ᵉ corps en marche sur Tours.

Le Ministre de la Guerre au Général commandant l'artillerie dans la 19ᵉ division militaire, à Bourges.

Tours, 17 septembre.

J'ai l'honneur de vous informer que le parc du 13ᵉ corps d'armée, parc actuellement en route pour Tours, venant de Paris, va être attribué au 15ᵉ corps d'armée en formation.

Ce parc a été attelé par les compagnies suivantes :

1ᵉʳ régiment du train d'artillerie 16ᵉ bis.
2ᵉ   —   —   —   14ᵉ principale.
2ᵉ   —   —   —   14ᵉ bis.
2ᵉ   —   —   —   16ᵉ principale.

Ce sont ces trois dernières compagnies qui ont fourni les réserves divisionnaires, restées à Paris avec le 13ᵉ corps.

Dans le but de remplacer ces réserves, je vous invite à prescrire au 2ᵉ régiment du train d'artillerie de former trois détachements destinés respectivement à ces 14ᵉ compagnie principale, 14ᵉ compagnie bis et 16ᵉ compagnie principale, comprenant chacun :

1 sous-lieutenant ou adjudant commandant.

	Hommes	CHEVAUX selle	CHEVAUX trait
Maréchaux des logis	2	2	
Brigadiers	4	4	
Cavaliers	44	»	72
Maréchaux-ferrants	1	1	
Trompettes	1	1	
	52	8	72
		80	

Vous désignerez les sous-lieutenants ou adjudants commandants et vous me ferez connaître leurs noms en m'informant que les détachements sont prêts à partir.

Ils feront respectivement partie des compagnies 14ᵉ principale, 14ᵉ bis et 16ᵉ principale du 2ᵉ régiment du train d'artillerie et seront affectés dans l'ordre ci-haut aux 1ʳᵉ, 2ᵉ et 3ᵉ divisions du 15ᵉ corps.

Nota. Une lettre du général commandant l'artillerie du 15ᵉ corps, en date du 11 septembre, fait connaître que les réserves sont, par suite d'erreur commise à Bourges :

1re division d'infanterie, détachement de la 14e bis ;
2e division d'infanterie, détachement de la 14e principale ;
3e division d'infanterie, détachement de la 16e principale.

Le Lieutenant-Colonel chargé du service du matériel d'artillerie à Tours au Général directeur de la 4e direction, à Paris.

Tours, 18 septembre.

J'ai l'honneur de vous accuser réception de vos dépêches, en date du 17 septembre courant, relatives à la constitution de l'artillerie du 15e corps. M. le commandant.... n'a pas encore terminé la désignation des batteries qui doivent en faire partie, parce que les situations de personnel, nécessaires pour cette désignation, ne lui sont pas encore toutes parvenues. J'aurai l'honneur de vous rendre compte de ce qui aura été arrêté, dès que cela sera possible. Je m'efforcerai d'ailleurs d'exécuter toutes vos instructions, quelque difficile que devienne une position entre des ordres contradictoires.

Il résulte des ordres formels qui me sont donnés ici, pour tout ce qui concerne la défense du territoire, en dehors de Paris, et notamment pour l'organisation du 15e corps, que tout ce qui rentre dans cet ordre d'idées se règle à Tours ; c'est ainsi qu'il avait été décidé ici que l'on n'enverrait plus à Cherbourg de troupes de l'armée de terre et que l'on se contenterait d'y faire expédier du matériel de campagne dont les pièces seraient servies par des canonniers volontaires. D'après cette décision, j'avais préparé des ordres pour l'envoi à Cherbourg de 12 canons de 12 rayé de campagne, avec affûts et caissons. J'ai suspendu l'expédition de cet ordre d'après votre lettre du 17.

Le Ministre de la Marine a demandé avec instance l'envoi immédiat à Lorient des éléments nécessaires pour la confection de 2 millions de cartouches modèle 1866 ; nous avons été obligés d'avoir recours à vous pour les capsules et le caoutchouc. Je désirerais bien que ...... pût m'indiquer les moyens de nous procurer le caoutchouc nécessaire pour la confection des cartouches modèle 1866, car on va faire distribuer des fusils à un certain nombre de régiments de garde nationale mobile et nous aurons besoin d'une grande quantité de cartouches.

Je vous remercie de m'avoir fait connaître les mouvements d'armes ordonnés depuis le 13 septembre. J'aurais besoin de savoir si vous en ordonnerez encore. Me voici mis en demeure de fournir des armes à 11.000 zouaves, venus d'Afrique, ainsi qu'à des gardes nationales mobiles, et je craindrais de prendre des fusils dont vous auriez disposé de votre côté. Il est passé ici hier 5.000 fusils envoyés de Châtellerault à Paris ; on voulait les retenir, dans l'idée qu'ils n'arriveraient pas. J'ai obtenu qu'on les laissât continuer par Le Mans et Mézidon, sauf à les faire rétrograder sur Tours, s'ils ne pouvaient passer.

Veuillez excuser la décousu de cette lettre interrompue à chaque instant par des inventeurs ou des marchands d'armes qui ont suivi à Tours la délégation du Gouvernement....

Le Général commandant la subdivision d'Angers au Ministre de la Guerre, à Tours.

Angers, 18 septembre.

Conformément aux prescriptions de votre dépêche du 17 courant, j'ai l'honneur de vous rendre compte qu'un équipage de pont du 1er corps d'armée à l'effectif de 4 officiers, 125 hommes de troupe, 6 chevaux et 41 voitures est arrivé à Angers le 15 septembre sous le commandement de M. le capitaine..... Ce détachement fait partie de la 7e compagnie d'artillerie, pontonniers.

Un détachement composé de la 11e compagnie du 2e régiment du train d'artillerie, à l'effectif de 2 officiers, 123 hommes de troupe, 208 chevaux et 2 voitures, est arrivé à Angers le 15 septembre courant, venant de Rouen, sous le commandement de M. le capitaine..... J'ai également l'honneur de vous rendre compte de l'arrivée ce soir à Angers d'un détachement du 16e régiment d'artillerie, pontonniers (12e compagnie, équipage de ponts de réserve) et d'un détachement du 1er régiment du train d'artillerie, composé des 8e et 12e compagnies de ce régiment.

Ces deux derniers détachements, sous le commandement de M. le chef d'escadron..., sont d'un effectif de 9 officiers, dont un vétérinaire, 512 hommes de troupe, 551 chevaux, dont 24 d'officiers, et 77 voitures. Le commandant a refusé de laisser camper ses troupes et a obtenu de la municipalité de loger chez l'habitant. Je pense du reste que cet équipage de pont sera bientôt appelé à l'armée de la Loire.

Le Ministre de la Guerre au Général directeur de l'artillerie au ministère de la Guerre, à Paris (D. T.).

Tours, 18 septembre, 4 h. 50 soir.

Les ordres de concentration pour les troupes du 15e corps partent d'ici et sont concertés avec M. le général de La Motterouge ; ce n'est pas à Tours, mais à Bourges, que l'on doit envoyer les officiers d'artillerie nommés à des commandements dans le 15e corps. Prière instante de ne pas donner, relativement à ce corps, des ordres qui se contrediraient avec ceux émanant du Gouvernement à Tours. Tant que l'on pourra, on vous informera de ce qui se fait ici.

Le Ministre de la Guerre au Directeur du parc du 13e corps d'armée, à Tours.

Tours, 20 septembre.

Je vous préviens qu'à dater de ce jour, le parc dont vous avez la direction, et qui appartenait au 13e corps d'armée, devient le parc du 15e corps. Ce parc subira dans sa composition les modifications résultant de la présente dépêche.

L'artillerie du 15e corps, placée sous le commandement de M. le général de Blois, comprend :

1° — 9 batteries divisionnaires de 4 rayé de campagne.

2° — Une réserve composée de 2 batteries à cheval de 4 (à 4 pièces chacune) et de 6 batteries de 8 rayé de campagne à la composition réglementaire.

Il y a lieu, en conséquence, de supprimer dans votre parc tout ce qui est relatif au calibre de 12, à y substituer un approvisionnement pour le 8 et à augmenter l'approvisionnement correspondant au 4. Mon intention étant d'ailleurs d'ajouter, aussitôt que possible, à l'artillerie du 15e corps trois batteries de canons à balles, vous conserverez les chariots destinés à porter les munitions pour ces batteries. Quant aux réserves divisionnaires que vous avez laissées aux divisions du 13e corps, elles seront remplacées par trois nouvelles réserves ne comprenant que des caissons à 4 roues. Enfin, je fais ajouter à votre parc les moyens de réparation du matériel en forges et outils d'ouvriers en bois. Le tableau ci-joint vous fera connaître la nouvelle composition de ce parc. Quant aux mesures à prendre pour le constituer, vous voudrez bien vous conformer aux indications suivantes :

Le matériel des trois réserves divisionnaires a été préparé à la direction d'artillerie de Bourges ; les trois détachements qui doivent les atteler sont également à Bourges ; vous aurez à envoyer un officier de votre parc pour reconnaître et recevoir le matériel, le faire atteler, en demandant à M. le général commandant l'artillerie dans la 19e division militaire le personnel réservé *ad hoc*, pour livrer à chaque division, lorsqu'elle se réunira, la réserve qui lui revient. Vous recevrez :

A. — 1° — Du parc d'artillerie du 14e corps, stationné comme le vôtre, à Tours :

2 affûts de 4 rayé de campagne;

6 caissons modèle 1858 avec coffres chargés en munitions de 4 rayé de campagne;

24 corps de caissons modèle 1827 avec avant-trains et accessoires, mais sans les coffres;

1 forge modèle 1827 outillée pour le ferrage des chevaux;

1 chariot de batterie modèle 1843 pour harnachement.

B. — 2° — De la direction d'artillerie de Lyon :

4 affûts de rechange de 8 et 12 rayé de campagne, avec avant-trains sans coffres;

148 coffres à munitions chargés pour 8 rayé de campagne.

D. — 3° — De la direction d'artillerie de Rennes :

2 affûts de rechange de 8 et 12 rayé de campagne, avec avant-trains sans coffres;

74 coffres à munitions chargés pour 8 rayé de campagne.

E. — 1 forge outillée pour matériel de 12;

1 forge outillée pour matériel de 4;

2 chariots de parc à moyennes ridelles portant des rechanges;

2 chariots avec 2 caisses A, 2 caisses B (d'outils d'ouvriers en bois), coffre de supplément d'outils d'ouvriers en fer.

Vous verserez ou vous renverrez en échange :

1° — A M. le capitaine commandant l'artillerie de la place de Tours 72 coffres à munitions chargés pour 12 rayé de campagne.

2° — A la direction d'artillerie de Toulouse, 2 coffres à munitions chargés pour 12 rayé de campagne, 3 affûts de rechange de 12 rayé de campagne avec avant-trains sans coffres.

Vous aurez ainsi 72 corps de caissons modèle 1827 et 6 avant-trains d'affûts de rechange de 8, sans coffres; vous y ferez placer les 222 coffres venant de Rennes et de Lyon, ce qui vous constituera les 6 affûts de rechange et les 72 caissons chargés pour 8 rayé de campagne.

Votre parc se trouvant augmenté de 11 voitures à 4 chevaux, 30 voitures à 6 chevaux, la ..... compagnie du ..... régiment du train d'artillerie, portée à ..... chevaux de trait (1) et actuellement attachée au parc du 14e corps d'armée, passera sous votre commandement pour être attachée au parc du 15e corps.

Vous voudrez bien assurer, en ce qui vous concerne, l'exécution de ces diverses dispositions.

---

(1) En blanc dans l'original.

Le Ministre de la Guerre au Lieutenant-Colonel directeur du parc du 14ᵉ corps d'armée, à Tours.

Tours, 20 septembre.

Je vous invite à faire délivrer à M. le colonel directeur du parc d'artillerie du 15ᵉ corps d'armée (ancien parc du 13ᵉ corps) stationné comme le vôtre à Tours :

A. — (Paragraphe A de la lettre ci-dessus).

Ces diverses voitures seront pourvues d'accessoires de rechange qu'elles portent actuellement.

Vous ferez expédier à la direction d'artillerie de Toulouse les 72 coffres à munitions chargés pour 12 rayé de campagne retirés des 24 corps de caissons livrés au parc du 15ᵉ corps. Par suite des modifications apportées aux parcs des 14ᵉ et 13ᵉ corps (devenu parc du 15ᵉ corps), la..... compagnie du..... régiment du train d'artillerie porté à .....chevaux de trait (1) cessera d'appartenir à votre parc et passera au parc du 15ᵉ corps.

Le même au Colonel directeur de l'artillerie, à Lyon.

Tours, 20 septembre.

C. — En vertu de mes ordres antérieurs, vous avez dû faire préparer, non seulement 4 batteries de 8 rayé de campagne, mais encore les portions de parc correspondant. Vous voudrez bien activer cette organisation par tous les moyens en votre pouvoir et faire expédier par vitesse accélérée, dès que cela vous sera possible, au parc d'artillerie du 15ᵉ corps d'armée stationné à Tours :

B. — (Paragraphe B de la lettre du Ministre au Directeur du parc du 13ᵉ corps).

H. — Dès que cet envoi (dont vous me rendrez compte par télégramme) sera effectué, vous vous occuperez de faire procéder à la confection et au chargement de 344 caisses blanches de double approvisionnement de 8 rayé de campagne, à tenir jusqu'à nouvel ordre en réserve à Lyon.

Le même au Colonel directeur de l'artillerie, à Rennes.

Tours, 20 septembre.

C. — (Paragraphe C de la lettre ci-dessus, mais avec 2 batteries au lieu de 4).

D. — (Paragraphe D de la lettre du Ministre au Directeur du parc du 13ᵉ corps).

---

(1) En blanc dans l'original.

Vous ferez expédier à la même destination, mais sans retarder l'envoi des affûts et coffres (Paragraphe E de la lettre du Ministre au Directeur du parc du 13ᵉ corps).

Les rechanges seront ceux qui sont indiqués sur le tableau des chargements de 2 chariots de parc pour la réparation du matériel dans les parcs de corps d'armée. Les 2 autres chariots de parc porteront ce qui est indiqué dans le tableau de la composition du parc de corps d'armée pour l'outillage d'une demi-compagnie d'ouvriers. Vous trouverez des ressources pour le chargement dans les portions du grand parc qui vous ont été envoyées de Bourges. Dès que l'envoi des affûts et coffres à munitions (Paragraphe H de la lettre du Ministre au Directeur de l'artillerie à Lyon mais avec 172 caisses au lieu de 344).

Le même au Capitaine commandant l'artillerie, à Tours.

Tours, 20 septembre.

Je vous préviens que vous recevrez de M. le colonel directeur du parc du 15ᵉ corps d'armée, stationné à Tours, 72 coffres à munitions chargés pour 12 rayé de campagne. Vous voudrez bien faire remiser ces coffres dans un local aussi convenable que possible et les tenir en réserve.

Le Ministre de la Guerre au Général commandant le 15ᵉ corps d'armée et au Général commandant l'artillerie du corps d'armée.

Tours, 20 septembre.

J'ai l'honneur de vous adresser, ci-joint, deux tableaux faisant connaître la composition de l'artillerie du 15ᵉ corps d'armée et celle du parc d'artillerie du même corps (1).

L'artillerie du 15ᵉ corps doit comprendre 9 batteries divisionnaires de 4 rayé de campagne, et une réserve comprenant 6 batteries montées de 8 rayé de campagne et 2 batteries à cheval de 4 rayé (ces deux dernières à 4 pièces seulement), soit en tout 62 canons de 4 rayé et 36 canons de 8 rayé. Le canon de 8, récemment adopté, produit des effets sensiblement égaux à ceux du canon de 12 et présente sur celui-ci l'avantage d'être approvisionné d'un nombre de coups plus considérable (moitié en sus), à nombre égal de voitures.

Quant au parc, il comprend 3 réserves divisionnaires de munitions

---

(1) Le premier de ces tableaux est reproduit ci-après. Quant à la composition du parc du 15ᵉ corps, elle figure dans les documents annexes de *la Guerre de 1870-71. La Défense nationale en province. Mesures générales d'organisation* (p. 205).

d'infanterie, destinées à accompagner les divisions et portant chacune dans 10 caissons à 4 roues (il n'a pas été possible de donner au 15ᵉ corps des caissons légers à 2 roues) environ 285.000 cartouches. Le parc proprement dit, composé de 209 voitures, est destiné au réapprovisionnement des batteries et des réserves divisionnaires. Il peut, suivant les besoins des opérations militaires, être réparti entre des divisions opérant isolément. Outre le parc constituant un approvisionnement roulant, des réserves de munitions mises à la disposition du directeur du parc seront établies à Angers, à Bourges et à Lyon.

La force de l'artillerie attachée au 15ᵉ corps a été établie d'après les ressources actuellement existantes, mais cette artillerie pourrait être assez rapidement augmentée. Ainsi mon intention est d'ajouter aux 9 batteries de 4, qui composent l'artillerie des divisions, 3 batteries de canons à balles (mitrailleuses) dès que le degré d'avancement des pièces et des munitions en cours de confection me permettra de le faire. Je pourrai de même mettre très prochainement à votre disposition 2 batteries à cheval de 4 pièces, pour le cas où vous voudriez appuyer par de l'artillerie les brigades de cavalerie opérant isolément, et quelques batteries de 12 rayé destinées à servir de batteries de position.

Vous voudrez bien m'adresser à ce sujet telles propositions que vous jugerez convenables.

Je pourrai également, si vous le jugez nécessaire, augmenter le nombre des caissons d'infanterie des réserves divisionnaires, tout en vous faisant observer que les approvisionnements de cartouches, établis dans les places de dépôt citées plus haut, sont disposés de manière à rendre cette augmentation moins utile.

Parmi les batteries affectées au 15ᵉ corps, comme parmi celles qui sont attachées aux 13ᵉ et 14ᵉ corps, un certain nombre désignées sous le nom de batteries mixtes sont attelées par le train d'artillerie ; leurs effectifs sont d'ailleurs les mêmes que ceux des autres batteries.

Note de la 4ᵉ direction pour la 1ʳᵉ direction.

Tours, 21 septembre.

On a l'honneur de donner ci-après à la 1ʳᵉ direction la composition de l'artillerie (personnel) du 15ᵉ corps.

  Commandant de l'artillerie : Général de Blois de la Calande.
  Aide de camp :   ....,
  Chef d'État-Major : le Colonel......,
  État-Major :   Capitaines... et...,
          Garde..........,

NUMÉROS DES DIVISIONS	COMMANDANT DE L'ARTILLERIE DE LA DIVISION	DÉSIGNATION DES BATTERIES			CALIBRE
1re division	Chef d'escadron ....,	13e régiment 6e — 2e —	 18e 18e	batterie — —	4 4 4
2e division	Chef d'escadron ....,	9e régiment 12e — Rt monté de la Garde	 14e	batterie — batterie mixte	4 4 4 4
3e division	Chef d'escadron ....,	14e régiment 7e — 10e —	18e 18e 18e	batterie — —	4 4 4

Réserve d'artillerie

Commandant : Lieutenant-Colonel....,

	Chef d'escadron ....,	3e régiment 3e — 3e — 3e —	13e 14e 15e 16e	batterie — — —	8 8 8 8
	Chef d'escadron ....,	2e régiment 6e — 18e — 19e —	19e 11e 14e 14e	batterie — — —	8 8 4 4

Le Ministre de la Guerre au Général commandant le 15e corps d'armée, à Tours.

Tours, 22 septembre.

J'ai décidé qu'un équipage de pont de corps d'armée, qui faisait autrefois partie du 7e corps de l'armée du Rhin, sera affecté au 15e corps d'armée. Cet équipage, qui fera partie du parc de ce corps actuellement en formation à Tours, se trouve à Angers, où il est à votre disposition à partir de ce jour. Il vous appartient de donner, dès à présent, des ordres, s'il y a lieu, pour le déplacement de cet équipage. J'ai l'honneur de vous prier de vouloir bien m'accuser réception de la présente dépêche.

Le Général commandant le 15ᵉ corps d'armée au Ministre de la Guerre.

Tours, 22 septembre.

Vous m'avez fait l'honneur de me prévenir qu'il y avait à la disposition du 15ᵉ corps, prêtes à marcher :
1º A Rennes, une batterie montée de 4 rayé de campagne à 6 pièces;
2º A Toulouse, une batterie à cheval de 4 à 4 pièces;
3º A Lyon, 2 batteries mixtes de 8 rayé à 6 pièces.
Je vous prie de faire diriger ces batteries, savoir :
Celle de Rennes sur Vierzon, où sera constituée la 3ᵉ division;
Celle de Lyon sur Bourges, où seront constituées les 1ʳᵉ et 2ᵉ divisions.
J'ai, d'ailleurs, l'honneur de vous prier de vouloir bien faire diriger sur *Bourges* ou *Vierzon*, selon qu'elles seront destinées aux deux premières divisions et à la réserve ou bien à la 3ᵉ division, toutes les batteries, au fur et à mesure qu'elles seront prêtes; elles s'organiseront mieux hors des garnisons qu'elles occupent, et elles feront connaissance intime avec les troupes qu'elles seront appelées à appuyer.

Le Ministre de la Guerre au Général commandant le 15ᵉ corps d'armée et au Directeur du parc du 15ᵉ corps, à Tours.

Tours, 24 septembre.

J'ai l'honneur de vous faire savoir que les détachements du train d'artillerie destinés à atteler les réserves divisionnaires des divisions d'infanterie du 15ᵉ corps ont été formés à Bourges.
Le premier de ces détachements, qui fera partie de la 14ᵉ compagnie principale du 2ᵉ régiment du train d'artillerie pour être affecté à la 1ʳᵉ division d'infanterie, est commandé par l'adjudant....
Le deuxième détachement, qui fera partie de la 14ᵉ compagnie bis du même régiment pour être affecté à la 2ᵉ division, est commandé par l'adjudant...
Le troisième détachement, qui fera partie de la 16ᵉ compagnie principale du même régiment pour être affecté à la 3ᵉ division, est commandé par l'adjudant....
Le matériel de ces réserves est prêt à Bourges, en sorte que vous devez dès aujourd'hui considérer ces réserves comme à votre disposition. Il vous appartient donc de leur donner des ordres de mouvement et notamment, si vous le jugez utile, de faire porter à Vierzon, où est votre 3ᵉ division d'infanterie, le troisième détachement dont il s'agit.

Le Général commandant l'artillerie de la 19e *division militaire au Ministre de la Guerre, à Tours.*

Bourges, 24 septembre.

Par un télégramme en date de ce jour, j'ai eu l'honneur de vous faire connaître que les deux batteries de campagne récemment formées à Bourges, la 14e du régiment monté de la Garde et la 18e du 13e d'artillerie, ont été dirigées hier d'urgence sur Orléans pour appuyer des troupes d'infanterie. Elles ont attelé à la direction de Bourges, en exécution d'un ordre du général commandant la 19e division militaire, deux batteries de 4 rayé de campagne, composées chacune de 15 voitures et qui avaient été mises en réserve pour la défense de la ville de Bourges. Je vous prie de vouloir bien me faire savoir si ce matériel devra rester à ces batteries, ou s'il devra être échangé, lorsque faire se pourra, avec celui que doit expédier la direction de Rennes. Dans tous les cas, je dois vous faire observer que les instructions annoncées par votre dépêche du 21 septembre courant comme étant destinées aux capitaines commandant les deux batteries ne se trouvaient pas annexées à la dite dépêche.

En marge :
Si ces batteries ont un matériel complet, il est sans intérêt de le faire changer.

Le Général commandant l'artillerie dans la 22e *division militaire au Ministre de la Guerre, à Tours* (D. T.).

Grenoble, 26 septembre, 9 h. 7 matin.

Les batteries réduites n° 18 du 2e et du 6e sont prêtes, mais leur matériel n'est pas arrivé. Ne pourrait-on prescrire télégraphiquement de le laisser sur trucs à Lyon où chaque train de batterie se compléterait en gare de ses 15 voitures (1)? Le mouvement de rentrée de Lyon à Grenoble des 2e et 2e bis du 2e d'artillerie n'est pas fait, le capitaine .... n'est pas arrivé. Gare de Grenoble n'a pas de matériel pour transport des troupes le jour du départ fixé ; il faut presque une journée pour faire arriver ce matériel.

---

(1) *En note :* Oui, si cela est possible.

Le Commandant du dépôt du 19ᵉ d'artillerie au Ministre de la Guerre, à Tours (D. T.).

Valence, 27 septembre, 1 h. 55 soir.

Matériel 14ᵉ batterie arrivé à Valence à 1 heure; batterie part à 6 heures.

Le Commandant de l'artillerie de la 2ᵉ division du 15ᵉ corps au Général commandant l'artillerie du 15ᵉ corps d'armée.

Orléans, 30 septembre.

Les évolutions que je viens de faire pendant 8 jours m'ont démontré clairement qu'il ne me sera pas possible de continuer la campagne dans les conditions d'organisation où j'ai été placé au départ.

J'ai dans chaque batterie 16 voitures, dont 1 à 2 chevaux : total 62 chevaux. Restent 4 chevaux de trait haut le pied, ce qui est absolument insuffisant attendu que j'ai constamment de 6 à 7 chevaux indisponibles.

Je demande donc qu'on envoie à la 14ᵉ batterie du régiment monté de la Garde 4 chevaux de trait.

La 18ᵉ batterie du 13ᵉ est plus mal partagée encore. Elle n'a emmené avec elle que 83 chevaux au lieu de 88. Il y aurait donc lieu de lui envoyer 3 chevaux de selle harnachés et 4 chevaux de trait (harnachements de derrière). Cette batterie est en outre composée d'éléments pitoyables, cadres et soldats, et, à l'heure qu'il est, elle est incapable de faire feu.

Depuis mon départ, je n'ai pas eu une seule fois la possibilité de l'instruire et elle ne sait absolument rien.

Officiers, sous-officiers et soldats sont tous de même force.

Le capitaine de la 18ᵉ batterie du 13ᵉ ne sait plus où donner de la tête et je l'ai prié de formuler une demande d'éléments nouveaux, demande que je vais recevoir et vous transmettre immédiatement.

Enfin, mon Général, les bagages de l'état-major, qui devaient être transportés par la voiture de la réserve divisionnaire, sont aujourd'hui chargés sur les chariots de batterie des batteries. Il en résulte un encombrement fâcheux, notamment quand l'état-major reste avec une seule batterie ainsi que cela est arrivé dernièrement.

Je vous prie donc instamment de me faire envoyer un chariot de batterie pour mon état-major.

Ma 14ᵉ batterie a donné le 25 à Artenay; elle a tiré 72 coups de canon qui ont arrêté l'ennemi. Il serait utile aujourd'hui de me remplacer ces munitions, car nous sommes sur le point de combattre.

Croyez bien, mon Général, que les demandes que je vous adresse aujourd'hui sont fondées et dignes d'être prises en sérieuse considération. Ma tâche est lourde et je vous serais reconnaissant de vouloir bien l'alléger un peu.

P. S. — Je suis à Orléans pour quelques jours et vous pouvez m'y adresser tous vos envois.

Le Général commandant le 15ᵉ corps d'armée au Ministre de la Guerre, à Tours.

Bourges, 1ᵉʳ octobre.

Vous m'avez fait l'honneur de me prévenir qu'un équipage de pont, actuellement à Angers, était mis à ma disposition pour les besoins du 15ᵉ corps d'armée.

Après avoir pris l'avis du général commandant l'artillerie du 15ᵉ corps au sujet de cet équipage, il me semble que les hommes et les chevaux qui en dépendent seraient mieux employés, dans l'intérêt du corps, si on les faisait servir à l'organisation de batteries de 12 que vous avez bien voulu me faire espérer.

Le Chef d'état-major du Général commandant l'artillerie du 15ᵉ corps au Chef d'état-major du 15ᵉ corps d'armée.

Bourges, 2 octobre.

Le général commandant l'artillerie du 15ᵉ corps me charge, pour répondre au désir que vous lui avez exprimé hier, de vous faire connaître les ressources en munitions d'infanterie dont dispose l'artillerie.

Le parc du 15ᵉ corps a 21 caissons et chacune des trois réserves divisionnaires 10, soit 51 caissons contenant chacun 28.500 cartouches, total : 1.453.500 cartouches, ce qui fait 24 par homme, dont 9 au parc et 15 aux réserves divisionnaires.

J'admets que l'effectif en infanterie du 15ᵉ corps d'armée est de 60.000 hommes.

En portant de 10 à 17 le nombre des caissons des réserves divisionnaires, celles-ci pourraient fournir 25 cartouches par homme ; il faudrait 126 chevaux et 63 conducteurs pour faire rouler ce supplément d'approvisionnement.

Le Ministre a prévenu le général commandant l'artillerie du 15ᵉ corps que le parc trouverait à renouveler ses munitions à Angers, Bourges et Lyon.

Le Général commandant le 15ᵉ corps d'armée au Ministre de la Guerre, à Tours.

Bourges, 3 octobre.

L'effectif du 15ᵉ corps sera au moins de 60.000 hommes en infanterie, non compris les 9 régiments de cavalerie; pour ce nombre de troupes, l'artillerie n'a que 98 pièces, soit dans les divisions, soit dans la réserve, ce qui fait un peu plus de une pièce et demie par 1.000 hommes.

Cette proportion, qui est tout à fait insuffisante en temps ordinaire et avec de bonnes troupes, l'est encore bien plus si l'on considère la composition des régiments qui forment le 15ᵉ corps d'armée et la puissance de l'artillerie que l'ennemi traîne avec lui.

Je ne saurais donc assez insister pour vous prier de mettre à notre disposition les batteries de mitrailleuses et surtout les batteries de position de 12 que vous m'avez fait espérer.

Le parc d'artillerie du 15ᵉ corps possède 21 caissons et chaque division 10 caissons de cartouches de réserve ce qui, pour l'effectif de 60.000 hommes, donne 24 cartouches par homme, dont 15 aux réserves divisionnaires et 9 au parc.

Avec les jeunes troupes qui forment le 15ᵉ corps et qui seront très disposées à tirer beaucoup, il faut s'attendre à une grande consommation de cartouches; aussi, les cartouches de réserve divisionnaire me semblent insuffisantes et je demande que ce chiffre soit porté à 25 au minimum; à cet effet, il y aurait lieu de porter à 17 le chiffre des caissons des réserves divisionnaires qui, aujourd'hui, est de 10, ce qui exigerait 126 chevaux et 63 conducteurs de plus pour faire rouler ce supplément d'approvisionnement.

Le Général commandant le 15ᵉ corps d'armée au Général commandant l'artillerie du 15ᵉ corps.

4 octobre.

J'ai l'honneur de vous informer que le Ministre a prescrit l'envoi au parc du 15ᵉ corps d'armée de :

6 caissons modèle 1827, chargés de munitions de 4 rayé de campagne, avec avant-trains;

4 caissons modèle 1827, chargés de cartouches à balle modèle 1866, avec avant-trains.

Ces voitures sont destinées à remplacer celles qui sont dirigées sur Épinal.

Des dispositions seront prises très prochainement pour remplacer la batterie de la 3ᵉ division du 15ᵉ corps qui est envoyée à Épinal.

Le Général commandant l'artillerie du 15ᵉ corps d'armée au Ministre de la Guerre, à Tours.

Bourges, 4 octobre.

Le colonel directeur du parc du 15ᵉ corps me fait savoir que les compagnies du train d'artillerie, avec lesquelles il est parti de Paris, avaient laissé à Vincennes 70 chevaux dont les harnais avaient été versés à la direction de Paris.

La 5ᵉ compagnie bis du 1ᵉʳ régiment, qui a été ajoutée à Tours au parc du 15ᵉ corps, n'a reçu à l'origine que 200 chevaux de trait au lieu de 250 qui lui avaient d'abord été attribués.

On peut remplacer à Bourges les chevaux que le parc a laissés, dans sa route de Paris à Bourges, en subsistance dans différents corps et garnir les chevaux nouveaux avec les harnais des anciens. L'effectif des chevaux de trait du parc serait alors de 924 (réserves divisionnaires non compris) pour atteler :

118 voitures à	6 chevaux	....	708 chevaux	
56	—	4 —	....	224 —
5	—	2 —	....	10 —
				942 chevaux

Je crois que ce serait une mesure prévoyante que de ramener toutes les compagnies à leur effectif d'organisation, soit 1250 chevaux de trait et, en retranchant les 210 des réserves divisionnaires, il resterait 1040 chevaux dont la différence avec les 924 existant est de 116.

Le 2ᵉ régiment du train d'artillerie à Poitiers pourrait fournir des hommes et des chevaux, mais n'a pas de harnachement.

Le 1ᵉʳ régiment, à Niort, a les trois éléments, hommes, chevaux et harnachement.

J'ai donc l'honneur, M. le Ministre, suivant l'avis du colonel directeur du parc, de vous prier de vouloir bien donner des ordres pour qu'on envoie au parc du 15ᵉ corps, 116 chevaux de trait harnachés, dont 29 attelages de devant, 29 attelages de derrière, et 100 cavaliers équipés, ce qui donnerait 42 hommes haut-le-pied, nombre nécessaire pour le remplacement des malades, des ordonnances d'officiers et des hommes employés à l'entretien de la chaussure, de la ferrure et du harnachement. Ces hommes et ces chevaux pourraient être fournis par le 1er régiment du train d'artillerie.

Le Ministre de la Guerre au Général commandant le 15e corps d'armée, à Bourges.

Tours, 5 octobre.

La proportion d'artillerie donnée au 15e corps a été calculée, ainsi que j'ai eu l'honneur de vous le dire dans une dépêche antérieure, d'après les ressources existantes et d'après l'organisation divisionnaire de ce corps. Je vous ai fait pressentir que j'étais disposé à augmenter cette artillerie au fur et à mesure que cela serait possible, et suivant que vous m'en exprimeriez le désir.

En ce qui concerne les canons à balles, leur fabrication est poussée avec toute l'activité qu'on a pu lui imprimer. Je ne pourrai cependant vous donner presque immédiatement qu'une batterie qui se réorganise à Nantes, les deux autres la suivront d'assez près, je l'espère. Le harnachement fait défaut pour atteler un grand nombre de batteries et l'organisation du 16e corps va encore diminuer nos ressources. Malgré cela, j'ajouterai prochainement à votre réserve d'artillerie 2 batteries de 8 rayé et, si vous le désirez, une batterie de 4 rayé à cheval. Vous aurez ainsi, en comptant les canons à balles, 134 bouches à feu, soit environ 2 par 1.000 hommes. Vous pourriez y ajouter au besoin 2 batteries de 4 rayé attachées à la défense de Bourges, soit 12 pièces de plus.

Ce n'est certes pas la proportion désirable, mais si vous voulez bien observer qu'il a fallu, sans qu'il restât un seul cadre de batterie montée, créer l'artillerie des 12e, 13e, 14e, 15e et 16e corps, ainsi que celle de la défense mobile de Paris, vous reconnaîtrez qu'il eut été bien difficile de faire davantage.

Quant à l'augmentation des réserves divisionnaires, ayant pour objet de porter à 25 par homme le nombre des cartouches traînées à la suite de votre corps d'armée, il y sera pourvu aussitôt après l'organisation du 16e corps.

Jusque là, je vous prie de remarquer seulement que les opérations de guerre ne s'exécuteront pas à des distances considérables et qu'ayant à Bourges une réserve de plus d'un million de cartouches, il vous sera toujours facile de vous réapprovisionner.

Le Ministre de la Guerre au Général commandant le 15ᵉ corps d'armée, à Bourges.

Tours, 7 octobre.

La création du 16ᵉ corps d'armée ayant été décidée, j'ai l'honneur de vous informer qu'à partir de ce jour l'équipage de pont de corps d'armée actuellement à Angers ne fera plus partie du 15ᵉ corps. Cet équipage restera en dehors des deux corps d'armée dont il s'agit, pour être utilisé, s'il y a lieu, suivant les circonstances de la guerre et dès qu'il m'aura été demandé.

Je vous prie de vouloir bien faire notifier la présente décision au général commandant l'artillerie du 15ᵉ corps, au directeur du parc ainsi qu'au capitaine commandant le dit équipage.

Le Colonel directeur de l'artillerie au Ministre Secrétaire d'État de la Guerre, à Paris.

Lyon, 7 octobre.

En exécution des prescriptions de votre dépêche du 5 courant, j'expédie à Bourges, à la 2ᵉ batterie du 2ᵉ régiment et à la 12ᵉ batterie du 6ᵉ, les deux batteries de 8, mais chacune d'elles sans le chariot de batterie et la forge que, par une dépêche du 30 septembre, j'ai signalés comme manquants et proposé de remplacer par des chariots de batterie et forges du modèle 1858, mais que vous avez prescrit de m'envoyer de Grenoble, d'où je ne les ai pas encore reçus. Je réclame ces voitures par télégramme. Dès que je les aurai obtenues, je leur donnerai leur outillage et les expédierai à Bourges.

P.S. — On me rend compte à l'instant que les deux batteries en question partent sans hausses latérales de rechange, et l'une des deux même avec 5 hausses seulement, les 13 hausses qui m'avaient été annoncées du dépôt central ne m'étant point parvenues et une de celles que nous avions ayant été remise à la maison Schneider pour combler ce déficit.

Le Ministre de la Guerre au Général commandant l'artillerie du 15ᵉ corps d'armée, à Bourges.

Tours, 7 octobre.

J'ai reçu votre lettre du 4 octobre courant, relative aux hommes et chevaux du parc d'artillerie sous vos ordres.

J'approuve la mesure que vous proposez de remplacer à Bourges, en les prenant au 13e d'artillerie, les chevaux que le parc a laissés en route et en garnissant ces chevaux nouveaux avec les harnais des anciens, ce qui portera à 924 (réserves divisionnaires non comprises) les chevaux de trait de ce parc.

Je donne des ordres pour que le 13e régiment vous livre nus les chevaux dont il s'agit. Il ne m'est pas possible, pour le moment, faute de harnachement, de vous donner les 116 chevaux de trait harnachés nécessaires pour vous compléter. Le 1er régiment du train pourrait à la rigueur les fournir, mais les chevaux harnachés ont une autre destination. Vous devez donc pourvoir à l'attelage de votre parc, au besoin par des réquisitions, pour les 20 ou 30 attelages qui vous manquent.

Je donne l'ordre aux 1er et 2e régiments du train d'envoyer 10 hommes à Bourges, à chacune de leurs compagnies attachées au parc d'artillerie dont il s'agit.

Le Général commandant l'artillerie du 15e corps d'armée au Ministre de la Guerre.

Salbris, 20 octobre.

Lorsque, par votre lettre du 21 septembre dernier, vous avez fixé la composition de l'artillerie du 15e corps, vous avez affecté 72 caissons de 8 modèle 1827 aux réapprovisionnements des batteries de la réserve, alors au nombre de 6.

Mais, depuis cette époque, la même réserve s'étant augmentée et possédant 10 batteries de 8, il semblerait convenable d'accroître dans la même proportion le nombre des caissons qui doivent l'alimenter, ce qui exigerait l'envoi de 48 voitures de cette espèce.

De même, la réserve d'artillerie du 15e corps ayant reçu une troisième batterie à cheval de 4, le nombre des caissons modèle 1858 devrait, par cette raison, être porté de 40 à 60, soit 20 en plus.

J'ai l'honneur de vous prier, Monsieur le Ministre, de vouloir bien tenir compte de cette observation et allouer au parc le nombre de voitures supplémentaires que vos ressources vous permettront de lui accorder, ces voitures étant attelées.

Le Ministre de la Guerre au Général commandant l'artillerie du 15ᵉ corps d'armée, à Salbris.

Tours, 23 octobre.

Les ressources disponibles en attelages d'artillerie sont absorbées par l'organisation de batteries mixtes ou de nouvelles réserves divisionnaires au fur et à mesure de leur création qui présente d'assez grandes difficultés. Il ne m'est donc pas possible, pour ce motif, de donner au parc d'artillerie du 15ᵉ corps d'armée l'extension demandée dans votre lettre du 20 octobre courant.

Vous voudrez bien remarquer d'ailleurs que la composition réglementaire des parcs a été établie pour des corps d'armée manœuvrant sur le territoire ennemi et non pas pour des armées placées dans les circonstances où nous nous trouvons actuellement. Je crois, pour ma part, qu'au lieu d'augmenter le nombre des voitures qui encombrent toujours les routes et qui, dans les mouvements de retraite (nous venons d'en avoir de tristes exemples) occasionnent trop souvent des embarras désastreux, il est bien préférable d'avoir en arrière de l'armée un dépôt de munitions en caisses blanches toujours prêtes à être embarquées sur le chemin de fer ou sur des voitures de réquisition pour ravitailler le parc d'artillerie. La pénurie d'attelages du train, en présence des besoins considérables qui se produisent de toutes parts, ne permet pas d'ailleurs de discuter si cette opinion est plus ou moins bien fondée.

Je vous ferai connaître les quantités de munitions emmagasinées à Bourges et mises à votre disposition pour vous être envoyées sur la réquisition que vous en ferez à la direction d'artillerie.

VII

Génie.

Le Général commandant le 15ᵉ corps d'armée au Colonel commandant le génie du 15ᵉ corps, à Bourges.

Tours, 22 septembre.

J'ai l'honneur de vous adresser ci-joint l'état indiquant la composition du génie du 15ᵉ corps d'armée et sa répartition dans les différentes divisions.

Il n'est pas possible dans les circonstances actuelles d'affecter une compagnie de génie par division, ni une compagnie de réserve; mais afin d'atténuer un peu cette insuffisance, chacune des 2 compagnies a été portée à l'effectif de 200 hommes.

Génie. 15ᵉ corps d'armée.

Commandant le génie :	Le colonel de Marsilly,	à Bourges.
Chef d'état-major du génie.	Le lieut.-colonel .....,	à Oran.
État-Major.........	Le capitaine .....,	à Bourges.
	— .....,	à Toulouse.
	— .....,	à Bourges.
	— .....,	à Bourges.
	Le garde du génie .....,	à Bordeaux.
	— .....,	à Blida.
Réserve...........	2ᵉ sⁿ de la 19ᵉ cⁱᵉ du 2ᵉ régᵗ	à Montpellier.
	Détachᵗ. de sapeurs-conducteurs du 3ᵉ régᵗ.	à Lyon.

1ʳᵉ division.

Le chef du bataillon ....,	à Blois.
1ʳᵉ section de la 19ᵉ compagnie du 3ᵉ régiment,	à Lyon.

2ᵉ division.

Le chef de bataillon.........................,	à Limoges.
2ᵉ section de la 19ᵉ compagnie du 3ᵉ régiment,	à Lyon.

3ᵉ division.

Le chef de bataillon ....,	à Boulogne.
1ʳᵉ section de la 19ᵉ compagnie du 3ᵉ régiment,	à Montpellier.

Le Ministre de la Guerre au Colonel commandant le génie du 15ᵉ corps d'armée.

Tours, 1ᵉʳ octobre.

Le parc du corps d'armée affecté au 15ᵉ corps n'a pas la composition réglementaire puisqu'il ne comprend que 7 voitures au lieu de 9. Cependant, le détachement de sapeurs-conducteurs chargé d'atteler ce parc est constitué, d'après ce qui m'a été mandé de Lyon, comme si ce parc était complet, c'est-à-dire qu'il comporte 39 hommes de troupe et 61 chevaux.

Le colonel du 3ᵉ régiment du génie qui a organisé ce détachement a commis une erreur qu'il importe de réparer. A cet effet, je décide que le détachement de sapeurs-conducteurs du 15ᵉ corps ne comportera que les chiffres suivants :

	Hommes	CHEVAUX		
		selle	trait	haut-le-pied
Maréchal-des-logis	1	1	»	»
Brigadiers	2	2	»	»
Maréchal-ferrant	1	1	»	»
Sapeurs-conduct.	28	»	40	5
	32	4	40	5
			49	

L'excédent en hommes et en chevaux, soit 7 sapeurs-conducteurs et 12 chevaux de trait, devra être laissé provisoirement à Bourges, sous le commandement du commandant du génie. Ce petit détachement, auquel je prescris au colonel du 3ᵉ génie d'envoyer un brigadier monté, sera tenu en réserve pour atteler le parc d'une compagnie de sapeurs qui doit être dirigée prochainement sur Bourges, pour être attachée à une division spéciale, en voie de formation.

Le Ministre de la Guerre au Colonel commandant le parc du génie du 15ᵉ corps, à Bourges.

Tours, 9 octobre.

Par votre lettre du 2 octobre courant, vous me proposez :

1° De retirer à la 19ᵉ compagnie du 2ᵉ régiment du génie, qui est arrivée au 15ᵉ corps d'armée avec un détachement de sapeurs-conducteurs, faisant double emploi avec celui qui l'attendait :

1 brigadier et 6 sapeurs du 2ᵉ régiment.

2° De retirer au détachement de sapeurs-conducteurs de la réserve du 15ᵉ corps d'armée :

7 sapeurs-conducteurs et 11 chevaux de trait (au lieu de 12) du 3ᵉ régiment, conformément à nos prescriptions du 1ᵉʳ octobre.

Par une autre dépêche n° 12 (sans date), vous me faites connaître que par suite du fractionnement en sections des 19ᵉˢ compagnies des

2ᵉ et 3ᵉ régiments entre les divisions du 15ᵉ corps, vous avez dû augmenter d'un brigadier monté le détachement de sapeurs-conducteurs de l'une de ces compagnies (la 19ᵉ du 3ᵉ, je pense), et d'un cheval haut-le-pied et d'un sapeur-conducteur les détachements des deux 19ᵉ, et qu'en conséquence vous avez prescrit le versement à la 20ᵉ compagnie du 3ᵉ régiment de 9 sapeurs-conducteurs et de 6 chevaux de trait. Vous ajoutez enfin que le nombre de chevaux nécessaires à la 20ᵉ compagnie du 3ᵉ régiment pourra être complété à Bourges même.

J'approuve en principe les dispositions que vous avez prises. En conséquence, les détachements de sapeurs-conducteurs des deux compagnies de sapeurs du 15ᵉ corps seront constitués comme il suit :

Pour la 19ᵉ du 3ᵉ régiment : 2 brigadiers, 8 sapeurs-conducteurs, 2 chevaux de selle, 8 chevaux de trait, 2 chevaux haut-le-pied, 2 chevaux de bât.

Et pour la 19ᵉ du 2ᵉ régiment : 1 brigadier, 8 sapeurs-conducteurs, 1 cheval de selle, 8 chevaux de trait, 2 chevaux haut-le-pied, 2 chevaux de bât.

La 2ᵉ section de cette compagnie, qui constitue la réserve du génie et n'est pas appelée à s'éloigner du détachement du parc de corps d'armée, n'a besoin que d'un brigadier.

Vous me ferez connaître sans retard la répartition de ces détachements de sapeurs-conducteurs entre les 2ᵉ et 3ᵉ régiments du génie, ce qui ne ressort pas clairement de votre dépêche n° 12.

VIII

Services.

1° *Intendance.*

a) Organisation du service.

Avis de la 6ᵉ direction pour le directeur-adjoint de la 6ᵉ direction à la délégation du ministère de la Guerre, à Tours.

Paris, 15 septembre.

Les dispositions suivantes ont été prises concernant le personnel de l'intendance militaire et des bureaux :

Armée de la Loire.

MM. Robert, intendant général inspecteur, nommé intendant général de l'armée de la Loire.

....., intendant militaire de la 11ᵉ division, adjoint.

15ᵉ *corps d'armée en formation à Niort* (1).

MM. ....., intendant militaire de la division d'Alger, nommé intendant militaire du 15ᵉ corps.

....., sous-intendant de 2ᵉ classe, 15ᵉ corps.
....., sous-intendant de 2ᵉ classe, 15ᵉ corps.
....., adjudant en 1ᵉʳ des bureaux, attaché à M....
....., sous-intendant de 2ᵉ classe, 15ᵉ corps.
....., adjudant en 1ᵉʳ des bureaux, attaché à M....
....., sous-intendant de 2ᵉ classe, 15ᵉ corps.
....., adjoint de 1ʳᵉ classe, 15ᵉ corps.

L'Intendant en chef de l'armée de la Loire au Ministre de la Guerre.

24 septembre.

Aux termes des dispositions réglementaires, il doit y avoir dans chaque division un sous-intendant militaire et un adjoint. L'expérience de la dernière campagne à l'armée du Rhin et à l'armée de Châlons a prouvé que, là où il n'existait qu'un fonctionnaire, les divers services et particulièrement le service de l'ambulance et celui des vivres n'étaient pas assurés. Je viens donc vous prier à défaut de fonctionnaires de l'intendance de détacher à l'armée de la Loire six sous-commissaires ou aides-commissaires de la Marine et de donner des ordres pour qu'un pareil nombre de capitaines soit mis à la disposition de l'intendant du 15ᵉ corps. Déjà, à l'armée d'Italie et à l'armée du Rhin, des officiers de ce grade ont été adjoints aux fonctionnaires de l'intendance. Un de ces capitaines se trouve en ce moment à Tours après avoir rempli très utilement les fonctions d'adjoint à la 1ʳᵉ division du 1ᵉʳ corps. Je veux parler de M. ..., capitaine au 13ᵉ bataillon de chasseurs à pied ; je vous prie de le mettre dès à présent à la disposition de M. l'intendant du 15ᵉ corps ; cet officier figure sur le tableau de classement pour être admis dans l'intendance.

Je vous demande aussi de détacher à l'armée vingt commis aux vivres de la Marine, attendu que les officiers comptables du service des subsistances n'ayant pas été neutralisés, il n'en existe qu'un seul pour tout le 15ᵉ corps.

---

(1) Il s'agit sans doute du personnel administratif, qui se réunissait à Niort.

L'Intendant en chef de l'armée de la Loire au Ministre de la Guerre.

26 septembre.

Dans ma lettre du 24 septembre, je vous exposais la nécessité, ainsi que cela a eu lieu dans l'armée du Rhin et dans celle de Châlons, de porter à deux dans chaque division le nombre des fonctionnaires de l'intendance et je vous demandais six sous-commissaires ou aides-commissaires de la Marine et un pareil nombre de capitaines de l'armée de terre. Le peu d'officiers dont dispose le 15e corps ne permet pas d'en détacher pour le service administratif; je vous prie donc instamment de porter à 12 le nombre des fonctionnaires de la Marine qui seraient mis à ma disposition; sans leur concours, il sera impossible d'assurer le service.

Le Ministre de la Guerre aux Intendants militaires des divisions militaires 7 à 22.

Tours, 28 septembre.

Je vous informe que M. l'intendant général inspecteur Robert a été nommé intendant général de l'armée de la Loire. Je vous invite donc à déférer à toutes les demandes qui pourraient être faites par ce haut fonctionnaire, et à exécuter tous ordres qu'il aurait besoin de vous donner en exécution de sa mission.

L'Intendant en chef de l'armée de la Loire à l'Intendant du 15e corps.

4 octobre.

En réponse à votre dépêche du 1er octobre qui m'est parvenue hier seulement, j'ai l'honneur de vous faire connaître que je ne dispose pas au quartier général d'un seul officier d'administration du service des subsistances; tous ceux que le Ministre met à ma disposition sont immédiatement dirigés sur Bourges; M...., officier comptable de 2e classe, et M..., adjudant en second, arrivés hier, partent aujourd'hui; d'autres, je l'espère, les suivront prochainement; ils sont annoncés en nombre suffisant pour être répartis d'après les bases suivantes que vous devrez adopter :

Au quartier général, un comptable et un adjudant; à chaque division d'infanterie ou de cavalerie, un comptable et deux adjudants, et, enfin, à chaque brigade de cavalerie, un comptable et un adjudant. En outre, vous ne devrez pas perdre de vue les indications contenues dans ma dépêche du 24 septembre dernier. Il est d'autant plus utile de faire les désignations dont il s'agit que les officiers d'administration des subsistances disponibles sont très peu nombreux, de sorte que si d'autres besoins venaient à se produire, il est probable que le personnel, qui sera mis à votre disposition suivant les bases indiquées ci-dessus, vous serait en partie retiré. Vous me rendrez compte du résultat des démarches que vous aurez faites pour trouver ces sous-employés du service des subsistances.

L'Intendant en chef de l'armée de la Loire au Ministre de la Guerre.
12 octobre.

Je reçois journellement des réclamations pour des bataillons ou des régiments de mobiles qui ne font pas partie du 15e corps et qui ne paraissent pas destinés à entrer dans le 16e corps. Ces régiments appartiennent non seulement au centre de la 1re ligne sur la Loire, mais à la droite et à la gauche de la 1re ligne. Avant de donner suite à ces réclamations, je viens vous prier de me faire savoir quelle est la partie du territoire dont je puis avoir à m'occuper. Je pense que l'armée et les départements formant la ligne de la Loire doivent seuls me regarder.

L'Intendant en chef de l'armée de la Loire au Ministre de la Guerre.
12 octobre.

Je viens enfin de recevoir une des situations que j'ai demandées au sujet de l'organisation du 15e corps à M. l'intendant militaire....; j'ai l'honneur de vous la transmettre; dès que les autres me parviendront, je m'empresserai de vous les envoyer.

Vous remarquerez que les officiers d'administration et les commis aux écritures des bureaux de l'intendance sont très nombreux; aussi, en cas de besoin, vous pourriez facilement trouver des ressources dans ce personnel, si cela vous paraissait nécessaire.

A mon avis, cinq officiers d'administration et sept commis au quartier général, un officier d'administration et un commis par chaque division ou brigade isolée constituent un personnel suffisant.

L'Intendant en chef de l'armée de la Loire à l'Intendant du 15e corps.
16 octobre.

Par dépêche du 15 octobre, le Ministre prescrit de réduire dans votre corps d'armée le nombre des officiers d'administration des bureaux de l'Intendance militaire et des commis aux écritures sur les bases indiquées ci-après :

Quartier général : 6 officiers d'administration, 10 commis ; divisions et brigades isolées : 1 officier d'administration et 2 commis.

Le personnel en excédent de ce nombre sera mis à la disposition de M. l'intendant militaire de la 18e division.

L'Intendant en chef de l'armée de la Loire au Ministre de la Guerre, à Tours.

Tours, 10 novembre.

Au reçu de votre lettre du 4 courant, j'ai terminé l'organisation des services qui m'avaient appelé à Blois, à Mer, à Marchenoir, et dans quelques camps du 15e et du 16e corps. Je tenais particulièrement à faire accorder par l'autorité militaire une force armée suffisante pour protéger nos convois auxiliaires et de réquisition. Je voulais aussi obtenir divers ordres intéressant l'administration, et notamment celui de faire passer devant les cours martiales les hommes prévenus d'avoir dissipé les vivres du sac, vivres qui assurent seuls le plus souvent la nourriture les jours de combat. J'ai réglé aussi avec les intendants des corps et avec l'autorité civile, la question des voitures réunies par réquisitions payées et non payées et, avec le général en chef, la fixation de celles qui devaient être réunies en arrière des deux corps pour les positions qu'ils occupaient alors. Ce nombre devra être successivement augmenté, et même dans une grande proportion, si l'on s'éloigne des gares en notre possession.

Enfin, j'ai donné des instructions pour faire observer, en ce qui nous concerne, l'ordre de service arrêté pour les gares d'Amboise et de Blois par le délégué que vous avez bien voulu envoyer sur ma demande, et qui nous a créé des magasins en wagons, dans lesquels on peut facilement puiser, et qu'on pourra mettre en mouvement, en avant ou en arrière, dès qu'on le voudra et sans faire de manœuvre.

M. ... s'est rendu à Tours et je lui ai remis le service.

Je suis donc, dès aujourd'hui, à votre disposition pour les missions que vous voudriez me confier.

b) Alimentation.

L'Intendant en chef de l'armée de la Loire à l'Intendant du 15e corps.

24 septembre.

D'après le compte qui m'a été rendu lors de mon entrée en fonctions, il a été passé par vos soins un marché pour la fourniture de

1.000 colliers à raison de 8 francs par voiture à 1 cheval, 16 francs par voiture à 2 chevaux et 24 francs par voiture à 3 chevaux, la nourriture étant en outre allouée aux hommes et aux chevaux. Il me paraît nécessaire de porter de suite à 1.660 au minimum le nombre des colliers, en tâchant d'avoir un aussi grand nombre que possible de voitures à 2 chevaux. Toutefois, je vous prie de faire le nécessaire afin d'obtenir que, pour cette fourniture supplémentaire, l'entrepreneur réduise à 12 francs le prix des voitures à 2 colliers et à 16 francs celui des voitures à 3, car il n'est pas rationnel que le prix de ces voitures soit le double ou le triple de celui qui concerne les voitures à 1 cheval.

En effet, le prix de la journée de travail du conducteur est une constante, qui ne varie pas dans les diverses combinaisons dont il s'agit, puisqu'il n'y a qu'un seul homme à rémunérer, que les voitures soient à 1, 2 ou 3 colliers. Vous aurez l'obligeance de me rendre compte du résultat de vos démarches.

Le vice-Amiral, Ministre de la Guerre par intérim, à l'Intendant en chef de l'armée de la Loire, à Tours.

Tours, 25 septembre.

L'armée de la Loire étant destinée à porter secours à la place de Paris, son premier soin devra être de ravitailler les assiégés dès que cette opération sera praticable. Parmi les denrées qui composent l'approvisionnement, tel qu'il a été conçu au moment de sa formation, il en est deux sortes seulement dont les quantités n'ont pu être réunies dans des proportions suffisantes. Ce sont la viande sur pied et le sel : il s'agirait donc de former des convois de ces denrées, que l'on ferait entrer à la première occasion.

Quant à la viande fraîche, il vous appartient de former un troupeau qui sera réuni sur un certain nombre de points d'où il pourra être concentré dans la direction qu'adoptera l'armée de secours. Vous préparerez, à cet effet, des traités avec les marchands de bestiaux du pays dont quelques uns ont déjà fait des offres à mon administration. Ci-joint la liste.

L'importance de cette réserve ne saurait être mesurée sur les besoins de Paris : elle doit avoir pour limite la possibilité de garder et de faire mouvoir un convoi de cette sorte. Je pense donc qu'il faudrait provisoirement borner les achats à 2.000 têtes, chiffre qui pourrait être augmenté plus tard, si vous le jugiez praticable.

D'un autre côté, je mettrai à votre disposition 230 quintaux de conserves de bœuf bouilli et 500 quintaux de salaisons dont il conviendra de former un convoi de chemin de fer qui sera immobilisé sur le point que vous désignerez.

Enfin, il existe sur la route de Tours à Nantes un très grand nombre de wagons chargés de sel qui n'ont pu entrer à Paris; j'en ferai retenir la quantité que vous jugerez possible d'emmener.

J'ai l'honneur de vous prier de me rendre compte des mesures que vous aurez adoptées.

Le Sous-Intendant militaire chargé de la concentration et de la répartition des approvisionnements à Monsieur l'Intendant du 15ᵉ corps.

25 septembre.

J'ai l'honneur de porter à votre connaissance les dispositions que j'ai arrêtées pour assurer la constitution des approvisionnements nécessaires à la subsistance des troupes du 15ᵉ corps d'armée.

Vous devrez donner immédiatement les ordres nécessaires pour que sur tous les points où se trouvent les troupes, il soit, jusqu'à nouvel ordre, distribué du pain le plus possible afin de ménager les ressources en biscuit.

De petits approvisionnements de vivres de campagne devront, en outre, être formés, sans retards, par achats sur place, sur tous les points de concentration des divisions, afin de parer à l'éventualité de la mise en marche des troupes avant le moment où les approvisionnements, dont il est ci-après question, auraient pu être réunis.

Les approvisionnements destinés à être transportés à la suite des divisions et ceux qui doivent être réunis dans les dépôts de réserve seront répartis de la manière suivante.

La base d'opérations du 15ᵉ corps étant actuellement le cours même de la Loire, de Tours à Nevers, les trois divisions d'infanterie qui font partie de ce corps se concentreront à Nevers, Bourges et Vierzon; les deux divisions de cavalerie devant avoir leurs quartiers généraux à Blois et à Cosne, enfin une division mixte étant en voie de formation à Tours (1), on réunira le plus tôt possible, dans les places de Tours, Blois, Bourges, Vierzon, Cosne et Nevers, des vivres de campagne en quantités calculées sur les bases suivantes, et dans chaque place pour l'effectif des troupes qui doivent s'y concentrer : 8 jours de biscuit et vivres de campagne, 2 jours de lard, 1 jour d'eau-de-vie et 8 jours d'avoine.

---

(1) Cette division mixte ne fait pas d'ailleurs partie du 15ᵉ corps (*Note originale*).

Le jour où les troupes seront appelées à faire mouvement, elles emporteront, dans le sac, 2 jours de biscuit et de vivres de campagne et, s'il est possible, 2 jours de viande.

Le surplus sera emporté à la suite des divisions par les voitures du pain d'entreprise, à défaut par des voitures de réquisition.

Six dépôts d'approvisionnements de réserve seront en outre établis sur deux lignes, en arrière de la base d'opérations :

En 1re ligne, à Poitiers, Châteauroux et Moulins.

En 2e ligne, à Angoulême, Limoges et Clermont.

On réunira pour le corps d'armée : à Poitiers, 2 jours de biscuit, de vivres de campagne et d'avoine, 1 jour de lard, 1 jour d'eau-de-vie;

A Châteauroux, même quantité d'approvisionnements qu'à Poitiers;

A Moulins, 4 jours de biscuit, de vivres de campagne et d'avoine, 1 jour de lard, 1 jour d'eau-de-vie.

Les dépôts d'Angoulême et de Limoges recevront les mêmes approvisionnements qu'à Poitiers et Châteauroux.

Le dépôt de Clermont sera approvisionné comme celui de Moulins.

Ces six dépôts d'approvisionnements de réserve renfermeront ainsi les denrées nécessaires à la subsistance des troupes et de la cavalerie du 15e corps pendant une période de 16 jours.

Ces approvisionnements seront d'ailleurs augmentés aussitôt qu'il sera possible et que le début des opérations militaires permettra d'apprécier la direction donnée au 15e corps.

En outre de ces mesures, et pour parer à l'éventualité du départ de l'entrepreneur du service des vivres-viande, il sera constitué une réserve de bêtes sur pied :

    1.000 bœufs ou vaches à Nevers ;

    1.000 bœufs ou vaches à Châteauroux sur la 1re ligne;

    1.000 bœufs ou vaches à Limoges sur la 2e ligne.

Ces trois premiers points sont indiqués, comme points de concentration des troupeaux à former, par les grandes ressources que présentent les régions environnantes pour l'achat des bestiaux. Pour constituer ces divers approvisionnements, les expéditions de biscuit et de vivres de campagne, faites en exécution de la dépêche ministérielle du 19 du courant sur les places de Tours, Blois, Bourges et Vierzon, suffiront, et au delà, à assurer les quantités de vivres de toute nature qui doivent être mises à la disposition des divisions d'une façon immédiate, sauf à en régler la répartition entre ces places proportionnellement à l'effectif des troupes qui y seront réunies et à faire la part de la place de Nevers.

Il y aura même un excédent considérable de lard, riz, sucre, café et sel qui devra être versé sur les dépôts d'approvisionnements de réserve dans les proportions sus-indiquées.

Quant aux 2.000 quintaux de biscuit en provenance de Bordeaux, dont vous m'entretenez par votre dépêche n° 65 en date du 25 du courant, comme cette quantité correspond à l'approvisionnement à verser sur la place de Moulins (4 jours d'approvisionnement pour le corps supposé à l'effectif de 50.000 hommes, soit 1.300 quintaux, plus un excédent de 700 quintaux environ), il y a lieu de faire diriger 1.300 quintaux de cette denrée sur Moulins et le reste sur Châteauroux.

L'Intendant en chef de l'armée de la Loire à l'Intendant du 15ᵉ corps.

26 septembre.

J'ai l'honneur de vous prier de donner l'ordre à M. le sous-intendant militaire employé à Bourges de s'occuper sans retard de la formation d'un parc de voitures dans cette ville pour servir au transport des approvisionnements en arrière de l'armée. Ces voitures qui seront munies d'une bâche devront être autant que possible à 2 colliers et recevoir un chargement de 12 à 14 quintaux. Je pense que les voitures à 1 cheval pourront être obtenues au prix de 8 francs et celles à 2 chevaux au prix de 12 francs par jour, les vivres étant alloués en outre aux conducteurs et les fourrages aux chevaux. Les soumissions préparatoires que M. le sous-intendant pourra obtenir, jusqu'à concurrence de 500 voitures, vous seront adressées et vous me les transmettrez sans retard avec votre avis; je vous ferai connaître ensuite la décision.

L'Intendant en chef de l'armée de la Loire aux Généraux commandant les 18ᵉ et 19ᵉ divisions militaires et aux Préfets de la Sarthe, de Maine-et-Loire, du Cher, de la Nièvre et du Loir-et-Cher.

Tours, 26 septembre.

Pour faciliter l'exécution des services administratifs dans les circonstances difficiles où nous nous trouvons, j'ai, après avoir pris l'attache de M. le vice-amiral Ministre de la Guerre, arrêté les dispositions contenues dans la circulaire ci-jointe, que j'ai l'honneur de vous adresser, en vous priant d'appuyer de votre autorité les fonctionnaires de l'intendance, qui auraient à l'invoquer.

RÉQUISITIONS A OPÉRER EN CAS D'URGENCE.

Les magasins de l'État, avec lesquels le 15ᵉ corps peut encore communiquer, sont loin d'être pourvus de tout ce qui est nécessaire. L'intendant de ce corps a passé des marchés avec l'industrie civile pour remplacer, autant que possible, ce qui manque; mais les confections sont loin d'être terminées, et il peut arriver que des divisions, des régiments de ligne et surtout des régiments de mobiles, se trouvent sur le point d'opérer activement avant d'avoir été pourvus de leurs ustensiles de campement, de leurs couvertures de marche ou d'avoir reçu les vivres de campagne destinés à la réserve du sac ou à celle qui doit être transportée sur voitures.

La réquisition déjà employée aux armées du Rhin et de Châlons, où l'on avait été mieux pourvu, peut seule, aujourd'hui, assurer le service dans les cas précités. En conséquence, MM. les sous-intendants militaires des divisions ou leurs suppléants s'adresseront, avec l'attache de l'autorité militaire, au préfet du département, ou à défaut au sous-préfet et au maire, et demanderont tout l'appui de leur autorité pour réunir sans retard le matériel ou les denrées nécessaires. Le fonctionnaire de l'intendance demandera, s'il y a lieu, que les réquisitions portent non seulement sur la localité, mais sur les points voisins. Le prix à rembourser par l'État sera déterminé de concert avec l'autorité civile, et le mode de paiement réglé par M. l'intendant du 15e corps conformément au règlement.

Le Ministre de la Guerre aux Généraux commandant les divisions territoriales, aux Intendants Militaires des divisions, aux Préfets des départements.

Tours, 27 septembre.

Les règlements en vigueur donnent à l'administration militaire le droit d'assurer, dans un grand nombre de circonstances, l'exécution des diverses branches du service de l'armée au moyen de réquisitions forcées.

La situation présente de l'armée, qui est à peu près dépourvue de tout ce qui est nécessaire par suite de l'interruption des communications avec les principaux centres d'approvisionnement, nécessitera prochainement l'usage de réquisitions.

Il devient donc indispensable que le commandement et l'autorité civile appuient de tout leur pouvoir les réquisitions qui seront successivement proposées par les fonctionnaires de l'intendance militaire quel que soit l'objet de ces réquisitions (fournitures de matériel de campement, moyens de transport, denrées alimentaires, etc.).

Je vous invite en conséquence à prêter un énergique concours à l'administration militaire et à faciliter par tous les moyens les réquisitions qu'elle aura à vous adresser pour assurer le service de l'armée.

Le Sous-Intendant militaire chargé de la concentration et de la répartition des approvisionnements à M. l'Intendant du 15ᵉ corps.

27 septembre.

Vu la pénurie extrême du personnel des officiers d'administration des divers services, M. le Ministre de la Guerre vient de décider, sur ma demande, qu'à défaut des officiers comptables, des auxiliaires commissionnés pourront être institués gestionnaires; ils recevront, suivant l'importance des services rendus, la solde d'adjudant en premier ou celle d'adjudant d'administration en second.

Dans les mêmes conditions, on devra compléter ou remplacer le personnel militaire d'exécution par des sous-employés rémunérés à 2 francs par jour.

Ces règles sont appliquées, le cas échéant, pour assurer l'exécution de tous les services, et, en particulier, pour l'organisation du personnel nécessaire à la surveillance des voitures de réquisition ou en entreprise (un surveillant général pour le convoi d'une division, rémunéré comme adjudant en second, et un chef d'escouade par chaque groupe de 10 voitures, soldé à raison de 2 francs par jour).

En ce qui concerne l'exécution de ce dernier service, je ne saurais trop vous prémunir contre l'éventualité, que je regarde aujourd'hui comme probable, de sa non-organisation en temps utile par les soins de l'entrepreneur.

Veuillez télégraphier par suite, sans délai, à tous les sous-intendants militaires des divisions du corps d'armée qu'ils aient à mettre immédiatement en application les prescriptions de ma dépêche en date du 26 du courant relative à cet objet, c'est-à-dire qu'ils assurent d'urgence, par voie de réquisition, les moyens de transport de denrées qui leur seront nécessaires pour se porter en avant, calculés d'après les bases fixées au marché de l'entrepreneur.

J'appelle tout particulièrement votre attention sur cette partie si importante de l'exécution des services du 15ᵉ corps. Je la considère comme engageant au premier chef votre responsabilité.

Le Sous-Intendant militaire chargé de la concentration et de la répartition des approvisionnements à M. l'Intendant du 15ᵉ corps et au Ministre de la Guerre.

28 septembre.

En réponse à votre dépêche en date du 26 du courant, j'ai l'honneur de vous soumettre les propositions suivantes, relatives à la fixation de la quotité des rations de biscuit, de viande et de lard à distribuer aux troupes faisant partie de l'armée de la Loire.

Biscuit pour le repas : 0 k. 600 grammes la ration.
Viande   —   : 0 k. 350   —
Lard   —   : 0 k. 225   —

Ces nouvelles propositions relatives à la fixation de la quotité de la ration de lard me paraissent devoir être adoptées de préférence à celles fixant la quotité de cette ration à 200 grammes, que j'ai eu l'honneur de vous soumettre antérieurement.

Quant à la fixation des rations des autres denrées ressortant du service des subsistances, leur quotité me paraît devoir être maintenue pour l'armée de la Loire, telle qu'elle a été fixée par le tarif du 3 août 1870 établi pour l'armée du Rhin. Il me paraîtrait utile, toutefois, de poser en principe que la ration habituelle des fourrages ne se composera que de foin et d'avoine ou de paille et d'avoine, la distribution de la ration complète comprenant les trois denrées ne pouvant que bien rarement être faite en campagne aux corps de troupe. Dans le cas, d'ailleurs, de la constitution de la ration avec une seule des deux denrées fourragères, foin ou paille, la denrée fourragère faisant défaut serait portée par voie de substitution, suivant le tarif, en augmentation de l'autre.

L'Intendant en chef de l'armee de la Loire au Ministre de la Guerre.

28 septembre.

Aux termes des prescriptions contenues dans votre dépêche du 27 de ce mois, les vivres de campagne doivent être distribués aux troupes du 15ᵉ corps dès qu'elles sont embrigadées.

Par suite de l'insuffisance des approvisionnements, j'ai l'honneur de vous prier, suivant la proposition qui en est faite par M. l'intendant du 15ᵉ corps, d'autoriser que les vivres en nature ne soient distribués qu'à dater du moment où le commandement en donnera l'ordre. Jusque là, les distributions seraient remplacées par une indemnité représentative que M. l'intendant militaire du 15ᵉ corps propose de fixer uniformément à 0 fr. 45 pour les officiers et les soldats. Cette base me paraît devoir être adoptée. Mais je trouverais juste d'augmenter de 0 fr. 25, valeur de la ration de pain, l'indemnité due aux officiers qui ne touchent pas de pain quand les vivres de campagne ne sont pas perçus en nature.

Situation générale du matériel du service des subsistances militaires, des ambulances et du campement existant au quartier général du 15ᵉ corps d'armée.

Tours, 28 septembre.

SUBSISTANCES.

Magasins de la Vieille Poissonnerie : 419 qx., 66 k. net de biscuit.
6 séries division^res de marche.
Magasins généraux : 100 balles de foin pressé, en cours de réception : poids inconnu aujourd'hui (environ 125 k.).

Renseignements

1.178 caisses de biscuit partent aujourd'hui pour Moulins, sans transbordement à la gare de Tours.

1.360 caisses de biscuit partent aujourd'hui pour Châteauroux. Elles proviennent de Bordeaux ; sans entrée dans le magasin provisoire de Tours. Des 6 séries de marche ci-dessus-indiquées, 5 vont être expédiées sur diverses divisions ou brigades du 15ᵉ corps.

AMBULANCES.

	Caissons d'ambul.	Caissons de pharmacie	Voitures omnibus	Brancards	Tonneaux de 50 litres	Couvertures	Drapeaux de neutralité	Robinets en bois	Tables d'ambul.	Tabourets	Observations
existant	»	»	»	50(a)	»	»	»	»	»	»	(a) 300 brancards sont commandés. 25 ont été expédiés à la 1ʳᵉ divis. de cavalerie et 25 à la 2ᵉ division.
nécessaire	3	1	1	50	4	50	6	2	2	4	
Approv. à faire	3	1	1	»	4	50	6	2	2	4	

CAMPEMENT.

Campement	Sacs tentes-abris avec accessoires	2.750
	Couvertures à une place	5.000
	— de marche	10.000
	Collections complètes d'ustensiles d'infanterie	300
Habillement :	Ceintures de flanelle	1.500
Petit équipement	Chemises	2.000
	Souliers (paires)	1.500
	Guêtres en cuir (paires)	800
	Guêtres en toile (paires)	1.500

Renseignements.

Des marchés en cours d'exécution fournissent, dans un très bref délai, 5.000 tentes-abris sacs complets, 4.300 cravates en coton bleu et des collections complètes d'ustensiles d'infanterie à raison de 20 par jour.

L'Intendant en chef de l'armée de la Loire à l'Intendant du 15ᵉ corps d'armée.

29 septembre.

Pour complément aux renseignements contenus dans ma dépêche en date du 25 courant, relative à la constitution des approvisionnements de réserve pour les besoins du 15ᵉ corps d'armée, j'ai l'honneur de vous faire connaître que je viens de donner les instructions nécessaires à M. l'intendant de la 9ᵉ division militaire pour faire diriger d'urgence sur Poitiers, Châteauroux, Moulins, Angoulême, Limoges et Clermont, les quantités de denrées indiquées par ma dépêche sus-relatée. Autant qu'il sera possible, vous devrez renouveler au moyen d'achats sur place les huit jours d'approvisionnements, qui, aux termes de la dite dépêche, devront toujours être transportés à la suite des divisions (dont 2 jours dans le sac). Quand ces ressources vous feront défaut, je ferai reconstituer sur votre demande les approvisionnements de vos divisions au moyen d'envois faits des dépôts de réserve les plus voisins.

Je saisis cette occasion de vous rappeler qu'aux termes des instructions contenues dans la même dépêche, les sous-intendants militaires de votre corps d'armée doivent, sans délai, réunir par voie d'achats sur place les huit jours d'approvisionnements dont il est ci-dessus question.

Je vous prie de me rendre compte, en temps utile, de l'exécution de cette mesure, ainsi que de la réunion par voie de réquisition, à l'initiative des mêmes fonctionnaires, des voitures nécessaires au transport des denrées à la suite des divisions du 15ᵉ corps d'armée, disposition prescrite par ma dépêche en date du 27 du courant.

Le Sous-Intendant chargé de la concentration et de la répartition des approvisionnements à M. l'Intendant du 15ᵉ corps.

3 octobre.

Les troupes qui composent le 15ᵉ corps d'armée pouvant être appelées à faire prochainement mouvement, je crois pouvoir vous résumer les dispositions générales que j'ai arrêtées pour assurer sur tous les points la subsistance du 15ᵉ corps.

Conformément aux instructions que j'ai déjà eu l'honneur de vous adresser à ce sujet, chaque division du corps d'armée doit être pourvue de huit jours de biscuit et vivres de campagne au moyen des versements prescrits sur les places de Tours, Blois, Bourges et Vierzon, suivant ordre ministériel en date du 17 septembre dernier, à défaut par voie d'achat sur place s'il est possible. Cet approvisionnement sera porté à 10 jours, jusqu'au jour où les troupes feront mouvement. Ces huit jours d'approvisionnement seront tenus en réserve. Au jour du départ, deux jours de biscuit et vivres de campagne seront distribués aux troupes pour être conservés dans le sac, et le reste chargé sur les voitures divisionnaires; j'ai appelé l'attention du Ministre sur la nécessité d'obtenir que les vivres du sac ne soient mangés que les jours de bataille et dans le cas où les voitures resteraient en arrière; vous devez insister de votre côté auprès du général commandant le 15ᵉ corps pour que les ordres les plus sévères soient donnés à ce sujet.

Les voitures divisionnaires qui transporteront les six jours d'approvisionnements restants seront réparties en deux groupes dans le convoi de chaque division, de manière qu'un certain nombre d'entre elles, portant un jour de biscuit, de vivres de campagne, un jour de lard et un jour d'eau-de-vie, marchent après la division et soient chaque jour d'une façon immédiate à la disposition des troupes arrivées au lieu de l'étape; vous aurez à vous concerter avec M. le général commandant le 15ᵉ corps pour assurer l'exécution de cette importante mesure dont la non-application a si souvent, à l'armée du Rhin, laissé des approvisionnements inutilisés par les troupes, par le seul fait que les voitures qui les portaient, attardées dans leurs marches, souvent coupées de la colonne principale, ne pouvaient pas arriver en temps utile pour les distributions au lieu de campement. Les voitures qui pourront rester disponibles dans chaque division, après le chargement des approvisionnements dont il est ci-dessus question, recevront de l'avoine : cette denrée pourra d'ailleurs être rachetée ou requise sur tous les points du territoire par les sous-intendants militaires, au fur et à mesure des besoins de leurs divisions. Aux 8 jours d'approvisionnement mis à la disposition des divisions, il convient d'ajouter une réserve au quartier général du corps d'armée, qui égalerait huit jours de vivres de campagne et un jour de lard et un jour d'eau-de-vie, à distribuer, au besoin, aux divisions sur la demande des sous-intendants militaires. Je vous prie de constituer le plus tôt possible cette réserve, tant par voie d'achats sur place qu'en m'adressant des demandes pour les denrées que vous ne pourrez pas vous procurer, notamment pour le biscuit; je m'empresserai d'y satisfaire.

Les centres d'approvisionnements sont Moulins, Châteauroux, Poitiers, Clermont-Ferrand, Limoges et Angoulême ; vous serez tenu au courant des ressources qui seront réunies dans ces magasins par des situations que je vous ferai parvenir périodiquement ; enfin, dans le cas d'urgence, vous devrez puiser dans ces mêmes magasins jusqu'à concurrence des besoins de votre corps d'armée sans passer par mon intermédiaire, mais en me rendant compte immédiatement.

En ce qui concerne la formation d'un troupeau de bêtes à cornes, je vous rappelle que je l'ai laissée complètement à votre initiative ; il importe de presser ces achats.

D'après les derniers ordres du Ministre, *2.000 bêtes* doivent être réunies, partie à Bourges, partie à Vierzon, et *1.000* partie à Nevers, partie à Châteauroux. Vous devez commencer par constituer les troupeaux de Bourges et de Vierzon, qui, pour le moment, ne seront pas affectés aux besoins du 15e corps.

Ordre général du 15e corps d'armée.

Tours, 3 octobre.

A partir du 6 octobre courant, les vivres de campagne seront distribués à toutes les troupes du 15e corps d'armée.

MM. les officiers pourront percevoir les vivres en nature ou une indemnité représentative, mais cette faculté doit s'appliquer à la totalité des officiers de la même division (ou de la même brigade, si les corps sont seulement embrigadés) et on ne pourra changer ce mode de perception sans qu'il y ait pour cela des motifs très valables et sans avoir pris les ordres du général commandant en chef.

L'Intendant en chef de l'armée de la Loire au Général chef d'état-major du 15e corps d'armée

7 octobre.

J'aurais besoin pour l'exécution des ordres du Ministre de connaître rapidement les mouvements successifs de vos divisions ou de vos brigades isolées. Je viens donc vous prier de vouloir bien me faire parvenir un avis lorsqu'il y aura lieu, et autant que possible par le télégraphe.

L'Intendant du 15ᵉ corps d'armée à l'Intendant en chef de l'armée de la Loire, à Tours.

Bourges, 7 octobre.

J'ai l'honneur de vous accuser réception de votre lettre du 2 octobre que j'ai reçue seulement ce matin 7, à 11 heures. Je vais la transmettre à M...., à Nevers, par qui elle pourra être utilement consultée.

Seulement je retiens de cette lettre la phrase qui la termine « pour assurer la subsistance des troupes qui font partie du 15ᵉ corps d'armée ».

Cette subsistance, en ce qui concerne la viande, est assurée dans les 1ʳᵉ, 2ᵉ et 4ᵉ divisions d'infanterie et dans la division de cavalerie, par des marchés à la ration qui stipulent que, suivant leur position, les troupes du quartier général seront pourvues par les titulaires des dits marchés.

La 3ᵉ division d'infanterie et les brigades de cavalerie n'ont pu traiter encore, mais je ne désespère pas des efforts que font en ce moment M... et M....

Le service de la viande sera donc assuré pendant toute la campagne, et, s'il y a lieu, on pourra dans des cas prévus recourir aux réquisitions.

Je ne vois donc pas l'utilité d'un troupeau, d'une réserve de viande sur pied ; et ce qui me porte à exprimer cette opinion, ce sont les considérations ci-après.

Ce troupeau conservé en arrière ne pourrait, dans bien des cas, être une ressource assurée au moment voulu.

Les entrepreneurs, qui connaîtraient l'existence de cette réserve, compteraient sur elle et pourraient laisser manquer le service.

Le versement des animaux aux entrepreneurs en défaut ou la gestion directe du service des viandes seraient préjudiciables au Trésor.

Je compte assurer complètement le service sans recourir au dit troupeau dont l'existence n'est pas comptée dans l'ensemble des ressources dont je cherche à m'assurer la possession.

L'Intendant en chef de l'armée de la Loire au Ministre de la Guerre.

10 octobre.

Je n'ai été avisé jusqu'à ce jour d'aucun des mouvements prescrits aux divisions ou aux brigades de l'armée, ou effectués par elles.

J'ignore également les mouvements des régiments mobiles appartenant ou destinés à l'armée.

Il m'est complètement impossible dans cette situation de pourvoir à temps aux besoins.

Je viens donc vous prier de me faire connaître à l'avenir, soit par chiffre, soit confidentiellement, les déplacements qui auront lieu, ou de prescrire au général en chef de m'aviser.

L'Intendant en chef de l'armée de la Loire à l'Intendant du 15ᵉ corps.

13 octobre.

Il est souvent impossible dans les marches rapides et lorsque l'armée est en présence de l'ennemi de faire des distributions régulières. Il faut donc prendre le système prussien, et, lorsqu'on est séparé de son convoi, vivre de réquisitions, ces réquisitions portant sur des *denrées alimentaires quelconques.* Dans la situation où vous êtes, il faut savoir sortir des règles étroites qu'on observe d'habitude et ne pas se laisser dominer par les questions de comptabilité et de justification. Pourvoir avant tout! Des instructions antérieures vous ont d'ailleurs tracé les principes de la réquisition payée après la guerre. Entretenez le général en chef de cette question. De mon côté, j'en parlerai vivement, dès demain, à MM. les Ministres de l'Intérieur et de la Guerre. J'ajoute que la réquisition évite la nécessité de *payer comptant* et je vous ai déjà dit qu'il fallait ménager le numéraire et le billet de banque.

L'Intendant en chef de l'armée de la Loire à l'Intendant du 15ᵉ corps.

13 octobre.

Aux termes des dispositions contenues dans ma dépêche du 25 septembre, prescriptions faites de nouveau dans ma lettre du 29 du même mois et rappelées itérativement dans celle du 3 octobre courant, toutes dépêches que je vous prie de vous faire représenter, vous deviez avoir à votre disposition dans les places de Bourges, Vierzon, Cosne, Blois et Nevers, un approvisionnement de 16 jours en denrées de toute espèce, et je ne doutais pas qu'il en fut ainsi, car si je n'ai pas encore reçu de vous une seule situation faisant connaître vos ressources, d'un autre côté vous ne m'avez pas adressé une seule lettre qui put me faire croire que mes ordres n'avaient pas été exécutés. La distribution des vivres de campagne n'ayant commencé que le 6 octobre, j'avais tout lieu d'être convaincu que jusqu'au 22 du même mois vous étiez approvisionné en toute chose.

N'ayant reçu de personne le moindre avis d'aucun mouvement de troupe, j'ignore si les divisions ou les brigades isolées du 15e corps ont été transportées à Orléans en chemin de fer ou si elles ont marché par étapes, mais, dans l'un ou dans l'autre cas, vous deviez vous faire suivre d'approvisionnements chargés sur wagons ou sur des voitures d'entreprise ou, à défaut, de réquisition. C'est donc avec surprise et non sans inquiétude que j'ai vu arriver d'Orléans des dépêches télégraphiques annonçant des besoins dont je ne pouvais pas soupçonner l'existence. Je ne doute pas que vous n'ayez été dominé par des circonstances de force majeure; néanmoins, je vous prie de me donner des explications pour me faire comprendre comment la pénurie a existé là où je devais croire qu'il y avait abondance.

Quoi qu'il en soit, je vous ai envoyé sans retard de Tours environ 83.000 rations de biscuit, 67.000 de riz, 76.000 de sel, 80.000 de sucre, 50.000 de café, 38.000 d'avoine, 7.000 de foin, 15.000 de paille et 45 bœufs; ce qui n'empêche pas que de Vierzon, vous m'avez hier fait connaître que vos besoins étaient extrêmes; je vous ai envoyé de suite 130.000 rations de riz; aujourd'hui je fais expédier, toujours de Vierzon, 31.000 rations de biscuit, 120.000 de café torréfié, 10.000 rations d'avoine (il ne reste plus alors ici que du riz et de l'avoine en attendant l'arrivée d'autres approvisionnements).

Si comme cela est très probable, vous n'avez pu faire distribuer les denrées envoyées de Tours à Orléans, je pense que vous aurez pris les dispositions nécessaires pour les faire refluer sur les points de direction de votre corps d'armée.

Je ne m'explique pas notamment vos besoins en pain, car il me semble facile d'en faire fabriquer sur votre base d'opérations, à Vierzon, Bourges, Nevers, Blois et au besoin dans les villages environnants.

Un sous-intendant militaire du quartier général, assisté d'officiers d'administration et principalement d'employés civils, devrait assurer facilement ce service. Les maires des villes et des communes pouvaient être requis au besoin de faire fabriquer un certain nombre de rations de pain et de les faire diriger sur des centres déterminés par vous, pendant que le corps d'armée faisait en avant un mouvement qui ne pouvait pas s'étendre au loin. Rien n'empêchait que la fabrication fut continuée dans les villes indiquées ci-dessus; au besoin, vous pourriez faire mettre des boulangers militaires à la disposition de l'autorité civile, car votre quartier général et vos divisions sont largement pourvus d'ouvriers d'administration. Si vous désirez recevoir de la farine, faites-moi connaître vos besoins, ainsi que je vous l'ai toujours

recommandé. Quant à la viande, écrivez à M. le sous-intendant ...,
qui est à Nevers, de vous envoyer les troupeaux destinés à la 3ᵉ division d'infanterie et aux deux brigades de cavalerie, qui n'ont pas
assuré le service au moyen de marché; il y a à Nevers 1.042 têtes de
bétail; prenez ce qui vous est nécessaire.

J'ai demandé à Lyon, il y a deux jours, l'envoi sur Orléans de
400 quintaux de lard et 25 quintaux de café et de sucre et de quantités beaucoup plus considérables en destination de Tours. Bien que
M. l'intendant militaire de la 8ᵉ division mette toute l'activité possible
à faire assurer le service des expéditions, vous pouvez, si vous le
croyez utile, envoyer à Lyon M. ... pour activer l'arrivée des
denrées et aussi pour empêcher (bien que je m'en sois déjà occupé)
l'envoi sur Orléans des denrées indiquées ci-dessus; elles seraient
alors conduites à Bourges ou dans une autre localité, si cela vous
convenait mieux. J'ai prescrit au sous-intendant M..., de Chateauroux,
d'envoyer à Bourges les approvisionnements qu'il possède, mais je
n'en connais pas encore la nature ni l'importance. Très prochainement, je vous ferai connaître quelques centres d'approvisionnements
d'où vous pourrez puiser directement des ressources, si cela était
nécessaire.

*L'Intendant en chef de l'armée de la Loire à l'Intendant
du 15ᵉ corps.*

18 octobre.

Je vous remercie des situations que vous m'avez envoyées; elles
sont encore bien incomplètes, mais enfin elles me donnent quelques
éléments sur l'organisation du 15ᵉ corps; dès que vous pourrez
m'adresser des renseignements plus complets, je vous prierai de ne
pas manquer de le faire, notamment en ce qui concerne la division
de cavalerie qui n'a pas fourni la plupart des indications demandées.

Un premier examen de ces situations fait connaître des différences
assez inexplicables entre les diverses ressources des divisions. Ainsi,
en prenant par exemple l'état du personnel et du matériel du train
des équipages non affecté au service des ambulances, on remarque
que tandis que la 3ᵉ division possède 302 chevaux de train et
47 voitures, la 1ʳᵉ et la 2ᵉ divisions ne possèderaient que 2 ou 4 voitures et un nombre de chevaux proportionnel. Ces situations sont
évidemment très inexactes; il en est de même de plusieurs autres;
enfin je n'en suis pas moins convaincu que, personnellement, vous avez
fait tout ce qui était possible pour arriver à mieux.

L'organisation du 16ᵉ corps et les difficultés de toutes sortes que
fait naître la fourniture des effets d'habillement, de grand équipe-

ment et de campement nécessaires à l'armée et principalement à la garde mobile qui est dispersée dans un rayon très étendu, m'empêchent de me rendre à Vierzon ainsi que vous le désirez ; mais, sans la voir, je connais parfaitement et par expérience la situation que vous me dépeignez. Mettez dans ce désordre le plus d'ordre possible, c'est tout ce que je puis vous recommander.

Toutes les expéditions faites par le grand quartier général sont accompagnées d'une lettre de voiture dont est porteur un planton qui accompagne le convoi ; il faut avoir soin seulement de ne pas arrêter à Vierzon les envois effectués sur Bourges par la place de Cherbourg, à moins que vous n'ayez besoin de plus de denrées que je ne vous en ai envoyées. Les ressources que j'ai fait diriger sur Bourges sont du reste à votre disposition en très grande partie, car la division du 16e corps qui s'y trouve en formation ne touche pas encore, que je sache, les vivres de campagne.

MM. .... et ... appartiennent au 16e corps, qui en a grand besoin ; il ne faut donc pas les conserver à Vierzon, mais y envoyer M. ...., car c'est là sa place, à côté de vous, pour répartir les denrées suivant les besoins de chacun.

c) Habillement et campement.

L'Intendant en chef de l'armée de la Loire à l'Intendant du 15e corps.

Tours, 22 septembre.

Veuillez me faire connaître les besoins du 15e corps en chaussures pour former une tête d'approvisionnement et indiquez-moi, après vous en être entendu avec l'état-major général, les points sur lesquels ces approvisionnements devraient être dirigés. Il y a encore des approvisionnements à Rennes, Toulouse et Lyon, mais j'ignore s'ils suffiront aux besoins ; vous me ferez donc connaître les mesures que vous comptez prendre pour assurer complètement le service. Dès que je connaîtrai les ressources des magasins centraux, je vous les notifierai.

L'Intendant en chef de l'armée de la Loire à l'Intendant du 15e corps.

Tours, 22 septembre.

Quelque moyen que l'on emploie pour obtenir des ustensiles de campement, un temps assez long se passera avant qu'ils puissent être délivrés aux corps ; il faut donc, en prévision d'un mouvement qui se produirait plus tôt, examiner si l'on pourrait, par achat ou par réquisitions payées, fournir aux corps des chaudrons ou des marmites en fonte propres à la cuisson des aliments et des gamelles en terre. Ces ustensiles seraient nécessairement transportés par les soins de l'administration.

L'Intendant du 15ᵉ corps d'armée à l'Intendant en chef de l'armée de la Loire, à Tours.

Tours, 23 septembre.

En réponse à votre dépêche en date du 22 de ce mois, j'ai l'honneur de vous faire connaître ci-après les besoins du 15ᵉ corps en chaussures. La répartition provisoire à faire serait la suivante, savoir :

	Souliers	Bottes
Quartier général (Tours)	12.000	3.000
1ʳᵉ et 2ᵉ Divisions d'infanterie (Bourges)	18.000	4.000
3ᵉ Division d'infanterie (Vierzon)	9.000	1.500
4ᵉ Division d'infanterie	9.000	1.500
1ʳᵉ Division de cavalerie (Blois)	1.000	2.500
1ʳᵉ Brigade (Cosne)	600	1.200
	49.600	13.700

Nous n'avons aucun comptable du campement; mais si on constituait fortement le service hospitalier, dont le personnel est neutralisé, un des adjudants pourrait, dans chaque division, être chargé de la réserve du campement et de l'habillement.

Le Ministre de la Guerre à l'Intendant en chef de l'armée de la Loire.

Tours, 27 septembre.

Par lettre du 26 septembre courant, vous me faites connaître que des mesures ont été prises pour parer aux premiers besoins du 15ᵉ corps en effets de petit équipement et de campement, et vous me demandez de vous indiquer de quelles ressources vous pourrez disposer en ce qui concerne les souliers, les sacs-tentes-abris complets et les couvertures.

J'ai l'honneur de vous informer, que les magasins centraux d'habillement de l'Etat sont suffisamment approvisionnés en souliers et couvertures pour satisfaire à tous les besoins, et, très prochainement, des quantités considérables de sacs-tentes-abris pourront être confectionnées à Rennes et à Lille.

Le Ministre de la Guerre à l'Intendant en chef de l'armée de la Loire.

Tours, 27 septembre.

Par lettre du 26 septembre courant, vous appelez mon attention sur la nécessité de pourvoir d'ustensiles de campement les corps qui font partie de l'armée de la Loire; en présence de l'insuffisance des ressources produites par l'industrie locale, vous vous proposez d'affecter aux besoins de cette armée tous les ustentiles réservés aux corps qui n'ont pas encore reçu d'ordre de départ.

La situation que vous me signalez est, en effet, très fâcheuse et j'ai l'honneur de porter à votre connaissance les mesures prises pour arriver à pourvoir d'ustensiles les corps de l'armée de la Loire.

Je donne aujourd'hui des ordres pour que tous les ustensiles de campement disponibles dans les magasins de l'Algérie soient dirigés sur Bourges. Quant aux effets de cette nature qui peuvent exister dans les magasins qui sont destinés aux corps qui n'ont pas reçu d'ordres de départ, je donne des instructions, comme vous le demandez à MM. les intendants militaires des 8e, 9e, 12e et 14e divisions, dans lesquelles il existe de grands centres de production, pour que ces effets soient aussi dirigés sur Bourges.

Je vous prie de faire tous vos efforts, de votre côté, pour activer la livraison des ustensiles de campement qui se fabriquent dans les places du centre de la France.

Le Ministre de la Guerre par intérim à l'Intendant en chef de l'armée de la Loire, à Tours.

Tours, 27 septembre.

J'ai l'honneur de vous informer que, par dépêche en date de ce jour, je donne des ordres pour qu'il soit expédié de Lyon aux régiments de gardes mobiles stationnés à Nevers, Bourges et Vierzon et qui font partie du 15e corps, à chacun 6.500 sacs-tentes-abris, soit au total 19.500.

M. l'intendant militaire de la 19e division est invité à me faire connaître le nombre de ces effets qu'il sera nécessaire de lui expédier supplémentairement pour que tous les gardes mobiles, indistinctement, en soient pourvus.

Le régiment de mobiles de la Dordogne, qui doit être dirigé sur Tours, recevra dans cette ville les sacs-tentes-abris dont il aura besoin.

Le Ministre de la Guerre par intérim à l'Intendant en chef de l'armée de la Loire, à Tours.

Tours, 27 septembre.

J'ai l'honneur de vous prévenir que, pour satisfaire à votre demande, je donne des ordres pour que les ustensiles de campement disponibles dans les magasins centraux d'habillement de Marseille, Montpellier, Toulouse et Rennes soient dirigés sur Bourges.

Le Général commandant le 15e corps d'armée à l'Intendant du 15e corps.

27 septembre.

Vous m'avez écrit (27 septembre) pour me faire connaître qu'il est urgent de faire distribuer aux troupes campées à Tours les nombreuses couvertures de marche qui encombrent les magasins.

Envoyez ces couvertures à Vierzon, à Bourges et à Nevers, où arrivent les régiments de garde mobile à l'effectif de 3.600 hommes et dénués de presque tout.

Le Général commandant le 15e corps d'armée à l'Intendant du 15e corps.

28 septembre.

Les corps en formation à Nevers, Bourges et Vierzon se trouvent en partie dépourvus des effets d'habillement et de campement dont vous m'accusez la présence au magasin du campement de Tours. Il y aurait donc urgence à faire diriger immédiatement ces effets sur les localités ci-dessus pour qu'ils soient délivrés aux corps de troupe.

Le Général commandant le 15e corps d'armée au Général commandant la 18e division militaire, à Tours.

29 septembre.

J'ai l'honneur de vous informer que M. le Ministre a donné des ordres pour que les hommes appartenant aux régiments de la garde nationale mobile, appelés à faire partie du 15e corps, reçoivent des couvertures, des souliers et des sacs-tentes-abris.

Des marchés ont été passés pour la fourniture des chemises, des guêtres et des effets de grand équipement et s'exécutent en ce moment. Il est prescrit de faire diriger sur Bourges tous les ustensiles de campement existant dans les magasins de l'État, en Algérie, et dans les magasins des corps de toutes les divisions de l'intérieur, où il existe des centres importants de production, ainsi que les fourreaux et porte-fourreaux de baïonnettes du petit nombre que M. le Ministre de l'Intérieur n'a pas encore fait distribuer. Quant aux cravates de coton, 20.000 vont être expédiées de Lille, mais M. le Ministre pense qu'il y a lieu d'en acheter sur place, si cela est possible.

L'Intendant en chef de l'armée de la Loire au Ministre de la Guerre.

1er octobre.

Vous m'avez fait connaître les numéros et emplacements des régiments de marche destinés au 15e corps d'armée et vous m'avez chargé de diriger et d'activer leur organisation administrative. Les 6 régiments de mobiles de la Nièvre, de la Charente, de la Gironde, du Maine-et-Loire, du Puy-de-Dôme, des Deux-Sèvres, qui appartiennent à ce corps d'armée, et le 22e régiment de la Dordogne, qui fait partie de la division mixte, sont dans une situation bien peu satisfaisante, si on en juge par celle de ce dernier corps et aussi par les plaintes du commandement au sujet du défaut d'organisation des gardes mobiles du Lot et du Gers, qui sont en garnison à Orléans et à Vendôme. Ceux-ci sont dépourvus d'effets d'habillement et de grand équipement; ceux-là manquent d'ustensiles et d'objets de campement; les conseils éventuels ne sont pas organisés; la comptabilité n'est pas ouverte; il y a, en un mot, beaucoup à faire. En conséquence, si vous n'y voyez pas d'inconvénients, j'ai l'intention de m'occuper, sur place, de l'organisation de la garde mobile en même temps que de celle des régiments de marche, et en donnant une part de cette inspection à M. l'intendant militaire qui commencera dès demain par le 22e.

Le Ministre de la Guerre à l'Intendant en chef de l'armée de la Loire.

Tours, 8 octobre.

Par lettre du 7 octobre courant, vous rappelez que les hommes appartenant aux bataillons de la garde nationale mobile appelés à l'activité n'ont reçu, pour le plus grand nombre, que des vareuses en étoffe légère, insuffisantes pour les préserver du froid, et vous exprimez l'avis qu'il conviendrait de distribuer à ces hommes des collets à capuchon semblables à ceux des zouaves et des chasseurs à pied.

J'ai l'honneur de vous informer que, préoccupé comme vous de la nécessité d'arriver à pourvoir rapidement les hommes de la garde nationale mobile de vêtements suffisamment chauds, j'ai pris des mesures pour assurer la prompte livraison de quantités très importantes de vareuses en molleton de bonne qualité et de gilets en tricot de laine destinés à être portés sous la vareuse.

Les hommes de la garde nationale mobile se trouveront donc pourvus prochainement d'une blouse de toile, d'une vareuse en molleton, d'un gilet de laine en tricot, d'une demi-couverture, d'un sac-tente-abri, d'une ceinture de flanelle.

Je ne pense pas que, pour le moment du moins, il soit nécessaire de donner encore à ces hommes un caban ou un collet à capuchon. Il me semble que ce nouvel effet ne devrait être distribué qu'à ceux qui n'ont pas de vareuses, et c'est dans ce sens, que je vous prie d'étudier la question.

L'Intendant du 15ᵉ corps d'armée à l'Intendant de la 3ᵉ division, à Vierzon (D.T.).

Bourges, 9 octobre, 7 h. 50 soir.

Informez le général commandant la 3ᵉ division que gamelles, marmites et bidons peuvent être donnés demain par le magasin du campement de Bourges.

Des fournisseurs livreront prochainement des tentes-abris. Je tenterai d'en avoir demain 2.000 pour vos mobiles.

Circulaire de l'Intendant en chef de l'armée de la Loire.

Tours, 10 octobre.

La plupart des gardes mobiles envoyés dans les départements voisins du théâtre de la guerre ou versés dans l'armée de la Loire n'ont pas de gibernes et n'ont été pourvus, dans leurs départements, que d'une poche sans résistance, formée d'un cuir mou et de nature à laisser échapper, au moindre mouvement, le peu de paquets de cartouches qu'elle contient.

Il importe de remédier autant que possible à ce grave inconvénient. Autorisez et dirigez toute dépense nécessaire pour faire doubler en fer blanc ou en bois ces cartouchières, pour rendre leur fermeture plus complète, et recommandez qu'un emplacement convenable soit réservé à la rondelle de caoutchouc et aux aiguilles.

Il importe, en effet, que les pièces de rechange dont quelques corps de mobiles n'ont reçu que la moitié ne se perdent pas et soient protégées contre tout choc. Prévenez l'autorité militaire que vous êtes autorisé à faire faire les dépenses convenables et, si elle est sur les lieux, demandez-lui des instructions mais, en tous cas, pressez tous.

Il est bien entendu que là où vous pourrez procurer à la troupe de bons coffres à cartouches vous n'hésiterez pas à le faire, même chèrement. C'est une question de premier ordre.

L'Intendant du 15ᵉ corps à l'Intendant en chef de l'armée de la Loire, à Tours.

Bourges, 10 octobre.

J'ai l'honneur de vous rendre compte que plusieurs des régiments de la garde mobile du 15ᵉ corps d'armée sont dépourvus des effets les plus indispensables au soldat en campagne.

Les uniformes, qui leur ont été donnés aux chefs-lieux des départements, ont été confectionnés à la hâte avec des draps de mauvaise qualité, qui ne les protègent pas contre le froid et qui manquent complètement de solidité.

Ces hommes n'ont point de ceintures de flanelle; les médecins, vu le nombre élevé des malades, réclament instamment que cet effet soit distribué à tous.

J'ai demandé à M. l'intendant de la 8ᵉ division, à Lyon, de me faire connaître s'il serait possible d'en obtenir 10.000 du commerce lyonnais.

Des gardes mobiles manquent de souliers, de cravates, de havresacs (ils ne savent où mettre leurs cartouches pour les protéger contre l'humidité qui les détériore si facilement), de chemises.

Je leur ai fait distribuer des demi-couvertures, des marmites, des gamelles, grands bidons, et tentes-abris dans une certaine proportion. Beaucoup d'entre eux manquent encore d'une partie de ces effets indispensables.

L'administration de ces corps me paraît réclamer la sollicitude de l'autorité supérieure, attendu qu'il faudra prochainement satisfaire à de très grands besoins, pour lesquels il importe de créer, à bref délai, des ressources considérables. Si le terme de la campagne pouvait être entrevu dans un avenir prochain, on pourrait passer outre, mais si les gardes mobiles doivent faire une campagne d'hiver, il faudra les vêtir et les protéger contre le froid, afin de n'avoir pas un nombre considérable de malades à traiter dans nos hôpitaux insuffisants pour un tel nombre de soldats.

Ces lignes, tracées à la hâte au moment du départ du 15ᵉ corps, suffiront pour appeler votre bienveillante attention sur une situation qui mérite d'être prise, sans retard, en très sérieuse considération.

L'Intendant en chef de l'armée de la Loire au Ministre de la Guerre, à Tours.

11 octobre.

Je n'ai pu obtenir jusqu'à ce jour de l'intendance du 15e corps ni des intendants territoriaux aucune situation des besoins des régiments de garde mobile versés dans l'armée ou sur la Loire.

Mais ayant fait inspecter un de ces corps par M. l'intendant militaire..., et ayant reçu deux ou trois situations qui m'ont été transmises par MM. les généraux commandant les départements, je puis en conclure que les régiments de mobiles du 15e corps et de la ligne de défense de la Loire, au nombre de 14, ne sont encore pourvus en moyenne qu'aux deux tiers de leurs besoins. Ce sont les ustensiles de campement, les havre-sacs et le grand équipement qui font le plus défaut, tandis que les couvertures et les sacs-tentes-abris ont été délivrés avec plus d'abondance, soit au point de départ par les préfets, soit à l'arrivée par le Ministre de l'Intérieur ou l'administration de la Guerre.

D'après ces données évaluatives, il faudrait, sans parler de l'habillement sur lequel je ne suis nullement renseigné, réunir pour les mobiles du 15e corps et la ligne de la Loire :

Campement.

4.200 collections d'ustensiles de campement, à raison d'une collection pour 8 hommes ;
16.800 couvertures ;
25.200 sacs-tentes-abris avec accessoires.

Grand équipement.

33.600 ceinturons avec accessoires ;
33.600 gibernes ;
Cartouchières (effets ne pouvant guère servir, à remplacer) ;
27.200 porte-sabres baïonnettes avec fourreaux ;
16.800 bretelles de fusils ;

Petit équipement.

33.600 havre-sacs ;
16.800 chemises ;
16.800 caleçons ;

37.800 ceintures de flanelle;
12.600 cravates en coton bleu;
16.800 paires de guêtres de toile;
16.800 paires de souliers, autant que possible de forte pointure, dont une partie pour la réserve.

En outre il serait utile que l'on comprît dans les réserves, en arrière de l'armée, environ 40.000 paires de souliers et 10.000 chemises pour les besoins à venir de ces 14 régiments de mobiles.

Je crains que les magasins, en arrière de l'armée, tels que celui de Bourges, ne soient bien épuisés; à Tours, où rien encore n'est arrivé des expéditions annoncées par vos lettres du 7 octobre ..., il n'existe, provenant en général de marchés locaux déjà anciens, que 2.300 sacs-tentes-abris, 1.500 caleçons, 4.000 cravates en coton, 200 paires de guêtres de toile, 1.800 paires de souliers (seront enlevées en grande partie demain matin).

Je n'ai pas parlé des besoins beaucoup plus considérables d'effets pour la droite et la gauche de la première ligne, dont je ne crois pas avoir à m'occuper. Quant à la seconde ligne, comme elle ne sera engagée que plus tard, ses besoins seront relativement mieux assurés par les marchés locaux.

J'ai l'honneur de vous prier de vouloir bien donner des ordres pour activer les envois annoncés et pour que de nouveaux versements soient effectués, moitié sur Bourges, moitié sur Tours, ou, suivant les circonstances, sur Châteauroux. Dès que ces versements auront commencé sur ces places, je télégraphierai aux généraux afin que les régiments soient autorisés à envoyer quelqu'un pour toucher ce qui leur revient, attendu que les expéditions non accompagnées n'arrivent plus à temps.

L'Intendant en chef de l'armée de la Loire au Général commandant en chef.

20 octobre.

J'ai l'honneur de vous rendre compte que les approvisionnements de l'armée en habillement, campement et grand équipement sont à peu près assurés, dans un avenir que j'espère prochain, au moyen des marchés généraux passés par le Ministre de la Guerre, mais que l'on manque encore partout et surtout au 16e corps des choses les plus indispensables. Ce sont surtout les havre-sacs, les effets de grand équipement et les ustensiles de campement.

Depuis mon arrivée, j'ai paré autant que possible aux besoins les plus urgents, en faisant acheter tout ce qu'on a pu trouver de livrable à court délai, et en faisant requérir, quand c'était possible, dans les villes voisines du théâtre de la guerre.

Cette mesure a donné un certain nombre de couvertures pour les diverses troupes et de vareuses pour la mobile. Pour rendre le service plus régulier avec le temps, je m'occupe activement de créer en arrière de l'armée des magasins de réserve pour recevoir successivement tout ce qui arrivera et ne sera pas indispensable aux distributions. Les magasins sont Poitiers et Clermont.

La régularité de l'uniforme étant moins rigoureusement exigée dans la mobile que dans l'armée, j'ai déjà fait pourvoir plusieurs régiments de ce qui leur manquait; mais je suis impuissant lorsqu'il s'agit des troupes de ligne. Ainsi le régiment de zouaves de la 1re division d'infanterie du 15e corps a été envoyé à l'armée à peu près nu, et ne pourra être habillé par les soins de l'intendant du 15e corps, car le Ministère n'a installé de fabrique pour effets de zouaves qu'à Marseille et à Avignon, c'est-à-dire en dehors du rayon de l'armée. Je me suis borné à appeler l'attention du Ministre de la Guerre sur la plainte trop légitime du général commandant cette division.

Si vous jugiez que les zouaves dussent être pourvus de vareuses, en attendant l'arrivée des effets commandés par le Ministre, on pourrait en trouver par réquisition dans les villes voisines. Je n'ai jamais été avisé à l'avance de la formation ou de l'arrivée des régiments de marche et régiments de mobiles, ce qui m'a empêché d'utiliser, aussi bien que je l'aurais pu, les ressources dont je dispose en certaine nature d'effets.

L'intendant du 15e corps dispose de quelques ressources réunies à Bourges et à Vierzon. Je le préviens en outre de ce qui existe ici. Ce sont, en grand nombre, des couvertures, des ceintures, des flanelles, des souliers, des guêtres blanches, des chemises, des cravates. Les mobiles peuvent faire prendre à Poitiers des gilets et tricots de laine qui s'y versent en ce moment.

15ᵉ CORPS D'ARMÉE.

Magasin de l'habillement et du campement.
État de situation des effets existant au magasin le 5 décembre.

Tours, 5 décembre.

DÉSIGNATION DES MATIÈRES ET DES EFFETS	Existant au 4 déc.	Entrées	Totaux	Sorties	Restant au 5 déc.	Observations
Ceintures de flanelle	12.840	»	12.840	117	12.723	
Habillement.						
Troupes régulières — Capotes	400	»	400	1	399	
Troupes régulières — Tuniques	»	»	»	»	»	
Troupes régulières — Vestes	283	»	283	»	283	
Troupes régulières — Pantalons	8.121	»	8.121	601	7.520	
Troupes régulières — Bonnets de police	800	»	800	»	800	
Troupes régulières — Gilets de laine	4.500	»	4.500	83	4.417	
Mobiles ou francs-tireurs — Vareuses	2.750	»	2.750	64	2.686	
Mobiles ou francs-tireurs — Pantalons	5.100	2.000	7.100	4.263	2.837	
Mobiles ou francs-tireurs — Casquettes	3.381	1.300	4.681	74	4.607	
Effets de grand équipement — Bretelles de fusil	»	65	65	65	»	
Effets de grand équipement — Ceinturons	4.667	»	4.667	1.064	3.603	
Effets de grand équipement — Gibernes	458	»	458	64	394	
Effets de grand équipement — Porte-sabres-baïonnettes	2.851	»	2.851	64	2.787	
Effets de grand équipement — Cartouchières	6.510	»	6.510	64	6.446	
Effets de Pompiers — Gibernes	1.976	»	1.976	24	1.952	
Effets de Pompiers — Ceinturons	9.150	»	9.150	45	9.105	
Effets de Pompiers — Porte-fourreaux de sabre	6.635	»	6.635	1.010	5.625	
Effets de Pompiers — Porte-fourreaux de baïonnette	»	»	»	»	»	
Effets de Pompiers — Fourreaux de sabre	»	»	»	»	»	
Effets de Pompiers — Fourreaux de baïonnette	»	»	»	»	»	
Effets de Pompiers — Bretelles de fusil	»	117	117	117	»	
Campement.						
Couvertures à une place	»	»	»	»	»	
Couvertures de marche et 1/2 couvertures diverses	13.541	»	13.541	510	13.031	
Sacs-tentes-abris complets	31.025		31.025	65	30.960	
Tentes complètes	120		120	»	120	
Ustensiles — Grands bidons	3.300	20	3.320	10	3.310	
Ustensiles — Gamelles	3.600	27	3.627	20	3.607	
Ustensiles — Marmites	2.200	527	2.727	10	2.717	
Petits bidons avec courroie	»	»	»	»	»	
Hachettes	2.069	»	2.069	112	1.957	
Piquets de cavalerie	»	»	»	»	»	
Cordes d'attache	2.097	»	2.097	12	2.085	
Harnachement.						
Bissacs	»	»	»	»	»	
Filets à fourrage doubles ronds (paire)	»	»	»	»	»	
Musettes-mangeoires	4.730		4.730	10	4.720	
Petit équipement.						
Bottes avec éperons (paire)	»	»	»	»	»	
Caleçons (nombre)	13.387	»	13.387	500	12.857	
Chemises (nombre)	1.300	144	1.444	139	1.305	
Cravates en coton (nombre)	4.611	»	464	68	4.543	
Guêtres (paire) de cuir	»	2	2	2	»	
Guêtres (paire) de toile	»	127	127	127	»	
Havre-sacs avec planchettes (nombre)	3.100	231	3.331	231	3.100	
Pantalons de toile (nombre)	»	»	»	»	»	
Souliers (paire)	607	182	789	185	604	
Havre-sacs de pompiers	229	»	229	2	227	
Etuis-musettes	»	»	»	»	»	
Bottines sans éperons (paire)	1.709	»	1.709	5	1.704	

Rapport sur l'état des marchés connus restant à livrer.

```
    385 havre-sacs . . . . . . .  M. ....
  1.800    —    par jour . . .  M. ....
    100 petits bidons par jour . .  M. ....
 48.859 paires de guêtres en cuir  M. ....
```

2° Santé.

L'Intendant en chef de l'armée de la Loire à l'Intendant du 15ᵉ corps.

Tours, 22 septembre.

Veuillez me faire connaître où sont en ce moment les ambulances venues de l'armée de Sedan et donnez-moi votre avis sur les points où il convient de les placer pour qu'elles soient respectivement à portée du quartier général, des divisions et des brigades.

Vous me direz aussi ce qui vous manque en matériel et combien vous voulez d'officiers d'administration et d'infirmiers. Vous me ferez connaître aussi ce que vous avez en matériel. J'ai l'intention de faire acheter les instruments de chirurgie à Londres.

En ce qui concerne les médecins et pharmaciens, vous vous entendrez avec les chefs du service de santé pour établir votre demande de personnel.

Le Général commandant le 15ᵉ corps d'armée à l'Intendant du 15ᵉ corps.

23 septembre.

J'ai l'honneur de vous faire connaître que le Ministre de la Guerre a complété de la manière suivante, à la date du 22 septembre courant, le personnel médical qui doit fonctionner aux ambulances du 15ᵉ corps :

Quartier général.

MM. ...   médecin-major de 1ʳᵉ classe.
    ...   médecin aide-major de 1ʳᵉ classe.
    ...   { médecins aide-major de 2ᵉ classe.
    ...   pharmacien-major de 2ᵉ classe.

Division mixte.

M. ...   médecin aide-major de 2ᵉ classe.

1ʳᵉ Division de cavalerie.

M. ...   médecin-major de 2ᵉ classe.

2ᵉ Division de cavalerie.

MM. ...   médecin-major de 1ʳᵉ classe.
...   médecin-major de 2ᵉ classe.
...   médecin aide-major de 1ʳᵉ classe.
...   médecin aide-major de 2ᵉ classe.
...   pharmacien aide-major de 2ᵉ classe.

Vous remarquerez que M... primitivement affecté à la 1ʳᵉ division de cavalerie passe à la 2ᵉ. Le Ministre vous laisse d'ailleurs la latitude de faire mouvoir d'une division sur une autre, et selon les besoins du service, le personnel placé sous vos ordres.

Les officiers de santé ci-dessus désignés sont actuellement à Rouen revenant de l'armée du Rhin. Ils reçoivent l'ordre de se rendre en toute hâte au lieu de rassemblement de leurs divisions respectives.

Le Général commandant le 15ᵉ corps d'armée au Général commandant la 19ᵉ division militaire, à Bourges.

25 septembre.

J'ai l'honneur de vous prier de donner l'ordre à M. le colonel..., à Châteauroux, de faire exécuter les mouvements nécessaires sur les divisions du 15ᵉ corps d'armée qui n'ont pas encore reçu les détachements qui leur sont attribués, et au sujet desquels il a reçu des instructions de la part de l'intendance militaire du 15ᵉ corps. Je crois qu'il est utile de rappeler à ce sujet au colonel.... que les points de concentration sont :

Nevers, pour la 1ʳᵉ division d'infanterie.

Bourges, pour la 2ᵉ division d'infanterie, le quartier général et la brigade Nansouty.

Vierzon, pour la 3ᵉ division d'infanterie.

Blois, pour la division de cavalerie Reyau.

Cosne, pour la brigade de cavalerie Michel.

Si je suis bien informé, les trois divisions d'infanterie ont déjà reçu leurs litières et leurs cacolets; il ne resterait donc plus à pourvoir que le grand quartier général, la division et les brigades de cavalerie Reyau, Michel et Nansouty, ainsi que la division mixte à Tours.

Ci-joint un tableau indiquant la répartition du matériel du train pour le 15ᵉ corps (1) que je vous prie de transmettre à M. le colonel... et qui, avec les renseignements qui précèdent, doit le mettre à même de faire tous les envois et de compléter ce qui manque dans les divisions.

Comme, d'après les renseignements qui me sont fournis, le parc de Châteauroux ne possède plus de voitures Masson, je donne l'ordre au commandant du détachement du train, qui est parti hier de Tours pour se rendre à Lyon et qui conduit avec lui un grand nombre de ces voitures, de nous fournir ce qui nous est nécessaire, c'est-à-dire 39 voitures.

Enfin, mon cher Général, une compagnie légère du train venant de Valence est arrivée à Bourges où elle a été arrêtée. L'intendant du corps d'armée a donné au sous-intendant militaire du 15ᵉ corps présent à Bourges les instructions nécessaires pour préparer, de concert avec le commandant de la compagnie, une répartition de cette compagnie. Il importe que les mouvements que cette répartition va entraîner soient faits dans le plus bref délai possible. A cet effet, j'ai l'honneur de vous prier de vouloir bien donner des ordres pour ces mouvements, lorsqu'ils vous seront demandés par le sous-intendant militaire du 15ᵉ corps.

Le Général commandant la 3ᵉ division du 15ᵉ corps au Général commandant le 15ᵉ corps d'armée (D. T.).

Vierzon, 30 septembre.

Les corps de ma division ne possèdent pas les sacs d'ambulance réglementaires et indispensables pour le service sanitaire.

Le sous-intendant déclare qu'il n'existe à proximité de Vierzon aucun dépôt de ces objets.

Je vous prie de vouloir bien prendre des mesures à cet égard.

Ordre général du 15ᵉ corps d'armée.

Bourges, 1ᵉʳ octobre.

Le général commandant le 15ᵉ corps d'armée rappelle aux troupes placées sous son commandement que les ambulances de toutes nationalités sont neutres.

---

(1) Tableau non retrouvé.

Elles sont signalées par un fanion blanc avec croix rouge; le matériel porte la même croix.

La non-exécution des conventions relatives aux ambulances pouvant amener de très grandes difficultés, MM. les généraux et chefs de corps devront tenir la main à ce que personne ne les ignore.

Le Médecin chef de l'ambulance de la 1re division du 15e corps au Sous-Intendant de la division.

Nevers, 1er octobre.

Service de l'ambulance.

Conformément à l'ordre de M. le général commandant la 1re division du 15e corps, ordre donné au rapport du 30 septembre, j'ai l'honneur d'attirer votre bienveillante attention sur la pénurie actuelle du matériel de notre ambulance qui ne possède que deux caissons, et de vous demander, afin de la compléter et de la mettre en état de satisfaire aux besoins d'une division qui va s'élever à 20.000 hommes au moins, le matériel et objets de pansement dont l'énoncé suit :

1°

2 caissons d'ambulance.
1 caisson de pharmacie.
1 caisson vide.
40 brancards.
200 couvertures.

50 toiles à paillasses.
8 grandes tentes.
10 voitures Masson.
50 mulets cacolets.

2°

Ouate	3 kilos	Acide phénique cristallisé	300 gr.
Alcool pour pansement	15 litres	Perchlorure de fer (solution)	500 gr.
Sulfate de potasse en solution	5 —	Chloroforme (récemment préparé)	500 gr.
Vin (pour vin aromatique)	50 —		
Alcool aromatique	15 —		

Observations.

1° En demandant 4 caissons, je n'assure en réalité que 6.000 pansements et non 8.000, attendu que les mêmes pansements se renouvellent quelquefois avant les évacuations, et que le nombre des bandes et compresses ne peut pas être mathématiquement limité pour un pansement.

2° Le caisson de pharmacie a été promis par M. l'intendant de Lyon. L'hôpital militaire de cette ville en possède 5, outre des cantines de pharmacie, et ce caisson est indispensable pour une campagne d'hiver, afin de renouveler les provisions en médicaments externes des caissons d'ambulance et des cantines régimentaires.

3° Le caisson vide doit pouvoir renfermer les objets de pansement nécessaires aujourd'hui et qui ne sont pas en assez grande quantité dans les caissons ou y manquent tout à fait; ces objets, qui forment la seconde partie de ma demande, pourraient être achetés à Nevers par les soins de M. l'officier comptable de l'ambulance.

4° Le vieux chloroforme est dangereux; nous avons appris récemment à nous défier et même rejeter celui renfermé depuis longtemps dans les caissons, et avons dû nous servir exclusivement de celui acheté dans les pharmacies civiles de Sarreguemines.

5° Les grandes tentes, utiles tant pour les malades que pour établir une tente d'opérations, une réserve ouverte de pharmacie et le bureau du comptable, nous ont été également promises par M. l'intendant de Lyon.

6° Enfin, hier, des chemises pour les blessés nous ont été offertes par un médecin de Nevers; nous les placerions dans le caisson vide, et nous les avons acceptées, pour les prendre seulement quand nous aurons les moyens de transport, avec d'autant plus d'empressement que, dernièrement encore, nous en constations l'urgence chez des blessés qui n'en conservent que des lambeaux imbibés et séchés par le sang et devenant ainsi une cause de viciation et complication morbide des plaies.

Le Lieutenant-Colonel commandant le 3ᵉ régiment du train des équipages militaires au Ministre de la Guerre, à Tours.

Châteauroux, 7 octobre.

Par dépêche télégraphique du Ministre à Tours, en date du 27 septembre, j'ai reçu l'ordre de former les sept détachements indiqués par le tableau ci-dessous.

Les deux pour les divisions de cavalerie, Cosne, Gien et Blois, sont partis le lendemain, 28 septembre, pour leur destination.

Les autres sont déjà formés depuis quelques jours. J'attends des ordres pour les faire partir.

DÉTAIL DU MATÉRIEL	DIVISIONS DE CAVALERIE		DIVISIONS D'INFANTERIE				QUARTIER GÉNÉRAL A BOURGES	OBSERVATIONS
	COSNE ET GIEN	BLOIS	NEVERS	BOURGES	VIERZON	TOURS		
1	2	3	4	5	6	7	8	9
Caissons à pansement...	2	2	3	3	3	3	3	Les détachements portés dans les colonnes 2 et 3 sont partis pour leur destination le 28 septembre.
Omnibus...	»	»	1	1	1	1	1	
Chariots...	3	3	3	3	3	3	3	
Caissons à galerie.....	1	1	2	2	2	2	2	
Caissons à pharmacie.	»	»	»	»	»	»	2	
Totaux des voitures..	6	6	9	9	9	9	11	
Nombre de chevaux attelés	24	24	36	36	36	36	44	
Nombre de chevaux haut-le-pied	2	2	4	4	4	4	12	
Totaux des chevaux..	26	26	40	40	40	40	56	

3° *Train des équipages.*

Le Ministre de la Guerre au Général commandant la 18ᵉ division militaire, à Tours.

Paris, 16 septembre.

La 19ᵉ compagnie du 1ᵉʳ régiment du train des équipages militaires, qui a été retenue à Vernon jusqu'après l'évacuation du parc, et qui devait se rendre à Lyon comme les deux colonnes parties les 10 et

11 septembre courant, est affectée au 15ᵉ corps d'armée en formation.

Cette compagnie ne devra pas se rendre à Lyon; elle s'arrêtera à Tours; veuillez faire le nécessaire à cet effet.

Il est bien entendu que vous laisserez partir pour Lyon la deuxième colonne du même régiment qui doit arriver à Tours le 22.

4° *Équipages régimentaires.*

Le Général commandant le 15ᵉ corps d'armée à l'Intendant du 15ᵉ corps.

21 septembre.

Il m'est impossible de vous faire connaître encore quels seront les besoins du 15ᵉ corps en fait d'équipages régimentaires, qui sont d'ailleurs à Châteauroux, ainsi que vous me le dites par votre lettre de ce jour, en nombre plus que suffisant pour satisfaire aux exigences du corps. Mon intention, en effet, est qu'il n'y ait pas plus de deux voitures par état-major et cinq au plus par régiment d'infanterie.

Au fur et à mesure de l'arrivée des corps à Bourges et à Vierzon, ils feront connaître leurs besoins, et il sera temps de faire venir de Châteauroux de quoi satisfaire à leurs demandes, sans produire à l'avance, à Bourges ou à Vierzon, un encombrement qui n'existera que trop.

Le Général commandant le 15ᵉ corps d'armée au Général commandant la 2ᵉ division du 15ᵉ corps, à Nevers, et au Général commandant la 3ᵉ division du 15ᵉ corps, à Vierzon.

Tours, 21 septembre.

Le Ministre de la Guerre m'a fait connaître qu'il y a à Châteauroux 272 voitures régimentaires n° 1, qui sont à la disposition du 15ᵉ corps. Pour ne pas produire à Bourges ou à Vierzon un encombrement inutile et prématuré, ces voitures ne seront expédiées de Châteauroux qu'au fur et à mesure de l'arrivée des corps à Bourges ou à Vierzon, et sur leur demande. Je veux d'ailleurs que nous soyons aussi légers que possible et je n'admets pas qu'il y ait plus de cinq voitures par régiment d'infanterie et deux pour tout l'état-major de chaque division.

Les voitures dont il s'agit sont pourvues de harnais. Quant aux chevaux de trait destinés à les traîner, ils devront être achetés dans le commerce directement par les corps en se conformant aux circulaires des 14 et 19 juillet derniers relatives à la remonte et qui sont sans doute inscrites au *Journal militaire*.

Le Général commandant le 15ᵉ corps d'armée à l'Intendant du 15ᵉ corps.

27 septembre.

Vous m'avez écrit pour me dire qu'il y avait urgence à faire prendre à Châteauroux les équipages régimentaires affectés aux états-majors et aux régiments du 15ᵉ corps.

Il est impossible de procéder à cette opération avant que les régiments soient complètement arrivés et que nous soyons nous-mêmes installés à Bourges. Mon intention, bien arrêtée d'ailleurs, est que chacun soit aussi léger que possible, et je donnerai l'exemple.

Le Ministre de la Guerre au Général commandant le 15ᵉ corps d'armée.

Tours, 1ᵉʳ octobre.

J'ai été informé que le 3ᵉ régiment du train des équipages militaires stationné à Châteauroux a reçu l'ordre de mettre à la disposition du 15ᵉ corps, pour le service des équipages d'état-major et régimentaires, un certain nombre d'hommes montés et non montés ainsi que les chevaux d'attelage du matériel.

D'après les dispositions arrêtées lors de la formation des premiers corps de l'armée du Rhin, le matériel des équipages d'état-major et régimentaires a été fourni par le service des équipages militaires, les animaux par le service de la remonte.

Quant aux conducteurs, les généraux et autres parties ayant droit à des équipages ont été autorisés par une note insérée au *Journal Officiel* à les chercher dans les rangs de la garde nationale mobile. Les corps devaient les trouver dans les rangs de la troupe.

Cette mesure, qui a pour but de maintenir entre les mains de l'administration militaire l'intégralité de ses ressources pour l'exécution du service des transports si important en campagne, doit recevoir également son application dans le 15ᵉ corps.

Toutefois, et en raison du grand nombre d'animaux existant au dépôt du 3ᵉ régiment du train, ce corps a été autorisé, exceptionnellement, à fournir les animaux d'attelage, ainsi que je vous l'ai fait connaître par ma dépêche du 27 courant.

Je vous invite à donner des ordres pour l'exécution de ces dispositions et, au besoin, à prescrire la rentrée immédiate à Châteauroux des hommes du 3ᵉ régiment de train qui auraient été fournis par ce régiment pour la conduite des équipages du 15ᵉ corps.

Le Général commandant le 15ᵉ corps d'armée aux Généraux commandant les divisions du 15ᵉ corps.

Bourges, 3 octobre.

J'ai l'honneur de vous informer que je viens de décider que 30 voitures des équipages auxiliaires seraient affectées à votre division, d'après la répartition suivante : 2 pour le général de division et son état-major, 1 pour chaque général de brigade, 4 pour chaque régiment d'infanterie, 1 pour chaque bataillon de chasseurs, 1 pour la prévôté.

Suivant les ressources qui existent à Châteauroux, ces voitures seront à deux ou quatre roues, réparties en nombre égal, autant que possible, dans les divisions et brigades.

Ces voitures seront remises aux parties prenantes par les soins des sous-intendants militaires, qui se feront délivrer des reçus.

En note. — Il sera, en outre, affecté à chaque régiment d'infanterie et à chaque bataillon de chasseurs un mulet d'ambulance avec cantines.

Le Général commandant le 15ᵉ corps d'armée à l'Intendant et aux Généraux des divisions du 15ᵉ corps.

5 octobre.

J'ai l'honneur de vous adresser ci-joint un état indiquant l'emplacement des troupes composant le 15ᵉ corps.

Je vous prie de vouloir bien faire envoyer immédiatement aux différentes fractions les équipages auxiliaires auxquels elles ont droit, à raison de 2 pour chaque général de division et son état-major, 1 pour chaque général de brigade, 4 pour chaque régiment d'infanterie, 1 pour chaque bataillon de chasseurs, 1 pour chaque prévôté.

Ce serait donc 30 voitures pour chaque division d'infanterie, mais il y a lieu d'en donner à la 1ʳᵉ division une de plus qu'aux autres, parce qu'elle a, indépendamment de son bataillon de chasseurs, 1.200 hommes d'infanterie de marine affectés à sa 1ʳᵉ brigade.

Le général ..., de la 3ᵉ division, est parti hier avec sa brigade pour Épinal, et je ne sais pas encore si son éloignement du 15ᵉ corps est définitif ou momentané; les voitures destinées à cette brigade devront être conservées à Châteauroux, d'où elles ne seront expédiées que sur de nouveaux ordres.

Quant à la cavalerie, il sera donné 3 voitures à chaque régiment, 1 à chaque prévôté, 1 à chaque général de brigade et 2 à M. le général Reyau, qui commande une division, pour lui et son état-major.

Suivant les ressources qui existent à Châteauroux, les voitures seront à deux ou à quatre roues, réparties en nombre égal autant que possible dans les différentes fractions constitutives des divisions ou des brigades.

Enfin, je vous prie de me faire venir à Bourges deux voitures destinées à l'état-major général du 15ᵉ corps.

Les voitures dont il s'agit seront remises aux parties prenantes par les soins des sous-intendants militaires qui se feront délivrer des reçus.

Réponse au rapport des 1ʳᵉ et 2ᵉ divisions du 15ᵉ corps d'armée du 4 au 5 octobre.

Les équipages régimentaires destinés aux états-majors et aux corps de la 1ʳᵉ division d'infanterie sont actuellement à Bourges, attelés et pourvus de conducteurs ; M. le général commandant la 1ʳᵉ division est prié d'envoyer, dès demain s'il le peut, un officier pour en prendre livraison et pour les conduire à Nevers par étapes.

L'officier désigné trouvera les voitures en question au parc du train.

L'Intendant en chef de l'armée de la Loire au Ministre de la Guerre.

9 octobre.

En réponse à votre lettre du 4 de ce mois, j'ai l'honneur de vous faire connaître que, d'après une dépêche télégraphique, qui vient de me parvenir et qui m'est adressée par M. l'intendant militaire du 15ᵉ corps, le nombre des voitures régimentaires a été réduit dans le 15ᵉ corps à une par bataillon et à une pour l'état-major, soit 4 par régiment de ligne, de marche ou de garde mobile. Je ne partage pas cette manière de voir ; je crois qu'il convient de réduire de 11 à 7 le nombre des voitures à allouer à un régiment d'infanterie, soit 2 voitures par bataillon et 1 pour l'état-major. Si un corps fait un mouvement rapide, on peut, ainsi que cela s'est toujours passé, laisser en arrière la moitié des voitures, et, de cette façon, tous les intérêts sont conciliés. On ne peut admettre que les effets de 24 officiers, leurs tentes, bien nécessaires dans la saison où nous allons entrer, et enfin les provisions de bouche puissent tenir dans une même voiture. Je suis convaincu que, dans la pratique du service, si on n'accorde à un bataillon qu'une voiture, la force des choses fera qu'on remplacera la seconde par une voiture de réquisition, et cela au détriment du Trésor. J'ai donc l'honneur d'insister auprès de vous pour que le nombre des voitures soit fixé à 7 par régiment; s'il faut réduire de beaucoup le chiffre de 11, il ne faut pas tomber dans un excès contraire ; autrement, on soulèvera de la part des officiers des plaintes qui seront très fondées.

5° *Prévôté*.

Note du Secrétariat général de la délégation du ministère de la Guerre pour la 1re direction.

Tours, 20 septembre.

On a l'honneur de faire connaître à la 1re direction que, par décision du 19 de ce mois, la composition de la force publique du 15° corps d'armée a été arrêtée ainsi qu'il suit :

Au quartier général :
1 chef d'escadron, prévôt, 1 maréchal des logis faisant fonctions de trésorier, 1 brigadier et 6 gendarmes à cheval.

Près de chaque division d'infanterie :
1 capitaine ou lieutenant, 10 hommes à cheval (1 maréchal des logis et 9 gendarmes), 10 hommes à pied (1 brigadier et 9 gendarmes).

Près les brigades de cavalerie :
1 capitaine ou lieutenant, 20 hommes à cheval (1 maréchal des logis, 1 brigadier, 18 cavaliers).

Les officiers, dont les noms suivent, ont été désignés pour être employés :

Quartier général : M.........., chef d'escadron Hautes-Pyrénées.
    1re division : MM.........., capitaine à Castel-Sarrasin.
    2e —   ...., lieutenant à Castelnaudary.
    3e —   ...., sous-lieutenant à Muret.

Près les brigades de cavalerie : M........., lieutenant à Gourdon.
Quant aux sous-officiers, brigadiers et gendarmes, ils sont fournis par les 10°, 11°, 12° et 13° légions de gendarmerie.
Tous ces militaires reçoivent l'ordre de se rendre d'urgence et par les voies rapides à Tours, où se trouve le quartier général du corps d'armée.

Le Général commandant le 15ᵉ corps d'armée au Colonel directeur de l'artillerie, à Bourges.

4 octobre.

Les gendarmes des prévôtés du 15ᵉ corps d'armée n'ont entre leurs mains qu'une arme ancienne et insuffisante pour leur service ; je désirerais qu'il fût délivré à ces militaires des fusils de cavalerie modèle 1866 ; je vous prie de me faire savoir s'il en existe dans les arsenaux de Bourges ; je donnerais dans ce cas les ordres nécessaires pour leur livraison.

Le Général commandant le 15ᵉ corps d'armée au Grand Prévôt du 15ᵉ corps.

5 octobre.

M. le Ministre de la Guerre me fait connaître qu'un détachement de gendarmerie de 20 hommes (1 maréchal des logis, 1 brigadier, 18 gendarmes à cheval), commandé par un lieutenant, sera adjoint à la 2ᵉ division de cavalerie (brigades Michel et Nansouty) du 15ᵉ corps d'armée.

Le chef de la 18ᵉ légion est invité à former cette force publique au moyen des militaires des compagnies de la Seine et de la Seine-et-Oise qui se sont repliés sur Le Mans et sur Tours.

L'ordre a été donné de les réunir le plus promptement à Tours.

Les brigades Michel et Nansouty opérant séparément, je vous prie de vouloir bien m'indiquer la répartition que vous jugerez à propos de faire de ce détachement, afin que ces militaires soient dirigés sur leurs brigades respectives aussitôt qu'ils seront prêts à se mettre en route.

6° *Trésorerie et Postes.*

État des agents de la Trésorerie et des Postes du 15ᵉ corps.

1ᵉʳ octobre.

Payeur principal :

M.........

Quartier général :

MM........., commis de trésorerie.
.... — —
.... — —
.... — —

1re Division :

MM........, payeur particulier.
........, commis de trésorerie (Postes).

2e Division :

MM........, payeur adjoint, faisant fonctions de payeur particulier.
........, commis de trésorerie (Postes).

3e Division :

MM........, payeur particulier.
........, commis de trésorerie.

Division de cavalerie :

MM........, payeur adjoint, faisant fonctions de payeur particulier.
........, commis de trésorerie (Postes).

Le Général commandant le 15e corps d'armée au Général commandant la 1re division, à Nevers.

Orléans, 9 octobre.

J'ai l'honneur de vous faire connaître que M. le payeur principal du 15e corps a envoyé à Nevers comme payeur divisionnaire, M..., muni de fonds et d'instructions qui lui permettront de commencer immédiatement son service auprès de la 1re division d'infanterie.

IX

Instruction et discipline.

L'Intendant en chef de l'armée de la Loire à l'Intendant du 15e corps.

26 septembre.

J'ai l'honneur de vous informer que j'ai appelé d'une manière toute spéciale l'attention de M. le vice-amiral, Ministre de la Guerre par intérim, sur la nécessité, lors des mouvements de troupes, de faire protéger les approvisionnements de l'administration afin de les préserver des prises de l'ennemi et même du pillage de nos propres troupes.

Si des faits auxquels je fais allusion, et qui se sont malheureusement produits en assez grand nombre pendant cette campagne, venaient à se reproduire, vous aurez à m'en rendre compte immédiatement, en même temps que vous en référeriez à M. le général commandant le corps d'armée.

Circulaire du Ministre de la Guerre.

Tours, 30 septembre.

On a constaté dans cette campagne que les soldats n'ont pas toujours conservé les vivres qui leur étaient donnés à titre de réserve. Ces vivres, consommés d'avance ou jetés dans la marche pour s'alléger, ne se trouvaient plus sur le sac le jour de bataille et lorsque les mouvements opérés rendaient impossible la distribution ordinaire.

D'un autre côté, les approvisionnements que l'intendance est chargée de réunir sont exposés aux attaques de l'ennemi, voire même quelquefois, il est pénible de le dire, à des tentatives coupables de la part de nos propres troupes; dans les deux cas, l'administration est impuissante à les défendre avec les moyens dont elle dispose.

J'appelle sur cet état de choses toute la sollicitude du commandement; c'est à lui qu'il appartient, dans toute circonstance, d'empêcher par une surveillance constante la consommation prématurée des approvisionnements de réserve qu'emporte le soldat; il faut faire comprendre aux hommes les funestes conséquences qu'entraînerait pour eux-mêmes la transgression des ordres qui leur ont été donnés à ce sujet.

Le commandement doit prendre en même temps des mesures efficaces pour assurer la protection et la sécurité des approvisionnements qui se trouvent chargés en arrière de l'armée, sur wagons ou voitures, ou qui font partie des convois appartenant aux quartiers généraux ou aux divisions; si des déprédations étaient commises par nos soldats, elles devraient être réprimées avec toute la dernière rigueur de la loi militaire.

Je vous prie de prendre toutes les dispositions à cet effet.

Le Général commandant le 15ᵉ corps d'armée au Général commandant la 2ᵉ division du 15ᵉ corps, à Bourges.

Bourges, 1ᵉʳ octobre.

Je crois devoir appeler toute votre attention sur les régiments de marche de l'armée qui ont été formés d'éléments pris à la hâte dans tous les corps avec un personnel d'officiers et de sous-officiers presque tous récemment nommés.

La première condition pour que ces corps, qui n'ont de régiment que le nom, aient quelque consistance et un peu de cohésion, est que les divers éléments qui viennent de tous les côtés se connaissent entre eux. Pour arriver à ce résultat, non seulement il faut que les officiers de tout grade soient le plus possible avec leurs troupes, mais il est indispensable que chacun se mette, dès à présent, en mesure de faire connaissance avec leurs cadres et leurs hommes. Il faut que les officiers généraux connaissent nominativement tous les officiers supérieurs de leur division ou de leur brigade, les chefs de corps tous leurs officiers, les chefs de bataillon tous les officiers et le plus de sous-officiers possible, les capitaines, les lieutenants et les sous-lieutenants, tous les sous-officiers et les hommes de leur compagnie ou de leur section; de même, pour les sergents et les caporaux pour les hommes de leur demi-section ou escouade.

A cet effet, il est nécessaire que chacun dans sa position établisse un contrôle des officiers ou des hommes qu'il doit connaître nominativement. Non seulement les chefs de corps et de bataillon devront exiger ce contrôle de la part des officiers et sous-officiers sous leurs ordres, mais ils s'assureront que ce contrôle a été établi par l'officier et le sous-officier lui-même. Ces contrôles ne devront pas se borner à indiquer simplement le nom des individus; ils devront en outre relater quelques renseignements succincts de nature à donner, autant que possible, une idée de l'instruction, de l'aptitude et du caractère de l'homme.

Le seul moyen pour les officiers d'établir les contrôles de leurs hommes est de les faire appeler individuellement, de s'informer de leurs familles, de leur état, de leur degré d'instruction; après une pareille conversation, dont les hommes verront inscrire devant eux la relation par les officiers, il est indubitable que ces derniers auront beaucoup plus d'action sur eux.

La connaissance réciproque qui résultera de ces premières relations, et qu'il sera nécessaire d'entretenir toutes les fois qu'on en trouvera l'occasion, aura un double résultat : d'abord de faire naître une confiance mutuelle, et, en second lieu, de prévenir beaucoup de fautes et d'actes d'indiscipline.

Il n'est pas douteux, en effet, que tel homme qui se croit dégagé de toute obligation vis-à-vis d'un officier qu'il ne connaît pas, même de nom, ne soit un peu reconnaissant envers son supérieur de lui avoir parlé de sa famille, de sa position et de ses projets d'avenir ; d'un autre côté, il est certain que bien souvent les hommes ne se laisseraient pas entraîner à commettre des actes coupables ou répréhensibles, s'ils avaient la certitude d'être reconnus.

Tous les officiers doivent être bien pénétrés de cette pensée que leur premier devoir, comme leur intérêt, est de s'intéresser à leurs hommes ; c'est le meilleur moyen d'avoir de l'action sur eux dans les moments difficiles, et comment pourraient-ils s'intéresser à eux s'ils ne cherchaient pas d'abord à les connaître ?

Dans les circonstances difficiles où nous nous trouvons, je compte sur tout le zèle, l'énergie et le patriotisme des officiers pour se conformer strictement aux prescriptions de cette dépêche, que vous devrez porter à leur connaissance, et auxquelles j'attache la plus haute importance. Si quelques-uns montraient de la négligence, n'hésitez pas à user envers eux de tous les moyens de rigueur.

Le Général commandant le 15ᵉ corps d'armée au Général commandant la 1ʳᵉ division du 15ᵉ corps, à Nevers.

Orléans, 9 octobre.

Je vous adresse ci-joint, avec des instructions ministérielles, ampliation du décret du 2 octobre courant, relatif à la création de cours martiales.

Je pense que vous aurez déjà reçu directement du ministère, ainsi que les chefs de corps sous vos ordres, les instructions que je vous envoie et que vous aurez pris des mesures pour porter à la connaissance de tous le mode de justice dont il va être fait usage dans l'armée.

Il est indispensable que le décret du 2 octobre soit lu à plusieurs appels successifs et qu'il soit affiché *in extenso* dans toutes les casernes occupées par la troupe, pour que personne ne puisse arguer de son ignorance devant les cours martiales.

Vous ne devez oublier ni l'artillerie, ni le génie, ni les services administratifs, dans les communications que vous aurez à faire du décret précité.

L'arme qui est ainsi mise entre vos mains est terrible, mais bien nécessaire pour le rétablissement de la discipline. Vous jugerez sans aucun doute comme moi, qu'il faut s'en servir avec modération, mais sans faiblesse.

Les instructions vous prescrivent de rendre compte directement au Ministre, dans les 24 heures, des instructions qui seraient ordonnées. Je vous prie de m'en informer aussi immédiatement.

Les hommes punis de travaux forcés seront remis, après la parade d'exécution, à l'autorité civile qui est chargée de leur assigner une destination. Ceux qui seraient punis seulement de travaux publics seront dirigés sur Marseille pour y être mis à la disposition de M. le Général Commandant la 9ᵉ division militaire. Ceux, enfin, qui seront condamnés à plus de deux mois de prison seront dirigés, sous escorte, sur la prison militaire de Toulouse.

Réponse aux rapports des divisions du 15ᵉ corps d'armée.

La Ferté-Saint-Aubin, 12 octobre.

On a remarqué que beaucoup d'hommes ignorent les numéros de leur régiment de marche, de leur brigade et de leur division ainsi que les noms de leurs chefs.

Plusieurs officiers sont dans le même cas.

C'est une cause grave de désordre ; il est difficile dans ces conditions que les isolés rejoignent leur corps. Vous voudrez bien prescrire immédiatement les mesures nécessaires pour remédier à cet inconvénient.

Ordre du 15ᵉ corps d'armée.

12 octobre.

Le Général commandant en chef a été prévenu que des convois de vivres ou de denrées fourragères, dirigés de Blois sur les 15ᵉ et 16ᵉ corps d'armée, ont été arrêtés, en traversant les camps, par les troupes qui en diverses circonstances ont enlevé en masse et sans ordre du pain, du foin et de la paille. On devra veiller à ce que de pareils faits ne se renouvellent pas. Leurs auteurs, s'ils étaient connus, devraient être traduits sans hésitation devant les cours martiales.

X

Division mixte de Tours.

Le Général commandant le 15ᵉ corps d'armée au Général commandant la 18ᵉ division militaire, à Tours.

Tours, 17 septembre.

J'ai l'honneur de vous faire connaître que pour me conformer aux instructions du Ministre de la Guerre prescrivant de protéger efficacement la ville de Tours, où réside la délégation du Gouvernement, j'ai décidé qu'il y serait formé avec des troupes prises dans celles du 15ᵉ corps une division mixte, composée d'une brigade d'infanterie à trois régiments et d'une brigade de cavalerie, et dont vous prendrez le commandement.

Cette division sera complètement détachée du 15e corps, dont le quartier général n'est à Tours que provisoirement, dont le point de concentration est à Bourges, et qui est destinée à opérer probablement dans l'Est. Il me serait donc impossible dès que les opérations seront commencées de pouvoir donner des ordres à cette division mixte, dont la mission est toute spéciale et pour ainsi dire locale, tant que la délégation du Gouvernement restera dans cette ville. Je vous ferai connaître ultérieurement les régiments qui doivent former les deux brigades et le jour de leur arrivée, mais, dès à présent, vous devez prendre telles dispositions que vous jugerez nécessaires pour leur installation et aussi pour leur emploi.

La brigade d'infanterie se composera de deux régiments de marche et un régiment de mobiles; j'insiste auprès du Ministre pour que ces régiments de marche soient munis de leurs effets de campement afin de pouvoir les faire camper; ces régiments sont en voie de formation, ils ne pourront guère arriver avant une dizaine de jours. Quant au régiment de mobiles, il n'aura certainement pas de tentes-abris ni probablement de couvertures, de sorte que je pense que vous serez dans la nécessité de le faire cantonner.

Le Général commandant le 15e corps d'armée au Général commandant la 18e division militaire, à Tours.

Tours, 23 septembre.

Pour faire suite à ma lettre du 17 du courant, j'ai l'honneur de porter à votre connaissance les numéros des régiments qui doivent former la division mixte qui doit être laissée à Tours pour être placée sous votre commandement immédiat, dans le but de protéger la délégation du Gouvernement établie dans cette ville. Brigade d'infanterie, général ...., 31e de marche, 32e de marche, 22e de mobiles.

Brigade de cavalerie, général Tripard, 1er régiment de marche hussards, 2e régiment de marche mixte.

Le Ministre ne m'a fait connaître ni les noms des chefs de corps, ni le lieu de concentration de ces régiments, ni la date de leur arrivée à leur destination.

Le Général commandant le 15e corps d'armée au Général commandant la 18e division militaire, à Tours.

Tours, 26 septembre.

Je vous adresse ci-joint un exemplaire du tableau de la composition du 15e corps d'armée.

Il est bien entendu que la division mixte qui est destinée surtout à garder Tours, où est établie la délégation du Gouvernement, est entièrement sous votre commandement direct, que vous avez à pourvoir à son installation, à ses subsistances, à son armement, et que c'est à vous qu'il appartient de prescrire les mouvements qu'elle peut avoir à exécuter.

Il est convenu que le régiment de gardes mobiles (22ᵉ Dordogne) doit être armé de chassepots. Il y aura donc lieu de retirer les armes qu'il possède et les remplacer par des fusils modèle 1866; il doit y avoir actuellement à Tours 3.500 chassepots dont vous pouvez disposer pour faire ce changement d'armement. Le Ministre a prescrit de délivrer 90 cartouches par homme en lui donnant la nouvelle arme, mais il recommande en même temps, de la manière la plus expresse, de reprendre et de recueillir avec soin les cartouches de l'ancien armement qui sont entre les mains des hommes et qui devront être reversées à l'artillerie. Je suis informé que les mobiles de la Dordogne ont avec eux des fusils rayés transformés modèle 1822. Je ne sais s'ils ont des cartouches.

En raison de la précipitation de son départ, ce régiment est dépourvu de beaucoup de choses, et son habillement est à peine complet; il ne possède aucun effet de campement et il lui manque beaucoup d'effets d'équipement et de chaussures.

D'après les démarches que j'ai faites au ministère, je crois qu'il sera facile de faire donner à chaque homme une couverture de campement, une paire de souliers. Pour le reste, j'ai demandé qu'on prît, dans tous les dépôts d'infanterie, ce qui serait nécessaire pour équiper complètement les 7 régiments de marche.

Faites-vous rendre compte aussitôt que possible de tout ce qui manque, afin de vous mettre en mesure de faire vos demandes à l'administration.

Enfin, je crois devoir porter à votre connaissance qu'en raison de ce qui se passe du côté d'Orléans, il a été question de faire partir ce régiment de mobiles. S'il devait se mettre en route, il serait de toute nécessité de changer d'abord son armement et de faire donner une couverture à chaque homme.

P. S. — Je n'ai aucun avis de l'arrivée du 31ᵉ de marche, ni de celle du régiment de cavalerie mixte, mais ils ne peuvent tarder et vous devez vous mettre en mesure de les recevoir.

Je crois devoir vous informer, en outre, qu'il est fort probable que la brigade de cavalerie Tripard reçoive d'un moment à l'autre l'ordre d'aller relever à Blois la 2ᵉ brigade de la division de cavalerie du 15ᵉ corps.

CHAPITRE II

Situation des forces allemandes au sud de Paris le 20 septembre 1870.

Néant.

CHAPITRE III

Mouvements de la division de cavalerie du général Reyau depuis le 13 septembre et situation des forces françaises sur la Loire le 20 septembre.

b) Organisation et administration.

Le Préfet du Loiret au Ministre de l'Intérieur, à Paris(D.T.).

Orléans, 14 septembre, 6 h. 20 soir.

J'ai communiqué à mes trois nouveaux sous-préfets la dépêche chiffrée envoyée avant-hier. J'ai fait afficher aujourd'hui dans toutes les communes du département une proclamation avertissant les habitants de l'invasion possible de l'ennemi, les engageant à faire le vide devant lui et à transporter sur la rive gauche de la Loire, les blés, farines, bestiaux, fourrages, invitant tout spécialement les riverains du fleuve à transporter également les pièces de bois qui pourraient servir à construire des ponts provisoires, excitant la population au courage et au patriotisme. Il me semblait urgent de prévenir les riches campagnards de la Beauce. J'ai engagé aussi tous les hommes pouvant porter un fusil à se mettre sous les ordres du général.

Le Général commandant la subdivision militaire du Loir-et-Cher au Général commandant la 18e division militaire, à Tours.

Blois, 16 septembre.

Permettez-moi d'attirer votre sérieuse attention sur la position dans laquelle se trouve le 9e de ligne. Il a en ce moment à son effectif

940 hommes, et, dans peu de jours, il va en recevoir environ 1.500, provenant de la classe de 1870 de Loir-et-Cher. Ce qui lui fera 2.440 hommes.

Pour instruire, administrer et commander une si grande quantité d'hommes, voici les ressources qu'offrent les cadres : le major commandant le dépôt, 1 capitaine trésorier, 1 capitaine d'habillement, 1 chirurgien major, 1 lieutenant commandant la 2e compagnie du dépôt, 1 sous-lieutenant attaché à cette compagnie, 9 sous-officiers, 10 caporaux, 2 tambours et clairons. La compagnie hors rang régulièrement constituée est mise à part et ne figure pas dans mon calcul.

Cette situation me paraît tout à fait anormale, et il en résulte que les hommes, mal surveillés dans les sections, commettent souvent des fautes graves contre la discipline ; l'instruction ainsi que le service intérieur en souffrent. Il serait donc bien nécessaire que l'autorité supérieure porte remède à ce mal grave, en nommant de suite des cadres suffisants pour organiser fortement cette grande agglomération d'hommes.

Je considère la solution de cette question comme excessivement urgente.

Cette nuit, j'ai reçu une dépêche télégraphique de la Guerre aux généraux qui prescrivait de former à l'effectif de 200 hommes, non compris les cadres, et de tenir prête à partir la 8e compagnie du IIIe bataillon. La dépêche m'arrivait à 11 heures moins 1/4, et, à 11 h. 1/2, j'allais télégraphier que la compagnie était prête à partir, lorsque heureusement, à 11 h. 45, il m'est arrivé une seconde dépêche du cabinet aux chefs de station, prescrivant que la première dépêche n'avait pas rapport à la division militaire de Tours. Je dis heureusement, car, si la compagnie était partie, le dépôt du 9e de ligne restait ici avec 720 hommes, sans personne pour les commander et les administrer que le major et les deux officiers comptables. Comment aurais-je fait? Je vous avoue que, bien qu'il n'entre pas dans mon caractère de m'effrayer de peu, j'aurais été bien embarrassé. Je vous supplie donc, mon Général, de vouloir bien aviser aux moyens de porter un prompt remède au mal qu'il est de mon devoir de vous signaler.

Depuis longtemps, j'ai ici 600 hommes du 9e prêts à marcher ; il est bien regrettable qu'on n'ait pas trouvé moyen de les utiliser ; le vide qu'aurait fait leur départ de Blois nous eût bien soulagé sous tous les rapports.

Voici la situation des dépôts des 60e et 63e de ligne :

60e, 5 officiers, 97 hommes de troupe.

63e, 2 officiers, 134 hommes de troupe.

On s'occupe en ce moment de les habiller et de les armer ; nous faisons des prodiges d'activité pour les organiser du mieux possible, mais les cadres, surtout au 63e, manquent. Il serait bien urgent que l'on nous mît à même de constituer fortement, dans chacun de ces corps et dans le 9e de ligne, deux nouvelles compagnies de dépôt.

Le Général commandant la subdivision militaire du Loir-et-Cher au Général commandant la 18e division militaire, à Tours.

Blois, 16 septembre.

D'après le contenu de votre lettre n° 723, les bataillons de la garde mobile seraient formés, en cas de départ, à sept compagnies formant un effectif de 1.200 hommes, la huitième compagnie formerait la la compagnie de dépôt. Je vais organiser ainsi d'avance chaque bataillon sur le papier.

Formation de la 8e compagnie du 9e de ligne. — Je vous rends compte par dépêche télégraphique que la 8e compagnie du IIIe bataillon est formée et prête à partir; ma lettre de ce matin vous explique le cruel embarras dans lequel va me mettre ce départ. J'espère, mon Général, que vous voudrez bien vous en préoccuper et provoquer les mesures les plus promptes pour me tirer de cette pénible situation, qui se trouverait compliquée encore si nous venions à faire un mouvement quelconque.

Apparition des Prussiens à Juvisy. — L'ennemi se concentre autour de Paris et, ce matin, des Prussiens ont tiré sur un train de voyageurs en marche sur Tours. Cette attaque faite de loin, à hauteur de Juvisy, ne paraît pas avoir eu de résultats sérieux, mais elle prouve que c'est le moment de prendre ses précautions dans le cas où les dépôts seraient déplacés.

A Blois, les magasins sont prêts à être chargés sur les wagons, ce sera l'affaire d'un jour; à Vendôme, où les impédimenta sont plus considérables, on me demande deux jours.

Quant aux points sur lesquels seront dirigés les dépôts de cavalerie, sans préjuger en rien des ordres de M. le Ministre de la Guerre, je crois que pour éviter d'encombrer la route de Tours, on pourrait faire filer sur la route du Mans, de Laval et de Rennes, jusqu'à Napoléonville, les jeunes chevaux et tout ce qui n'est pas complètement armé et équipé, et sur Tours l'escadron formé du 3e cuirassiers qui est à Montoire, par Château-Renault, en y joignant tout ce qui est complètement disponible des dépôts du 1er et du 5e cuirassiers. Si cette combinaison avait quelque chance d'être admise je vous prierai de me le dire, afin que je puisse en donner avis aux corps intéressés.

Le Général commandant la subdivision militaire du Loir-et-Cher au Général commandant la 18ᵉ division militaire, à Tours.

Blois, 18 septembre.

Le sous-préfet de Vendôme, que j'ai vu hier, m'a rendu compte qu'il y avait un encombrement extrême.

Outre les trois dépôts de cavalerie de réserve, il est arrivé une fraction du 9ᵉ chasseurs sans être annoncée, de sorte que je ne connais aujourd'hui ni l'effectif ni la destination de ce corps.

Ces dépôts ne pouvant être qu'un embarras pour la défense et se trouvant, de plus, exposés aux atteintes prochaines de l'ennemi qui a pénétré aux environs d'Athis, j'ai l'honneur de vous proposer de ne pas attendre davantage et de les diriger sur Le Mans, Laval et Napoléonville; les bagages partiraient par la voie de fer, et les hommes et les chevaux par la voie de terre. L'escadron formé du 3ᵉ cuirassiers et tout ce qu'il y aurait de disponible dans les trois dépôts en hommes montés, équipés et armés, pourraient être dirigés sur Tours pour faire partie des forces que l'on semble vouloir concentrer sur ce point.

Il en serait de même des dépôts des 9ᵉ, 60ᵉ et 63ᵉ de ligne stationnés à Blois. Je vous proposerais de faire filer ces dépôts, avec tous leurs impédimenta, sur le Midi, en ne gardant ici que ce qui est en état de tirer un coup de fusil.

En adoptant ces mesures, nous éviterions beaucoup de désordre et nous deviendrions plus libre de nos mouvements dans le cas où les circonstances nécessiteraient une résistance quelconque. Toutefois, je doute que cette dernière se produise, car l'opinion générale du pays ne lui est pas favorable.

J'avais cru un instant que l'on ferait quelque chose; j'avais même dressé dans cette pensée tout un plan de résistance, mais mes propositions ont été repoussées, et l'on n'a pas même voulu clôturer la ville dans la crainte de mécontenter MM. les Prussiens et d'atttirer ainsi sur Blois des représailles que l'on redoute singulièrement.

Je vous avoue que je suis indigné de tant de mollesse et de pusillanimité. Ici le comité de défense délibère et cause beaucoup, mais jusqu'ici on n'a presque rien fait d'utile et surtout d'énergique.

Officiers de la garde mobile. — La mesure de soumettre à l'élection les officiers de la garde nationale mobile a produit un effet désastreux. Hier, tous les officiers voulaient me donner en masse leur démission; ce n'est que par déférence pour moi, et lorsque j'ai fait appel à leur raison et à leur patriotisme, qu'ils ont consenti à continuer leurs fonctions. Tout cela est bien fâcheux, car la garde nationale mobile de ce département commençait à bien aller et aujourd'hui c'est un corps moralement presque désorganisé et dans quel moment? Lorsque l'ennemi dans quelques jours sera peut-être ici.

Généraux Reyau et Ressayre. — MM. les généraux Reyau et Ressayre, que vous m'annoncez dans vos deux dépêches du 16 et du 17, n'ont pas encore paru à Blois.

9ᵉ de ligne. — Le détachement du 9ᵉ de ligne, comme vous en informait ma dépêche télégraphique d'hier, est parti ce matin pour Bourg à 8 heures.

Le major du 9ᵉ de ligne, qui est désigné pour prendre le commandement d'un bataillon du 29ᵉ de marche, partira aujourd'hui pour Bourges.

Le dépôt de ce corps reste donc avec plus de 700 hommes et ses deux officiers comptables seuls pour les commander.

Il est bien important que l'ancien officier supérieur que vous avez demandé au Ministre pour prendre le commandement de ce dépôt arrive à Blois dans le plus bref délai possible et que l'on crée des cadres d'officiers.

Le Général commandant la division de cavalerie du 15ᵉ corps au Général commandant le 15ᵉ corps d'armée, à Tours (D. T.).

Blois, 19 septembre.

Le 1ᵉʳ de cuirassiers est arrivé à Vendôme. Le colonel rend compte que des chevaux trop jeunes, de 4 ans 1/2, ne peuvent suivre. Il demande de les laisser à Vendôme en les faisant remplacer par des chevaux tirés des dépôts qui sont dans cette ville. Si l'autorisation est accordée, il séjournera demain à Vendôme pour cette opération, et rejoindra le 21 à Blois.

Le Général commandant la division de cavalerie du 15ᵉ corps d'armée au Colonel commandant le 1ᵉʳ cuirassiers (D. T.).

Blois, 19 septembre.

Autorisé à séjourner demain à Vendôme et à prendre les chevaux et les effets dont il aura besoin (Ordre du général en chef).

Le Général commandant la subdivision militaire du Loir-et-Cher au Général commandant la 18ᵉ division militaire, à Tours

Blois, 19 septembre.

Je reçois à 4 heures ce soir votre dépêche télégraphique 123.120, qui me donne l'ordre de diriger immédiatement sur Agen les trois dépôts stationnés à Blois. Tous les ordres sont donnés. J'attends pour vous rendre compte du jour et de l'heure du départ de chaque corps que le sous-intendant militaire ait assuré les moyens de transport de la caserne à la gare. Il y a près de 1.400 colis à enlever, et ce n'est pas une petite affaire. L'adjudication des transports de la guerre ne disposant, me dit-on, que de six voitures, je ferai procéder par voie de réquisition, si cela est nécessaire.

J'ai donné au 1ᵉʳ cuirassiers les ordres nécessaires. Je lui recommande de faire diligence et je lui prescris de m'indiquer le jour de son départ de Vendôme.

Le Général commandant la subdivision militaire du Loir-et-Cher au Général commandant la 18ᵉ division militaire, à Tours.

Blois, 19 septembre.

En réponse à la demande que je vous ai adressée avant-hier concernant les 1ᵉʳ et 9ᵉ chasseurs arrivés inopinément à Vendôme, j'ai reçu un télégramme émané du ministère intérimaire de Tours, qui me prescrivait de demander des ordres au gouvernement de Paris. J'ai télégraphié de suite à M. le général Trochu et je n'ai pas encore reçu de réponse.

Pendant que j'attendais au télégraphe, les employés s'amusaient à questionner leurs collègues des environs de Paris et à leur demander des renseignements sur les mouvements de l'ennemi.

Il semblerait résulter des renseignements transmis de Chartres que les ulans ont paru à Dourdan, petite ville située près Rambouillet, à 40 kilomètres environ de Paris. Cette apparition semblerait indiquer que l'ennemi à l'intention de se diriger de nos côtés par la route de Chartres, de Châteaudun et de Vendôme. C'est du reste pour eux, à mon avis, la route la plus sûre et la plus commode; c'est un pays de plaine, sans cours d'eau considérable, et abondant en ressources, conditions favorables pour un corps envahissant. C'est déjà par là qu'ils sont venus dans ce pays en 1815.

S'ils suivent cette année la même ligne de conduite, c'est Vendôme qui se trouvera être le point le plus menacé et le premier envahi de ma subdivision. Or, et ainsi que j'ai eu déjà l'honneur de vous en rendre compte plusieurs fois, il y a là trois dépôts de cavalerie, dont un, celui du 5ᵉ cuirassiers, qui a dans ses magasins tous les bagages et malles des officiers partis pour l'armée, se trouve posséder un matériel considérable qu'il serait fâcheux de laisser tomber entre les mains de l'ennemi.

Je crois de mon devoir d'insister de nouveau sur cette question, en vous priant de vouloir bien donner des ordres pour que ces dépôts quittent immédiatement Vendôme pour se reporter plus à l'intérieur. Cette mesure me semble urgente.

. . . .

Je vais procéder de suite aux nominations de sous-officiers et caporaux à faire pour compléter les cadres.

Un télégramme signé du Ministre Crémieux demandait d'urgence les noms d'un capitaine, d'un lieutenant, d'un sous-lieutenant par bataillon de la garde mobile qui désiraient passer avec leur grade dans la ligne. Les noms ont été envoyés par le préfet. Il en a été de même d'un sous-officier par bataillon proposé pour passer sous-lieutenant.

S'il était donné suite à ces propositions, ce serait extrêmement regrettable à mon avis.

Quant à l'élection pour les grades d'officiers de la garde mobile, cette mesure a été affichée, mais le préfet m'a prévenu hier qu'elle était ajournée. Une nouvelle affiche prévenant le public de cet ajournement doit être placardée ce matin.

Le parc d'artillerie du 14ᵉ corps, composé de 17 officiers, 520 hommes de troupe, 718 chevaux et 108 voitures sans canon, a couché cette nuit à Blois; il est parti ce matin, à 5 heures, pour aller à Amboise. Il arrivera demain à Tours. Les chevaux ne sont pas en trop mauvais état, mais ils paraissent bien fatigués.

J'ai fait passer ce matin dans tous les hôtels de la ville pour savoir si MM. les généraux Reyau et Ressayre étaient arrivés ; on ne les a pas encore vus.

Le Général commandant la subdivision militaire du Loir-et-Cher au Général commandant la 18ᵉ division militaire, à Tours.

Blois, 20 septembre.

J'ai l'honneur de vous rendre compte :

1° Que le détachement des commis aux écritures est parti à 3 heures par le chemin de fer pour Toulouse, sa destination.

2° Que le départ du dépôt du 9ᵉ de ligne aura lieu demain 21, 8 heures du matin, par un train spécial.

3° Que celui du 63ᵉ de ligne aura lieu après-demain à 3 heures de l'après-midi.

4° Que celui du 60ᵉ de ligne aura lieu après-demain ; on ne sait pas encore l'heure précise.

Quant au matériel de ces trois corps, son transport accompagnera ou suivra de très près celui de la troupe.

Je vous ai rendu compte du jour et de l'heure du départ du dépôt du 1ᵉʳ cuirassiers.

Le Général commandant la subdivision militaire du Loir-et-Cher au Général commandant la 18ᵉ division militaire, à Tours.

Blois, 20 septembre.

Je vous ai rendu compte par le télégraphe des préparatifs de départ de chaque corps. Je vous rendrai compte demain de l'heure du départ de chacun d'eux. Ils auraient pu partir aujourd'hui, mais les moyens de transport de la caserne à la gare sont insuffisants, et le chemin de fer n'a pas le matériel qu'exige la circonstance. Il ne sera prêt que ce soir ou demain.

Dans les 3 dépôts, il y a 595 hommes en état de faire le coup de feu ; il serait fâcheux de les envoyer à Agen pour les faire revenir plus tard soit à Tours soit à Bourges. Je vous demande par le télégraphe de m'autoriser à les diriger sur Tours. On les verserait dans des compagnies déjà formées, car ils n'ont pas de cadres.

Le dépôt du 3ᵉ cuirassiers partira, suivant votre ordre, dans cinq jours, c'est-à-dire le 24 de ce mois, à moins de circonstances extraordinaires mais qui ne me paraissent pas probables ; car je ne suppose pas que les Prussiens soient encore suffisamment prêts pour tenter de grandes opérations loin de Paris. Cependant, on dit qu'ils sont à Malesherbes, à 4 étapes de Blois, avec 2.000 hommes, 4 pièces de canon et de la cavalerie, et on les suppose suivis par un corps d'armée.

Il reste à déterminer l'emplacement du dépôt du 5ᵉ cuirassiers qui est, comme j'ai eu l'honneur de vous en rendre compte, le plus important. Il y aurait lieu, je crois, de fixer cet emplacement plus tôt que plus tard. Il a reçu l'ordre de se tenir prêt au premier signal.

Je vous ai transmis par le courrier de ce matin une note sur le 9ᵉ chasseurs à cheval, dont un détachement est arrivé inopinément et sans être annoncé à Vendôme ; je vous adresse par ce courrier la lettre que m'a écrite l'officier commandant le détachement du 1ᵉʳ chasseurs arrivé à Vendôme dans les mêmes conditions. J'ai écrit à M. le général Trochu pour lui demander des ordres au sujet de ces deux détachements qui étaient placés sous ses ordres ; je n'ai rien reçu. Que va-t-on en faire ?

Il y a aussi l'escadron constitué du 3ᵉ cuirassiers qui se trouve à Montoire. Partira-t-il pour Napoléonville avec le dépôt de son corps ?

J'ai l'honneur de vous demander des instructions sur cette double question.

c) Opérations et mouvements.

Le Ministre de la Guerre au Président du Gouvernement de la Défense Nationale, à Paris.

Paris, 13 septembre.

J'ai l'honneur de vous informer que j'adresse à MM. les généraux Reyau et de Champéron les instructions ci-après : 1° — au général Reyau, à Lagny, de se replier avec sa division (6ᵉ dragons, 6ᵉ hussards, 9ᵉ cuirassiers et 1ᵉʳ régiment de marche de cuirassiers) sur Tours, où il recevra des instructions, et où il sera sous les ordres du général commandant le corps d'armée qu'on va former sur la Loire. Sa division marchera par étapes et par groupes d'au moins un régiment. Il donnera lui-même les ordres d'exécution pour le mouvement, qui devra commencer immédiatement, et il rendra compte au général commandant la 1ʳᵉ division (1) et à moi, de la manière dont le mouvement s'effectuera.

2° — au général de Champéron, à Corbeil, de se replier sur Paris, avec la division composée de détachements de spahis, des 1ᵉʳ et 9ᵉ chasseurs, et des 1ᵉʳ et 2ᵉ régiments de marche de dragons.

Par suite de l'envoi à Tours de la division Reyau, la cavalerie du 13ᵉ corps d'armée sera composée du 1ᵉʳ régiment de marche de cavalerie mixte (1 escadron de chacun des régiments de guides, chasseurs, lanciers et dragons de l'ex-garde), du 1ᵉʳ régiment de lanciers de marche, qui est à Versailles, et du 2ᵉ régiment de cuirassiers de marche (1 escadron de chacun des régiments de carabiniers et de cuirassiers de l'ex-garde, des Cent-Gardes et d'un escadron du 1ᵉʳ cuirassiers de la ligne).

Ces corps formeront une brigade sous les ordres du général de Bernis.

Minute d'une dépêche du Ministre de la Guerre au Général Reyau, à Lagny.

Paris, 13 septembre.

Repliez-vous sur Tours par étapes avec le 9ᵉ cuirassiers ; rendez-

---

(1) La 1ʳᵉ division militaire, dont le siège était à Paris.

moi compte ainsi qu'au général commandant la 1re division militaire de la manière dont votre mouvement s'effectuera.

Le général Ducoulombier est à Versailles avec le 6e hussards, le 6e dragons et le 1er cuirassiers de marche ; je lui donne l'ordre de se rendre également à Tours.

Vous recevrez des instructions sur ce que vous aurez à faire à Tours, où vous serez sous les ordres du général commandant le corps d'armée qui va être formé sur la Loire.

Dirigez les spahis et les quatre régiments de la division Champéron sur Paris. J'en écris du reste au général de Champéron.

Cette dépêche ne fut pas envoyée. Elle porte en marge la note suivante : Tout cela est encore à changer et voici ce que le Ministre vient de décider : 1° — au général Reyau : « Dirigez le 9e de cuirassiers et le général Ressayre sur Tours, et rendez-vous avec votre état-major à Paris. Je prescris au général Ducoulombier de se rendre à Orléans avec sa brigade et d'envoyer les cuirassiers de marche à Tours ».

2° — au général Ducoulombier : « Partez demain avec votre brigade pour Orléans en passant par Rambouillet et Chartres. Dirigez le 1er de cuirassiers de marche sur Tours. Il marchera avec vous jusqu'à Chartres ».

Le Général commandant la 2e brigade de la division de cavalerie du 15e corps au Ministre de la Guerre, à Paris. (D.T.).

Juvisy, 14 septembre.

A moins d'ordre contraire, le 9e cuirassiers suivra l'itinéraire ci-après pour se rendre à Tours : le 15 à Dourdan, le 16 à Auneau, le 17 à Bonneval, les 18 et 19 à Châteaudun, le 20 à Vendôme, le 21 à Château-Renault, le 22 à Tours.

Le Ministre de la Guerre au Général Reyau, à Paris.

Paris, 15 septembre.

J'ai l'honneur de vous informer que j'ai donné directement aux deux brigades composant votre division l'ordre de se rendre, savoir :

La 1re (général Ducoulombier) à Orléans ;
La 2e (général Ressayre) à Tours.

J'ai en outre l'honneur de vous inviter à vous rendre vous-même, avec votre état-major et sans aucun retard, à Tours.

Le Général commandant la 1ʳᵉ brigade de la division de cavalerie du 15ᵉ corps au Ministre de la Guerre, à Paris (D. T.).

Maintenon, 15 septembre, 3 h. 10 soir.

J'ai reçu à Versailles votre dépêche télégraphique, et à Rambouillet la lettre confirmative pour le départ de ma brigade pour Orléans, et le 1ᵉʳ cuirassiers de marche pour Tours. J'arrive aujourd'hui à Maintenon, 15 septembre; je serai demain 16 septembre à Chartres, d'où je dirigerai le 1ᵉʳ cuirassiers de marche sur Tours. Dans la prévision que les communications seront interrompues, que devrai-je faire et de qui recevrai-je des ordres en arrivant à Orléans?

En marge, au crayon : Dépêche télégraphique. Il prendra les ordres de son général de division et de son commandant de corps d'armée, le général de La Motterouge, à Tours.

Le Général commandant le 15ᵉ corps d'armée au Général commandant la 18ᵉ division militaire, à Tours.

Tours, 16 septembre.

Vous m'avez fait connaître par une lettre de ce jour, que le 9ᵉ régiment de cuirassiers, venant de Dourdan, devait arriver le 22 du courant à Tours. J'ai l'honneur de vous prier de vouloir bien donner des ordres pour que ce régiment, qui fait en effet partie du 15ᵉ corps d'armée, soit dirigé de Vendôme, non pas sur Tours, mais bien sur Blois, où il sera le noyau d'une brigade placée sous les ordres du général Ressayre.
Je vous prie enfin de me faire connaître si M. le général Ressayre ne serait pas déjà soit à Vendôme soit à Blois.

Le Général commandant le 15ᵉ corps d'armée au Général commandant la 1ʳᵉ brigade de la division de cavalerie du 15ᵉ corps.

Tours, 16 septembre.

La brigade que vous commandez a été désignée pour faire partie du 15ᵉ corps d'armée, dont le quartier général est à Tours, et je m'empresse de vous donner des instructions sur la mission que vous allez avoir à remplir avec les 6ᵉ hussards et 6ᵉ dragons qui sont sous votre commandement.
Vous avez dû recevoir l'ordre du Ministre de la Guerre de modifier

votre mouvement sur Tours et de vous arrêter à hauteur d'Orléans que vous allez être chargé de couvrir.

A cet effet, vous vous établirez de votre personne avec un régiment à Artenay pour surveiller particulièrement la route de Chartres, la route ainsi que le chemin de fer de Paris et, enfin, le chemin de fer de Pithiviers.

Le dernier régiment détachera deux escadrons, l'un à Neuville-aux-Bois, du côté de Pithiviers, et l'autre à Toury, sur le chemin de fer de Paris.

Ces escadrons pousseront chaque jour des reconnaissances, l'un sur Pithiviers et l'autre sur Étampes, sans compter les reconnaissances que vous pourrez juger nécessaires sur d'autres points.

Je vous laisse le soin de désigner l'emplacement des deux autres escadrons qui devront être entre Artenay et les escadrons détachés; il est bon que ces deux escadrons, dont vous disposerez suivant les circonstances, ne restent pas longtemps sur le même point.

Il y a près de Bazoches-les-Gallerandes un nœud de route qui paraît très favorable.

Il est bien entendu que les deux escadrons détachés devront se faire garder par des avant-postes, qui devront être au moins à deux heures en avant, et les avant-postes par des vedettes poussées le plus loin possible.

En cas de retraite, l'escadron détaché à Toury, se retirera sur Artenay et, au besoin, du côté de Janville; celui de Neuville, sur Artenay ou sur Orléans.

Après avoir recueilli votre régiment d'avant-garde, si vous ne pouvez tenir contre un ennemi par trop supérieur, vous vous retirerez sur Orléans ou sur Patay, mais toujours de manière à rester, à moins d'impossibilité absolue, sur la rive droite de la Loire sur la direction de Tours.

La 2ᵉ brigade de la division formée de la cavalerie de réserve ira s'établir à Blois de manière à pouvoir vous appuyer au besoin.

Le premier soin que vous devez avoir, c'est de vous procurer pour vous, vos chefs de corps et même vos commandants d'escadrons, des cartes du département du Loiret que vous trouverez à Orléans.

Afin de pouvoir remplir les instructions du Ministre, il est indispensable que vous soyez aussi allégé que possible. En conséquence, vous renverrez à Orléans et à Blois toutes vos voitures et tous vos chevaux de main; vous ne devez avoir avec vous aucun bagage afin d'être tout à fait libre de vos mouvements.

Pour les vivres et les fourrages, je vais écrire à Orléans pour qu'on vous les envoie pour le régiment qui sera à Artenay. Quant à l'autre régiment, et même pour celui d'Artenay, si vous ne receviez pas vos subsistances, vous enverriez l'ordre de faire aux maires des bons de réquisition, qui seraient payés plus tard par les soins de l'intendance; vous remarquerez que vous avez en arrière et à droite d'Artenay la forêt d'Orléans par laquelle l'ennemi pourrait chercher à vous surprendre. Je fais demander au commandant du département d'envoyer dans cette forêt toute la garde mobile dont il peut disposer, et je ne doute pas que ce moyen d'occupation soit plus que suffisant pour vous sauvegarder de la présence de l'ennemi de ce côté.

Dans tous les cas, renseignez-vous sur ce qui se passe dans la forêt, et mettez-vous autant que possible en relation avec les gardes mobiles qui seront chargés de la couvrir.

Au surplus, si l'ennemi arrivait de ce côté et vous coupait la route d'Orléans, vous pourriez vous retirer sur Patay ou sur Orgères.

Je crois utile de vous donner copie des instructions que j'ai reçues au sujet de la mission dont vous allez être chargé (1).

. . . .

Je n'ai rien à ajouter aux instructions du Ministre, si ce n'est que vous avez la population pour vous, qu'il vous est facile de vous renseigner et qu'enfin, dès que vous serez en présence de l'ennemi, vos vedettes ne doivent plus le perdre de vue; toute cavalerie chargée d'éclairer qui perd de vue l'ennemi ne fait pas son devoir.

Le Général commandant le 15ᵉ corps d'armée au Général commandant la division de cavalerie du 15ᵉ corps.

Tours, 17 septembre.

J'ai l'honneur de vous adresser ci-joint une copie des instructions que j'ai adressées à M. le général Ducoulombier, qui commande une brigade de votre division en avant d'Orléans. Une partie de ces instructions, celle qui émane du Ministre de la Guerre et qui a trait à l'énergie que l'on réclame de la cavalerie, devra être communiquée avec soin à tous les officiers sous vos ordres; il importe grandement que personne n'en n'ignore.

J'ai fait donner l'ordre au 9ᵉ de cuirassiers, venant de Dourdan et qui doit arriver le 20 à Vendôme, de se rendre le 21 à Blois, où je

---

(1) Le général de La Motterouge reproduisait ici les prescriptions concernant le rôle et la mission de la cavalerie figurant dans les instructions que le Ministre lui avaient adressées le 14 septembre (Cf. ci-dessus, p. 5, alinéas 6, 7 et 8).

dois également diriger le 1er de cuirassiers et où vous établirez votre quartier général.

La brigade, composée ainsi des 1er et 9e de cuirassiers sous le commandement de M. le général Ressayre, se reliera d'abord avec la brigade Ducoulombier, et plus tard avec une brigade étrangère à votre division qui sera placée à Tours. Vous voudrez bien donner au général Ressayre toutes les instructions de détail que vous suggérera votre expérience; ainsi, vous jugerez sans doute utile de cantonner une partie de cette brigade entre Blois et Orléans.

Je vous prie de me faire parvenir, dès que cela vous sera possible, un état, nominatif et par corps, de tous les officiers de votre division. Enfin, vous voudrez bien m'envoyer chaque jour une situation numérique des disponibles et des indisponibles (hommes et chevaux). Au verso de cette situation journalière figureront les mutations d'officiers et les événements importants qui mériteront d'être signalés et qui ne motiveront pas cependant un compte rendu spécial.

Le Général commandant la division de cavalerie du 15e corps au Général commandant la 1re brigade de la division, à Chartres (D. T.)

Tours, 17 septembre, 5 h. 45 soir.

Arrêtez-vous demain 18 à Artenay, où vous vous arrêterez avec le 6e dragons; en passant à Janville, détachez deux escadrons du 6e hussards, l'un à Toury, l'autre à Neuville-aux-Bois; les deux autres vers Bazoches-les-Gallerandes. Me rendre compte si vous avez reçu les instructions du général en chef; vous y conformer. Je serai demain 18 à Amboise, après-demain 19 à Blois, mon quartier général.

Le Général commandant la division de cavalerie du 15e corps au Général commandant la subdivision du Loiret, à Orléans (D. T.).

Tours, 17 septembre.

Demain 18, arrêtez à Artenay le général Ducoulombier, arrivant avec le 6e dragons. Prescrivez-lui de détacher en passant à Janville, deux escadrons du 6e hussards, l'un à Toury, l'autre à Neuville-aux-Bois, les autres vers Bazoches-les-Gallerandes.

Le Directeur général des télégraphes au Ministre de la Guerre, à Paris (D. T.).

Tours, 17 septembre, 11 h. 16 matin.

On demande ici des renseignements sur la 1re brigade de cavalerie, 6e hussards, 6e dragons, qui a reçu l'ordre de se retirer sur Tours. Où est-elle? faites dire Orléans répondre pour urgence.

Le Général commandant le 15e corps au Général commandant la 18e division militaire, à Tours.

Tours, 17 septembre.

Je suis informé que le 1er cuirassiers, en marche sur Tours, arrivera probablement demain 18, à Vendôme.
Je vous prie de donner des ordres, au besoin par le télégraphe, pour que ce régiment soit dirigé de Vendôme sur Blois, où se trouvera M. le général Ressayre, commandant la division dont il fait partie.

Le Général commandant la 1re brigade de la division de cavalerie du 15e corps au Général commandant la division, à Amboise (D. T.).

Chartres, 18 septembre, 6 h. matin.

Reçu vos deux dépêches télégraphiques. Je n'ai pas reçu d'instructions du général en chef; je me conformerai aux ordres indiqués dans vos deux télégrammes.

Le Général commandant la division de cavalerie du 15e corps au Général commandant le département du Loiret (D. T.).

Amboise, 18 septembre.

Général Ducoulombier arrive aujourd'hui à Artenay. Prière de lui faire parvenir les instructions du général en chef, si ce dernier vous les a envoyées. Je les lui adresse en double, de crainte de malentendu. Prière de me répondre aujourd'hui à Amboise, demain 19 à Blois.

Le Général commandant la division de cavalerie du 15e corps au Général commandant la 1re brigade de la division (D. T.).

Amboise, 18 septembre.

Adressez demain à Blois l'emplacement de vos divers postes. J'écris au général commandant le Loiret de vous adresser les instructions du général en chef. Demain, je vous les enverrai en duplicata. Indiquez-moi immédiatement si vous êtes établi à Artenay d'après mes ordres.

Le Maire de Puiseaux au Préfet du Loiret, à Orléans
(D. T.).

Puiseaux, 18 septembre, 5 h. soir.

Sous-préfet annonce que le pont viaduc du chemin de fer sur Essonnes à Briard, près Puiseaux, doit être miné demain pour être rompu. Tous les maires des cantons réunis ont été opposés à cette opération inutile et même nuisible aux usines de l'Essonnes ; ils vous prient de surseoir.

Le Général commandant la division de cavalerie du 15ᵉ corps au Général commandant le 15ᵉ corps d'armée
(D. T.).

Amboise, 19 septembre.

Général Ducoulombier, arrivé hier 18 dans l'après-midi à Artenay, s'est conformé aux instructions du général en chef.

Général commandant Loiret m'a informé qu'une armée prussienne a passé Seine à Corbeil et occupe Fontainebleau. Combat à Juvisy avec Vinoy. Résultats inconnus. Pas vu Prussiens à Malesherbes. Population peu disposée à se défendre.

Je serai à Blois aujourd'hui à 11 heures.

Le Général commandant la division de cavalerie du 15ᵉ corps au Général commandant le 15ᵉ corps d'armée.

Blois, 20 septembre.

Le 9ᵉ cuirassiers et le 1ᵉʳ cuirassiers de marche arriveront demain 21 à Blois ; ils seront établis à leur arrivée sur la place du marché ; le lendemain 22, je rapprocherai ces 2 régiments d'Orléans pour les relier à la brigade Ducoulombier, appuyer cette brigade et achever d'éclairer le terrain en avant d'Orléans.

Le 1ᵉʳ cuirassiers sera le 22 à Beaugency ; le 23, il se dirigera au Nord et établira 2 escadrons à Ouzouer-le-Marché et 2 escadrons à Patay.

Le même jour 23, 2 escadrons du 9ᵉ cuirassiers se rendront de Blois à Beaugency, 2 escadrons resteront à Blois ; ces divers détachements seront reliés entre eux par des petits postes (8 hommes et 1 sous-off.), qui leur permettront de correspondre de Blois à Beaugency, Orléans, Artenay, Patay, et d'éclairer tout le pays en avant d'Orléans et de Blois.

D'après ces dispositions, l'emplacement de ma division, le 23 au soir, sera le suivant :

— 1re brigade :

6e hussards, à Toury, Bazoches-les-Gallerandes et Neuville-aux-Bois ;
6e dragons, à Artenay, fournissant deux postes pour se relier à Orléans, à Chevilly (5 k. d'Artenay), Cercottes (10 k. d'Orléans).

— 2e brigade :

1er cuirassiers, 2 escadrons à Patay, poste à Sougy (7 k. de Patay, 8 d'Artenay) ; 2 escadrons à Ouzouer-le-Marché, postes à St-Péravy (7 k. de Patay), et à Coulmiers (10 k. d'Ouzouer et de St-Péravy) ;
9e cuirassiers, 2 escadrons à Beaugency, postes à Cravant (8 k. de Beaugency), à Villermain (8 k. d'Ouzouer) et sur la route d'Orléans à Meung (6 k. de Beaugency), Saint-Ay (6 k. de La Chapelle) et La Chapelle (7 k. d'Orléans) ; 2 escadrons à Blois, postes à Ménars (8 k. de Blois) et à Mer (8 k. de Ménars, 11 k. de Beaugency).

J'aurai l'honneur de vous faire observer, mon Général, que, dans cette situation, les distances entre les divers détachements sont encore considérables, et que, dans un moment d'attaque sérieuse, les escadrons pourraient difficilement se prêter un mutuel appui ; mais je pense qu'en raison de l'éloignement de Blois et d'Artenay, ce sont les meilleures dispositions à prendre pour le moment afin de ne pas laisser la brigade Ducoulombier complètement isolée. Je compte recevoir ce soir l'état numérique des corps de la 1re brigade ; je m'empresserai de vous le transmettre, ainsi que l'état nominatif de tous les officiers ; quant à la 2e brigade, malgré mes demandes réitérées, ces pièces ne m'arriveront vraisemblablement que demain ; je vous les expédierai sans délai.

Le Général commandant la division de cavalerie du 15e corps au Général commandant la 1re brigade de la division, à Artenay (D. T.).

Blois, 20 septembre.

Des éclaireurs ennemis, passés vers Malesherbes, semblent se diriger sur Pithiviers. Portez de fortes reconnaissances le plus loin possible de ce côté. Faites charger et enlever ces partis, qui ne sont que des éclaireurs fort éloignés du corps principal. Rendez-moi compte immédiatement.

Le Général commandant la subdivision du Loiret au Général commandant la 1ʳᵉ brigade de la division de cavalerie du 15ᵉ corps à Artenay, au Général commandant la division de cavalerie du 15ᵉ corps, à Blois, au Général commandant le 15ᵉ corps et au Ministre de la Guerre, à Tours (D. T.).

Orléans, 20 septembre.

Lieutenant gendarmerie Pithiviers envoie la dépêche suivante : « Compagnie de garde mobile arrivée hier à Pithiviers est retournée ce matin à Chilleurs; 1200 francs-tireurs arrivés à 3 heures du matin couchent ici. Si donnez 20 cavaliers, me charge d'éclairer le pays à 5 lieues à la ronde ».

Le Général commandant la division de cavalerie du 15ᵉ corps au Général commandant la 1ʳᵉ brigade de la division, à Artenay (D. T.).

Blois, 20 septembre.

Envoyez immédiatement à Pithiviers un peloton du 6ᵉ hussards commandé par un officier intelligent, qui s'entendra avec le lieutenant de gendarmerie pour éclairer le pays.

Le même au même (D. T.).

Blois, 20 septembre 9 h. 30 soir.

Faites évacuer demain 21 d'Orléans sur Blois tous les bagages, chevaux de main et indisponibles des deux régiments.

Continuez à vous éclairer sur la route de Pithiviers par de fortes reconnaissances. Les détachements doivent résister, même devant des forces supérieures, et ne se retirer qu'à la dernière extrémité.

Adressez-moi chaque jour la situation numérique des corps. L'état nominatif des officiers ne m'est pas encore parvenu.

e) Renseignements.

Le Préfet de Seine-et-Marne au Ministre de l'Intérieur, à Paris (D. T.).

Melun, 14 septembre. 6 h. 50 soir.

Été en reconnaissance moi-même route de Melun à Guignes. A Crisenoy, vu trois cavaliers ennemis marchant sur Melun. Ils précèdent, dit-on, un corps nombreux, ayant levé le camp à deux heures entre Mormant et Guignes.

Le Préfet de Seine-et-Marne au Ministre de l'Intérieur, à Paris (D. T.).

Melun, 14 septembre, 3 h. soir.

Communication télégraphique n'existant plus entre Melun et Mormant, ai envoyé hier soir dans la direction de cette dernière ville deux éclaireurs offrant confiance.

L'un d'eux revient à l'instant de sa mission et m'apporte du maire de Mormant une lettre d'où j'extrais ces points saillants :

Le 14, vers 1 h., trente lanciers ennemis se sont présentés à Mormant. L'officier a demandé au maire la dernière gazette et requis 200 cigares et 6 saucissons.

Il a parlé du passage d'un gros de troupes faisant partie du corps d'armée du Prince Royal se dirigeant sur Paris par toutes les routes et supposé que ce passage aurait lieu aujourd'hui entre 9 et 10 heures. Ces trente lanciers étaient commandés par le lieutenant baron Hohenfel du 1er régiment bavarois.

Mon éclaireur m'a ajouté s'être porté au-dessus de Mormant et, à 6 kilomètres de là, avoir rencontré une vedette lui ayant enjoint de ne pas avancer. Un camp était établi à cet endroit près du bois de Thibout; il était d'environ 4000 hommes.

Un exprès du maire de Nangis me remet en ce moment une lettre portant que 20 ulans sont entrés à Nangis le 13, à 5 heures du soir. Une compagnie de francs-tireurs a échangé quelques coups de fusil avec eux, puis s'est retirée. Des troupes ennemies sont campées aux environs de La Croix-aux-Bois, Gastins et Clos-Fontaine. Ce dernier renseignement paraît confirmer les premiers, ces villages étant près du bois de Thibout.

Une communication du maire de Brie-Comte-Robert, à moi remise également ce matin à 5 h. et demie par un exprès, parle des francs-tireurs qui lui ont déclaré avoir eu un engagement avec des cavaliers prussiens à Mortcerf.

Le Sous-Préfet de Mantes au Préfet de l'Eure, à Évreux (D. T.).

Mantes, 14 septembre, 6 h. matin.

Je n'ai pas de nouvelles de l'ennemi. Ma gendarmerie s'est repliée sur Saint-Germain-en-Laye.

Le Général commandant la subdivision du Loiret au Ministre de la Guerre, à Tours (D. T.).

Orléans, 17 septembre, 7 h. 30 soir.

Exprès envoyé à Brétigny annonce que dix mille Prussiens ont passé ce soir à Corbeil, à 6 heures, sur les bateaux appartenant à M. D... La gare de Brétigny est évacuée (sous toutes réserves). Vingt mille hommes auront passé le fleuve demain.

Le Préfet de Seine-et-Marne au Ministre de l'Intérieur, à Paris (D. T.).

Montargis, 17 septembre, 11 h. soir.

Troupes ennemies nombreuses à Melun, un combat a eu lieu hier entre nos francs-tireurs et avant-garde prussienne à Saint-Liesne, faubourg de Melun ; aujourd'hui 30 hussards de la mort conduits par un officier sont entrés à Fontainebleau demandant que l'on préparât le château pour l'installation de l'état-major général. Entrés dans la cour, les grilles ont été fermées sur eux; vais envoyer un exprès savoir détails. Un hussard prussien a été fait prisonnier à Samoreau et amené à Nemours, où on l'a dirigé sur Montargis ainsi que le chasseur bavarois amené hier de Montereau.

Le Directeur des télégraphes de Versailles au Directeur général des télégraphes, à Tours (D. T.).

Le Mans, 19 septembre.
Expédiée à Tours le 19 septembre à 5 h. matin (1).

Arrivons au Mans par le dernier train qui ait quitté Paris. A notre passage, l'ennemi était signalé dans les bois, près de Trappes, à trois quarts d'heure de la voie, depuis 7 heures environ. On a fait revenir sur Chartres les trains se dirigeant sur Paris.

---

(1) Cette mention indique la date et l'heure auxquelles le bureau récepteur a envoyé le télégramme au destinataire. Ainsi dans le cas actuel, c'est le 19 septembre à 5 heures du matin que le télégramme est parti du bureau des télégraphes de Tours pour être remis au directeur des télégraphes.

Le Capitaine commandant la 2ᵉ compagnie du Iᵉʳ bataillon des mobiles du Loiret au Général commandant la subdivision, à Orléans (D. T.).

Pithiviers, 19 septembre, 2 h. 5 soir.

Exprès arrive à Pithiviers disant population Malesherbes s'oppose formellement à travaux de défense. Garde nationale tirera s'il le faut pour s'y opposer. Bruits d'éclaireurs précédant 1500 ennemis, à 6 kilomètres de Malesherbes; que dois-je faire? J'attends réponse télégraphique. Comptez sur moi, je compte sur mes hommes.

Le Préfet de Seine-et-Marne au Ministre de la Justice, à Tours (D. T.).

Nemours, 19 septembre, 8 h. soir.

Le 19, Melun a été occupé par des troupes ennemies nombreuses ayant des canons. Le même jour, suivant vos instructions, j'ai quitté la ville pour m'établir sur un point non envahi du département et continuer l'administration. Je suis à Nemours, mon service fonctionne aussi bien possible. Hier, 18, le prince Albert a quitté Melun avec colonnes de cavalerie, d'infanterie et d'artillerie; il s'est engagé sur la voie ferrée de la compagnie de Lyon. Ces mêmes troupes sont probablement celles qui ont passé à Valencey-Héricy, route de Melun. On a entendu une canonnade du côté de Lieusaint; on assure qu'un engagement sérieux a eu lieu près de Corbeil entre les troupes de Vinoy et l'ennemi, et que nous avons eu un avantage marqué. Le maire de Nemours me communique les passages suivants d'une lettre de son collègue de Montereau : L'ennemi prend tout ce qu'il trouve en képis, casquettes, blouses et pantalons de toile bleu; on annonce un passage de troupes ennemies, demain, dans les environs de Montereau. Les 26 hussards prussiens, arrivés à Fontainebleau pour y préparer, avait dit l'officier, un quartier-général, se sont rendus; ils viennent d'être dirigés sur Montargis avec leurs 29 chevaux; il y aurait lieu d'indiquer le point de leur internement. Ils devaient vraisemblablement être rejoints à Fontainebleau par le gros de l'armée du prince Albert mais celle-ci, n'ayant pas passé la Seine à Valvins et ayant entendu sans doute la canonnade du côté de Corbeil, aura marché sur le point de Lieusaint, alors les hussards isolés ont été obligés de se rendre.

Le Sous-Préfet de Pithiviers au Préfet du Loiret, à Orléans (D. T.).

Pithiviers, 20 septembre, 9 h. 14 matin.

Une trentaine de ulans se sont présentés hier à Malesherbes ; les francs-tireurs les ont éloignés à coups de fusil ce matin ; les francs-tireurs arrivent ici au nombre de mille évacuant Malesherbes où rien de nouveau ne s'était produit jusqu'à leur départ cette nuit. Le maire de Malesherbes me fait demander, j'y vais et vous enverrai renseignements plus complets vers midi.

Le Général commandant la 1re brigade de la division de cavalerie du 15e corps au Général commandant la division de cavalerie du 15e corps, à Blois (D. T.).

Artenay, 20 septembre, 12 h. 56 soir.

Renseignements : 2.000 Prussiens arrivés aujourd'hui à Malesherbes à 9 lieues environ, infanterie, cavalerie, 4 canons ; 200 Prussiens à Milly, le canon y a grondé hier ; corps d'armée se dirigeant sur Pithiviers, renseignements donnés par des prisonniers. Toutes les routes coupées dans la forêt d'Orléans, retraite des hussards campés à Neuville, possible seulement par Artenay. La garde nationale de Pithiviers n'a pas encore reçu d'armes. La garde mobile de Pithiviers se replie sur Neuville. Général Norlioms (?) prévenu également.

Le Général commandant la subdivision du Loiret au Général commandant la 1re brigade de la division de cavalerie du 15e corps, à Artenay ; au Général commandant la division de cavalerie du 15e corps, à Blois ; au Ministre de la Guerre et au Général commandant le 15e corps d'armée, à Tours (D. T.).

Orléans, 20 septembre, 1 h. 15 soir.

Je reçois l'avis suivant d'un capitaine de la garde mobile qui se replie de Pithiviers sur Chilleurs : 2.000 Prussiens et 4 pièces de canon, appuyés par la cavalerie, sont à Malesherbes aujourd'hui ; on prétend que c'est l'avant-garde d'un corps d'armée ; francs-tireurs repliés.

Le Lieutenant de gendarmerie au Général commandant la subdivision et au Chef d'escadron de gendarmerie, à Orléans (D. T.).

Pithiviers, 20 septembre, 2 h. 40 soir.

Cavalerie ennemie et artillerie en force à Malesherbes.
Escadrons de hussards en reconnaissance ici; me replierai sur Chilleurs, dès que l'ennemi approchera.

L'Employé du télégraphe au Directeur général des télégraphes, à Tours (D. T.).

Artenay, 20 septembre, 6 h. 15 soir.

Les employés du chemin de fer arrivés d'Étampes par le train de 5 heures et demie assurent qu'une demi-heure avant le départ du train, un voyageur est arrivé en courant à la gare d'Étampes disant que les Prussiens approchaient d'Étampes, qu'ils avaient fait feu sur lui. Le train est parti aussitôt emportant tout le matériel de la gare et les employés.
Orléans nous dit que nos collègues d'Étampes ont prévenu qu'ils démontaient le poste et se repliaient. D'après les renseignements d'Orléans, l'avant-garde d'un corps d'armée ennemi serait arrivée à Phithiviers. Les employés du télégraphe se sont repliés. Les hussards de Toury partis en reconnaissance côté de Pithiviers ne sont pas encore rentrés. Nous prenons nos précautions pour nous replier au besoin selon vos instructions.

Le Général commandant la subdivision du Loiret au Général commandant la division de cavalerie du 15ᵉ corps, à Blois; au Général commandant la 1ʳᵉ brigade de la division de cavalerie du 15ᵉ corps, à Artenay, et au Ministre de la Guerre, à Tours (D. T.).

Orléans, 20 septembre, 8 h. 35 soir.

L'ennemi entré à Pithiviers, 5 h. 20. Général Peitavin, parti pour commander brigade à Tours, a donné ordre à garnison Orléans se replier sur Tours par étapes. Faites évacuer par même voie chevaux de main et voitures 6ᵉ hussards et 6ᵉ dragons; pouvez arrêter après-demain ces chevaux à Blois, si bon semble.

Colonel gendarmerie commande subdivision.

Le Chef de station télégraphique au Préfet du Loiret, à Orléans (D. T.).

Orléans, 20 septembre.

J'ai l'honneur de vous annoncer que les Prussiens entrent à ce moment à Pithiviers et que le poste télégraphique vient d'être démonté par les employés qui se replient sur Orléans.

Je vous retourne sous ce pli la dépêche chiffrée que vous m'aviez fait remettre à destination de cette localité.

L'Employé du télégraphe au Directeur général, à Tours.

Nemours, 20 septembre.
Expédiée à Tours le 20 septembre à 8 h. 35 soir.

Nuit dernière francs-tireurs avertis par paysans de présence de Bavarois au château de Cély, s'y sont rendus. Ont trouvé huit bavarois venant de réquisitionner fourrage; officier tué, trois blessés, reste prisonniers, huit chevaux pris.

Le Sous-Préfet au Ministre de l'Intérieur, à Tours, et au Préfet, à Nemours (D. T.).

Fontainebleau, 20 septembre, 2 h. 50 soir.
Expédiée à Tours le 20 septembre à 8 h. 50 soir.

Détachement prussien en réquisition à Cély attaqué par francs-tireurs cette nuit. Officier ennemi et deux soldats tués, 5 faits prisonniers dont un blessé. Aucune perte chez les francs-tireurs, provisions reprises. Fontainebleau et environs tranquilles.

CHAPITRE IV

Opérations autour d'Orléans
du 21 septembre au 1ᵉʳ octobre.

21 septembre.

c) Opérations et mouvements.

Le Général commandant le 15ᵉ corps d'armée au Général commandant la division de cavalerie du 15ᵉ corps, à Blois (D. T.).

Tours, 21 septembre.

Reçu lettre du 20. Conservez cuirassiers en réserve; éclairez-vous avec la brigade Ducoulombier.

Renseignements sur l'ennemi : il a occupé hier Étampes et Pithiviers.

Agissez d'après les circonstances; renseignez-vous par le télégraphe du côté de Chartres; forêt d'Orléans évacuée par les mobiles; troupes d'Orléans repliées sur Blois.

Si la brigade Ducoulombier vous paraît exposée, la rappeler vers Orléans; s'éclairer soigneusement vers sa gauche.

Disputer le terrain. Ne pas perdre l'ennemi de vue, par avant-postes ou vedettes.

Le Général commandant le 15ᵉ corps d'armée au Général commandant la division de cavalerie du 15ᵉ corps, à Blois.

Tours, 21 septembre.

J'ai reçu la lettre que vous m'avez adressée à la date d'hier pour m'informer des dispositions que vous aviez l'intention de prendre avec les régiments de la division de cavalerie sous vos ordres.

Je vous ai déjà répondu par le télégraphe, mais je crois utile d'ajouter quelques observations.

Vous ne devez pas éparpiller votre brigade de cuirassiers qu'il est bon de ménager et de tenir en réserve. Éclairez-vous avec la brigade Ducoulombier, qui est suffisante pour cette mission, surtout si vous avez soin, ainsi que je vous l'ai recommandé, de vous mettre en communication avec Chartres par le télégraphe.

Si vous avez des craintes sur votre gauche, envoyez un seul escadron de ce côté qui est encore peu menacé et envoyez-le assez loin pour que vous puissiez avoir le temps de rappeler au besoin la brigade Ducoulombier.

Afin d'être plus libre dans vos mouvements, débarrassez-vous de tous vos bagages et des chevaux de main, que vous ferez diriger, par la rive gauche de la Loire, sur Tours, point sur lequel vous aurez à vous retirer.

Je ne saurais trop insister sur la recommandation que je vous ai faite de ne pas perdre l'ennemi de vue par vos avant-postes et vos vedettes.

Au surplus, vous êtes sur les lieux et vous aurez à agir suivant les circonstances en vous conformant aux instructions générales que vous aurez reçues.

P. S. — Je vous ai prévenu que la forêt d'Orléans avait été évacuée par nos gardes mobiles; vous savez d'un autre côté que les troupes d'Orléans se sont repliées sur Blois. Dans cette situation, si vous trouvez que la brigade d'avant-garde est trop en l'air, vous pouvez lui donner l'ordre de se replier sur vous par la route d'Orléans à Tours, par la rive droite. Vous aurez à lui indiquer au besoin, et selon les mouvements de l'ennemi, la ligne de retraite qu'elle doit suivre et le point où vous jugerez convenable d'arrêter son mouvement de retraite. Tenez-moi exactement au courant de tous vos mouvements.

Le Général commandant la division de cavalerie du 15ᵉ corps au Colonel commandant le 1ᵉʳ cuirassiers de marche.

Blois, 21 septembre.

Vous vous rendrez demain, 22 septembre, avec votre régiment à Mer, et vous détacherez un escadron à Beaugency. Vous vous établirez aux environs de Mer, militairement, vous faisant garder par des avant-postes, qui devront être portés au moins à 2 heures en avant et qui auront des vedettes poussées le plus en avant possible. Vous observerez plus particulièrement les routes d'Orléans et de Châteaudun au moyen de reconnaissances qui éclaireront le pays au-delà des postes que vous établirez à Meung et à Cravant; ces postes seront au moins de la force d'un peloton. Entre Blois et Beaugency, afin de vous permettre de correspondre plus facilement avec moi, et aussi pour éclairer la route, vous laisserez deux postes, l'un à Ménars (à 8 kilomètres de Blois) de la force de 8 hommes commandé par un sous-officier. Afin de pouvoir remplir les instructions du Ministre, il est indispensable que vous soyez aussi allégé que possible. En conséquence, vous laisserez à Blois toutes vos voitures, tous vos chevaux de main et indisponibles. Vous ne devez avoir avec vous aucun bagage, afin d'être tout à fait libre de vos mouvements.

Pour les vivres et le fourrage, je donne des ordres à M. le sous-intendant militaire de la division de cavalerie d'en faire diriger sur Beaugency. Si des détachements s'éloignent trop de cette place et ne peuvent en recevoir leur subsistance, vous leur donnerez l'ordre de faire aux maires des bons de réquisition qui seront payés plus tard par les soins de l'intendance.

Je vous envoie ci-joint deux notes relatives à la manière d'établir ces réquisitions. Veuillez faire prendre immédiatement copie de ces notes qui doivent être remises demain au général Ressayre.

Enfin, afin de vous mettre à même de juger de l'importance de la mission dont vous êtes chargé, je crois utile de vous donner copie d'une partie des instructions du Ministre qui devra être communiquée avec soin à tous les officiers sous vos ordres (1).

. . . .

Je n'ai rien à ajouter aux instructions du Ministre, si ce n'est que vous avez en avant de vous à Orléans la 1re brigade de cavalerie que vous êtes destiné à appuyer au besoin.

Le Général commandant la division de cavalerie du 15e corps au Général commandant la 1re brigade de la division de cavalerie du 15e corps (D. T.).

Blois, 21 septembre.

Je compte que vous êtes encore à Artenay; retardez le plus possible votre retraite. Faites enlever et charger vigoureusement les

---

(1) Le général Reyau reproduisait ici les instructions concernant le rôle et la mission de la cavalerie que le Ministre avait adressées le 14 septembre au général de La Motterouge (Cf. ci-dessus, p. 5, alinéas 6, 7 et 8), instructions que ce dernier avait communiquées au commandant de la division de cavalerie du 15e corps le 16 septembre (Cf. ci-dessus, p. 109 à 111).

coureurs ennemis. Ne vous retirez lentement qu'à l'approche certaine de forces supérieures.

Si vous vous êtes retiré prématurément à Orléans, faites-moi connaître immédiatement l'emplacement de votre brigade et de vos postes poussés le plus en avant possible.

Le Général commandant la division de cavalerie du 15e corps au Général commandant la subdivision, à Orléans (D. T.).

Blois, 21 septembre.

Faites connaître si le général Ducoulombier est encore à Artenay ou s'est replié sur Orléans. Informez immédiatement de la position de l'ennemi. N'interrompez les communications télégraphiques qu'à la dernière extrémité.

Le Général commandant la division de cavalerie du 15e corps au Colonel du 9e cuirassiers, à Vendôme (D. T.).

Blois, 21 septembre.

Dirigez demain 22 sur Château-Renault et après-demain 23 sur Tours tous vos chevaux indisponibles harnachés (troupe et officiers), avec le nombre d'hommes nécessaires pour les soigner, et les hommes indisponibles, sous le commandement d'un officier.

Le Général commandant la division de cavalerie du 15e corps au Général commandant la 1re brigade de la division de cavalerie du 15e corps, à Orléans.

Blois, 21 septembre.

Restez à Orléans, gardez les environs, choisissez la meilleure position. D'après les ordres du général en chef ne perdez pas l'ennemi de vue par vos avant-postes et vedettes. Je vous fais appuyer par le 1er régiment de marche de cuirassiers placé à Mer et qui aura un escadron à Beaugency.

Éclairez soigneusement les routes de Paris et Châteaudun.

Le Colonel de gendarmerie du Loiret au Ministre de la Guerre, à Tours (D. T.).

Vierzon, 21 septembre, 4 h. 48 soir.
Expédiée à Tours à 8 h. 10 du soir.

D'après les ordres du général Peitavin, toutes les troupe d'infanterie sont parties d'Orléans; la garde mobile, dispersée dans plusieurs cantons, doit se replier sur La Ferté-Saint-Aubin et La Motte-Beuvron.

Des ordres ont été donnés au chemin de fer par le général pour que des trains soient établis, aujourd'hui et demain, pour aller chercher aux deux résidences ci-dessus tous les hommes de la garde mobile et de l'infanterie, s'il y en avait de détachés dans ces localités. Je suis arrivé à Vierzon à une heure. J'attendrai les ordres de Votre Excellence pour statuer sur la position de ces troupes; elles seront toutes réunies le 23 à Vierzon : gendarmerie, garde mobile surtout, car il y a peu d'hommes des 1er et 8e de ligne qui ont été dirigés sur La Ferté et La Motte.

Tous les jeunes gens de la classe de 1870 du département du Loiret sont partis pour rejoindre leurs corps. Je suis parti le dernier, après toutes les troupes, d'Orléans, et après avoir adressé à Votre Excellence la dépêche concernant les ponts d'Orléans.

e) Renseignements.

Le Préfet du Loiret au Ministre de la Guerre, à Tours (D. T.).

Orléans, 21 septembre, 6 h. 20 du soir.
Expédiée à Tours à 7 h. 45 du soir.

Le 6e hussards et le 6e dragons, brigade Ducoulombier, sont à Orléans.

On annonce l'arrivée des escadrons du 5e lanciers et 84 hommes montés du 6e hussards.

Le général Peitavin et le colonel de gendarmerie ont quitté la ville, se repliant, l'un vers Blois, l'autre vers Vierzon. Que faut-il faire de ces troupes pour lesquelles je n'ai pas d'ordres?

Il arrive en outre 1.200 francs-tireurs de Milly; je ne sais où les diriger; je demande instructions urgentes.

22 septembre.

c) Opérations et mouvements.

Le Ministre de la Guerre au Général commandant la 19ᵉ division militaire, à Bourges (D. T.).

Tours, 22 septembre.

Faites porter, non pas à Vierzon, mais à Orléans, les 7.000 hommes et l'artillerie que vous annoncez être prêts. Je donne l'ordre que l'infanterie (1.000 à 1.100 hommes), qui s'est retirée d'Orléans sur Blois, retourne à Orléans. Le commandement sera remis provisoirement au général Ducoulombier jusqu'à l'arrivée du général Faye.

Chargez le colonel commandant le régiment de Tirailleurs algériens de faire occuper et défendre la forêt d'Orléans par les francs-tireurs, les gardes mobiles et par une partie de ses troupes d'infanterie, s'il le juge utile. On a exécuté dans la forêt des coupures sur les routes du Nord au Sud, des abatis sur les routes parallèles à la Loire. Il faut utiliser ces moyens de défense.

Il me semble utile que vous alliez de votre personne à Orléans pour donner des instructions au général commandant la 1ʳᵉ brigade de cavalerie et au colonel commandant le régiment de Tirailleurs. J'ai la confiance que votre présence à Orléans pendant quelques heures raffermira les esprits.

Si le général commandant la 1ʳᵉ brigade de cavalerie devait se retirer devant des forces trop supérieures pour qu'il fut possible de disputer le terrain, il devrait jeter dans les bois, à droite et à gauche d'Orléans, sur la rive droite et sur la rive gauche de la Loire, des compagnies de francs-tireurs et des compagnies de mobiles, en appelant les populations à les aider. La troupe se retirerait, suivant vos instructions, sur Vierzon et sur Blois.

Rendez-moi compte.

En note. — Ordre le dit jour (22 septembre) au général commandant Blois de renvoyer à Orléans l'infanterie qui s'était repliée.

Le Ministre de la Guerre au Préfet du Loiret, à Orléans (D T.).

Tours, 22 septembre, 1 h. 22 soir.

Je donne l'ordre de réoccuper Orléans. Plus de 8.000 hommes d'infanterie vont y arriver, avec de l'artillerie.

Je prescris d'occuper et de défendre la forêt d'Orléans par les francs-tireurs et les gardes mobiles, soutenus au besoin par la troupe. Le général de Polhès va se rendre à Orléans pour donner des instructions au général commandant la 1re brigade de cavalerie qui commandera provisoirement le département jusqu'à l'arrivée du général Faye.

Nous ferons appel aux populations pour venir en aide aux francs-tireurs et aux mobiles retirés dans les bois, et qui devront s'y maintenir tant qu'il sera possible, lors même que l'armée devrait se retirer sur Vierzon et sur Blois.

Le Général commandant la division de cavalerie du 15e corps au Général commandant le 15e corps d'armée.

Blois, 22 septembre.

J'ai l'honneur de vous rendre compte que le général commandant la 1re brigade, menacé du côté d'Étampes et de Pithiviers par des forces supérieures (infanterie, cavalerie, artillerie), ne se trouvant plus couvert du côté d'Orléans, dont les troupes avaient reçu l'ordre de se replier sur Blois, s'est vu dans la nécessité de rétrograder hier 21. Il a rallié sa brigade à Artenay qu'il a quitté à 10 heures du matin et, comme il n'avait aucun point de ravitaillement jusqu'à Orléans, il a dû se porter jusqu'aux portes de cette ville. Il a fait camper le 6e hussards en avant du faubourg Bannier, surveillant les routes de Paris et de Chartres, et le 6e dragons en avant du faubourg Saint-Vincent, entre les routes de Pithiviers et de Neuville. Je lui ai adressé par le télégraphe et par lettre l'ordre de tenir à Orléans, de s'éclairer le plus en avant possible, d'envoyer des reconnaissances dans toutes les directions, de disputer le terrain pied à pied aux partis de cavalerie qui se présentent et de ne se retirer que lentement, à la dernière extrémité, devant des forces supérieures, enfin de ne jamais perdre l'ennemi de vue par ses avant-postes et ses vedettes.

Je le fais appuyer en arrière par le 1er régiment de marche de cuirassiers, que j'envoie ce matin à Mer, sur la route d'Orléans à

Blois, à 18 kilomètres de cette ville. Ce détachement détachera un escadron à Beaugency et des postes à Meung et à Cravant. Il sera lié avec Orléans par des petits postes (1 brigadier, 4 hommes) à Saint-Ay et La Chapelle, fournis par la 1re brigade, et se reliera en arrière avec Blois par un petit poste qu'il laissera à Ménars.

Le 9e cuirassiers arrive aujourd'hui 22 à Blois; je le fais camper au Nord de la ville, entre les routes de Vendôme et de Châteaudun, afin de surveiller toute ma gauche contre les entreprises que l'ennemi pourrait tenter de ce côté.

Enfin, pour être tenu au courant de tout mouvement de l'ennemi venant de Chartres et se dirigeant par la Beauce sur la Loire, je me suis entendu avec M. le préfet de Blois qui doit faire établir un service d'estafettes sur les routes de Vendôme, Châteaudun, Chartres, et tenir ces points en communication continuelle. Pour seconder cette disposition, deux postes du 9e cuirassiers seront placés sur la route de Vendôme, à Saint-Bohaire et à La Chapelle-Vendômoise.

Le Général commandant la division de cavalerie du 15e corps au Général commandant la 1re brigade de la division de cavalerie du 15e corps.

Blois, 22 septembre.

Je vous ai adressé hier soir un télégramme par lequel je vous prescrivais de rester à Orléans, d'établir vos deux régiments dans les environs de cette ville, dans les meilleures positions que vous pourrez choisir pour vous éclairer au loin. Continuez à envoyer de fortes reconnaissances sur les routes de Paris, de Chartres, de Châteaudun, ainsi que sur votre droite. Je pense qu'il vous était possible de tenir encore à Artenay, distant de Pithiviers de plus de 36 kilomètres. Vous étiez en forces pour essayer d'enlever tous les partis de ulans qui seraient venus à votre portée. Vos postes et vos vedettes, placés en avant, vous auraient toujours averti à temps pour vous permettre de rétrograder soit sur Orléans, soit sur Patay, d'après les instructions du Ministre. Les prescriptions du général en chef sont formelles; vous devez disputer le terrain pied à pied aux partis de cavalerie qui se présentent, vous retirer lentement devant des forces supérieures, ne jamais perdre l'ennemi de vue par vos avant-postes ou vos vedettes.

Je compte donc sur toute votre activité, votre zèle et votre expérience, pour vous conformer exactement à cette mission, sans doute difficile et périlleuse, mais des plus importantes pour le salut de l'armée.

Je vous fais appuyer par le 1er régiment de marche de cuirassiers qui sera aujourd'hui 22 à Mer. Il détachera un escadron à Beaugency; ses postes iront jusqu'à Meung. Reliez-vous avec lui par deux postes établis à La Chapelle et à Saint-Ay; vous serez ainsi en relations constantes avec moi. Indépendamment des dépêches télégraphiques, envoyez-moi, au moyen d'estafettes allant d'un poste à l'autre, des rapports sur vos troupes, sur vos reconnaissances, et contenant tous les renseignements que vous pourrez rassembler sur les mouvements de l'ennemi. Ne quittez Orléans qu'à la dernière extrémité et lorsque vos reconnaissances auront rencontré et chargé l'ennemi, et qu'il sera en vue de vos postes et vedettes.

Vous m'adresserez chaque jour une situation numérique du modèle ci-joint. J'attends les états nominatifs des officiers de chaque corps de votre brigade que je vous ai demandés plusieurs fois.

Le Général commandant la division de cavalerie du 15e corps au Général commandant la 1re brigade de la division de cavalerie du 15e corps, à Orléans (D. T.).

Blois, 22 septembre.

Le général en chef m'adresse le télégramme suivant :
« Le Ministre donne l'ordre de réoccuper Orléans et la forêt. Dès que la forêt sera gardée par l'infanterie, la 1re brigade devra reprendre sa position à Artenay ».

Conformez-vous ponctuellement à ces ordres du général en chef et aux instructions de mes dépêches de ce matin pour la conduite à tenir par vos régiments devant l'ennemi.

Rendez-moi compte sur-le-champ de vos mouvements et de ceux de l'ennemi que vous ne devez jamais perdre de vue.

Le Général commandant la 19e division militaire au Ministre de la Guerre, à Tours (D. T.).

Bourges, 22 septembre, h. 35 matin.

4.600 hommes, avec le colonel des Tirailleurs algériens, partiront pour Orléans, de 10 h. à 2 h. du matin; le chef de gare assure que les trains de Vierzon ne vont plus que jusqu'à La Ferté.

e) Renseignements.

Le Sous-Préfet de Montargis au Préfet du Loiret, à Orléans (D. T.).

Montargis, 22 septembre, 5 h. 40 soir.

On annonce de Puiseaux que l'ennemi campé à Coudray s'est replié sur Ramoulu au nombre de 1.500 avec artillerie; il a établi son camp entre Ramoulu et Les Essarts. Prussiens sont entrés à Manchecourt, 150 environ occupent Malesherbes.....

Le Préfet du Loiret au Ministre de la Justice, à Tours (D. T.).

Orléans, 22 septembre, 5 h. 40 soir.

Les nouvelles suivantes viennent d'être envoyées d'Étampes par M. le sous-préfet. Le 20, toute la journée, l'ennemi, signalé depuis deux jours, était attendu à Étampes, venant d'Arpajon par Étréchy. Vers 4 heures du soir, 6 cavaliers et 8 fantassins se sont présentés à l'entrée de la ville. Ils ont parlementé avec le maire qui leur a déclaré que lorsqu'un corps sérieux de troupes se présenterait, la municipalité verrait ce qu'elle devrait faire, mais que toutes exigences de la part d'une aussi faible escorte ne seraient pas admises; ils ont demandé à se reposer et sont repartis dans le milieu de la nuit.

Le 21, à 10 heures du matin, Étampes ne contenait aucun ennemi. Le village d'Étréchy, où ils étaient hier et avant-hier au nombre de 80, était également évacué.

23 septembre.

b) Organisation et Administration.

Le Général commandant le 15ᵉ corps d'armée au Général commandant la 19ᵉ division militaire, à Bourges.

Tours, 23 septembre.

Je réponds à votre lettre du 21 courant. J'approuve la proposition que vous me faites de former une division à Nevers et je demande au

Ministre de faire diriger sur ce point, tout ce qui est destiné pour la 2e division du 15e corps.

Je suis sans nouvelles de l'ennemi du côté d'Orléans.

Cette ville a été évacuée trop précipitamment, et avant qu'il fut nécessaire de prendre un pareil parti qui devait jeter la panique dans tout le pays; mais sur cette question, vous devez être plus au courant que nous, puisque vous avez fait réoccuper cette ville et que, probablement, vous vous êtes porté de votre personne sur ce point.

Les nouvelles que nous avions reçues le 19 et le 20, surtout celle de la présence d'une nombreuse artillerie (100 pièces de canon, disait-on), semblait faire croire que les Prussiens avaient au moins l'intention d'occuper Orléans, et, peut-être même, de tenter un coup de main sur Bourges; mais rien n'est venu confirmer l'existence de cette nombreuse artillerie à Pithiviers. Il est fort difficile de savoir quels sont les projets de l'ennemi; on ne peut faire que des conjectures, et je me demande s'il tentera quelque chose sur Bourges, tant que Metz et Strasbourg tiendront.

Je vous remercie pour tous les soins que vous vous êtes donné pour notre installation et celle des troupes du corps d'armée. Je vous enverrai des officiers d'état-major dès que je le pourrai. Je suis arrêté en ce moment par des considérations dont je vous donnerai plus tard connaissance.

c) Opérations et mouvements.

Le Général commandant le 15e corps d'armée au Général commandant la division de cavalerie du 15e corps, à Blois.

Tours, 23 septembre.

Au moment où je vous ai prescrit d'envoyer vos bagages et vos chevaux de main à Tours, point sur lequel vous deviez vous retirer, la ville d'Orléans ainsi que la forêt avaient été évacuées par les troupes et les gardes mobiles, ce qui devait me faire croire que l'ennemi marchait en forces sur Orléans; j'avais dû me préoccuper de votre retraite, qui me semblait imminente, et je vous avais conseillé de vous alléger le plus possible, afin de ne pas être gêné jusqu'à Tours.

Depuis lors, la situation s'est modifiée. Orléans et la forêt ont été réoccupés en force; d'un autre côté, si l'ennemi avait eu réellement le projet d'occuper Orléans, il est probable qu'il se serait empressé de profiter de l'évacuation de cette ville. Quoi qu'il en soit, dans les circonstances actuelles, il semble qu'il n'y a pas un aussi grand intérêt à éloigner votre petit dépôt autant que je l'avais prescrit d'abord. C'est par suite de cette considération, et aussi pour ne pas trop encombrer Tours, que je vous recommande dans la réponse au rapport de chercher à établir ce petit dépôt, soit à Blois, soit à Amboise, où il serait plus à proximité et où vous auriez beaucoup plus de facilité pour vous établir.

J'approuve du reste toutes les dispositions que vous avez prises pour la disposition des régiments de votre division ainsi que pour vous garder et vous renseigner.

Je vous prie de continuer à me tenir tous les jours exactement au courant de toutes vos opérations et des nouvelles que vous pourrez recueillir. Transmettez-moi, par le télégraphe, tout ce qui pourra avoir quelque importance.

Le Général commandant le 15e corps d'armée au Général commandant à Orléans.

Tours, 23 septembre.

J'ai l'honneur de vous informer que le département du Loiret a été affecté, comme commandement territorial, à la 19e division militaire à Bourges. Je vous adresse la copie de la dépêche télégraphique envoyée par le Ministre au général commandant la 19e division militaire (1).

Une dépêche dans le même sens a été envoyée au préfet du Loiret, et le général commandant à Blois a reçu ordre de renvoyer à Orléans l'infanterie qui s'était repliée.

Le Général commandant la division de cavalerie du 15e corps au Général commandant le 15e corps d'armée, à Tours (D. T.).

Blois, 23 septembre, 8 h. 55 soir.
Expédiée à Tours le 24 à 2 h. 50 du matin.

Le général commandant la 1re brigade m'adresse le rapport suivant :

« La reconnaissance du 6e hussards, partie à 5 heures du matin d'Orléans, était à Chilleurs à 4 heures du soir; après avoir traversé Pithiviers, elle battait en retraite, légèrement poursuivie par plusieurs escadrons (5 ou 6) de hussards, dragons, cuirassiers. Impossible

---

(1) Le Général de La Motterouge reproduisait ici une dépêche adressée le 22 septembre par le Ministre de la Guerre au Général commandant la 19e division militaire, à Bourges.

d'avancer à plus de 6 kilomètres au delà de Pithiviers. Toute la cavalerie de ce côté. Cet escadron de hussards a eu un engagement à l'avant-garde avec deux escadrons de dragons prussiens. Un sous-lieutenant, un sous-officier et 2 hussards disparus. Nous avons fait 3 prisonniers et tué un dragon et un cuirassier. Les francs-tireurs sont venus au secours (2 compagnies). L'escadron se retire sur Neuville et pense qu'il aurait besoin de renfort demain. On assure que la cavalerie ennemie a de l'artillerie, mais personne n'est plus à Pithiviers.

Le Général commandant la division de cavalerie du 15ᵉ corps au Général commandant la 2ᵉ brigade de la division de cavalerie du 15ᵉ corps.

Blois, 23 septembre.

Il me paraît essentiel d'établir militairement à Blois le 9ᵉ cuirassiers, de faire garder son bivouac par des avant-postes, occupant par leurs postes et leurs vedettes les routes principales qui aboutissent à Blois, principalement sur notre gauche. De son côté, le général commandant la subdivision doit s'entendre avec le préfet de Blois, pour obtenir que tous les points importants dans un rayon de 10 à 12 kilomètres soient occupés par des postes de garde mobile éclairant par leurs sentinelles tout le pays environnant, afin de nous prémunir contre toute surprise à craindre, surtout du côté de Vendôme, de Châteaudun et de Chartres. De plus, le préfet m'a promis de faire établir au moyen de cantonniers, gardes-forestiers, etc., un service de correspondance continuel entre ces trois villes et Blois.

Je vous prie de vouloir bien étudier le système d'avant-postes, de reconnaissances, de rondes et de patrouilles à établir dans le 9ᵉ cuirassiers, et de vous entendre avec le général commandant la subdivision de manière à ce qu'il y ait liaison entre le service des postes de la garde mobile qu'il doit établir et celui du 9ᵉ cuirassiers. Vous voudrez bien me rendre compte de ce que vous aurez décidé d'un commun accord.

e) Renseignements.

Le Préfet du Loiret au Ministre de la Guerre, à Tours (D. T.).

Orléans, 23 septembre, 12 h. soir.

Le sous-préfet de Pithiviers me mande, par un courrier qui a pu échapper, que 2.000 Prussiens sont entrés à Pithiviers à 11 heures du matin, ont fait des réquisitions énormes. Voici la phrase de sa dépêche chiffrée :

« Ennemi dire bataille livrée hier à Paris et avoir pris un fort avec nos gros canons, dont ils se sont emparés. J'ignore leur direction. Je tâcherai de vous l'apprendre ».

En marge, au crayon. — Urgent. Communiquer cette dépêche au général de Polhès, en lui disant qu'il appréciera.

L'Employé des télégraphes au Directeur général des télégraphes, à Tours (D. T.).

Gien, 23 septembre, 2 h. 45 soir.
Transmise par Nevers à 3 h. 18 soir

Inspecteur général compagnie Lyon envoie dépêche à inspecteur compagnie Montargis. Il dit 4 régiments de cavalerie prussienne se dirigeant sur Montargis. Il invite chef gare à se replier sur Gien, avec matériel. Je viens de voir 40 ou 50 employés de sa compagnie venant de Montargis ou d'au-delà, traversant rues Gien. Le dernier train de nuit de Montargis à Gien, qui doit arriver ici à 5 heures, a avancé heure départ ; il est arrivé à 1 heure matin. Service chemin fer de Montargis à Gien sera peut-être suspendu aujourd'hui.

L'Inspecteur des télégraphes au Directeur général des télégraphes, à Tours (D. T.).

Orléans, 23 septembre.
Transmise par Orléans à 3 h. 55 soir.

Nous recevons la dépêche suivante :

Chef district à Chef section et Ingénieur voie :

Près de Boisseaux, une centaine de cavaliers prussiens ont fait couper par nos poseurs 4 poteaux, 2 de chaque côté, ainsi que les fils.

Les 300 (sic) cavaliers qui ont fait couper la ligne télégraphique à Boisseaux sont en ce moment à dîner, à la ferme d'Annemont, à 7 kilomètres de Toury et 2 kilomètres Est de Boisseaux.

24 septembre.

c) Opérations et mouvements.

Le Général commandant le 15ᵉ corps d'armée au Général commandant la division de cavalerie du 15ᵉ corps, à Blois.

Tours, 24 septembre.

M. le général de Polhès, qui vient d'être nommé commandant supérieur du centre de la France, a été chargé par M. le Ministre de la Guerre de la mission de réoccuper Orléans et de diriger lui-même cette opération.

Il est tout naturel que dans une pareille circonstance, il ait cru pouvoir donner quelques ordres à la 1ʳᵉ brigade de la division de cavalerie du 15ᵉ corps qui était à Orléans et dont il a cru devoir tirer parti pour l'exécution de son projet.

La mission du général de Polhès n'est que temporaire, et il reste bien entendu que le général commandant la 1ʳᵉ brigade ne cesse point d'être sous vos ordres et que vous devez continuer à lui donner vos instructions.

Je ne puis que vous approuver lorsque vous manifestez l'intention de prêter tout votre concours au commandement territorial.

Le Général commandant la division de cavalerie du 15ᵉ corps au Général commandant le 15ᵉ corps d'armée, à Tours.

Blois, 24 septembre.

J'ai l'honneur de vous rendre compte de l'emplacement de ma division le 23 septembre, au soir.

1ʳᵉ *brigade.* — Un escadron du 6ᵉ hussards, après avoir poussé une reconnaissance jusqu'à Pithiviers, a été obligé de battre en retraite, légèrement poursuivi par plusieurs (5 ou 6) escadrons de hussards, dragons, cuirassiers. Dans un engagement d'avant-garde avec 2 pelotons de dragons, 1 sous-lieutenant, 1 sous-officier et 2 hussards ont disparu. L'ennemi a laissé 3 prisonniers et a eu 1 dragon et 1 cuirassier tués. La cavalerie ennemie paraît nombreuse de ce côté et a de l'artillerie. Le commandant du détachement, qui datait son rapport de Chilleurs (4 heures soir), a été obligé, malgré l'appui de 2 compagnies de francs-tireurs, de se retirer sur Neuville, et il pensait qu'un renfort pourrait lui être nécessaire pour ce matin.

Les 3 autres escadrons du même régiment ont quitté Orléans hier, à 5 heures du matin, et ont dû reprendre leurs positions en avant d'Artenay. Je n'ai pas encore reçu le rapport du chef de corps.

3 escadrons du 6e dragons ont quitté Orléans à 2 heures de l'après-midi pour se porter à Artenay. Le 4e escadron est resté à Orléans, d'après la demande de M. le général de Polhès.

2e *brigade*. — Le 1er régiment de marche de cuirassiers a 3 escadrons campés à Mer, avec un poste en arrière, à Ménars. Le 4e escadron est à Beaugency, avec 2 postes, l'un à Meung, l'autre à Cravant, sur les routes d'Orléans et de Châteaudun.

Le 9e cuirassiers est campé en avant de Blois, entre les routes de Vendôme et de Chartres; ses avants-postes s'étendent jusqu'à Saint-Bohaire, La Chapelle-Vendômoise, Marolles. Ils se relient aux postes de gardes mobiles (de 25 à 30 hommes commandés par un officier) établis en avant de la forêt de Blois, à Chambon, Saint-Secondin, Orchaise, Saint-Lubin, et vers la route de Chartres, à Averdon et Villerbon, par les soins de M. le général Michaux; de plus, des éclaireurs à cheval, ayant une commission portant l'estampille de cet officier général, doivent battre le pays jusqu'à Vendôme et Châteaudun.

Le Général commandant la division de cavalerie du 15e corps au Général commandant la 1re brigade de la division de cavalerie du 15e corps (D. T.).

Blois, 24 septembre.

Reçu le rapport de la reconnaissance faite sur Pithiviers; exprimez ma satisfaction au commandant du détachement, pour la vigueur avec laquelle il a conduit sa reconnaissance.

Adressez-moi sans délai, pour que je le transmette sur-le-champ au général en chef, l'emplacement de votre brigade. Le 6e hussards a-t-il repris ses anciennes positions? Le 6e dragons est-il à Artenay? Dans quel but laisser un escadron à Orléans? Quand pourrez-vous rejoindre votre brigade?

Le Général commandant la division de cavalerie du 15e corps au Général commandant le 15e corps d'armée, à Tours (D. T.).

Blois, 24 septembre, 12 h. 35 soir.
Expédiée à Tours à 4 h. 10 soir.

D'après le rapport que je reçois du général commandant la 1re brigade de cavalerie à Orléans, tel est l'emplacement de sa brigade : Artenay, Trinay, Neuville, 6ᵉ hussards soutenu par 1.500 gardes mobiles, partie sous bois, partie en plaine ; Artenay, 3 escadrons du 6ᵉ dragons ; Bellegarde, 1 escadron du 6ᵉ dragons, avec le colonel du 1ᵉʳ Tirailleurs. Le général commandant la 1ʳᵉ brigade, fatigué, est resté à Orléans ; je lui prescris, s'il ne peut rejoindre sa brigade, d'en donner le commandement au plus ancien colonel. Dans les circonstances actuelles, il est essentiel qu'il y ait sur le terrain, devant l'ennemi, un chef qui dirige l'action, en prenne l'initiative et la responsabilité.

Le chef de détachement du 6ᵉ hussards qui a conduit vigoureusement et avec audace la reconnaissance sur Pithiviers est M. le commandant . . . . . Je lui transmets les marques de satisfaction de M. le général en chef.

Je m'occupe d'établir mes petits dépôts à Amboise et à Blois.

Le Général commandant la division de cavalerie du 15ᵉ corps au Général commandant la 1ʳᵉ brigade de la division de cavalerie du 15ᵉ corps, à Orléans (D. T.).

Blois, 24 septembre.

Je reçois le télégramme suivant du général en chef : « Exprimez ma satisfaction au 6ᵉ hussards ; ne renforcez le détachement de Neuville que si vous avez l'intention de faire un coup de main ; pour éclairer, un escadron est suffisant. Combinez les mouvements de ce côté avec la garde mobile ou l'infanterie de ligne ».

Conformez-vous aux prescriptions de cette dépêche, si vous ne pouvez occuper Toury, poussez des reconnaissances dans cette direction, ne cessez de me rendre compte de votre situation et des mouvements de l'ennemi.

Le Général commandant la 19ᵉ division militaire au Ministre de la Guerre, à Tours.

Orléans, 24 septembre.

Conformément à vos ordres, j'ai quitté Bourges dans la nuit de jeudi à vendredi (1) matin pour me rendre à Orléans, où je suis arrivé hier.

---

(1) Nuit du 22 au 23 septembre.

J'avais fait diriger sur cette localité, les troupes dont la désignation est ci-dessous, savoir :

1ᵉʳ régiment de Tirailleurs algériens,
29ᵉ régiment de marche,
19ᵉ régiment de gardes mobiles du Cher,
12ᵉ régiment de gardes mobiles de la Nièvre,
deux batteries d'artillerie formées à Bourges.

Ces corps sont arrivés successivement hier, et, dès le matin, se sont mis en marche pour aller occuper dans la forêt d'Orléans les emplacements que je leur ai désignés.

La population d'Orléans, qui avait éprouvé, à l'approche de l'ennemi, une frayeur indicible, s'est montrée pleinement rassurée en voyant arriver dans ses murs les troupes destinées à la protéger.

Des premiers renseignements que j'ai recueillis à Orléans, il semblait résulter que les Prussiens occupaient Pithiviers avec des forces *considérables*, composées de cavalerie, d'un certain nombre de pièces de canon et de 150 hommes d'infanterie environ.

Des renseignements plus récents, émanant d'un témoin oculaire et qui paraissent très dignes de foi, atténuent singulièrement la portée de ces premières indications.

Il en résulterait que l'ennemi occupe Pithiviers avec de 4 à 5.000 cavaliers au plus, dragons, hussards, lanciers et cuirassiers blancs. Les régiments, qui font partie de ce corps, ne seraient que des débris, en mauvais état, dont les escadrons comptent de 20 à 30 hommes. A Pithiviers, ils se sont logés chez l'habitant et frappent cette localité, ainsi que les localités voisines, de fortes contributions en vivres, fourrages, etc. Ces renseignements concordent avec ceux qui m'ont été fournis par la reconnaissance offensive de cavalerie dont je vous ai fait connaître le résultat.

Leur projet ne paraît pas être jusqu'à présent de dépasser les limites de la forêt d'Orléans. Il paraît probable qu'après avoir épuisé les ressources de Pithiviers, ils se dirigent sur Montargis et la forêt qui se trouve au Nord-Est de cette ville (1). Cette mesure aurait eu, de plus, le résultat de couvrir la route de Gien. Mais j'ai dû renoncer à ce projet; quoique j'ai numériquement assez d'infanterie, je ne la crois pas assez solide pour occuper une position très en l'air, ayant une plaine découverte entre les deux bois, et ayant devant elle une artil-

---

(1) Une phrase paraît avoir été omise, bien que, sur l'original, il n'y ait ni rature, ni espace laissé en blanc. Mais, d'après la phrase suivante, il est à présumer que le général de Polhès disait qu'il avait eu un moment l'intention de porter une partie de ses troupes entre la forêt d'Orléans et la forêt de Montargis.

lerie relativement considérable à laquelle je ne puis pas répondre. Car, il faut que je vous le dise, aucun des artilleurs de mes deux batteries n'a jamais manié l'écouvillon. Depuis deux mois qu'ils sont à Bourges, ils n'ont été occupés qu'à porter de la gare aux établissements de l'artillerie, et réciproquement, l'énorme matériel dont on avait encombré la place de Bourges.

M. le général commandant la 1re brigade de cavalerie étant trop souffrant pour faire un service actif, et le général commandant la subdivision n'ayant pas sous ses ordres, pour des opérations actives, les troupes du 15e corps, j'ai fait venir de Bourges le général Bertrand, commandant une brigade du 15e corps.

Cet officier général a son quartier général à Châteauneuf-sur-Loire ; je m'y rendrai ce soir pour juger par moi-même des diverses positions occupées dans la forêt, et donner à cet officier général et au colonel du 1er Tirailleurs des instructions précises en cas de retraite et de l'évacuation d'Orléans. A ce sujet, je crois devoir, Monsieur le Ministre, prescrire au général commandant la subdivision du Loiret de prendre directement vos ordres pour cette éventualité, puisque Tours est avec Orléans, en communication plus directe que Bourges. Si rien de nouveau ne se produit (1) à Bourges où ma présence est indispensable à l'organisation des deux divisions d'infanterie du 15e corps, ainsi que celle du chef d'état-major de la division que j'avais amené avec moi.

25 septembre.

a) Journaux de marche et Historiques.

Historique manuscrit du 6e dragons.

COMBAT DE LION-EN-BEAUCE.

L'infanterie de Bazoches, forte de 300 hommes environ, prévient notre grand'garde qu'elle s'attend à être attaquée dès le point du jour par des forces supérieures venues de Pithiviers.

---

(1) Ici, encore il doit y avoir une omission, bien qu'il n'y ait ni rature, ni intervalle laissé en blanc dans le texte. Il faut vraisemblablement ajouter « je me rendrai » à Bourges, etc.
Cette lettre est signée du général de Polhès lui-même, l'original paraît avoir été copié par un secrétaire inhabile qui aura omis certaines phrases, et la lettre n'aura pas été relue par celui qui l'avait rédigée.

Un sous-lieutenant est envoyé dans cette direction avec 20 hommes pour avoir des nouvelles de l'ennemi. Après avoir dépassé Châtillon-le-Roi, ses éclaireurs signalent un rideau de tirailleurs et dans le lointain, dissimulée dans quelques bouquets de bois, une masse de cavalerie, dont on ne peut encore déterminer la force. A 7 h. 1/2 du matin, nos tirailleurs commencent à échanger quelques coups de fusil avec ceux de l'ennemi. Bientôt, s'apercevant du petit nombre d'hommes qu'ils ont devant eux, les hussards prussiens se décident à charger en fourrageurs; mais nos tirailleurs, en partie ralliés, attendent la charge de pied ferme, et par un feu à bonne distance et bien nourri, l'arrêtent et obligent l'attaquant à tourner bride rapidement. Il laisse un mort sur le terrain. Une compagnie d'infanterie vient se mettre en soutien derrière les dernières maisons de Bazoches. Une heure après environ, l'ennemi revient en plus grand nombre et cherche à nous envelopper par notre droite. Le 1er peloton renforcé d'une vingtaine d'hommes de la grand'garde, amenés par un sous-lieutenant, se porte au galop sur le point menacé et notre ligne de tirailleurs, placée à cheval sur la route de Lion-en-Beauce, en interdit l'accès. Un brigadier, bon tireur, met pied-à-terre; en moins d'une demi-heure, il abat 2 hommes.

Pendant ce temps, l'infanterie, ne se jugeant plus en sûreté à Bazoches, battait en retraite à travers champs sur Artenay, par Lion-en-Beauce. Nos tirailleurs suivent lentement ce mouvement de retraite en flanquant l'infanterie. L'ennemi se montre enfin et l'on aperçoit distinctement un régiment complet de hussards (1er régiment de hussards de la mort) et un régiment de ulans.

Deux escadrons de hussards se détachent pour nous charger, mais dans la Beauce, les mouvements se voient de loin. Notre infanterie, en ce moment cachée par un pli de terrain, est prévenue que nous allions rallier sur elle en la démasquant et qu'elle devra recevoir la charge qui se prépare. Tout se passe comme on l'avait prévu, mais quelques fantassins tirant trop tôt éventent le piège, et cette cavalerie disparait à toute bride laissant seulement des tirailleurs.

Le colonel du 6e dragons, prévenu que les avant-postes sont obligés de se replier, envoie vers midi un chef d'escadrons avec le 4e escadron, pour protéger ce mouvement et relever le 1er escadron qui depuis le matin, est aux prises avec l'ennemi et qui n'a pas mis moins de 5 heures pour rétrograder de 3 lieues. Ce chef d'escadrons trouve tout le 1er escadron à hauteur du moulin de Lion-en-Beauce. Ses tirailleurs sont immédiatement remplacés. L'infanterie continue sa retraite sur Artenay. Nous profitons d'un répit que nous laisse l'ennemi pour mettre un instant pied à terre. Tout à coup, un officier aperçoit de l'artillerie qui s'établit sur notre gauche. On remonte lestement à cheval et on rompt par peloton, le 1er escadron prenant la tête. Notre retraite s'exécute d'abord au pas, nos tirailleurs formant arrière-garde et faisant le coup de feu. Mais, bientôt, les pièces prussiennes ouvrent leur feu sur la colonne, tandis que deux régiments ennemis, dont un de cuirassiers cette fois, menacent notre flanc gauche. On prend alors au trot la direction d'Artenay poursuivi par les obus et par les régiments ennemis déployés en bataille.

Vers 3 heures, le colonel du 6e dragons était prévenu que les deux escadrons ne pouvaient plus tenir et qu'ils allaient être probablement ramenés. Aussitôt, il fait monter à cheval le 6e hussards et ce qui lui reste du régiment. Nos deux pièces s'établissent sur la route de Paris, à un kilomètre d'Artenay, masquées par le talus du chemin de fer et dominant la plaine. Les fantassins, qui viennent de rejoindre Artenay, sont embusqués derrière les haies qui bordent la voie. La colonne paraît bientôt, poursuivie vigoureusement par les obus et toute la cavalerie ennemie déployée. Notre artillerie n'a pas la patience d'attendre que l'ennemi soit à bonne portée de mitraille. Elle tire trop tôt. 60 obus sont envoyés à l'ennemi dans une demi-heure; celui-ci, interdit, répond d'abord faiblement, et prend précipitamment la fuite. En résumé, combat sans résultats. Nous n'avons perdu personne, et les pertes de l'ennemi sont insignifiantes. Rentré à Artenay où l'on n'est pas en sûreté, on s'occupe dès 8 heures du soir de lever le bivouac. On va s'établir à Cercottes, en pleine forêt d'Orléans, laquelle est gardée par des mobiles. Arrivée au nouveau bivouac à minuit.

Extrait du Journal des opérations militaires de l'artillerie du 15e corps.

Mer, 2 novembre.

Affaire d'Artenay, 25 septembre. — Le 25 septembre, le chef d'escadron commandant l'artillerie de la colonne du général de Polhès, à Orléans, dirige sur Artenay deux sections de 4 de la 14e batterie du régiment monté de l'ex-garde, qui furent mises à la disposition du colonel du 6e dragons. Vers 5 heures, le colonel du 6e dragons renvoya de Bazoches (16 kilomètres d'Artenay) à Orléans l'une des sections; l'autre se mit en batterie pour protéger le mouvement de retraite de nos troupes, et, après avoir tiré 72 obus ordinaires, elle suivit le mouvement sur Artenay.

c) Opérations et mouvements.

Le Ministre de la Guerre au Général commandant la division de cavalerie du 15ᵉ corps, à Blois.

Tours, 25 septembre.

M. le général commandant le 15ᵉ corps d'armée m'a communiqué votre dépêche relative à la direction des mouvements de la 1ʳᵉ brigade de cavalerie de la division du 15ᵉ corps.

J'ai l'honneur de vous informer qu'en raison de la nature des opérations que M. le général de Polhès est chargé de diriger, j'ai décidé que, non seulement la 1ʳᵉ brigade, mais toute la division que vous commandez restera jusqu'à nouvel ordre à la disposition de cet officier, qui est prévenu de cette disposition et invité à se mettre en rapport avec vous.

Cet état de choses sera maintenu jusqu'au moment où le 15ᵉ corps ayant été constitué entièrement, votre division rentrera sous la direction exclusive du général commandant le 15ᵉ corps.

Le Ministre de la Guerre au Général commandant la 19ᵉ division militaire, à Bourges.

Tours, 25 septembre.

J'ai l'honneur de vous informer que jusqu'à ce que le 15ᵉ corps soit définitivement constitué, je laisse à votre disposition, avec la 1ʳᵉ brigade, toute la division de cavalerie du 15ᵉ corps.

Vous l'utiliserez pour éclairer vos jeunes troupes d'infanterie et pour toute opération que vous croirez avantageuse d'entreprendre.

M. le général commandant la division de cavalerie a reçu avis de cette disposition. Vous aurez donc à vous mettre en rapport immédiatement avec lui. Le général commandant le 15ᵉ corps a été avisé par mes soins.

Le Général commandant le 15ᵉ corps d'armée au Général commandant la 19ᵉ division militaire, à Orléans.

Tours, 25 septembre.

Le général commandant la division de cavalerie du 15ᵉ corps m'avait déjà rendu compte des mouvements que vous avez prescrits à la 1re brigade. Je me suis borné à lui répondre, qu'étant chargé de la mission spéciale de réoccuper Orléans et d'organiser la défense de la forêt, il était tout naturel que vous ayez donné des ordres à cette brigade qui se trouvait à Orléans.

Je ne puis qu'approuver ce que vous avez fait, et surtout d'avoir rapproché l'escadron détaché à Toury qui, par suite de la présence de l'ennemi du côté de Pithiviers, pouvait se trouver compromis.

Le Général commandant la division de cavalerie du 15e corps au Général commandant le 15e corps d'armée, à Tours (D. T.).

Blois, 25 septembre, 2 h. 30 soir.
Expédiée à Tours à 4 h. 40 soir.

Le colonel commandant la 1re brigade de la division de cavalerie du 15e corps m'adresse le télégramme suivant : « Position de la brigade : Artenay, 2 escadrons du 6e hussards, 3 escadrons du 6e dragons, 4 pièces d'artillerie; Bellegarde, 1 escadron du 6e dragons avec le colonel du 1er Tirailleurs; Tivernon, 1 escadron du 6e dragons de grand'garde, ayant pour poste Janville et Oison; Neuville, 2 escadrons du 6e hussards ayant pour postes Aschères et Chilleurs. Reconnaissance faite ce matin par le 6e dragons sur Châtillon. Le peloton s'est trouvé en présence de 4 à 500 cavaliers; il a rétrogradé en faisant le coup de feu. Une autre portion de cavalerie se dirigeait sur Aschères et Neuville. Je fais prévenir ces deux points; il y a de l'infanterie à Neuville. Reconnaissance du 6e hussards de Neuville sur Jouy; pas de nouvelles ». Ce télégramme m'apprend que de l'artillerie a été attachée aux 5 escadrons campés à Artenay et prouve l'importance de ce détachement sur ce point; c'est une raison de plus pour moi d'insister sur la présence d'un général de brigade qui donnerait une impulsion énergique à ces escadrons. Le général de Longuerue conviendrait à tous égards pour remplir cette mission.

Le Général commandant la division de cavalerie du 15e corps au Général commandant le 15e corps d'armée, à Tours (D. T.).

Blois, 25 septembre, 6 h. 15 soir.
Expédiée à Tours à 7 h. 35 du soir.

Le colonel commandant la 1re brigade de la division de cavalerie du 15e corps me communique le télégramme suivant : « Je reçois à l'instant l'avis que Bazoches est entouré par un régiment de lanciers prussiens; déjà j'avais fait partir un escadron sur Tivernon pour y appuyer grand'garde. Cet escadron va se diriger sur Bazoches. De Neuville fortement occupé par la garde mobile et l'infanterie, je fais sortir deux pelotons de cavaliers. Dans Bazoches, il y a 2 compagnies d'infanterie et 1 compagnie de Tirailleurs, et probablement le peloton envoyé en reconnaissance, environ 350 hommes. Toutes ces forces peuvent tenir tête à l'ennemi. »

Le Général commandant la division de cavalerie du 15ᵉ corps au Général commandant le 15ᵉ corps d'armée, à Tours.

Blois, 25 septembre.

Je reçois à 10 heures soir le télégramme suivant du commandant de la 1ʳᵉ brigade de cavalerie à Orléans : « Engagement depuis ce matin entre Bazoches et Tivernon entre une compagnie de Tirailleurs et de la cavalerie prussienne. Nous ne savons pas le résultat exact. Les dragons et les hussards se sont portés au secours des Tirailleurs avec 5 pièces d'artillerie; 2 de ces pièces viennent de rentrer à Orléans, conduites par un peloton du 6ᵉ hussards. A 5 heures, on entendait encore le canon et la fusillade. L'ennemi était à 3 kilomètres d'Artenay. La nuit seule a dû faire cesser le combat. Le colonel commandant le 6ᵉ dragons avait le commandement. »

J'insiste de nouveau sur la nécessité d'assurer le commandement de cette brigade. Le général de Longuerue, ici en ce moment et pour la journée de demain, pourrait recevoir l'ordre de prendre immédiatement ce commandement.

Le Général commandant la 19ᵉ division militaire au Ministère de la Guerre, à Tours (D. T.).

Orléans, 25 septembre, 7 h. 30 soir.
Expédiée à Tours à 9 h. soir.

La compagnie de Tirailleurs algériens, qui occupait Bazoches et à laquelle l'ordre de se replier cette nuit en forêt n'est pas parvenu, a été cernée dans le village par un gros de cavalerie. Notre cavalerie a débloqué et on s'est replié sur Artenay. L'action s'est engagée de suite entre Château-Gaillard et Artenay. Les Prussiens sont au nombre de 2.000 avec 12 pièces de canon. Notre cavalerie s'est repliée sur Artenay. Je prépare des troupes pour aller les soutenir. Situation grave malheureusement. Mon infanterie est presque toute dans la forêt d'Orléans.

En marge, au crayon : « Urgent. Communiquer au général commandant le 15ᵉ corps. »

e) Renseignements.

Le Préfet du Loiret à M. Glais-Bizoin, délégué du gouvernement, à Tours (D. T.).

Orléans, 25 septembre, 10 heures soir.

Une série de petits engagements ont eu lieu aujourd'hui en Beauce, d'abord à Bazoches, où quelques troupes se sont un instant trouvées bloquées, puis vers Artenay, où une rencontre de cavalerie est restée sans grand résultat des deux côtés. On s'est retiré à la nuit. Nos troupes sont en bon ordre à Artenay.

Le Chef de gare de Toury au Chef de gare d'Orléans (D. T.).

Orléans, 25 septembre.

Un régiment de lanciers prussiens commandé par un colonel a cerné Bazoches à midi, où se trouvent environ 500 Français, turcos et dragons. Des tirailleurs des deux partis échangent des coups de fusils. Plusieurs lanciers ennemis ont été démontés (Sous toutes réserves).

26 septembre.

a) Journaux de marche et Historiques.

Historique manuscrit du 6ᵉ dragons.

COMBAT DE LA CROIX-BRIQUET

A midi et demi, le lieutenant-colonel du 6ᵉ dragons part de Cercottes pour aller vers Artenay savoir des nouvelles positives de l'ennemi. La reconnaissance est composée du 2ᵉ escadron et d'un escadron du 6ᵉ hussards. Elle devait être appuyée sur ses flancs par l'infanterie échelonnée le long de la route de Paris, sur la lisière de la forêt. Arrivés à Chevilly, on trouve la grand'garde de hussards à cheval. Le chef d'escadrons qui la commande, en apprenant que l'ennemi s'avançait, avait envoyé en avant, vers La Croix-Briquet, une compagnie et un peloton pour le reconnaître. Il craint que ces troupes se soient engagées. La colonne des deux escadrons continue sa marche en avant. Le commandant de la grand'garde l'appuie à distance. Lorsque la pointe d'avant-garde est arrivée à hauteur de La Croix-Briquet, la colonne s'arrête. Un sous-lieutenant est envoyé sur la gauche avec son peloton pour observer les éclaireurs ennemis qu'on aperçoit à un kilomètre.

Il a ordre de ne pas s'engager. La garde mobile du chemin de fer et le peloton de hussards de la grand'garde observent la droite du village. Le sous-lieutenant commandant le peloton de flanc-garde, arrivé à 500 mètres en avant de la colonne, aperçoit tout à coup dans un pli de terrain un peloton de ulans. N'écoutant que sa bravoure, il n'hésite pas à le charger. Un autre peloton, ainsi que le capitaine en second, sont envoyés pour l'appuyer, et ces deux pelotons s'engagent à la poursuite des ulans qui ont tourné bride. Le capitaine commandant le 2ᵉ escadron part alors avec le reste de son escadron pour soutenir la charge : mais la 2ᵉ division a trop d'avance ; elle gagne aussi sensiblement du terrain sur l'ennemi. Arrivé sur la route, de l'autre côté du village, le peloton de ulans se rallie à un escadron que les maisons nous cachaient. Les dragons s'arrêtent, déchargent leurs fusils sur l'ennemi, mettent le sabre à la main et se lancent à la charge. Les ulans en font autant, la lance en arrêt ; et les deux troupes s'abordent, se traversent et reviennent l'une sur l'autre combattre à l'arme blanche. Mais cette pauvre division, si inférieure en nombre, subit des pertes énormes. Ses restes, mollement poursuivis, battent en retraite sur le gros de la reconnaissance. En arrivant sur la route, le capitaine commandant le 2ᵉ escadron aperçoit de l'autre côté du chemin de fer tout un régiment de cuirassiers qui arrive en colonne serrée, et qui cherche le passage à niveau pour nous couper la retraite. Avec un à-propos et un sang-froid dignes d'éloges, le capitaine commandant le 2ᵉ escadron fait mettre pied à terre à 25 dragons qui, montés sur la voie, mettent en fuite en quelques instants par un feu bien dirigé ce régiment de cuirassiers, dont la présence sur notre flanc droit avait fait courir un véritable danger à toute la reconnaissance. Remontée à cheval, cette même division voit sur sa gauche le reste du régiment de ulans (400 hommes environ) qui vient la charger. Les hommes qui n'ont pas mis pied à terre se dispersent en tirailleurs et les maintiennent quelque temps par leur feu appuyé de celui des hussards. Les mobiles, ayant vu les cuirassiers repoussés sur la droite du chemin de fer, passent sur la gauche et se mettent à plat ventre dans les broussailles pour attendre la charge des ulans qui est imminente. En effet, malgré le feu de nos tirailleurs, ce régiment s'ébranle et charge. Les dragons et les hussards se retirent rapidement en démasquant l'infanterie et en allant se reformer au delà. Arrivés à bonne portée, les ulans sont reçus par deux décharges des mobiles (régiment de la Nièvre); les ulans tourbillonnent un moment sur eux-mêmes et fuient à toute vitesse. Dragons et hussards se lancent à la poursuite, mais l'ennemi a trop d'avance; on s'arrête sur la hauteur et on lui envoie quelques décharges. L'ennemi étant complètement en fuite, le lieutenant-colonel, craignant de le voir revenir avec de l'artillerie, fait sonner la retraite et le ralliement. La retraite s'opère tranquillement et en bon ordre sur Cercottes où le reste de la cavalerie et la demi-batterie avaient pris des positions de combat dans l'attente des événements. Un peloton de dragons pousse une reconnaissance jusqu'à Sougy, à gauche de la route de Paris, pour s'assurer que l'ennemi ne veut pas tenter un retour offensif. Elle rentre à 5 heures, annonçant que tout est calme et qu'on ne voit l'ennemi nulle part.

Cette reconnaissance du lieutenant-colonel du 6ᵉ dragons, qui a pris les proportions d'un combat, apprit à l'ennemi qu'il devait compter avec nos troupes. Ses pertes furent relativement considérables. On peut évaluer à 80 le nombre de ses tués et de ses blessés, dont un officier tué et un grièvement blessé.

De notre côté, les pertes étaient sensibles : 2 officiers blessés, 1 sous-officier, 1 brigadier et 2 dragons tués, 13 sous-officiers, brigadiers et dragons blessés, 8 hommes disparus ainsi que 23 chevaux.

Le lieutenant-colonel s'est plu à signaler dans son rapport l'admirable sang-froid et l'à-propos du capitaine commandant le 2ᵉ escadron; la bravoure... (des autres officiers), la belle conduite d'un trompette qui tua ou blessa mortellement d'un coup de pistolet un capitaine de ulans, et, en général, l'entrain et la solidité de tout le 2ᵉ escadron qui a pu mettre en fuite deux régiments ennemis avec l'aide d'un escadron de hussards (6ᵉ régiment) et d'une compagnie de mobiles.

Le même jour, à 7 heures du soir, le bivouac de Cercottes est levé. On ne s'y croyait plus en sûreté. Le régiment va s'établir derrière les vignes, à Saran, sur la gauche et à 8 kilomètres d'Orléans. On arrive au nouveau bivouac à minuit. Dans le même temps, les Prussiens, loin de nous inquiéter, enterraient leurs morts et évacuaient Artenay, emmenant avec eux cinq charrettes remplies de leurs blessés.

Historique manuscrit du 6ᵉ hussards.

Séjour à Cercottes. De nombreuses reconnaissances sont faites dans la journée par les 3ᵉ et 4ᵉ escadrons, qui ont un engagement sérieux à La Croix-Briquet avec des ulans du 10ᵉ régiment et des cuirassiers blancs. Une demi-heure après, arrivée sur le terrain du 6ᵉ régiment de dragons.

M. le sous-lieutenant commandant le 3ᵉ peloton du 4ᵉ escadron du 6ᵉ hussards fait preuve de beaucoup de courage et de beaucoup de sang-froid. Serré de très près par l'ennemi, il se jette de l'autre côté du chemin de fer par le passage à niveau et a la présence d'esprit de mettre pied à terre pour refermer la barrière et faire feu sur les ulans, arrêtés court par cet obstacle. Un autre lieutenant contribua au soutien du régiment en ayant soin de placer des mobiles à la sortie du village de La Croix-Briquet. C'est alors qu'eurent lieu deux charges simultanées l'une par le 3ᵉ escadron, l'autre par la 2ᵉ division du 4ᵉ escadron. Ces charges rétablirent les chances du combat et permirent aux nôtres de conserver leurs positions.

D'autres reconnaissances sont encores faites par le régiment dans la direction d'Artenay. Le régiment reçoit un détachement de 86 chevaux et de 87 hommes provenant de l'effectif du 1ᵉʳ escadron resté jusqu'alors à Lyon et dont les cadres retournent dès maintenant au dépôt, à Castres.

Le régiment va camper le soir à Saran.

b) Organisation et administration.

Le Général commandant la subdivision du Loir-et-Cher au Général commandant la 18ᵉ division militaire, à Tours.

Blois, 26 septembre.

J'ai l'honneur de vous confirmer ma dépêche télégraphique de ce jour et de vous rendre compte que le 1ᵉʳ bataillon de la garde nationale mobile du Gers est arrivé ici aujourd'hui en deux convois, le 1ᵉʳ à 1 heure de l'après-midi et le 2ᵉ à 1 heure et demie. Ce bataillon a un effectif de 26 officiers et de 1.440 hommes de troupe, un cheval d'officier. Il est logé à la caserne qui se trouve en ce moment inoccupée. Je l'ai inspecté sommairement à son arrivée. Les hommes sont généralement bien, mais l'habillement et l'équipement laissent à désirer; quant à l'armement, ils m'ont réclamé des chassepots, affirmant que M. le Ministre de la Guerre leur en avait promis positivement par une dépêche du 21 de ce mois, adressée au préfet du Gers. Ils semblent peu disposés à marcher si on ne leur donne pas cette arme. Je dois ajouter que les gardes mobiles du Loir-et-Cher manifestent hautement les mêmes intentions. Les officiers et moi, nous avons bien du mal à leur faire entendre raison. Ces symptômes, au moment où l'ennemi peut paraître d'un jour à l'autre, me paraissent de nature à fixer la sérieuse attention du Gouvernement.

c) Opérations et mouvements.

Le Général commandant la division de cavalerie du 15ᵉ corps au Général commandant le 15ᵉ corps d'armée, à Tours.

Blois, 26 septembre, 9 h. 40 soir.

Je reçois à 9 heures le télégramme du colonel commandant la 1ʳᵉ brigade de la division de cavalerie :

« La reconnaissance de 2 escadrons commandée par le lieutenant-colonel du 6ᵉ dragons a été fortement engagée contre un régiment d'infanterie soutenu par un régiment de Le 1ᵉʳ lanciers. escadron du 6ᵉ dragons a fait des pertes sérieuses ; 2 officiers blessés, dont un, grièvement blessé, disparu, l'autre, 3 coups de lance ; 3 sous-officiers et 20 hommes, tués, blessés ou disparus. Les pertes des Prussiens peuvent être évaluées à 60 ou 70 hommes tués ou blessés ; les mobiles et les dragons en ont abattu un grand nombre et les ont forcés à se retirer. La reconnaissance n'a plus été inquiétée. J'ai pris mes précautions pour n'être pas tourné. Mais, je crains pour la nuit, les bois sur ma gauche n'étant pas gardés. Nous nous retirons dans le triangle formé par la route de Châteaudun et Patay, en gardant Ormes et Saran. »

Le Général commandant la division de cavalerie du 15ᵉ corps au Colonel commandant la 1ʳᵉ brigade de la division de cavalerie du 15ᵉ corps.

Blois, 26 septembre.

Reçu votre dépêche à 4 heures du matin. Satisfait de votre conduite et de celle de vos escadrons. Donnez-moi, dès que vous le pourrez, des détails circonstanciés sur cette journée. Quelles sont vos pertes, celles de l'ennemi (approximativement) ? Quelle est la situation de vos détachements et de vos grand'gardes? Leur emplacement ce matin? Pouvez-vous réoccuper Artenay? Le détachement de Neuville a-t-il pu conserver sa position ou s'est-il replié? Est-ce trois compagnies d'infanterie ou une seule qui étaient à Bazoches? Avez-vous seulement deux pièces ou cinq comme le portait une dépêche du général Ducoulombier qui m'a donné avis de votre engagement sans détails officiels.

J'ai rendu compte au général en chef de votre résistance, toute une journée, contre 2.000 cavaliers et 6 pièces d'artillerie. Continuez à prêter un concours énergique au général de Polhès.

Dites-moi exactement la situation de Bellegarde où se trouve un escadron du 6e dragons. Aucune carte ne mentionne ce point.

Le Colonel du 6e dragons, commandant la 1re brigade de la division de cavalerie du 15e corps, au général Ducoulombier, à Orléans. (D. T.).

Cercottes, 26 septembre, 3 h. soir.

Envoyez de suite de l'infanterie à Saran et aux Bordes pour couvrir notre retraite en cas de besoin.

Le Colonel du 6e dragons, commandant la 1re brigade de la division de cavalerie du 15e corps, au Général commandant la division de cavalerie du 15e corps, à Blois (D. T.).

Cercottes, 26 septembre, 3 h. 15 soir.

La cavalerie qui était devant nous hier vient d'entrer à Artenay. Dès midi 30, j'avais fait partir une reconnaissance d'un escadron du 6e dragons et d'un escadron du 6e hussards, sous le commandement du lieutenant-colonel du 6e dragons; elle devait être appuyée par l'escadron de grand'garde à Chevilly et des compagnies des 1er et 8e de ligne flanquant la colonne à droite et à gauche de la route. Nous occupons une bonne position; nous essaierons d'y tenir, si l'infanterie nous prête un appui solide. J'ai une batterie d'artillerie. Mon rapport sur la journée d'hier sera retardé (1).

---

(1) Cette dépêche fut immédiatement transmise par le général Reyau au général de La Motterouge, commandant le 15e corps d'armée, à Tours.

Le Colonel commandant la 1re brigade de la division de cavalerie du 15e corps au général de Polhès, à Orléans.

Cercottes, 26 septembre, 6 h. 14 soir.

Reconnaissance très fortement engagée. Le 2e escadron a souffert, pertes : 2 officiers blessés dont un grièvement et disparu, 3 sous-officiers et 20 hommes tués, blessés ou disparus; l'ennemi a perdu de 60 à 70 hommes; les mobiles et les dragons à pied les ont arrêtés par leur feu. Je me retire sur Saran et Ormes, craignant d'être tourné par la route de Patay.

27 septembre.

c) Opérations et mouvements.

Le Général commandant le 15e corps d'armée au Général commandant la division de cavalerie du 15e corps, à Blois (D. T.).

Tours, 27 septembre.

Établir les troupes qui arrivent d'Orléans, infanterie et cavalerie, autour de Blois, et prendre les meilleures dispositions pour couvrir a ville. Mer et Beaugency continueront à être occupées par la cavaerie et un peu d'infanterie qui ne se replieront sur Blois que devant des forces supérieures.

On devra pousser des reconnaissances et s'éclairer le plus possible sur toutes les routes que l'ennemi peut suivre pour arriver à Blois.

Général Borel (1) envoyé à Bourges pour concerter avec général de Polhès; dès son retour, des ordres seront envoyés, s'ils ne l'ont été déjà de Bourges directement.

Le Général commandant la division de cavalerie du 15e corps au Général commandant le 15e corps d'armée, à Tours.

Blois, 27 septembre.

Pas de nouvelles de la 1re brigade, qui me paraissait, d'après le télégramme d'hier soir, dans une position intenable entre Ormes et Saran, près d'Orléans.

A minuit, j'ai reçu un télégramme du colonel du 1er de cuirassiers

---

(1) Chef d'état-major du 15e corps.

à Mer qui avait reçu l'ordre d'Orléans de se rendre immédiatement dans cette ville. Il est parti à 11 h. 30 du soir.

Ce matin, je reçois du préfet du Loiret le télégramme suivant :

« 1er cuirassiers de marche arrive à Orléans ; toutes les troupes ont fait retraite cette nuit ; le 1er cuirassiers retourne à Blois par la route de Beaugency ».

Enfin, M. le général commandant la subdivision du Loir-et-Cher me communique le télégramme suivant, qu'il a reçu du général de Polhès :

« Forcé d'évacuer Orléans devant des forces supérieures, je dirige sur Blois la brigade de cavalerie du 15e corps et 7 bataillons de garde mobile, Bourges et Nevers étant encombrés et servant à la formation de deux divisions du 15e corps. »

Je n'ai absolument rien reçu du général de Polhès. J'attends vos ordres sur la direction que je dois donner aux troupes de ma division. Dois-je tenir en avant de Blois, à Mer et Beaugency ?

Le Général commandant la division de cavalerie du 15e corps au Général commandant la 1re brigade de la division de cavalerie du 15e corps, à Beaugency (D. T.).

Blois, 27 septembre.

Le général en chef me prescrit de continuer à occuper par la cavalerie Mer et Beaugency avec un peu d'infanterie. On devra pousser des reconnaissances et s'éclairer sur toutes les routes que peut suivre l'ennemi pour arriver à Blois. Je reçois d'ailleurs les renseignements suivants :

« Le prince Albert a couché près de Tivernon ; il aurait de l'artillerie ; son avant-garde se serait dirigée sur Janville pour y préparer le logement pour 5 ou 6.000 hommes. Un corps d'armée prussien de 8 à 10.000 hommes entoure Orléans ; une partie seulement de ces forces marcherait sur la ville, tandis que le reste se porterait sur Ingré par la route d'Orléans à Châteaudun, à 5 kilomètres d'Orléans. »

Le Général commandant la 19e division militaire au Ministre de la Guerre, à Tours (D. T.).

Orléans, 27 septembre, 4 h. 35 matin.
Expédiée à Tours à 5 h. 30 matin.

Après engagements successifs trois dernières journées, après lesquelles j'ai été forcé de replier mes avant-postes de Toury à Saran, et devant les forces supérieures de l'ennemi, 24 escadrons de cavalerie, l'infanterie massée dans les bois pendant la nuit, 15 à 18 canons, je suis contraint à évacuer Orléans. C'est une triste nécessité. J'aurais voulu engager la bataille, mais elle m'était offerte dans des conditions très défavorables. Je crains surtout une déroute, surtout dans les circonstances actuelles. Elle aurait produit un effet désastreux. Je fais replier les troupes partie sur Blois, partie sur Vierzon, partie sur Gien.

Commandant territorial prévenu.

e) Renseignements.

Le Directeur général des télégraphes au Préfet et au Général commandant à Blois (D. T.).

Tours, 27 septembre.

Renseignements télégraphiques transmis par Voves :

Le prince Albert a quitté Tivernon et est actuellement à Toury. Son avant-garde, de 600 hommes et 800 chevaux, annoncée ce matin par une dernière dépêche, est à Janville, au Puiset.

25 hommes et 25 chevaux sont venus. 3 officiers ont descendu jusqu'à Allaines, à 18 kilomètres de Voves. Je pense que le prince Albert suivra la route d'Allaines à Ablis, pour rejoindre son armée sous Paris, sur la ligne de Paris-Vendôme.

Ennemi concentré à Souchamp, entre route d'Ablis, Saint-Arnoult, Rambouillet.

20 Prussiens à Ablis.

Le Directeur général des télégraphes au Général de Polhès ou au Général commandant à Blois (D. T.).

Tours, 27 septembre.

Avis de Voves :

Chef de gare de Toury apporte les renseignements suivants :

Prince Albert a couché, nuit dernière, dans la ferme d'Abonville, à 500 mètres de Tivernon; son avant-garde s'est repliée de La Croix-Briquet, hameau entre Chevilly et Artenay, vers Toury.

50 hommes de cette avant-garde se sont dirigés vers Janville, à 24 kilomètres de Voves, pour y préparer logements pour 5 à 600 hommes.

Le prince Albert aurait avec lui de l'artillerie; le prince Frédéric-Charles ne l'accompagnerait pas.

L'Employé des télégraphes au Directeur général des télégraphes, à Tours (D. T.).

Bellegarde, 27 septembre.

Parti ce matin 27 en reconnaissance; arrêté encore comme espion; me suis présenté à un avant-poste français, forêt d'Orléans, au point appelé Les Lunsroutes (sic). Capitaine dit que Prussiens paraissent couvrir forêt. Il croit qu'ils ignorent absolument forêt occupée par troupes régulières. Soldats français sont pleins d'ardeur. Vu les maires de Nibelles Chambon, Vaulroy (sic), Courcelles, Boiscommun. Renseignements recueillis auprès d'eux : Prussiens exécuteraient travaux de fortification autour de Pithiviers et Escrennes. Ai évalué forces à 3000, cavalerie et infanterie. Les Bavarois seraient récalcitrants. Hier 26, les habitants de Pithiviers, requis par autorité prussienne porter à mairie toutes leurs armes et, faute d'obtempérer à réquisition, menacés d'être fusillé. Prussiens parus à Boynes, Ascoux, Courcelles.

28 septembre.

c) Opérations et mouvements.

Le Général commandant la division de cavalerie du 15ᵉ corps au général commandant le 15ᵉ corps d'armée, à Tours (D. T.).

Blois, 28 septembre, 10 h. matin.

J'ai l'honneur de vous rendre compte que, d'après les instructions contenues dans votre télégramme d'hier 27, les troupes de ma division seront, ce matin, dans les emplacements suivants :

1ʳᵉ *brigade*, général de Longuerue, arrivée cette nuit à Beaugency.

6ᵉ dragons, à Beaugency, occupant Cravant par trois pelotons et Meung par un peloton; 6ᵉ hussards a reçu l'ordre de passer la Loire à Mer pour se reporter sur la rive droite. Il sera établi sur la gauche du 6ᵉ dragons à Ouzouer-le-Marché, ayant pour avant-postes Villermain, Charsonville, Prénouvellon, Binas. La position d'Ouzouer est importante. C'est le nœud des routes venant d'Orléans, d'Artenay, de Châteaudun, de Blois, de Beaugency. Ce point commande la forêt de Marchenoir et sur la droite du défilé d'Écoman, sur la ligne directe de Châteaudun à Blois. Le général Michaux s'est entendu avec le général de Longuerue sur l'emploi des sept bataillons de garde mobile venus d'Orléans.

Cinq resteront sur la rive gauche à Muides, Saint-Dyé, Montlivault, Saint-Claude, Vineuil. Les deux autres, entre Beaugency et Mer, seront employés, selon les besoins, par le général de Longuerue à relier et à appuyer nos postes.

2e *brigade.* Le 1er régiment de marche de cuirassiers, appelé dans la nuit du 26 au 27 à Orléans, a reçu l'ordre le 27 au matin, en arrivant à Orléans dans cette ville(sic), de rétrograder sur Blois, en suivant la rive gauche de la Loire. Je lui ai prescrit de repasser la Loire à Mer et de reprendre son ancien bivouac sur la rive droite en avant de cette ville, avec avant-postes à Avaray, Séris, Talcy, pour se relier avec la 1re brigade et éclairer notre gauche. Le 9e de cuirassiers, campé en avant de Blois, pousse ses reconnaissances jusqu'à La Chapelle-Vendômoise et les environs. Le général Michaux va faire occuper par les bataillons de garde mobile le défilé d'Écoman, sur la route directe de l'ennemi débouchant de Chartres par les plaines de la Beauce sur Blois. Ce passage, serré entre la forêt de Marchenoir et le grand étang d'Écoman, est difficile à franchir, s'il pouvait être défendu efficacement.

D'après les télégrammes de diverses sources qui sont parvenus cette nuit à Blois, Malesherbes et Milly seraient évacués. Un corps d'armée prussien aurait défilé depuis plusieurs jours par la route de Milly et de Malesherbes à Pithiviers et par celle de Milly à Champmatteux se dirigeant vers l'Ouest.

Le prince Albert a passé par Tivernon, Toury ; son avant-garde serait à Janville, Allaines, à 18 kilomètres de Voves. On pense qu'il suit la route d'Allaines à Ablis, vers Rambouillet, pour rejoindre l'armée sous Paris.

Je n'ai reçu aucune nouvelle d'Orléans depuis l'évacuation ; je doute qu'il soit occupé par les Prussiens ce matin.

Je suis informé à l'instant que l'officier du 6e dragons, blessé et disparu le 26, est rentré à Beaugency ; il se fait évacuer sur Angers où réside sa famille. Ses blessures sont peu graves. Deux cavaliers sont rentrés avec lui : l'un blessé, l'autre sain et sauf. L'autre officier blessé a été grièvement atteint de 3 coups de lance ; je crois qu'on a été obligé de le laisser à Orléans. J'attends les rapports de M. le colonel. du 6e dragons sur les combats du 25 et du 26 pour vous les transmettre. Cependant, je crois déjà devoir vous signaler la vigueur et l'audace qu'ont montrées le 6e hussards et le 6e dragons dans les diverses reconnaissances qu'ils ont poussées contre des troupes véritablement supérieure en nombre et de toutes armes.

M. le général Ducoulombier, que j'ai vu hier à Blois, m'a assuré que, malgré les fatigues qu'ils ont éprouvées dans de longues marches depuis plus d'un mois, ces régiments montrent un grand entrain. L'artillerie qui les a appuyés dans les derniers engagements leur a donné beaucoup de confiance. Ils auraient pu obtenir des résultats heureux si une bonne infanterie les eut secondés. Il serait bien à désirer, mon Général, afin de ne pas toujours battre en retraite que la division de cavalerie fut munie d'une batterie d'artillerie et reçut le concours d'un ou deux bataillons d'infanterie de ligne.

Le Général commandant la 19ᵉ division militaire au Ministre de la Guerre, à Tours.

Orléans, 28 septembre.

Resté de ma personne à Châteauneuf-sur-Loire, pour surveiller la retraite de la forêt, je n'ai pas voulu ne pas rester en communication avec Orléans.

Hier au soir, sur les 2 heures, surpris de voir que l'ennemi ne s'était pas montré à Orléans, et, tout me faisant supposer que j'avais été affreusement trompé, — je n'accuse personne, je suis seul et demeure seul responsable —, j'ai écrit au Préfet pour lui dire que je laissais 4.000 hommes en forêt et que je serais à Orléans le lendemain.

J'ai contremandé les mouvements de retraite sur Bourges et Blois. Ce matin, de Châteauneuf, j'ai ordonné à M. le général Faye, qui se trouvait à La Ferté, de revenir sur Orléans avec sa colonne; à Beaugency, à M. le colonel du 6ᵉ de dragons, d'opérer le même mouvement et d'amener même les cuirassiers, dont vous m'aviez permis de disposer.

Enfin, selon votre première autorisation, j'ai envoyé également au général Michel l'ordre de venir à Orléans, en laissant un seul régiment à Gien.

Bref, j'ai essayé, dans la limite du possible, de parer à la sottise que j'ai faite.

Je mérite tous vos reproches, Monsieur le Ministre, mais laissez-moi vous dire que l'évacuation avait été approuvée par tous les généraux et par tous les chefs de corps.

Nous ne pouvons, avec nos jeunes troupes, accepter le combat en rase campagne, contre une artillerie supérieure.

Maintenant, Monsieur le Ministre, permettez-moi de renouveler près de vous la prière, si votre intention est de concentrer à Orléans les troupes qui y étaient, d'y placer, pour les commander, un général avec un état-major divisionnaire, et surtout un sous-intendant; mon chef d'état-major a dû vous soumettre toutes mes observations....

Bref, Monsieur le Ministre, j'ai tâché de remédier de suite à l'énorme bévue causée par moi, et dont je m'accuse de nouveau.

Le Général commandant la subdivision militaire du Loir-et-Cher au Général commandant la 18e division militaire, à Tours.

Blois, 28 septembre.

J'ai reçu cette nuit neuf dépêches télégraphiques; pas une ne s'accorde entre elles (sic), de sorte que l'on ne sait à quoi s'en tenir. L'une dit que les Prussiens remontent vers Paris; une autre, qu'ils se dirigent sur Orléans, par Milly, Malesherbes et Pithiviers au nombre de *130.000 hommes* (je souligne exprès le chiffre à cause de son invraisemblance), et enfin la dernière, venue par Tours, qui annonce que l'ennemi s'éloigne d'Orléans, qu'au moment où le prince Albert se disposait à se rendre dans cette ville, il aurait reçu une dépêche qui aurait modifié ses dispositions. Qu'y a-t-il de vrai dans toutes ces nouvelles? Il faudrait être bien fin pour le deviner. Cependant, dans tout cela, un indice me frappe, c'est que plusieurs dépêches s'accordent à dire que des troupes prussiennes semblent se diriger vers le Nord. Ne serait-ce pas pour gagner la route de Châteaudun et se diriger de là sur Blois et Tours? Ma conviction est que c'est là leur véritable route, s'ils doivent venir dans ces contrées; aussi je vais m'occuper de faire garder avec soin tous ces passages. La chose serait déjà faite, si la deuxième panique d'Orléans n'était pas venue suspendre les dispositions que j'avais prescrites. Je vous avoue que je ne comprends rien à son ordre qui fait évacuer précipitamment une ville, où deux jours après l'ennemi n'a pas encore paru. Tout le monde se demande ici avec étonnement et indignation ce que cela veut dire.

Le Ier bataillon du Gers, dont je vous ai annoncé l'arrivée ici, sait à peine charger ses armes; il n'a ni tambours, ni clairons, ni effets de campement; beaucoup d'hommes sont incomplètement habillés et équipés. Il est bien fâcheux que l'on ait envoyé, dans un pays exposé aux entreprises de l'ennemi, un bataillon aussi mal outillé; il était bien mieux dans le Midi qu'à Blois. Je les envoie aujourd'hui à la cible, car la plupart d'entre eux n'ont jamais tiré un coup de fusil.

Les deux bataillons du Lot qui viennent d'arriver ce matin sont dans des conditions peut-être encore moins bonnes. Par ma dépêche télégraphique d'hier, à laquelle il n'a pas été répondu, je vous demandais ce que je devais faire des sept bataillons dont M. le général de Polhès a été bien aise de se débarrasser. J'ai l'honneur de vous renouveler aujourd'hui cette même question. Avec de pareilles troupes, il n'y a rien à faire qu'à les renvoyer immédiatement dans le Midi pour achever de s'y organiser.

Les cinq autres bataillons que le général de Polhès m'envoie et qui ne peuvent trouver place à Blois, vont rester momentanément cantonnés à Suèvres, Menars, Saint-Dyé, Saint-Claude et Vineuil. Ces trois derniers villages sont sur la rive gauche de la Loire.

29 septembre.

b) Organisation et administration.

Le Général commandant la subdivision du Loir-et-Cher au Général commandant la 18e division militaire, à Tours.

Blois, 29 septembre.

Sur les sept bataillons qui m'étaient annoncés d'Orléans, il ne m'est arrivé ici que les deux bataillons du Lot. Ces bataillons sont dans un état déplorable, ils n'ont pas de costumes, pas de souliers, pas de chemises. Ces hommes n'ayant aucun signe distinctif militaire, on ne peut les mettre en ligne sans les exposer à être fusillés par les Prussiens comme non-belligérants. Les cadres seuls sont habillés. La troupe ne sait rien comme maniement d'armes et est incapable de tirer un coup de fusil. Je les garde donc ici ne pouvant les utiliser en aucune façon. L'autorité civile et militaire, qui a laissé diriger sur un pays voisin de l'ennemi de pareilles troupes, est bien coupable.

Je vous supplie avec la plus vive instance, mon Général, de demander d'urgence à M. le Ministre de la Guerre que ces deux bataillons, qui ont plutôt l'air d'un ramassis de brigands que de troupes régulières, soient renvoyés immédiatement dans le Midi; non pas dans le Lot où ils ne faisaient rien de bon, mais dans un autre département éloigné des atteintes de l'ennemi. Là, on les formera, on les instruira, on les organisera et on pourra en tirer parti ensuite, car ce sont des hommes robustes et énergiques. Cette mesure que je réclame est de la dernière urgence.

Les trois bataillons de la Nièvre... sont parfaitement organisés et équipés; ils ont leurs effets de campement. Ils ont couché cette nuit à Montlivault, à Saint-Claude et à Vineuil. Je viens de leur donner l'ordre de se rendre à Blois. Je voulais les diriger de suite sur Vendôme, mais le lieutenant-colonel qui les commande m'a dit qu'ils étaient trop fatigués pour faire une nouvelle route ; ils coucheront ici, et, demain à la première heure, ils partiront pour Vendôme. Quant aux bataillons du Loiret et de la Savoie qui étaient compris dans les sept annoncés, je n'en ai plus entendu parler ; on me dit qu'ils ont été rappelés à Orléans.

c) Opérations et mouvements.

Le Ministre de la Guerre au Général commandant la 19ᵉ division militaire, à Orléans.

Tours, 29 septembre.

J'ai reçu votre dépêche du 28 et je ne veux pas tarder à y répondre pour dissiper toute inquiétude au sujet de la manière dont j'ai apprécié vos opérations. Je suis loin de blâmer d'une manière absolue votre mouvement de retraite, mais il est impossible de ne pas avouer qu'il a produit sur l'opinion publique un très regrettable effet. Or, il faut reconnaître que nous devons, dans les circonstances actuelles, avoir les plus grands ménagements pour l'esprit des populations, et pour tout ce qui peut l'influencer en mal. Je sais qu'avec des troupes jeunes et peu exercées, qu'avec une artillerie inférieure à celle de l'ennemi, il serait téméraire de rechercher une action pouvant avoir des résultats décisifs ; mais il ne faut pas non plus éviter toute rencontre avec l'ennemi. Dans un pays qui, par sa configuration, permet de l'attendre sans gros risques, sur la défensive, il serait désirable que l'on pût amener quelques rencontres, fussent-elles sans autre résultat que de faire sentir notre action, que Paris attend avec impatience, et que les Prussiens redoutent avec raison, parce que quelques faits de ce genre les obligeraient naturellement à grossir les effectifs des détachements avec lesquels ils couvrent leur armée autour de Paris, et au moyen desquels ils la munissent de tout ce qui lui est nécessaire.

Votre but constant doit donc être de chercher quelque occasion sans rien engager de grave, c'est-à-dire pouvant exiger un effort au-dessus des forces de vos troupes. C'est par une activité incessante, que vous exigerez de tout ce qui vous entoure, que vous arriverez à être renseigné de façon à pouvoir trouver une occasion favorable, ou même à la faire naître. Multipliez les reconnaissances, prenez des informations adroitement, soit par les autorités, soit par les gens du pays ; employez des espions que vous paierez sans marchander, et vous réussirez probablement à saisir quelque circonstance favorable.

En ce moment, l'ennemi s'est éloigné d'Orléans. Il s'est dirigé vers l'Ouest, soit qu'il menace actuellement Chartres ou qu'il avance sur Châteaudun.

Le général Michaud a porté les mobiles du Cher sur Vendôme et les fait suivre demain par un fort détachement de la Nièvre. Il en porte un autre, de ceux du Loir-et-Cher, sur Oucques, pour surveiller la route de Châteaudun à Blois. J'envoie la brigade Tripard à Vendôme, non à Blois, l'ennemi m'étant signalé vers Châteaudun, et j'approuve le mouvement que vous avez ordonné pour la 2e brigade de cavalerie. Vous avez eu un motif particulier, probablement, pour l'appeler. Je vous adresse la copie d'une note que je fais insérer dans les journaux, non pour donner une explication des mouvements opérés jusqu'à ce jour, mais pour prémunir l'opinion publique contre toute interprétation inopportune ou inexacte de ceux qui se produiront plus tard. Sans appuyer sur ces détails, vous aurez, à l'occasion, à les confirmer pour la satisfaction de l'opinion publique. Il est bon de prendre conseil des chefs de corps et des généraux sous vos ordres; mais vous ne devez pas pour cela modifier vos décisions, dont la responsabilité vous appartient tout entière. Je compte sur votre activité et sur votre dévouement et je suis sans inquiétude.

P.-S. — D'après tous les renseignements que je reçois, je dois croire que Chartres est le point que l'ennemi menace le plus.

Le Général commandant la 19e division militaire au Ministre de la Guerre, à Tours (D. T.).

Orléans, 29 septembre, 5 h. 3 soir.

Je prescris au général commandant la division de cavalerie du 15e corps de se porter sur Orléans, avec la brigade de cuirassiers. Ne pensez-vous pas qu'il serait bon de diriger sur Blois la brigade Tripard? Le chef d'état-major du corps d'armée partira à 6 heures pour Tours et vous donnera des renseignements.

e) Renseignements.

Le Sous-Préfet de Gien au Général de Polhès, à Orléans (D. T.).

Gien, 29 septembre, 9 h. 22 soir.

Une dépêche, que je reçois à l'instant de mon collègue de Montargis, m'apprend que les Prussiens signalés à Barville (1) étaient l'arrière-garde du corps se repliant sur Paris. Le bataillon de la Haute-Vienne n'ira donc plus à Montargis, mais j'insiste pour que les mobiles actuellement à Gien soient mis sous les ordres d'un commandant supérieur, et vous supplie de m'aider à obtenir pour eux effets de campement et cartouches.

L'Employé des télégraphes au Directeur général des télégraphes, à Tours (D. T.).

Bellegarde, 29 septembre, 7 heures soir.

Pithiviers complètement évacué. Camp prussien à Bouzonville-en-Beauce, environ 700 cavaliers et 2 canons. 150 sont venus ce matin réclamer un capitaine blessé, repartis aussitôt. Aucun ennemi à l'Est, ni au Sud de Pithiviers. Route de Malesherbes à Pithiviers complètement libre. Les troupes prussiennes se replient sur Étampes. Renseignements garantis.

30 septembre.

e) Opérations et mouvements.

Le Ministre de la Guerre au Général commandant la 19ᵉ division militaire, à Orléans (D. T.).

Tours, 30 septembre.

Je vous ai écrit hier soir pour vous prévenir que je fais diriger la brigade Tripard sur Vendôme, et non sur Blois, l'ennemi m'étant signalé vers Chartres et Châteaudun.

Le général chef d'état-major du 15ᵉ corps a donné fort peu de détails sur ce que vous allez entreprendre. Je vous laisse libre, naturellement, de vos mouvements; mais l'ennemi n'est peut-être pas du côté de Montargis?

---

(1) Sur la route de Beaune-la-Rolande à Pithiviers, à 6 kilomètres N.-O. de cette dernière ville.

Le Ministre de la Guerre au Général commandant la 18ᵉ division militaire, à Tours.

Tours, 30 septembre.

J'ai l'honneur de vous prier de donner les ordres nécessaires pour que le 1ᵉʳ régiment de marche de hussards et le 2ᵉ régiment de marche mixte partent, demain 1ᵉʳ octobre, de Tours pour Vendôme, par étapes.

Le général Tripard se mettra en route avec sa brigade ; il préviendra de son arrivée le général commandant à Blois et le général de Polhès, qui est en ce moment à Orléans et dont il attendra les ordres à Vendôme.

En arrivant à Vendôme, le général Tripard cherchera à se mettre en communication avec Châteaudun, qui paraît menacé par quelques forces prussiennes.

1ᵉʳ octobre.

c) Opérations et mouvements.

Le Général commandant à Gien (1) au Général commandant supérieur de la région du Centre, à Orléans (D. T.).

Gien, 1ᵉʳ octobre.

Un officier du 5ᵉ lanciers, en reconnaissance à Bellegarde, donne les renseignements suivants qui lui sont fournis par le maire de Boiscommun et des notables de Bellegarde.

Éclaireurs ennemis à Ascoux et à Laas; 2.000 à 3.000 hommes dont 1.800 cavaliers à Lolainville.

Pithiviers occupé. Population paraît animée d'un bon espoir.

Boynes barricadé décidé à se défendre. On semble penser qu'il ne serait pas difficile d'enlever le groupe ennemi qui entoure Pithiviers.

---

(1) Il semble qu'il n'y avait pas ce jour-là de général commandant à Gien. Le général de Nansouty avait accompagné le 1ᵉʳ octobre le 11ᵉ chasseurs à cheval de Bourges à Cosne et il n'arrivera à Gien que le 2, dans la matinée.

Les ennemis vus étaient des jeunes gens de 15 à 16 ans ou des hommes âgés; tous avaient assez de la guerre.
Les Prussiens demandent la route de Chartres.
Deux canons à Pithiviers.

Le Général commandant supérieur de la région du Centre au Ministre de la Guerre, à Tours.

Orléans, 1er octobre.

L'ennemi occupe, pour le moment, les positions suivantes : 500 hommes à Pithiviers, qui poussent des reconnaissances sur Boynes, route de Montargis; 2.000 hommes au camp du prince Albert, entre Toury et Janville; 7 ou 800 hommes répartis entre Artenay, Patay et Saint-Péravy.

Quelques uhlans se sont même montrés, ce matin, sur la route de Beaugency à Meung, derrière la colonne du général Reyau, et ont même abattu un poteau du télégraphe.

M. le général commandant la division de cavalerie du 15e corps est arrivé ce matin. Je lui ai indiqué l'ensemble de l'emplacement des troupes. Il occupera Chevilly avec une brigade de cavalerie, 3 bataillons d'infanterie et 3 pièces de canon.

La forêt d'Orléans sera occupée par les troupes sous le commandement du colonel commandant les Tirailleurs algériens.

La brigade de cavalerie Michel partira demain, avec le bataillon de mobiles de Savoie et 3 canons, pour aller à Meung. Le général Michel fera surveiller Ouzouer-le-Marché, qu'il fera au besoin occuper.

Je fais établir quelques travaux de fortification depuis le village de Saran, en passant par Ormes et allant jusqu'à la Loire.

Ce soir, les chasseurs à pied, que malheureusement on me retire pour les envoyer à Bourges, ont fait prisonniers, à Chevilly, 2 hussards de la mort, en ont blessé un troisième, et tué 2 chevaux.

Je compte repartir demain matin pour Bourges, ayant laissé les instructions les plus précises et les plus détaillées à M. le général Reyau.

En note, de la main du général Le Flô : « Le général de Polhès n'a-t-il pas dit qu'il était retourné à Orléans? ».

d) Situations et emplacements.

15ᵉ CORPS D'ARMÉE

1ʳᵉ division.

Situation du 1er octobre.

DÉSIGNATION DES CORPS	OFFICIERS					TROUPE					OBSERVATIONS
	Présents		Absents	Chevaux		Présents		Absents	Chevaux		
	Disp.	Indisp.		Disp.	Indisp.	Disp.	Indisp.		Disp.	Indisp.	
État-major général	2		1	5							Le gén. Bertrand dans le Loiret.
État-major	4			6							
Intendance	1			5							
Adjudants d'admᵒⁿ	3										
Officiers de santé	5			4							
Infirmiers						27					
Ouvriers d'admᵒⁿ						48					
1ʳᵉ Brig. Dᵒⁿ de chasseurs	4			2		634			9	1	Non arrivé.
38ᵉ de ligne											
1ᵉʳ zouaves	11			4		1809					
12ᵉ mobiles											Dans le Loiret
2ᵉ Brig. Tirailleurs alg.											—
29ᵉ de marche											—
18ᵉ mobiles	68					3090					
Gendarmerie	1			1		19			1	10	
Artillerie	7			11		236		2	4	176	1 batterie dans le Loiret.
Génie											Non arrivé
Totaux	106		1	38		5863		2	14	187	

Armement { Le 1ᵉʳ bataillon de zouaves n'a pas son armement au complet. Il lui manque 440 fusils. Le IIᵉ bataillon attendu aujourd'hui n'a pas un seul fusil. Les fusils destinés au 18ᵉ régiment de mobiles, arrivés aujourd'hui, vont être distribués de suite.

Les cartouches seront conservées en barils jusqu'à ce que les hommes aient des cartouchières.

Équipement et campement
{ Il manque beaucoup de tentes-abris.
Le corps (1) n'a que 1.100 équipements pour 3.800 hommes; les 2/3 des hommes du régiment ne sont pas habillés.

15ᵉ CORPS D'ARMÉE

1ʳᵉ division, 1ʳᵉ brigade.

Situation du 30 septembre au 1ᵉʳ octobre.

DÉSIGNATION DES CORPS	OFFICIERS						TROUPE						OBSERVATIONS
	Présents			Chevaux			Présents			Chevaux			
	Disp.	Indisp.	Absents	Disp.	Indisp.		Disp.	Indisp.	Absents	Disp.	Indisp.		
État-major général	1			2									
État-major	1			1									
Division de chasseurs à pied	4			2			634			9	1		
Régᵗ de zouaves	11			4			1809						3 subsistants.
Totaux	17		2	7			2443			9	1		

Armement
{ Complet à la division de chasseurs à pied.
Régiment de zouaves : 1285.

Équipement et campement
{ Régiment de zouaves : 806 équipements, 949 couvre-pieds, 1.067 tentes.
Au complet, moins les cartouchières de la division des chasseurs.

---

(1) Il s'agit, évidemment, du 1ᵉʳ régiment de zouaves de marche.

Demandes { Le capitaine commandant la division des chasseurs à pied demande à faire une marche militaire.
Le lieutenant-colonel des zouaves demande que le campement soit distribué d'urgence, vu que près de 400 hommes sont littéralement nus.

Événements { Le général de brigade a fait demander, à 2 heures une compagnie de chasseurs pour intervenir dans une émeute, sur les ordres du chef d'état-major.
Le nommé ....., franc-tireur de la Nièvre, a été arrêté, conduit au camp, puis écroué à la prison civile, ci-joint le reçu. Note envoyée par le capitaine des chasseurs.

15ᵉ CORPS D'ARMÉE

1ʳᵉ division, 2ᵉ brigade.

18ᵉ RÉGIMENT DE LA GARDE NATIONALE MOBILE

Situation du 30 septembre au 1ᵉʳ octobre.

DÉSIGNATION DES PORTIONS DE CORPS	OFFICIERS					TROUPE					OBSERVATIONS
	Présents		Absents	Chevaux		Présents		Absents	Chevaux		
	Disp.	Indisp.		Disp.	Indisp.	Disp.	Indisp.		Disp.	Indisp.	
État-major	6			2		3					Il manque un chef de bataillon au 1ᵉʳ; il n'a pas été nommé.
Iᵉʳ bataillon.	20					956					
IIᵉ bataillon.	21					1116					Dix hommes entrés à l'hôpital depuis notre arrivée à Nevers. Variole et dysenterie
IIIᵉ bataillon	21					1015					
Totaux	68			2		3090					

Armement : Néant.
Équipement et campement : Néant.

15ᵉ CORPS D'ARMÉE

1ʳᵉ division d'infanterie.

ARTILLERIE

Situation du 1ᵉʳ octobre.

DÉSIGNATION DES CORPS	OFFICIERS Présents			OFFICIERS Chevaux		TROUPE Présents			TROUPE Chevaux		OBSERVATIONS
	Disp.	Indisp.	Absents	Disp.	Indisp.	Disp.	Indisp.	Absents	Disp.	Indisp.	
État-major d'artillerie.	1			2							
2ᵉ Rég. d'art.. 18ᵉ batterie.	3			4		119				88	1 homme écroué à la prison militaire le 1ᵉʳ octobre. 1 artificier de la 5ᵉ batterie, mis en subsistance à la batterie le 1ᵉʳ octobre.
6ᵉ Rég. d'art.. 18ᵉ batterie.	3			4		117	2	4		88	2 hommes entrés à l'hôpital le 1ᵉʳ octobre
Totaux...	7			11		236	2	4		176	

Armement : au complet.
Équipement et campement : au complet.

15ᵉ CORPS D'ARMÉE

1ʳᵉ division d'infanterie. — Intendance.

Situation du 1ᵉʳ octobre.

DÉSIGNATION DES CORPS	OFFICIERS Présents		Absents	Chevaux		TROUPE Présents		Absents	Chevaux		OBSERVATIONS
	Disp.	Indisp.		Disp.	Indisp.	Disp.	Indisp.		Disp.	Indisp.	
Sous-intendant militaire.	1			5							
Adjudants d'admᵒⁿ	3										
Officiers de santé.	5			4							
Infirmiers militaires.						27					
Ouvriers d'admᵒⁿ.						48					
Totaux.	9			9		75					

Armement : Néant.
Équipement et campement : Néant.

15ᵉ CORPS D'ARMÉE

2ᵉ division d'infanterie.

Situation du 30 septembre au 1ᵉʳ octobre.

DÉSIGNATION DES CORPS	OFFICIERS Présents Disp.	Indisp.	Absents	Chevaux Disp.	Indisp.	TROUPE Présents Disp.	Indisp.	Absents	Chevaux Disp.	Indisp.	OBSERVATIONS
État-major											
1ʳᵉ Brig. { Chasseurs à pied											
39ᵉ de ligne											
Légion étrangère											
25ᵉ mobiles	46	1	4			2309	12	51			IIᵉ Bat. à Blaye.
Chasseurs à pied	6					459					Effectif des 2 Cⁱᵉˢ. Cette sit. parvenue trop tard n'est pas comprise dans le total général.
2ᵉ Brig. { 2ᵉ zouaves											Les 2 off. absents sont à l'hôpital.
30ᵉ de marche	40	2	5			3699		113			Iᵉʳ Bat. à Rouen.
29ᵉ mobiles	47		5			2372	13	22			
Artillerie											
Génie	2	1				215	8	5	73		
Intendance et personnel administratif	4		12			79					
Gendarmerie	1		2			19			10		
Totaux	150	4	28			8693	33	191	83		

Armement {
25ᵉ mobiles. — Le IIIᵉ bataillon a reçu les chassepots, le Iᵉʳ les reçoit aujourd'hui.
30ᵉ de marche. — Au complet, à l'exception d'un soldat qui a perdu son arme à la gare le jour de l'arrivée.
29ᵉ mobiles. — Le IIᵉ bataillon a reçu le complet de fusils Chassepot.
Le IIIᵉ bataillon a reçu le complet de fusils Chassepot, manquent les accessoires.

Équipement et campement	25ᵉ mobiles. — Incomplet; chaque homme aura aujourd'hui 1/2 couverture. 30ᵉ de marche. — Équipement au complet. Plusieurs effets de campement manquent. L'état en est remis à l'intendance. 29ᵉ mobiles. — Habillement et équipement distribués au fur et à mesure de leur réception, mais sont incomplets. Il n'a pas été reçu des effets de campement pour les deux bataillons.
Mutations des officiers	Un capitaine et un lieutenant du même régiment, 22ᵉ de ligne sont entrés à l'hôpital de Bourges. 3 lieutenants, nommés capitaines adjudants-majors.

e) Renseignements.

Le Maire de Beaugency au Préfet du Loiret (D. T.).

Beaugency, 1ᵉʳ octobre.
Expédiée à Tours à 2 h. 5 soir.

Le maire de Beaugency est avisé que 13 cuirassiers prussiens ont passé ce matin Baccon, se dirigeant vers Meung, Foinard, Messas et Beaugency.

Le Maire de Meung au Préfet du Loiret (D. T.).

Meung, 1ᵉʳ octobre, 12 h. 50 soir.

Cinq Prussiens à 9 heures du matin ont coupé fils télégraphiques à un kilomètre de Meung, sont repartis dans la direction de Bardon, depuis aucune nouvelle, garde nationale sous les armes, télégraphe rétabli, envoyez renfort.

L'Inspecteur des télégraphes d'Orléans au Directeur général des télégraphes, à Tours (D. T.).

Orléans, 1ᵉʳ octobre, 7 h. soir.
Expédiée à Tours, à 10 h. 40 soir.

Surveillant, envoyé hier matin pour reconnaître l'état des lignes entre Orléans et Toury et qui rentre à l'instant, a été arrêté hier soir, à un kilomètre de Château-Gaillard par deux cavaliers ennemis qui l'ont conduit à leur campement où se trouvaient environ 80 des leurs. Relâché à 7 heures du matin, il a été rejoint près Tivernon par 500 cavaliers qui lui ont demandé le chemin de Bazoches et l'ont laissé continuer sa route. A Artenay, où il s'est arrêté un instant, il a vu 12 hussards répandus dans la ville, venus probablement pour faire des réquisitions.

L'Employé des télégraphes au Directeur général des télégraphes, à Tours (D. T.).

Châteaudun, 1er octobre. 11 h. matin.
Expédiée à Tours à 11 h. 50 matin.

Francs-tireurs de Châteaudun, partis en voiture, ont rencontré cette nuit quelques cavaliers ennemis près Patay, en ont tué un et blessé trois.

L'Employé des télégraphes au Directeur général des télégraphes, à Tours (D. T.).

Beaugency, 1er octobre, 11 h. 55 matin.

Trois cavaliers prussiens ont coupé deux poteaux entre Beaugency et Meung, près de cette dernière station. Ils se sont aussitôt repliés sur la route qu'ils avaient suivie en venant. On signale aussi des détachements ennemis à Marchenoir et à Patay, sans dire quel est le nombre ni la direction qu'ils prennent. Deux surveillants rétablissent la ligne coupée.

L'Employé des télégraphes au Directeur général des télégraphes, à Tours (D. T.).

Bellegarde, 1er octobre, 12 h. 40 soir.

Maire de Boiscommun dit 12 pièces de canon à Pithiviers aujourd'hui. J'avais écrit au maire de Pithiviers, qui m'a répondu hier au soir, que, pendant première occupation, Prussiens au nombre 4.000, dont 3.000 cavaliers et 1.000 infanterie, avaient avec eux 10 ou 12 pièces de canon. Choses seraient donc rétablies aujourd'hui à peu près dans même état. Le maire de Pithiviers pense que 2 ou 3.000 hommes, pris parmi les troupes qui sont dans la forêt, repousseraient l'ennemi de Pithiviers.

L'Employé des télégraphes en tournée d'observation au Directeur général des télégraphes, à Tours, et au Général commandant, à Gien (D.T.).

Puiseaux, 1ᵉʳ octobre, 1 h. 45 soir.

Prussiens entrés hier à Pithiviers, musique en tête, 4 à 500 fantassins bavarois, 300 uhlans et hussards de la mort et 2 canons; environ 1.000 aux alentours et au camp d'Allainville, à 2 kilomètres. Ce matin, à 6 h. 30, un détachement de 100 fantassins et 200 cavaliers a pris la route d'Orléans et demandé la route de Chilleurs et de Boynes; ils n'ont fait aucune violence en ville, requis aucun logement; renseignements de visu.

L'Employé des télégraphes au Directeur général des télégraphes, à Tours (D. T.).

La Ferté-St-Aubin, 1ᵉʳ octobre, 6 h. soir.
Expédiée à Tours à 8 h. 55 soir.

Le maire de La Ferté-St-Aubin, arrivant d'Orléans, nous communique les renseignements suivants puisés auprès de quelques-uns de ses collègues : Pithiviers est occupé par 2 ou 3.000 ennemis, cavalerie et un peu d'infanterie; Bazoches, Artenay et Neuville par quelques éclaireurs; Patay par 350 à 400 hommes et 2 canons. Saint-Sigismond et Meung par quelques éclaireurs seulement; plusieurs hussards ont été vus à Chevilly, deux ont été faits prisonniers et conduits à Orléans. Il se confirme que les fils télégraphiques ont été coupés aux environs de Meung.

CHAPITRE V

Opérations du 2 au 5 octobre.

2 octobre.

c) Opérations et mouvements.

Le Général commandant la division de cavalerie du 15ᵉ corps au Ministre de la Guerre, à Tours.

Orléans, 2 octobre.

En réponse à votre dépêche télégraphique, j'ai l'honneur de vous rendre compte que j'ai pris ce matin le commandement des troupes qui se trouvent à Orléans. Hier, à mon arrivée, le général de Polhès m'a fait connaître l'emplacement de l'infanterie et nous arrêtâmes de concert celui de la cavalerie.

Le général de Longuerue et le général Michel sont partis ce matin pour occuper les localités qui leur étaient désignées.

Le général de Polhès est parti ce matin, me laissant quelques indications sur les dernières dispositions qu'il avait prescrites. J'ai écrit à M. le général commandant en chef le 15ᵉ corps, pour lui demander ses instructions et la confirmation du commandement qui m'a été laissé si inopinément par le général de Polhès.

Je vous informerai demain de tout ce que j'aurai prescrit pour l'emplacement des troupes et pour reconnaître, le plus en avant possible, les forces de l'ennemi.

Je vous prierai, Monsieur le Ministre, de vouloir bien me donner toutes les instructions qui peuvent concerner ma position à Orléans. Je m'empresserai de m'y conformer ponctuellement.

Le Général commandant la division de cavalerie du 15ᵉ corps au Ministre de la Guerre, à Tours (D. T.).

Orléans, 2 octobre, 3 h. 40 soir.

J'ai pris le commandement ce matin après le départ du général de Polhès qui m'a donné des instructions générales sur emplacement des troupes infanterie, Tirailleurs algériens, 29ᵉ de marche, gardes mobiles, dans la forêt d'Orléans, poussant des reconnaissances sur toutes les routes qui aboutissent de Pithiviers. Cavalerie : brigade de Longuerue et demi-batterie sur la route de Paris à Chevilly, demain à Artenay ; brigade Michel et une demi-batterie sur la route de Blois à Meung, demain un des deux régiments à Ouzouer-le-Marché ; brigade Nansouty à Gien ; brigade Ressayre à Orléans.

J'ai prescrit aux deux premiers généraux de pousser leurs reconnaissances le plus en avant possible sur Pithiviers et du côté de Patay, afin de nous éclairer sur la position de l'ennemi et de connaître autant que possible le nombre et la composition de ses troupes, ayant l'intention, d'après leurs rapports, d'attaquer l'ennemi, s'il y a possibilité, en me portant moi-même à la tête de la brigade de cuirassiers pour les soutenir ou les seconder. J'ai déjà répondu par le courrier à votre premier télégramme en vous demandant des instructions complètes sur ma position à Orléans.

En marge, sur le télégramme d'arrivée : « Répondre que c'est le général en chef du 15ᵉ corps qui doit lui donner des instructions ».

Le Général commandant la division de cavalerie du 15ᵉ corps au Général commandant la subdivision du Loir-et-Cher, à Blois.

Orléans, 1ᵉʳ octobre.

J'ai l'honneur de vous informer que le général Michel, avec 2 régiments de cavalerie de ligne, doit se rendre demain, 2 octobre courant, à Meung ; je lui prescrirai de porter un de ses régiments dans la position importante d'Ouzouer-le-Marché ; mais, auparavant, il est nécessaire de connaître les dispositions que vous avez prises, les emplacements que vous avez donnés aux bataillons de garde mobile dans le département de Loir-et-Cher, et si, notamment, vous avez fait occuper le défilé d'Écoman. En un mot, je désire savoir quels sont les postes avec lesquels je dois relier ceux de la brigade de cavalerie que j'envoie de ce côté.

Le Général commandant la division de cavalerie du 15e corps au Général Michel, à Meung (D. T.).

Orléans, 2 octobre.

Portez demain 3, de grand matin, un de vos régiments sur Ouzouer-le-Marché ; il s'y établira, se gardant par des avant-postes à Villermain, Baccon, Charsonville, Prénouvellon et Binas.

Le régiment resté à Meung se reliera au premier par un poste à Cravant et à Le Bardon. Éclairez-vous avec soin sur votre droite ; vous avez laissé sans doute 2 petits postes à La Chapelle et à Saint-Ay.

Aussitôt que votre 3e régiment arrivera, je vous l'enverrai pour l'établir entre Baccon et Huisseau, couvrant votre droite et vous reliant à Ouzouer.

Le Général de Nansouty au Général commandant supérieur de la région du Centre, à Orléans (D. T.).

Gien, 2 octobre.

Ma brigade est arrivée : 1er régiment de chasseurs, colonel Rouher, est à Gien ; 11e chasseurs, colonel Dastugue, est à Cosne où je suis aussi. Je suis venu ici voir la situation, retourne à Cosne à midi.

Le Général Michel au Général commandant à Orléans (D. T.).

Meung, 2 octobre.

Il y a à St-Péravy 350 cavaliers prussiens avec 2 pièces de canon ; à Patay, 150 avec 2 autres pièces ; 150 à Huêtre ; arrivé à Meung aujourd'hui, ai envoyé des reconnaissances dans toutes les directions.

e) Situations et emplacements.

État indiquant l'effectif disponible vers le 2 octobre dans un certain nombre de dépôts — déduction faite des fractions déjà mobilisées ou sur le point de l'être en vertu d'ordres parvenus.

LOCALITÉS	CORPS	OFFICIERS					TROUPE			Chevaux
		Supérieurs	Capitaines	Lieut[s] et S-Lieut[s]	Médecins	Vétérinaires	Sous-Officiers	Caporaux	Soldats	
Clermont-Ferrand	83ᵉ de ligne	»	»	»	»	»	»	»	1 246	»
—	61ᵉ —	»	»	»	»	»	»	»	972	»
—	16ᵉ —	»	»	»	»	»	»	»	912	»
—	12ᵉ chasseurs à cheval	»	»	»	»	»	»	»	850	»
—	5ᵉ cuirassiers	»	»	»	»	»	»	»	752	»
Bourges	12ᵉ de ligne	»	»	2	»	»	28	42	186	»
Rennes	5ᵉ bᵒⁿ de chasseurs	»	»	6	»	»	15	25	844	»
—	19ᵉ de ligne	»	»	8	»	»	42	51	961	»
—	25ᵉ —	»	»	4	»	»	20	28	60	»
—	26ᵉ —	»	»	6	»	»	49	70	749	»
—	41ᵉ —	»	»	9	»	»	36	48	246	»
—	62ᵉ —	»	»	13	»	»	53	62	1 628	»
—	69ᵉ —	»	»	4	»	»	28	40	673	»
—	70ᵉ —	»	»	6	»	»	30	40	1 000	»
—	86ᵉ —	»	»	1	»	»	14	20	506	»
—	94ᵉ —	»	»	10	»	»	22	33	1 027	»
—	97ᵉ —	»	»	7	»	»	29	»	1 195	»
—	3ᵉ cuirassiers	»	»	16	»	»	20	31	204	»
—	7ᵉ dragons	»	»	7	»	»	9	12	80	»
—	1ᵉʳ lanciers	»	»	6	»	»	2	»	100	»
—	2ᵉ lanciers	»	»	10	»	»	»	»	30	»
Angers	14ᵉ de ligne	»	»	4	»	»	42	60	1 100	»
Mantes	28ᵉ —	»	»	6	»	»	28	37	654	»
St-Maixent	32ᵉ —	»	»	6	»	»	22	32	400	»
Roche-s-Yon	54ᵉ —	»	»	4	»	»	28	34	»	»
Ancenis	1ᵉʳ cuirassiers	»	»	1	»	»	1	2	27	»
Niort	7ᵉ cuirassiers	»	»	3	»	»	9	16	550	»
Niort	10ᵉ cuirassiers	»	»	4	»	»	10	28	305	»
Angers	8ᵉ dragons	»	»	6	»	»	6	13	270	»
Nantes	12ᵉ dragons	»	»	2	»	»	6	9	60	»
Saumur	6ᵉ lanciers	s'organise								»
Niort	1ᵉʳ rég. du train d'artillerie	»	»	6	»	»	42	»	606	894
Bayonne	35ᵉ de ligne	»	»	5	»	»	14	20	805	»
Bourges	38ᵉ —	»	2	»	»	»	7	10	530	»
Amiens	43ᵉ —	»	»	2	»	»	28	33	800	»
Montluçon	55ᵉ —	»	»	1	»	»	4	6	650	»
Pau	58ᵉ —	1	3	4	»	»	24	32	808	»
Nevers	67ᵉ —	»	»	»	»	»	14	20	755	»
Bayonne	76ᵉ —	»	»	»	»	»	4	3	280	»
—	77ᵉ —	»	2	6	»	»	34	45	1 000	»
Bourges	95ᵉ —	»	»	»	»	»	14	20	200	»
Lunel	Carabiniers	1	4	4	»	1	4	6	150	60

LA GUERRE DE 1870-1871

LOCALITÉS	CORPS	OFFICIERS					TROUPE			Chevaux
		Supérieurs	Capitaines	Lieut^{ts} et S-Lieut^{ts}	Médecins	Vétérinaires	Sous-Officiers	Caporaux	Soldats	
Napoléonville	3e cuirassiers	»	5	7	3	1	20	31	204	»
Clermont-Ferrand	5e —	»	»	3	1	»	5	6	50	50
Moulins	8e —	»	»	8	»	»	7	11	40	»
Nevers	5e dragons	»	»	3	»	»	9	12	106	»
Bourges	13e d'artillerie	»	»	2	»	»	3	2	95	»
Napoléonville	1er lanciers	»	»	6	»	»	»	»	»	»
Moulins	7e —	»	»	3	»	»	5	8	47	»
Lille	24e de ligne	»	»	6	»	»	81	»	893	»
—	33^e	»	»	5	»	»	15	24	240	»
—	64e —	»	»	2	»	»	2	»	240	»
—	65e —	»	»	4	»	»	72	»	500	»
—	75e —	»	»	»	»	»	10	14	300	»
—	91e —	»	»	4	»	»	12	16	400	»
—	Batail. de chasseurs	»	»	2	»	»	15	»	550	»
—	2e bat. —	»	»	7	»	»	14	16	933	»
—	17e — —	»	»	»	»	»	6	8	50	»
—	20e — —	»	»	2	»	»	8	15	300	»
Mézières	6e de ligne	»	»	»	»	»	32	»	1 076	»
—	40^e	»	»	1	»	»	36	»	300	»
Marseille	6e bat. de chasseurs	»	»	»	»	»	14	16	450	»
—	48e de ligne	»	»	»	»	»	24	32	172	»
—	99^e	»	»	5	»	»	24	32	754	»
—	92e —	»	»	2	»	»	13	21	335	»
—	36e —	»	»	2	»	»	18	26	1 000	»
—	4e chasseurs à cheval	»	»	»	»	»	1	1	23	25
—	6e —	»	»	3	»	»	8	10	105	90
—	11e —	»	»	19	»	»	»	»	1 029	»
—	20e de ligne	»	»	2	»	»	25	36	720	»
—	37^e	»	»	16	»	»	24	32	1 150	»
Perpignan	17^e	»	»	3	»	»	22	39	850	»
—	22e —	»	»	3	»	»	30	44	829	»
—	42e —	»	»	2	»	»	12	16	500	»
—	52e —	»	»	3	»	»	20	24	420	»
—	72e —	»	»	2	»	»	12	16	850	»
—	Cuirassiers de l'ex-garde	»	»	1	»	»	3	7	300	240
—	5e hussards	»	»	7	»	»	28	26	560	150
—	7e chasseurs à cheval	»	»	7	»	»	8	12	450	180
Toulouse	8e bat. de chasseurs	»	»	4	»	»	16	20	50	»
—	19e —	»	»	7	»	»	15	10	43	»
—	30e d'infanterie	»	»	»	»	»	23	29	500	»
—	30e —	»	»	»	»	»	18	24	300	»
—	88e —	»	»	3	»	»	23	27	700	»
—	4e hussards	»	»	3	»	»	9	10	360	»
—	6e —	»	»	1	»	»	2	2	25	»
—	7e —	»	»	1	»	»	3	3	30	»
—	14e d'artillerie	»	»	5	»	»	30	23	714	»
—	18e —	»	»	5	»	»	»	»	150	»

LOCALITÉS	CORPS	OFFICIERS					TROUPE			Chevaux
		Supérieurs	Capitaines	Lieut.s et S-Lieut.s	Médecins	Vétérinaires	Sous-Officiers	Caporaux	Soldats	
Bayonne	34e de ligne	»	1	2	3	»	19	35	818	»
—	2e hussards	»	»	2	»	»	1	2	190	147
—	2e chasseurs à cheval	»	»	2	»	»	1	2	160	160
—	8e —	»	»	9	»	»	12	15	118	125
—	3e —	»	»	3	»	»	7	13	130	133
—	1er hussards	»	»	14	»	»	18	23	250	120
—	3e lanciers	»	»	6	»	»	6	8	50	50
Bordeaux	31e de ligne	»	»	3	»	»	27	»	104	»
—	9e —	»	2	»	»	»	51	»	349	»
—	60e —	»	1	4	»	»	38	»	67	»
—	63e —	»	1	»	»	»	16	»	44	»
—	82e —	1	1	1	»	»	36	»	514	»
—	10e chasseurs à cheval	»	1	»	»	»	10	»	90	»
—	4e dragons	»	1	»	»	»	21	»	60	»
—	6e —	»	3	»	»	»	20	»	90	»
—	51e de ligne	»	»	1	»	»	48	»	477	»
—	1er —	»	»	»	»	»	22	»	214	»
—	8e —	»	»	4	»	»	116	»	1 600	»
—	100e —	»	»	»	»	»	80	»	200	»
Tours	1er dragons	»	»	3	»	»	19	34	378	»
—	2e —	»	»	12	»	»	25	32	389	58
—	3e —	»	»	5	»	»	9	12	81	60
Poitiers	2e rég. du train d'art.ie	»	»	6	»	»	24	13	278	»
—	11e de ligne	»	»	17	»	»	39	44	1 421	»
—	9e dragons	»	»	11	»	»	12	22	315	»
—	5e lanciers	»	»	11	»	»	28	29	311	»
Aurillac	61e de ligne	»	»	5	3	»	25	32	620	»
Clermont-Ferrand	83e —	»	2	6	1	»	24	32	508	»
—	5e cuirassiers	»	»	»	»	»	»	»	30	»
Grenoble	2e d'artillerie	»	»	3	»	«	21	29	350	»
—	6e —	»	»	4	»	»	12	14	209	»
—	4e lanciers	»	»	7	»	»	8	13	129	119
—	9e —	»	»	6	»	»	8	13	100	117
—	3e de ligne	»	»	4	»	»	18	24	256	»
—	3e bat. de chasseurs	»	»	2	»	»	6	8	302	»
—	9e —	»	»	3	»	»	16	20	481	»
—	53e de ligne	»	»	3	»	»	18	18	304	»
—	21e —	»	»	2	»	»	12	16	125	»
—	47e —	»	»	6	»	»	12	16	150	»
—	3e hussards	»	»	4	»	»	8	12	105	115
—	—	»	»	5	»	»	9	8	280	65
—	4e bat. de chasseurs	»	»	3	»	»	15	20	1 000	»

15ᵉ CORPS D'ARMÉE
Situation du 1ᵉʳ au 2 octobre.

DÉSIGNATION DES CORPS	OFFICIERS					TROUPE					OBSERVATIONS
	Présents		Absents	Chevaux		Présents		Absents	Chevaux		
	Disp.	Indisp.		Disp.	Indisp.	Disp.	Indisp.		Disp.	Indisp.	
État-Major gén. Officiers généraux . . .	2										
Officiers d'état-major	7		2	14							
Officiers d'ordonnance	2			4							
Intend. Personnels administratifs et de santé .	44	2		23		166	19		208	24	
Gendarmerie	5			8		81		8	53		
Artillerie. État-major / Batterie divisionnaire / Réserve / Parc											N'a pas envoyé de situation.
Génie. État-major / Réserve.	3	1	4	1	2	39			59	2	La 2ᵉ section de la 19ᵉ Cⁱᵉ du 2ᵉ rég. figure par erreur à la 3ᵉ division.
1ʳᵉ div. État-major . . .		1									
Troupe	2			1		84	2	9	6		
2ᵉ div. État-major . . .	1			1							
Troupe	1					85	3	7	6		
3ᵉ div. État-major . . .	1										
Troupe	4					215	4		11		Y compris la section de réserve.
1ʳᵉ division d'infanterie. État-major général. .	2	1		4							Le gén. Bertrand dans le Loiret.
État-major	4			6							
Intendance	1			5							
Adjudants d'adminis.	3										
Officiers de santé . .	5			4							
Infirmiers						27					
Ouvriers d'adminis. .						48					
1ʳᵉ brig. Chasseurs à pied.	4			2		634		9	1		1200 hommes d'inf. de marine doivent arriver.
38ᵉ de ligne . . .											Non arrivé.
1ᵉʳ zouaves . . .	11			4		1809					Dans le Loiret.
12ᵉ mobiles . . .											
2ᵉ brig. Tirailleurs algér.											En route pour Nevers.
29ᵉ de marche . .											
18ᵉ mobiles . . .	68					3090					En formation.
Bataillon de chasseurs											
A Reporter . . .	170	3	8	76	2	6278	28	33	344	26	

DÉSIGNATION DES CORPS		OFFICIERS					TROUPE					OBSERVATIONS
		Présents		Absents	Chevaux		Présents		Absents	Chevaux		
		Disp.	Indisp.		Disp.	Indisp.	Disp.	Indisp.		Disp.	Indisp.	
Report		170	3	8	76	2	6278	28	33	344	26	
2ᵉ division d'infanterie { 1ʳᵉ brigade {	État-major	4		1	9							
	Chasseurs à pied. 39ᵉ de ligne. Légion étrangère 25ᵉ mobiles	46		1	4		2301	18		58		Ⅱᵉ bataillon détaché à Blaye.
2ᵉ brigade {	Chasseurs à pied	6					459					
	2ᵉ zouaves	14		14	3		1795			170		
	30ᵉ de marche	42		2	5		3681			134		
	29ᵉ mobiles	47			5		2366	17		25		1ᵉʳ bat. à Rouen.
3ᵉ division d'inf. {	État-major	5			12		5					Situation du 30 septembre. Non arrivé.
	16ᵉ de ligne											
	3ᵉ zouaves											
	Chasseurs à pied	4		1			634	1		11		
	32ᵉ de marche	43		8	5		3825			68		
	33ᵉ de marche	45		5	1		3867			51		
	32ᵉ mobiles	46			2		2440			19		
	34ᵉ mobiles	65		2	9		3505	25		41		Parti pour Épinal
	Artillerie	6			8		230	4		2	177	
Div. de Cavalerie {	État-major	4			14							
	6ᵉ hussards	34		7	39		373			267	368	
	6ᵉ dragons	33		8	33		300			243	302	
	1ᵉʳ cuirassiers (marche)	30		2	35		367			110	369	
	9ᵉ cuirassiers	33		5	62		391			2	331	9
Brig. Michel {	État-major					1			4			N'a pas envoyé de situation.
	5ᵉ lanciers											
	2ᵉ lanciers											
	3ᵉ dragons (marche)											
Brig. Nansouty {	État-major	1			3							
	11ᵉ chasseurs	36			66		476			441		
	1ᵉʳ rég. de marche	26			61		503			442	1	
Totaux		740	3	64	452	3	33796	97	1234	2774	36	

15ᵉ CORPS D'ARMÉE
1ʳᵉ division d'infanterie.

Situation du 2 octobre.

DÉSIGNATION DES CORPS	OFFICIERS					TROUPE					OBSERVATIONS
	Présents		Absents	Chevaux		Présents		Absents	Chevaux		
	Disp.	Indisp.		Disp.	Indisp.	Disp.	Indisp.		Disp.	Indisp.	
État-major général	3			10							
État-major	5			9							
Intendance	1			5							
Adjudants d'admᵒⁿ	3			1							
Officiers de santé	5			4							
Infirmiers						27					
Ouvriers d'admᵒⁿ						48					
1ʳᵉ brigade — Dᵒⁿ de chassʳˢ	4		2			630	13		1		
38ᵉ de ligne											Non arrivé.
1ᵉʳ zouaves	11			4		1803	14				
12ᵉ mobiles											Dans le Loiret
2ᵉ brigade — Tiraill. algér.											—
29ᵉ de marche											—
18ᵉ mobiles	68	1	2			3099					
Gendarmerie	1			1		19	1		10		
Artillerie	7			11		238	6		176	3	
Génie											Non arrivé.
Totaux	108	3	47			5864	34		187	3	

Armement : Néant.
Équipement et campement : Néant.

Demandes { Envoi d'une demande de M. le lieutenant-colonel commandant le 18ᵉ régiment de garde mobile, relative aux équipages régimentaires, aux cantines d'ambulance et aux mulets destinés à les porter. Il est impossible de se procurer dans le commerce des mulets dans la Nièvre.

Événements { Le 18ᵉ régiment de la garde mobile a reçu hier les fusils modèle 1866.
Aucun avis n'est arrivé de la direction d'artillerie pour la remise des fusils modèle 1866 au 12ᵉ régiment de mobiles qui est du reste, en ce moment, absent de la subdivision.

15ᵉ CORPS D'ARMÉE

1ʳᵉ division, 1ʳᵉ brigade.

Situation du 2 octobre.

DÉSIGNATION DES CORPS	OFFICIERS					TROUPE					OBSERVATIONS
	Présents		Absents	Chevaux		Présents		Absents	Chevaux		
	Disp.	Indisp.		Disp.	Indisp.	Disp.	Indisp.		Disp.	Indisp.	
État-major général	1			2							
État-major	1			1							
Division de chasseurs à pied . . .	4		2			630		13	1		3 subsistants.
Régiment de zouaves.	11		4			1803		14			
Totaux . . .	17		2	7		2433		27	1		

Armement { Zouaves : 1.735 fusils.
Chasseurs : complet.

| | État nominatif des officiers du 1ᵉʳ régiment de zouaves de marche, avec indication des vacances.
Envoi | Transmission d'une demande faite par M. .... à l'effet d'être commissionné comme aide-vétérinaire.
| Envoi d'une proposition pour le grade de lieutenant-colonel en faveur de M. ...., commandant l'artillerie de la division.

Équipement et campement : Zouaves : équipements 806, tentes 949, couvre-pieds 1.067.
Chasseurs : complet.

Demandes : Le capitaine commandant le détachement des chasseurs demande à être autorisé à faire prendre au dépôt du 67ᵉ de ligne une certaine quantité d'effets hors de service pour faire recouvrir les petits bidons de la compagnie du 19ᵉ bataillon et faire des réparations aux effets des hommes.

15ᵉ CORPS D'ARMÉE

1ʳᵉ division, 2ᵉ brigade.

18ᵉ RÉGIMENT DE LA GARDE NATIONALE MOBILE

Situation du 1ᵉʳ au 2 octobre

DÉSIGNATION DES PORTIONS DE CORPS	OFFICIERS Présents			Chevaux	TROUPE Présents			OBSERVATIONS
	Disp.	Indisp.	Absents.		Disp.	Indisp.	Absents.	
État-major	6			2	3			
Iᵉʳ bataillon....	20	1			965			
IIᵉ bataillon....	21				1116			
IIIᵉ bataillon ...	21				1015			
Totaux ...	68	1		2	3099			

Armement : néant.
Équipement et campement : néant.

15ᵉ CORPS D'ARMÉE

1ʳᵉ division d'infanterie.

ARTILLERIE

Situation du 2 octobre.

DÉSIGNATION DES CORPS	OFFICIERS Présents Disp.	Indisp.	Absents	Chevaux Disp.	Indisp.	TROUPE Présents Disp.	Indisp.	Absents	Chevaux Disp.	Indisp.	OBSERVATIONS
État-major particulier de l'art...	1			2							
2ᵉ rég. d'art., 18ᵉ batterie.....	3			4		119		2	88		
6ᵉ rég. d'art., 18ᵉ batterie.....	3			5		119		4	88	3	2 hommes rentrés à la bat. le 1ᵉʳ octobre.
Totaux...	7			11		238		6	176	3	

Armement : complet.

Équipement et campement } Complet ; les marmites qui sont en fer blanc ne résistent pas au feu ; elles devront être changées.

15ᵉ CORPS D'ARMÉE

1ʳᵉ division d'infanterie. — Intendance.

Situation du 2 octobre.

DÉSIGNATION DES CORPS	OFFICIERS					TROUPE					OBSERVATIONS
	Présents		Absents	Chevaux		Présents		Absents	Chevaux		
	Disp.	Indisp.		Disp.	Indisp.	Disp.	Indisp.		Disp.	Indisp.	
Sous-intendant militaire......	1			5							
Adjudants d'administration....	3			1							
Officiers de santé.	5			4							
Infirmiers.....						27					
Ouvriers d'administration.....						48					
Totaux...	9			10		75					

Armement : néant.
Équipement et campement : néant.

15e CORPS D'ARMÉE

2e division d'infanterie.

Situation du 1er au 2 octobre.

DÉSIGNATION DES CORPS	OFFICIERS Présents			OFFICIERS Chevaux		TROUPE Présents			TROUPE Chevaux		OBSERVATIONS
	Disp.	Indisp.	Absents	Disp.	Indisp.	Disp.	Indisp.	Absents	Disp.	Indisp.	
État-major											
1re brigade — Chass. à pied.											
39e de ligne. .											
Légion étrang.											
25e garde mob.	46		1	4		2301	18	58			Bat^{on} dét. à Blaye.
2e brigade — Chass. à pied.	6					459					
2e zouaves. . .	14	14		3		1795		170			Dans le chiffre des offi. est compris M. ....., aide-major requis. 1er bat. dét. à Rouen.
30e de marche.	42		2	5		3681		134			
29e mobiles. .	47			5		2366	17	25			
Artillerie.											
Génie.	3		1	1		213	1	16	73		
Intendance	14		1	13		144			75	12	
Personnel admin. .											
Gendarmerie . . .											
Totaux. .	172		19	31		10959	36	403	148	12	

Armement
- 25ᵉ mobiles. — Les 2 bataillons sont armés de chassepots; les accessoires ne sont pas encore reçus.
- 2ᵉ de zouaves. — Il manque une grande quantité de nécessaires et de pièces de rechange.
- 29ᵉ mobiles. — Il manque les accessoires et les cartouches.

Équipement et campement
- 25ᵉ mobiles. — 1.300 sont sans équipement.
- 30ᵉ de marche. — 1.287 tentes-abris manquent, le magasin doit en recevoir sous peu.
- 29ᵉ mobiles. — Il serait complet, moins les fourreaux de baïonnettes et les bretelles de fusils.
- 25ᵉ mobiles. — Il a été reçu 400 ceintures de flanelle, 20 bidons, 56 marmites, 224 gamelles.

Mutations des officiers
- 2ᵉ régiment de zouaves. — M. ...., sous-lieutenant, arrivé au corps le 1ᵉʳ octobre.

e) Renseignements.

Le Préfet du Loiret à M. Glais-Bizoin, à Tours (D. T.).

Orléans, 2 octobre, 9 h. 45 soir.

La Beauce est toujours ravagée par des détachements prussiens. Les habitants viennent à chaque instant se plaindre des violences et des réquisitions dont ils sont l'objet. On réclame de tous côtés la présence des troupes. Les paysans manifestent l'intention de se défendre, mais ils veulent être soutenus par des soldats. De plus, ils demandent des armes qui font défaut sur tous les points.

L'Employé des télégraphes au Directeur général des télégraphes, à Tours (D. T.).

Bellegarde, 2 octobre, 6 heures soir.

Prussiens allés hier 1ᵉʳ à Chilleurs, fait d'énormes contributions de fourrages et bestiaux, 600 vaches et 1.500 moutons. A Pithiviers, provisions rares, fournisseurs seraient mis en réquisition; habitants ne pourraient avoir pain sans permission autorité prussienne.

L'Employé des télégraphes au Directeur général des télégraphes, à Tours (D. T.).

Beaugency, 2 octobre, 9 h. soir.

Renseignements donnés au maire de Beaugency par le maire d'Ouzouer-le-Marché, 2 octobre : 400 cavaliers prussiens, munis de 2 pièces de canon, sont arrivés ce matin à 7 heures à Patay. Ils *pillent*, paraît-il, Patay et Saint Péravy-la-Colombe.

L'Employé des télégraphes au Directeur général des télégraphes, à Tours (D. T.).

Bellegarde, 2 octobre, 11 h. 30 soir.

Ascoux, 5 h. 30. 4 à 500 Prussiens, cavaliers et infanterie, ont tout pillé ; Bouzonville, réquisitions.
Avant-garde se dirige sur Vrigny.

3 octobre.

b) Organisation et administration.

Le Général commandant la division de cavalerie du 15ᵉ corps au Général commandant la 1ʳᵉ brigade de la division, à Cercottes, et au Général commandant la 2ᵉ brigade de la division, à Orléans.

Orléans, 3 octobre.

Fait connaître que l'administration de la guerre est en mesure de faire des distributions régulières journalières de viande aux troupes. Les distributions faites par l'administration, les corps de troupe n'auront plus recours pour la viande à des réquisitions chez les divers bouchers.
Distribution de viande commencera 1ᵉʳ octobre courant. Les détachements éloignés de leur portion principale peuvent faire usage des réquisitions jusqu'à présent admises, si l'entrepreneur n'a pas été prévenu en temps utile.

c) Opérations et mouvements.

Le Ministre de la Guerre au Général commandant le 15ᵉ corps d'armée, à Bourges.

Tours, 3 octobre.

En réponse à votre dépêche d'hier 2 octobre, j'ai l'honneur de vous informer que je maintiens les dispositions qui ont été prescrites au sujet des troupes d'infanterie et de cavalerie qui font partie du 15ᵉ corps et qui en avaient été momentanément détachées sous le commandement supérieur du général de Polhès pour la défense de la région du centre.

Vous aurez néanmoins à prêter votre assistance au général de Polhès, s'il la réclamait pour les besoins de la défense.

Le général Reyau est informé de cette disposition. Il me télégraphie qu'il pousse des reconnaissances en avant dans la forêt d'Orléans.

Il faut pousser les opérations avec rapidité et vigueur et déblayer le plus tôt possible le terrain des colonnes et des reconnaissances de l'ennemi qui nous menacent dans cette direction et qui réquisitionnent pour l'approvisionnement de son armée sous Paris.

Le Ministre de la Guerre au Général commandant la division de cavalerie du 15ᵉ corps, à Orléans.

Tours, 3 octobre.

En réponse à votre télégramme d'hier 2 octobre, j'ai l'honneur de vous informer que j'ai décidé que toutes les troupes d'infanterie et de cavalerie qui avaient été distraites du 15ᵉ corps pour constituer la défense de la région du centre sous le commandement supérieur du général de Polhès retomberaient désormais sous le commandement immédiat du général de La Motterouge.

C'est donc de cet officier général que vous devez prendre désormais les ordres pour les opérations subséquentes que je désire voir pousser avec la plus grande activité.

M. le général de La Motterouge est informé de ces dispositions ainsi que M. le général de Polhès.

Le Ministre de la Guerre au Général commandant supérieur de la région du Centre, à Bourges.

Tours, 3 octobre.

En réponse à votre dépêche d'hier 2 octobre, j'ai l'honneur de vous informer que je maintiens les dispositions qui ont été prescrites au sujet des troupes d'infanterie et de cavalerie qui font partie du 15e corps et qui en avaient été momentanément détachées sous votre commandement supérieur pour la défense de la région du Centre. Ces troupes sont désormais placées sous le commandement immédiat du général commandant le 15e corps, qui a reçu des instructions pour aider vos opérations pendant tout le temps qu'il restera sur votre territoire.

Le Ministre de la Guerre au Général commandant supérieur de la région du Centre, à Orléans (D. T.). (Minute).

Tours, 3 octobre.

Il faut pousser des reconnaissances avec vigueur et chercher l'ennemi. C'est indispensable, au double point de vue des opérations et de la satisfaction à donner à l'opinion publique.

Le Général commandant la division de cavalerie du 15e corps au Ministre de la Guerre, à Tours (D. T.).

Orléans, 3 octobre.

M. Cochery, député du Loiret, vient de se présenter chez moi, en me disant que, délégué par le Gouvernement pour la défense d'Orléans, les troupes qui se trouveraient dans le département étaient complètement sous sa dépendance, et qu'elles auraient à obéir à toutes les instructions qu'il pourrait donner.

S'il en est ainsi, Monsieur le Ministre, je viens vous prier de me faire relever dans les fonctions que j'exerce, ne pouvant pas accepter une autorité civile s'immisçant dans mes opérations et dans mon commandement.

Nota. — Le général Reyau rendait compte en même temps au commandant du 15e corps de l'envoi de cette dépêche au Ministre de la Guerre.

Le Général commandant la division de cavalerie du 15ᵉ corps au Général commandant la subdivision du Loir-et-Cher, à Blois.

Orléans, 3 octobre.

Je ne puis qu'approuver les dispositions que vous avez prises pour l'emplacement des troupes dans le département du Loir-et-Cher. Je compte que vous les avez complétées au moyen du système d'éclaireurs à cheval parcourant les diverses localités, examinant le pays et qui m'ont paru, d'après les rapports, remplir ce service avec beaucoup de zèle. Il est aussi essentiel que M. le Préfet du Loir-et-Cher soit toujours en correspondance avec les autorités d'Eure-et-Loir, de manière à être constamment renseigné sur les mouvements de l'ennemi de ce côté.

Jusqu'à présent, l'emplacement de la cavalerie du côté du Loir-et-Cher est le suivant :

Un régiment à Meung, avec postes à Cravant, Le Bardon ;

Un régiment à Ouzouer-le-Marché, avec postes à Villermain, Charsonville, Prenouvellon, Binas ;

Un régiment, entre Charsonville et Coulmiers, sur la route d'Ouzouer à Orléans.

Le général Michel commande ces trois régiments ; il a une demi-batterie ; sa mission est de surveiller le pays entre la Loire et la route d'Orléans à Châteaudun. Je lui ai prescrit de s'entendre avec vous.

En quittant Blois, j'ai prié M. le Sous-Intendant de désigner un vétérinaire civil chargé de visiter les chevaux indisponibles du 1ᵉʳ cuirassiers de marche...

Le Général commandant la division de cavalerie du 15ᵉ corps au Ministre de la Guerre, à Tours, et au Général commandant le 15ᵉ corps d'armée, à Bourges (D. T.).

Orléans, 3 octobre, 1 h. 45 soir.
Expédiée à Tours à 4 h. 45 soir.

Je reçois du général de Longuerue le télégramme suivant : « Je suis établi à Chevilly avec l'artillerie, 3 compagnies du 29ᵉ régiment d'infanterie de marche, 2 compagnies des 8ᵉ et 9ᵉ bataillons. Ma grand'garde est à La Croix-Briquet ; à 3 kilomètres en avant, un escadron du 6ᵉ hussards et 100 chasseurs du 9ᵉ bataillon. Je fais faire des patrouilles dans les villages de Sougy, Creuzy, Artenay et Bucy-le-Roi ; aucun événement n'est signalé par la grand'garde, si ce n'est la rencontre de 6 ulans. J'ai fait une reconnaissance en avant d'Artenay avec deux escadrons et une compagnie échelonnée sur le chemin de fer ; j'ai chassé des ulans qui s'y trouvaient. Les rapports que je reçois sur Toury sont exagérés. J'envoie une reconnaissance sur Neuville. Je fais fonctionner mes reconnaissances d'officiers ». Pour compléter ce mouvement, j'ai prescrit ce matin au 5e lanciers (brigade Michel) venant de Jargeau, de se porter sur la route d'Ouzouer-le-Marché à Orléans, entre Coulmiers et Bucy. Les trois régiments de cette brigade seront ce soir, un à Meung, un à Ouzouer, un à Coulmiers, reliés entre eux par des postes intermédiaires. Demain, 4 octobre, cette brigade prononcera son mouvement sur Saint-Péravy et Patay, de manière à se relier à la brigade de Longuerue.

Le Général de Nansouty au Général commandant la division de cavalerie du 15e corps, à Orléans (D. T.).

Gien, 3 octobre, 12 h. 50 soir.

Il y a eu hier et ce matin des engagements entre Pithiviers et Gien jusqu'à Nibelle, proche Bellegarde. J'ai fait occuper Lorris par un escadron, et la partie de la forêt devant Ouzouer-sur-Loire par 1.500 mobiles. Suivant les rapports de ce soir, je ferai occuper demain Nogent-sur-Vernisson par un escadron et 1.500 mobiles. Ce point est à mi-chemin de Montargis. Je ne pousserai pas plus loin en attendant les mouvements de l'ennemi.

Le 11e chasseurs sera ce soir à Gien, venant de Cosne ; je vous demande instamment de le garder 2 ou 3 jours avec moi. La mobile ici est si mal équipée, que je ne puis pas la faire marcher ; ni tentes, ni couvertures, ni bidons, ni marmites. Je n'ai pas d'artillerie. Les troupes ennemies à Pithiviers en ont. J'attends vos ordres ce soir.

Le Général commandant la division de cavalerie du 15e corps au Général commandant la 1re brigade de la division, à Chevilly (D. T.).

Orléans, 3 octobre.

Préparez votre mouvement pour après-demain 5 octobre ; la brigade Ressayre ira demain 4 à Chevilly ; deux régiments de la brigade Michel seront demain 4 à Huêtre et Saint-Péravy.

En réponse à votre dépêche de ce soir, j'approuve votre proposition.

Le général Ressayre part demain 4 octobre, à 6 heures du matin, pour se porter à Chevilly.

Le Général commandant la division de cavalerie du 15e corps au commandant de l'artillerie, à Orléans.

Orléans, 3 octobre.

Demain, 4 octobre, je me porterai à Chevilly avec la brigade de cuirassiers. Envoyez une demi-batterie. Je pars à 5 heures; elle partira à 6 heures.

Le Général commandant la division de cavalerie du 15e corps au général Michel, à Meung (D. T.) (1).

Orléans, 3 octobre.

Portez-vous demain 4, avec votre artillerie et 2 régiments de cavalerie, du côté de Chevilly, où je me trouverai à 10 heures du matin. Le régiment qui est à Coulmiers se portera à Huêtre, près de Chevilly; celui qui est à Ouzouer-le-Marché se rendra à Saint-Péravy. Le 5e lanciers, qui est à Meung, y laissera un escadron et dirigera les trois autres à Saint-Péravy.

Tous les régiments emporteront 2 jours de vivres et 2 jours d'avoine. Ils n'auront ni voitures, ni chevaux de main, ni bagages. Les gardes mobiles garderont les postes que vous leur avez donnés.

c) Renseignements.

Le Sous-Préfet de Montargis au Général commandant, à Gien (D. T.).

Montargis, 3 octobre, 2 h. 35 soir.

Députation de Beaune-la-Rolande supplie d'envoyer troupes pour soutenir élan des populations. 2.500 Prussiens font une razzia

---

(1) Dans le registre de correspondance de la division de cavalerie sous le commandement du général Reyau, cet ordre porte le numéro 237. Il ne tient pas compte cependant des prescriptions contenues dans un ordre envoyé précédemment et portant le numéro 227, d'après lequel le général Michel devait se porter à Coulmiers avec les troupes qu'il avait à Meung, c'est-à-dire le 5e lanciers, la moitié de la 14e batterie du régiment monté de l'ex-garde et le 1er bataillon des mobiles de la Savoie, mouvement qui fut d'ailleurs exécuté le 3 octobre au soir.

générale exécutant ordre de ne rien laisser, et pourtant ils ne demandent qu'à se rendre. Prière de répondre télégraphiquement.

L'Employé des télégraphes au Directeur général des télégraphes, à Tours (D. T.).

Beaugency, 3 octobre, 9 h. matin.
Expédiée à Tours à midi 50.

Hier matin, 24 cavaliers prussiens sont arrivés à Saint-Péravy-la-Colombe; ils se sont rendus à la mairie. Là, l'officier qui les commandait a demandé à l'instituteur une carte du département d'Eure-et-Loir. Il lui a été répondu qu'on n'en possédait aucune. L'instituteur a mis à sa disposition la carte de France et celle du département du Loiret. Il les a regardées attentivement, puis il est reparti avec ses hommes en bon ordre. Ces renseignements viennent d'une source que je crois certaine.

L'Employé des télégraphes au Directeur général des télégraphes, à Tours (D. T.).

Châteaudun, 3 octobre, 7 h. 40 soir.
Expédiée à Tours à 9 h. 20 soir.

Les francs-tireurs, à Viabon, près Voves, ont fait fuir aujourd'hui 200 cuirassiers blancs; les Prussiens ont abandonné bestiaux qu'ils avaient emmenés.

L'Employé des télégraphes au Directeur général des télégraphes, à Tours (D. T.).

Malesherbes, 3 octobre.
Expédiée à Tours à 8 h. 35 soir (?).

Les 1.500 Prussiens occupant Pithiviers continuent à enlever bestiaux, grains et fourrages, pour les diriger sur Paris. Pays entièrement dévasté près de Pithiviers.

Ennemi a renfermé dans un parc 500 vaches et 10.000 moutons. Il ne paraît pas y avoir d'autres corps ennemis jusqu'à Étampes pour le soutenir.

En marge, au crayon : « Urgent, à communiquer au général Reyau. »

Le Préfet de Chartres au Délégué du Gouvernement, à Tours (D. T.).

Chartres, 3 octobre, 10 h. 10 soir.
Expédiée à Tours le 4 octobre à 4 h. matin.

Nos plaines de Beauce sont ravagées par quelques bandes de ulans que nos mobiles ne peuvent atteindre. Les paysans sont exaspérés et ne demandent qu'à se lever en masse, bien qu'ils manquent d'armes. Ne serait-il pas possible de nous prêter quelques escadrons, avec un peu d'artillerie légère? Il y en a du côté de Vendôme. Merci pour armement Lot-et-Garonne. Les francs-tireurs ont fait fuir aujourd'hui, à Viabon, 200 cuirassiers blancs, et leur ont repris les bestiaux enlevés.

4 octobre.

c) Opérations et mouvements.

Le Général commandant le 15ᵉ corps d'armée au Ministre de la Guerre, à Tours.

Bourges, 4 octobre.

Je reçois aujourd'hui seulement la lettre que vous m'avez adressée le 2 octobre pour me faire connaître qu'en raison de l'arrivée à Bourges du général de Polhès, les troupes d'infanterie, cavalerie et artillerie, que le 15ᵉ corps avait détachées à Orléans, rentraient sous mon commandement et que je devais m'en servir pour empêcher l'ennemi de faire des pointes vers la Loire.

La raison qui semble avoir motivé cet ordre n'existe plus. En effet, depuis hier M. le général de Polhès, qui n'était venu que momentanément à Bourges pour régler des affaires urgentes, est rentré à Orléans.

D'un autre côté, depuis que vous m'avez envoyé ces instructions, il s'est passé un fait que je ne connais que par une dépêche télégraphique du général Reyau, dont je ne puis jusqu'à présent apprécier toute la portée, mais qui me paraît d'une nature très grave. Je veux parler de l'arrivée à Orléans de M. Cochery, ancien député du Loiret, qui aurait été investi par les membres délégués du Gouvernement à

Tours des pouvoirs nécessaires pour requérir et commander les troupes qui sont actuellement dans le département (1).

Dans cette situation, j'ai cru devoir jusqu'à nouvel ordre de votre part, suspendre l'exécution des instructions contenues dans votre lettre du 2 octobre précitée (2).

5 octobre.

a) Journaux de marche et historiques.

Historique manuscrit du 4ᵉ chasseurs à pied de marche.

Le 5 octobre, les Français partent à 3 heures du matin sur trois colonnes, la colonne de gauche se dirigeant sur Janville, celle du centre sur Toury, par la grand'route de Paris, celle de droite sur le même village, par la chaussée du chemin de fer.

Les deux compagnies de chasseurs font partie de la colonne du centre et sont chargées de l'attaque de Toury.

Le combat commence à 7 heures du matin par l'artillerie ; les deux pièces françaises sont démontées en quelques instants et ne sont sauvées que grâce à 30 chasseurs à pied qui les ramènent à 500 mètres en arrière.

Les deux compagnies sont déployées en tirailleurs et portées en avant, à près de 4 kilomètres, sous le feu ennemi. Le village de Toury étant débordé, les Prussiens se retirent précipitamment. Les deux pièces de canon qui couvrent leur retraite allaient être prises par les chasseurs, qui n'avaient plus qu'une courte charge à faire pour s'en emparer, lorsque la retraite fut ordonnée par le général Reyau.

A midi et demi, les chasseurs quittaient, les derniers, le village de Toury et venaient camper à Artenay.

Extrait du Journal des opérations militaires de l'artillerie du 15ᵉ corps.

Mer, 2 novembre.

Combat de Toury, 5 octobre. — Le 5 octobre, le capitaine commandant la 18ᵉ batterie du 13ᵉ artillerie, avec une demi-batterie,

---

(1) *En marge de ce paragraphe, au crayon, écriture inconnue :* « Il n'y avait pas à s'occuper de ce fait ; je ne vous l'ai point signalé. Les pouvoirs de M. Cochery n'ont aucune action sur les décisions de l'autorité militaire ».

(2) *En marge de ce paragraphe, au crayon, écriture inconnue :* « C'est un tort. Il faut les reprendre et exécuter les prescriptions de la dépêche télégraphique du 5 octobre, c'est-à-dire se rendre à Orléans. »

accompagne le général Ressayre, qui, partant de Chevilly, se dirige sur Tivernon, à 9 kilomètres Nord d'Artenay. A 7 h. 30, la colonne arrive à Toury; l'artillerie se mit en batterie à 2.000 mètres contre de la cavalerie. L'artillerie prussienne força bientôt le capitaine de la 18e batterie du 13e d'artillerie à se retirer. Vers 9 heures, il tira une vingtaine d'obus contre de la cavalerie qui se replia de suite. A 11 h. 30, les Prussiens abandonnèrent la position.

Une moitié de la 14e batterie du régiment monté de l'ex-garde suivait depuis le 2 octobre la colonne du général Michel. A Meung le 2, à Coulmiers le 3, le 4 à Saint-Péravy, d'où elle repartit à minuit pour Toury, où elle arriva à 7 h. 30 du matin. La demi-batterie lança à 600 mètres quelques obus sur la cavalerie prussienne qui se replia immédiatement. Puis elle suivit le mouvement de la colonne Michel qui, se portant en avant, força l'ennemi à se replier; le capitaine de la 14e batterie le canonna dans sa fuite et nous restâmes maîtres de la position.

L'autre moitié de la 14e batterie du régiment monté de l'ex-garde, sous les ordres du lieutenant..., accompagna la colonne du général de Longuerue le 2 octobre, à Chevilly, où elle resta jusqu'au 5. A 3 heures du matin, elle se dirigea sur Toury, où elle arriva à 7 heures. Une section se mit en batterie sur la chaussée à 1.000 mètres de l'ennemi; mais elle fut bientôt accablée par les coups d'une artillerie nombreuse; la section se retira et rentra à Chevilly, puis à Orléans. M. le lieutenant... fut blessé, et la section perdit en outre 2 hommes tués, 5 blessés, 4 chevaux tués et 3 blessés, dont 2 mortellement.

Journal de marche de l'artillerie de la 2e division du 15e corps.

5 octobre. — Par ordre du général de Polhès, la section de M. le lieutenant..., de la 16e batterie du 3e, part pour Bellegarde avec le bataillon de mobile du Lot; prévenu que le pont du canal situé sur la route en avant de cette ville est miné, je télégraphie à M. l'Ingénieur des ponts-et-chaussées de Montargis de disposer ce pont pour le passage de l'artillerie; ce travail indispensable est exécuté.

La demi-batterie de gauche de la 14e batterie du régiment monté de l'ex-garde, partie de Saint-Péravy le 4 à minuit, arrive à Toury à 7 heures et demie; elle prend part au combat à 8 heures; elle tire à 600 mètres 6 obus à balles sur la cavalerie ennemie qui se retire et dont la retraite est poursuivie par la demi-batterie qui lance 92 obus ordinaires à la distance moyenne de 1.500 mètres.

La demi-batterie n'éprouve aucune perte; elle se rend à Patay où elle arrive à 8 heures du soir.

La demi-batterie de droite de la 14e batterie du régiment monté de l'ex-garde part de Chevilly pour Toury, où elle arrive à 7 heures du matin. Elle prend part au combat à 7 h. 1/4 ; une section seulement, placée en batterie sur la route, tire à 1.000 mètres sur la cavalerie ennemie rangée en bataille; cette cavalerie se retire et démasque une batterie de 6 pièces dont le feu est impuissant.

A 7 heures et demie, une nouvelle batterie ennemie de 4 pièces vient se placer à la droite de la première et perpendiculairement à sa direction.

Cette nouvelle batterie dirige de suite sur la section un feu très juste et qui nous cause en très peu de temps des pertes relativement nombreuses.

Le lieutenant de la demi-batterie de droite est blessé à la main droite par un éclat d'obus, puis à la cuisse gauche par une balle; son cheval est tué par un éclat d'obus qui le frappe au poitrail; 2 servants de la première pièce sont tués; 1 artificier, 3 servants et 1 conducteur sont blessés; 5 chevaux sont tués et 3 blessés.

La demi-batterie bat en retraite avec la brigade qu'elle accompagne.

A 8 heures et demie, le mouvement de retraite est arrêté.

A 10 heures, retour offensif sans engagement, l'ennemi battant également en retraite.

A midi, la brigade se replie sur Cercottes.

La demi-batterie avait consommé 32 coups d'obus ordinaires.

Tués : 2 hommes.

.... Blessés : 1 officier et 5 hommes.

La demi-batterie 18e part de Chevilly pour Toury où elle arrive à 7 heures et demie du matin.

Elle tire presque aussitôt sur la cavalerie ennemie qui se retire. Le feu de l'artillerie ennemie, d'abord impuissant, devient très juste et blesse 1 servant et 2 chevaux.

On se replie.

A 9 heures et demie, la batterie tire de nouveau sur la cavalerie ennemie qui se retire.

La demi-batterie a consommé 47 coups.

Blessés : 1 homme, 2 chevaux.

Rapport du Capitaine commandant la 18ᵉ batterie du 13ᵉ d'artillerie.

Argent, 20 octobre.

Engagement de Toury, 5 octobre. — Trois pièces de la batterie, avec le capitaine et le sous-lieutenant, ont quitté Orléans le 4 octobre pour se rendre à Chevilly. Le 5, à 3 heures du matin, elles partaient pour Toury avec les cuirassiers, les dragons et le bataillon de turcos, sous le commandement du général Ressayre. Ces troupes formaient la droite des trois colonnes qui devaient aborder le village. A 7 h. 50, après un léger engagement de tirailleurs, les 3 pièces se mettaient en batterie à une distance de près de 2.000 mètres et y restaient jusqu'à l'arrivée de la colonne du général de Longuerue. Elles étaient opposées à 10 pièces prussiennes. Dans cette mise en batterie, un servant était grièvement blessé par 3 éclats d'obus. Le cheval d'un chef de pièce et un cheval de trait étaient blessés.

A 10 heures, les 3 pièces tirèrent sur de la cavalerie qui se formait en avant du village et la forcèrent à se replier. A 11 h. 30, les Prussiens se retiraient. Le sous-lieutenant, les cadres et les hommes de la batterie se sont bien comportés au feu. Il n'y a pas eu d'hésitation parmi les servants et les conducteurs entrés pour la plupart au service aux mois d'août et de septembre.

.... Les 3 pièces rentraient le soir à Orléans....

Journal des opérations de la division de cavalerie sous le commandement du général Reyau.

Affaire de Toury, 5 octobre. — Tous les mouvements exécutés depuis deux jours ont eu pour but de préparer une opération sur Toury, point de concentration des approvisionnements de l'ennemi, qui les dirige sur Étampes, et où se trouve le prince Albert.

Les troupes divisées en trois colonnes doivent quitter leurs cantonnements dans la nuit du 4 au 5 pour se diriger sur Toury qu'elles doivent attaquer à la pointe du jour.

La brigade Michel, avec sa demi-batterie, part de Huêtre et de Saint-Péravy vers minuit, se dirige sur Artenay qu'elle contourne sans y entrer, prend la route de Chartres pour se porter sur Janville, à la gauche de Toury.

La brigade de Longuerue, avec sa demi-batterie, 2 compagnies de chasseurs, le Iᵉʳ bataillon du 29ᵉ de marche, suit la grand'route de Paris par Artenay. Elle quitte Chevilly à 3 heures du matin.

La brigade Ressayre, avec sa demi-batterie, le bataillon de Tirailleurs algériens et le général de division, suit la grand'route de Chevilly à Artenay, puis appuie à droite par Ruan, Lion, Chaussy. Elle quitte également Chevilly à 3 heures du matin.

Les trois colonnes arrivent presque en même temps à 7 heures du matin, à hauteur du village de Toury.

La brigade de Longueruc, au centre, commence l'attaque. Une batterie ennemie, forte de 10 pièces de 12, en position sur le chemin de fer, lui cause, dès le commencement de l'action, des pertes sensibles. La 11e demi-batterie se trouve de suite désorganisée par la perte de 5 servants et de 4 chevaux. Dans le 6e hussards, un chef d'escadrons, un lieutenant et deux hussards sont grièvement blessés.

L'infanterie attachée à cette colonne est obligée de rétrograder; une panique s'empare d'un grand nombre qui fuient fort en arrière (*sic*). Les deux compagnies de chasseurs et quelques centaines d'hommes du 29e de marche résistent seuls et vont s'abriter derrière le remblai du chemin de fer.

La brigade Ressayre, qui, au village de Chaussy, a surpris une grand'garde ennemie et lui a enlevé 5 prisonniers du régiment royal bavarois, s'est déployée à la gauche de la chaussée du chemin de fer, sa demi-batterie et le bataillon de Tirailleurs algériens au centre, les deux régiments de cuirassiers en colonne serrée sur les ailes; le tout couvert de tirailleurs et de l'escadron du 6e hussards en éclaireurs.

Pendant quelques instants, vers 9 heures, le mouvement en avant paraît se ralentir; la brigade de Longueruc, fortement inquiétée cède du terrain; la brigade Michel, qui ne s'est pas beaucoup engagée sur la gauche, suit ce mouvement rétrograde. Les batteries ennemies dirigent déjà leurs feux sur la brigade Ressayre qui se trouve la plus avancée sur l'aile droite. Malgré ces feux très bien dirigés, cette brigade prononce davantage son mouvement tournant pour déborder le village de Toury. Le général de division envoie l'ordre aux deux autres brigades d'appuyer ce mouvement en se reportant en avant.

L'ennemi, craignant d'être tourné, se voit obligé d'abandonner le village et de se retirer à gauche de la route de Paris. Mais dans sa retraite, il ne cesse de tirer et un de ses obus vient atteindre dans le 9e cuirassiers 4 hommes et 3 chevaux (un homme tué, un blessé grièvement au bras qui fut depuis amputé, deux blessés); un artilleur est aussi atteint.

Notre poursuite continue pendant 3 ou 4 kilomètres au delà de Toury, en échangeant quelques boulets avec l'ennemi qui se retire avec précipitation sur la route d'Étampes.

Le général arrête alors le mouvement en avant. Il est près de midi. Les troupes, qui ont marché toute la nuit et combattu depuis le ma-

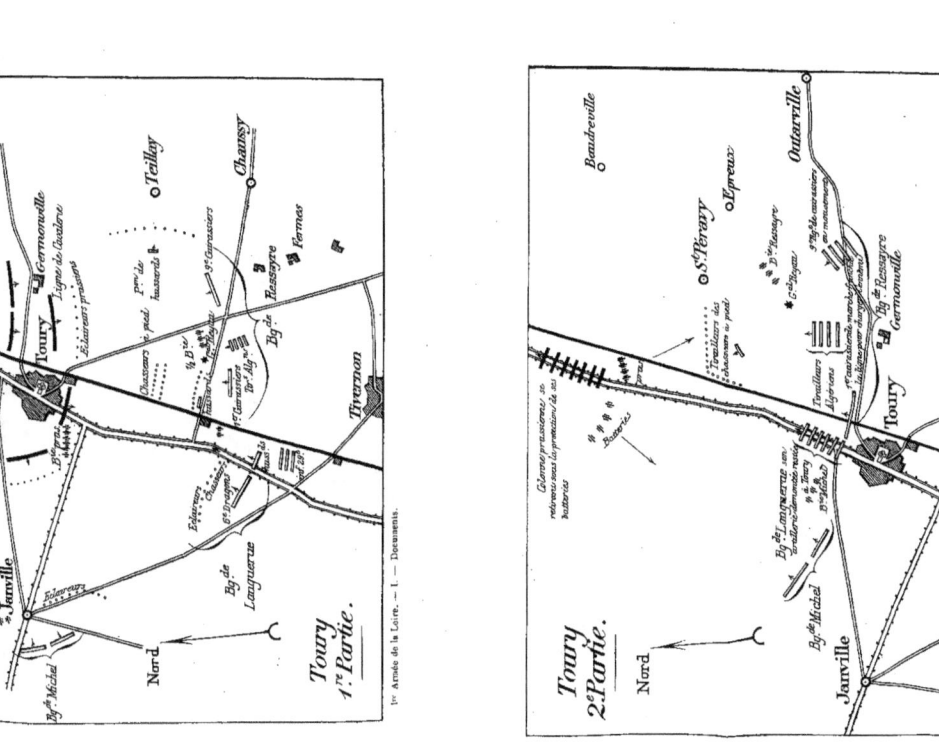

tin, sont accablées de fatigue. Elles reçoivent l'ordre de se reporter en arrière, sur Toury. Là, on apprend la force réelle de l'ennemi qui s'élève à environ 4 ou 5.000 hommes (2 à 3.000 d'infanterie et 2.000 de cavalerie) appuyés de 10 pièces de 12. Le prince Albert, accompagné des princes de Saxe-Meiningen et de Saxe-Altembourg, avait quitté Toury, à 8 heures du matin, dès le commencement de l'attaque. L'ennemi avait abandonné à Toury un parc de bestiaux (147 vaches, 52 moutons), qui est dirigé immédiatement sur Artenay, ainsi que plusieurs pièces de vin et d'eau-de-vie. Enfin, il laisse entre nos mains 22 prisonniers et plusieurs malades. Le général laisse les troupes se reposer quelques heures à Toury ou aux environs du village, puis il prescrit de regagner les cantonnements qu'elles occupaient la veille.

La brigade Michel, à Sougis et à Patay.
La brigade de Longuerue, à Artenay.
La brigade Ressayre, à Chevilly, qui est le quartier général.

Historique manuscrit du 6ᵉ dragons.

Combat de Toury, 5 octobre. — A 2 heures du matin, le bivouac est levé. La brigade a ordre de se réunir à Chevilly (4 kilomètres en avant) pour 3 heures et, de là, marcher sur Toury où l'on doit y surprendre l'ennemi qui y concentre des convois de réquisitions. Nos forces s'avancent sur 3 colonnes. Le centre (brigade Longuerue) marche, la demi-batterie, le 29ᵉ d'infanterie de marche et le bataillon de chasseurs à pied sur la route de Paris, le 6ᵉ hussards en colonne serrée sur la droite de cette route et le 6ᵉ dragons sur la gauche.

L'aile droite (général Ressayre) comprend la brigade des cuirassiers, quelques compagnies de turcos, un régiment de mobiles et un peu d'artillerie. Elle doit suivre la voie du chemin de fer. L'aile gauche (général Michel), composée de cavalerie et d'une demi-batterie, vient de Patay et doit suivre la route qui va directement de cette localité à Janville.

Les deux ailes devaient opérer ensemble et à la même heure par un mouvement tournant sur Toury et sur Janville, et le centre ne devrait entrer en action que lorsque ce mouvement serait en bonne voie d'exécution. Malheureusement le général Michel est en retard de plus d'une heure. Le moment opportun est passé; notre présence est révélée; force est donc au centre d'entrer en action de suite. On est en vue de Toury et il est en ce moment 8 heures du matin. Le 29ᵉ d'infanterie de marche est déployé en tirailleurs en avant du front du 6ᵉ dragons formé en échelons. Notre artillerie (3 pièces de 4), soutenue par les chasseurs à pied, se porte en avant sur la route et s'établit à *1.500 mètres* de l'emplacement où les pièces prussiennes viennent bientôt prendre position. Nos tirailleurs d'infanterie ouvrent le feu. Nos pièces les appuient, mais, prises d'écharpe par la batterie prussienne, elles sont presqu'aussitôt démontées et éprouvent des pertes cruelles. C'est le signal d'un moment de panique. Le 29ᵉ de marche, qui n'a pas perdu un seul homme, abandonne le terrain et fuit précipitamment, les soldats affolés par la peur, jetant leurs armes et leurs sacs et passant entre les jambes de nos chevaux. Pourtant ce régiment est rallié plus loin et ramené au feu par ses officiers. Le 6ᵉ hussards écrasé par un feu terrible rétrograde au pas.

Il est arrêté dans ce mouvement par le général de Longuerue. Enfin, l'aile gauche qui vient d'arriver, voyant l'insuccès de notre attaque, fait demi-tour et se retire à plus de 3 kilomètres.

Le 6ᵉ dragons, et ce n'est pas le moindre honneur qu'il ait retiré de cette campagne, reste donc seul pendant près d'une heure immobile et en bataille, au centre de la position et à 1.800 mètres au plus des canons ennemis, son colonel à vingt pas en avant des escadrons, donnant l'exemple de l'impassibilité et du sang-froid et cela sous une pluie d'obus. Mais, grâce à un pli de terrain qui nous abrite, ces projectiles passent presque tous au-dessus de nos têtes.

Le général de Longuerue, que nous voyons partout où il y a du danger, nous donne l'ordre de battre en retraite par échelons. Ce mouvement s'exécute, toujours sous le feu de l'ennemi, au pas et avec la régularité et le calme du terrain de manœuvre. Après 300 mètres environ, le régiment fait de nouveau face en tête et se remet en ligne. Il détache en éclaireurs une division du 1ᵉʳ escadron et une du 4ᵉ. Alors l'aile droite prononce son mouvement en avant.

L'aile gauche, ramenée, court sur Janville. Devant ce retour offensif, l'ennemi, qui craint de se voir cerné, abandonne Toury et protège sa retraite par toute son artillerie.

Nos tirailleurs, appuyés par le reste du régiment, prennent le galop, traversent le village sous le feu de l'artillerie ennemie, et ne s'arrêtent qu'au delà.

L'artillerie de l'aile gauche achève de mettre l'ennemi en pleine retraite. Mais il a trop d'avance et n'a pas été entamé assez sérieusement pour qu'on songe à le poursuivre. On le laisse donc se retirer tranquillement sur Angerville.

Les pertes du régiment sont de : un cheval tué et deux chevaux blessés. Chiffre exact, mais qui semble invraisemblable quand on songe à la pluie de feu dirigée sur le régiment.

Le retour vers Orléans est ordonné. Nous prenons en repassant à

Toury un troupeau de 150 vaches et de 100 moutons, avec une quarantaine de prisonniers faits à Janville; ce sont les seuls trophées de cette journée.

Arrivés à Artenay à 3 heures, après être restés treize heures sur nos chevaux; nous y bivouaquons ainsi qu'une partie de l'armée.

Historique manuscrit du 2e lanciers.

Les 4 et 5 octobre, le général Michel étant arrivé à Coulmiers avec le reste de sa brigade, 3 pièces d'artillerie et un bataillon de mobiles, le 2e lanciers, par son ordre, se mit en marche à 7 heures du matin et, par des chemins ruraux, se dirigea de la ferme de Champfère sur Ormeteau, et de là sur Saint Péravy, où il avait été précédé par une compagnie de mobiles; de Saint-Péravy, il prit le chemin qui, par Chêne et Coinces, mène à Huêtre, où il arriva à 10 heures et demie du matin. Les chevaux furent mis au piquet entre le moulin et le village. Le colonel, accompagné d'un chef d'escadrons, partit aussitôt en reconnaissance pour chercher l'emplacement à donner aux grand'gardes. D'après ses indications, deux pelotons du 5e escadron furent envoyés à la ferme de Brilly, deux autres à la ferme de Trogny. Ces deux grand'gardes détachèrent en avant d'elles une chaîne de vedettes qui allaient de la ferme des Chevaux à la ferme de l'Encornes. A 3 heures de l'après midi, un officier d'ordonnance du général Michel vint apporter au colonel les ordres suivants. Il s'agissait de surprendre le lendemain au point du jour les troupes ennemies, cantonnées au nombre de 3.000 environ à Janville et à Toury. A cet effet, le 2e lanciers devait partir de Huêtre à minuit, se diriger dans le plus grand silence, à travers champs, sur Artenay qu'il laisserait à sa droite, puis marcher ensuite vers le Nord, entre la route de Paris et celle de Chartres; pendant ce temps, le général Michel quittant Saint-Péravy, où il était arrivé dans la journée du 3, devait en passant par Roumilly, Brilly, gagner à Sougy le chemin vicinal de Patay à Artenay, suivre ce chemin jusqu'à son embranchement avec la route de Chartres, puis converger vers le 2e lanciers qui se trouverait en même temps que lui près d'Artenay. La brigade réunie, ayant avec elle 3 pièces de 4, avait l'ordre de se porter alors, par Dambron et Santilly, sur Janville, isoler ce bourg du village de Toury et enlever tout ce qui se trouvait. Tandis que la brigade Michel marchait sur Janville, la division de cavalerie Reyau s'avançait d'Artenay sur Toury, la brigade de Longuerue suivant la route de Paris avec trois pièces d'artillerie et un bataillon de chasseurs à pied, le général Reyau avec quelques compagnies de marche d'infanterie attaquant

Toury du côté du chemin de fer. Les heures de départ avaient été fixées à chacune des colonnes de manière que l'attaque ait lieu entre 5 et 6 heures du matin. Tel était le plan qu'il s'agissait de mettre à exécution ; le plus grand secret avait été recommandé aux chefs de colonnes.

Le 2e lanciers partit de Huêtre à minuit, rallia à la ferme de Trogny le 5e escadron, puis, quittant le chemin vicinal qui mène à Sougy, il prit à travers champs, laissant à droite les fermes des Chevaux et de Beaugency. Après avoir dépassé cette dernière ferme, le colonel envoya un officier sur la gauche pour s'assurer si le général Michel marchait à sa hauteur. Arrivé sur le chemin de Sougy à Artenay, l'officier chercha, mais en vain, la trace du passage de la colonne Michel. Après avoir exploré les environs, et s'être assuré qu'aucune troupe n'était passée par là dans la soirée, il se jeta à travers champs pour rejoindre le régiment, mais, comme la nuit était des plus obscures et qu'aucun point de repère ne permettait de retrouver le 2e lanciers, l'officier se perdit et ne rejoignit la colonne que vers 3 heures du matin. Le colonel se croyant alors en retard pressa la marche du régiment, passant sans s'arrêter près d'Artenay, qu'il laissa à sa droite et se dirigeant ensuite sur Dambron et, de là, sur Santilly. Le 2e lanciers marchait par pelotons en colonne avec distance, précédé à 500 mètres par une avant-garde d'un peloton qui s'éclairait par une chaîne de tirailleurs. En arrivant près du moulin d'où l'on domine Janville et Toury, les vedettes prussiennes, qui se trouvaient sur cette hauteur, se replièrent sur une grand'garde qui monta à cheval, et de laquelle plusieurs cavaliers se détachèrent pour donner l'alarme à Janville ; peu d'instants après, l'infanterie sortit du bourg ; on entendait en même temps le roulement des voitures d'artillerie du côté de Toury.

Il était alors 6 heures du matin, c'est-à-dire que, d'après les ordres donnés, il y avait une heure que l'attaque aurait dû être commencée, et, cependant, le 2e lanciers, quoique en retard déjà, se trouvait seul dans la plaine. Le colonel se voyant isolé et sur le point d'avoir à dos toutes les forces ennemies, sans pouvoir riposter par un seul coup de fusil, ordonna alors de battre lentement en retraite. Il y avait une demi-heure à peu près que le régiment rétrogradait, lorsqu'il aperçut la colonne de Longuerue sur la route de Paris. Le général de Longuerue, en voyant un régiment de cavalerie venir de la direction de Janville, l'avait pris pour un parti ennemi et déployait contre lui un peloton du 6e hussards. Le colonel envoya auprès du général un officier pour se faire reconnaître et demander en même temps sur la colonne Michel des nouvelles qu'il ne pût lui fournir. Ce n'est qu'une heure plus tard que le général Michel apparut enfin à l'horizon, du côté d'Artenay, avec le 5ᵉ lanciers et le 3ᵉ dragons de marche. Le 2ᵉ lanciers se joignit à lui et la brigade reprit le chemin de Janville. Il était alors près de 8 heures du matin, le canon se faisait entendre depuis quelques instants devant Toury. Le général Michel, plaçant deux escadrons du 2ᵉ lanciers comme escorte auprès de son artillerie, envoya ses pièces prendre position sur le flanc d'une colline au pied de laquelle il rangea sa brigade en bataille sur deux lignes. En 1ʳᵉ ligne étaient les dragons; en 2ᵉ ligne les deux régiments de lanciers, dont les escadrons des ailes, déployés sur un rang, débordaient les extrémités de la 1ʳᵉ ligne.

L'artillerie commença par envoyer quelques obus au milieu d'un escadron qui se tenait en observation près du village de Poinville, et le délogea; puis, s'attaquant à la batterie prussienne qui, postée de l'autre côté de la route de Janville à Toury, avait démonté les pièces du général de Longuerue, elle la prit en écharpe et éteignit son feu. A ce moment, l'infanterie qui se trouvait avec le général Reyau ayant lâché pied à l'exception d'une section de chasseurs à pied commandée par le lieutenant ....., le général Michel s'imagina que toute la droite était en déroute et il donna le signal de la retraite. Heureusement que le général de Longuerue, apprenant ce mouvement, le suspendit en annonçant au général Michel que, loin de reculer, il allait se porter en avant avec sa cavalerie. Et, en effet, il partit à la charge dans Toury, suivi du 6ᵉ dragons et du 1ᵉʳ cuirassiers de marche. Ce que voyant, le général Michel fit faire volte-face à sa brigade, la lança au trot, traversa la route de Janville à Toury, et vint prendre position à un kilomètre au delà sur une colline, d'où il envoya encore quelques coups de canon à la queue de la colonne prussienne, qui s'enfuyait par la route de Paris. Il avait détaché en même temps dans l'intérieur de Janville un peloton de dragons, qui en ramena une vingtaine de prisonniers.

Il était alors 3 heures de l'après-midi. L'affaire était gagnée puisque l'ennemi avait pris la fuite; mais ses vedettes restaient à l'horizon et tout faisait craindre un retour offensif avec des forces plus considérables. En conséquence, on abandonna Janville à la garde de quelques francs-tireurs, et les troupes qui avaient pris part au combat de Toury revinrent sur leurs pas. La brigade Michel reprit la route de Sougy, où campa le 2ᵉ lanciers, tandis que le général, avec l'artillerie, le 3ᵉ dragons de marche et le 5ᵉ lanciers, allait passer la nuit à Patay, déjà occupé par un bataillon de mobiles.

c) Opérations et Mouvements.

Le Ministre de la Guerre au Général commandant la division de cavalerie du 15ᵉ corps, à Orléans (D. T.).

Tours, 5 octobre.

Le général de Polhès doit quitter Orléans pour reprendre la direction immédiate de son commandement supérieur à Bourges.

Le général de La Motterouge se portera de sa personne et avec son état-major à Orléans pour prendre en-main les opérations militaires au-delà de la Loire.

Jusqu'à son arrivée, vous exercerez à Orléans le commandement des troupes, qui vous sera remis par le général de Polhès avant son départ.

Le Ministre de la Guerre au Général commandant supérieur de la région du Centre, à Orléans (D. T).

Tours, 5 octobre.

Le général de La Motterouge va se porter de sa personne avec son état-major à Orléans où il prendra la direction des opérations au-delà de la Loire, en combinant son action avec celle des commandants supérieurs du Centre et de l'Ouest.

Retournez à Bourges, où vous aurez à vous occuper activement de compléter l'organisation de la mobile, et remettez avant votre départ le commandement d'Orléans au général Reyau, qui l'exercera jusqu'à l'arrivée du général de La Motterouge.

Le Général commandant la division de cavalerie du 15ᵉ corps au général Michel, à Saint-Péravy-la-Colombe.

Chevilly, 4 octobre.

Cette nuit, le 5 octobre, à 3 heures du matin, je quitte Chevilly en deux colonnes : l'une, la brigade Longueruc, suivant la grand'route de Paris, l'autre, la brigade Ressayre, plus à droite par Ruan, Lion, Tivernon. Les deux colonnes ayant pour objectif Toury.

Avec votre brigade, vous formerez la colonne de gauche. Vous vous dirigerez de Saint-Péravy et Huêtre sur Artenay, sans y entrer, vous le contournerez par la gauche, pour prendre la route de Chartres et vous porter sur Janville par Santilly, en appuyant sur votre droite de manière à vous relier avec la brigade de Longuerue et à appuyer l'action sur Toury. Ayez bien soin de prendre des guides connaissant parfaitement le pays.

Combinez votre mouvement de manière que votre colonne arrive en même temps que les autres à Toury. Par conséquent, réglez votre départ avant 3 heures du matin. Le calculer d'après les routes que vos colonnes auront à parcourir.

Le Général commandant la division de cavalerie du 15e corps au Général commandant le 15e corps d'armée, à Bourges, et au Général commandant supérieur de la région du Centre, à Orléans (D. T.).

Chevilly, 5 octobre, 6 h. 20 soir.

Parti aujourd'hui de Chevilly à 3 heures du matin, je me suis dirigé avec les 3 brigades de cavalerie et de l'infanterie sur Toury, chaque brigade ayant une demi-batterie. Arrivé vers 7 heures à 3 ou 4 kilomètres de Toury, devant le village de Chaussy, l'escadron du 6e hussards, qui était en avant-garde, a entouré le village, s'est jeté sur les avant-postes ennemis et leur a enlevé 5 prisonniers du régiment royal bavarois. Les brigades se sont alors déployées.

L'artillerie ennemie forte de 10 pièces de 12, établie en position à Toury, a atteint avec beaucoup de justesse nos batteries, 9 canons de 4 seulement. La demi-batterie de la brigade de Longuerue a eu dès le commencement de l'action ses pièces démontées et deux officiers du 6e hussards (un chef d'escadrons et un sous-lieutenant) ont été grièvement blessés. Dans la brigade Ressayre, plusieurs obus sont tombés dans le 9e cuirassiers formé en colonne serrée et ont atteint trois hommes et trois chevaux ; malgré ces feux très bien dirigés, le mouvement en avant s'est continué ; le village de Toury a été tourné sur la droite par la brigade Ressayre. La cavalerie ennemie, forte de 4 à 5.000 hommes, appuyée par 2.000 hommes d'infanterie, a été obligée de battre en retraite en prenant la route de Paris ; nous l'avons poursuivie pendant 3 ou 4 kilomètres en avant de Toury, échangeant encore quelques boulets avec l'ennemi qui se retirait avec beaucoup de rapidité. J'ai dû alors arrêter le mouvement en avant ; les troupes étaient accablées de fatigue, ayant marché, la brigade Michel depuis minuit, les autres depuis 3 heures du matin, hommes et chevaux n'ayant ni bu ni mangé. Je me suis alors porté en arrière sur Toury ; là, j'ai connu la force exacte de l'ennemi et la présence depuis huit jours du prince Albert, des princes de Saxe-Meiningen et de Saxe-Altenburg, qui avaient quitté Toury à 8 heures du matin, dès notre première attaque. J'ai fait saisir un parc à bestiaux de 147 vaches, 52 moutons, réuni par l'ennemi, et je l'ai fait diriger immédiatement sur Artenay; dans la position où mes troupes se trouvaient, sans vivres et les munitions presque épuisées, il m'était impossible de rester à Toury. J'ai dû faire prendre aux brigades une position en arrière de cette ville : brigade de Longuerue à Artenay, avant-postes à Toury; brigade Ressayre en réserve à Chevilly; aussitôt que je pourrai, je vous adresserai un rapport plus détaillé sur cette affaire dans laquelle chacun a parfaitement fait son devoir.

Rapport du Général commandant la division de cavalerie du 15ᵉ corps au Général commandant le 15ᵉ corps d'armée sur le combat de Toury.

Pithiviers, 8 octobre.

Les rapports des généraux de brigade sur l'affaire de Toury ne m'étant parvenus qu'à l'instant, je puis seulement aujourd'hui vous adresser le rapport général qui complète le télégramme du 5 octobre.

Les trois colonnes qui avaient pour mission d'attaquer Toury sont arrivées presque en même temps à hauteur de ce village. A 7 heures du matin, la brigade de Longuerue a commencé l'attaque; les batteries ennemies, fortes de 10 pièces de 12 en position sur le chemin de fer, lui ont occasionné dès le commencement des pertes sensibles.

Le 14ᵉ demi-batterie s'est trouvée de suite désorganisée par la perte de 5 servants et de 4 chevaux. Dans le 6ᵉ hussards, 2 lieutenants et 2 hussards ont été grièvement blessés. L'infanterie attachée à cette colonne s'est repliée. Les deux compagnies de chasseurs et quelques centaines d'hommes du 29ᵉ se sont abrités derrière le remblai du chemin de fer; le reste saisi de panique a rétrogradé.

Cependant, le mouvement tournant des colonnes des ailes pour entourer le village se prononçait. La brigade Michel se portait entre Janville et Toury, et la brigade Ressayre, dans un ordre parfait (les Tirailleurs et l'artillerie au centre, les cuirassiers aux ailes, les chasseurs et les turcos en tirailleurs), faisait une grande conversion à gauche, obligeant l'ennemi à reculer, sans cesser de tirer.

Dans ce mouvement en avant, le 9ᵉ cuirassiers eut 4 hommes et 3 chevaux blessés; la 18ᵉ batterie, un homme grièvement blessé.

L'ennemi craignant d'être tourné abandonna le village de Toury, se porta en arrière du chemin de fer. Notre poursuite continua pendant 3 kilomètres en avant de Toury, en échangeant quelques boulets avec l'ennemi, qui se retirait avec beaucoup de précipitation par la route d'Étampes.

En résumé, l'ensemble des troupes s'est parfaitement conduit...

L'ensemble des prisonniers s'élève à 22 ; quelques malades laissés à Toury ont été ramenés à Orléans.

Rapport du Capitaine commandant le IIIe bataillon du 29e de marche sur l'affaire de Toury (5 octobre).

Argent, 20 octobre.

Le 5 octobre, deux compagnies du IIIe bataillon campées à Cercottes recevaient dans la nuit l'ordre de se diriger en avant du côté de Chevilly. A 1 heure du matin, ces compagnies partaient et rejoignaient à Chevilly trois autres compagnies du bataillon.

Ces 5 compagnies devaient faire partie d'une colonne commandée par le général de Longuerue, presque exclusivement composée de cavalerie, dont la mission était d'enlever à Toury un fort convoi de vivres, concentré dans ce village par un corps prussien, et plusieurs princes allemands.

Cette colonne devait combiner son mouvement avec deux autres colonnes dont l'attaque effectuée simultanément avec la colonne centrale, dont faisait partie le bataillon, eut coupé la retraite aux troupes ennemies.

La colonne centrale, arrivée vers 7 heures du matin devant le village de Toury, commença son attaque isolément.

Après quelques salves de ses deux pièces de canon, l'artillerie ennemie répondait avec sa précision habituelle ; nos deux pièces étaient démontées et un mouvement de retraite général commença à s'effectuer.

Cependant, les colonnes latérales arrivaient ; leur attaque dégagea la colonne centrale qui fut reportée en avant ; le bataillon, massé contre la chaussée du chemin de fer, une partie de ses hommes déployés en tirailleurs et marchant en avant pour cerner le village.

L'ennemi ne pouvant soutenir ce triple choc battait en retraite et faisait filer son convoi, tandis que l'artillerie soutenait le mouvement. Forcé d'évacuer rapidement le village pour sauver ses pièces, il fut poursuivi pendant encore une heure, au-delà de Toury, ayant dû abandonner 150 bêtes à cornes et des moutons en assez grande quantité.

Les troupes, exténuées par une marche de 7 heures et un combat de deux heures, furent arrêtées à Toury pendant une heure, et l'ordre leur fut donné de regagner leurs positions de la veille.

Le III⁰ bataillon fermait la marche.

A Artenay, les compagnies qui avaient combattu rencontraient les 3ᵉ et 4ᵉ compagnies du bataillon qui, venant des barricades de la forêt, avaient marché toute la nuit, et n'avaient pu prendre part au combat, terminé lors de leur arrivée dans ce village.

Ordre fut donné à tout le bataillon de camper à Chevilly où il resta concentré jusqu'au 10 octobre.

Ont pris part à ce combat les compagnies suivantes :

1ʳᵉ compagnie, capitaine ...... commandant le bataillon.
2ᵉ   —   —   ......
5ᵉ   —   —   ......
6ᵉ   —   —   ......
7ᵉ   —   —   ......

L'artillerie nous maintenant à une grande distance, un engagement sérieux ne pouvait avoir lieu et les pertes des 5 compagnies consistent en 5 blessés et 1 prisonnier.

Rapport du Chef d'escadron commandant l'artillerie au combat de Toury.

1°. — 1/2 18ᵉ *batterie du* 13ᵉ *d'artillerie.*

Le 4 octobre, je reçus l'ordre de mettre une demi-batterie de 4 à la disposition de M. le général Ressayre.

La demi-batterie de gauche de la 18ᵉ du 13ᵉ part le même jour pour Chevilly, sous le commandement du capitaine.

Le 5 octobre, à 3 heures du matin, le général Ressayre part de Chevilly avec une brigade de cuirassiers, un bataillon de turcos et sa demi-batterie, et se dirigea sur Artenay et de là à Tivernon (9 kilomètres N. d'Artenay), où 4 fantassins prussiens furent pris.

A 7 heures et demie, la colonne arrivait dans la plaine qui s'étend en avant de Toury (4 kilomètres N. de Tivernon). Il y avait de la brume et on distinguait à peine l'ennemi.

Les turcos déployés en tirailleurs ouvrirent un feu de mousqueterie assez vif, mais sans résultat appréciable.

L'artillerie ennemie se fit entendre, mais évidemment dirigée sur un autre point car aucun projectile n'atteignit les troupes.

Le général Ressayre fit avancer l'artillerie qui ouvrit le feu à environ 2.000 mètres. Les premiers coups furent bons et la cavalerie ennemie se retira. A ce moment, l'artillerie ennemie tira sur la nôtre, mais ses coups furent tous trop longs et elle ne nous fit aucun mal. Elle changea alors de position, se masqua d'un pli de terrain et reprit le feu avec une grande précision. La demi-batterie eut promptement un homme et deux chevaux blessés; le général Ressayre la fit retirer. Ce mouvement de retraite toujours difficile, surtout avec des troupes inexpérimentées, s'effectua d'autant plus rapidement que les obus à balles ennemis pleuvaient sur la batterie, et le capitaine dut employer toute son autorité pour arrêter le mouvement afin de relever le blessé qu'il alla chercher lui-même avec un avant-train.

Vers 9 heures, la cavalerie ennemie se déploya en bataille devant le village de Toury, et le capitaine de la demi-batterie de gauche de la 18e batterie reçut l'ordre de tirer sur elle; une vingtaine de coups suffirent pour la chasser de sa position.

A 11 heures et demie, toutes les troupes ennemies se retirèrent. Les nôtres en firent autant et la position disputée se trouva inoccupée.

A 4 heures et demie, la colonne Ressayre était de retour à Artenay.

Dans ce combat, où l'artillerie seule a joué un rôle sérieux, la demi-batterie a tiré 47 coups. Elle a eu un homme grièvement blessé et deux chevaux blessés.

L'attitude des canonniers a été assez satisfaisante. Le capitaine me signale comme s'étant particulièrement distingué le 2e servant ...... qui a été blessé très grièvement à la jambe droite par un éclat d'obus, l'artificier ...... et le 2e servant ......, tous les deux pointeurs, qui ont fait preuve du plus grand sang-froid.

2º. — *1/2 batterie de gauche de la 14e batterie du régiment monté de l'ex-garde.*

Le 2 octobre, je reçus l'ordre de mettre le capitaine de la 14e batterie du régiment monté de l'ex-garde avec une demi-batterie à la disposition du général Michel qui devait se diriger sur Meung (18 kilomètres S. O. d'Orléans).

La colonne se composait de 3 régiments de cavalerie et de la demi-batterie; partie d'Orléans à 8 heures du matin, elle arriva à Meung à 1 heure.

Le lendemain 3 octobre, elle se dirigea sur Coulmiers (14 kilomètres N. de Meung) où elle arriva à 11 heures.

Le 4 octobre, elle se rendit à Saint-Péravy (10 kilomètres N. E. de

Coulmiers), d'où elle repartit à minuit pour Toury, où elle arriva le 5 octobre, à 7 heures et demie du matin.

A ce moment, elle entendit sur sa droite un feu de mousqueterie assez vif, puis le canon.

A 8 heures, le général voyant une colonne de cavalerie ennemie se porter vers sa droite, à 600 mètres, lui fit lancer quelques obus à balles qui la forcèrent de battre en retraite.

L'artillerie ennemie ne répondit pas à la nôtre. Le général Michel tenta alors de se porter en avant pour tourner l'ennemi par sa droite.

Il fut arrêté dans ce mouvement par de fortes colonnes de cavalerie ennemie qui se montrèrent à 1.600 mètres environ.

Le capitaine commandant la demi-batterie reçut l'ordre de faire feu et l'artillerie prussienne répondit, mais sans succès; ses coups étaient trop courts.

Le général Michel se porta en avant; à son approche, l'ennemi se replia et abandonna Toury; le capitaine de la demi-batterie le poursuivit, le canonna vigoureusement et nous restâmes maîtres de la position.

Dans la journée, la colonne se retira à Artenay sans aucun motif apparent.

Dans cette affaire, l'artillerie seule a donné. La demi-batterie a tiré 92 obus ordinaires et 6 obus à balles. Elle n'a éprouvé aucune perte.

Les troupes d'artillerie se sont parfaitement conduites. Le capitaine se plaint du matériel et notamment des roues qui ont toutes besoin d'être chatrées. Il se plaint également de l'insuffisance de son personnel en chevaux; il a eu de longues marches à faire et il a été obligé d'atteler des chevaux malades.

3°. — *1/2 batterie de droite de la 14ᵉ batterie du régiment monté de l'ex-garde.*

Le 2 octobre, je reçus l'ordre de mettre le lieutenant en 1ᵉʳ de la 14ᵉ batterie du régiment monté de l'ex-garde avec une demi-batterie à la disposition de M. le général de Longuerue, qui se dirigeait sur Chevilly (15 kilomètres N. d'Orléans).

La colonne se composait du 6ᵉ dragons et du 6ᵉ hussards.

Partie d'Orléans à 7 heures, elle arriva à midi seulement à Chevilly, où elle trouva quelques compagnies d'un bataillon de chasseurs à pied et du 29ᵉ régiment d'infanterie de marche.

Le 5 octobre, à 3 heures du matin, la colonne partit de Chevilly, se dirigeant sur Toury, où elle arriva à 7 heures du matin.

Le général déploya les chasseurs à pied en tirailleurs sur la gauche de la route de Paris. La cavalerie quitta la route et se rangea en bataille derrière les tirailleurs.

Vers 7 heures et quart, le lieutenant commandant la demi-batterie reçut l'ordre de se porter en avant avec une section seulement. Le général fit mettre en batterie sur la chaussée à 1.000 mètres environ de l'ennemi, placé en avant du chemin qui mène de Janville à la route de Paris. La cavalerie prussienne était déployée en bataille. La section ouvrit son feu sur elle et la força de se replier derrière Janville. Dans ce mouvement, une batterie prussienne de 6 pièces se trouva démasquée; elle ouvrit de suite le feu, mais sans aucun succès. Vers 7 heures et demie, une autre batterie prussienne de 4 pièces vint s'établir à la droite de la première dans une direction perpendiculaire.

Cette nouvelle batterie prit nos deux pièces d'écharpe et son tir, d'une admirable précision, nous fit éprouver des pertes sensibles. Dès les premiers coups, le lieutenant commandant la demi-batterie fut blessé à la main droite par un éclat d'obus et à la cuisse gauche par une balle; presqu'au même moment, son cheval recevait au poitrail un éclat d'obus qui le blessait mortellement; deux servants de la 1re pièce étaient tués ainsi que 5 chevaux; enfin, un artificier, 3 servants-conducteurs et 3 chevaux étaient blessés dangereusement. La position n'était pas tenable et la section dut se retirer.

A ce moment, le sang-froid dont les hommes avaient fait preuve pendant l'action fit place à une émotion qu'explique jusqu'à un certain point la pluie de projectiles qui tombait sur la section. Les caissons s'éloignèrent rapidement sans commandement ainsi que la pièce de gauche. La pièce de droite, placée assez en avant de celle de gauche, ne pouvait être remise sur son avant-train dont les chevaux de derrière étaient blessés.

Le lieutenant commandant la demi-batterie, à pied près de cette pièce, s'occupait de prendre les mesures nécessaires quand il s'aperçut du mouvement précipité de retraite de la section.

Des 6 servants de la pièce de droite, 2 avaient été tués et 2 blessés; les deux autres avaient suivi le mouvement de retraite. Seul, le maréchal-des-logis chef de pièce était resté à son poste.

Le lieutenant commandant arrêta quelques chasseurs à pied et les employa à emmener la pièce à 200 mètres en arrière. Pendant ce temps, le conducteur de derrière de l'avant-train, blessé à la jambe, mettait ses harnais sur les chevaux de devant et la pièce fut bientôt remise sur son avant-train.

L'adjudant, laissé en arrière avec la 3e pièce, avait réussi à arrêter les voitures et l'ordre fut promptement rétabli.

Vers 8 heures et demie, le mouvement de retraite de la colonne du général de Longuerue s'arrêta.

A 10 heures, cette colonne se reporta en avant sur Toury ; elle traversa ce village vers 11 heures et aperçut l'ennemi qui opérait sa retraite en bon ordre. Elle s'arrêta elle-même, et, vers midi, elle rebroussa chemin et rentra à Chevilly, où elle arriva à 5 heures.

Le lendemain 6 octobre, le lieutenant commandant reçut l'ordre de rentrer à Orléans avec sa demi-batterie.

Dans cette affaire, l'artillerie a été fort éprouvée ; une section a eu :
1 officier blessé, 2 hommes tués, 5 blessés...
4 chevaux tués, 2 blessés mortellement, 1 légèrement.

. . . .

Je terminerai le rapport, mon Général, en vous priant de vouloir bien donner les ordres nécessaires pour que les éléments suivants, indispensables pour remettre mes batteries en état de combattre, me soient envoyés le plus tôt possible.

1° A la 14e de l'ex-garde : un artificier ou 5 si l'on peut, car je n'en ai pas, 5 servants, 2 conducteurs, 3 chevaux de selle dont un de tête, 6 chevaux de trait et une selle d'attelage.

2° A la 18e batterie du 13e : 1 servant, 1 cheval de selle, 1 de trait et 3 harnais de selle qui me manquent et que je ne puis me procurer ici.

P. S. — Je vous serais bien reconnaissant, mon Général, si vous vouliez bien provoquer les ordres nécessaires pour que la 18e batterie du 13e soit définitivement classée dans ma division.

LA GUERRE DE 1870-1871

d) Situations et emplacements.

15ᵉ CORPS D'ARMÉE

Situation du 5 octobre.

	DÉSIGNATION DES CORPS	OFFICIERS Présents Disp.	Indisp.	Absents	Chevaux Disp.	Indisp.	TROUPE Présents Disp.	Indisp.	Absents	Chevaux Disp.	Indisp.	OBSERVATIONS
Quartier général à Bourges	État-major général	13		2	33		16			1		L'état-major gᵃˡ se transporte le 6 et le 7 à Orléans.
	Intendance	5			11							
	Aumônerie	3										
	Officiers de santé	18			7							
	— d'adminᵒⁿ	5			2							
	— des subsist.	4										
	Train des équipages	2			2		157	12		206	24	
	Trésor et postes	5										
	Commis aux écritures						9	7				
	Officiers du campement	2										
	Prévôté	1			2		8			8		
	Artillerie	36			49		1.241			1.437		(Parc et réserve compris) 15ᵉ et 10ᵉ
	Génie	9	1		7		149			64	2	batteries de réserve à Orléans.
Total du quartier général		103	3		113		1.580	19		1.716	26	
1ʳᵉ division d'infanterie à Nevers	État-major	9			21					3		
	Intendance	1			5							
	Officiers de santé	5			4							
	Officiers d'administration	5			2							
	Infirmiers						21					
	Ouvriers d'administration						48					
	Gendarmerie	1			1		20			10		
	Artillerie	7			13		285	1	10	253	3	18ᵉ batterie du 13ᵉ dans le Loiret. Non arrivé.
	Génie											
	4ᵉ bat. de chasseurs	4		1			629	2	12	1		Embarqué à Alger le 3 octobre.
	38ᵉ de ligne											Dans le Loiret.
	1ᵉʳ zouaves	11			4		1.744		68			
	12ᵉ mobiles											
	Tirailleurs algériens	6			2		441	14				Dans le Loiret.
	29ᵉ de marche											
	18ᵉ mobiles	67		2	5		3.015		55			
	Train des équipages	1			2		73			80		
Total de la 1ʳᵉ div. d'inf.		117	3		59		6.276	17	145	347	3	

Désignation des corps	Officiers Présents Disp.	Officiers Présents Indisp.	Officiers Absents	Officiers Chevaux Disp.	Officiers Chevaux Indisp.	Troupe Présents Disp.	Troupe Présents Indisp.	Troupe Absents	Troupe Chevaux Disp.	Troupe Chevaux Indisp.	Observations
2ᵉ div. d'infanterie à Bourges											
État-major	4			9		5					
5ᵉ bat. de chasseurs à pied de marche	5					625	8	7			
39ᵉ de ligne											En route d'Algérie
Lég. étrangère	21			4		1.349			5		
25ᵉ mobiles	47			4		2.258	67	44			
2ᵉ zouaves	16			3		1.835		147			
30ᵉ de marche	45		2	5		3.874		136			
29ᵉ mobiles	70			6		3.514	27	58			
Artillerie	5			10		280	6	6	257		14ᵉ bat. de garde dans le Loiret.
Génie	3			2		205	5	19	73		
Intendance et administration.	11		1	14		146			79		
Gendarmerie	1			2		20			9	1	
Total de la 2ᵉ div. d'inf.	234		3	59		14.557	121	422	423	1	
3ᵉ div. d'infanterie à Vierzon											
État-major	5			9		4					
Intendance et administration	11			3							En route d'Algérie
16ᵉ de ligne											
33ᵉ de marche	48		5	4		3.856		63			
32ᵉ mobiles	38		2	2		2.420	23	18			
6ᵉ bat. de chasseurs à pied	10		1			1.250	18	22			
Artillerie	7			12		226		12	177		18ᵉ du 14ᵉ partie à Épinal.
Train d'art.						53			78	3	Non armé
Génie											*Note.* — La brigade Dupré partie pour Épinal remplacée par la brig. Martinez : 27ᵉ de ligne, 34ᵉ de marche, 69ᵉ mobile en formation.
1ᵉʳ train des équip.	1			2		80			83		
Ouvriers d'administration						48					
Gendarmerie	1			2		20			8		
Total de la 3ᵉ div. d'inf.	121		8	34		7.957	41	115	346	3	
Div. de cav. à Orléans											
État-major	5			15							
6ᵉ hussards	33		5	35		425		151	432		
6ᵉ dragons	35		7	34		389		237	366		
1ᵉʳ cuirassiers de marche	32		1	64	4	400		99	393	5	
9ᵉ cuirassiers	33		5	63	2	392	3	3	326	14	
Total de la div. de cav.	138		18	211	6	1.606	3	490	1.517	19	
Brig. Nansouty à Gien											
État-major	1			4							
11ᵉ chasseurs	34	1	1	67	2	474	2	9	438	5	
1ᵉʳ rég. de marche	27			53		495	5	5	418	28	
Total	62	1	1	124	2	969	7	14	856	33	

DÉSIGNATION DES CORPS	OFFICIERS					TROUPE					OBSERVATIONS
	Présents		Absents	Chevaux		Présents		Absents	Chevaux		
	Disp.	Indisp.		Disp.	Indisp.	Disp.	Indisp.		Disp.	Indisp.	
Brig. Michel à Orléans { État-major, 2e lanciers, 5e lanciers, 3e dragons de marche											N'a pas encore envoyé de situation.
Total général	775	1	36	600	8	32.945	208	1186	5205	85	

Effectif au 5 octobre, non compris les brigades Martinez et Michel, 4 régiments venant d'Algérie et 2 régiments dans le Loiret.

{ Officiers présents.. 776
Troupe 33.153
Chevaux d'officiers. 608
Chevaux de troupe. 5.290

15ᵉ CORPS D'ARMÉE
1ʳᵉ division d'infanterie.

Situation du 5 octobre.

DÉSIGNATION DES CORPS	OFFICIERS Présents Disp.	Indisp.	Absents	Chevaux Disp.	Indisp.	TROUPE Présents Disp.	Indisp.	Absents	Chevaux Disp.	Indisp.	OBSERVATIONS
État-major général	3			10					2		
État-major	6			11					1		
Intendance	1			5							
Officiers d'admᵒⁿ .	5			2							
Officiers de santé .	5			4							
Infirmiers.						21					
Ouvriers d'admᵒⁿ .						48					
1ʳᵉ brigade { Dᵒⁿ de chass.	4	1				629	2	12	1		
38ᵉ de ligne . .											Non arrivé.
1ᵉʳ zouaves . .	11			4		1744		68			
12ᵉ mobiles . .											
2ᵉ brigade { Tiraill. algér.	6			2		441	14				
29ᵉ de marche											
18ᵉ mobiles . .	67	2		5		3015		55			
Artillerie	7			13		285	1	10	253	3	
Gendarmerie . . .	1			1		20			10		
Génie.											Non arrivé.
Train des équipages	1			2		73			80		
Totaux . . .	117	3		59		6276	17	145	347	3	

Armement : néant.
Équipement et campement : néant.

Événements
: Un détachement de Tirailleurs algériens, à l'effectif de 6 officiers, 375 hommes et 2 chevaux, est arrivé à Nevers le 4 courant. Ce détachement n'est pas complètement équipé; aucun homme n'a de cartouchières.

Un détachement du 2e régiment de Tirailleurs, (échappé de Sedan), est arrivé le 4 du courant à Nevers, à l'effectif de 66 hommes. 14 hommes du même détachement ont manqué le départ à Bourges. Ce détachement n'a ni équipement ni armement.

Envois
: Demande d'autorisation de remonte à titre gratuit pour M. ....., lieutenant d'état-major attaché à la division.

Envoi d'états de pertes pour M. ....., lieutenant d'état-major.

Envoi de propositions pour le 1er régiment de zouaves de marche.

15e CORPS D'ARMÉE
1re division. — 1re brigade.

Situation du 5 octobre.

DÉSIGNATION DES CORPS	OFFICIERS Présents Disp.	Indisp.	Absents	Chevaux Disp.	Indisp.	TROUPE Présents Disp.	Indisp.	Absents	Chevaux Disp.	Indisp.	OBSERVATIONS
État-major général	1			2							
État-major	1			1							
Division des chasseurs à pied. . .	4		1			629	2		12	1	15 subsistants.
Régiment de zouaves.	11			4		1744			68		
Totaux . . .	17	1	7			2373	2		80	1	

Armement
: Chasseurs : complet.
Zouaves : 1.807 fusils.

Équipement et campement
: Chasseurs : complet.
Zouaves : équipement 806, tentes 1.349, couvre-pieds 1.067.

Demandes
: Les officiers du 1ᵉʳ régiment de marche des zouaves demandent à toucher l'indemnité en remplacement de vivres.
Le colonel du 1ᵉʳ régiment de marche des zouaves rend compte que, malgré les recherches qu'il a faites, il lui a été impossible de faire confectionner à Nevers les 1.450 havre-sacs qui manquent pour compléter son régiment. Il sait d'une manière certaine que les magasins de Marseille renferment une très grande quantité d'effets de cette catégorie.

15ᵉ CORPS D'ARMÉE

1ʳᵉ division. — 2ᵉ brigade.

Situation du 4 au 5 octobre.

DÉSIGNATION DES CORPS	OFFICIERS					TROUPE					OBSERVATIONS
	Présents		Absents	Chevaux		Présents		Absents	Chevaux		
	Disp.	Indisp.		Disp.	Indisp.	Disp.	Indisp.		Disp.	Indisp.	
État-major général	1			2							
État-major (officier d'ordonnance)	1			1							
Tirailleurs algér. (2ᵉ et 3ᵉ régim.).	6			2		441	14				
18ᵉ rég. garde nat. mobile	67	2		5		3015			55		55 hommes absents à l'hôp.
Totaux...	75	2		10		3456	14		55		

Armement	Cartouches nécessaires au détachement de Tirailleurs: 18.018. 80 hommes du 2ᵉ régiment de Tirailleurs n'ont ni armement ni munitions. Au 3ᵉ régiment de Tirailleurs, il manque 4 fusils perdus ou tombés dans la mer. Les hommes n'ont pas le nombre de cartouches réglementaire.
Équipement et campement	Besoins des tirailleurs : 210 havre-sacs, 54 gibernes, 2 ceinturons, 4 bretelles de fusil, des cartouchières pour tout le monde.
Demandes	Le général commandant la brigade demande à M. le général de division de décider dans quel corps sera placé le caporal-fourrier .... cassé de son grade. Le commandant du détachement des Tirailleurs demande d'urgence : 1° un docteur pour passer la visite journalière; 2° que les hommes soient pourvus des cartouches réglementaires; 3° le sucre et le café; 4° une grande couverture de campement par homme.
Evénements	Un détachement du 2ᵉ régiment de Tirailleurs (échappé de Sedan) est arrivé hier à Nevers à 7 heures du soir. Il est commandé par un sergent-major. 14 hommes ont manqué le départ du train et sont restés à Bourges. Arrivés à Nevers : 66, dont 1 enfant de troupe français qui désire s'engager. Restés à Bourges : 14. Total 80.
Envois	État des militaires qui peuvent être employés comme cordonniers. État des sous-officiers qui demandent à être employés comme greffiers. Un état des vacances dans le 18ᵉ régiment de mobiles. Demande en cassation contre le nommé ....

15ᵉ CORPS D'ARMÉE

1ʳᵉ division d'infanterie.

ARTILLERIE

Situation du 5 octobre.

DÉSIGNATION DES CORPS	OFFICIERS					TROUPE					OBSERVATIONS
	Présents		Absents	Chevaux		Présents		Absents	Chevaux		
	Disp.	Indisp.		Disp.	Indisp.	Disp.	Indisp.		Disp.	Indisp.	
État-major particulier de l'artillerie	1			2							
2ᵉ rég. d'artillerie, 18ᵉ batterie. .	3			6		115		5	88		1 homme parti pour Bourges le 4 octobre.
6ᵉ rég. d'artillerie, 18ᵉ batterie. .	3			5		118		5	85	3	
14ᵉ Cⁱᵉ 2ᵉ rég. du train						52	1		80		1 cheval mort. Rayé des contrôles à la date de ce jour.
Totaux. . . .	7			13		285	1	10	253	3	

Armement : complet.
Équipement et campement : complet.

Demandes.
Envois.
2ᵉ rég.
du train
d'artillerie
} Ci-joint un état nominatif indiquant les hommes qui réclament la haute paye d'ancienneté et les galons de 1ᵉʳ soldat.

15ᵉ CORPS D'ARMÉE
1ʳᵉ division d'infanterie.

SERVICES

Situation du 5 octobre.

DÉSIGNATION DES CORPS	OFFICIERS					TROUPE					OBSERVATIONS
	Présents		Absents	Chevaux		Présents		Absents	Chevaux		
	Disp.	Indisp.		Disp.	Indisp.	Disp.	Indisp.		Disp.	Indisp.	
Sous-intendant militaire.	1			5							
Off. d'administration comptable. .	1										
Aide-commissaire .	1										
Adjudant d'administration	3			2							
Officiers de santé .	5			4							
Train des équipages { 12ᵉ compagnie légère du 2ᵉ régiment . .	1			2		47			44		
19ᵉ compagnie montée du 1ᵉʳ régiment						26			36		
Infirmiers militaires						21					
Ouvriers d'administration. . . .						48					
Totaux. .	12			13		142			80		

Armement : néant.
Équipement et campement : néant.

1ʳᵉ armée de la Loire. — I. — Documents. 15

15ᵉ CORPS D'ARMÉE

2ᵉ division d'infanterie.

Situation du 4 au 5 octobre.

DÉSIGNATION DES CORPS	OFFICIERS					TROUPE					OBSERVATIONS
	Présents		Absents	Chevaux		Présents		Absents	Chevaux		
	Disp.	Indisp.		Disp.	Indisp.	Disp.	Indisp.		Disp.	Indisp.	
État-major	4			9		5					
1ʳᵉ brigade { Chass. à pied.	5					616	20	4			
39ᵉ de ligne. .											
Légion étrang.	21			4		1370			5		
25ᵉ mobiles. .	47			4		2288	35	48			
2ᵉ brigade { Chass. à pied.	6					450	4	5			
2ᵉ zouaves . .	16			3		1835		147			
30ᵉ de marche.	45		2	5		3878		153			
29ᵉ mobiles. .	70			6		3514	27	58			
Artillerie.	5			10		230	9		176		
Génie.	3			2		205	4	19	73		
Intendance et personnel administr.	12		1	8	6	146			79		12 voitures.
Gendarmerie . . .	1			2		20			9	1	
Totaux. . .	235		3	53	6	14557	99	434	342	1	

Armement : rien.
Équipement et campement : rien.

CHAPITRE VI

Opérations des 2ᵉ, 5ᵉ et 6ᵉ divisions de cavalerie prussiennes du 2 au 6 octobre.

24 septembre.

b) Organisation et administration.

Le Sous-Préfet d'Étampes au Ministre de la Justice, à Tours.

Étampes, 24 septembre.

Les troupes ennemies qui entourent Paris ont, à Arpajon, un centre de réunion. De là, partent, chaque jour, des troupes peu nombreuses qui réquisitionnent les villages de mon arrondissement entre Arpajon et Étampes. Ces troupes sont fortes seulement de 5 à 50 et quelquefois 100 hommes. Avec quelques escadrons de cavalerie, bien placés dans le pays, logés et nourris par l'habitant, les routes seraient promptement débarrassées des maraudeurs et des pillards...

Il me semble que les circonscriptions territoriales n'ont aujourd'hui rien à faire dans la question de défense nationale et qu'il importe avant tout d'inquiéter l'ennemi et de surveiller ses mouvements. Abandonner les plaines fertiles de la Beauce au ravitaillement des Prussiens me paraît être une faute. Je prends sur moi de la signaler au Gouvernement. Puissiez-vous, Monsieur le Ministre, faire en sorte que l'ennemi ne s'établisse pas ici comme chez lui, sans rencontrer aucun obstacle.

Jusqu'à présent, les habitants de Milly, ou plutôt les francs-tireurs échelonnés dans les rochers de Milly (1), se sont défendus, et la ville d'Étampes a refusé toute réquisition.

(1) *En marge, au crayon* : « les renforcer ».

29 septembre.

b) Organisation et administration.

Le Chef d'escadron de gendarmerie commandant provisoirement la subdivision d'Eure-et-Loir au Général commandant la 18ᵉ division militaire, à Tours.

Chartres, 29 septembre.

En réponse à votre dépêche du 22 courant n° 619, j'ai l'honneur de vous informer qu'il n'y a dans le département d'Eure-et-Loir aucun dépôt ni aucun détachement de troupes.

Les quatre bataillons des gardes mobiles d'Eure-et-Loir et deux bataillons des gardes du Lot-et-Garonne sont dispersés en partie aux avant-postes, ainsi qu'il est indiqué dans la situation ci-jointe (1).

Les gardes mobiles d'Eure-et-Loir sont armés du fusil transformé modèle 1866, et ceux du Lot-et-Garonne du fusil percussion modèle 1832.

e) Renseignements.

Le Capitaine commandant l'arrondissement de gendarmerie de Vendôme au Colonel commandant la 18ᵉ légion de gendarmerie, à Tours.

Vendôme, 29 septembre.

J'ai l'honneur de vous rendre compte que l'ennemi s'avance sur Vendôme; il est entre Bonneval et Châteaudun; le fil télégraphique est coupé entre les deux gares (300 cavaliers environ) 4 heures du soir.

L'Employé des télégraphes au Directeur général des télégraphes, à Tours (D. T.).

Épernon, 29 septembre, 6 h. 15 soir.

500 hussards arrivent à Rambouillet, et on assure pour ce soir 1.000 à 1.200 hommes d'infanterie (2).

---

(1) Situation non retrouvée.
(2) Cette dépêche fut communiquée le 30 septembre au Général commandant la 19ᵉ division militaire, à Orléans.

L'Employé des télégraphes au Directeur général des télégraphes, à Tours (D. T.).

Chartres, 29 septembre, 7 h. 25 soir.

Les 1.200 fantassins prussiens annoncés par notre dépêche de 6 h. 15 soir sont arrivés à Rambouillet (1).

L'Employé des télégraphes au Directeur général des télégraphes, à Tours (D. T.).

Épernon, 29 septembre, 12 h. 10 soir.
Expédiée à Tours à 2 h. 50 soir.

Rambouillet a été évacué par les Prussiens, renseignement certain. On croit qu'ils se dirigent sur Voves, pour tourner Chartres.

L'Employé des télégraphes en mission au Directeur général des télégraphes, à Tours (D. T.).

Brou, 29 septembre.

Arrivés à Brou, on nous annonce que les Prussiens qui avaient paru à Voves et à Gault-Saint-Denis sont repliés aujourd'hui sur Artenay.

En note : « A communiquer au Général commandant la 19e division militaire, à Orléans ».

Dépêche à communiquer au Général commandant la 19e division militaire, à Orléans.

Tours, 29 septembre.

L'Employé des télégraphes en mission au Directeur général des télégraphes, à Tours :
« Nous arrivons à Châteaudun; j'ai télégraphié à Brou que Bonneval n'avait pas été visité par ennemi ».

---

(1) Cette dépêche fut communiquée le 30 septembre au Général commandant la 19e division militaire, à Orléans.

30 septembre.

c) Opérations et mouvements.

Le Lieutenant-Colonel commandant le 33e mobiles (Sarthe) au Général commandant à Tours.

La Ferté-Bernard, 30 septembre.

J'ai l'honneur de vous rendre compte que, suivant vos ordres, je suis arrivé ce matin à La Ferté avec le IIIe bataillon. M. le commandant du IVe bataillon étant venu s'y joindre, nous nous sommes réunis pour voir de quelle manière nous pourrions agir pour suivre vos prescriptions. Trois capitaines nous assistaient. Après avoir étudié soigneusement la topographie, et d'après les connaissances spéciales du pays qu'avait chacun de nous, nous nous sommes arrêtés aux dispositions suivantes, que j'ai l'honneur de vous soumettre :

Du côté d'Eure-et-Loir, la croisée des routes serait défendue à Saint-Ulphace par une compagnie du IVe bataillon. Le IIIe bataillon en aurait deux, une à Lamenay, l'autre à Cormes et Courgenard ; ces compagnies se repliant sur La Ferté. Trois compagnies placées à Vibraye serviraient de soutien, se portant sur Montmirail ou sur Saint-Calais, suivant les besoins, pour appuyer la retraite sur Sceaux si l'on se trouvait trop engagé. De Sceaux, on pourrait se diriger sur Ballon, Bonnétable ou Le Mans, suivant les ordres. Quatre compagnies resteraient à La Ferté. Une autre, par Dehaut et La Chapelle, se relierait au bataillon placé à Mamers, qui alors devrait avancer jusqu'à Saint-Côme et Nogent-le-Bernard. De cette façon on pourrait couvrir les trois routes : 1° d'Authon à La Ferté ; 2° de Vibraye à Conneré, 3° de Saint-Calais au Mans et enfin la route de Paris au Mans. La position du reste est certainement difficile, car ces compagnies se trouveront défendre un terrain très étendu, 54 kilomètres de circonférence. Dans ce cas, et pour défendre Saint-Calais et la route de Vendôme, il serait bon que le 1er bataillon, qui est au Mans, vint se placer au Grand-Lucé, sur la route de Tours, et se relierait ainsi aux mobiles d'Indre-et-Loire placés à La Chartre. Le 1er bataillon, se repliant sur Le Mans en cas de forces supérieures, pourrait alors se porter sur Alençon ou sur la Mayenne suivant ordres. Mais nous serions bien heureux d'avoir une direction générale reliant Indre-et-Loire, Loir-et-Cher et même Eure-et-Loir, et ce qui nous manque surtout, ce sont les renseignements sûrs. Dans ce cas, je prends d'urgence sur moi de faire hausser les vannes afin de mouiller les prairies au besoin, et de faire modifier les barricades qui, de notre avis unanime, ne se trouvent pas dans de bonnes conditions.

Je me permettrai également, mon Général, de vous soumettre la question de composition du régiment qu'on m'a fait l'honneur de mettre sous mes ordres. Lors de ma nomination, M. le général de brigade me donna l'ordre de prendre sous mon commandement les Ier, IIIe et IVe bataillons. Le IIe, celui de Mamers, était excepté, vu son état peu avancé de formation et d'instruction, M. le commandant ayant éprouvé de grandes difficultés d'organisation. Dans ces conditions, je me suis spécialement occupé de l'instruction et de l'organisation des bataillons qui m'étaient confiés ; j'en connais tous les officiers et je sais parfaitement sur qui et sur quoi compter ; aussi désirerai-je beaucoup voir régulariser et confirmer les dispositions prises par M. le général .... ; cela faciliterait beaucoup ma mission et je serais très heureux de conserver ces Messieurs que je connais tous, tandis que le IIe bataillon m'est complètement inconnu.

D'ici très peu de jours, tous les hommes seront presque complètement équipés aux Ier, IIIe et IVe bataillons. Le campement seul est peu avancé ; les tentes ont été commandées, mais pour les avoir complètement, ainsi que les marmites et les bidons, il faut attendre encore six ou huit jours.

Le Général commandant la subdivision de l'Eure au Général commandant la 2e division militaire, à Rouen (D. T.).

Évreux, 30 septembre

Le Ier bataillon de l'Ardèche est arrivé à Évreux par le train de 5 h. 30 à l'effectif de 21 officiers, 1.204 hommes de troupe sous le commandement du chef de bataillon ....

Les hommes étant excessivement fatigués, je leur fais faire séjour à Évreux.

Cette troupe repartira d'Évreux par la voie de terre, le 2 octobre, pour se rendre aux Andelys où elle arrivera le même jour.

1er octobre.

c) Opérations et mouvements.

Le Général commandant la subdivision de l'Eure au Général commandant la 2e division militaire, à Rouen (D.T.).

Évreux, 1er octobre.

Le préfet de l'Eure m'adresse communication de la dépêche suivante à lui adressée par le sous-préfet de Dreux : « Les Prussiens se présentent devant Houdan menaçant le pays. Occupation des forêts de Dreux, d'Ivry et de Roseux très essentielle. Prière d'envoyer un bataillon de mobiles à Marcilly pour se porter avec détachement de Dreux à la lisière Nord-Est de la forêt et couvrir Évreux et Dreux ».

Que faire dans cette situation qui devient critique ? On ne peut compter sur le bataillon de l'Ardèche qui est muni des anciens fusils à pierre transformés et qui sont dans le plus mauvais état. Faut-il retenir le bataillon qui va aux Andelys et l'envoyer à Marcilly pour concourir à la défense de Dreux ?

Le Général commandant la subdivision de l'Eure au Général commandant la 2e division militaire, à Rouen (D. T.).

Évreux, 1er octobre, 9 h. soir.

Lignes télégraphiques coupées entre Mantes et Vernon.

3.000 hommes, infanterie, cavalerie, artillerie, commandés par un général en deçà de Mantes; le Ier bataillon mobiles de Vernon garde la ligne entre Blaru et Pacy; j'y envoie le IIIe bataillon, celui qui devait aller aux Andelys, pour concourir à la défense de cette position accidentée et boisée, forêt de Bizy, forêt de Pacy. Cette nouvelle est donnée par le commandant ...., du Ier bataillon, à Vernon ; je laisse le IIe bataillon à Bernay et Serquigny.

Le Général commandant la 2e division militaire au Général commandant la subdivision de l'Eure (D. T.).

Rouen, 1er octobre.

Vous pouvez disposer du bataillon qui devait aller aux Andelys et l'employer à couvrir Dreux et Évreux.

e) Renseignements.

L'Employé des télégraphes à l'Inspecteur des télégraphes, à Chartres, et au Directeur général des télégraphes, à Tours (D. T.).

Épernon, 1er octobre.
Expédiée à Tours à 2 h. 45 soir.

Les Prussiens, infanterie et cavalerie, au nombre d'environ 150, occupent les hauteurs d'Épernon depuis ce matin; ils font de fortes réquisitions dans les environs; ils viennent de commander à Droué un dîner pour 140 personnes pour 2 heures. Les éclaireurs battent les carrières et les bois environnants, et prennent tout ce qu'ils trouvent, même dans les maisons. Nous n'avons pas encore été trop inquiétés ici ; nous prendrons les mesures pour sauver le matériel. Le poste est démonté ; nous restons toujours.

2 octobre.

c) Opérations et mouvements.

Le Général commandant la subdivision de l'Eure au Général commandant la 2ᵉ division militaire, à Rouen (D.T.).

Évreux, 2 octobre.

A moins d'ordres contraires de vous, je ferai partir aujourd'hui pour Caen le bataillon de l'Ardèche qui ne peut m'être d'aucun secours à Évreux, attendu qu'il doit être considéré comme n'étant pas armé; les hommes ne peuvent se servir de leurs fusils, vu le mauvais état, et toujours pas de cartouches. Le bataillon de l'Eure, qui devait aller aux Andelys, part ce matin à 9 heures pour Pacy pour se relier avec le 1ᵉʳ bataillon qui opère dans la forêt de Bizy.

Si les Prussiens avançaient toujours, je ferais partir le dépôt de mobiles pour Caen et je me retirerais sur Serquigny, ainsi que cela m'a été prescrit par vous.

Le Général commandant la 2ᵉ division militaire au Général commandant la subdivision de l'Eure, à Évreux (D.T.).

Rouen, 2 octobre.

Conservez bataillon de l'Ardèche envoyé par le Ministre dans l'Eure, et ne le faites pas partir pour Caen ; faites réparer les armes par tous les moyens possibles, même par réquisition. Ne faites pas partir le dépôt mobile d'Évreux avant d'avoir provoqué et reçu de moi de nouveaux ordres.

Le Commandant de la subdivision de l'Eure au Général commandant la 2ᵉ division militaire, à Rouen.

Évreux, 2 octobre.

J'ai l'honneur de vous envoyer ci-joint un rapport du commandant le bataillon de l'Ardèche actuellement à Évreux (1), dans lequel il se plaint du mauvais état de ses fusils, et qu'il sera presque impossible de faire mettre en état à Évreux, même en faisant des réquisitions, la ville ne possédant qu'un seul armurier.

La situation générale de ce bataillon est mauvaise; les hommes sont à peine vêtus.

Je vous prie, mon Général, de vouloir bien me prescrire telles mesures que vous jugerez convenables au sujet de ce bataillon. Je fais constituer un conseil éventuel et j'espère que tout va marcher.

En note au crayon : « Prendre des mesures extraordinaires. Rassembler des serruriers, qui, sous la direction de l'armurier, répareront l'armement ».

3 octobre.

e) Renseignements.

L'Employé des télégraphes au Directeur général des télégraphes, à Tours (D. T.)

Épernon, 3 octobre, 4 heures soir.
Expédiée à Tours à 7 h. 20 soir.

300 Prussiens, infanterie et cavalerie, sont campés au Buissonnet, à 4 kilomètres de Rambouillet, avec 5 pièces d'artillerie, pièces de 4, et dominent la route d'Épernon; leur attitude jusqu'ici semble plutôt la défensive au cas où on voudrait les déloger de Rambouillet qu'un mouvement agressif sur Épernon; d'après des renseignements ils auraient utilisé à Rambouillet deux fils du côté Nord de la ligne télégraphique et communiqueraient avec Versailles. Demain, j'aurai des renseignements plus certains sur ce fait; depuis l'occupation d'Épernon par la mobile, les Prussiens gardent sévèrement les abords de Rambouillet. Les renseignements de cette ville ne nous arrivent que très difficilement.

---

(1) Document non retrouvé.

4 octobre.

b) Organisation et administration.

Le Général commandant la 2ᵉ division militaire au Ministre de la Guerre, à Tours (D.T.).

> Rouen, 4 octobre, 2 h. 35 soir.
> Expédiée à Tours à 4 h. 45 soir.

Le régiment d'éclaireurs parisiens, colonel .... revenant de Sedan, est arrivé ici il y a dix jours environ, fort de 7 à 800 hommes. Il s'est porté en avant jusqu'au delà de Mantes et a eu plusieurs petits engagements avec l'ennemi. Composé presque exclusivement d'hommes de 25 à 35 ans, qui devraient être dans les dépôts des régiments, cette troupe a fait moins de mal à l'ennemi qu'aux populations qui sont exaspérées contre elle et ne veulent plus la supporter. Cette troupe s'est repliée de Mantes sur Vernon. Il existe dans cette troupe un schisme contre les officiers et une très grande indiscipline. Ces principes de discorde sont très dangereux pour l'armée et les mobiles. Je regarde comme urgent de faire venir à Tours (1), centre du Gouvernement, cette troupe qui a besoin d'être réorganisée avec de nouveaux éléments. On y trouvera quantité de soldats de l'armée et de fricoteurs. En attendant vos ordres, je les interne à Gaillon (Eure) avec défense d'en sortir.

Ces régiments d'éclaireurs devront être placés, selon mon opinion, sur les derrières de l'ennemi, dans les provinces de l'Est, pour menacer leurs communications. Il est extrêmement urgent de les sortir de la Seine-Inférieure.

Le lieutenant-colonel ..... demande à être envoyé à Tours pour se réorganiser (2).

(1) *En marge* : « *Jolie idée*. Nous avons déjà assez d'ennuis avec les passages ».

(2) *En note* : « Répondre que la présence de ces hommes n'est pas possible à Tours où il y un grand centre de troupes.

« Prescrire leur envoi d'urgence sur Belfort sans arrêter à Tours.

« Ajouter qu'on ne peut prendre ses propositions à leur égard en considération. »

c) Opérations et mouvements.

Le Capitaine du génie au Général commandant la 2ᵉ division militaire, à Rouen (D.T.).

Vernon, 4 octobre, 4 h. 36 soir.

Le tunnel a été miné d'un seul côté, du côté de Bonnières qui est le plus rapproché de Rouen. Une compagnie de garde mobile qui se replie sur Vernon a vu l'ennemi en force à Bonnières, infanterie, cavalerie et 5 ou 6 pièces de montagne. Quelques coups de canon ont été tirés contre les bois où l'on supposait que devait se trouver cette compagnie. Je ferai mon possible pour exécuter l'ordre que vous venez de me transmettre, mais il est plus que certain que je ne pourrai pas m'échapper.

e) Renseignements.

L'Employé des télégraphes au Directeur général des télégraphes, à Tours (D.T.).

Épernon, 4 octobre, 9 h. 50 matin.
Expédiée à Tours à 1 h. 25 soir.

Depuis une heure, vive fusillade sur les hauteurs d'Épernon, côté de Rambouillet. Quatre obus viennent d'être envoyés sur la ville. Résultat inconnu. En ce moment, un peu de calme.

Le même au même (D. T.).

Épernon, 4 octobre, 10 h. 40 matin.
Expédiée à Tours à 1 h. 50 soir.

La canonnade continue.

Le même au même (D.T.).

Epernon, 4 octobre, heures soir.
Expédiée à Tours à 4 h. 30 soir.

Depuis 20 minutes, la fusillade et la canonnade ont cessé. J'ignore complètement le résultat de l'attaque. Nous avons été obligés d'abandonner le poste sous les balles et les obus. Je vais aux informations. L'appareil est en sûreté et n'ai plus qu'une sonnerie en parleur.

5 octobre.

b) Opérations et mouvements.

Le Général commandant supérieur de l'Ouest au Ministre de la Guerre, à Tours (D.T.).

Le Mans, 5 octobre, 1 h. 10 soir.

Les départements d'Eure-et-Loir et de l'Eure sont envahis. Dans le département de l'Eure, à Pacy, le maire a désarmé la garde nationale sédentaire, pour ne pas exposer, dit-il, la ville à être saccagée. Le colonel commandant le département s'y est rendu de sa personne. En présence de cette force d'inertie, son embarras est grand. Je lui prescris de se défendre avec vigueur et de ne se replier sur Évreux qu'après avoir fait tous ses efforts pour résister, et devant des forces supérieures. Dans le département d'Eure-et-Loir, Maintenon a été attaqué ce matin à 6 heures et demie. Le commandant de gendarmerie s'y trouve avec environ 100 hommes. Le Préfet envoie de nouveaux secours. La population, d'ailleurs, est mieux disposée à la résistance. De tous côtés, on demande de l'artillerie, parce que l'ennemi a quelques pièces. L'artillerie nous fait défaut; il serait urgent d'envoyer ici la brigade qui se forme sous les ordres du général Tripard. Elle pourrait être portée où besoin s'en ferait sentir.

c) Renseignements.

L'Employé des télégraphes au Directeur général des télégraphes, à Tours (D.T.).

Chartres, 5 octobre, 2 h. 5 matin.
Expédiée à Tours à 8 h. 20 matin.

Tournée d'Épernon. 11 heures, l'ennemi est signalé. Vive fusillade jusqu'à une heure; l'artillerie ennemie donnait peu à 1 h. 45, les Prussiens étaient complètement maîtres des hauteurs des Marmousets (1), la mobile se repliait sur le vallon et gagnait le plateau du

---

(1) Hauteur au Sud-Est d'Épernon.

château (1); à ce moment, un bataillon de mobiles arrivait sur la route de Gallardon; une batterie placée aux Champs Audry (2) les couvre d'obus et les empêche d'arriver. Maîtres des Marmousets, les Prussiens y installent une batterie pour déloger les mobiles du château pendant que leurs fantassins gravissent le coteau à 4 heures.

La mobile fuyait de tous les côtés; l'artillerie des Champs Audry vient s'installer sur le plateau du Château, le feu cesse; quelques francs-tireurs et gardes nationaux veulent tenter un dernier effort et furent la cause d'un redoublement d'artillerie jusqu'à 5 h. 30; les cavaliers alors s'élancent sur la ville et arrivent sur la place de la mairie. Épernon était à eux. A 6 heures, je quittais Épernon avec mon collègue, poursuivi par la cavalerie prussienne jusqu'au village de Hanche. A 4 h. 30, j'étais à la mairie; aucun renseignement sur nos pertes n'était connu; je crois cependant qu'elles ne sont pas considérables, l'ennemi n'avait que 6 ou 7 pièces de canon; bien des mobiles se sont repliés sans avoir brûlé une cartouche. Une ferme du Prieuré, celle du Loreau et celle de Monceaux ont été incendiées par les obus.

---

(1) Plateau du bois de la Diane.
(2) Boqueteaux qui ne figurent plus sur la carte à 1/80.000° actuelle, mais qui se trouvaient légèrement à l'Ouest du chemin de Saint-Antoine à Fosseuil.

DOCUMENTS ANNEXES

SOMMAIRE

DOCUMENTS ANNEXES

	Pages
CHAPITRE Iᵉʳ. — **Les origines de l'armée de la Loire. — Formation du 15ᵉ corps d'armée**	
Mesures générales.	1
1ʳᵉ division d'infanterie.	13
2ᵉ division d'infanterie.	17
3ᵉ division d'infanterie	17
Cavalerie.	20
Artillerie.	24
Génie.	45
Services.	48
1° Intendance	48
a) Organisation du service	48
b) Alimentation	52
c) Habillement et campement.	68
2° Santé.	79
3° Train des équipages	84
4° Équipages régimentaires.	85
5° Prévôté.	89
6° Trésorerie et Postes	90
Instruction et discipline	91
Division mixte de Tours	95
CHAPITRE II. — **Situation des forces allemandes au Sud de Paris le 20 septembre 1870**	98
CHAPITRE III. — **Mouvements de la division de cavalerie du général Reyau depuis le 13 septembre et situation des forces françaises sur la Loire le 20 septembre**	99

CHAPITRE IV. — **Opérations autour d'Orléans du 21 septembre au 1ᵉʳ octobre** . . . .

    21 septembre 123
    22 septembre 128
    23 septembre 132
    24 septembre 137
    25 septembre 141
    26 septembre 147
    27 septembre 153
    28 septembre 156
    29 septembre 160
    30 septembre 163
    1ᵉʳ octobre. 164

CHAPITRE V. — **Opérations du 2 au 5 octobre** . . . .

    2 octobre 175
    3 octobre 190
    4 octobre 197
    5 octobre 198

CHAPITRE VI. — **Opérations des 2ᵉ 5ᵉ et 6ᵉ divisions de cavalerie prussiennes du 21 septembre au 5 octobre.** 227

COULOMMIERS

Imprimerie Dessaint et Cⁱᵉ

A LA MÊME LIBRAIRIE

Publications de la Section Historique de l'État-Major de l'armée

Guerre de 1870. — *La défense nationale en province. Mesures générales d'organisation.* 1911, 2 vol. in-8 . . . . 25 fr.
    Texte seul. . . . . 14 fr.
    Documents seuls . . . . 14 fr.

Campagne de 1813. — *Les Préliminaires*, par le commandant Frédéric REBOUL, chef de bataillon d'infanterie brevetée à la Section historique. **Tome. Ier** *Le commandement de Murat* (5 décembre 1812-16 janvier 1813). 1910, 1 vol. gr. in-8 avec 6 cartes hors texte. . . . . . 12 fr.
Tome II. *Le commandement du prince Eugène* (1re période) *de Posen à Berlin* (16 janvier-28 février). 1912 vol. in-8 avec 3 portraits et 3 cartes hors texte. . . . . 14 fr.

Campagne de 1908-1909 en Chaouïa. — *Rapport du général d'Amade, commandant le corps de débarquement de Casablanca.* 1911, vol. in-8 contenant 44 cartes et croquis, dont 33 hors texte et 20 photos hors texte. . . . . 7 fr. 50

La manœuvre de Pultusk, par le commandant d'artillerie breveté G. LECHARTIER. 1911, 1 vol. gr. in-8 avec 12 cartes et croquis hors texte. . . . . 10 fr.

L'œuvre de Vauban à Lille, par Maurice SAUTAI, capitaine au 24e d'infanterie, détaché à la Section historique. 1911, 1 vol. in-8 avec 2 gravures et 4 cartes hors texte. . . . . 4 fr.

Campagne de 1844 au Maroc. *La bataille d'Isly*, par le capitaine Albert LATREILLE. 1912, vol. in-8 avec 5 cartes hors texte. . . . 4 fr.

La guerre en Afrique — Tactique des grosses colonnes. — Enseignements de l'expédition contre les Beni-Snassen (1859); par le chef de bataillon MORDACQ, commandant le 25e bataillon de chasseurs à pied. 1908, 1 vol. in-8 avec 4 cartes et 9 croquis. . . . . 4 fr.

Une mission militaire prussienne au Maroc en 1860 (Impressions du colonel VON GOEBEN, d'après sa correspondance); par les lieutenants P. BOUDOT et V. PAULIER, détachés à la Section historique. 1908, broch. in-8 . . . . 1 fr.

Les causes de la défaite de l'Autriche en 1866 (d'après un historien récent, H. FRIEDJUNG), par J. VIDAL DE LA BLACHE, capitaine d'infanterie breveté, détaché à la Section historique. Broch. in-8. 2 fr.

La Colonne du Haut-Guir en septembre 1908, par le capitaine breveté LECHARTIER, attachée à la Section historique, 1908, 1 vol. in-8 avec 2 cartes en noir et en couleurs et 6 croquis . . . . 2 fr.

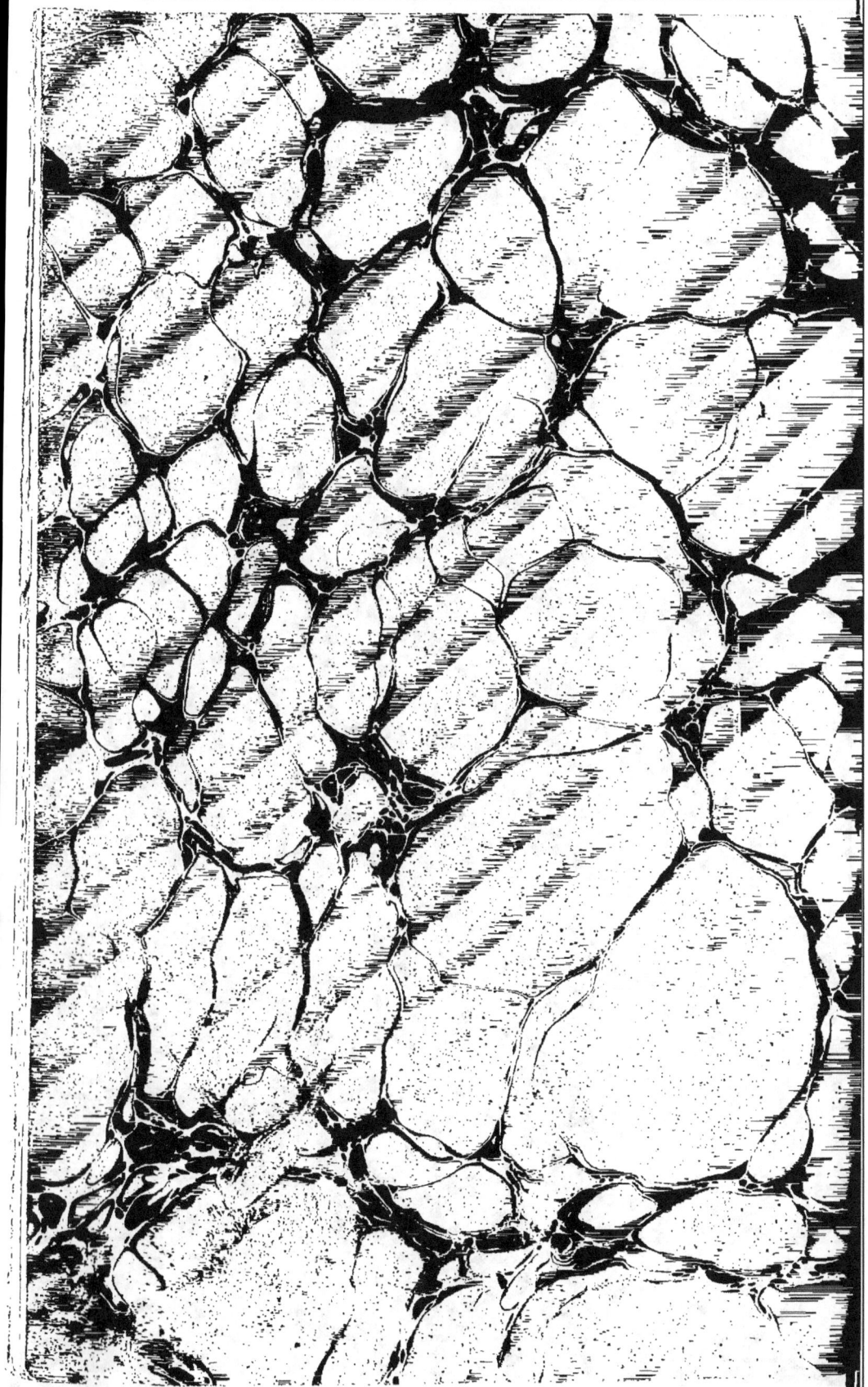

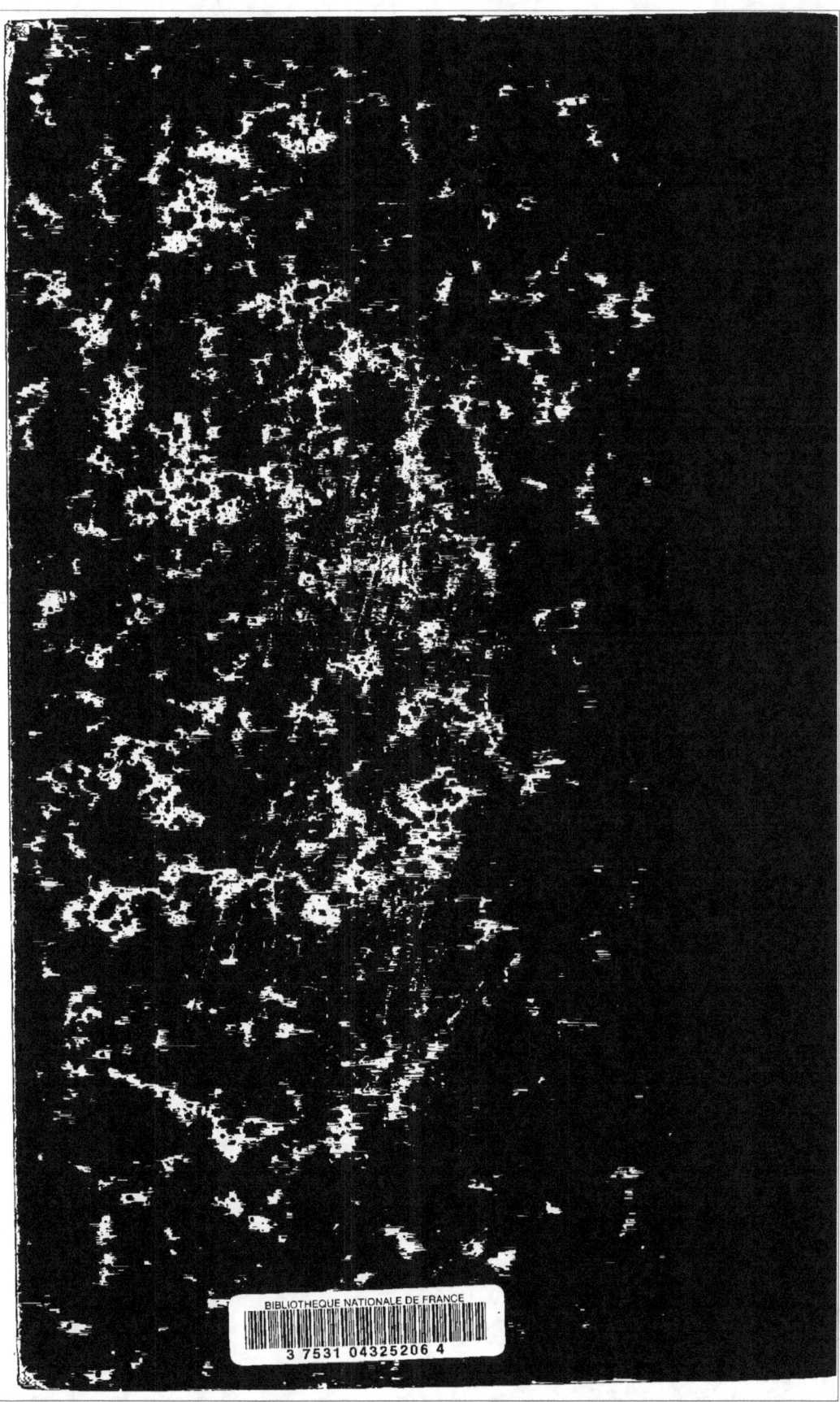

www.ingramcontent.com/pod-product-compliance
Lightning Source LLC
Chambersburg PA
CBHW070823230426
43667CB00011B/1679